DAS FEST

DAS FEST

EINE KULTURGESCHICHTE
VON DER ANTIKE
BIS ZUR GEGENWART

Herausgegeben

von

Uwe Schultz

VERLAG C. H. BECK MÜNCHEN

Das Buch ist hervorgegangen aus der Sendereihe
«Das Fest» des Hessischen Rundfunks

Mit 34 Abbildungen

CIP-Titelaufnahme der Deutschen Bibliothek

Das Fest : e. Kulturgeschichte von d. Antike bis zur
Gegenwart / hrsg. von Uwe Schultz. –
München : Beck, 1988
ISBN 3 406 33363 X
NE: Schultz, Uwe [Hrsg.]

ISBN 3 406 33363 X

Einbandentwurf von Andreas Brylka, Hamburg
Einbandabbildung: Franz Xaver Nachtmann:
Römischer Karneval am Hof Ludwigs I.
Stadtmuseum München
© C. H. Beck'sche Verlagsbuchhandlung (Oscar Beck), München 1988
Satz: Fotosatz Otto Gutfreund, Darmstadt
Druck und Bindung: May u. Co., Darmstadt
Printed in Germany

INHALT

Das Wesen, das feiert

Dann feiern das Brautfest Menschen und Götter,
Es feiern die Lebenden all,
Und ausgeglichen
Ist eine Weile das Schicksal.

Friedrich Hölderlin, Der Rhein

Als der altägyptische Mensch im 4. Jahrtausend aus dem Halbdunkel der
Geschichte tritt, feiert er im Opet-Fest seine Götterfamilie Amun, Mut
und Chons, die der Glaube in schaukelnde Nilbarken bannt. In der
Hochzeit von Amun und Mut, die der ägyptische König im Tempel von
Luxor arrangiert, verschafft er sich und seinem Geschlecht die göttliche
Abkunft und damit sakrale Würde. Als der biblische Gott den Menschen
erschafft, geschieht es «nach seinem Bilde», damit auch der jüdisch-
christliche Mensch im Glauben seine göttliche Herkunft gesichert weiß,
und wie der um sein Überleben arbeitende Mensch sich nach sechs Tagen
einen Feiertag gönnt, so ruht auch sein Gott nach sechs Schöpfungstagen
aus, um zu feiern, obgleich seine Allmacht ihn doch von der Anstrengung des Tagwerks und also auch vom Anspruch auf Reaktivierung der
Kräfte in der Festtagsruhe befreit. Der Mensch der Frühzeit schafft im
Fest sich seine Götter und die eigene Gottähnlichkeit.

Doch wenn das Fest auch nicht älter sein sollte als die Religion, da erst
im religiösen Fest der Mensch ein feierndes Wesen wird, so hat doch das
Fest die Religion in einer faszinierenden Fülle der Formen überlebt.
Schon der sportliche Wagenlenker oder Faustkämpfer von Olympia ehrt
im Eber-Opfer am Beginn der Spiele Zeus Horkios, den Gott des
Schwurs, so daß die Einhaltung der Regeln noch mit religiösem Nachdruck verstärkt wird, aber die Ehre seines Sieges fällt als Ruhm seiner
Vaterstadt zu, die ihn im marmornen Standbild feiert und zuweilen sogar
zu «göttlichen Ehren» aufsteigen läßt. Kaiser Karl der Große, der als
christlicher Herrscher in Rom den Statthalter Christi noch schnell von
seinem schlechten Leumund befreien muß, errichtet im Krönungsfest die
Autorität der Macht in doppelter Gestalt, die erst im Investiturstreit
endgültig auseinanderbricht. Die ‹Göttin Vernunft›, von den französi-

schen Aufklärern zur letzten Richterinstanz der Revolution erhöht, ersteigt im atheistischen Fest von 1793 als Schauspieler selbst den Thron des Göttlichen, folgerichtig in der Kathedrale von Notre-Dame in Paris. Und auf den Nürnberger Reichsparteitagen ist es der einzeln-einsame ‹Führer›, der im mystischen Schweigen vor der ‹Blutfahne› zum Hohen Priester der Partei wird und im Fest seine Macht bis zum hybriden Mißbrauch steigert. Der Mensch vollendet im Fest seiner Gottähnlichkeit den Mythos seiner Macht bis zur millionenfachen Selbstzerstörung.

Doch der Mensch nähert sich im Fest nicht nur dem Gott, sondern auch dem Tier, das er im mythologischen Mißbrauch nicht weniger um seine Autonomie bringt als den Gott. In Bocksgestalt schafft er sich Pan, um im träumerischen Fest von Musik und Tanz die Reinheit der Natur und auch die Freiheit des eigenen Körpers zurückzugewinnen. In Karneval und Narren-Fasnacht öffnet er sich jenen Triebkräften, die ihn in den Taumel seines Rollentausches oder gar in den Rausch einer antirationalen Existenz versetzen, denen er auf die gestundete Zeit des Festes sich ausliefert. Auch im Fest der Tierähnlichkeit kann sich der Mensch verlieren.

Warum aber feiert der Mensch von Zeit zu Zeit – seine Götter tun es nach der Weltschöpfung immer und die ihn umgebenden Tiere nie? Er ist das einzige Lebewesen, das zu sich selbst und seinem Tun auf die Distanz der Ruhe und Reflexion gehen kann. Nach sechs Tagen unterbricht er das Pflügen des Ackers, um auszuruhen und seine Furchen zu überprüfen, ob sie gut geraten sind, nach meist zwei Jahrzehnten Wachstum als Einzelwesen tut er sich in der Hochzeit mit einem zweiten Einzelwesen festlich zusammen, um dem bisherigen eigenen Leben und dem zukünftigen Leben seiner Kinder die festliche Aufmerksamkeit eines großen Lebensgefühls zu weihen, und wenn sein Körper für die Doppelaufgaben der eigenen Erhaltung wie der der eigenen Art ausgedient hat, verabschieden die Noch- und Nachlebenden ihn im Akt der aufmerksam bilanzierenden Erinnerung. Von Geburt bis Tod gibt das Fest die Freiheit der erhöhten Perspektive in die Zukunft und Vergangenheit.

Doch der Mensch, der feiert, gibt es ihn als Einzelwesen? Das menschliche Einzelwesen, das den Jahrestag seiner Geburt einsam vor und mit einer Flasche verbringt, feiert es ein Fest? Im Fest verliert das Individuum ein Stück seiner Autonomie, die es nur in der Gemeinschaft wiederfinden kann, und in dieser Gemeinschaft gibt er wie im römischen Saturnalienfest seine soziale Stellung als Herr oder Sklave preis - zugunsten der Gleichheit in der gemeinsamen Feier. War die Zahl 12 der Jünger Christi nicht zu groß, um das Fest des Abendmahls zu feiern, denn es fand sich ein Verräter? War die Zahl 24 der höfischen Helden an der Artusrunde nicht zu klein, um der Freundschaft als Ethos eines ritterlichen Umgangs

Achtung und auch Beachtung in einem ganzen Zeitalter zu verschaffen?
War die Teilnehmerzahl von rund 25 000 nicht viel zu groß, um jeden
Patrioten in gleicher Weise an der Festtafel von 16 × 160 Gedecken auf
dem Hambacher Fest Platz finden zu lassen? Jedes Fest kennt seine ideale
Größe, jenseits derer es als symbolisch-soziales Ausdrucksmittel einer
Gemeinschaft im Mißlingen der zu kleinen Zahl verkümmert oder im
Mißbrauch der zu großen Zahl ausartet.

Die afrikanische Dorfgemeinschaft findet sich in idealer Festbesetzung
alljährlich zum Kult der Bruderschaft *tyi wara* zusammen, die internationale Industriegesellschaft konnte noch auf der Weltausstellung von 1889
in Paris in einem weltumspannenden Gemeinschaftsgefühl einer neuen
Epoche das Denkmal des Eiffel-Turms setzen und eine optimistische
Perspektive verschaffen, während gleichzeitig die sich spät konstituieren-
de deutsche Reichsgemeinschaft nicht weniger als drei Termine – Proklamation von Versailles, Kaisers Geburtstag und Sieg bei Sedan – benötigte,
um die staatliche Solidarität im nationalen Fest zu beschwören. Daß in
der falschen Zahl der unabsehbaren Masse die Entindividualisierung bis
zum Verlust der Mitgestaltung oder auch nur Anwesenheit des Einzelnen
geraten kann, machen Großveranstaltungen wie die Weltjugendfestspiele,
aber auch das Festival von Woodstock sichtbar. Das Fest verlangt seine
Richtigkeit in Form und Teilnehmerzahl.

Das Ärgernis des Festes aber ist sein Ende, wie der Tod als Ende des
Lebens das Ärgernis des Menschen ist. Doch noch in seinem Hinrich-
tungsfest versucht und vermag der englische König Karl I. seinen Tod als
Herrschaftsende seines Geschlechts zu überwinden, und eine Generation
später ersteigen die Stuarts und mit ihnen das monarchistische Prinzip
wieder den Thron Englands. So wie das stolze Fest der hocharistokrati-
schen Selbsterhöhung auf Zeit den Tod überwand, so findet eine sanfte
Überwindung des Todes in den freudevollen Totenfeiern von Bali statt,
wenn etwa der Tjokorda Gde Agung aus dem Hause Sukawati, der Fürst
von Ubud, im kunstvollen Verbrennungstheater seines Körpers die höhere Vereinigung mit der Natur erreicht.

Doch das Fest, das im organischen Rhythmus seiner materialreichen
Vorbereitung, seines etappenreichen Verlaufs, seiner gelassenen Ruhe
zum vollendeten Kunstwerk werden kann und soll, wie es am umfas-
sendsten, raffiniertesten und kostspieligsten in den Festen des Barocks
gelang, birgt schnelle Vergänglichkeit in sich, da ihm wie dem Theater,
mit dem es immer wieder eine so enge Bindung eingegangen ist, der
Zeitfaktor der kurzen Distanz immanent ist – selbst bei wochenlangen
Festen im neuzeitlichen Absolutismus des französischen Hofes oder auch
der Kanaleröffnung von Suez in Ägypten. Das Fest, eine Erhöhung des
Lebens auf kurze Zeit, da es sonst seinen Rang der einschneidenden

Zeitmarkierung und Epochensymbolisierung einbüßen würde, verlangt nach zeitüberwindender Aufzeichnung.

Schon die ägyptische Königin Hatschepsut ließ im Jahre 1462 v. Chr. auf dem dauerhaften Quarzit von 450 Steinblöcken Aufwand und Ablauf des Opet-Festes festhalten, um die Kunde von der Großartigkeit der Götterhochzeit auch noch in eine Zeit zu vermitteln, da ihr eigenes Geschlecht Mühe mit der Machtbehauptung haben könnte und der göttlichen Abkunft zur Abwehr anderer Herrschaftsansprüche bedürfen würde. August der Starke, dem als Kurfürst der protestantischen Sachsen und König der katholischen Polen die Religion als ideologisches Staatsfundament abhanden gekommen war, suchte im ästhetischen Festprunk des Barocks den reinsten Ausdruck seiner Macht und hielt den Reichtum der Festkostüme wie die Lichtexplosionen der Feuerwerke in opulenten Grafiken fest, deren Stecher als Künder der königlichen Prachtentfaltung für die Fortdauer der Machtentfaltung sorgen sollten. Und noch auf der Neuenglandweide von Woodstock, wo eine weitere Aufbruchsgeneration ihr Paradies aus Kriegsverweigerung, Musikversöhnung und Gemeinschaftssexualität suchte, vollzog sich nicht nur der Anspruch auf ein neues Zeitalter im fast chaotischen Großfest, sondern auch die Geburt eines Mythos aus dem fortdauernden Verkauf von Schallplatten bis heute hin, auf daß das einmalige Fest in ewiger Wiederholbarkeit gebannt werde. Das Fest, von seinen Arrangeuren, Geldgebern, Mitspielern und selbst noch betrunkenen Mitläufern als Ausdruck ihrer Individualität wie ihrer Epoche in untrennbarer Einheit verstanden, verlangt seit seiner Entstehung nach medialer Beständigkeit in Buchstabe, Bild, Schallplatte oder Film, wofür jeder Historiker dankbar ist.

Diese historische Vielfalt des Festes, wie es sich in jeder Epoche als markantes Ausdrucksverlangen der kleineren oder größeren Gemeinschaften ausformte, in ausgewählten Beispielen zu vergegenwärtigen, war Zielsetzung einer Sendereihe im Hörfunk des Hessischen Rundfunks. Essays von jeweils einer halben Stunde wurden wöchentlich in der Zeit vom 7.9. 1986 bis 10.5. 1987 ausgestrahlt und lösten ein lebhaftes Hörerecho aus, das – wie bereits im Falle der Sendereihe ‹Mit dem Zehnten fing es an› – Kleine Kulturgeschichte der Steuer› – ein wesentlicher Anlaß für die Buchpublikation war. Die Auswahl der Texte erfolgte nach drei Gesichtspunkten: für jeden bedeutenden Zeitabschnitt der europäischen Geschichte sollte das ihn kennzeichnende Fest dargestellt werden, dieser chronologische Maßstab wurde mit der Zielsetzung verbunden, die Typologie des Festes in ihrem Formenreichtum möglichst weit aufzufächern, und schließlich sollten wenige Ausblicke nach Afrika oder Asien das Fest in seinen ganz anderen Ausprägungsmöglichkeiten andeuten – also Momentaufnahmen aus einer weltweiten Geschichte des

Festes, an der Historiker, Ethnologen, Völkerkundler oder Journalisten –
nicht zuletzt die Autoren dieses Buches – in ihrer Forschungsarbeit
fortschreiben.

Für die Buchpublikation wurden die Sendetexte nur geringfügig verändert – der Stil der offenen Vermittlung, wozu das Massenmedium
Hörfunk gerade auch Fachwissenschaftler verleiten kann, sollte nicht
verlorengehen, wenn für Laien und Wissenschaftler wissenschaftliche
Einstiegshilfen in den Stoff in Form von Anmerkungen und Literaturhin-
weisen gegeben wurden. Natürlich sollte und konnte der persönliche
Tonfall des einzelnen Autors nicht einer fragwürdigen Angleichung
geopfert werden.

Bleibt die Frage nach der Zukunft des Festes und seiner künftigen Kultur.
In den letzten zwei Jahrhunderten der europäischen Industrieentwick-
lung, als der Faktor Arbeit seine erpresserische Ausbreitung in der
modernen Gesellschaft vollzog, ist das Fest eher zur Randerscheinung
des Alltags geworden. Doch wenn wir über Automation und Arbeitsver-
nichtung wirklich unterwegs sind in das nachindustrielle Zeitalter der
zunehmenden oder gar unbegrenzten Freizeit, dürfte die gestalterische
Erhöhung der Freizeit im Fest eine große ästhetische wie soziale Herausforderung darstellen und die Kulturgeschichte des Festes noch lange
nicht an ihr Ende gekommen sein. Das einzige Lebewesen, das feiert,
könnte im Fest überleben.

Frankfurt am Main, im März 1988   Uwe Schultz

Das Opet-Fest in Altägypten

Von Dietrich Wildung

*Tempeltänzerinnen und Harfner beim Empfang der Festprozession
des Opet-Fests in Luksor. Reliefblock aus der
‹Roten Kapelle› der Hatschepsut Quarzit.*

Horemheb – ‹Horus ist im Fest› lautet der Name des letzten Königs der
18. Königsdynastie Ägyptens, der 1319 v. Chr. als Heerführer den nach
dem Tod des Kindkönigs Tutanchamun verwaisten Pharaonenthron besteigt. Horemheb ist es, der die religiösen Reformen seines früheren
obersten Dienstherrn, des Königs Echnaton, endgültig liquidiert und die
Tempel abreißen läßt, die Echnaton dem von ihm propagierten mono-
theistischen Sonnengott Aton errichtet hatte. ‹Horus ist im Fest›, das
bedeutet, Horus ist als Gott wieder unter den Menschen, er, der altehr-
würdige Falkengott, der schon vor 3000 v. Chr., am Beginn der Geschichte, der göttliche Schutzherr des Königs war. Seine Rückkehr nach
der Zeit der Ketzerei Echnatons, die Rehabilitierung der traditionsrei-
chen Religion wird im Königsnamen propagiert.

Zahlreich sind die altägyptischen Namen, die in dieser und ähnlicher
Weise vom Fest sprechen: Imen-em-heb – ‹Amun ist im Fest›, Seth-em-
heb-ef – ‹Seth ist in seinem Fest›, Waset-em-heb – ‹Theben ist im Fest›.
Auch Namen wie Imen-em-uja – ‹Amun ist in der Prozessionsbarke›
oder Imen-em-inet – ‹Amun ist im Tale› spielen auf Verlauf und Zielort
von Festprozessionen an. Amenemhet, der bekannte Königsname des
Mittleren Reiches, ist in seiner Bedeutung ‹Amun ist an der Spitze› eine
Beschreibung des Auszugs des Gotts in festlicher Prozession aus dem
Tempel. In der Vielzahl altägyptischer Personennamen, die vom ‹Erscheinen› eines Gottes berichten, begegnet auch Imen-chai – ‹Amun ist
erschienen›, und mit diesem Ausruf beginnt ein Jubellied auf Amun, das
in Hieroglyphen im Tempel von Luksor aufgezeichnet ist:

«Amun ist erschienen, in seiner Barke wie der Sonnengott Rê am
Himmel. Das ganze Land insgesamt jubelt, wenn es seine Strahlen
sieht in seiner Wasserbarke, gleichwie die des Rê in der Abendbarke.

Das ganze Land jubelt, bis man gelangt nach dem herrlichen Opet,
seiner Stätte des Uranfangs. Er verleihe Leben und Wohlergehen
seinem Sohn Haremhab, einem Sohn, der nützlich ist seinem Erzeuger, indem er seinen Vater Amun rudert...»

Gott kommt auf Erden, Amun erscheint im Fest, Ägypten bricht in Jubel
aus. Es ist ein außergewöhnlicher, seltener Anlaß, der dem Volk die
Präsenz Gottes auf Erden vor Augen führt, eines der großen religiösen
Feste des Landes, das Opet-Fest. Seinen Namen trägt es nach der
Bezeichnung des Tempels von Luksor, der heute inmitten der modernen
Stadt am Nilufer liegt, einst umgeben vom «hunderttorigen Theben», wie
Homer die oberägyptische Hauptstadt des Pharaonenreiches charakteri-
sierte. Im Altägyptischen bedeutet Opet ‹Frauenhaus, *Harim*›, bezeich-
net also einen Teil des königlichen Palastes oder des Hauses der Vorneh-
men. Im Tempelbereich ist Opet der Ort, an dem sich der Hauptgott des

Tempels mit seiner göttlichen Gemahlin vereinigt, die Heilige Hochzeit feiert.

Die Gliederung der altägyptischen Götterwelt orientiert sich an irdischen Sozialstrukturen und schließt Götter gerne zu Familien zusammen. So bilden Amun als Vater, die Göttin Mut als Mutter und Chons als Sohn die Heilige Familie von Theben. Dem Reichstempel von Karnak, der Wohnung des ‹Königs der Götter› Amun-Rê, ist der Tempel von Luksor als *Opet* zugeordnet. Eine fast drei Kilometer lange Prozessionsstraße, von Sphingen gesäumt, heute teilweise wieder ausgegraben, verband beide Tempel und schloß sie trotz ihrer Entfernung zu einer baulichen und gedanklichen Einheit zusammen. Die ältesten Bauten von Opet wurden um 1470 v. Chr. von Königin Hatschepsut errichtet; eine Granitkapelle mit drei Sanktuaren für Amun, Mut und Chons. Amenophis III. machte 100 Jahre später aus diesen bescheidenen Anfängen ein gewaltiges Tempelhaus mit Säulensaal, Hof und einer monumentalen Kolonnade, die vor dem Tempeltor, nach Norden gegen Karnak hin orientiert, einen festlichen Vorplatz bildete. Ihre 14 Papyrussäulen von fast 20 Metern Höhe sind ein steinerner Wald, ein Abbild des Papyrusdickichts, in dem die göttliche Mutter Isis-Hathor-Mut das Götterkind aufzog. Ramses II. erweiterte um 1250 v. Chr. diesen Tempel und legte vor ihn einen rings von Säulen umstandenen Hof, zwischen denen kolossale Granitstatuen des Königs standen. Als riesenhaften Tempeleingang erbaute er einen zweitürmigen Pylon, vor dessen Fassaden ein Obeliskenpaar, zwei monumentale Sitzfiguren und vier Standfiguren, alle aus Granit, aufgestellt wurden. Der eine der beiden Obelisken steht heute auf der Place de la Concorde in Paris.

Einmal im Jahr, am 15. Tag des 2. Monats der Überschwemmung, also im September, nachdem die Nilflut ihren Höchststand erreicht und die Felder mit fruchtbarem Nilschlamm bedeckt hatte, wurde das Opet-Fest ausgerufen. Im Festkalender Tuthmosis' III., der um 1450 aufgeschrieben wurde, ist die Festdauer mit elf Tagen angegeben; 300 Jahre später, unter Ramses III., dauert das Opet-Fest bereits 24–27 Tage, fast einen ganzen Monat. Der Bedeutung des Opet-Festes trägt der Name des 2. Monats des altägyptischen Jahres Rechnung, pa-en-ipet – ‹der von Opet›, der noch im Koptischen, der spätesten Stufe ägyptischer Sprache nach Christi Geburt, als ‹Paopi› weiterlebt und griechisch als ‹paophi› überliefert ist.

Das Festgeschehen ist u. a. in zwei ausführlichen Bildzyklen überliefert. Der ältere von beiden wurde im Auftrag der Königin Hatschepsut im Jahr 1462 v. Chr. auf den Innen- und Außenwänden einer aus braunrotem Quarzit errichteten Kapelle im Tempelbezirk von Karnak aufgezeichnet. Zwar hat Tuthmosis III., Stiefsohn und Nachfolger Hatschepsuts, für viele Jahre durch sie vom Thron ferngehalten, 30 Jahre später die Kapelle abreißen und als Baumaterial wiederverwenden lassen, aber gerade dadurch sind die Blöcke dieser ‹Roten Kapelle› zu einem großen Teil in ausgezeichnetem Zustand erhalten geblieben. 300 der ursprünglich 450 Steinblöcke wurden zwischen 1899 und 1968 aufgefunden. Sie liegen heute wohlsortiert im Tempelbezirk von Karnak in einem Freilichtmuseum und warten darauf, zum ursprünglichen Bauwerk zusammengesetzt zu werden. Auf dem Papier ist die Rekonstruktion seit Jahrzehnten abgeschlossen.

Der zweite Bildzyklus zieht sich über die jeweils mehr als 50 Meter langen und ursprünglich sechs Meter hohen West- und Ostwände des Säulenganges im Luksor-Tempel hin; von Amenophis III. um 1370 errichtet, sind die Wände erst unter Tutanchamun um 1330 mit hauchdünnen Flachreliefs versehen worden. Fehlt bei Hatschepsuts ‹Roter Kapelle› in Karnak etwa ein Drittel der Reliefblöcke, so sind im Luksor-Tempel die oberen Wandteile oft zu mehr als der Hälfte zerstört. Trotzdem kann das vielschichtige Festgeschehen aufgrund der erhaltenen Reliefbilder und hieroglyphischen Beischriften recht vollständig rekonstruiert werden.

Die Vorbereitung zum eigentlichen Fest bilden Opfer im Tempel von Karnak, wo Amun, der König der Götter, im Allerheiligsten in einer Kultstatue auf Erden wohnt, umgeben von seiner Heiligen Familie, der Göttin Mut und dem göttlichen Sohn Chons. Der König bringt ihnen Opferspeisen und Räucherwerk dar, aber sie bleiben unsichtbar in den von weißen Tüchern verhangenen Kapellen ihrer Prozessionsbarken. Barken sind die Fahrzeuge, in denen ägyptische Götter auf Reisen gehen, denn der Nil ist die Hauptverkehrsader des Landes. Auf langen Tragstangen nehmen kahlköpfige Priester die Götterbarken auf und tragen sie, vom König begleitet, in feierlicher Prozession durch den Eingangspylon des Tempels, vor dem auf acht Flaggenmasten bunte Wimpel aufgezogen sind. Nur kurz ist der Weg bis zur Anlegestelle, wo die Götterbarken ins Wasser gesetzt werden. Aber trotzdem nimmt dieser Weg der Götterbarken vom Allerheiligsten bis zum Fluß Tage in Anspruch. Die Reliefs auf der ‹Roten Kapelle› der Hatschepsut schildern in großer Ausführlichkeit die zahlreichen Rituale, die wieder und wieder vollzogen werden, bevor die Götter bereit sind, ihr Haus zu verlassen und über Land zu reisen. Der König selbst – denn nur er ist legitimiert, mit den Göttern in unmittelbaren Kontakt zu treten – bringt Rauch-, Trank- und Speiseopfer dar, reinigt und bekleidet die Götterstatuen und betet vor ihnen. Hunderte von Rindern werden geopfert, mit denen anschließend das in die Tausende gehende Tempelpersonal versorgt werden wird.

Erst nach diesen tagelangen vorbereitenden Riten verlassen die Götterbarken das Heiligtum, schweben auf den Schultern der Priester hinaus und kommen zur Anlegestelle am Ende eines Kanals, der vom Nil direkt zum Tempel führt. Prächtig geschmückte königliche Schiffe liegen dort bereits vor Anker, um die Prozession zu begleiten. Am Ufer sind Einheiten des Militärs aufgezogen, Musikkapellen mit Trommeln, Trompeten und Kastagnetten haben ihr Spiel aufgenommen. Eine vielköpfige Mannschaft schickt sich an, vom Ufer aus mit dicken Tauen die mächtigen Götterbarken zu schleppen, die im Gegensatz zu den Königsschiffen keine Segel besitzen. Die Fahrt geht also flußaufwärts von Karnak nach Süden. Während die Bootsprozession ihren Weg nimmt, herrscht, sie begleitend, am Ufer lebendigster Betrieb. Priesterinnen mit Sistren, Stockfechter mit Trommelbegleitung, die im Laufschritt eilende Schar der Zugmannschaft, in deren Mitte zwei Männer zu Boden gegangen sind und mit flehender Geste ihre Kameraden anflehen, sie nicht zu zertrampeln. Heereseinheiten in strenger Marschordnung halten den immer schneller werdenden Zug im Zaum und bringen ihn an seinem Zielort, nach einer Fahrt über eine Entfernung von etwa drei Kilometern, an der Anlegestelle des Luksor-Tempels zum Stehen. Priester begrüßen die Prozession am Fluß und stimmen ein hymnisches Lied an:

«Du glänzest schön, Amun-Rê, wenn du in der Götterbarke bist. Die beiden Länder insgesamt preisen dich, das ganze Land ist in Feststimmung, denn dein ältester Sohn, der deinen Leib geöffnet hat, rudert dich nach Opet. Er hat deinen Tempel festlich gemacht, er verdoppelt dir dein Opfer, das an seiner richtigen Stelle bleibt, wie es früher gewesen ist.

Freut euch, das Land ist im Fest, denn Amun läßt sich nieder in seinem Harim, um zu tun, was ihn befriedigt.»

Das Ende dieses Preisliedes auf Amun-Rê läßt trotz seiner zurückhaltenden Formulierung keinen Zweifel am Sinn der Reise Amuns von Karnak nach Luksor in den Opet-Tempel, in seinen *Harim*. «Zu tun, was ihn befriedigt» ist die eindeutige Umschreibung der Heiligen Hochzeit. Doch noch hat der Festzug sein Ziel nicht erreicht. Priester nehmen die Götterbarken wiederum auf ihre Schultern und tragen sie zum Tempel von Luksor. In den Tempelküchen und Kellern, in den Schlachthöfen und Vorratskammern herrscht währenddessen noch hektische Aktivität. In kleinformatigen Bildern erzählen die Künstler der Luksor-Reliefs vom aufgeregten Getriebe. Rinder werden geschlachtet und zerlegt, Weinkrüge stehen in großer Zahl bereit, Brot, Obst, Gemüse liegt bereits auf langen Reihen von Opfertischen; Hunderte von Dienern sind an der Arbeit.

Am Zielpunkt des Zuges, vor dem Tempeltor, steht eine Musikkapelle und begleitet mit Trommelwirbel und rasselnden Sistren den akrobatischen Tanz von zwölf jungen Tänzerinnen. Jenseits des Tempeltors aber herrscht plötzlich feierliche Ruhe. In den Reliefbildern steht unvermittelt

neben der quirligen Vielfalt der Bilder mit dem nervösen Geschehen der
letzten Festvorbereitungen in großflächigen, würdigen Reliefs ein gewaltiger Opfertisch vor den Götterbarken. Wo eben noch eine bunte Menge
von Bediensteten die Räume, Höfe und Straßen füllte, herrscht nun
völlige Stille. Kein Mensch mehr ist zu sehen, die Götter haben sich
zurückgezogen. Im feierlichen Dunkel und in der Abgeschiedenheit der
inneren Tempelräume vollzieht Amun die Heilige Hochzeit mit Mut,
seiner göttlichen Gemahlin. Bilder und Texte geben keinen direkten
Hinweis auf dieses heilige Geschehen, aber es fehlt nicht an indirekten
Informationen, die das Wesen dieses Mysteriums enthüllen. Der Name
des Luksor-Tempels, Opet ‹der *Harim*›, bezeichnet schon hinreichend
genau die Funktion dieses Tempels. Östlich des Sanktuars befindet sich
ein Raum, dessen Reliefs und Inschriften von der übernatürlichen Abstammung, von der göttlichen Geburt des ägyptischen Königs berichten.
Amun-Rê, der Götterkönig, beruft eine Götterversammlung ein und teilt
ihr mit, daß er mit der irdischen Königin, deren Gemahl noch ein Kind
sei und die also noch Jungfrau sei, ein Kind zeugen wolle, den künftigen
Thronfolger. Amun-Rê naht sich der Königin:

> «... nachdem er seine Gestalt zu der dieses ihres Gatten, des Königs
> von Ägypten gemacht hatte. Er fand sie, wie sie ruhte im Innersten
> ihres Palastes. Sie erwachte wegen des Gottesduftes, sie lachte seiner
> Majestät entgegen. Er ging sogleich zu ihr, er entbrannte in Liebe zu
> ihr; er gab sein Herz zu ihr hin, er ließ sie ihn sehen in seiner
> Gottesgestalt, nachdem er vor sie gekommen war, so daß sie jubelte
> beim Anblick seiner Vollkommenheit. Seine Liebe, sie ging in ihren
> Leib. Der Palast war überflutet mit Gottesduft, und alle seine
> Wohlgerüche waren solche aus Punt.»

Die Königin, die das eheliche Lager mit dem König der Götter teilt,
spricht zu ihm:

> «Du hat meine Majestät mit deinem Glanz umfangen, dein Duft ist
> in allen meinen Gliedern.»

Und der Chronist fügt hinzu:

> «... nachdem die Majestät dieses Gottes alles, was er wollte, mit ihr
> getan hatte.»

Die Zeugung des Thronfolgers durch einen göttlichen Vater ist eine alte
dogmatische Grundlage des ägyptischen Königtums. Schon im Alten
Reich, um 2400 v. Chr., werden die ersten Könige der 5. Dynastie nach
Aussage eines literarischen Textes, des Papyrus ‹Westcar›, vom Sonnen-
gott Rê mit einer Priesterin des Rê gezeugt. Der Text wurde zwar erst 800
Jahre später niedergeschrieben, aber zahlreiche Anspielungen auf diese

göttliche Herkunft Pharaos lassen keinen Zweifel daran, daß der Königstitel Sa-Rê – ‹Sohn des Rê› – recht wörtlich aufgefaßt werden konnte. Letztlich aber ist diese Geburtslegende Pharaos nicht ein Legitimationsversuch, sondern eine Glaubensaussage, die Menschwerdung Gottes, die auf menschliches Maß gebrachte Heilige Hochzeit, die sich ursprünglich nur unter göttlichen Partnern ereignen konnte. Im Luksor-Tempel gehen beide Versionen eine enge Verbindung ein. Im Opet-Fest sind Amun und Mut das göttliche Elternpaar des Götterkindes Chons; in den Szenen der Geburtshalle geht aus der ehelichen Verbindung eines göttlichen Vaters und einer jungfräulichen irdischen Mutter, der Königin, der Thronfolger hervor. In seltsamer, bedeutungsvoller Vermischung beider Vorstellungskreise werden der Göttin Mut in den hieroglyphischen Beischriften zu den Reliefs des Opet-Festes in der Kolonnade in Luksor folgende an den König gerichteten Worte in den Mund gelegt:

«Mein leiblicher geliebter Sohn, Herr der beiden Länder, ich bin deine Mutter, die deine Vollkommenheit geschaffen hat. Ich habe dich aufgezogen, als du noch ein Kind warst. Ich setze die Furcht vor dir in die Fremdländer, die Achtung vor dir in die Wüstenbewohner Nubiens als Belohnung für dieses schöne Denkmal, das du mir gemacht hast. Du hast mir gezimmert eine neue Prozessionsbarke, geschmückt mit allen kostbaren Steinen, wie ein Sohn tut mit liebendem Herzen für seine Mutter.»

Amun und Mut sind im Opet-Fest die göttlichen Eltern des irdischen Königs geworden und haben damit selbst einen menschlichen Zug angenommen. Opet, der Luksor-Tempel, ist der Ort, wo Gott auf Erden gekommen ist, um im König Mensch zu werden. Dieses Mysterium bleibt nicht in den Tempel eingeschlossen und auf den König beschränkt, sondern dringt ins Bewußtsein der Gläubigen. Auf der Außenwand der Geburtshalle im Luksor-Tempel haben Tempelbesucher, Wallfahrer flüchtig gezeichnete Votivbilder angebracht, die keinen Zweifel daran lassen, worin man das heilige Geschehen im Dunkeln des Tempels sah: Zahlreiche Ritzzeichnungen und kleine Reliefs zeigen Amun als Fruchtbarkeitsgott mit erigiertem Phallus. Über das eigentliche Festgeschehen im Tempel berichten die Bilder und Texte aber nur wenig. Aus einer Bemerkung im großen Feldzugsbericht des Königs Pi-je ergibt sich, daß die Prozession nachmittags stattfand, so daß die Heilige Hochzeit im Dunkel der Nacht vollzogen wurde. Der Aufenthalt Amuns in seinem *Harim* zog sich über mindestens zehn Tage hin, und ohne Zweifel wohnte der König diesem Fest persönlich bei. Würdenträger aus allen Teilen des Landes waren eingeladen, und sicherlich wurde der Anlaß genutzt, um politische Gespräche zu führen und Dienstbesprechungen mit den Provinzbehörden abzuhalten.

Die Anwesenheit der politischen Prominenz, hoher Militärs, machte dieses große Fest zu einem geeigneten Anlaß politischer Proklamationen, zur Selbstdarstellung des Königs. So ist es nicht Zufall, sondern politisches Kalkül, daß sich Haremhab während des Opet-Festes zum König Ägyptens krönen läßt. Da er ja als General des ägyptischen Heeres nicht aus dem Königshaus stammt, wird seine Legitimation dadurch eindrucksvoll und aller Welt sichtbar unter Beweis gestellt.

In der Biographie des Hohenpriesters Neb-wenen-ef, die er in seinem Grab in Theben-West in einer hieroglyphischen Inschrift aufzeichnen ließ, wird davon berichtet, daß dem Neb-wenen-ef sein hohes kultisches Amt während des Opet-Festes durch ein Orakel des Amun verliehen wurde. Diese historische Notiz weist auf einen wohl besonders wichtigen Aspekt der Festprozession hin: Die seltene Gelegenheit, den Auszug Gottes aus seinem Tempelhaus zu erleben, wird dazu genützt, der Gottheit Fragen vorzulegen, sie um Entscheidungshilfe in wichtigen Angelegenheiten zu bitten. Nicht die alltäglichen Sorgen und Probleme wurden bei solch hohen Festen vor Gott gebracht, sondern Fragen von staatspolitischer Bedeutung. Hatschepsut wird durch eine Orakelentscheidung Amuns zur Thronfolgerin berufen und entschließt sich aufgrund eines Orakelspruchs zur Expedition nach Punt, ein Weihrauchland in Ostafrika. Tuthmosis III. wird durch ein Amun-Orakel auf den Pharaonenthron gerufen. Auch Entscheidungen über Kriegszüge werden in die Hand Gottes gelegt.

Wie die Erteilung einer göttlichen Orakelentscheidung im Verlauf einer Festprozession praktisch vor sich ging, darüber geben altägyptische Bilder und Texte nur spärliche Auskunft. Es wird berichtet, die Götterbarke sei vor dem Thronfolger unvermittelt stehengeblieben und Amun habe ihn dadurch erwählt, ein anderer Bericht läßt die Deutung zu, das Götterbild habe eine positive Entscheidung durch Kopfnicken verkündet. Letztlich entzieht sich der wirkliche Vorgang einer historisch exakten Rekonstruktion – wohl nicht zuletzt deshalb, weil unsere moderne pragmatische Art der Fragestellung dem Mysterium des Geschehens nicht gerecht wird. So spröde das Text- und Bildmaterial zu dieser Frage ist, so ausführlich berichten andererseits die Reliefs der ‹Roten Kapelle› der Hatschepsut und die sich über Hunderte von Metern hinziehenden Bildfelder der Kolonnade des Luksor-Tempels über die Atmosphäre während der Festwochen. Die Bildbeschriften sind jedoch auch hier knapp gehalten. So heißt es als Begleittext zu den Bevölkerungsmassen, die die Fahrt der Götterbarken von Karnak nach Luksor vom Ufer aus betrachten und mit der Barkenprozession auf der Uferstraße mitlaufen:

«Der Himmel jubelt, das Land ist im Fest, die beiden Ufer sind in Jauchzen und Jubel, wenn sie sehen die Göttin Mut, die Erste unter den Göttern. Die Götter preisen sie, alle Menschen verehren sie, wenn sie im Gefolge des Herrn der Götter ist an seinem schönen Feste von Opet.»

Die Reliefbilder zeigen in einer für die ägyptische Kunst ungewöhnlichen Lebendigkeit die bewegten Volksmassen, sie lassen in der Abbildung der zahlreichen Musikantengruppen sogar den akustischen Hintergrund ahnen, der im Text mit «Jauchzen und Jubel» beschrieben wird. Wenn sich hier fast zwangsläufig ein Vergleich mit Festen unserer Tage, mit Volksfeststimmung aufdrängt, dann wird das bestätigt durch all die Randerscheinungen des Festes, die sich den Bildern in Luksor entnehmen lassen. Die zahlreichen Festteilnehmer wollen nicht nur versorgt sein – nein: Essen und Trinken sind ein fester Teil des religiösen Festes, und das Gleiche gilt für Musik und Tanz. Festmahl und ein kultischer Tanz, an dem sich der König beteiligt, sind die Form des intensiven Kontakts zu Gott. Im Mahl vollzieht sich die Gemeinschaft von Mensch und Gott, die *Communio*, im Rausch wird die Grenze des Irdischen durchbrochen, im ekstatischen Tanz tritt der Mensch aus sich heraus und erlebt die Vision des Göttlichen. Den detailreich und bewegt gestalteten Reliefbildern gelingt es, die Realität des Festverlaufs über mehr als 3300 Jahre authentisch zu überliefern und den modernen Betrachter mit hineinzunehmen in das Erlebnis der Gottesnähe.

Die Rückkehr der Barkenprozession von Luksor nach Karnak ist auf der Ostwand der Kolonnade des Luksor-Tempels in der gleichen Ausführlichkeit geschildert wie der Festzug von Karnak nach Luksor auf der Westwand. Die Beteiligung des Volkes ist nicht weniger lebhaft als Wochen zuvor beim Festbeginn, denn es wird ein Jahr dauern, bis sich Amun, Mut und Chons, die Heilige Familie, wieder im Fest zeigen werden. Der König persönlich geleitet die Götterbarken zurück nach Karnak. Er nutzt die Gelegenheit zur Demonstration seiner Macht und läßt am Ufer Gruppen von Nubiern, Libyern und Asiaten neben der Prozession herlaufen und sie ausrufen:

«Der König rudert seinen Erzeuger, der ihm das Königtum überweist als Schicksal und die Lebenszeit des Rê im Himmel. Er wird belohnt mit Stärke und Sieg über jedes Fremdland, das ihn angreift. Möge Amun dem König den Sieg geben. Denn Amun, der Gott, ist es, der ihn gibt.»

Der König und mit ihm die ganze Welt haben im Opet-Fest von Neuem die göttliche Gnade erfahren, gehen gestärkt in ein neues Jahr, der göttlichen Hilfe sicher. Das Jubellied des Volkes spricht dies aus:

»Wie jung ist der gute Herrscher, wenn er vor Amun ist, um ihn nach Karnak zu rudern an seinem alljährlichen Feste, wenn er für

Amun tut, womit dieser zufrieden ist im heiligen Opet. Amun hat sein großes Opfer angenommen und hat ihm gegeben die Lebenszeit des Rê und die Jahre des Atum. Er beschenkt ihn mit Hunderttausenden von Jahren und Millionen von Jubiläen.»

Der Festzug ist nach Karnak zurückgekehrt. Die Barken legen am Tempelkai an, Tempelmusikanten begrüßen die Barken bei ihrer Heimkehr. Wieder sind die Fahnen aufgezogen, der Tempel ist festlich geschmückt, denn es werden noch festliche Tage mit Opfern, Tänzen und Gesängen vergehen, bevor die Götterbilder an ihren Platz im Allerheiligsten zurückgekehrt sind. Auf das abschließende Opfer des Königs antwortet Amun in der Textbeischrift der Schlußszene der Luksor-Reliefs dem König:

«Mein leiblicher geliebter Sohn, Herr der beiden Länder! Ich bin froh wegen dessen, was du für mich getan hast. Ich habe dein großes Opfer angenommen. Ich gebe, daß dein Denkmal dauernd ist wie der Himmel und deine Lebenszeit wie die der Sonnenscheibe an ihm als Belohnung für dieses feste, treffliche, reine Denkmal, das du gemacht hast dem Amun, dem Herrn von Karnak, Herr des Himmels.»

Die Bedeutung des Opet-Festes als alljährliche Erneuerung und Bestätigung der göttlichen Herkunft des Königs und der auf ihr beruhenden Ordnung der Welt strahlt über das Ende der pharaonischen Zeit hinaus. Lange nachdem die letzten Tempel der altägyptischen Götter im 4. und 5. Jahrhundert n. Chr. für immer ihre Tore geschlossen haben, findet sich in einem christlichen Gedicht des 13. oder 14. Jahrhunderts eine Erwähnung des Opet-Festes als eines christlichen Ritus. Am erstaunlichsten aber ist, daß noch heute alljährlich in Luksor ein islamisches Fest gefeiert wird, das wie eine historische Rekonstruktion des Opet-Festes anmuten mag, aber auf uralter Tradition beruht.

Im nordöstlichen Teil des Luksor-Tempels erhebt sich hoch über dem Niveau des Hofes Ramses' II. eine Moschee, die dort im 15. Jahrhundert auf den Schuttmassen des pharaonischen Tempels zu Ehren des Ortsheiligen Jussuf Abul Haggâg errichtet wurde. Die Verehrung dieses Heiligen durch die Stadtbevölkerung hat es verhindert, daß diese Moschee den Archäologen weichen mußte. Lassen wir zu Abul Haggâg und seinem alljährlich gefeierten Heiligenfest den französischen Ägyptologen Georges Legrain zu Wort kommen, der viele Jahre seines Lebens mit der archäologischen Erforschung von Karnak und Luksor zugebracht hat und die Gebräuche des heutigen Ägyptens aus langer eigener Beobachtung kennt:

«Nur selten gelingt es einem Europäer, die Moschee des Abul Haggâg zu betreten, die Heiligengräber zu besichtigen und die Stelle zu sehen, wo die Barke des Heiligen steht. Denn Abul Haggâg hat sich in der Nachfolge des Amun in einem Teil seines Tempels niedergelassen und mit dessen Qualitäten eines Fruchtbarkeitsgottes auch dessen Kult und Attribute geerbt.

Und wie einstmals Amun durchzieht Abul Haggâg einmal im Jahr in einer Barke seine Heimatstadt Luksor. Dieser Tag, der 14. Schabân, ist das große Fest Oberägyptens.

Schon zwei Wochen im voraus beginnen die Vorbereitungen mit Versammlungen auf dem Saha-Platz vor dem Haus des Scheich Jussef, ganz nahe beim Obelisken, dessen Bruder jetzt in Paris steht. Tagsüber gibt es Reiterspiele, an denen die Vornehmen des Landes teilnehmen. Die Musik sorgt für Stimmung und versetzt Menschen und Tiere in Erregung. Weiter entfernt findet Stockfechten statt, und allenthalben, besonders am Abend, quellen die arabischen Cafés von Gästen über. Die Wasserpfeifen qualmen, Tänzerinnen und Sängerinnen berauschen sich an billigem Bier, als ob sie sich der urtümlichen Festgelage von Bubastis erinnerten, wo in einer einzigen Nacht mehr Wein getrunken wurde als sonst in einem ganzen Jahr.

Tag um Tag, Nacht um Nacht nimmt die Erregung zu, die Reiterspiele werden prunkvoller und die Tänzerinnen werden gar nicht mehr nüchtern. Am 13. Schabân, am Vorabend des Vollmondes, ist die ganze Umgebung von Luksor wie ausgestorben, nur Kranke und Gebrechliche sind nicht auf dem Weg in die Stadt. Es ist Wafka, der Vorabend des großen Festes des Abul Haggâg. Die Bewohner des Westufers drängen sich in die Fährboote, bis das Wasser die Bordkante erreicht, und fahren über den Fluß, kostenlos dieses Mal, da kein Fährmann es wagen würde, den Fährlohn zu nehmen. Der Segen des Heiligen über ihn und seine Familie ist ihm dafür sicher. Manchmal kommen Pilger von weit her, aus Assuan und Kairo sogar, und die Bewohner des Dorfes Hagasa, der Haggâg-Sippe verwandtschaftlich verbunden, strömen in Massen nach Luksor und werden dort herzlich begrüßt.

Vom frühen Morgen an strömen die Menschen auf den Markt. Gewaltige Mengen von Rindern, Büffeln und Hammeln werden geschlachtet, denn die Bürger von Luksor, Moslems wie Christen, haben die Pflicht, allen, die gekommen sind, den Ortsheiligen anzubeten, ein üppiges Mahl zu bereiten. Zu diesem nächtlichen Mahl hat jeder nach seinen Möglichkeiten eine bestimmte Zahl Pilger zu bewirten. Die Häuser sind zu eng, all diese Menschen aufzunehmen, und so wird das Mahl in den Straßen aufgetragen. Der Vollmond sorgt für die Beleuchtung.

Die ganze Nacht geht über dem festlichen Treiben rings um die erleuchtete Moschee hin und man wartet auf den Tagesanbruch, um das Fest beginnen zu lassen.

Schon mehrere Tage vorher ist die Barke des Abul Haggâg neu angemalt worden. Drei waagerechte Farbzonen schmücken sie: blau, weiß und rot. Wenn der Augenblick des Beginns der Prozession endlich gekommen ist, wird die Barke auf einen vierrädrigen Wagen geladen und mit dem großen bunten Tuch bedeckt, das das ganze Jahr über das Grab des Abul Haggâg verhüllt. Die Tücher von den fünf anderen Gräbern werden auf fünf reich geschmückte Kamele gelegt. Allein die Angehörigen der Haggâg-Familie haben das Recht, in die Barke oder auf die Kamele zu steigen, aber meist überläßt man diese außerordentliche Ehre den kleinen Kindern.

Traditionsgemäß versammelt sich der Festzug am Fuß des Obelisken; er besteht aus zwei Polizeioffizieren, zehn Reitern und 50 Soldaten. Dann folgen die fünf reich geschmückten Kamele mit den bunten Stoffen von den Heiligengräbern; die Glöckchen ihres Zaumzeugs klingeln, und der von einem Federbusch geschmückte Kopf ist stolz erhoben. Auf jedem Kamel reitet ein Muezzin und läßt seinen Ruf ‹Es gibt keinen Gott außer Gott. Gott ist groß› erschallen wie beim Gebetsruf von den zwei Minaretts der Moschee. Dann folgen die religiösen Bruderschaften, ihnen voran Scheich Jussef und die Mitglieder der Haggâg-Familie. Jede Gruppe trägt bunte Fahnen.

Unter dem Klang eines Preislieds auf Abul Haggâg, unter Rufen, Gebeten und Gewehrschüssen zieht die Barke langsam voran, flankiert von Fahnen, an Stricken gezogen von den Gläubigen. So geht es mitten durch die Menge, die sich im Freudentaumel herandrängt, um wenigstens das heilige Tuch zu berühren, unter dem einige Kinder der auserwählten Familie hocken. Wem es gelungen ist, das Tuch zu berühren, dem bringt dies Gesundheit, Glück und Fruchtbarkeit, und neun Monate später gibt es, so sagt man, eine außergewöhnliche Zunahme der Geburten.»

Diese Schilderung des Festes, 1914 veröffentlicht, wirkt wie eine Beschreibung der Reliefbilder im Luksor-Tempel; bis hin zur Ausdeutung als Fruchtbarkeitsritus reichen die Analogien zwischen dem pharaonischen Opet-Fest im 14. Jahrhundert v. Chr. und dem islamischen Heiligenfest, das noch heute alljährlich gefeiert wird. Selten wohl bietet die Religionsgeschichte ein vergleichbares Phänomen, das heutige Glaubenspraxis tief ins Altertum zurückführt und antikes religiöses Leben unmittelbar nachvollziehbar macht. Das Urerlebnis der Gottesnähe im Fest ist über mehr als drei Jahrtausende lebendig und aktuell geblieben.

Pessach – Fest der Befreiung

Von Barbara Suchy

Das Osterfest. Illustration aus Paul Christian Kirchner: Jüdisches Zeremoniell oder Beschreibung der Bräuche. Nürnberg um 1730.

Das jüdische Jahr kennt in seinem Ablauf viele Feste, traurige, ernste, aber auch heitere. Sie alle erzählen ihre eigene Geschichte und vermitteln dem gläubigen Menschen ihre eigene Botschaft. Pessach erinnert an das für die Juden wichtigste und folgenreichste Ereignis der Geschichte: die Befreiung aus ägyptischer Knechtschaft und der Auszug aus dem Lande Pharaos. In seiner Vorbereitung und in seinem Ablauf hebt sich dieses Fest ganz entschieden von allen anderen Festen der Juden ab. Für den Außenstehenden höchst kompliziert und umständlich erscheinende Vorbereitungen sind notwendig. Und doch ist es vielleicht das beliebteste Fest im Ablauf des jüdischen Jahres, wie aus unzähligen Lebenszeugnissen ebenso zu erfahren ist wie aus den Werken jüdischer Dichter und Schriftsteller. Der *Seder*-Abend war immer und ist noch heute der Höhepunkt der häuslichen religiösen Zeremonien.

«Zur Läuterung des Herzens und zur Freude an Gott sind uns die Feste verliehen», heißt es in einem Zusatz zum Abendgebet am *Seder*-Abend. Hiervon teilt sich auch dem Abseitsstehenden etwas mit und schwingt nach, als wärmende, inspirierende und auch kraftspendende Erinnerung. Menschen, die vielleicht sonst kaum eine Beziehung zur religiösen Tradition haben, feiern Pessach – im Kreise der Familie und mit Freunden – eher, in welcher Form auch immer, als irgendein anderes jüdisches Fest. Mögen sich auch zu verschiedenen Zeiten und in den einzelnen Ländern unterschiedliche Bräuche, volkstümliche und folkloristische Arabesken mit der Vorbereitung und dem Ablauf des Pessachfestes verknüpft haben, – in seinem Grundcharakter und -ritual ist dieses, seinem Ursprung nach älteste aller jüdischen Feste bis auf den heutigen Tag unverändert geblieben. Wo auch immer, in Israel oder in der Diaspora, begehen gläubige Juden Pessach in der Weise, wie es die Vorfahren seit vielen Jahrhunderten begangen hatten.

Elias Canetti beschreibt, wie er Pessach im bulgarischen Rustschuk an der unteren Donau zu Beginn dieses Jahrhunderts als Kind im Kreise seiner spaniolischen Familie erlebte:

«Das größte Reinemachen im Haus kam vor Pessach, Ostern. Da wurde alles drunter und drüber gerückt, nichts blieb am selben Fleck und da das Reinemachen früh begann, es dauerte, glaube ich, gegen zwei Wochen, war das die Zeit der größten Unordnung. Niemand hatte Zeit für einen, immer war man jemandem im Weg und wurde auf die Seite geschoben oder weggeschickt, und auch in die Küche, wo die interessantesten Dinge vorbereitet wurden, durfte man höchstens einen kurzen Blick werfen. Ich hatte die braunen Eier am liebsten, die tagelang in Kaffee gekocht wurden.

Für den Seder-Abend wurde der lange Tisch im Wohnzimmer aufgestellt und hergerichtet und vielleicht mußte das Zimmer für diese Gelegenheit so lang sein, der Tisch faßte sehr viel Gäste. Die ganze Familie war für den Seder-Abend versammelt, der in unserem Hause gefeiert wurde. Es war Sitte, zwei, drei fremde Leute von der Straße hereinzuholen, die an die Festtafel gesetzt wurden und an allem teilnahmen.

Am oberen Ende saß der Großvater und las die Haggadah, die Geschichte vom Auszug der Juden aus Ägypten. Es war sein stolzester Augenblick: nicht nur war er über seine Söhne und Schwiegersöhne gesetzt, die ihm die Ehre erwiesen und seine Anweisungen alle befolgten, er, der Älteste, mit seinem scharfen Raubvogelkopf, war auch der Feurigste von allen, nichts entging ihm, während er im Singsang las, bemerkte er die geringste Bewegung, jeden kleinsten Vorgang am Tisch und sah durch einen Blick oder durch eine leichte Handbewegung nach dem Rechten. Es war alles sehr warm und dicht, die Atmosphäre einer uralten Erzählung, in der alles genau vorgebildet war und seine Stelle hatte. An den Seder-Abenden bewunderte ich den Großvater sehr, und auch seine Söhne, die es mit ihm nicht leicht hatten, schienen gehoben und heiter.

Als der Jüngste hatte ich meine eigene, nicht unwichtige Funktion, ich mußte das ‹Ma-nischtanah› sagen. Die Erzählung vom Auszug aus Ägypten ist eingekleidet in die Frage nach dem Anlaß des Festes. Der jüngste der Anwesenden fragt gleich zu Beginn, was diese Vorrichtungen alle bedeuten: das ungesäuerte Brot, die bitteren Kräuter und die anderen ungewohnten Dinge auf der Tafel. Der Erzähler, in diesem Falle der Großvater, beantwortete die Frage des Jüngsten mit der ausführlichen Geschichte des Auszuges aus Ägypten. Ohne meine Frage, die ich auswendig hersagte, wobei ich das Buch in der Hand hielt und mich stellte, als ob ich lese, konnte die Erzählung nicht beginnen. Ihre Einzelheiten waren mir bekannt, man hatte sie mir oft erklärt, aber mich verließ während der ganzen Verlesung nicht das Gefühl, daß der Großvater mir auf meine Frage antwortete. So war es auch für mich ein großer Abend, ich kam mir wichtig, ja unentbehrlich vor, es war ein Glück, daß es keinen jüngeren Vetter gab, der mich von dieser Stelle verdrängt hätte.

Aber obwohl ich jedem Wort und jeder Bewegung des Großvaters folgte, freute ich mich während der ganzen Dauer der Verlesung auf das Ende. Denn da kam das Schönste: Die Männer standen alle plötzlich auf und tanzten ein wenig umher und sangen tanzend zusammen ‹Had gadja, had gadja› – ‹Ein Lämmlein, ein Lämmlein›. Das war ein lustiges Lied und ich kannte es schon gut, aber es gehörte dazu, daß ein Onkel mich zu sich heranwinkte, sobald es zu Ende war, und mir jede einzelne Zeile davon ins Spanische übersetzte.»[1]

Pessach war in biblischer Zeit das erste der drei Wallfahrtsfeste, hebräisch *schalosch regalim*. Dreimal jährlich waren die Juden gemäß göttlicher Weisung aufgerufen, nach Jerusalem zu pilgern. «Dreimal alljährlich soll alles was männlich ist vor dem Ewigen, deinem Gott erscheinen an dem Orte, den er erwählen wird, am Fest der ungesäuerten Brote, am Wochenfest und am Fest der Laubhütten», heißt es im fünften Buch Moses.² So, wie sich das Pessachfest auf die Befreiung der Israeliten aus der ägyptischen Sklaverei bezieht, so sind auch die beiden anderen Wallfahrtsfeste mit wichtigen geschichtlichen Ereignissen verbunden: Das Wochenfest *Schawuoth*, – es bildete die Voraussetzung des christlichen Pfingsten – bezieht sich auf die Offenbarung auf dem Berge Sinai und das Laubhüttenfest, im Herbst, auf die Wanderung der Israeliten durch die arabische Wüste.

Drei Namen hat das Pessachfest im Hebräischen. In ihnen deuten sich sowohl der Ursprung des Festes als auch die verschiedenen Phasen der religiösen Entwicklung Israels an: *Chag ha Pessach* war, so nimmt man an, das Frühlingsfest der Hirten, bei dem Lämmer geopfert wurden. Hiermit verbunden war der Brauch, die Pfosten der Zelte mit Blut zu bestreichen, um von der Herde Unheil abzuhalten. – *Chag ha Mazzot*, das Fest der ungesäuerten Brote, war ein Erntefest kanaanitischer Bauern. Im Frühling buk man, um die Ernte zu heiligen, aus der Erstlingsernte, das war die Gerste, ungesäuerte Brote – ohne den sonst üblichen Sauerteig, der die Gärung bewirkte. Man hielt während des Festes alles Gesäuerte, *Chamez*, fern, um Ernteschäden abzuwenden. Im Verlauf der Entwicklung hatte sich dann das Pessachfest der Hirten mit dem Mazzotfest der Bauern zu einem Frühlingsfest, *Chag he Aviv* verbunden.³

Seine eigentliche und noch heute gültige Sinngebung erhielt das Pessachfest dann durch den Bezug auf den Auszug aus Ägypten. Gott hatte in die Geschichte eingegriffen. Die Juden wurden mit der Errettung aus der Sklaverei und dem Exodus zum Volk geeint, zusammengehalten durch die ihm von Gott geoffenbarten Weisungen. Jedermann kennt diese Geschichte oder kann sie nachlesen im Alten Testament, in der Bibel, die Juden und Christen gemeinsam ist. Eingewoben in diese Sinngebung sind die Elemente der älteren Frühlings- und Erntefeste: Das Blut der Lämmer, das die Israeliten gemäß der Weisung ihres Gottes über ihre Türen und Seitenpfosten strichen, war zum Schutz geworden gegen den Tod, den Würgeengel. Er suchte nur die Erstgeborenen der Ägypter heim. An den Häusern der Israeliten ging er vorbei. *Pessach* – das heißt vorbeischreiten, vorübergehen. Und die ungesäuerten Brote, die *Mazzot*, erinnern an den eiligen Aufbruch, als keine Zeit geblieben war, den Teig wie sonst üblich gären zu lassen und zu Broten zu backen.⁴

Pessach wird im ersten Monat des Jüdischen Kalenders gefeiert, im Monat Nissan. Das ist die Zeit vom März bis zum April. Das Fest beginnt am Abend des 14. Nissan, dem *Seder*-Abend, und dauert sieben, in der Diaspora acht Tage lang. Volle Feiertage sind nur der erste bzw. auch der zweite in der Diaspora und der letzte, bzw. die beiden letzten. Die mittleren gelten als Halbfeiertage, an denen gearbeitet werden kann.

Das christliche Osterfest, dieses sei hier nur am Rande angemerkt, setzt das jüdische Pessachfest voraus, nicht nur bezüglich des Namens und des Zeitpunkts. Manchmal fallen beide Feste auf denselben Tag. Bis ins 2. Jahrhundert war der Termin von Ostern und Pessach in den frühchristlichen Gemeinden identisch. Es ist bedeutsam, daß – den Evangelien nach – Jesus am 15. Tag des Monats Nissan gekreuzigt wurde, dem ersten Pessach-Feiertag.[5] Das Abendmahl, das Jesus im Kreise seiner Jünger beging, ist ein Pessach-*Seder*. Hier und zu diesem Zeitpunkt enthüllte er seinen Jüngern die heilsgeschichtliche Bedeutung seines Todes.

Pessach beginnt am Abend des 14. Nissan mit dem glanzvollen und feierlichen *Seder*-Abend. *Seder* heißt Ordnung. Franz Rosenzweig schrieb dazu in seinem Buch ‹Der Stern der Erlösung›:

«Das Abendmahl, zu dem der Hausvater an ihm die Seinen vereint, ist recht eigentlich unter den vielen Mählern des geistlichen Jahres *das* Mahl schlechtweg; es ist das einzige, das von Anfang bis zu Ende eine gottesdienstliche Handlung darstellt und so von Anfang bis zu Ende – in Wahrheit, wie wir es nennen, ‹Ordnung› – liturgisch geregelt ist. Das Wort der Freiheit leuchtet über ihm von Anfang an.»[6]

Die Weisung an verschiedenen Stellen des Exodus lautet: «Ungesäuertes Brot soll sieben Tage gegessen werden, und kein gesäuertes Brot darf bei dir gesehen werden, und kein Sauerteig darf bei dir gesehen werden in deinem ganzen Bereich.»[7] Aus der Ehrfurcht vor diesem biblischen Gebot ergibt sich eine «Revolutionierung» des ganzen Haushaltes.[8] Fromme jüdische Hausfrauen beginnen mit den Vorbereitungen, wie Elias Canetti in seinen Kindheitserinnerungen berichtete, schon wochenlang vor dem Fest. Manche Hausfrau weiß darüber stöhnend zu berichten. Es ist die Zeit des großen Reinemachens, des Frühlingsputzes. Es mag ja sein, daß im Frühling nach langen Winterwochen sich glücklicherweise in den Frauen so etwas wie ein Putz- und Nesttrieb besonders stark meldet. Man kann viele rationale Erklärungen hinsichtlich des Ursprungs etlicher biblischer Gebote finden. Aber der Gehorsam gläubiger Juden ihnen gegenüber, der oft den Außenstehenden so unverständlich und schwer nachvollziehbar ist, war eine Voraussetzung der historischen Kontinuität des jüdischen Volkes.

Es ist also Vorschrift, daß alles Gesäuerte, *Chamez* auf Hebräisch, entfernt werden muß. *Chamez*, das sind Getreidekörner oder Getreideprodukte, die in irgendeinem Stadium den Prozeß der Gärung durchgemacht haben. Das Haus, die Wohnung, alle Winkel, Schränke und Kästen werden von oben bis unten gesäubert. Alle Gegenstände, alle Gerätschaften müssen nach bestimmten Vorschriften gereinigt – *gekaschert* – werden oder durch neue, ausschließlich für Pessach bestimmte, ersetzt werden.

Im Mittelpunkt der Vorbereitungen stand jahrhundertelang die *Mazza*, das Brot des Festes. Genaue Vorschriften gewährleisten, daß nur guter, trockener Weizen in einer sorgsam gereinigten Mühle gemahlen wird und in reine Säcke kommt. Zügig muß er dann mit reinem Wasser, in das kein Körnchen gelangen darf, zu Teig verarbeitet werden, ohne daß es dabei zur geringsten Gärung kommen darf. Der Teig wird rasch durchgeknetet und zu dünnen Fladen ausgewalzt, in die man kleine Löcher treibt, damit sie sich nicht wellen. Heute besorgen moderne Betriebe, die unter der Aufsicht von Rabbinern stehen, das Backen der *Mazzoth*.

Am 13. Nissan ist man fertig mit allen Vorbereitungen. Alles blitzt, oft sind die Räume frisch gekalkt. Die *Mazzen*, die *Mazzoth* sind gebacken. Der Hausvater geht nun *Chamez batteln*, wie es auf jiddisch heißt. Mit einer Kerze und einer Feder oder einem Federwisch geht er durch alle Räume. Nichts Gesäuertes darf er übersehen. Er wird nichts finden. Aber es ist uralter Brauch, daß die Hausfrau, mehr oder weniger versteckt, Krümelchen verteilt, damit die Mühe des Suchens nicht umsonst sei, besonders im Hinblick auf die Kinder, die den Vater gern dabei begleiten. Die Krümel werden in ein Tüchlein eingesammelt und am nächsten Tag im Ofen verbrannt. Früher war es in Deutschland auch Brauch, daß das Gesäuerte aller jüdischen Familien eines Ortes gemeinschaftlich irgendwo im Freien verbrannt wurde. Eduard Silbermann, aufgewachsen in der Mitte des vorigen Jahrhunderts in einem kleinen fränkischen Dorf, hat 1916 seine Erinnerungen an diese Jahre niedergeschrieben:

«Ein Hauptfesttag für uns Kinder war der Erew Pessach, das ist der Tag vor dem Pessachfest. Nach dem Morgengottesdienst holten die Kinder in den jüdischen Häusern das ‹gebaddelte Chumez› – das am Abend vorher zusammengesuchte Gesäuerte – ab. Das ‹Chumez› wurde sodann in der Nickel, einem breiten Graben zwischen zwei unmittelbar bei dem Dorf befindlichen Feldwegen, in der Zeit zwischen 9 bis 10 Uhr verbrannt. Zu der Feier erschien regelmäßig unser Lehrer Fränkel, welcher den Segensspruch über Wegschaffung des Gesäuerten rezitierte. Wir sprangen über das Feuer und brachten manchmal versengte Hosen heim. Aus den sich hieraus ergebenden Folgen machten wir uns wenig.»[9]

Der Spruch, den Lehrer Fränkel rezitierte, ist von altersher überliefert und wird auch vom Hausherrn am Ende der Vorbereitungen gesagt: Alles Gesäuerte, das sich dennoch in seinem Hause befinden sollte, sei so zu betrachten, als gehöre es niemandem. Nichtig sei es und dem Staub der Erde gleich.

Größere Vorräte an Gesäuertem, an Brot und dergleichen, werden für die acht Pessachtage an einen Nichtjuden verkauft und nach Ablauf dieser Tage zurückgekauft.

«Großvaters Haus» nannte Manfred Sturmann seine Erinnerungen an die Kindheitsjahre in einem kleinen ostpreußischen Städtchen. Er schrieb diese Erinnerungen 1941 nieder, in Palästina. Das jüdische Jahr, so erinnerte er sich, in seinem bunten abwechslungsreichen Umlauf, mit seinen Festen und Symbolen, habe immer seinen hohen Reiz für ihn besessen. Hingegen sei ihm der tote Wissensstoff der Bücher zum Kummer des von ihm sehr verehrten Großvaters – der gern einen Talmudgelehrten aus ihm gemacht hätte – gänzlich fremd geblieben:

«Wenn der harte ostpreußische Winter gebrochen war, und plötzlich eine warme Sonne über den Schneeresten der Felder erschien, die Eisdecke des Sees dünner und dünner wurde, bis sie schließlich von dem wieder zum Leben erwachten Wasser verschlungen wurde, rüstete man zum Pessachfest. Tante Gertrud hatte schwere Tage, das Haus wurde bis zur Bodenkammer hinauf durchstöbert und gereinigt, man rückte Möbel, wusch Gardinen, scheuerte Dielen, wenn nicht gar der Maler gerufen wurde, damit eines der Zimmer eine neue Tapete erhielt. Großvaters Haus, diese gerühmte Stätte der Ordnung, war für Tage zum Chaos und zur Lärmhölle geworden. So benutzte der alte Mann, der Tante Gertruds Stöber- und Reinigungswut hilflos ausgeliefert war, diese Woche vor Pessach gern, um zu Vetter Simon nach Kuckuckswalde zu fahren, wenn er nicht gerade eine bis dato aufgeschobene Dienst- und Inspektionsreise antrat. So konnte Tante Gertrud nach Herzenslust das Haus regieren, und Tante Bella wurde ohne Erbarmen eingespannt. Gertrud begann zusammen mit der Hausbesorgerin mit dem unaussprechlichen polnischen Namen, in der Küche eine solche fieberhafte und lärmende Tätigkeit, daß nicht nur Herd und Töpfe, sondern auch die herumhantierenden Frauen dampften.

Rechtzeitig vor Pessach-Anfang kehrte Großvater zurück. Er fand das Haus gereinigt und zum Feste gerüstet vor. So konnte er daran gehen, ‹Chomez zu batteln›, die symbolische Nachforschung nach gesäuertem Brot vorzunehmen, und ein ausgespartes Stückchen Brot zu verbrennen, um somit Tante Gertruds Reinigungswerk abzuschließen. Und wenn dann Großvater, angetan mit seinem weißen Sterbekittel, den jeder Jude schon zu Lebzeiten besitzen und bei besonderen Anlässen tragen soll, in der seidenen silberbetreßten Mütze sich an den Sedertisch, die festlich gedeckte Familientafel setzte, umgeben von Kindern, Enkeln und Gästen, und die Geschichten vom Auszug aus Ägypten, so wie sie sich nach der Haggada zugetragen haben, mit feierlichem Singsang zu erzählen begann, dann schienen vergangene Zeiten zum Leben erweckt. Und wenn ich auch die hebräischen und aramäischen Texte nicht verstehen konnte und den Ablauf der Erzählung nur mit Mühe, die Schönheit der Quellen nicht ahnend, lediglich anhand der beigedruckten deutschen Übersetzung folgen konnte, so taten doch die Bilder der Haggada das ihre, um meine Phantasie mächtig anzuregen. Ich sah Moses im orientalisch-üppigen Palast vor Pharao für sein Volk reden, seine Brüder bei der

Sklavenarbeit, die Heimsuchung der Ägypter durch die von Gott geschickten Plagen, den endlichen Auszug der Kinder Israel, das Wunder
beim Roten Meer, den Untergang der nachstürmenden pharaonischen
Reiter und die geheimnisvolle Hervorzauberung des Wassers aus dem
Felsen. Die Lieder des Sederabends mit ihren eigenartig rhythmisch-
eintönigen Melodien schlossen sich an. Großvater saß, wie ein König
gekrönt und auf Polster gestützt, in unserer Mitte. Ich vergesse nicht, wie
ihm die Tränen in den Bart liefen. Ich wunderte mich, daß er an diesem
freudigen Festtag weinte. Wie konnte ich damals auch das tragische
Schicksal des Judenvolkes begreifen! Weit zurück lagen Knechtung und
Wüstenwanderung, und was ich vernahm, hatte das Gruseliganheimelnde
von alten Märchen. Dem lauschenden Knaben, der das Schicksal seines
Volkes als Realität damals noch nicht erfassen konnte, sollte es vorbehalten bleiben, mehr als zwei Jahrzehnte später das grausigste und mörderischste Kapitel jüdischer Geschichte mitzuerleben. Der Großvater aber,
der in weiser Einfühlung den Sinn der Haggada verstand, und bei ihrer
Verlesung wie ein Kind weinte, sollte von der erlebten Wiederholung des
Gelesenen verschont bleiben.»[10]

Die *Seder*-Tafel wird in folgender Weise festlich hergerichtet: Den
Tisch deckt ein weißes Tafeltuch. In der Mitte steht der *Seder*-Teller oder
die *Seder*-Schüssel. Wie bei allen jüdischen Kultgegenständen hat sich
jüdische Bild- und Handwerkskunst ihrer Gestaltung zu allen Zeiten
besonders liebevoll angenommen. Auf der *Seder*-Schüssel liegen drei
Mazzot, durch schöne Deckchen voneinander getrennt. Auf der obersten
Decke oder daneben befinden sich die kleinen Schüsselchen mit den
symbolischen Speisen, die noch näher zu erklären sind. Die drei *Mazzot*
nennt man *Mizwoth*, Gebote, weil mit ihnen das Gebot des Mazzaessens
erfüllt wird. Sie haben drei Namen: Die oberste heißt *Cohen*, die mittlere
Levi, die unterste *Israel*, Symbol der drei Stände des biblischen Judenvolkes: die Priester, die Leviten und das einfache Volk. Es gibt auch
wunderschöne dreistöckige *Seder*-Schüsseln, Türmen gleich, aus Holz
oder Silber. Den einzelnen Stockwerken entnimmt man die *Mazzot*. Auf
der obersten Ebene stehen die sechs kleinen kunstvollen Gefäße für die
symbolischen Speisen.

Welche sind das? Zunächst ein kleiner angebratener Knochen mit kaum
Fleisch daran. Er erinnert an das Pessachlamm, das die Israeliten schlachten sollten in der Nacht der Befreiung, wie auch an das Opfer, das gemäß
göttlicher Weisung alljährlich auf dem Wallfahrtsfest in Jerusalem darzubringen war. Aber seit der Zerstörung des Tempels durch die Römer im
Jahr 70 u. Z. gibt es keine Opfer mehr, und daher ißt man nichts von dem
Knochen. Dann das Ei. Es läßt viele Deutungen zu. Zerbrechlich, wie es
ist, mag es die Gefährdung menschlicher Existenz andeuten, die Vergänglichkeit des Lebens. Aber es ist auch ein Symbol der Fruchtbarkeit und

des Erwachens der Natur. Die bitteren Kräuter, *Maror,* sind wie die *Mazzot* und der Wein, ein unverzichtbarer Bestandteil der *Seder*-Tafel. Es kann geriebener Meerrettich, Lattich oder Salat sein und erinnert an das bittere Schicksal der Vorfahren in der Sklaverei. Ein dickes Mus, zubereitet aus Äpfeln, Mandeln, Honig, Zimt und Ingwer – *Charosset* – erinnert an den Lehm, aus dem die Israeliten Ziegel für den Pharao machen mußten. Ein Näpfchen mit Salzwasser – manchmal auch Essig –, in das Grünzeug, Petersilie, Sellerie, Rettich oder Radieschen getunkt werden, symbolisiert Frühling und Erlösung aus tränenreicher, saurer Knechtschaft.

Vier Gläser Wein, die im Verlauf des *Seder*-Abends von jedem getrunken werden sollen – die Kinder bekommen Rosinenwein – sind ein Symbol der Gnade Gottes. Sie gelten dem vierfachen Erlösungsruf: ‹Ich führe euch hinaus, ich errette euch, ich erlöse euch, ich will euch mir zum Volke nehmen.›[11] Ein Weinpokal, größer als die anderen und meistens schön verziert, steht in der Mitte des Tisches. Niemand trinkt aus ihm. Er ist für den unsichtbaren Gast bestimmt, der jederzeit kommen kann: der Prophet Elia. Er ist es, der die Ankunft des Messias verkünden wird, den Anbruch des die ganze Menschheit umfassenden Friedens.

Vor jedem liegt das Büchlein, das die Erzählung vom Auszug aus Ägypten enthält, die *Haggada schel Pessach.* In der Tradition hat sich eine festformulierte Überlieferung entfaltet, die aber auch abgewandelt und modernen Entwicklungen angepaßt werden kann, so etwa in nicht-religiösen Kibbuzim in Israel. Es gibt wunderschöne, illuminierte *Pessach-Haggadot* aus dem Mittelalter, die den ganzen Reichtum und die Phantasie jüdischer Buchgestaltungskunst zeigen.

Der Ablauf des *Seder*-Abends gestaltet sich so: Alle, die Familie, Freunde und Gäste, haben sich versammelt. Die Kerzen sind angezündet, und über den Wein wird der Segen gesprochen. Der Hausvater hat seinen Sitz eingenommen, oft erhöht und mit Kissen zum Anlehnen. Dieser Brauch, sich links anzulehnen, hat seinen Ursprung in den Gebräuchen freier und wohlhabender Männer in der Antike. Sie pflegten sich bei ihren Festmählern auf dem Boden, auf Polstern und Kissen zu lagern. Jeder Jude, und sei er noch so arm und unterdrückt, ist während des Pessachmahls frei und unabhängig wie ein Fürst.

«Gepriesen seist du, Ewiger unser Gott, König der Welt, der uns am Leben und bei Wohlsein erhalten und uns diese festliche Zeit hat erreichen lassen.» Nach diesem Segensspruch übergießt der Hausvater die Hände mit Wasser, nimmt danach von den Kräutern, tunkt sie in Salzwasser, ißt davon und gibt auch den anderen. Er bricht dann die mittlere der drei *Mazzot* in zwei ungleiche Stücke. Er hüllt das größere in eine Serviette und legt es beiseite. Dieses Stück ist der *Afikoman.* Es wird am Ende der Mahlzeit, als letztes, als Nachtisch gleichsam gegessen. Es hat sich der Brauch entwickelt, daß Kinder dieses Stück heimlich entwenden und am Ende des Mahles erst herausrücken, wenn der Vater ihnen dafür ein Geschenk oder eine Münze verspricht. Manche sagen, diese Sitte sei entstanden, um die Kinder bis zuletzt bei diesem ungewohnt langen Mahl wachzuhalten.

Es folgt nun die Erzählung des Auszugs. Der Hausvater nimmt den Knochen und das Ei von der *Seder*-Schüssel und beginnt: «Dies ist das Brot des Elends, das unsere Väter in Ägypten gegessen haben. Wer hungrig ist, komme und esse, wer bedürftig ist, komme und feiere Pessach mit uns! Dieses Jahr hier, nächstes Jahr im Lande Israel, dieses Jahr als Knechte, nächstes Jahr als freie Männer.»[12] Danach kommt der wichtige Moment, den schon Canetti beschrieben hatte: Das jüngste Kind am Tisch stellt vier Fragen. Wenn kein Kind da ist, stellt die Hausfrau die Fragen. Und sind nur Männer da, so fragen sie sich untereinander. Oft fragen, wenn mehrere Kinder da sind, alle im Chor. Die erste dieser Fragen beginnt mit den Worten: «Wodurch unterscheidet sich diese Nacht von allen anderen Nächten? *Ma nischtanna ha-leilah hase mi kol hallelot?*» Sie sind als Einleitung und Erinnerung für den Hausvater gedacht, das biblische Gebot zu erfüllen, seinem Sohn am *Seder*-Abend vom Auszug aus Ägypten zu erzählen. Denn jeder Jude habe sich selbst an Pessach als aus Ägypten befreit zu betrachten. In vier Teilen antwortet der Hausvater nun auf diese Fragen, indem er aus der *Haggada* vorliest und mit den Seinen von den symbolischen Speisen ißt, deren Bedeutung die *Haggada* erläutert. Zur Verlesung der *Haggada* gehört auch die Rezitation der in ihr eingeschlossenen Legenden, Lieder und Psalmen.

Es ist Brauch, beim Erwähnen der zehn Plagen, die Gott über Ägypten schickte, weil der Pharao den Israeliten den Auszug untersagte, den Finger in den Wein zu tauchen und einen Tropfen Wein fallen zu lassen. Dieser Brauch geht auf das frühe 12. Jahrhundert zurück, und es gibt verschiedene Erklärungen hierfür. Eine Erklärung erscheint ethisch besonders eindrucksvoll. Sie besagt, daß dieses im Andenken an die im Schilfmeer ertrunkenen Ägypter geschehe. Auch sie seien Geschöpfe Gottes, und daher sollte man etwas von der Freude opfern im Andenken an geschlagene Feinde.[13]

Man trinkt meistens roten Wein am *Seder*-Abend. Im 17. Jahrhundert sprach sich jedoch ein großer jüdischer Gelehrter besorgt gegen den Gebrauch roten Weines aus, weil man befürchtete, er führe zu Mißverständnissen und zu üblen und oft für die Juden tödlich ausgehenden Unterstellungen seitens der Christen. Zu sehr hatten die Juden in jenen Zeiten – seit dem 14. Jahrhundert etwa – unter den grotesken, unsinnigen Verdächtigungen ihrer christlichen Umwelt zu leiden. Immer wieder war der Vorwurf aufgetaucht, Juden benötigten Christenblut zum Backen ihrer Osterkuchen, ihrer *Mazzot;* sie schändeten Hostien und mordeten Christenkinder am Karfreitag aus rituellen oder gotteslästerlichen Gründen. Diese üblen Verdächtigungen wurden oft mit dem Pessachfest der Juden verknüpft, war es ja die Passionszeit, die Osterzeit! Abergläubische Menschen wurden gerade in dieser Zeit durch skrupellose Prediger mit ihren immer wieder drastisch ausgemalten Erzählungen von der Passionszeit Jesu zu Rache- und Vergeltungsaktionen aufgestachelt. Oder man nutzte die bestehenden Vorurteile zur Rechtfertigung, um über die Juden herzufallen. Bis ins 20. Jahrhundert bestehen diese dumpfen Vorurteile fort. Noch die Nazis waren zynisch genug, auf ganz infame Weise an diese erneut anzuknüpfen, um sie für ihre Politik nutzbar zu machen.

Heinrich Heine schildert in besonderer Eindringlichkeit in seinem Romanfragment ‹Der Rabbi von Bacherach› einen *Seder*-Abend am Ende des 14. Jahrhunderts, der zum Auftakt eines blutigen Pogroms der Judengemeinde von Bacharach werden sollte:

«Die Juden, hinlänglich verhaßt wegen ihres Glaubens, ihres Reichtums, und ihrer Schuldbücher, waren an jenem Festtage ganz in den Händen ihrer Feinde, die ihr Verderben nur gar zu leicht bewirken konnten, wenn sie das Gerücht eines solchen Kindermords verbreiteten, vielleicht gar einen blutigen Kinderleichnam in das verfemte Haus eines Juden heimlich hineinschwärzten, und dort nächtlich die betende Judenfamilie überfielen; wo alsdann gemordet, geplündert und getauft wurde, und große Wunder geschahen durch das vorgefundene tote Kind, welches die Kirche am Ende gar kanonisierte. Sankt Werner ist ein solcher Heiliger, und ihm zu Ehren ward zu Oberwesel jene prächtige Abtei gestiftet, die jetzt am Rhein eine der schönsten Ruinen bildet, und mit der gotischen Herrlichkeit ihrer langen, spitzbögigen Fenster, stolz emporschießender Pfeiler und Steinschnitzeleien uns so sehr entzückt, wenn wir an einem heitergrünen Sommertage vorbeifahren und ihren Ursprung nicht kennen. Zu Ehren dieses Heiligen wurden am Rhein noch drei andere große Kirchen errichtet, und unzählige Juden getötet oder mißhandelt. Dies geschah im Jahre 1287, und auch zu Bacherach, wo eine von diesen Sankt-Wernerskirchen gebaut wurde, erging damals über die Juden viel Drangsal und Elend.»

Heine beschreibt sodann, wie in den Verlauf des *Seder*-Abends, den Rabbi Abraham im Kreise seiner Familie und weitläufigen Sippschaft feiert, jäh das Unheil hereinbricht und nur Abraham und seine schöne Frau Sara mit Mühe dem sicheren Verderben entkommen:

«Unterhalb der Burg Sonneck, Lorch gegenüber, ungefähr wo jetzt das Dörfchen Niederrheinbach liegt, erhebt sich eine Felsenplatte, die bogenartig über das Rheinufer hinaushängt. Diese erstieg Rabbi Abraham mit seinem Weibe, schaute sich um nach allen Seiten, und starrte hinauf nach den Sternen. Zitternd, und von Todesängsten durchfröstelt, stand neben ihm die schöne Sara, und betrachtete sein blasses Gesicht, das der Mond gespenstisch beleuchtete, und worauf es hin- und herzuckte, wie Schmerz, Furcht, Andacht und Wut. Als aber der Rabbi plötzlich das silberne Waschbecken ihr aus der Hand riß und es schollernd hinabwarf in den Rhein, da konnte sie das grausenhafte Angstgefühl nicht länger ertragen, und mit dem Ausrufe: ‹Schadai voller Genade› stürzte sie zu den Füßen des Mannes und beschwor ihn, das dunkle Rätsel endlich zu enthüllen.

Der Rabbi, des Sprechens ohnmächtig, bewegte mehrmals lautlos die Lippen, und endlich rief er: ‹Siehst du den Engel des Todes? Dort unten schwebt er über Bacherach! Wir aber sind seinem Schwerte entronnen. Gelobt sei der Herr!› Und mit einer Stimme, die noch vor innerem Entsetzen bebte, erzählte er: wie er wohlgemut die Agade hinsingend und angelehnt saß, und zufällig unter den Tisch schaute, habe er dort, zu seinen Füßen, den blutigen Leichnam eines Kindes erblickt. ‹Da merkte ich› – setzte der Rabbi hinzu – ‹daß unsre zwei späte Gäste nicht von der Gemeinde Israels waren, sondern von der Versammlung der Gottlosen, die sich beraten hatten, jenen Leichnam heimlich in unser Haus zu schaffen, um uns des Kindermordes zu beschuldigen und das Volk aufzureizen uns zu plündern und zu ermorden. Ich durfte nicht merken lassen, daß ich das Werk der Finsternis durchschaut; ich hätte dadurch nur mein Verderben beschleunigt, und nur die List hat uns beide gerettet. Gelobt sei der Herr! Ängstige dich nicht, schöne Sara; auch unsre Freunde und Verwandte werden gerettet sein. Nur nach meinem Blute lechzten die Ruchlosen; ich bin ihnen entronnen und sie begnügen sich mit meinem Silber und Golde. Komm mit mir, schöne Sara, nach einem anderen Lande, wir wollen das Unglück hinter uns lassen, und damit uns das Unglück nicht verfolge, habe ich ihm das Letzte meiner Habe, das silberne Becken, zur Versöhnung hingeworfen. Der Gott unserer Väter wird uns nicht verlassen. – Komm herab, du bist müde; dort unten steht bei seinem Kahne der stille Wilhelm; er fährt uns den Rhein hinauf›».[14]

Doch zurück zum *Seder*-Abend. Wenn der Hausvater von den beiden oberen *Mazzot* ein Stück abgebrochen und gegessen hat und ebenso von dem ins süße *Charosset* getauchten Bitterkraut, folgt die eigentliche Mahlzeit, die mit dem *Afikoman* beendet wird. Doch der *Seder*-Abend ist damit noch nicht beendet. Das Tischgebet wird gesprochen, und der dritte Becher Wein wird gesegnet und getrunken. Dann öffnet man die Tür – dieser Brauch ist wohl im Mittelalter entstanden – und spricht: «Schütte deinen Grimm über die Völker aus, die dich nicht anerken- nen...» In die heitere Stimmung des Festmahls kommt somit ein Ele- ment des Zorns, als Ausdruck tausendjähriger Judennot und Bedrängnis. Es folgen Psalmen und Dankgebete: «Die Seele alles Lebenden preise deinen Namen, Ewiger, unser Gott!» Sie werden beendet, bevor man den vierten Becher Wein trinkt, mit dem Wunsch, der in die Zukunft weist und der die Hoffnung aus gegenwärtiger Not und Unterdrückung versinnbildlicht: «Im kommenden Jahr in Jerusalem –.»

Der *Seder*-Abend klingt heiter aus mit volkstümlichen Liedern, dem Zahlenlied beispielsweise oder dem Lied vom Böcklein – *Chad Gadja*, das göttliche Gerechtigkeit illustrieren soll. Es hat wohl seinen Ursprung in einem mittelalterlichen deutschen Volkslied:

> «Ein Böcklein, ein Böcklein
> das gekauft mein Vater für zwei Sus
> kam das Kätzlein
> fraß das Böcklein
>
> und so weiter, bis am Ende der Hergott kommt, gelobt sei er!
>
> und tötet den Tod
> der getötet den Schächter
> der geschlachtet das Öchslein
> das getrunken das Wässerlein
>
> bis hin zum Böcklein
>
> das gekauft mein Vater für zwei Sus
> das Böcklein, das Böcklein...»[15]

Fromme Juden lesen hiernach noch gemeinsam das Hohelied Salomos, das Lied der Lieder – *Schir ha-Schirim*. Gedeutet auch als ein Symbol göttlicher Liebe zu Israel, sprechen Frühling und Glückseligkeit aus ihm: «Denn siehe, der Winter ist vergangen, der Regen ist weg und dahin; die Blumen sind hervorgekommen im Lande, der Lenz ist herbeigekommen, und die Turteltaube läßt sich hören...»[16]

Das große Fest zu Olympia im klassischen Altertum

Von Christian Meier

Ballspielende Epheben. Relief von einer attischen Statuenbasis um 500 v. Chr.

Seit 776 v. Chr., wenn wir der Überlieferung glauben dürfen, versammelte man sich alle vier Jahre in Olympia zu Wettkämpfen. Zunächst scheinen es nur die Männer aus der näheren und weiteren Umgebung des Heiligtums gewesen zu sein, den Landschaften in der westlichen Peloponnes. Seit 720 finden sich zunehmend Spartaner in den Siegerlisten. Aber sehr rasch muß sich der Einzugsbereich der Spiele über die Halbinsel hinaus erstreckt haben, nach Norden und vor allem nach Westen, von wo die griechischen Kolonien in Sizilien und Unteritalien immer wieder zahlreiche Wettkämpfer entsandten. Weniger kamen aus dem griechischen Osten, den Städten in Kleinasien und auf den vorgelagerten Inseln.

Die Anziehungskraft der olympischen Wettkämpfe ist nicht leicht zu verstehen. Die Anreise war zum Teil lang und beschwerlich, kein größerer Hafen in der Nähe. Der Ort, an dem man sich traf, ein Heiligtum in den Hügeln oberhalb des Küstenstreifens, war zwar landschaftlich wunderschön, aber er bot nicht gerade Bequemlichkeit. Ein paar Priester, Bauern, Hirten wohnten dort, eine kleine Siedlung, in der es jahrhundertelang kaum Unterbringungsmöglichkeiten oder Gasthäuser ab. Denn wozu sollte man die einrichten, wenn nur alle vier Jahre nennenswerte Kundschaft kam? Die Athleten und die wachsende Zahl der Zuschauer mußten also im Freien leben und übernachten, die Vornehmen, und das war wohl die Mehrzahl, vermutlich in mitgeführten Zelten. Und es kamen mit der Zeit sehr viele.

Händler stellten sich ein, um für Verpflegung und Getränke zu sorgen; um alles mögliche anzubieten, wie bei einer Kirmes. Gaukler, Wahrsager, Taschendiebe, Zuhälter und ihre Mädchen und was alles sonst eine solche Gesellschaft anzieht, haben gewiß nicht gefehlt. Es kamen auch Dichter, Philosophen, Redner und Bildhauer, die sich dem so illustren Publikum bekanntmachen wollten. Herodot soll aus seinen Historien vorgelesen haben. Chöre aller Art reisten an, um beim Opfer Lieder vorzutragen. Mehrere Städte schickten offizielle Festgesandtschaften, und viele Politiker ließen sich die Gelegenheit nicht entgehen, andere zu treffen, manches zu besprechen und – aufzufallen. Wir wissen es etwa von Themistokles, der 488 oder 484 wohl deshalb ein prunkvolles Zelt mitbrachte und großen Tafelluxus entfaltete; viele fanden es übertrieben. 476 kam er wieder, zur ersten Olympiade nach den Perserkriegen, ließ sich als Sieger von Salamis feiern und soll mehr Aufmerksamkeit auf sich gelenkt haben als die Sportler. Übrigens pflegte man dort auch viele Ankündigungen zu machen, die von allgemeinem Interesse waren. So wurde das Dekret Alexanders des Großen zum ersten Mal in Olympia verkündet, in welchem er bestimmte, daß die griechischen Städte die Verbannten wieder aufzunehmen hätten.

Die Zahl derer, die in Olympia zusammenkamen, belief sich bald auf mehrere Tausende, in der klassischen Zeit wohl schon auf Zehntausende.

Ein riesiges Feldlager muß sich da jeweils aufgebaut haben, für Menschen, Pferde, Esel und Maultiere, Hunde, die vielen Opfertiere und all das sonstige große und kleine Schlachtvieh, das festlich verschmaust werden wollte. Die Spiele fanden im Hochsommer statt, anfangs wohl kaum länger als einen Tag, dann dehnten sie sich aus. Zu dem Zeitpunkt, von dem zum ersten Mal Genaueres überliefert ist, dauerten sie schon fünf oder sechs Tage. Das war zu Anfang des 5. Jahrhunderts, und vermutlich war es auch schon im 6. so. Der vierte Tag, der Höhepunkt des Festes, mit den großen Opfern für Zeus, lag jeweils am zweiten oder dritten Vollmond nach der Sommersonnenwende. Glücklicherweise pflegte der unterhalb des Heiligtums fließende Alpheios im Sommer nicht auszutrocknen. Aber Hitze, Staub, Fliegen und Lärm machten den Besuchern sehr zu schaffen, neben allen andern Mühseligkeiten wie der, daß man (wahrscheinlich aus religiösen Gründen) in Olympia keine Kopfbedeckung tragen durfte. Verständlich also, wenn wir hören, daß ein Herr seinem Sklaven drohte, er solle ordentlich arbeiten, sonst werde er ihn zur Strafe mit zu den Spielen nehmen. Denn wen es nicht weiter anging, der mußte wohl in der Tat vor allem deren beschwerliche Seite spüren.

Für die andern aber, so sehr sie leiden mochten, muß es ein ganz großes Fest gewesen sein. In irgendeiner Weise nahm ganz Griechenland daran teil. Olympia sandte heilige Herolde aus, die die Wettkämpfe überall anzukündigen hatten. Man meint heute gern, sie hätten auch einen ‹Gottesfrieden› für die Griechen ausgerufen. Das läßt sich kaum wahrscheinlich machen. Eher scheint es sich um einen – wohl mit spartanischer Unterstützung gesicherten – Festfrieden für das Heiligtum selbst gehandelt zu haben, sowie um die Aufforderung, allen Wettkämpfern und Zuschauern ungehinderte An- und Abreise zu garantieren.

Unter den relativ ereignisarmen Umständen jener Zeit mußten die Spiele mit einem geheimnisvollen Glanz umgeben sein. Von allen Seiten zog man herbei. Große Erwartungen begleiteten die Sportler. Die Reisewagen, Eselkolonnen und Wanderer trafen sich auf den zum Heiligtum führenden Wegen. Vier Wochen vorher hatten die Athleten anwesend zu sein: Es begann eine letzte Periode des Trainings, vielleicht auch der Prüfung ihrer Fähigkeiten. Schon acht Monate vorher hatte die Schulung der Kampfrichter begonnen, der *hellanodikai* – wörtlich heißt das ‹Hellenenrichter›, der Name sollte wohl die Tatsache unterstreichen, daß es Spiele für alle Griechen waren, und das waren sie in der Tat. Vermutlich wurden alle Griechen dazu so aufgerufen wie etwa zur Teilnahme bei der Aussendung mancher Kolonien. Mit der Zeit freilich ergab sich daraus auch eine Einschränkung, denn die Zulassung war und blieb auf Griechen beschränkt. Nichtgriechen, aber natürlich auch Unfreie, Mörder und Tempelräuber waren ausgeschlossen, ganz selten zudem die Angehörigen von Städten, die dem Gemeinwesen von Elis, dem Olympia die längste Zeit über gehörte, ein Unrecht zugefügt hatten.

Ob die Kampfrichter zugleich für die Ordnung auf den großen Lagerplätzen zuständig waren, wissen wir nicht. Jedenfalls bedurfte es auch dafür sorgfältigster Vorbereitungen. Die ganzen Spiele müssen höchste Anforderungen an die Organisation gestellt haben, übrigens auch an den Geldbeutel der leitenden Beamten. Denn man erwartete von ihnen Spenden für die Tonnen von Öl, die die Athleten brauchten, um sich damit einzureiben, für verschiedene Opfer, eventuell auch für die Bezahlung von Hilfskräften, nicht zuletzt Stiftungen zu Ausbesserung und Bau von Altären und öffentlichen Anlagen. All diesen Ausgaben standen keine Einnahmen, etwa in Form von Steuern gegenüber; die Teilnahme an den Spielen war für Athleten wie Zuschauer frei. Die Kampfrichter waren mit großen Vollmachten ausgestattet. Gegen ihre Entscheidungen war Appellation ausgeschlossen. Als erstes hatten sie über die Zulassung der Athleten zu befinden, unter Umständen über deren Einteilung in Altersgruppen; denn es gab gesonderte Wettkämpfe für Jugendliche. Weiter oblag ihnen die Losung zu den Ring- und Faustkämpfen, die Bestrafung von Regelübertretungen, die Feststellung der Sieger, die Verleihung der Preise.

Das Fest selbst begann mit einem feierlichen Eid beim Zeus Horkios, dem Gott des Schwurs. Seine Statue hielt in jeder Hand einen Blitz, zu ihren Füßen stand eine Tafel mit Verwünschungen. Die Athleten, ihre Väter, Brüder und Trainer hatten über einem Eberopfer den Schwur zu leisten, daß sie sich keinen Verstoß gegen die Regeln zuschulden kommen ließen. Außerdem hatten die Athleten zu schwören, daß sie zehn Monate lang aufs sorgfältigste trainiert hätten. Andererseits hatten auch diejenigen, die das Alter der Athleten und bei den Pferderennen das der Fohlen zu begutachten hatten, einen Eid zu leisten, daß sie nämlich gerecht und unbestechlich ihr Urteil abgäben. An Versuchungen zu vielfältigem Betrug fehlte es nicht.

In welcher Reihenfolge die Wettkämpfe stattfanden, ist unbekannt. Jedenfalls war es ein dichtgedrängtes Programm, das da ablief, ein Wettbewerb nach dem anderen, keine gleichzeitig, bald im Stadion, bald im Hippodrom, bald auf der Altis, dem heiligen Hain, wo wohl die Ring- und Faustkämpfe stattfanden. Einen besonderen Höhepunkt stellten offenbar die Wagenrennen dar, prächtig, stark an Eindrücken, staubig und risikoreich wie sie waren, von höchster Spannung, mit vielen Unfällen – und dem erstaunlichen Geschick derer, die in äußerster Konzentration allen Gefahren glücklich auszuweichen und doch ihr Gespann auf kürzestem Weg ins Ziel zu lenken vermochten. Nicht zuletzt fanden aber auch die Faust- und Ringkämpfe großes Interesse, die mit aller Erbitterung und fast ohne Einschränkung durch Regeln ausgefochten wurden.

Unterbrochen wurden die Wettkämpfe durch das zentrale Opfer von hundert Rindern am hohen und immer höher werdenden Aschenaltar des Zeus. Am Ende stand die feierliche Ausrufung der Sieger; sie wurden mit einem Olivenkranz bekränzt: die Zweige hatte ein Junge, dessen Eltern noch am Leben sein mußten, mit einem goldenen Messer von einem Baum im Heiligtum schneiden müssen. Daran schloß sich die Bewirtung der Sieger durch die Gemeinde im Rathaus, endlich die Abschlußfeier an. Zuvor schon muß es große Gelage gegeben haben, einige als Teil der Opferfeste, andere auf Einladung reicher Herren. Über dem Ganzen lag große Spannung; Bedrängnisse, Gereiztheiten, die Intensität der letzten Trainings, der Treffen, der Trubel von Wiedersehen und Kennenlernen, die Sammlung in den großen Augenblicken, den Höhepunkten der Entscheidung, die mit viel Beifall und vielleicht auch Gesang bedacht wurden. Schließlich die Entspannung, als – um es in Pindars Worten zu sagen – «in den Abend hinein des schön blickenden Mondes liebliches Licht erglänzte und der ganze Hain vom fröhlichen Singen der Preislieder erklang». Rechnet man die jahrelangen Vorbereitungen, die Erwartungen hinzu, so müssen sich hier in der Tat unendliche Energien zusammengeballt haben, um dieses Fest weit aus aller Alltäglichkeit und aus der Reihe so vieler anderer, kleinerer Feierlichkeiten herauszuheben.

Die olympischen Spiele waren offenbar das größte Fest der griechischen Welt. Sie wurden von so vielen Bürgern so vieler Städte besucht, daß sich hier wie nirgends sonst so etwas wie eine griechische Öffentlichkeit herstellte. Das war sehr wichtig und ein außerordentliches Erlebnis zudem in einem Volk, das in Hunderten von selbständigen Städten weit über den Mittelmeerraum zerstreut lebte. Wohl gab es für die Griechen ein noch wichtigeres Zentrum, das Delphische Orakel, das gewiß weit mehr besucht wurde als Olympia, übrigens auch zahlreiche Nichtgriechen anzog. Es wurde der bedeutendste Umschlagplatz für Kenntnisse und Probleme der griechischen Welt. Aber seine Besucher verteilten sich über die Jahre. Auch als man – spätestens seit 582 – dort alle vier Jahre eigene Spiele, die ‹Pythien› veranstaltete, standen diese hinter Olympia zurück. Sie waren übrigens zunächst mehr musische Wettkämpfe, erst allmählich kamen sportliche hinzu.

Richard Harder hat die griechischen Feste «Kollektivgebärden des Selbstgenusses, der freudigen Selbsterhöhung» genannt. Er spricht vom «einen Augenblick der Erfüllung in der Einheit von Festgemeinde und Agonisten», der die Gegenwart verewigt und die vereinigte Gemeinde auf die höchste, fast göttliche Stufe des menschlichen Daseins erhoben habe. Das ist wahrscheinlich nicht sehr übertrieben. Selten sonst konnten die Griechen sich so zusammen erleben.

Wie es zu diesem Fest kam, erklärt man gern historisch. Wir wissen, daß sportliche Wettkämpfe in früher Zeit bei den Griechen wie bei andern Völkern ein Bestandteil von Leichenfeiern waren. Das bekannteste Beispiel bieten die Kämpfe, welche Achill anläßlich der Bestattung des Patroklos veranstaltete. Allein, daraus konnte so leicht keine regelmäßige Feier entstehen. Eher wäre also daran zu denken, daß man die Spiele zum Gedächtnis an einen großen Toten eingerichtet hat, etwa an Pelops, dessen Grab in Olympia verehrt, dem anläßlich der Spiele geopfert wurde. Er hatte dem Mythos zufolge durch ein Wagenrennen die Hand der Königstochter und damit die Herrschaft über die Pisatis (in der Olympia lag) gewonnen. Er soll der Peloponnes den Namen gegeben haben. Doch ist es viel wahrscheinlicher, daß die olympischen Wettkämpfe ursprünglich zum Kult des Zeus gestiftet wurden. Dessen Altar, so hören wir, war in alter Zeit das Ziel des Wettlaufs. Das Holz war angelegt, die Opfertiere geschlachtet, die dem Gott geweihten Teile lagen auf dem Altar. Dann folgte der Lauf: Der Priester gab mit einer Fackel das Zeichen dazu; der Sieger durfte das Feuer entzünden. Der Zürcher Philologe Walter Burkert schreibt dazu, der Sieger im Lauf sei «durch eine Epiphanie göttlicher Überlegenheit aus allen Menschen herausgehoben» worden. Und er sieht in dem Wettlauf den Übergang von einem Todes- zu einem Lebensaspekt: Das blutige Werk des Schlachtens ist beendet, das reinigende Opfer steht bevor. Übrigens ging den Spielen eine für die Athleten obligatorische Vorbereitungszeit von 30 Tagen voraus, während derer ihnen vegetarische Diät und sexuelle Enthaltsamkeit verordnet war. In vieler Hinsicht markierte der Agon also einen neuen Anfang, und das scheint sein ursprünglicher Sinn gewesen zu sein.

Doch was ist mit der Vorgeschichte erklärt? War das olympische Heiligtum des Zeus schon in der Frühzeit besonders angesehen, vornehm und mächtig? War seine Lage so günstig, und sei es nur, weil man in der westlichen Peloponnes an der ausgreifenden Aktivität, die damals unter den Griechen aufkam, kaum teilhatte, sich also auf sportliche Wettkämpfe besonders konzentrieren konnte? Oder hatte es eine Bedeutung, daß dieses Gebiet politisch zunächst wenig organisiert war, so daß es einen gleichsam neutralen Kampfplatz abgeben konnte? All dies könnte nur etwas besagen, wenn klar wäre, daß Olympia dadurch andere Spiele ausgestochen hat, von denen es gewiß mehrere an verschiedenen Orten gab. Eben das aber wissen wir nicht. Vielleicht gab es da nur aus irgendeinem Zufall einige besonders aufgeweckte, vielleicht auch opferbereite Männer, die es in irgendeiner günstigen Stunde dazu brachten, daß nach Olympia mehr und immer mehr Besucher kamen, als anderswohin? Interessanter ist jedenfalls die Frage, wie es überhaupt dazu kommen konnte, daß solche Spiele im 8. und 7. vorchristlichen Jahrhundert zu solcher Bedeutung gelangten. Man begründet es oft damit, daß die Griechen den Sport ganz besonders hoch geschätzt hätten. Allein, das ist für die frühe Zeit keineswegs erwiesen. Sport spielt auch in andern

frühen Völkern eine große Rolle, und inwieweit die Griechen sich darin
auszeichneten, hat noch keiner gezeigt. Vielleicht also liegt die Besonder-
heit der Griechen darin, daß sie den Sport auch in der Blütezeit ihrer
Kultur hochhielten – und in großen überlokalen Wettkämpfen pflegten.
Dann wäre deren Aufblühen ein Produkt ihres eigen-, ja einzigartigen
Kulturbildungsprozesses.

Die Griechen begannen im 8. Jahrhundert in großem Stile über See zu
fahren, an verschiedenen Küsten des Mittelmeers gründeten sie zahlrei-
che Kolonien. Vielfältigste Spielräume erschlossen sich ihnen rasch, und
sie entwickelten allerhand Aktivitäten, um sich in ihnen zu bewegen.
Eigenartigerweise aber ging das von einem relativ breiten Kreis von
Adligen in mehreren Städten zugleich aus. Deren Macht sowie die
Selbständigkeit der vielen kleinen Städte befestigte sich dabei so, daß für
Jahrhunderte die Möglichkeit zur Begründung größerer, dauerhafterer
Monarchien abgeschnitten wurde. So kam es dazu, daß – anders als alle
andern Hochkulturen der Weltgeschichte – die griechische gleichsam aus
der Mitte der Gesellschaft heraus, statt von Monarchen her, aufgebaut
wurde.

Damit aber war verbunden, daß sich die Energien der Adligen jener
Frühzeit bemerkenswert wenig aufs Politische konzentrierten. Wir beobachten überhaupt, daß sie nicht viel Sinn für Bindungen, insbesondere für
die Einbindung in größere Zusammenhänge hatten. Sie waren zwar
relativ leicht bereit, sich zu kurzen gemeinsamen Aktionen zusammenzu-
schließen, etwa zu einem Raubzug, oft über See, vielleicht auch zu einem
kleinen Krieg. Aber das endete zumeist mit der Aufteilung der Beute an
die Teilnehmer. Relativ selten dagegen wurde etwas erobert, um dann
behauptet zu werden; selten also wollte man auf die Dauer jene Kraft des
Zusammenhalts aufbringen, die notwendig ist, wenn man gemeinsam das
eigene Gemeinwesen größer machen will. Die Griechen waren da ganz
anders als die Römer, von den Monarchen der orientalischen Kulturen
ganz zu schweigen. Sie scheinen in der archaischen Zeit auch wenig Krieg
geführt zu haben. Man weiß nicht recht die Gründe dafür, vielleicht war
es die Bewahrung einer frühen Eigenart, und das Rätsel besteht darin,
daß diese den Prozeß der Kulturbildung so weitgehend überstand.
Jedenfalls können wir beobachten, daß die griechischen Städte in der
Regel klein blieben, ihre Selbständigkeit behaupteten, und daß sich
keine Macht bildete, die fähig gewesen wäre, die Adligen stärker und
dauerhaft in ihren Dienst zu nehmen. In dieser Situation mußten folglich andere Gelegenheiten der Bewährung und der Manifestation des
eigenen Ranges gesucht werden. In den Städten wie über die Städte
hinaus in der griechischen Welt, die man zunehmend kennenlernte und
erschloß. Und das war um so notwendiger, je mehr diese Welt in
Bewegung geriet.

Wettkämpfe scheinen sich dafür besonders geeignet zu haben. Sie entsprachen sehr gut der Vereinzelung, in der die griechischen Adligen zu denken und zu wirken pflegten. Da kämpfte jeder für sich allein. Nicht einmal Mannschafts-Wettkämpfe haben die Griechen entwickelt, wenn man von ihren musischen Chören absieht.

Der Umstand, daß die Griechen politisch in kleinen Städten, gesellschaftlich aber in viel weiter sich erstreckenden Zusammenhängen lebten, führte außerdem dazu, daß sie weit eher Wert darauf legen mußten, weithin hervorzuragen, möglichst der Erste zu sein unter vielen, als näherhin Macht zu haben. So etwa wird es dazu gekommen sein, daß jener Kampf ohne Feindschaft, ohne Unterwerfung, ohne die Notwendigkeit weiteren Dienstes an der Bewahrung der Macht einen so hohen Rang gewann, der agonale Wettbewerb also, der seit Jacob Burckhardt so oft als charakteristisch für die Griechen beschrieben worden ist. Darin konnten sie sich am ehesten bewähren. «Das leibliche und geistige Sichmessen stellt sich», schreibt er, «im Leben der Griechen ein, sobald ihrer Viele bei größerem Anlaß beisammen sind». Folglich kämpfte man dann nicht nur in den verschiedenen sportlichen Disziplinen miteinander, sondern ließ auch Chöre wetteifern bei musischen Agonen. Die Aufführung geschah in der Form des Wettbewerbs, und wieder andere Weisen davon entwickelten sich im privaten Symposion und bei vielen andern Gelegenheiten.

Diesem Streben korrespondierten wohl notwendig bestimmte Wertschätzungen. Und weniges eignet sich zu Wettbewerben in einer frühen Gesellschaft so sehr wie der Sport. Aber es war nicht nur dies. Vielmehr scheint sich in jener frühen Adelsgesellschaft auch ein eigenartiges Ideal der Öffentlichkeit gebildet zu haben. Man lebte einen großen Teil der Zeit unter seinesgleichen (wobei mitgesprochen haben mag, daß in den kleinen Städten auch Grundstücke und Häuser begrenzt waren). Die Öffentlichkeit wurde sogar recht klar vom Bereich der Häuser geschieden, in dem die Frauen, die Sklaven und Dienstboten walteten, in den die Arbeit gehörte, von der sich die Herren zunehmend gern zurückhielten. Es entstand eine klare Rangordnung zugunsten der Öffentlichkeit. Das brachte eine besondere Betonung des Stilistischen, des Ästhetischen mit sich. Man beobachtete einander, vollkommene Beherrschung und Ausbildung des Körpers bis hin zur Entfaltung von Anmut wurde wichtig. Auch dadurch wuchsen dem Sport bedeutende Aufgaben zu – und den Palästren und Gymnasien, in denen zumal die Jungen sich übten und die Älteren so gern zusahen. Da fand auch die gut bezeugte griechische Neigung zur Homoerotik ihr Genügen. Schließlich liebte der politisch wenig ausgelastete Adel die Feste nicht zuletzt als Gelegenheit, den eigenen Reichtum zu demonstrieren, Stiftungen zu machen, vielleicht auch um die stets prekäre Solidarität in der Stadt zu verstärken. So

mochten das Fest und der Wettkampf zusammenkommen – und sich
weiter steigern im Wetteifer der Städte untereinander.

Indem aber der städtische Rahmen für viele zu eng wurde, mußte
zugleich ein Bedürfnis nach überlokalen Treffpunkten wach werden.
Dem genügten einerseits das Delphische Orakel, andererseits Spiele wie
die olympischen, denen dann mit der Zeit die pythischen sowie die
isthmischen und nemeischen in der Nordpeloponnes zur Seite traten. Die
beiden letzteren wurden alle zwei Jahre veranstaltet, so daß seit Anfang
des 6. Jahrhunderts jedes Jahr mindestens einer, jedes zweite Jahr zwei
der großen überlokalen Wettkämpfe abgehalten wurden, um von andern
eher begrenzten Zuzugs zu schweigen. Möglicherweise ist dieses eindrucksvolle Interesse am Sport noch dadurch weiter gesteigert worden,
daß er so viele Zuschauer fand, die nicht nur seinetwegen kamen, sich
aber, da sie einmal kamen, doch auch mit ihm zu befassen, vertraut und
immer vertrauter zu machen hatten. So wurden dann hohe Leistungs-
maßstäbe gesetzt. Und da einmal der Sport so viele internationale Aufmerksamkeit auf sich zog, legten die einzelnen Städte auf Siege ihrer
Angehörigen besonderen Wert und sorgten sich darum, Gelegenheit zum
Training zu schaffen. Das wiederum wertete – zusammen mit gewissen
militärischen Gesichtspunkten – den Sport auch innerhalb der einzelnen
Städte auf. Aus welchen Gründen auch immer Olympia also bereitstand,
dieses Bedürfnis nach überlokalen Wettbewerben konnte es zur rechten
Stunde mit sich selbst aufs engste verknüpfen. Und das erklärt seine
Bedeutung.

Es hat dann mit der Zeit immer weitere Disziplinen in sein Programm
aufgenommen. Zunächst hatte es nur den Lauf über ein *Stadion* gegeben.
Ein *Stadion* war eine Längeneinheit von 600 Fuß, das bedeutete aufgrund
der in Olympia gültigen Fußlänge 192 Meter. Dieser Wettlauf blieb
weiterhin die wichtigste, vornehmste Sportart. Wer darin siegte, gab der
Olympiade den Namen. Mit der Zeit kamen der Doppellauf (über zwei
Stadien), der Langlauf (über etwa vier Kilometer), Fünfkampf, Ring- und
Faustkampf dazu. Seit 680 gab es außerdem Wagenrennen mit Vierge-
spannen, 648 folgte das Pferderennen und das *Pankration*, eine Kombi-
nation von Ringen und Boxen, später die Wettkämpfe der Jugendlichen
und der Waffenlauf, diverse Rennen mit Fohlen, sogar ein Agon von
Maultier-Zweigespannen, den man freilich bald wieder aufgab. Auf die
Dauer wurde das Stadion verlegt, die Orientierung des Laufs auf den
Zeus-Altar aufgegeben. Immer mehr diktierten also der Sport und zu-
gleich der Wunsch, dem Andrang der Zuschauer gerecht zu werden, die
Gestaltung des Festes.

So sehr aber die Olympischen Spiele in ihrer frühen Geschichte von
der archaischen Adelswelt geprägt waren, so gut konnten sie – samt der
Hochschätzung des Sports – deren Abstieg und das Aufkommen der

Demokratie im 5. Jahrhundert v. Chr. überdauern und ihre Rolle auch unter den hellenistischen Monarchien sowie unter der römischen Herrschaft weiterspielen. Erst nach der 293. Olympiade vom Jahre 393 n. Chr. wurden sie unter dem christlichen Kaiser Theodosius I. abgeschafft. Mehr als 1000 Jahre lang, von 776 vor bis 261 nach Chr. sind die Spiele nicht ein einziges Mal ausgefallen, auch nicht 480, als die Perser in Griechenland auf die Peloponnes hin vordrangen.

Neben die Kämpfer aus guter Familie traten mit der Zeit andere. Auch der Sport ‹demokratisierte› sich. Wer besonders befähigt war, konnte von der eigenen Stadt ausgebildet und unterhalten werden. Eine gewisse Spezialisierung war allemal und schon früh notwendig, am wenigsten noch beim Fünfkampf, in dem dann auch besonders Aristokraten gesiegt haben. In bestimmten Familien waren Väter, Söhne, ja Enkel Olympia-Sieger, etwa in der des Diagoras von Rhodos. Er selbst hatte im Faustkampf gesiegt, konnte dann den Sieg zweier Söhne an einem Tag erleben; ein kaum zu übertreffender Höhepunkt des Glücks, wie es den Anwesenden erschien. Ein dritter Sohn soll dreimal in Olympia der Erste geworden sein. Als endlich zwei Enkel zum Kampf antraten, soll deren Mutter sich verkleidet unter die Trainer gemischt haben, um dabeisein zu können. Denn verheiratete Frauen waren auch vom Zuschauen bei den Spielen ausgeschlossen (im Gegensatz zu den unverheirateten, die mindestens beim Lauf anwesend sein durften). Der Sieg des einen Sohnes aber veranlaßte die Dame, aufs Feld zu springen, und sie muß sich dabei so weit entblößt haben, daß ihr Geschlecht offenkundig wurde. Das hohe sportliche Ansehen der Familie bewahrte sie vor Strafe. Aber die Behörden verfügten, daß künftig in Olympia nicht nur die Athleten, sondern auch die Trainer völlig nackt zu sein hätten. (Die Nacktheit der Athleten hatte es schon seit 720 gegeben; es ist freilich nicht ganz klar, wie sie entstand, ob man sie aus Sparta importierte oder ob man aus dem Zufall, daß damals ein erfolgreicher Läufer den Lendenschurz verlor, eine Regel machte. Sportliche Gründe hatte sie ja wohl nicht.)

Die berühmtesten unter den Siegern genossen nicht nur außerordentliche Verehrung, zuweilen sogar göttliche Ehren, sondern man fand mitunter, daß von ihnen, ja von ihren Statuen besondere Heilkraft ausginge. Alle wurden sie reich belohnt. In Olympia selbst hatten sie zwar nur Ehre zu gewinnen, nur den schlichten Kranz vom Ölbaum, übrigens nur der Erste jeder Disziplin, schon der Zweite ging leer aus. Aber die Städte, aus denen die Sieger stammten, pflegten ihnen große Prämien auszusetzen. Sie bereiteten ihnen auch einen überaus glänzenden Empfang, legten zuweilen gar die Stadtmauer an einer Stelle nieder, damit sie nicht durchs Tor mußten, während die Verlierer mehr oder weniger verstohlen heimkehrten. Verschiedene Intellektuelle haben sich schon früh über die außerordentliche Schätzung des, wie sie meinten, nutzlosen Sports mokiert, es gab auch Einwände vom militärischen Standpunkt, aber alles Argumentieren konnte hier nichts bewirken.

Zu den höchsten Ehren gehörte es, daß die Sieger Statuen von sich im Heiligtum aufstellen konnten. Es muß ein ziemliches Gedränge dort geherrscht haben, von dem man in der Schlichtheit der heutigen Ruinenstädte nichts mehr merkt. Und natürlich konnten reiche Familien auch Chorgesänge bei Dichtern wie Pindar in Auftrag geben, um sie dann prächtig aufzuführen. Wir haben schließlich viele Beispiele dafür, daß ein Sieg in den Spielen auch politisches Ansehen mit sich brachte, und verschiedene der frühen Sieger waren noch nicht so spezialisiert, daß sie nicht auch in Politik und Kriegsführung Bemerkenswertes für ihre Stadt leisten konnten. Freilich mußten viele Sportler auch teuer zahlen. Wir hören von mehreren Todesfällen während der Spiele und unmittelbar nach dem Sieg. Von einigen Athleten wird berichtet, daß sie aus Ärger über eine Niederlage oder Disqualifizierung wahnsinnig wurden. Der eine soll dann zuhaus den Stützbalken eines Schuldaches eingedrückt haben, so daß 60 Kinder darunter zu Tode kamen. Die Kämpfe waren zum Teil außerordentlich hart, zumal das Ringen und Boxen. Beim *Pankration* waren alle Griffe erlaubt, nur Beißen und Augen-Ausquetschen nicht. Auch hatte nicht jeder die Statur, die Zähne, die ihm ausgeschlagen wurden, herunterzuschlucken, ohne daß der Gegner dies bemerkte. Besonders gefährlich war das Wagenrennen, bei dem der Versuch, die Wendesäule möglichst dicht zu umrunden, oft genug zum Sturz führte, und es waren zwölf Wendungen vorgeschrieben. Zur Vorbereitung gehörte lange, vielfältige Übung und eine Diät, auf deren Erarbeitung Ärzte viel Mühe verwandten. Dabei ging es bei den Faust- und Ringkämpfern darum, ein großes Körpergewicht zu erzielen. Unmäßige Mengen sollen sie vertilgt haben, denn man machte keinerlei Unterschiede nach Gewichtsklassen.

Man könnte noch von vielem berichten, von der Korruption etwa, den hohen Strafen, die unter Umständen verhängt wurden: Zumeist bestanden sie darin, daß der Betreffende eine oder mehrere Zeus-Statuen zu errichten hatte, auf deren Sockel dann zu lesen stand, Siege seien durch die Körperkraft der Athleten und nicht mit Geld zu erringen. Es wäre zu berichten von den Eigentümlichkeiten der Sportarten, etwa des Springens aus dem Stand mit Hanteln, des Diskus- und Speerwerfens, zu berichten auch von vielen Einzelheiten des Verfahrens. Es wäre zu betonen, welch erstaunliche Leistung die leitenden Instanzen der Spiele über ein Jahrtausend hin vollbrachten. Zunächst waren es die Herren der Pisatis, der unmittelbaren Gegend um Olympia, dann die der entfernteren Stadt Elis, dann noch einmal jene, bis diese wohl die Leitung der Spiele und die Pisatis selbst endgültig in die Hand bekamen. Mit beachtlicher Disziplin, mit sowohl genauem wie elastischem Einhalten der Regeln wußten sie die

Autorität der Kampfrichter über viele schwierige Situationen hinweg zu erhalten. Sie mögen in guter Verbindung zu andern gestanden haben, zeitweise zu den Spartanern, aber anders als etwa das Delphische Orakel hatten sie es nie nötig, sich unter den Schutz eines Städtebundes zu stellen.

Man hat also guten Grund zu der Feststellung, daß die Olympischen Spiele ein wesentliches Element griechischer Kultur gewesen sind. Das Produkt einer sehr eigentümlichen Gesellschaftsbildung, in der das Politische lange Zeit vernachlässigt blieb, bevor es sich in den Demokratien ganz neu verwirklichte, in der der Wettkampf lange Zeit wichtiger war als der Krieg, die Ausbildung des Einzelnen Vorrang hatte vor der Hingabe an Aufgaben, in der – bei aller möglichen Härte des Austrags von Gegensätzen – Anmut selbst in der Demokratie ein mächtiges Ideal sein konnte. Auch eine Förderung der griechischen Gemeinsamkeit, die man bei den Spielen so gut erfahren konnte und aus der das «unter den Griechen Gebräuchliche» Kraft zog – zur Bestärkung eines gesitteten Umgangs, wie wenig diese Kraft auch gegen viele Versuchungen aufzukommen vermochte. Ebenso waren die Spiele aber auch der Ausdruck einer sehr eigenartigen Religion. Denn offenbar waren die Griechen überzeugt, daß ihre Götter Freude am sportlichen Wettbewerb hatten, Freude an den Leistungen, zu denen man sich an ihrem Fest anspornte. Die Nacktheit, vornehmlich die ausgebildete Körperlichkeit des Sportlers, wenn auch nicht gerade des Faustkämpfers, wurde maßgebend für das Götterbild.

Schließlich und nicht zuletzt stellen die Olympischen Spiele eines der vielen großen Feste dar, mit denen der Alltag bei den Griechen erst ein Ganzes bildete, im Wechsel von Selbst- und Anderssein, von verschiedenen Ordnungen, von verschiedenen Zusammenhängen. Man hat das in der Neuzeit nur sehr bedingt wieder aufleben lassen können. Das Vorbild der Griechen war ungemein stark, aber ihre Welt war dahin, als man die Spiele wieder begründete. Übrigens hatten sie auch schon in hellenistischer und römischer Zeit eine völlig andere Bedeutung erhalten.

Der Triumph des Imperators und die Saturnalien der Sklaven in Rom

Von Klaus Bringmann

*Die Vergöttlichung der Kaiserin Sabina, am Boden
sitzend der Sklave. Relief.*

Die Feste des alten Rom haben ihren Ursprung in der Religion. Wie die anderen Völker der antiken Welt kannten auch die Römer von Haus aus weder die Unterscheidung von religiösen und profanen Festen, noch die Spaltung der Gesellschaft in einen politischen und einen kirchlichen Personalverband. Eine solche Spaltung wurde durch den Sieg des Christentums zu einem wichtigen Strukturmerkmal der nachantiken Gesellschaften Europas, und in dem Nebeneinander von kirchlichen und weltlichen Festen hat sie ihre klare Entsprechung gefunden.

Das öffentliche Fest in Rom war ein den Göttern, einem oder mehreren, geweihter Tag. In seinem Mittelpunkt stand das Opfer oder ein anderes Ritual wie beispielsweise ein kultischer Tanz. Dargebracht wurde es im Namen der politischen Gemeinde, die zugleich die Kultgemeinschaft war. Kult und Opfer dienten der Erhaltung des immer bedrohten Götterfriedens. Seine Störung konnte die Gemeinschaft in ihren Grundfesten erschüttern. Denn Mißwuchs, Viehseuche, Krankheit, Naturkatastrophen und Niederlagen im Krieg, kurz: alles Bedrohliche, das zu beherrschen über Menschenkraft ging, war die Folge gestörten Götterfriedens. Die ursprünglich kleine, von einer schmalen Feldmark lebende Gemeinde, die sich nach allen Seiten ihrer Nachbarn zu erwehren hatte, lebte in der ständigen Furcht vor dem Unwillen überirdischer Mächte. Von der Aussaat bis zur Ernte mußten diese Mächte durch Opfer, Gebete, Umzüge, kurz: durch ein ausgeklügeltes Ritual besänftigt werden. Und neben die stattliche Reihe der Feste, die ihre Entstehung dem Rhythmus der bäuerlichen Feldarbeit verdankt, traten jene Feste und Spiele, die aus besonderem Anlaß, zum Beispiel Naturkatastrophen, militärischen Siegen oder Niederlagen, eingerichtet wurden.

In diesen Zusammenhängen liegen auch die Ursprünge von Triumph und Saturnalien begründet. Der Triumph war seiner ursprünglichen Intention nach alles andere als eine profane Schaustellung römischer Siege. Der triumphierende Feldherr zog nach siegreicher Beendigung eines Krieges mit der Beute, den Gefangenen und dem Heer in feierlichem Zug in den befriedeten Raum der Stadt ein, der durch eine geheiligte Linie, das sogenannte *pomerium*, von der friedlosen Außenwelt geschieden war. Das Heer überschritt diese geheiligte Linie, indem es das Triumphtor passierte. Es handelt sich um einen magisch-rituellen Akt, durch den sich das Heer beim Betreten des befriedeten Raumes der Stadt von Blutschuld und vom Unsegen des Krieges reinigte. Die Heeresprozession endete auf dem Kapitol, wo der siegreiche Feldherr die Opfer darbrachte. Im religiös-politischen Zentrum der Gemeinde löste er die Gelübde ein, die beim Auszug des Heeres gegeben worden waren, und diese Zwecksetzung erklärt, warum ein Triumph nur nach einem siegreich beendeten Krieg gefeiert werden durfte.

Aber der Triumph diente nicht nur der rituellen Reinigung des Heeres

und der sakralrechtlichen Erfüllung der gegenüber den Göttern eingegan-
genen Verpflichtungen, sondern auch der magischen Abwehr der von
bösen Dämonen ausgehenden Bedrohung des zurückkehrenden Siegers.
Nach uralter Vorstellung umlauert sie besonders den durch Sieg und
Erfolg erhöhten Menschen, und so war es vor allem die Person des
triumphierenden Feldherrn, der durch Amulette am Triumphwagen und
an seinem Körper sowie durch andere Übel abwehrende Mittel geschützt
wurde. Hinter dem Feldherrn stand auf dem Triumphwagen ein Sklave,
der dem in der etruskischen Tracht der altrömischen Könige gekleideten
Triumphator zurief: «Gedenke, daß du ein Mensch bist», und die Soldaten sangen Spottlieder auf den Feldherrn, die ihn auf sehr gewöhnliches
Menschenmaß reduzierten. Noch Caesar mußte bei seinem Gallischen
Triumph im Jahre 46 v. Chr. es hinnehmen, daß er als Lustknabe eines
kleinasiatischen Königs namens Nikomedes öffentlich verspottet wurde:
«Gallien unterwarf der Caesar, Nikomedes Caesarn einst. Siehe, Caesar
triumphiert jetzt, der die Gallier unterwarf, Nikomedes triumphiert
nicht, der den Caesar unterwarf!»

Ursprünglich diente auch dieser Brauch dem Zweck, den Feldherrn am
höchsten Tag seines Lebens vor dem Neid überirdischer Mächte zu
bewahren. Aber auf diese Weise blieb über den Wandel der religiösen
Anschauungen hinweg stets dafür gesorgt, daß der Anspruch über-
menschlicher Größe durch den Unernst heiteren oder bissigen Spottes
relativiert wurde. Caesar und die römischen Kaiser hatten das hinzuneh-
men, und sie konnten es. Aber hätten es, nebenbei gefragt, die auf
ideologischen Ernst gegründeten Regime unserer Zeit ausgehalten, wenn
an ihren höchsten politischen Festen, beispielsweise auf dem Gedenk-
marsch zur Feldherrnhalle oder bei der Oktoberparade auf dem Roten
Platz, die Teilnehmer Spottlieder auf die Schwächen der großen Führer
gesungen hätten?

Rom entwuchs der Enge eines kleinen Stadtstaates, es wurde Welt-
macht, und seine Vorstellungswelt blieb nicht in den engen Kreisen
magisch-ritueller und sakralrechtlicher Religiosität gebannt. Die Politik
emanzipierte sich von der Religion, und an dieser Entwicklung nahm
auch das Fest des Triumphes teil, das ohnehin von Anfang an für den
Triumphator noch eine andere Bedeutung hatte: den der Selbstdarstellung und der höchsten Anerkennung seiner Leistung. Die römische
Aristokratie war kein Geburtsadel mit erblichen, festumgrenzten Herrschaftsrechten. Ihre Angehörigen mußten um öffentliche Anerkennung
kämpfen und durch eigene Leistungen und durch Hinweis auf die
Verdienste der Vorfahren die Stufenleiter der Ämter und Ehrungen
emporklimmen. In einer militärischen Gesellschaft waren vor allem
militärische Erfolge und Siege das Mittel, um Ansehen und unter Umständen überragendes Prestige zu gewinnen. Sinnfälliger Ausdruck eines

solchen Prestiges war der Triumph, und er war denn auch so begehrt, daß selbst eine so unmilitärische Persönlichkeit wie Cicero nicht von dem in seinem Fall schwach begründeten Anspruch auf die höchste militärische Ehrung lassen wollte. Der Triumph rückte in den Mittelpunkt der höchst weltlichen Rivalität der Aristokratie, und schon einem klugen griechischen Beobachter der römischen Verhältnisse des 2. Jahrhunderts v. Chr. fiel auf, daß der Feldherr Rücksichten zu nehmen hatte, wenn er sich nicht um den eigentlichen Lohn des Sieges bringen wollte: «Eben steht es beim Senat», sagt er, «die Erfolge der Heerführer zu verherrlichen und zu feiern oder umgekehrt sie herabzusetzen und zu verdunkeln. Denn die Triumphe, wie man sie dort nennt, durch welche die Feldherren den Bürgern den Ruhm ihrer Taten sinnfällig vor Augen stellen, können diese nicht in würdiger Form begehen, ja manchmal überhaupt nicht durchführen, wenn der Senat sie nicht genehmigt und die Mittel dafür bewilligt».

Das prekäre Gleichgewicht zwischen persönlichem Machtanspruch und Standessolidarität zerbrach im ausgehenden 2. Jahrhundert, und um so wichtiger wurde der Triumph als Mittel der Selbstdarstellung und der Sympathiewerbung bei Volk und Armee. Wenn aber viele das gleiche Mittel anwenden, kann nur derjenige herausragendes Prestige gewinnen, der den Rivalen übertrumpft. Auch die Schaustellung der eigenen Leistung folgt somit dem Gesetz der Konkurrenz. Als Pompeius im Jahre 6 v. Chr. nach Unterwerfung Kleinasiens und der Levante triumphierte, tat er alles, um seinen Rivalen Lucius Licinius Lucullus, der zwei Jahre zuvor seinen Triumph gefeiert hatte, in den Schatten zu stellen. Vor dem Wagen des Triumphators wurden nicht nur Beutestücke, Waffen, Geld, Silber und Kunstschätze sowie Geiseln und die (prominenten) Gefangenen, sondern auch Gemälde, Schautafeln und Inschriften zur Schau gestellt, auf denen packende Kriegsszenen und statistische Aufstellungen über die Zahl der getöteten Feinde, der erbeuteten Schiffe oder der eroberten Städte jedermann vor Augen geführt wurden. Insofern diente der Triumphzug dem gleichen Zweck wie in unserem technischen Zeitalter das Propagandamedium des Films. Lucullus hatte bei seinem Triumphzug auf Schrifttafeln bekannt machen lassen, daß keiner seiner Soldaten ein geringeres Beutegeschenk als 950 Denare erhalten habe, Pompeius übertrumpfte ihn mit der Mitteilung, daß er die Mindestsumme auf 1500 Denare gesteigert habe. Gegen den Vorwurf der Beuteunterschlagung wehrte sich Lucullus durch die propagandistische Bekanntmachung, daß er nicht nur große Summen an die Staatskasse überwiesen, sondern auch die Finanzierung des von seinem Rivalen Pompeius gewonnenen Krieges gegen die Piraten gesichert habe. Dem setzte Pompeius auf seinem Triumphzug die Mitteilung entgegen, daß er den bisherigen jährlichen Einnahmen des römischen Staates in Höhe von 50 Millionen

Denaren 85 Millionen hinzuerworben und außerdem einmalig an erbeu-
tetem Geld und Edelmetall die gewaltige Summe von 120 Millionen an
die Staatskasse abgeliefert habe.

Pompeius selber trug bei seinem Triumphzug über der goldbestickten
Purpurtoga einen erbeuteten Prachtmantel, der, wie behauptet wurde,
aus dem Besitz Alexander des Großen stammte. Auf diese Weise stellte
Pompeius dem zuschauenden Publikum den Übergang der Weltherrschaft von den Makedonen auf die Römer sinnfällig vor Augen. Ja, es
wurde großes Aufhebens davon gemacht, daß Pompeius selbst Alexander
übertraf, da er nicht nur über Asien, sondern auch über Europa und
Afrika triumphiert hatte, und das hieß nach damaliger Kenntnis der
Erde: über die ganze Welt.

Aber der siegreiche Feldherr verfolgte mit seinem Triumphzug nicht
nur den Zweck, dem Volk von Rom anschaulich vor Augen zu stellen,
was er für den Staat geleistet und wie er sich als großzügiger Patron seiner
Soldaten erwiesen hatte. Das Volk selber sollte in handgreiflicher Weise
an dem Segen teilhaben, den der Sieg gebracht hatte. Gerade in dieser
Hinsicht suchte Caesar alle seine Vorgänger und Rivalen zu übertreffen.
Nicht nur, daß er zehn Tage lang im September des Jahres 46 einen
Triumph über Gallien, Ägypten, Pontus und Afrika feierte und damit
selbst Pompeius übertraf, der drei Triumphe benötigt hatte, um die Zahl
der drei bekannten Erdteile zu erreichen; nicht nur, daß er ihn mit der
Mitteilung übertrumpfte, daß keiner seiner Soldaten weniger als 5000
Denare, mehr als das Dreifache des Betrages, den sein Rivale ausgeteilt
hatte, von ihm empfangen habe. Nein, auch die Masse der stadtrömi-
schen Bevölkerung wurde bei Laune gehalten, indem die 320000 Emp-
fänger der staatlichen kostenlosen Getreideversorgung ein Geschenk von
100 Denaren sowie zusätzlich eine große Sonderration von Öl und
Getreide, den Grundnahrungsmitteln der damaligen Zeit, erhielten. Zugleich fand außerdem eine kostenlose Fleischverteilung und eine öffentliche Bewirtung des Volkes an 22000 Tischen statt. Und nach dem Brot
kamen die Spiele. In gewaltigen Schaukämpfen zu Wasser und zu Lande
kamen Tausende von Kriegsgefangenen und verurteilten Verbrechern
ums Leben.

Im Wirbel des politischen Kampfes um Prestige und Volksgunst entar-
tete so das ursprünglich religiös motivierte Fest des Triumphes zu einem
Medium massiver Massenbeeinflussung und zum billigen Anlaß, gegenüber Volk und Armee mit dem Anspruch des großen Wohltäters aufzu-
treten. So spiegelt die Geschichte des Festes der römischen Imperatoren
deutlich das politische Verhängnis wider, das die Angehörigen der regierenden Klasse miteinander wetteifernd herbeiführten: Die Rivalität der
Imperatoren schlug um in die Herrschaft des einen Imperators, des
Kaisers, der das Recht auf den Triumph ebenso wie die politische Macht

der Konkurrenz seiner Standesgenossen entzog und für sich monopolisierte.

Freilich: Dem Sonderfall des Triumphes stehen die regelmäßig wiederkehrenden, sozusagen die gewöhnlichen Feste des römischen Kalenders gegenüber, in denen sich ganz andere Züge einer vielschichtigen Gesellschaft enthüllen. Eines der beliebtesten war das dem Gott Saturn gewidmete Fest, die Saturnalien. Offiziell wurde es am Tage der Einweihung des Saturntempels auf dem Forum Romanum, am 17. Dezember, mit Opfer und öffentlichem Festbankett begangen. Aber es war so beliebt beim Volk, daß es inoffiziell sieben Tage lang, vom 17. bis zum 23. Dezember, gefeiert wurde. Dem Volksbrauch mußte auch die Staatsgewalt Rechnung tragen. Am Ende des 1. Jahrhunderts n. Chr. waren es schließlich fünf Tage, an denen Gerichtsferien gehalten wurden.

Die Saturnalien waren, wenn der Vergleich erlaubt ist, Weihnachten und Karneval in einem, und noch das siegreiche Christentum der Spätantike hatte seine liebe Not mit dem heidnischen Fest. Der Kalender des Polemius Silvius aus dem Jahre 448 n. Chr. nennt das noch immer lebendige Fest nicht mehr nach dem Namen des Gottes, sondern bezeichnet es nach seinem hervorstechendsten Zug als das Fest der Sklaven. Dies war es in seinem Ursprung gewiß nicht. Wahrscheinlich waren die Saturnalien das Fest der beendeten Feldarbeit, das nach dem Abschluß der Winteraussaat gefeiert wurde, als der Rhythmus der Jahreszeiten der ganzen bäuerlichen Familie unter Einschluß der Haussklaven Zeit für ein Ausspannen von der täglichen Mühe und zu fröhlicher Festfreude ließ. In den Nöten des 2. Punischen Krieges, als Hannibal in Italien stand, war das offizielle Fest des Gottes nach griechischem Ritus umgestaltet worden. Aber diese Umgestaltung berührte nicht den Charakter des volkstümlichen Festes, auf dem jedermann es sich nach Kräften wohl sein ließ.

Leben und leben lassen war die Parole, und der 17. Dezember war, wie der Dichter Catull es ausdrückt, der beste der Tage. Der alte Cato, der sonst mit unbestechlicher Härte Kosten und Nutzen der Sklavenarbeit kalkulierte, gönnte den Sklaven seines Landgutes an den Saturnalien eine Sonderration von 3,5 Liter Wein. Sogar die Schulen, die sich sonst um die überaus zahlreichen Feste des römischen Kalenders nicht kümmerten, schlossen ihre Tore. Was sonst verboten war, an den tollen Tagen war es erlaubt. Die Aufwandgesetze gestatteten, an den Saturnalien für die Tafel einen höheren Betrag auszugeben als an den gewöhnlichen Tagen, und wer die Gelegenheit nicht nutzte, sich einen Rausch anzutrinken, fiel unangenehm auf. Allenfalls dem Stubengelehrten sah man es nach, wenn er vor dem lauten, fröhlichen Treiben, das das ganze Haus erfüllte, vergeblich Zuflucht in seinem Studierzimmer suchte. Vor allem aber: Innerhalb der Familie war die hierarchische Schranke, die den Sklaven vom Freien trennte, aufgehoben. Das Würfelspiel, sonst streng verboten, vereinte Herren und Sklaven. Die bildliche Darstellung des Saturnalienfestes im Kalender des Filocalus (er stammt aus dem Jahre 336 n. Chr.) zeigt unter anderem einen Spieltisch mit Würfeln und Würfelbecher, darunter die Aufschrift «Jetzt, Hausssklave, kannst du mit dem Herrn ein Spielchen machen». Das konnte durchaus übertragen gemeint sein. Wir wissen, daß an den Saturnalien der Sklave den ‹Spieß umdrehen› und dem Herrn manche unangenehme Wahrheit sagen durfte. Die Welt stand eben kopf, und da konnte es vorkommen, daß die Herren ihre Sklaven bedienten. Übel konnte es dem ergehen, der sich an den Saturnalien der ungewohnten Arbeit des Bedienens nicht gewachsen zeigte. Lukian, der große Satiriker des 2. Jahrhunderts n. Chr., schildert das so:

«Sich den Becher wohl belieben zu lassen, von einer ganzen Tafelgesellschaft für den besten Sänger erklärt zu werden und, während andere, die ihren Dienst beim Aufwarten ungeschickt verrichtet haben, zur Strafe ins Wasser springen müssen, als Sieger ausgerufen zu werden und die Portion des Überwundenen davonzutragen – ist das etwa keine herrliche Sache!»

An den Saturnalien wurde verkehrte Welt gespielt, Gesetze und Ämter wurden karikiert. Um das Amt des Saturnalienkönigs, der mit höchster Gewalt ausgestattet dem tollen Treiben präsidierte, wurde gewürfelt. Einen Eindruck von seinem närrischen Regiment vermittelt wiederum Lukian, der dem Gott Saturn das Lob seines Festes in den Mund legt:

«Und wenn dir vollends erst der Würfel so wohl will, daß du König wirst und kraft dieser Würde allein das Recht hast, daß dir keine lächerlichen Befehle gegeben werden können, du hingegen dem einen befehlen kannst, etwas Schändliches von sich selbst zu sagen, einem anderen, nackt zu tanzen, einem dritten, sich die Flötenspielerin aufzupacken und dreimal im ganzen Haus herumzutragen: Auch dies ist doch wohl ein Beweis, daß ich auch Gaben von Wichtigkeit zu vergeben habe.»

Aber die Saturnalien waren nicht nur der Karneval der Römer, sie glichen auch in manchen Zügen wie zum Beispiel dem Brauch, Kerzen anzuzünden und sich Geschenke zu machen, unserem volkstümlichen Weihnachtsfest. Ursprünglich war es Sitte, Kerzen und Tonpuppen zu verschenken – unzweifelhaft ursprünglich rituelle Gaben, deren Sinn freilich umstritten ist. Dann aber wurde es, zum Teil unter griechischem Einfluß, üblich, Freunde und alle Leute, denen man für geleistete Dienste etwas schuldete, mit kleinen Aufmerksamkeiten oder Geldgeschenken zu bedenken. Freilich: Die Saturnalien hatten auch in dieser Hinsicht ihre Tücken. Niemand war davor gefeit, das Opfer wohlausgedachter Scherzgeschenke zu werden. Der Dichter Calvus brachte seinen Freund, den berühmten Catull, zu komischer Verzweiflung, indem er dem Dichter der feinen Form die grobschlächtigsten Gedichte schenkte, die er aufstöbern konnte. Doch Catull drohte dem falschen Wohltäter schlimme Rache an:

«Nein, nein, Heuchler, das soll dir nicht so hingehn!
Morgen stürm' ich sofort die Bücherläden,
…
allen giftigen Schund dort aufzukaufen,
und verehre ihn dir als Henkersmahlzeit.»

Bei einem zu Scherz und Spott aufgelegten Mann wie dem Kaiser Augustus konnte ohnehin niemand sicher sein, ob er ein prachtvolles Geschenk oder einen alten, abgelegten Rock erhielt. Sein Biograph, der römische Philologe Sueton, schreibt über ihn:

«So pflegte er am Saturnalienfest… bald Geschenke an Kleidung, Gold- und Silbergeschirr, bald Münzen von jenem Gepräge, auch wohl alte königliche und ausländische, zu verteilen, zuweilen aber auch gar nichts außer härene Decken, Schwämme, Rührlöffel, Zangen und dergleichen mehr, mit dunklen und zweideutigen Aufschriften.»

Die Aufhebung der Spaltung der Gesellschaft in Freie und Sklaven gab Anlaß zu mancherlei Spekulationen über das Wesen des Saturnalienfestes. War es nicht ein Abglanz des Goldenen Zeitalters, jener glücklichen Anfänge des Menschengeschlechts, als unter der Herrschaft des Saturn Milch und Honig flossen und es weder Herren noch Sklaven gab? Die soziale Utopie bemächtigte sich des alten ländlichen Festes, dessen Ursprünge einer kosmopolitischen Stadtkultur ohnehin ferngerückt waren, und sie deutete es als Relikt eines Zeitalters sozialer Gerechtigkeit, in dem niemand Sklave war und niemand privaten Besitz hatte. Aber wenn schon soziale Gerechtigkeit ein Traum war und nicht wiederhergestellt werden konnte (denn schließlich hatte Saturn seine Herrschaft Jupiter abtreten müssen), so mußte doch alles getan werden, damit die Woche, die unter der Herrschaft Saturns stand, einen Abglanz der alten Herrlichkeit bot. Solche Vorstellungen gaben dem Satiriker Lukian den Vorwurf zu einer prächtigen Persiflage. In den ‹Saturnalischen Briefen› fordern die Armen in einer Eingabe an den Gott, er möge dafür sorgen, daß sie von den Reichen gehörig beschenkt und an deren Tafel üppig bewirtet würden – widrigenfalls die Reichen die Saturnalien unter höllischen Qualen allein unter sich begehen sollten:

«Wir aber wollen zu Hause sitzen und wünschen, daß, wenn sie [die Reichen] vom Bade kommen, der Sklave, der ihnen einschenken soll, die Weinflasche vor ihrer Nase auf den Estrich fallen lasse; daß der Koch ihre Ragouts anbrennen lasse und aus Versehen den gesalzenen Fisch in den Linsenbrei werfe; daß ein Hund in die Küche kommen und, während die Köche mit anderen Dingen zu tun haben, die ganze Wurst und den

halben Kuchen auffresse; und daß, während das wilde Schwein, der
Hirsch und die Spanferkel am Spieße sind, das Wunder sich erneuere, das
Homer von den Sonnenrindern erzählt, und daß sie nicht nur davonkrie-
chen, sondern aufspringen und mit dem Spieß im Hintern in den Wald
zurücklaufen, ja, daß sogar die Poularden, wiewohl schon gerupft und
zugerichtet, aus den Schüsseln davonfliegen, um sich von diesen Uner-
sättlichen nicht allein aufessen zu lassen..., und daß ihre schönen
gelblockigen Knaben... in diesem Augenblick, da sie ihnen die Trink-
schale reichen, plötzlich alle Haare verlieren und so kahl werden wie das
Innere ihrer Hand, dafür ihnen aber auf der Stelle ein großer stachliger
Zottelbart, im Geschmack der keilförmigen Komödienbärte, bis an die
Schläfe heraufwachse, um die Weiße und Glätte der fleckweise hervor-
blickenden kahlen Stellen desto besser hervortreten zu lassen!»

Schrecklichere Verwünschungen kann sich niemand ausdenken. Im
letzten Augenblick wird den Reichen der Genuß der höchsten Güter des
Saturnalienfestes zunichte gemacht. Schlimmeres hatten selbst die berühmten Unterweltsbüßer des Mythos nicht leiden müssen. Lachend
erhebt sich die Satire über ein sehr ernstes Problem, die Spaltung der
menschlichen Gesellschaft in Reich und Arm, und ihr Witz trifft in
gleicher Weise die Blasiertheit der selbstgefälligen Reichen wie die aggres-
sive Zudringlichkeit der Armen. Und vor allem: Eine ernsthafte Sinngebung eines heiteren Festes zieht der Schreiber ins Lächerliche. Doch was
wäre den tollen Tagen der Saturnalien angemessener, als lachend und in
grotesker Verfremdung der Gesellschaft, in der man lebt, das Bild ihrer
Schwächen vorzuhalten.

Die Kaiserkrönung Karls des Großen in Rom

Von Elsbet Orth

*Kaiserkrönung Karls des Großen in Rom. Miniatur
von Jean Fouquet in ‹Grandes Chroniques de France›, 1460.*

Am 25. Dezember des Jahres 800 wurde Karl der Große zum Kaiser gekrönt. Sein Kaisertum war neu, im Frankenreich noch ohne Vorbild, von Herkommen und Recht nicht legitimiert. Zeitgenossen und Nachwelt nahmen dennoch nicht Anstoß an diesem Krönungsfest und an der neu eingeführten Würde. Denn längst schon ragte Karl der Große unter den christlichen Herrschern des Westens als der mächtigste hervor. Und zu Recht stellte der Geschichtsschreiber Notker der Stammler etwa 100 Jahre nach dem Ereignis fest, der Sache nach sei Karl ja bereits Lenker und Kaiser vieler Nationen gewesen, durch die Kaiserkrönung habe er also nur den Namen zur Sache hinzugewonnen.[1]

Vor allem die Römer, Zeugen und Mitakteure bei der Kaiserkrönung, konnten an Machtfülle und Tatkraft Karls des Großen nicht zweifeln. Denn seine letzte Reise über die Alpen hatte der König der Franken und Langobarden im Herbst des Jahres 800 ausdrücklich in der Absicht unternommen, die zerrütteten politischen und kirchlichen Verhältnisse in Rom wirksam zu ordnen. Zum Eingreifen berechtigte und verpflichtete ihn die vor Jahrzehnten angenommene Würde des ‹Patrizius der Römer›. Die mit dem Titel übernommene Schutzpflicht hatte er auf Bitten der Päpste schon mehrmals erfüllt, besonders den Pontifikat Leos III. durch entschiedene Intervention gestützt und gesichert. Nur dank fränkischer Hilfe war Leo im Jahr 799 einem Anschlag römischer Verschwörer entgangen. Auf Anweisung Karls führten vornehme Franken ihn Monate später wieder zurück nach Rom und sorgten für seine erneute Anerkennung im päpstlichen Amt. Und nicht in römische, sondern in fränkische Haft hatte man die Anführer des 799 vereitelten Putschs genommen. Ihre endgültige Aburteilung mochte nun Leo III. vom König erhoffen.[2]

Im Grunde überspannte eine derartige Erwartung den Bogen des Möglichen. Denn auch der Titel *patricius Romanorum* gab dem Frankenkönig kein Recht, in Rom als ein oberster Richter zu wirken. Zusätzlich komplizierten Leos Gegner die Rechtslage, als sie vor Karl dem Großen ihrerseits Anschuldigungen gegen den Papst erhoben. Die schweren Vorwürfe gegen die päpstliche Amts- und Lebensführung waren offensichtlich begründet, deshalb konnte Karl der Große sie nicht mit Stillschweigen übergehen, er konnte sie aber auch nicht gerichtlich verfolgen. Mit Leidenschaft vertraten nämlich die führenden Köpfe unter den Geistlichen die Ansicht, ein Papst dürfe von niemandem gerichtet, irdischem Gericht nicht unterworfen werden.

Es war nicht abzusehen, wie Karl der Große die Verwicklung entwirren würde, als er am 23. November des Jahres 800 in Nomentum eintraf, seiner letzten Zwischenstation auf dem Weg nach Rom. Daß der Frankenkönig von der Ewigen Stadt her feierlich eingeholt und empfangen würde, entsprach den Erwartungen und altem Brauch. Seit der Antike gewährten die Stadtherren hohen Gästen beim Einzug besondere öffentliche Ehrungen. *Adventus,* also ‹Ankunft› nannte man die Feste. Die bedeutendsten unter ihnen waren die Triumphzüge im alten Rom, die man Feldherren nach gewonnenen Schlachten bewilligte, und mit denen man später die römischen Kaiser in die Stadt geleitete. Ihr Vorbild wirkt noch bis in unsere Zeit und ist auch im mittelalterlichen *Adventus* erkennbar.

Schon dreimal hatte man in Rom für Karl den Großen einen *Adventus* zelebriert. Abteilungen der Miliz und der Schuljugend hatten im Jahr 774, wohl auch 781 und 787, den fränkischen König vor der Stadt beim ersten Meilenstein empfangen, mit festlichen Gesängen begrüßt und gepriesen und ihn zur außerhalb der römischen Stadtmauern gelegenen Peterskirche geleitet. Sankt Peter, der unter Konstantin dem Großen errichtete Vorgängerbau der vornehmsten katholischen Kirche unserer Tage, war bei allen Rombesuchen das Reiseziel Karls des Großen. Er gehörte schon damals zu den fünf Hauptkirchen der Ewigen Stadt, war aber noch nicht die Kathedralkirche des im Lateran residierenden Papstes. Erst bei Sankt Peter also hatte der Vorgänger Leos III. den Frankenkönig regelmäßig erwartet und mit diesem Zeremoniell gezeigt, daß er Karl den Großen als einen besonders vornehmen Fremden empfing, aber nicht etwa als den Herren der Stadt. Denn dessen Ehrenvorrecht räumte Hadrian I. dem König niemals ein: das Privileg, vom Papst persönlich schon vor der Stadt, beim 6. Meilenstein, begrüßt und eingeholt zu werden. Diese Ehrung durfte allein der in Byzanz residierende römische Kaiser fordern und erwarten. Karl dem Großen waren vergleichbare Auszeichnungen früher nicht gewährt, von ihm auch nicht beansprucht worden. Mit der Bescheidenheit eines Pilgers hatte er sich vielmehr der Peterskirche genähert. Zu Fuß hatte er mit seinem Gefolge die letzte Meile dorthin zurückgelegt und kniend, jede Stufe küssend, die Treppen zum Atrium der Kirche erstiegen.

Ganz anders im Jahr 800. Schon in Nomentum, beim 12. Meilenstein vor der Stadt, empfingen der vom König ganz abhängige Papst und vornehme Römer Karl den Großen «mit größter Demut und mit höchsten Ehren», wie der Chronist bemerkt.[3] Am Ort ihrer ersten Begegnung lud Leo seinen Gast zum festlichen Mahl, begab sich danach zurück nach Rom, um Karl den Großen dort zum zweiten Mal zu begrüßen. Erst am nächsten Tag setzte der Frankenkönig seine Reise fort, und wieder gewährte der Papst ihm Ehrungen, die herkömmlich dem Einzug des römischen Kaisers vorbehalten waren, er empfing ihn mit der kaiserlichen *processio:* Wie seinem Stadtherrn sandte er dem Frankenkönig die Fahnen Roms entgegen.[4] Auf päpstliches Geheiß waren Scharen von Römern und von Fremden an geeigneten Stellen entlang der Straße aufgestellt, um für das *Adventus*-Fest verfaßte und eingeübte Lobgesänge auf den König darzubieten. *Laudes* hießen diese in Versform gebrachten

Glück- und Segenswünsche für den Herrscher und sein ganzes Geschlecht.

Die im Jahr 800 auf Karl den Großen gesungenen Preislieder sind nicht erhalten, doch mögen sie einer Hymne geähnelt haben, mit der die Bevölkerung von Metz Jahrzehnte später seinen Enkel, Kaiser Karl den Kahlen, empfing.[5] In diesem umfangreichen lateinischen Gedicht hieß es zum Beispiel:

«Gegrüßt seist du, du Ehrwürdiger und Segensreicher – Kaiser Karl.
Gegrüßt, du ehrwürdiger, segensreicher erhabener Kaiser!
Gott, der König des Himmels, bewahre dich!
Mögen die Nacken der Völker vor dir sich beugen, die Königreiche der Welt dir untergeben sein, so daß auf immer du herrschest dein Leben lang!
Juble, o Himmel, freue dich Erde, ein neuer Konstantin erglänzt in der Welt: Karl der vor allen herrliche aus heiligem Geschlecht, den Gott auserwählte, über die Völker zu herrschen.»

Mit vergleichbar hochgestimmten *Laudes* dürfte Karl der Große empfangen und als Kosmokrator, als Weltbeherrscher, gefeiert worden sein. Er nahm die Lobgesänge und die anderen ihm bereiteten Ehren in der gebührenden Weise an: nicht als Pilger wie bei den früheren Besuchen, als Herrscher zog er nach Rom. Erst bei der Peterskirche stieg er vom Pferd und schritt die Stufen zum Atrium hinauf. Dort begrüßte ihn der Papst und geleitete ihn nach einem gemeinsam verrichteten Gebet unter allgemeinem Gesang in die Kirche.

Zeugen der Ereignisse vom 23. und 24. November des Jahres 800 konnten erkennen, daß dem byzantinischen Kaisertum mit der Feier des Ankunftsfestes für den fränkischen König absichtsvoll, in aller Form das Recht auf den Vorrang unter den christlichen Mächten abgesprochen wurde. Wie einen Kaiser hatte der Papst Karl den Großen in Rom empfangen, kaisergleich auch hatte er selber sich der Öffentlichkeit präsentiert. Nur der Kaiser-*Titel* wurde ihm in diesen Tagen noch nicht beigelegt. Auch ihn erlangte Karl der Große wenig später. Und mit dem Blick auf die – jedenfalls in Rom – schon länger erwogene Rangerhöhung muß der Papst auch das Zeremoniell für die *Adventus*-Feier entworfen haben. Bestärkt durch die öffentliche Zustimmung, ja Akklamation, als die die *Laudes* zu deuten sind, gab das Ankunftsfest Gelegenheit, ein neues politisches Programm zu formulieren, ohne daß noch Titel und Begriffe unwiderruflich bestimmt und festgelegt sein mußten.

Ehe an die Verwirklichung weiterreichender Pläne gedacht werden konnte, mußten aber zuerst die innerrömischen Probleme gelöst sein. Dieser Aufgabe wandte Karl der Große sich bald nach der Ankunft zu. Unter seinem Vorsitz berieten in der Peterskirche hohe römische und fränkische Geistliche gemeinsam mit vornehmen fränkischen Laien über die gegen den Papst erhobenen, von ihm nicht widerlegten Vorwürfe. Es hieß, er habe Eide gebrochen, sich sittlich verfehlt und Kirchenämter verkauft.[6] Drei Wochen lang verhandelte die Versammlung, schließlich war der Ausweg gefunden: Papst Leo erklärt sich bereit, seine Unschuld zu beschwören. In gewisser Weise demütigte er sich mit diesem am 23. Dezember des Jahres 800 abgelegten Eid – auch ein Papst konnte also gezwungen sein, sich vor Menschen zu rechtfertigen – doch zugleich befreite sich Leo aus seiner bis dahin prekären Lage. Die Anschuldigungen waren endgültig abgetan, sein Pontifikat nicht mehr gefährdet, seine päpstliche Autorität aufs neue hergestellt, die Angelegenheiten der römischen Kirche, soweit sie behandelt waren, in seinem Sinne geordnet und diese Ordnung durch den Schutz des mächtigen Frankenkönigs gesichert.

Das gelang sozusagen in letzter Minute. Denn das Weihnachtsfest stand unmittelbar bevor. Als ein schwerer Beschuldigter, ja beinahe Angeklagter hätte Papst Leo das Fest in Anwesenheit Karls des Großen nicht würdig begehen, vor allem aber die Kaiserkrönung an diesem Tag nicht vollziehen können. Den Kaiserplan hätte man dann wohl erst an Ostern des Jahres 801 verwirklichen können. Denn es empfahl sich, für die Krönung einen hohen kirchlichen Feiertag zu bestimmen, um die besondere religiöse Weihe übergehen zu lassen auf die Krönungszeremonie, sie dadurch wie mit einem Segen noch zusätzlich zu bekräftigen.

Gemäß liturgischer Vorschrift zelebrierte Leo III. die Weihnachtsmesse in der Peterskirche, wo zuvor wochenlang über seine Verfehlungen beraten worden war und wo er gerade eben erst seinen Reinigungseid hatte ablegen müssen. Freiwillig hätte er die Kirche wohl kaum zur Feier der Krönung gewählt, hingegen dürfte gerade dieser Schauplatz den Wünschen Karls des Großen genau entsprochen haben. Den fränkischen König und überhaupt die Franken verband nämlich mit dem Apostelfürsten und seiner Grabeskirche besonders hohe Verehrung.[7] Um so mehr mußte es auffallen, daß Karl der Große an diesem hochbedeutenden Tag sich nicht fränkisch kleidete, wie es seine Gewohnheit war. Er erschien in der Kirche nicht im knielangen Gewand mit kurzem, *cape*-ähnlichem Überwurf, sondern in römischer Tracht, in der fußlangen Tunica, darüber die *chlamys*, den hellenistisch-römischen Mantel; dazu trug er Schnürsandalen. Diese *campagi* gehörten in Byzanz zur Bekleidung von Militär und Beamten und – purpurfarben und prunkvoll verziert – zum Ornat des oströmischen Kaisers. Ausgerechnet am Tag seiner Kaiserkrönung entschied Karl der Große sich also dafür, nicht als König der Franken, sondern als Römer vor die Öffentlichkeit zu treten.[8] Sicherlich betonte er mit dieser Geste seine Beziehung zur Ewigen Stadt, deren Bewohner als Zeugen seiner Erhebung der Kaiserkrönung öffentlich zustimmen sollten. Aber seine Entscheidung hatte auch und vor allem einen handgreiflich politischen Sinn und Zweck: Nach eindeutigem Quellenzeugnis legte Karl der Große mit der Übernahme der Kaiserwürde den Ehrentitel ‹Patrizius der Römer› ab.[9] Er könnte dies für alle sichtbar getan haben, indem er in der Kirche den römischen Mantel abstreifte, vielleicht gleich zu Beginn des Meßgottesdienstes, spätestens aber, als ihm Papst Leo im Verlauf der Krönung den in Byzanz gebräuchlichen purpurfarbenen Kaisermantel umlegte. Karl dürfte also als ‹Patrizius der Römer› die Kirche betreten haben, die er als Kaiser verließ.

Über die Ereignisse dieses Tages haben zwei Augenzeugen berichtet, beide in amtlichem Auftrag: der Biograph Papst Leos III. und der Hofgeschichtsschreiber des fränkischen Reichs.[10] Nach ihrer genauen, wenn auch nicht allzu ausführlichen Schilderung eröffnete Papst Leo die Feierlichkeiten mit dem Meßgottesdienst zum Weihnachtsfest. In dessen Verlauf kniete Karl der Große vor der Confessio Sancti Petri, dem Altar über dem Grab des Apostels. Als er sich vom Gebet erhob, nahm Papst Leo eine erlesen kostbare Krone von diesem Altar und setzte sie dem Herrscher aufs Haupt. Wahrscheinlich salbte er ihn auch mit heiligem Öl, jedenfalls sprach er das bei der Salbung übliche Weihegebet. Den König bei seiner Erhebung, aber auch bei späteren feierlichen Anlässen zu *salben*, ihn durch diese sakramentale Weihe aus dem Laienstand herauszuheben, war ein fränkischer, genauer: ein karolingischer Brauch, den man in Byzanz nicht übte. Wohl nach dem Vorbild der alttestamentarischen Könige hatte Pippin die Salbung eingeführt, zusammen mit dem Gedanken des Gottesgnadentums, um sein usurpiertes Königtum theoretisch und zeremoniell zu begründen. Eine *Krone* hatte Pippin hingegen noch nicht getragen. Mit diesem seit Konstantin dem Großen wichtigsten Herrschaftszeichen der europäischen Monarchen schmückte sich im fränkischen Reich zuerst Karl der Große in seiner Königszeit, ohne aber je förmlich zum König gekrönt worden zu sein. Nur *eine* Königskrönung hatte es vor dem Jahr 800 in seinem Reich gegeben, die seiner beiden jüngeren Söhne im Jahr 781.

Zu Salbung und Krönung kam an Weihnachten des Jahres 800 noch die *Akklamation* als drittes zeremonielles Element hinzu; mit dem Ruf: «Karl, dem gottesfürchtigen, dem erhabenen, dem von Gott gekrönten, großen und friedenbringenden Kaiser Leben und Sieg!» stimmten alle in der Kirche Anwesenden dem Erhebungsakt zu. Erst an dieser Stelle des Fests, nach vollzogener Krönung, scheint der Kaisertitel zum ersten Mal ausgesprochen worden zu sein. Das heißt, die Verleihung der Würde ging der Erteilung des Titels voraus, der Name kündigte nicht die Sache an, sondern folgte ihr nach. Die Stellung der Akklamation in diesem Krönungszeremoniell ist ungewöhnlich. Sie weicht vom sonst nachgeahmten oströmischen Vorbild ab. In Byzanz vertrat die öffentliche Akklamation den Wahlakt und ging deshalb der Krönung zeitlich und an anderem Ort

voraus. Indem Papst Leo die Reihenfolge änderte, steigerte er die Bedeutung der Krönung und damit seiner eigenen Mitwirkung; der Akklamation nahm er den konstitutiven Charakter, in dieser Abfolge war sie nicht
mehr als eine «bestätigende Ovation».

Der *weltlichen* Akklamation folgte die *kirchliche* in Form eines kunstvollen, von Klerikern und einem Chor im Wechsel vorgetragenen Gesangs. In den Quellen trägt diese kirchliche Akklamation den Namen
Laudes, genau wie die Lobgesänge, die beim *Adventus*-Fest für den
hohen Gast gesungen wurden. Nach ihrem Inhalt sind beide *Laudes*-
Arten allerdings verschieden. Die Gemeinsamkeit beschränkt sich auf
den emphatischen, hymnischen Charakter der Herrscherverherrlichung.
Für die am 25. Dezember des Jahres 800 für Karl den Großen gesungenen
Herrscher-*Laudes* sind Noten nicht erhalten, doch kennt man aus nur
wenig jüngerer Überlieferung den Charakter dieser einstimmigen Gesän-
ge.[11] Man vertonte sie in Sequenzform, ordnete also jeder Silbe in der
Regel nur einen Ton zu und räumte damit dem Wort und dem Textver-
ständnis den Vorrang vor der musikalischen Bewegung ein. Melodien
übernahm man aus der gregorianischen Liturgie oder bildete sie nach
ihrem Vorbild. Mit der noch heute gepflegten gregorianischen Meßlitur-
gie teilten die *Laudes* deshalb auch den herben Klang der Kirchentonar-
ten und die meist engen Tonschritte, in denen ein die Melodie dominie-
render mittlerer Ton umspielt wird.

Anders als die *Adventus*-Lobgesänge wurden die Texte der für den
Gottesdienst bestimmten liturgischen *Laudes* nicht für die jeweilige
Gelegenheit verfaßt, vielmehr hatte man sie aus altrömischen Herrscher-
akklamationen und angelsächsisch-irischen Heiligenlitaneien zusammen-
gefügt und wandelte sie nur durch Zusätze und Kürzungen ab. Die Verse
der für den fränkischen König zuerst entstandenen Herrscher-*Laudes*
klingen triumphal, fast militant.[12] Die dreimal wiederholte Eingangszeile
mag wie ein Fanfarenstoß gewirkt haben. Ihr lateinischer Wortlaut
«Christus vincit, Christus regnat, Christus imperat!» ist sinngemäß zu
übertragen mit «Christus siegt, Christus regiert als König, Christus
herrscht als Kaiser». Daran schließt sich die Litanei, eine Anrufung vieler
Heiliger. Ihre Unterstützung für den Herrscher, für die Richter, die
Beamten und für das Heer seines Reichs wird aber nicht, wie sonst in
Litaneien üblich, erfleht, sie wird in strahlender Zuversicht gefordert.
Die Hymne steigert sich dann zu großartigen Lobpreisungen und Ver-
herrlichungen Christi als des Königs der Könige. Sein Bild trägt auffallend kriegerische Züge, es spiegelt die religiösen Vorstellungen der Franken. Gottes Sohn wird gepriesen als «unsere Hoffnung, unser Ruhm, die
uns erwiesene Barmherzigkeit und Hilfe, unsere Tapferkeit, unsere Befreiung und Erlösung, unser Sieg, unsere ganz unbesiegbare Waffe,
unsere unüberwindliche Mauer, unser Schutz und unsere Erhöhung,

unser Licht, unser Weg und unser Leben». Jede einzelne Anrufung
bekräftigt der Chor mit dem Ruf: «Christus vincit», «Christus siegt».
    Als irdischen Stellvertreter Christi stellen die *Laudes* den Herrscher
heraus. Er ist deshalb immer mitgemeint, seine Tugenden sind immer
mitbeschworen und aufgerufen bei jeder Lobpreisung Christi; und als
gottgefällig und von den Untertanen ersehnt wird eine im wesentlichen
militärisch erfolgreiche Herrschaft besungen. Bitten um Erhörung, wie
sie für Litaneien typisch sind, und Glückwünsche für den Kaiser beschlossen die kirchliche Akklamation und auch den Vorgang der Kaiserkrönung. Dem Gekrönten huldigte der Papst in Formen, die bei den
byzantinischen Kaisern gebräuchlich waren,[13] wahrscheinlich fiel er ihm
zu Füßen. Niemals wieder in der jahrhundertelangen Geschichte des
abendländischen Kaisertums nahm ein Papst vor dem weltlichen Herrscher eine derart demütigende Haltung ein.
    Nach der Huldigung, so berichtet der Biograph Leos III., habe der
Papst noch den ältesten Sohn Karls des Großen zum König gesalbt und
gekrönt.[14] Die Abfolge der Ereignisse ist erstaunlich. Modernem Empfinden läge es näher, die Zeremonien in stetiger Steigerung dem abschließenden Höhepunkt, also der Kaiserkrönung, zuzuführen. Und der
Erwartung entspräche es, wenn die festliche Spannung sich nach glücklich vollendeter Krönung in Volksfestfreude gelöst hätte. Am Weihnachtstag des Jahres 800 aber war es möglich, anschließend an den ganz
außerordentlichen Festakt der Kaiserkrönung eine zweite gewissermaßen
normale, wenig bedeutsame Krönung zu zelebrieren. Dies konnte nur
gelingen, wenn die Beteiligten dem wohldurchdachten dramaturgischen
Bogen der Kaiserkrönung – Weihnachtsmesse, Krönung, weltliche, dann
geistliche Akklamation und Huldigung des Papstes – in bemerkenswert
statuarischer Festeshaltung folgten. Sehr deutlich tritt hier ein Unterschied zwischen dem modernen und dem karolingerzeitlichen Fest-
Erlebnis und -verständnis zutage; es kennzeichnet einen Wandel der
Mentalität.
    Karl der Große war also nun Kaiser. Doch entsprach das überhaupt
seinen eigenen Wünschen? Lange Zeit hat man gemeint, Papst Leo allein
sei der Initiator der neugeschaffenen Würde gewesen. Um die gewünsch-
te, bald danach auch erfolgte Verurteilung seiner Gegner zu ermöglichen,
habe er Karl den Großen zum Kaiser gekrönt, ihn mit der Krönung am
Weihnachtstag sogar unliebsam überrascht, ja überrumpelt. Karl der
Große sei «Kaiser wider Willen» gewesen. Diesem Irrtum hat Einhard in
seiner bedeutenden Biographie Karls des Großen den Boden bereitet.
Etwa 30 Jahre nach dem Ereignis schrieb Einhard über die Kaiserkrönung: «Damals nahm er den Titel Kaiser und Augustus an» und fährt
fort: «Das war ihm zuerst so zuwider, daß er versicherte, er würde an
jenem Tage, obgleich es ein hoher Festtag war, die Kirche nicht betreten

haben, wenn er den Ratschluß des Papstes hätte vorherwissen können.»[15] Es hat den Anschein, als widerspräche Einhard sich selbst. Entweder verwirklichte Karl der Große mit der Kaiserkrönung einen eigenen Entschluß, wie es der erste Satz beschreibt. Oder er hegte einen grundsätzlichen Widerwillen gegen den Titel, weil ihn der Papst damit überrascht hatte. Beides zugleich kann nicht wahr sein. Einhard selber gibt nirgendwo einen Hinweis, wie der Widerspruch aufzulösen sei. Doch ist die Ansicht von der Überrumpelung des Herrschers durch den Papst mittlerweile endgültig widerlegt. Kaiserpläne Karls des Großen lassen sich mit großer Sicherheit bis ins letzte Jahrzehnt des 8. Jahrhunderts zurückverfolgen, in verschiedener Gestalt wurden sie aber wohl schon seit den Anfängen seines Königtums erwogen. 799 vereinbarten dann König und Papst die Realisierung des Plans. Die damals getroffene Abrede bestätigte Papst Leo durch das Zeremoniell des *Adventus*-Fests, mit dem Karl der Große sich einen Monat vor der Krönung als Kaiser begrüßen und feiern ließ. Sogar abschließende Vorverhandlungen kurz vor der Krönung sind sicher bezeugt: Vor der Versammlung von hohen Geistlichen und Laien, die über die Anschuldigungen gegen Papst Leo beraten hatte, erklärte der Frankenkönig sich bereit, die Kaiserwürde anzunehmen.[16] Schließlich kennzeichnet auch die offiziöse, am fränkischen Hof gleichzeitig mit den Ereignissen entstandene Geschichtsschreibung Karl den Großen als Handelnden, der aus eigenem Entschluß den Kaisertitel angenommen habe.[17]

Die von Einhard überlieferte Unmutsäußerung des Herrschers gegen das Kaisertum kann sich also nicht auf die Tatsache der Krönung beziehen. Vielleicht reagierte Karl der Große mit dem Satz auf eine aktuelle politische Situation oder wollte ihn als Bescheidenheitsgeste verstanden wissen. Schließlich könnten Einzelheiten des Zeremoniells seinen Ärger hervorgerufen haben, beispielsweise die Reihenfolge von Krönung und Akklamation, durch die die Rolle des Papstes betont, die Bedeutung der öffentlichen Zustimmung aber vermindert wurde. Auch die Formulierung des Kaisertitels im Krönungszeremoniell könnte den Wünschen des Herrschers zuwidergelaufen sein.[18]

Die Ansicht, Karls des Großen Rangerhöhung sei allein von Papst Leo ausgegangen, konnte sich auch deshalb so lange halten, weil diese Kaiserkrönung dem Papsttum auf lange hin die bedeutendsten Vorteile brachte. Am Weihnachtstag des Jahres 800 lösten die Päpste sich endgültig und förmlich vom byzantinischen Kaiser. Faktisch war dies schon vor Jahrzehnten geschehen. Hinfort beanspruchten sie mit Nachdruck Schutz vom fränkischen, später vom deutschen Kaiser. Vor allem aber erlangten die Päpste immer wieder neu die kaiserliche Anerkennung ihrer Gebietsansprüche auf den späteren Kirchenstaat und auf Rom.

Schon zur Zeit Leos III. suchte man in Rom, das Verfügungsrecht über das Kaisertum auf Dauer dem Papsttum zu sichern. Nach altrömischem Muster charakterisierte man dort die Kaiserkrönung als einen Erhebungsakt, den der Papst und die Römer ausschließlich aus eigener Vollmacht vollzögen.[19] Den Gekrönten beschränkte diese Deutung auf eine rein passive Rolle, und für einen etwaigen Anspruch auf Krönung ließ diese Argumentation keinen Raum. Diese päpstliche Rechtskonstruktion wies Karl der Große zurück, indem er sie überbot und seine Würde nicht von menschlichen Entscheidungen und Handlungen herleitete, sondern von Gottes Eingreifen. Eine bildkräftige Umschreibung für sein Gottesgnadentum übernahm er aus der Titulatur der byzantinischen Herrscher. Er sagte von sich, er sei «von Gott gekrönt», «*a Deo coronatus*». Die Formel fügte Karl der Große auch in den Kaisertitel ein, den er seit dem Jahr 801 in Urkunden führte. Vollständig lautete der Titel: «Karl, der allergnädigste, erhabene, von Gott gekrönte, große und friedenbringende Kaiser, der das Römische Reich regiert und der auch durch das Erbarmen Gottes König der Franken und der Langobarden ist.»[20] Der Titel verbindet das Hergebrachte mit dem Neuen, das Königtum über Volksstämme mit dem Kaisertum über das ganze Herrschaftsgebiet, dessen Einheit durch den Namen konstituiert wird. Dieses gewaltige, fast den ganzen europäischen Kontinent umfassende Reich nennt Karl der Große ‹Imperium Romanum›. Mit der Benennung rückt er sein Reich in die altrömische Tradition und stellt es dem byzantinischen gleichrangig an die Seite. Karl wollte also im Westen kein neuartiges Kaisertum errichten, sondern eines, das dem byzantinischen genau entsprach. Auch aus dem Zeremoniell des Krönungsfestes spricht diese Absicht. Zahlreich und exakt sind in dieses Zeremoniell oströmische Repräsentationsformen und -formeln übernommen, unter ihnen die wichtigsten oströmischen Herrschaftszeichen wie Krone und Kaisermantel. Mittels dieser Zitate hebt Karl der Große sein Kaisertum ganz unmißverständlich auf die Stufe des oströmischen Vorbilds.

Dem byzantinischen Kaisertum war damit sein Anspruch bestritten, der alleinige und universale Nachfolger des römischen Reiches zu sein. Tatsächlich war dieser Anspruch gegenüber dem Westen längst nur mehr der Form nach und ohne Chance auf politische Konsequenzen erhoben worden, und ganz vergeblich blieben nun auch die Versuche Ostroms, Karls Kaisertum zurückzuweisen. Schon im Jahr 812 fügte der byzantinische Basileus sich ins Unwiderrufliche. Er erkannte den westlichen Kaiser an und gewährte ihm fortan die Anrede «Bruder».

Wie über Karls Einstellung zu Byzanz so gibt das Krönungszeremoniell auch Auskunft über seine Kaiseridee: Schon Jahre vor der Krönung wurde das Reich Karls des Großen und seine Herrschaft als ein ‹Imperium Christianum›, ein christliches Kaisertum gerühmt. Der Herrscher selber betrachtete es als seine Aufgabe, wie ein neuer Konstantin für die

Kirche zu wirken, die Christenheit nach außen zu schützen und für die Reinerhaltung des Glaubens Sorge zu tragen, über die Grenzen seines Reiches hinweg Vorkämpfer und Anführer des gesamten *populus christianus* zu sein.[21] In der Krönungsfeier waren diese Gedanken vor allem in den liturgischen Herrscher-*Laudes* präsent.

Mit dem Wortlaut der weltlichen Akklamation erinnert das Zeremoniell an einen anderen Wesenszug der karolingischen Kaiseridee: Am Weihnachtstag des Jahres 800 akklamierte man dem gerade gekrönten Imperator und Augustus, nicht aber, wie man hätte erwarten können, dem Imperator Romanus oder Imperator Romanorum. Römisch sollte die neue Würde also nicht sein und nicht an die Stadt Rom gebunden. Als Sitz und Sinnbild des karolingischen Imperiums feierte man vielmehr ein neues Rom: die eben damals erbaute Aachener Pfalz. In der bewußten Abwendung von Rom trug Karls ‹Aachener Kaisertum› eigenständig fränkische Züge.

Ein Fest, Karls des Großen Kaiserkrönung in Rom, veränderte das Gesicht der damaligen politischen Welt. Eine ganz eigene Bedeutung gewann das Ereignis für die *deutsche* Geschichte seit der Mitte des 10. Jahrhunderts, als Otto der Große das Kaisertum übernahm und in Herrschaftsauffassung und -repräsentation bewußt an das Vorbild des ersten fränkischen Kaisers anknüpfte. Auf Jahrhunderte hin waren seitdem für das spätere Heilige Römische Reich Deutscher Nation bestimmte Grundbedingungen seiner staatlichen Existenz vorgegeben, darunter das Spannungsverhältnis zwischen Kaiser und Papst als charakteristische Komponente der mittelalterlichen politischen Situation.

Kaiser und Reich sind längst ferne, unwirkliche Vergangenheit. Dennoch sind wir mit dem Ereignis vom Weihnachtstag des Jahres 800 noch immer lebendig verbunden: Durch sein Kaisertum hat Karl der Große die abendländische westliche Welt zum ersten Mal geeint. Politisch war seinem gewaltigen Reich keine Dauer beschieden, schon nach wenigen Jahren zerfiel es auf immer. Aber die im Jahr 800 begründete oder damals zuerst ins Bewußtsein getretene Einheit der lateinischen Christenheit überlebte in schwankendem Ausmaß und unterschiedlicher Ausprägung auf kulturellem und geistigem Gebiet, auch hinsichtlich der Lebensformen und im Wandel der Grundsätze politischer Organisation. Übernational gemeinsam erinnerter Bezugspunkt dieser abendländischen Einheit blieb der Name des ersten mittelalterlichen Kaisers. In diesem Sinn ist Karl der Große noch heute, als was ihn ein Panegyriker zur Zeit seiner Kaiserkrönung gerühmt hat:[22] *pater Europae* – der Vater Europas.

Die Hoffeste Kaiser Friedrich Barbarossas
von 1184 und 1188

Von Peter Moraw

Porträtbüste Friedrich Barbarossas, der sog. ‹Cappenberger
Barbarossa-Kopf›. Vergoldete Bronze um 1160.

Das große Fest, das ein Zeitalter und eine Gesellschaft kennzeichnen kann wie kaum ein anderes Ereignis, kennzeichnet auch das deutsche Mittelalter und seine führende Gesellschaftsschicht, den Adel. Im Hochmittelalter,[1] in der Epoche vom 10. bis zum 12. und 13. Jahrhundert, begann die deutsche Geschichte. Sie setzte im 10. Jahrhundert dadurch ein, daß sich große adelige Herren entschlossen, den Bedrohungen ihrer Region und Generation gemeinsam entgegenzutreten und einen König als ihr Haupt anzuerkennen. Damals handelte es sich um einfache und urtümliche Lebenswelten. Am Ende des Hochmittelalters, im späten 12. und frühen 13. Jahrhundert, hatten sich der König und führende Fürsten als Lebens- und Handlungszentren einigermaßen ausgebildete und abgegrenzte Höfe geschaffen. Auf diese Höfe hin orientierte sich der übrige Adel. Am Hof vereinigten sich die wichtigsten Vorgänge der Politik, plante man Angriff oder Verteidigung und wurden die Abgaben verbraucht, die die Grundherrschaften erbracht hatten. Am Hof war man abkömmlich für Jagd und Spiel, für Prunk und Genuß, für Bildung und Literatur und für das Fest, das alles adelige Handeln zu konzentrieren und zu steigern vermochte.[2]

Am Rhein, wo die deutsche Geschichte ihren Anfang genommen hatte und wo die am besten entwickelten Landschaften des nordalpinen Reiches lagen, fanden im letzten Lebensjahrzehnt Friedrich Barbarossas[3] die großen Hoftage und Hoffeste von 1184 und 1188 statt.[4] Geschichtsschreiber und Dichter, die sie miterlebt hatten, nannten sie einmalig und einzigartig. Sie können in der Tat als bedeutende Erfolge des veranstaltenden Kaisers gelten, so verschieden sie beide auch sein mochten. Für den Nachlebenden bezeichnen sie indessen Glanz *und* Problematik der Stauferzeit – vor allem auch, weil sich hier verschiedene Entwicklungslinien trafen, die in die Vergangenheit zurück- und in die Zukunft vorauswiesen.

Der kenntnisreiche Geschichtsschreiber Giselbert von Mons[5] im heutigen Belgien hat das Mainzer Hoffest von 1184 als Kanzleibeamter des Grafen von Hennegau miterlebt. Er berichtet darüber:

«Graf Balduin V. von Hennegau [1171–1195] machte sich mit tüchtigen und erfahrenen Männern, die prachtvolle seidene Gewänder trugen, zu jenem Hoftag auf. Er traf am Pfingstsamstag mit großer kostbarer Ausrüstung, mit vielem silbernen Gerät und allem, dessen man darüber hinaus bedarf, sowie mit einer würdig ausgestatteten Dienerschaft ein. Wegen der großen Menschenmenge, die herbeiströmte, ließ der Kaiser auf den Wiesen vor Mainz – auf dem rechten Rheinufer – seine und aller Ankömmlinge Zelte aufschlagen. Die Zelte des Grafen von Hennegau übertrafen die der übrigen Herren an Zahl und Schönheit. Aus dem ganzen Reich nördlich der Alpen sind zu diesem Tag Fürsten, nämlich Erzbischöfe, Bischöfe, Äbte, Herzöge, Markgrafen und Pfalzgrafen,

dann andere Grafen, Edelleute und Ministerialen erschienen. Nach
glaubwürdiger Schätzung waren 70000 Ritter zugegen, dazu kamen noch
die Kleriker und die Leute aus anderen Ständen.

Am Pfingstsonntag, den 20. Mai 1184, trugen Kaiser Friedrich und die
Kaiserin Beatrix mit großer Feierlichkeit, wie es sich gehörte, die Kaiserkrone und ihr Sohn König Heinrich die Königskrone. Obwohl es bei
dieser Gelegenheit sehr mächtige Fürsten als ihr Recht beanspruchten,
das Schwert des Kaisers zu tragen, nämlich Herzog [Friedrich] von
Böhmen, Herzog Leopold von Österreich, der neue Sachsenherzog
Bernhard, Pfalzgraf Konrad vom Rhein, der [Halb-]Bruder des Kaisers,
und der Landgraf [Ludwig III.] von Thüringen, ein Neffe des Kaisers,
überließ er es dem Grafen von Hennegau... Am Pfingstmontag wurden
König Heinrich und Friedrich Herzog von Schwaben, die Söhne des
Kaisers, zu neuen Rittern gemacht. Diese Ehrung veranlaßte sie sowie
alle Fürsten und andere Edelleute, an Ritter, Gefangene und Kreuzfahrer,
Gaukler und Gauklerinnen reiche Geschenke zu geben: Pferde, kostbare
Kleider, Gold und Silber. Die Fürsten und die anderen Edelleute taten
dies zur Ehre des Kaisers und seiner Söhne und um ihren eigenen Ruhm
weithin bekannt zu machen.

Am Pfingstmontag und Pfingstdienstag begannen die Söhne des Kaisers nach dem Frühstück Reiterspiele, an denen sich wohl 20000 oder
mehr Ritter beteiligten. Diese Spiele fanden ohne scharfe Waffen statt; die
Ritter führten ohne Hauen und Stechen Schilde, Lanzen und Banner vor
und erfreuten sich ihrer Reitkunst. Selbst Kaiser Friedrich beteiligte sich
daran. Auch wenn er an Größe und Schönheit die übrigen nicht übertraf,
wies er doch seinen Schild, wie es sich gehörte, an erster Stelle vor. Der
Graf von Hennegau diente ihm bei diesem Spiel als Lanzenträger.

Am Dienstag erhob sich gegen Abend ein Sturm und zerstörte die
Kapelle des Kaisers und einige Bauten, die man auf den Rheinwiesen für
die vielen Leute neu errichtet hatte. Die Trümmer erschlugen einige von
ihnen. Zahlreiche Zelte wurden zerrissen. Alle befiel Furcht... Das bei
Ingelheim am Rhein, einem zwei Meilen von Mainz entfernten Ort, [zum
28. Mai] angesagte Turnier unterblieb auf den Rat von Fürsten.

An diesem Hoftag haben wie gesagt 70000 Ritter teilgenommen, da die
schon erwähnten Fürsten die entsprechende Anzahl mit sich geführt
hatten, nämlich der Herzog von Böhmen 2000, der Herzog von Österreich 500, der Sachsenherzog 700, der Pfalzgraf vom Rhein 1000 oder
mehr und ebenso viele der Landgraf von Thüringen, der Erzbischof
Konrad von Mainz, ein Verwandter des Kaisers, 1000, Erzbischof Philipp von Köln, ein Verwandter des Grafen von Hennegau, 1700, der
Erzbischof von Magdeburg 600 und der Abt von Fulda 500. Dazu kamen
noch die übrigen Fürsten, nämlich die Erzbischöfe von Trier, Bremen,
Besançon und Regensburg,[6] die Bischöfe Roger von Cambrai und Rudolf

von Lüttich und diejenigen von Metz, Toul, Verdun, Utrecht, ein Verwandter des Grafen von Hennegau, von Worms, Speyer, Straßburg, Basel, Konstanz, Chur, Würzburg, Bamberg, Münster und Hildesheim» sowie drei Reichsäbte und elf weitere weltliche Fürsten und Große, deren Herkunft der Autor kannte.

Der Bericht Giselberts ist wie die anderen Mitteilungen über die staufischen Hoffeste perspektivisch und daher weder umfassend noch ‹ausgewogen›. Woran sein Herr nicht beteiligt war, interessierte ihn nur wenig; auch überging er, was in seiner Zeit als allgemein bekannt gelten konnte. Man darf also nicht verallgemeinern, was nur partiell gültig sein sollte, und darf auch nicht einfach harmonisieren. Gleichwohl griff der Autor einige Wesenszüge und Probleme auf, die man als historisch bedeutsam ansehen wird. Davon sind am wichtigsten die Rolle des Kaisers, der Fürsten und des Rittertums und das, was man als Kultur und Folklore bezeichnen kann. Ernstes und Heiteres wurden zusammengehalten von heute eher befremdlich erscheinenden Grundeigenschaften adeliger Existenz, die gerade auf Hoffesten gebündelt und gesteigert vor Augen treten.

Das wichtigste Moment, das sich der Erzählung Giselberts unmittelbar entnehmen läßt, ist der entschieden persönliche oder personalisierte Charakter öffentlicher Existenz, das heißt des politischen, sozialen und kulturellen Daseins. Im Umgehen von hochgeborenen Personen miteinander trat das Gemeinwesen ins Leben. Es gab zumindest in Deutschland kaum schon überpersönlich-abstrakte Institutionen und noch recht wenige allgemein anerkannte Verfahrensregeln – oder anders formuliert: Es kam im Gemeinwesen immer wieder von neuem auf die persönliche Leistung an und zwar auf den verschiedenartigsten Lebensgebieten zur gleichen Zeit. Insofern berichtete Giselbert, wenn er vor allem von Personen erzählt, nicht einfach naiv, sondern eher realistisch; insofern ist schon die Tatsache, daß sich zum Mainzer Pfingstfest so viele Herrschafts- und Waffenträger trafen, als bedeutender politischer Erfolg Barbarossas zu bewerten – als Erfolg einer jahrzehntelangen Kontinuität bildenden Regierung, die sich Respekt verschafft hatte. Im Jahr 1180/81 war der Herzog von Sachsen und Bayern, Heinrich der Löwe,[7] besiegt worden, etwas später hatte der Friede von Konstanz (1183)[8] einen Ausgleich mit den lombardischen Städten angebahnt, so daß auch diese wichtige Frage geklärt oder entschärft schien.

Ein anderes Kernproblem bestand darin, daß ein so großes Reich wie das staufische nicht von dem einen Kraftzentrum der Dynastie aus durchgestaltet werden konnte. Dies war schon deshalb unmöglich, weil die Entfernungen innerhalb des Landes für die Möglichkeiten der zeitgenössischen Verkehrs- und Nachrichtentechnik viel zu groß waren.[9] Eine allgemein anerkannte Mittelpunktslandschaft des Reiches, die unabhängig von den Machtmitteln der jeweiligen Herrscherfamilie bestanden hätte, gab es nicht. Daß die Hoffeste und Hoftage von 1184 und 1188 in geographisch günstiger Lage bei Mainz stattfanden, sicherte ihnen viel Zulauf. Dort war man aber fern von den schwäbisch-elsässischen Hauptbesitzungen Barbarossas, wenn auch in der Nähe seiner mittelrheinisch-wetterauischen Stützpunkte. Das Erzbistum Mainz, dem kaiserlichen Interesse unterworfen und aus verschiedenen Gründen geschwächt, sah sich in diesen Jahren hart besteuert; diese Geldquelle mag die Ortswahl der kostspieligen Feste mitbestimmt haben.

Die in vieler Hinsicht am weitesten fortgeschrittenen Gebiete des Reiches, der Nordwesten am Niederrhein und im Umkreis der Rheinmündung, bildeten geradezu den Gegenpol zu den Stauferländern. Aus dem Nordwesten stammt der ausführlichste und intelligenteste Bericht über das Mainzer Fest, eben von Giselbert von Mons; von dort kam der wichtigste Zeuge aus der Welt der Literatur, der Dichter Heinrich von Veldeke;[10] über den Nordwesten vor allem wurde ritterliche Wesensart aus Frankreich vermittelt. Dort gab es aber kein staufisches Hausgut und wenig Reichsgut, sondern recht selbstbewußte Territorialherren mit ertragreichen Herrschaftsrechten, die den Weg zur territorialen Staatlichkeit einzuschlagen erlaubten. Erzbischof Philipp von Köln,[11] der mächtigste Herr am Niederrhein, schien für die Rolle eines Gegenspielers des Kaisers wie geschaffen. Auch in dieser Funktion trat er die Erbschaft Heinrichs des Löwen an.

Das große Fest verwandelte das Nebeneinander der politischen Kräfte im Reich, wie es für einfache Gesellschaften typisch ist, auf kurze Zeit in ein brisantes Mit- und Ineinander. Denn die Anwesenheit des Kaisers machte die hierarchische Ordnung aller Beteiligten unvermeidlich – auch dann, wenn bisher darüber keine Einigkeit bestand und wenn es keine eindeutigen Regeln gab, die Entscheidungshilfe geboten hätten. Rangfragen waren zutiefst politische Fragen, die vom ersten Fürsten bis zum letzten Ministerialen und Kleriker Freunde und Gegner hervorbrachten und Parteien schufen. Der Größte durfte sich am wenigsten eine Blöße geben. Das meiste, was geschah, wurde von vielen beobachtet, die als nicht leicht bezähmbare kleine Herrschaftsträger im Gefolge eines Mächtigen gekommen waren. Auch Giselbert berichtet von einem Rangstreit, der zugunsten seines Herrn eine aus dem Augenblick geborene, keine dauerhafte Lösung fand.

Wichtiger aber war ein anderer Konflikt, den der Chronist Arnold von Lübeck[12] in Erinnerung behielt. Während der Platz zur Rechten des Kaisers beim Festmahl dem ranghöchsten Fürsten, dem Erzbischof von Mainz, schon angesichts der Ortswahl unbestritten blieb, drohte der nächstbeste Sitz zur Linken dem Kölner Kirchenhaupt verloren zu gehen. Barbarossa selbst verriet bedenkliche Unschlüssigkeit, als er zeitweise auf eine entsprechende Forderung des Abtes von Fulda einzugehen schien. Augenblicklich begann sich eine gefährliche Polarisierung, ja Spaltung der Festgesellschaft einzustellen. Denn auch die Lehnsleute der Gegenspieler mußten sich sogleich öffentlich bekennen. Auf seiten des Kölners waren dies mit dem Pfalzgrafen vom Rhein und dem Herzog von Brabant allein unter den Fürsten zwei der mächtigsten, dann auch der Graf von Nassau; für den Abt erhob sich immerhin der Landgraf von Thüringen. Wovon man nicht sprach, was aber jeder wußte, stand dabei noch bevor: Nur scheinbar ein neutrales Festereignis war die kommende Erhebung des Grafen von Hennegau in den Reichsfürstenstand, die dann unter dem Titel eines ‹Markgrafen von Namur› verwirklicht wurde (1190). Deutete man diesen Akt politisch, statt vordergründig als Mitanlaß zum Feiern eines Hoffestes, dann war er gegen den Erzbischof von Köln und gegen den Herzog von Brabant gerichtet. – Als der Abt schließlich nachgeben mußte, war Frieden nur zum Schein geschaffen. In Wirklichkeit begann eine jahrzehntelange Feindschaft zwischen den Staufern und dem Kölner Stuhl, die immer weitere Kreise zog und zwei Generationen später nicht wenig zum Untergang der Kaiserdynastie beitrug. Die Distanz des Niederrheins zum süddeutschen Königtum an und für sich blieb noch lange Jahre darüber hinaus wirksam. Zuerst an ihr sind auch alle Bestrebungen gescheitert, aus Deutschland ein Erbreich mit der so notwendigen Kontinuität an der Spitze zu schaffen,[13] statt des hergebrachten Wahlreichs.

Es ging in Mainz nicht nur um jenen Fall. Mehr als 40 Reichsfürsten – eine sehr große Zahl – waren gekommen. In jeder Hinsicht stellten sie unentbehrliche Mitspieler und gefährliche Gegenspieler des Herrschers zugleich dar. Das Personengefüge, welches das Reich in erster Linie ausmachte, war an dieser Stelle am labilsten und empfindlichsten – ein explosives Gemisch. Die als Gäste des Kaisers miteinander tafelten und dem Sänger lauschten, waren zugleich Rivalen in einem unerbittlichen Wettstreit in ihrer Region. Man muß sich vor Augen halten, daß die großen Fürsten, soweit sie territoriale Nachbarn waren, früher oder später im Konflikt miteinander standen, der Pfalzgraf zum Beispiel mit allen drei rheinischen Erzbischöfen.[14] Nicht zufällig hatte Barbarossa die Fürstenzelte, wie der Chronist Otto von St. Blasien berichtet,[15] in einem Kreis errichten lassen. Keiner sollte sich bevorzugt oder benachteiligt fühlen. Frieden und Gerechtigkeit im Reich zu sichern, wie der Staufer sein Handeln in einer 1184 datierten Inschrift auf der niederrheinischen Reichspfalz Kaiserswerth beschrieb, war eben äußerst schwierig, selbst und gerade auf einem Fest. Übrigens hat Barbarossa den militärischen Ausbau dieser am Kölner Machtbereich gelegenen Anlage im gleichen Jahr befohlen.

Entspannung in gespannter Lage haben der adeligen Welt Spiel und

Tanz geboten, wie es Giselbert angedeutet hat und sie sich aus anderen
Nachrichten ergänzen lassen. Die gehobene Lebenskultur und ihre edelsten Ausprägungen, Musik und Dichtung, waren im deutschen 12. Jahrhundert stark von französischen Vorbildern bestimmt. Manches, was
man aus dem königlichen Frankreich im Norden empfing, entstammte
eigentlich dem Mittelmeerraum, also der Wiege der lateinisch-europäi-
schen Kultur, und konnte auch unmittelbar von dort, zum Beispiel aus
der Provence, zu uns gelangen. Schließlich sollten auch die Kreuzzüge
Weltkenntnis und Kulturwelt erweitern.[16]

Im Rahmen des Gesamtphänomens ‹ritterliche Kultur›[17] wird man die
letzte Generation des deutschen 12. Jahrhunderts noch als ein frühes,
unfertiges Zeitalter auffassen. Unzweifelhaft war man allerdings in
schneller Entwicklung begriffen. So sind sich auf den Mainzer Rheinwiesen wohl vielfach ältere und neuere Lebensformen begegnet. Diese
Begegnung wird die etwas Langsameren, zumal aus der Mitte und dem
Osten des Reiches, zu Neuem angeregt haben.[18] Wieviele ihre Kleidung
schon mit kostbaren Stoffen und bunten Farben aufgeputzt haben, wie es
die jüngste Mode war, wissen wir nicht; es gibt keine erhaltenen Reste.
Nicht viel besser steht es um die waffentechnische Überlieferung aus
dieser Generation. Gewiß wird das blanke Eisen des Kettenpanzers
vorgeherrscht haben, weil das neuerdings darüber getragene bunte Waf-
fenhemd in Deutschland noch wenig verbreitet war, ganz zu schweigen
von einer in den gleichen Farben prangenden Pferdedecke. Den hergebrachten kegelförmigen Helm mit dem angeschmiedeten Nasenschutz
trugen wohl noch viele, auch den ebenso veraltenden schweren runden
Schild, statt des neuen leichten dreieckigen. Sehr selten erst dürften
Wappenfarben darauf zu sehen gewesen sein. Die Lanze, die Hauptwaffe
neben dem Schwert, zeigte sicher noch nicht häufig das bunte Lanzen-
fähnlein.[19] Es wird normalerweise erst den Kämpfer des 13. Jahrhunderts
kenntlich machen, der sich nach und nach dem Bilde näherte, das man
sich heute vom mittelalterlichen Rittertum macht.

Als früh erweist sich das Fest von 1184 auch im Hinblick auf seine
Begegnung mit der deutschsprachigen Literatur.[20] Sie nannte und nennt
man gern etwas vorschnell Ritterdichtung. Im ersten erhaltenen höfischen Roman deutscher Zunge, einer Bearbeitung der ‹Aeneis› Vergils
nach einer französischen Vorlage, spielte Heinrich von Veldeke[21] auf das
Mainzer Ereignis an:

«ich envernam van hôtîde	«Ich hörte nie von
in alre wîlen mâre,	einem Fest erzählen,
die alsô grôt wâre,	das so prachtvoll gewesen wäre,
als doe hadde Ênêas,	wie es damals Aeneas feierte,
wan die te Meginze was,	außer jenem, das in Mainz stattfand,

...	...
dâ der keiser Frederîch gaf twein sînen sonen swert,	als Kaiser Friedrich seinen zwei Söhnen das Schwert verlieh.
ich wâne, alle die nu leven, neheine grôter hân gesien.	Ich glaube, alle Zeitgenossen haben noch kein prächtigeres Fest gesehen.
den keiser Frederîke geskiede sô menich êre, dat man iemer mêre wonder dâ vane seggen mach went an den jongesten dach âne logene vor wâr.»	Dem Kaiser Friedrich widerfuhr da so viel Ehre, daß man tatsächlich – ohne zu lügen – bis zum Jüngsten Tag Wunder davon erzählen kann.»

Heinrich mochte im Gefolge eines niederrheinischen Herrn oder auch schon des Landgrafen von Thüringen, der ihn später förderte, nach Mainz gekommen sein. Dort mag er dem französischen Dichter Guiot de Provins[22] begegnet sein, der den Kaiser seinen Gönner nannte. Heinrich war sicherlich nicht Ritter, sondern *clericus*. Das heißt – und sein Werk bezeugt es –, er war im Besitz gelehrter Bildung im Sinne der Zeit und damit Angehöriger einer ganz kleinen Elite. Sie versah den schriftlichen Verwaltungsdienst für die Adelswelt, die in Deutschland zumeist noch aus Analphabeten bestand. Der Interessentenkreis für anspruchsvolle Dichtung wie diejenige Heinrichs oder Guiots war sicherlich klein. Wenn überhaupt Teile eines Epos auf dem Fest zur Geltung kamen, dann wurden sie vorgetragen, nicht von einzelnen privat gelesen. Es war Literatur für Hörer, die an eine mündliche Kultur gewöhnt waren. Immerhin handelte es sich – und dies war neu – um Literatur in der Volkssprache, während der Kaiserhof bisher lateinische Texte hervorgebracht hatte: besonders Geschichtsschreibung im Kreis der geistlich Gebildeten.

Im ganzen darf man sich die Wirkung der damals modernen schönen Literatur in Mainz nicht allzu groß vorstellen. Wesentlicher als der wandernde Kaiserhof und seine Feste sollten für sie bald ortsgebundene Fürstenhöfe werden, wie der thüringische, der österreichische und der böhmische Hof.[23] Für Barbarossa wirklich gesichert ist nur eine Beziehung zum frühen Minnesänger Friedrich von Hausen,[24] der aus der Gegend von Kreuznach, aus Rheinhessen oder dem Rhein-Neckar-Raum stammte, zeitweise dem Hof angehörte und den Kaiser auf dem Kreuzzug begleitet hat. Interessierter war offenbar die Kaiserin Beatrix,[25] die aus Burgund kam und als Freundin südfranzösischer Dichtkunst gelten kann. Ihr wird man Guiot de Provins zuordnen. Barbarossas Sohn, König Heinrich, als Kaiser Heinrich VI., hochgebildet im Sinne der Zeit, hat dann selbst Minnelieder gedichtet, von denen einige erhalten sind. Erst hier stellt sich ernsthaft die immer wiederkehrende Frage nach dem Wirklichkeitsgehalt solcher Literatur: Der ‹Machtpolitiker› Heinrich jedenfalls handelte ganz anders, als er schrieb – bei weitem nicht im Sinne seiner Verse:

> «Ehe ich auf die Geliebte verzichte,
> würde ich der Krone entsagen.»[26]

Viel mehr Interesse als derlei ziselierte Texte dürften in Mainz die zahlreichen Spielleute, Gaukler, Zauberer und andere Unterhaltungskünstler gefunden haben. Wenn sie gefallen hatten, gehörte es zur adeligen Ehre, sie großzügig zu beschenken. Vielfältige Musikdarbietungen wird man sich auf dem Fest vorstellen können: Von Trompeten über Trommeln und Pfeifen bis zu den Saiteninstrumenten, die für Tafel- und Tanzvergnügen unentbehrlich waren. Damit kontrastierte die feierlich gesungene Liturgie der Geistlichkeit. Von ihr wissen wir noch am meisten, während über die Unterhaltungsmusik so gut wie nichts Konkretes bekannt ist.[27]

Dasjenige Ereignis auf dem Hoffest von 1184, das bei den Berichterstattern besonderes Interesse gefunden hat, war die Schwertleite der beiden Kaisersöhne. König Heinrich, der damals 18 Jahre alt war, und sein etwas jüngerer Bruder Friedrich,[28] der Herzog von Schwaben, wurden feierlich mit dem Ritterschwert umgürtet, das beide natürlich längst zu handhaben gelernt hatten. Es war kein ganz selbstverständlicher Akt. Denn den schon bestehenden, denkbar besten Legitimierungen, eben durch das kaiserliche Blut und (bei Heinrich) durch die Königskrone, wurde eine weitere, bisher eigentlich unnötige hinzugefügt. Die Schwertleite verwies auf die ideelle Gemeinsamkeit derjenigen, die man ‹Ritter›[29] nannte, das heißt auf etwas Übereinstimmendes bei den zu Pferde und gepanzert Kämpfenden. Diese Gemeinsamkeit umfaßte nun die Staufer ebenso wie die Fürsten und Herren und selbst die unfreien Ministerialen. Es war dies keine soziale Einheit, wie es sonst das Übliche war, sondern ein recht merkwürdiges, gedankliches Phänomen neuer Art, das nicht leicht erklärt werden kann.

Durch die demonstrative Aufnahme der beiden Kaisersöhne in diese Idealgemeinsamkeit ‹Rittertum› gewinnt das Fest von 1184 in der Tat einen besonderen Charakter. Es waren sehr viele Ritter gekommen, wenn auch in der Regel nicht aus eigenem Antrieb oder aus ‹Solidarität›, sondern im Gefolge der Fürsten, deren Rang nach dessen Größe bemessen wurde. Schon technisch-praktisch kann man sich nur eine ‹vertikale›, keine ‹horizontale› Gliederung und Ordnung dieser Scharen vorstellen; für sie kam es nicht auf die drei Mainzer Tage, sondern auf die lebenslange heimische Zuordnung an. Die Zeitgenossen schätzten die Zahl der

Ritter auf 40000 oder gar 70000, sicherlich viel zu hoch. Gewiß waren es aber mehr als 10000, vielleicht gegen 20000, und schon damit eine ungeheuer große Menge, die nur auf ganz kurze Zeit konzentriert werden konnte; darf doch eine Siedlung von 10000 Einwohnern im mittelalterlichen Deutschland als Großstadt gelten.

Alle, die gekommen waren, sahen, was geschah: Der Kaiser appellierte in Gestalt des Rittertums an ein neuartig heranwachsendes Normengefüge und zugleich an die Kampfkraft dieser Tausende – auch wenn dadurch nicht im geringsten das fundamentale Gegenüber von wenigen Großen, die zu herrschen vermochten, und von vielen kleinen Abhängigen aufgehoben wurde – nicht einmal im Ritterspiel. Man kann leider nichts Zuverlässiges darüber aussagen, wie konkret und intensiv die Gemeinsamkeit ritterlicher Lebensformen und Ideale empfunden worden ist. Am Tatbestand, daß in Zeugnissen dieser Generation und darüber hinaus das Wort *miles* (als ‹Ritter›) für Mitglieder des höchsten Adels und für Ministerialen zugleich verwendet wurde, kann aber nicht gezweifelt werden. So bestand wenigstens die Möglichkeit, an eine besondere Ehre im Sinne eines ‹ritterlichen› Verhaltens im Verkehr untereinander und mit anderen und an den Schutz von Schwachen und Wehrlosen zu denken. Dies war wohl ein übergreifendes Phänomen für die Kernländer des papstchristlichen Europa, wenn auch immer ein Phänomen neben anderen, konkreteren Phänomenen. Man verstand die Einheit des Rittertums zuerst vom Militärischen her, und von Waffen konnte man nach wie vor sehr verschiedenartigen Gebrauch machen. Wie dem auch gewesen sein mag – die Kenntnisnahme von solchen ritterlichen Vorstellungen bis hinauf in den höchsten Adel bleibt ein bemerkenswerter Tatbestand; auch die Zeremonie der kaiserlichen Schwertleite von 1184 scheint an anderen Höfen nachgeahmt worden zu sein.

Die höchste Auszeichnung durch die vom Kaiser anerkannte Zugehörigkeit zum Rittertum erfuhren naturgemäß die sozial am tiefsten stehenden Teilnehmer, die immer noch unfreien Ministerialen.[30] Ihr Aufstieg durch Militär- und Verwaltungsleistungen bis in Adelsnähe und endlich auch – wenigstens für die Erfolgreichsten – ihr Übergang in den neuen niederen Adel des Spätmittelalters waren bedeutsame soziale Befreiungsprozesse – Kennzeichen eines Aufbruchszeitalters, wie man das 12. Jahrhundert (für weite Teile Deutschlands auch noch das 13. Jahrhundert) nennen kann. Insofern war das Mainzer Ritterfest auch ein Fest der Ministerialen, das eine Anerkennung ihres Wirkens mit sich brachte – nicht zur Freude des alten Adels, den sie an Zahl beträchtlich übertrafen. Aus den Zeugenlisten der Urkunden des Kaisers selbst ist im Lauf der Regierungszeit das Vorrücken großer Ministerialen, die sich in schweren Aufgaben bewährt hatten, gut erkennbar. Im übrigen waren die Angehörigen dieser ‹Gruppe› nach Herkunft – aus rheinischen Großstädten oder

schwäbischen Dörfern – und Besitz sehr verschieden. Wenn es kaiserliche
Bestrebungen gab, den alten Adel und die (wichtigen) Ministerialen
zusammenzuführen, dann war dies wohl eher kurzfristig-politisch als
langfristig-sozial gedacht; Kritik an den Erfolgen der Ministerialen in der
Nähe des Herrschers hat es jedenfalls gegeben.[31] Nicht daran ist freilich
jenes Vorhaben Friedrichs (wenn es bestand) gescheitert, sondern an der
offenkundigen Unmöglichkeit, soziale Grundtatsachen politisch-persön-
lich umzugestalten: Alter Adel und Ministerialität ließen sich im 13. Jahrhundert, je weiter die Zeit fortschritt, immer weniger unter dem Titel
‹Ritter› zusammenfassen.

Auch dieses wird man in aller Vorsicht sagen können: Zum Dienst, den
die Ministerialen der Barbarossazeit ihres Amtes wegen leisteten, konnte
nach einiger Zeit ein Ethos des Dienens hinzutreten, das mit dem
Rittertum ganz allgemein in Verbindung gebracht wurde. Nicht geschah
dies als selbstproduzierte ‹Aufstiegsideologie› oder auch umgekehrt als
Versuch der Großen, den Kleinen ihr Los der Abhängigkeit schmackhaft
zu machen. Für beide Gedankengebäude fehlten den Zeitgenossen aus-
reichende Analysefähigkeit und genügendes Verbreitungs- und Aufnah-
mevermögen, und es fehlen nicht minder Anhaltspunkte in der Überlieferung. Vielmehr handelte es sich wohl zuerst um den ‹disziplinierenden›
Einfluß von Religion und Kirche. Schließlich sollte man die neue ‹klassi-
sche› Literatur um 1200 nicht zu nahe an die (Durchschnitts-)Ministeria-
len heranrücken und lieber an den hochadeligen Höfen belassen, von
denen sie auch am meisten redet.

Für viele Ritter dürfte das große Reiterspiel und Schaureiten am
Pfingstmontag und Pfingstdienstag den Höhepunkt des Mainzer Festes
dargestellt haben. Der Kaiser selbst beteiligte sich – ein wenig zur
Verwunderung des Augenzeugen Giselbert – an dieser Veranstaltung von
Tausenden. Sie setzte ein beachtliches Maß von Organisation und vor
allem von schon mitgebrachter Übereinstimmung in Regeln und Normen
voraus. Das Reiterspiel stellt neben der Schwertleite der Kaisersöhne
einen zweiten Beleg für jene ideelle Gemeinsamkeit der Ritter quer durch
die Adels- und ‹Adels›-ränge dar. Das Spiel – in deutschen Texten *buhurt*
genannt – war kriegswaffenlos, es wird im wesentlichen aus Reitforma-
tionen und Reitfiguren bestanden haben. Damit unterschied es sich vom
Turnier, das vorerst noch mit scharfen Waffen ausgetragen wurde, und
zwar im 12. Jahrhundert zumeist in Gestalt des Massenanritts zweier
Parteien gegeneinander. Das Turnier – Import aus Frankreich wie wohl
auch der *buhurt* – galt als gefährlich für Leib und Seele. Deshalb ist es
von kirchlichen Instanzen bis hinauf zu Papst und Konzil bei Strafe der
Exkommunikation verboten worden. Tatsächlich waren tödliche Tur-
nierunfälle recht häufig, und war auch das christliche Ethos durch *luxuria*
und finanzielle Manipulationen manchen Versuchungen ausgesetzt.

Die große Rolle der Kirche bei allen Lebensäußerungen von Kaiser und Reich auf der Höhe des Mittelalters machte es unmöglich, ein Turnier als offiziellen Bestandteil des Mainzer Festes zuzulassen. Auf der anderen Seite mußte das Zusammentreffen so vieler Bewaffneter einen elementaren und unwiderstehlichen Anreiz zum Messen der Kräfte mit sich bringen; denn nichts wäre verkehrter, als gerade die Ministerialität zu idealisieren. Am besten stellt man sie sich als einen Haufen rauher Gesellen vor, denen Gewalttaten nicht fern lagen.[32] Demgemäß war ein Turnier für die folgende Woche beim unweit gelegenen Ingelheim angesetzt worden. Es dürfte von Anfang an umstritten gewesen sein. Mit dem Verzicht selbst auf eine räumlich und zeitlich abgerückte Veranstaltung setzte sich offenbar eine kirchliche Fürstenpartei durch, die das gefährliche Unwetter des Dienstags zum Anlaß nahm. Diese Haltung deutet schon auf den Tag von 1188 voraus. Nicht alles, was Ritterwunsch war, ließ sich also sogleich durchsetzen. Im ganzen freilich scheiterte die Kirche mit ihren Turnierverboten. Das Turnier wurde im 13. Jahrhundert mit etwas strengeren Normen hoffähig und war in der hochstaufischen Epik mit dem idealen Rittertum eng verbunden[33] – ein Stück gleichsam konkurrierender säkularer Kultur mitten in der christlichen Welt.

Dem Hoffest von 1184 folgte vier Jahre später ebenfalls in oder bei Mainz ein zweites Treffen, zu dem wiederum der Kaiser aufgerufen hatte, für den Sonntag ‹Laetare Jerusalem› in der Fastenzeit, den 27. März.[34] Die Jahre relativen Friedens wenigstens im großen Rahmen der Christenheit waren 1187 durch die Schreckensnachricht vom Verlust der heiligen Stadt an den muslimischen Sultan Saladin jäh beendet worden. Der Kaiser, der erste unter den Herrschern der papstchristlichen Welt, fühlte sich zusammen mit dem Papst für die Christenheit verantwortlich. Auch die übrigen Könige, die Fürsten und die Ritter sahen sich herausgefordert. Auf den schlichten, schematischen Weltkarten, die man im Abendland des 12. Jahrhunderts kannte, befand sich Jerusalem stets in der Mitte. Das Ziel war ein neuer, der dritte Kreuzzug zu seiner Befreiung. Auf den Kaiser selbst dürfte die Bezeichnung des Mainzer Treffens als «Hoftag Jesu Christi» oder «Hoftag Gottes» zurückgehen. Friedrich ließ damit symbolisch den ersten Platz, den er vier Jahre zuvor eingenommen hatte, für Christus frei und begnügte sich mit der Stellvertretung.

Spätestens in dieser Haltung tritt zutage, was dem modernen Beobachter des Festes von 1184 verhüllt bleiben könnte, weil es vom damaligen Geschehen nicht herausgefordert worden war. Nun aber drängte es sich mit Nachdruck hervor: Der Kaiser war in erster Linie ein christlicher Kaiser, der der Ehre Gottes verpflichtet war, seine Ritter sollten christliche Ritter sein und Gott dienen. Wie man freilich Gott und der Welt zugleich gerecht werden könne, haben sich die nachdenklichen Dichter der kommenden staufischen Klassik, wie Walther von der Vogelweide, immer wieder gefragt, ohne eine allgemein verbindliche Antwort zu wagen. Denn die Vorstellung vom Dienen widersprach prinzipiell dem Wesen selbstbewußten Kriegertums und vor allem dem durch hohe Geburt legitimierten Herrendasein. Gleichwohl beobachtet man solchen Dienst von Herren in der Realität, ganz abgesehen also von dem in der Literatur um und nach 1200 in eine höfische Märchenwelt hineinfabulierten Frauen-‹dienst›. Schon das Rittertum in der Lebensform von 1184, mit seinem gewissen Maß an Disziplin und Einordnung (das immerhin nirgends Ausschreitungen, die den Augenzeugen aufgefallen wären, zugelassen hat), ist schwerlich ohne die vorausgegangene Kenntnisnahme von Gedanken der *militia Christi*, also einer religiösen Idee vorstellbar. Es gab schlechterdings keine zweite ‹Ideologie›, die intensiv genug zur Selbstkontrolle hätte anleiten können. Das hergebrachte Lehnsverhältnis allein war dafür kaum geeignet – als eine Beziehung auf Gegenseitigkeit, die längst in verschiedener Form abgeschwächt worden war. So hatte sich auch schon das allererste Heranwachsen der Idee des Rittertums als ideeller Gemeinschaft, im 11. Jahrhundert, mit der Entstehung des Kreuzzugsgedankens verbunden gezeigt. Beides geschah in Südfrankreich, der Heimat auch des Minnesangs. Die Kreuzzugsidee der Päpste ist dann von wortgewaltigen Predigern generationenlang überall verbreitet worden. Der Dienst des Ritters mit dem Schwert, so hieß es, sei der Kern seiner Existenz, zunächst zum Schutz der Schwachen, am besten zum Schutz der Christenheit gegen Heiden und Ketzer.[35] Wenn man von diesem Punkt spricht, ist allerdings im Gedächtnis zu behalten, was von den elementar-konkreten Wesenszügen und Interessen jener waffentragenden Leute und von ihrer Bindung an regionale Verhältnisse gesagt worden ist.

Am Tag von 1188 erschienen nach dem Bericht der Kölner Königschronik[36] neben Kaiser und König der päpstliche Legat Kardinal Heinrich von Albano, die ersten Fürsten des Reiches und zahlreiche Ritter sowie weitere Laien und Kleriker. Am Anfang verlas man die Kreuzzugsbulle des Papstes und hörte eine glühende Kreuzzugspredigt. Um der erlahmenden Frömmigkeit der Christen abzuhelfen, habe Gott eine große Herausforderung zugelassen. Das Rittertum müsse sich innerlich wandeln, um eine würdige *militia Christi* zu werden und das Himmelreich zu erben: «Siegen heißt Ruhm, Sterben bringt Gewinn.» Der Kaiser stellte an die Versammlung die rhetorische Frage, ob er jetzt gleich das Kreuz nehmen oder dies auf das nächste Jahr verschieben solle. Als alle riefen, die Sache dulde keinen Aufenthalt, nahm er – wie es heißt – unter großem Jubel, Lobpreis und Freudentränen der Anwesenden von Bischof Gottfried von Würzburg dieses Zeichen an. Sein Sohn, Herzog Friedrich von Schwaben, hatte es schon vor dem Vater getan. Auch eine Anzahl

Fürsten und viele Ritter hefteten sich das Kreuz an. Der Kaiser erließ unter anderen Ordnungen auch diese, daß – abgesehen vom Dienstpersonal und von Spezialisten – niemand am Kreuzzug teilnehmen dürfe, der sich nicht mit Pferden und Geld für zwei Jahre ausstatten könne, und handelte damit so rational, wie es im deutschen 12. Jahrhundert möglich schien. Auch für den Schutz der Juden gegen fanatisierte Mitläufer sorgte man nach Kräften. Der Beginn des Unternehmens wurde auf den 23. April 1189, das Fest St. Georgs, des Patrons der Ritter, datiert.

Auch der Tag von 1188 war über diesen Handlungszusammenhang hinaus ein politischer Tag. Barbarossa glich sich mit dem Erzbischof von Köln aus, dessen ‹große Koalition› gegen den Kaiser zusammengebrochen war. Um den Konflikt des französischen Königs mit dem englischen dauerhaft für seinen Zweck zu nutzen, war der Kirchenfürst doch zu schwach; die Kontrahenten orientierten sich lieber an Barbarossa. Dem Papst, der sonst recht gern Gegenpositionen zu Lasten des allzumächtigen Staufers bestärkte, galt die Rückgewinnung des Heiligen Landes als höherrangiges Ziel – und dieses blieb ohne den Kaiser unerreichbar. Auch andere friedensstörende Probleme in der so wichtigen, aber auch so kaiserfernen Landschaft des Niederrheins schienen wenigstens eine vorläufige Lösung zu finden.

Es war der Kreuzzug, von dem Barbarossa nicht mehr zurückkehren sollte. Der fast Siebzigjährige ertrank am 10. Juni 1190 im Saleph, ein Jahr später erlag Herzog Friedrich einer Seuche. Sie hatten ein am Ende wenig erfolgreiches Heer geführt. Auch der Friede zu Hause blieb ohne Dauer. Die Dynastie ging einer ungewissen Zukunft entgegen.

Betrachtet man aus weitem Abstand die historische Rolle der staufischen Tage und Feste von 1184 und 1188, so sieht man sich zu ihnen in ein Verhältnis gebracht, das man paradox nennen kann. Einerseits stellt sich unsere Kenntnis als beängstigend bruchstückhaft heraus, vor allem was das konkrete Leben und Treiben angeht. Auf der anderen Seite glauben wir mehr über die Grundzüge und Entwicklungslinien des langfristigen Geschehens zu wissen, als den Zeitgenossen bekannt war. Was gerade dieses Wissen zeigen kann, sind die engen Grenzen menschlichen Planens, Handelns – und Feierns.

Wettstreit der Ritter und Sänger

Die Artusrunde in der hochmittelalterlichen Literatur

Von Gunhild und Uwe Pörksen

la ueille de la pntecou
ste qnt tout li compaig
non de la table ronde fu

Lanzelot vor Artus, Ginevra und der Tafelrunde.
Miniatur aus dem 13. Jahrhundert.

Im südlichen England, an der Stirnwand der Schloßhalle von Winchester, ist eine riesige runde Tafel zu besichtigen, die wahrscheinlich dem 13. Jahrhundert entstammt.[1] Sie ist bemalt. In der Mitte sieht man eine große rote Rosenblüte, von der aus strahlenförmig und alternierend zwölf grüne und zwölf weiße Speichen ausgehen. Am Rand der vierundzwanzig grün-weißen Speichen dieser Tafel stehen bekannte Namen, denen die jeweiligen Plätze zukommen: Kay, Lancelot... etc. Im 25. Feld erkennt man das Bild des thronenden Königs Artus. Gedient hat diese imposante Scheibe vermutlich bei mittelalterlichen Festen, die *Round Table*, also ‹Tafelrunde› genannt, in Nachahmung der Feste des Königs Artus und seiner Ritter gehalten wurden. Die Rose und die Farben Grün und Weiß deuten darauf hin, daß die gastgebenden Tudors ihr königliches Blut auf Artus zurückführten.

Mit der runden Tafel hat es mehr als eine Bewandtnis. Sie gehört der, nach Goethe, so reizvollen Zeit an, wo Sage und Geschichte einander berühren:[2] Merlin, der Zauberer, hat einst den Brautwerber für Artus gemacht und ihm mit der Braut Guinever auch die Runde Tafel und hundert ausgezeichnete Ritter aus der Tischgesellschaft ihres Vaters zugeführt. Sofort begibt er sich auf die Suche nach weiteren 50 Rittern, denn an der alten sagenhaften Tafel haben 150 Ritter Platz; er findet aber nur 28, die sich als würdig erweisen, Mitglieder der Tafelrunde zu sein.[3]

Man hört noch Erstaunlicheres aus dieser Zeit, als die Tafel gestiftet wurde: Bei der Hochzeit von Artus mit der schönen Guinever bildet der runde Tisch zum erstenmal den festlichen Mittelpunkt und das Zentrum zukünftigen Geschehens. Merlin läßt die Ritter stillsitzen, keiner darf sich rühren: Ein weißer Hirsch setzt in den Saal, verfolgt von einer weißen Dogge und gehetzt von 30 Paar schwarzen Hunden. Eine Dame auf weißem Zelter reitet herein, erhebt Anspruch auf die Dogge und wird selbst von einem in seiner Rüstung unkenntlichen fremden Ritter entführt. Die wilde Jagd ist ebenso plötzlich wieder verschwunden.

«Ihr dürft diese Abenteuer nicht so leicht nehmen», erklärt Merlin der Versammlung, «was hier einbrach und entschwand, muß wieder hergebracht werden, sonst wäre es eine Schmach für euch und euer Fest.»[4] Diese Worte gelten, wo immer man von Artus hört und liest. An seinem Hof, an seiner Tafel beginnen und enden Abenteuer. Frau *Aventiure* – wenn irgendwo, dann klopft sie hier an. Es wird zwar üppig getafelt, festlich und wochenlang, doch Wolfram von Eschenbach, der ein Liebhaber guter Speisen und Getränke war und uns manchen Namen aus dem Bereich der Küche überliefert hat, berichtet, daß es *einen* festen Brauch bei Artus gibt: Kein Ritter ißt bei ihm an einem Tag, an dem das Abenteuer seinen Hof aufzusuchen vergißt.[5] Artus ist auch das Zentrum einer neuen erotischen Kultur: er jagt den weißen Hirsch. Wenn er ihn erjagt, hat er das Recht, die Schönste an seinem Hof zu küssen. Sein Hof ist ein Appellationshof in einer nicht ganz realen Welt. Ein Bote meldet: Draußen auf dem Feld wartet ein Ritter, der mit einem von Euch zu kämpfen verlangt. Eine Stadt wird von einem Drachen bedroht. Eine Jungfrau ist von einem Unhold entführt. Zwei verfeindete Schwestern suchen ihr Recht. – Sofort gürtet sich einer der Herren, um zu kämpfen, den Hilfsbedürftigen beizustehen und die Entführten zu befreien, kämpfend Recht zu ermitteln, die Düsternis der Welt ein wenig aufzuhellen.

Ein in alle Länder ausstrahlender Glanz umgibt Artus, der *splendor* eines Herrschers, an dessen Tafel zu sitzen als die höchste Auszeichnung in der übernationalen Gemeinschaft der Ritter gilt. Nur die Stärksten und Tapfersten, Schönsten, Großmütigsten und Barmherzigsten haben dies Recht. Die Zahl an seinem Tisch wird größer, die Plätze füllen sich, Namen tauchen auf, Tatendurstige, die eine Geschichte tragen, die zum Helden eines Gerüchts, einer *storje*, einer Erzählung werden: Erec und Iwein, Parzival, Tristan und Lancelot. Die Runde Tafel sorgt für Gleichheit, am runden Tisch ist ein Platz so gut wie der andere, Wolfram von Eschenbach spricht es im Parzival aus: «diu gesiz wâren al gelîche hêr.»[6] Es gibt hier keine Ehrenplätze. Der König ist der Erste unter Gleichen, *primus inter pares*, es ist ihm nicht recht, daß die Ritter aufspringen, wenn er erscheint. Er bittet sie, sitzen zu bleiben: Er sei ihr *Geselle*.[7] Das ist der symbolische Sinn der Form des Tisches. Alle Plätze sind gleichwertig, bis auf einen, den «gefährlichen Platz», den nur ein Erwählter besetzen kann und der, wird er einmal besetzt, die Vollendung der Artusrunde und den Untergang der Artuswelt ankündigt.[8]

The Once and Future King. Noch das 20. Jahrhundert feiert ihn und seine sagenumwobene Residenz Camelot. Das Nachleben dieses Königs scheint sich – im Gegensatz zu dem Karls des Großen – weniger mit politischen Konzepten verbunden zu haben. Artus ist die Idealfigur einer Traumwirklichkeit, die märchenhafte Züge trägt, und er lebt weiter vor allem als Verkörperung einer zur Vollkommenheit bestimmten Welt. Die Ablösung von der politischen Geschichte läßt sich schon im Mittelalter beobachten. Vielleicht hat es in Britannien um das Jahr 500 einen keltischen Kriegshelden Artus gegeben. Zum erstenmal wird sein vollständiges Bild in einer Geschichte der britischen Könige aus dem Jahr 1135 entworfen. Sie wurde von dem Engländer Geoffroy of Monmouth verfaßt. Artus erscheint hier durchaus als politischer Herrscher, der Kriege führt und viele Länder, insbesondere französisches Staatsgebiet erobert. Er wird als sagenhafter Gründer eines großen britischen Reiches und als Friedensfürst geschildert. Diese Rückblicksutopie – es handelt sich im wesentlichen um eine Erfindung – hatte einen politischen Sinn. Geoffroy of Monmouth schuf hier ein Gegenbild zu Karl dem Großen, dem Gründer des Frankenreiches. Hinter der Schilderung stand die politische Hoffnung auf ein neues, glanzvolles britisches Reich und der

Anspruch des englischen Königshauses auf Teile Frankreichs, die man gerade um die Zeit, als Monmouth schrieb, in die Hand zu bekommen suchte.[9]

Die Artusgeschichte wurde dann aber aus einem historischen zu einem Romanstoff und wanderte über Frankreich nach Deutschland. Hartmann von Aue hat den ersten deutschen Artusroman verfaßt und diesen Romantypus in Deutschland heimisch gemacht. Sein Versroman ‹Erec› ist nach 1180 entstanden, der ‹Iwein›, sein zweiter Artusroman, ist wahrscheinlich um 1205 abgeschlossen gewesen. Um diese Zeit arbeitete Wolfram von Eschenbach an seinem ‹Parzival›.

Artus erscheint in diesen Romanen als von der Geschichte abgelöste Gestalt. Er kennt keine geschichtliche Sorge. Die Welt, in der er lebt, ist in verschiedener Hinsicht fabelhaft: Zwerge und Riesen, der Waldmensch, Löwen und Drachen gehören zu ihrem Horizont. Ein wunderbarer Brunnen und der Ring, der unsichtbar macht. Der König selbst hat etwas Gesichtsloses. Es ist gar nicht so leicht, bestimmte Eigenschaften an ihm hervorzuheben. Er gewinnt wenig Profil. Er hat nicht eine besonders ihn auszeichnende Eigenschaft, wie öfter die Ritter seiner Runde, sondern er ist die Summe ihrer Qualitäten. Er tritt selten in Erscheinung. Die Romane haben nur kurze Szenen, in denen er auftritt. Artus ist nicht der Held des Artusromans, sondern der ruhende Pol, von dem die Bewegung ausgeht und zu dem sie zurückkehrt. Er handelt kaum – die Ritter seiner Runde profilieren sich in Taten und durch Verfehlungen. Artus ist das maßgebliche Zentrum.

Seine Tafelrunde aber ist ein ritualisiertes Fest. Und dieses Fest ist durchpulst, skandiert von der Idee des Wettstreits: vom Kampf als Spiel. Das Feld ist durch Regeln abgesteckt; alle haben sich ihnen zu beugen. Rittertum gibt es nur, wo eine Gemeinschaft sich Regeln unterwirft, die einen Spielraum eröffnen: In ihm wird mit Würde gestritten und mit Anmut. Am Rande verfolgen die schönsten Damen, in den Fenstern liegend, erkennend, urteilend, schiedsrichternd, das Gerücht bildend, die Spiele der männlichen Ritterwelt. Was die Griechen *Agon* nannten, das Prinzip der von ihnen erfundenen sportlichen Wettkämpfe, ist auch hier die Triebkraft einer Kultur. Die Steigerung, der Superlativ ist ihr bevorzugtes Ausdrucksmittel. Artus steht in der Reihe der neun besten, ruhmvollen Könige seit Anfang der Welt;[10] wer seiner Runde angehört, hat sich in ungezählten Kämpfen gemessen und in Abenteuern bewährt, er gehört zu den Edelsten. Im mittelenglischen Gedicht von ‹Sir Gawain and the Green Knight› heißt es:

«Besagter König hielt zur Weihnachtszeit in Camelot mit vielen edlen Herren, den besten unter den Rittern, Hof. Da waren nach höfischem Brauch all jene hervorragenden Mitglieder der Tafelrunde versammelt, und zu Recht gaben sie sich in sorgloser Freude den Festlichkeiten hin...

Alles war eitel Freude in den Sälen und Zimmern, bei den Damen und
Herren, so wie sie es sich wünschten. Mit allen irdischen Glücksgütern
lebten sie dort zusammen: die berühmtesten Ritter der Welt und die
liebenswürdigsten Damen, die es je gab, und er, der strahlendste König,
den man sich zur Hofhaltung vorstellen kann.»[11]

Hartmann von Aue erzählt von Artus' Hof:

> «nû huop sich michel wünne
> ûf dem hûs ze Karadigân.
> ...
> wâ möhte groezer vreude sîn
> dan man dâ hâte zaller zît?
> si vlizzen sich enwiderstrît,
> alle die dâ wâren
> vroelichen gebâren.»[12]

vreude ist das Leitmotiv dieser Runde, Freude zu ermöglichen, ist die
erste und wichtigste Aufgabe des Herrschers. Er erfüllt sie, indem er eine
hôchzît anberaumt, eine hohe Zeit, ein Fest.

Erec hat auf seiner ersten Ausfahrt Enite, die Tochter eines verarmten
Grafen, das schönste Mädchen, eine Lilie unter Dornen, kennengelernt
und errungen und kann nun mit ihr an den Artushof zurückkehren. Die
beiden werden hier eingekleidet; zur Anziehungskraft dieses Königs
gehört ja nicht zuletzt seine Freigebigkeit. Er läßt sie ausstatten. Erec
erhält eine Rüstung und Enite die schönsten Gewänder.

Nun erscheint sie vor der Tafelrunde an der Hand der Königin, sie
wechselt die Farbe vor Erregung, das rosenfarbene Antlitz wird lilien-
weiß und wieder rot. Die Tafelrunde erschrickt vor ihrer Schönheit, gafft
sie selbstvergessen an, erkennt sie aus einem Mund als die Schönste.
Damit ist auch dieser Wettstreit entschieden.

Der König hat in der Zwischenzeit den weißen Hirsch gefangen und
damit das Recht erlangt, die Schönste zu küssen. Die Runde fordert ihn
dazu auf, er tut es, nimmt sein Recht mit aristokratischer Umständ-
lichkeit wahr. Dann setzt der großzügige Herrscher für das junge Paar die
Hochzeit an, «ze vreuden sînem lande» lädt er ein zu einem Fest. Ein
solches Fest hat, von der Einladung bis zur abschließenden Entlohnung
der Spielleute, ihrem Abschied, dem Fortleben des Fests im allgemeinen
‹Gerücht› und in den Liedern der Sänger, einen typischen Verlauf, die
einzelnen Elemente und Stationen kehren wieder. Manchmal sparen sich
darum die Dichter die ausführliche Erzählung, aber in Hartmann von
Aues Jugendwerk, dem ‹Erec›, wird dieses Fest vollständig erzählt.

Es beginnt mit der Einladung. Artus sendet «brieve und wortzeichen»
in alle Länder, namentlich den Fürsten. Er beraumt das Fest auf Pfingsten

an. Auch das gehört dazu. Pfingsten ist die Jahreszeit des Königs Artus. Wo Artus ist, ist Frühling. Man stößt hier anscheinend auf eine mythologische Schicht in dieser Gestalt. Wolfram von Eschenbach spricht im ‹Parzival› diesen Zusammenhang aus:

«Artûs der meienbaere man,
swaz man ie von dem gesprach
zeinen phingesten daz geschach
oder in des meien bluomenzît.
waz man im süezes luftes gît»![14]

Diese Jahreszeit kennt das Motiv des lieblichen Wettstreits auch draußen in der Natur. Wir begegnen ihm in dem Mailied Walthers von der Vogelweide:

«Wol dir, meie, wie dû scheidest
allez âne haz!
Wie dû walt und ouwe kleidest
und die heide baz!
Diu hât varwe mê.
‹Dû bist kurzer, ich bin langer›,
alsô strîten ûf dem anger
bluomen unde klê.»[15]

Die Vögel wetteifern im Gesang. Tristan und Isolde hören ihnen zu in der Weltabgeschiedenheit ihrer Liebesgrotte, und der Dichter Gottfried von Straßburg erinnert in diesem Zusammenhang an Artus:

«ir dienest was der vogele schal:
diu cleine reine nahtegal,
diu troschel unde daz merlin
und ander waltvogelin;
diu zise und der galander
die dienden wider einander
in wette unde in widerstrit.»[16]

Ihr Fest war die Liebe, fährt Gottfried fort, und ihre Freuden überboten tausendmal am Tage Artus' Tafelrunde.

Es ist also Pfingsten. Die Gäste erscheinen in geordnetem, schönem Zug. Hartmann von Aue hat schon, als er Enite vor der Artusrunde auftreten läßt, mit Gawan, Erec und Lanzelot beginnend, viele Namen der Tafelrunde genannt, mehr als 70; jetzt widmet er dem *adventus*, der Ankunft der Hochzeitsgäste, eine ebenso lange Versreihe. Zuerst läßt er Grafen und Herzöge ankommen:

«grâve Briandes von Doleceste
(der brâhte in siner schar
vünf hundert gesellen dar,
der geziuc war lobelîch,
zuo im gekleit alle gelîch,
unde grâve Margôn,
geboren von Glufiôn,
die heren von Alte montanje
(deist nâhen bî Britanje).»[17]

Ein jeder Name ist zugleich Repräsentant, die Spitze eines einheitlichen
Gefolges; das wird nicht immer eigens gesagt, aber es versteht sich von
selbst. – Erwähnt wird die reiche pelzbesetzte Kleidung, Zobelhüte, das
Reitgeschirr aus vergoldetem Silber. Die Jagdvögel schwärmen aus. Man
glaubt, Miniaturen zu sehen. Artus reitet ihnen entgegen mit seiner
Schar, der Empfang ist ein nicht weniger vorgeschriebenes, würdiges
Zeremoniell.

Daß der Bischof von Canterbury das junge Paar traut, wird nur kurz
erwähnt. Der weltliche Teil des Festes nimmt allen Raum ein. Dem Essen
folgen die Vergnügungen: der *buhurt*, bei dem Reiterschar gegen Reiterschar antritt, und der Tanz. Man besucht die Damen; die Geschlechter
wohnen in dieser Welt getrennt, gehören separaten Räumen an. Man hört
dem süßen Saitenspiel zu. Erstaunlich ist, was Hartmann von Aue von
diesen mit Geige und Rotte ausgerüsteten wandernden Spielleuten zu
berichten weiß:

«die aller besten spilman
die diu werlt ie gewan
und die meister wâren genant,
der was da zehant
driu tûsent unde mêre.»[18]

Wenn man im Mittelalter bei solchen Anlässen Zahlen nennt, rundet man
sie gerne hoch nach oben ab; sicher gehören die fahrenden Sänger aber zu
einem solchen Fest und zur Artusrunde so unabdingbar und zahlreich
hinzu wie die Ritter und die Frauen. Sie sorgen nicht nur für die Musik.
Sie versehen ein mehrfaches Amt, und ihre Welt ist ähnlich der ritterlichen von der Idee des Wettstreits bestimmt. Der Krieg der Sänger spiegelt
den der Ritter. Die Themen ihrer Lieder und die Stoffe ihrer Erzählungen
nämlich sind begrenzt und meist schon bekannt. Liebe und Kampf sind
ihre Gegenstände, an bestimmte Namen knüpfen sich fest überlieferte
Geschichten. Auf das *Wie* kommt es an. Sie tragen vor einem eingehör-
ten, sachverständigen Publikum vor. *Wie* interpretiert, deutet, bietet
dieser oder jener die Liebesgeschichte von Tristan, das Liedthema der

Schönheit einer Frau oder unerwiderter Liebe? Was gewinnt er dem alten, festen Typus neu ab? Bei so eng umrissenen Spielregeln wird der Vortrag von selbst zum Wettstreit.

In seinem Roman von Tristan und Isolde unterbricht Gottfried von Straßburg die Schilderung einer Schwertleite und bietet statt dessen eine Rundschau auf Epiker und Lyriker seiner Zeit: er wägt, urteilt, verurteilt und nennt die Besten, charakterisiert ihre Vorzüge. Es ist das erste Beispiel deutscher Literaturkritik und der Urteilsverkündung einer Ein-Mann-Jury – zugleich das vielleicht anmutigste und intelligenteste Porträt eines Sängerwettstreits.[19] Der Sängerkrieg auf der Wartburg des Landgrafen Hermann von Thüringen ist bekanntlich zur Sage geworden.

Ein solcher festen Spielregeln unterworfener Streit hatte eine harte Grundlage: Der Fahrende lebt vom Lohn, er ist auf die Gabe angewiesen. Rivalität ist der Existenzgrund dieses Berufs; Hartmann von Aue erwähnt den Futterneid unter Spielleuten und ihre Neigung zur Schelte, zur bösen Nachrede, wo sie schlecht entlohnt werden. Nachrede ist ja überhaupt ihre Aufgabe. Erzähler gehören in die Nähe jenes Zentrums, jener erlesenen Runde, in der die Chronik der laufenden Ereignisse durchgehechelt wird, Anerkennung und Aberkennung ihren Ort haben. Sie sorgen für das Gerücht; sie *sind* es. Sie heben Geschehenes auf in Geschichten. Nur durch sie erlangt es Dauer. Der Glanz Artus' und seines Gefolges ist lebendig aufbewahrt nur durch ihren Mund. Der zum Spiel gemäßigte Streit ist das Wesen dieser von Dichtern erfundenen Kultur. Das Fest dauert 14 Tage und endet mit der Aussicht auf ein neues Fest. Zu übler Nachrede bestand kein Anlaß. Die Spielleute werden alle gleich und reichlich entlohnt: Sie erhalten 30 Goldmark, Kleidung und ein Pferd. Reich geworden nehmen sie Abschied und preisen das Fest:

«nû schiet mit rîcher hende
vil vroelîchen dan
manec wol sprechender spilman.
die sprâchen alle
mit gelîchem schalle
wol den hôchzîten:
Erecke und vrouwen Enîten
wunschten si aller saelekeit.»[20]

«Zu mercklichem Nachtheil gemeines Nutzens.»

Die Bauernhochzeit im Mittelalter

Von Peter Blickle

Bauernschmaus im Freien. Kupferstich von D. Hopfer,
16. Jahrhundert.

Auf dem Reichstag von 1530 verabschiedeten Kaiser und Reichsstände eine Ordnung, mit der sie Aufwand und Kosten der Hochzeiten einzuschränken suchten:

«Nachdem auch mit Gastungen und Schenckungen zu Hochzeiten... viel übrigs Unkostens gemacht wird, welches *zu mercklichem Nachtheil gemeines Nutzens*, je länger je mehr beschwerlich erwächset und zunimmt. Damit aber solches desto füglicher und baß abgestellt und gebessert werden mög, so ordnen, setzen und wöllen Wir, hiemit ernstlich gebietend, daß ein jeder in seinem Fürstenthum,... eine ziemliche gute Ordnung mache, und daß solches alles mit darauff gesetzten Bussen und Straffen, unnachläßlich gehandhabt werde.»[1]

Waren die geselligen Feste der Hochzeit so üppig, so ausschweifend, so ausladend, daß sich gesetzliche Maßnahmen auf höchster politischer Ebene rechtfertigten? Sie waren es. Zahlreiche Quellen am Ende des Mittelalters bestätigen den enormen Aufwand der Hochzeit – und anderer Feste –, die man durch obrigkeitliche Maßnahmen auf ein bescheideneres Maß zurückführen wollte. So schlagen die Räte des Herzogs von Bayern 1500 vor:

«Der Hochzeiten halben soll geboten werden, daß kein Bräutigam noch Braut auf ihre Beyliegung zum Mal nicht mehr laden sollen, dann jeder Theil 12 Personen, junger und alter. Welcher oder welche aber darüber mehr luden, der oder dieselben sollen der Herrschaft... 10 Pfd. Münchener Pfennige unabläßlich zu bezahlen verfallen seyn.»[2]

Und nahezu zeitgleich verfügt der Erzbischof von Salzburg für sein Hochstift:

«Nachdem in den hochzeiten ain zeit her auch ain grosse costen und uberflus gebraucht und der gemain man an seinem vermugen dardurch auch vast ersaigert [ausgesaugt] worden ist, so geben wir der hochzeitn halben fürpas dise ordnung und wellen, das hin füran ain paursman auf dem lande nit mer dann drey tisch zu hochzeit haben, auch nit mer dann ain mal und uber fünff oder sechs richten nit geben soll.»[3]

Die Begründung für derartige Einschränkungen der Zahl der Gäste und der Speisen liefert der Herzog von Württemberg mit dem Argument, der übertriebene Aufwand bei Hochzeiten führe dazu, «das etwan die jungen Eeleut, die nichts zusamengebracht, so weit hinhinder und in schulden kommen, das sie es ir lebenlang, nit erholen moegen. Etlich ander, die gleich wol etwas heyrat guts gehabt, davon sie ir narung haben sollen, dasselbig eingebueßt, des sie und ire nachvolgende kinder, erdarben muessen».[4]

Ja, die württembergische Regierung geht so weit zu unterstellen, die hochzeitlichen Feste seien verantwortlich für Preissteigerungen und sogar für die Pest, die Gott als Strafe über solch unverantwortliches Handeln verhänge:

«So sehen und erfahren wir jedoch (leider) nicht mit geringem Unserem mißfallen, taeglichs und je lenger je mehr, daß... ein gutte Zeit hero gemeinglich an allen orten Unsers Fuerstenthumbs bey Reichen unnd Armen, ein solch unzimlich ubermessig schlemmen, pancketieren, verschwelgen und fuellerey, sonderlich aber in haltung der Hochzeitten... in ueblichen Schwanck kommen, daß dardurch fast alles dasjenig, so zu taeglicher menschlicher Narung und auffenthalt notwendig, nicht allein in hohen onerschwenglichen werth und auffschlag gerahten, sonder auch teffenlicher mangel und abgang derselben, beneben grosser leichtfertigkeit und rohlosem wesen gespuert werden, und erscheinen will, warumben auch solchen undanckbarn unnd Gottlosen lebens willen, der Allmechtig Gott nicht unbillich bewegt worden, sein erzeigte Gnad ettlicher massen widerumb zu entziehen, darzu mit andern hohen Straffen, sonderlich der Erbsucht der Pestilentz schier allenthalben zutroehen und heimzusuchen.»[5]

Das alles sind herrschaftliche, obrigkeitliche Quellen, die die Wirklichkeit nicht korrekt wiedergeben müssen, weil das Bevormunden und Reglementieren einen Zug des frühneuzeitlichen Staates ausmacht. Doch es gibt auch unverfänglichere und damit objektivere zeitgenössische Berichte, die den von den Reichs- und Landesordnungen gerügten Zustand bestätigen. Aus der kleinen Stadt Schaffhausen am Rhein – einer Ackerbürgerstadt, die hier stellvertretend für das Dorf stehen soll, für das derart detaillierte Angaben nicht vorliegen – ist bekannt, daß ein Bürger seine Hochzeit zu Beginn des 16. Jahrhunderts über drei Tage feierte, was ihn, da er unterschiedlich 30 bis 60 Gäste zu bewirten hatte, 300 Gulden kostete[6] – eine bemerkenswerte Summe, denn mit ihr konnten zur gleichen Zeit immerhin 75 Landsknechte einen Monat lang besoldet werden. Die hohen Hochzeitsaufwendungen bestätigt auch der oberrheinische Humanist Jakob Wimpfeling, der klagt:

«Durch Reichtum sind die Bauern in unserer Gegend und in manchen Teilen Deutschlands üppig und übermütig geworden. Ich kenne Bauern, die bei der Hochzeit von Söhnen und Töchtern so viel Aufwand machen, daß man dafür ein Haus und ein Ackergütchen nebst einem kleinen Weinberg kaufen könnte.»[7]

Hinter den mahnenden Worten Wimpfelings steht eine in der Tat historisch gesicherte Entwicklung – der Aufstieg des Bauernstandes im Mittelalter, sein, wenn auch langsam wachsender Wohlstand, seine zunehmende politische Bedeutung, sein wachsendes Selbstbewußtsein. Aber das allein erklärt nicht die Üppigkeit der Hochzeiten, allenfalls ihre übertriebene Üppigkeit. Die Hochzeit ist ein, wenn nicht das herausragende Ereignis im Leben des Bauern, ja eines jeden mittelalterlichen Menschen. Man darf das große Fest, das die Hochzeit ist, nicht mit gewöhnlichen Feiertagen verwechseln, die, wie die Kirchenfeste, jährlich wiederkehrten. Feiertage sind eine Gewohnheit, aber «das Fest entgrenzt und verdichtet soziales Leben; nur das Fest», sagt Arno Borst, einer der besten Kenner des mittelalterlichen Alltagslebens,[8] «ist mehr als Besinnungspause, nämlich Hohe Zeit, und sie ist selten. Die Inbrunst, mit der im Mittelalter Höhepunkte im Menschenleben gefeiert wurden, hing zusammen mit der Angst vor dem nahen Wendepunkt».

Nur mühsam kann man der mittelalterlichen Bauernhochzeit näherkommen. Das verfügbare Material ist in seinem Umfang bescheiden – keine Chronik liefert uns einen ausführlicheren Bericht von einem solchen Fest, keine Urkunde verzeichnet, wieviel es gekostet hat –, die Bauernhochzeit muß rekonstruiert werden aus literarischen Quellen, die der Komik und Parodie zugehören und damit nur sehr gebrochen Wirklichkeit spiegeln, sie muß erschlossen werden aus alten Bräuchen und aus Rechtsquellen, die sich eher mit vermögensrechtlichen Fragen der Eheschließung beschäftigen. Einen der anschaulichsten Berichte liefert der im frühen 14. Jahrhundert verfaßte Schwank ‹Meier Betz›,[9] der zumindest hinsichtlich des Handlungsrahmens eine ernstzunehmende Quelle ist: Die Bauerntochter Metz verliebt sich in den Bauernburschen Betz, verlangt von ihm aber das Eheversprechen, soll sie ihn erhören. Die Freunde des Paares kommen zusammen, und ein alter weiser Mann namens Nodung nimmt ihnen vor dieser Öffentlichkeit das Eheversprechen ab. Nach dem Austausch der Geschenke zwischen Braut und Bräutigam wird die Hochzeit noch auf den Abend festgesetzt und nach einem Essen und reichlichem Weingenuß führt die ganze Gesellschaft das Paar zum Brautbett. Die Hochzeitsnacht verschläft der betrunkene Bräutigam. Der Höhepunkt für die Familie, das Dorf und die Freunde freilich ist erst der nächste Tag mit dem morgendlichen Kirchgang, dem folgenden Hochzeitsmahl, der Übergabe der Geschenke durch die Gäste, dem Hochzeitstanz und einer abschließenden Schlägerei zwischen den betrunkenen Hochzeitsgästen.

Eheversprechen, Verlobung und Hochzeit sind die drei Phasen der *Hohen Zeit*, die das Brautpaar durchmißt.[10] Im ‹Meier Betz› nimmt Nodung vor den Freunden dem Betz und seiner Metz das Eheversprechen ab:

> «Sprach der weis Nodung.
> ‹Betz, du bist ain gerad man:
> Wilt du Metzen zu der ee han?›
> Er sprach: ‹Ja, wil si mich.›
> Nodung sprach: ‹Metza, gich:
> Wilt du Betzen han zu der ee?›
> Si schwaig; er vorscht si me.
> Si sprach: ‹Ja, haiszt michs mein muoter.›

Nodung sprach: ‹Si entout dir
Nichtz, des gelaub du mir!›
Also nach ir baider gir
Ward in die ee beschaffen
On schuoler und on pfaffen.»[11]

Diese Öffentlichkeit ist nicht unbedingt ursprünglich. Noch bis ins 13.
und 14. Jahrhundert mußten weder die Verwandten noch die Kirche am
Vorgang des Eheversprechens notwendigerweise beteiligt werden. Das
Eheversprechen gaben sich Mann und Frau, und als solches hatte es
rechtliche Bedeutung.[12] Eines der schönsten mittelhochdeutschen Gedichte wird auch in diesem Sinne als Eheversprechen interpretiert:

«Du bîst mîn, ich bin dîn:
des solt dû gewis sîn.
du bist beslozzen
in mînem herzen:
verlorn ist das slüzzelîn:
dû muost immer drinne sîn.»[13]

Ein Eheversprechen hatte schon deswegen seine hohe Dignität, weil die
Ehe seit den Germanen, es sei denn, sie bliebe unfruchtbar, als unauflös-
bar galt – das Christentum hat der germanischen Eheauffassung wenig
Wesentliches hinzugefügt.[14]

Zweifellos war die Sippe, die Verwandtschaft, die Familie in der Regel
an der Eheschließung beteiligt. Das hing damit zusammen, daß die Braut
der väterlichen Hausgewalt unterstand. Deswegen wirbt der Freier, oder
stellvertretend für ihn sein Vater oder ein anderer Brautwerber, beim
Vater der Braut um deren Hand. Diese Werbung wurde rituell breit
ausgestaltet. In verschiedenen Bergregionen saß die ganze Familie zusammen, und es wurde eigens ein ‹hundertjähriger› Käse aus dem Keller
geholt, der reihum ging. Wurde er auch dem Freier gereicht, galt seine
Werbung als angenommen.[15]

Seinen Stellenwert erhielt das Eheversprechen nicht nur durch das
Bewußtsein von der Unauflöslichkeit der Ehe und der feierlichen Einbe-
ziehung der Familie und Sippe – vielmehr ist auch zu berücksichtigen,
daß die Bauern unfrei waren und ihre Herrschaft – ein Fürst, ein Ritter,
ein Bischof oder Abt – auf vielfache Weise in ihre privatesten Verhältnisse
eingreifen konnte. Die ‹Leibeigenschaft›, der die Bauern in der Regel
unterworfen waren, konnte sich auf zweierlei Weise geltend machen: im
Heiratszwang und im Heiratsverbot. Noch Rechtsquellen des 15. Jahrhunderts belegen, daß der Leibherr die Heirat seiner Untertanen erzwingen konnte: «Und vor Fassnachtzeit, als man gemeiniglich zur Ehe greift,
solle der Ambtmann etwelche Knaben und Töchteren, die im Alter sind,

besehen, und schaffen, dass sie heürathen»,[16] heißt es in einer Vereinbarung zwischen einem Ritter und den Bauern seines Dorfes.

Die noch im letzten Jahrhundert verbreitete Sitte, Mädchen an Fastnacht, Ostern, Himmelfahrt oder am 1. Mai scherzhaft zu ‹versteigern›,
könnte eine Reminiszenz an dieses alte Herrenrecht sein. Bis ins 13. Jahrhundert konnte der König einem Mädchen über einen Herold ankündi-
gen lassen, daß er sie einem seiner Hofleute zur Ehe verleihe. Darauf geht
ein Kinderreim zurück, der in Frankfurt am Main noch im 18. Jahrhundert gesungen wurde:

«Höret zu ihr Herren überall!
Was gebeut der König und Marschall.
Was er gebeut und das muß seyn
Hier ruf ich auß die Greten mit dem Hein
Heut zum Lehen, Morgen zu Ehen
Über ein Jahr zu einem Paar.»[17]

Das Ehegebot, der Ehezwang ist in der Regel im 13. und 14. Jahrhundert
außer Gebrauch gekommen, geblieben sind jedoch während des Mittelalters die Heiratsverbote. Leibeigenen Männern war es untersagt, freie
Frauen zu ehelichen, weil die Kinder in der Regel dem Stand der Mutter
folgten, in einem solchen Fall also frei wurden und damit dem Leibherrn
des Mannes Arbeitskräfte und Steuerzahler entzogen wurden. Verboten
waren Ehen zwischen Leibeigenen verschiedener Herren, weil daraus
vermögensrechtliche Komplikationen erwuchsen. Wer sich außerhalb der
«Genossenschaft», der Untertanenschaft, seines Herrn verehelichte, vollzog eine «ungenossame», eine unerlaubte Ehe.[18] Das stand zwar in
eklatantem Widerspruch zum traditionellen germanischen Recht wie zum
Kirchenrecht, dennoch wurden diese Verbote praktiziert.

Der Fürstabt von Kempten – um ein Beispiel herauszugreifen – hat sich
in der harten Anwendung und Ausführung dieser sogenannten Ungenossamenverbote besonders hervorgetan. Es gibt – eine einmalige Quelle im
deutschen Sprachraum – eine Aufzeichnung derartiger Praktiken, die von
den Bauern selbst zusammengestellt wurde: Hans Sumer, Leibeigener des
Abtes von Kempten,

«der hat genommen ein freie Tochter, da fing mein Herr [der Abt von
Kempten] ihn und begehrt an ihn, daß er sie zu eigen gäbe; da bat er
[Hans Sumer] ihn [den Abt], das er die kindt ließ... Zinser [ein
Rechtsstand zwischen Freien und Leibeigenen] sein, er [der Abt] wollt es
nit ton; da bat er ihn, das er nur ein kind ließ ein freien Zinser sein, da
sprach mein Herr, du mußt weib und kindt zu aigen geben, oder du must
erfaulen in der fänknus».[19]

Nicht nur der Vater und die Familie also, auch die Herrschaft konnte
jungen Menschen das Heiraten erschweren. Daß solche ‹ungenossamen›

Ehen dennoch geschlossen wurden, und wie man weiß nicht zu selten, spricht für die ‹Liebesheirat› auch im Mittelalter. Keineswegs diktierten allein der Viehbestand und die Zahl der Äcker, wer wen heiratete. Wer gegen den Willen seiner Herrschaft eine ‹ungenossame› Ehe einging, der nahm schwerwiegende Folgen und Nachteile in Kauf: Für die Eheschlie-ßung mußten Bußen gezahlt werden, gelegentlich über Jahre hinweg in Form des besten Stücks Vieh im Stall oder von einem Pfund Pfeffer oder eine bestimmte Geldsumme; die Kinder waren in der Regel nicht erbfä-hig, und von dem von den Eheleuten erworbenen Besitz wurden im Todesfall bis zwei Drittel von der Herrschaft eingezogen.[20]

Die Ungenossamenverbote führten naheliegenderweise dazu, daß die jungen Leute heimlich heirateten, jedenfalls ohne Wissen ihrer Herr-schaft. Eheversprechen und Beischlaf machten die Ehe rechtsgültig; daran konnte auch die Obrigkeit nichts ändern. Daraus entwickelte sich vermutlich die in Rechtsquellen gelegentlich so genannte ‹Raubehe›.[21] Als Raub wurde offensichtlich bezeichnet, wenn die Braut ohne Zustimmung der Herrschaft entführt und getraut wurde. So ließen sich mühelos eine Reihe von heute noch geläufigen Hochzeitsbräuchen erklären: Das Wei-nen der Braut beim Verlassen des elterlichen Hauses, das Stehlen der Braut durch die Hochzeitsgäste, das – gewaltsame – Heben der Braut über die Schwelle des Hauses des Bräutigams oder die Hochzeitsreise.[22] Man hatte also Hindernisse zu überwinden auf dem Weg in die Ehe, und deren Überwindung war nicht folgenlos, vielmehr schmerzhaft und spürbar während des ganzen Lebens. Auch das gab der Hochzeit ihren herausragenden Charakter im bäuerlichen Lebensrhythmus.

Dem Eheversprechen folgt die Verlobung, die als Eheschließung im engeren Sinn gelten kann und formal so abgewickelt wurde:

«Die Bräuche bei der Verlobung bestanden ursprünglich in der endgül-tigen Festsetzung der vermögensrechtlichen Fragen und, im Falle es darüber zur Einigung kam, im Abschluß eines mündlichen oder schriftli-chen Ehevertrages oder -kontraktes, sowie in der meist unmittelbar darauf folgenden feierlichen Übergabe der Braut an den Bräutigam, der Eheschließung.»[23]

Die Rechtserheblichkeit des Heiratsvertrages wird durch eine alte Dorfordnung in der Weise unterstrichen, daß die Vereinbarung zwischen den Familien wie ein Rechtstag unter freiem Himmel getroffen wurde:

«Item, bißanher ist es gebraucht und würdet noch gehalten, wann zwey Junge mentschen einandern zum Sacramendt der heiligen Ehe genommen, oder das man die zuesamen gibt und zwischen Inen ein Ehetag gehalten und abred beschicht, das alsdann uf demselben Ehetag, durch die Vetter [Väter], wo die beleben [am Leben sind], oder durch die Vögt, so von der Oberkheit oder Rechtswegen dargeben, doch das Sie solches mit vorwissen und bewilligung jedweders Ehegemecht nechst verwandter Freundtschaft thuent, doch furnemblich, was durch Jetzt gemelte entweders ehegemecht nechst verwandtliche gespite freundt, als Brüeder, Schwäger und Vettern, unter dem blossen himmel, wann der Ehetag ussgerüefft, abgeredt, zue ehestur verheissen, zugesagt, und von beden theilen angenomen und beschlossen würdet. Das dasselbi gehalten, crafft und macht hat und haben soll, auch darinnen genzlich kheine gefahr, noch betrug, gebraucht werden.»²⁴

Im ‹Meier Betz› wird der Ehevertrag als Austausch von Geschenken der Brautleute untereinander verwirklicht:

> «Do ward dem Betzen
> Gegeben zu der Metzen
> Ain pock und ain kalb,
> Auch ain kuo, die was halb,
> Zwen immen und ain schwein,
> Auch ain plassetz rösslein
> Und tierlin stertz uf der prait.
> Do ward fraw Metzen widerlait
> Zwo juchart ackers wol gesät,
> Dreu malter haberns recht erplät;
> Auch ward ir von dem tennen
> Ain han und vierzehen hennen
> Und fünf pfunt pfenning:
> Das waren als zimliche ding.»²⁵

Sicher dienten Geschenke und Mitgift der wirtschaftlichen Sicherung der jungen Ehe, doch sie hatten auch ihren Symbolwert. Schon bei den Germanen erhielt die Braut anläßlich der Verlobung ein Joch Rinder, Speer und Roß als Zeichen dafür, daß sie mit dem Mann die Herden zu bewachen, die Felder zu bestellen und in der größten Not an der Schlacht teilzunehmen hatte.²⁶

Den Abschluß der Verlobung bildet die Übergabe der Braut an den Bräutigam, die *traditio puellae*. Das Mädchen wird aus der Munt, der Schutzherrschaft des Vaters, entlassen und der des Ehemanns übergeben. Rituelle Handlungen begleiteten diesen rechtsverbindlichen Traditionsvorgang: Die eine besteht im Ineinanderlegen der Hände von Braut und Bräutigam, vergleichbar dem noch heute gelegentlich üblichen Handschlag als Zeichen des Abschlusses eines Rechtsgeschäfts; die Hand vertrat die Person; im Handschlag wurde die Person gewissermaßen verpfändet und das war mit der Verpfändung der Treue eins. Die andere stellt sich dar als das sogenannte Ehe trinken, das feierliche Trinken auf das Glück der Ehe, wie ja auch der gemeinsame Trunk ein erfolgreich abgeschlossenes Geschäft bekräftigte. Der Übertragung der Braut an den Bräutigam folgte dessen Besitzergreifung, in dem er ihr auf den Fuß trat oder ihr einen Schuh bzw. einen Pantoffel schenkte. Der sprichwörtliche Pantoffelheld drückt noch heute eine auf den Kopf gestellte Ehebeziehung aus. Damit war die Verlobung abgeschlossen. Jetzt war der Beischlaf gestattet, wurde eigentlich die Ehe zwischen den Brautleuten gestiftet und vollzogen. «Brautleute sind vor Gott Eheleute», bekräftigt ein Rechtssprichwort diese Auffassung und Praxis,[27] und ein anderes sagt etwas salopper: «Ist das Bett beschritten ist die Eh' erstritten.»[28]

Auch im ‹Meier Betz› folgt die Hochzeitsnacht unmittelbar dem Abschluß der Verlobung und geht dem Kirchgang voran. Die Kirche hat sich erst spät in den Vorgang der Eheschließung eingeschaltet, dann aber schließlich so erfolgreich, daß heute noch gelegentlich in katholischen Gegenden die irrige Auffassung herrscht, das Sakrament der Ehe spende der Priester. In Wahrheit hat die Kirche die Ehe lediglich eingesegnet, die Trauung als solche erfolgte durch die Brautleute selbst bzw. deren Eltern. Die mittelalterliche Trauformel der Kirche bringt diesen Sachverhalt zum Ausdruck: «Matrimonium per vos contractum, ego, tamquam minister Dei, confirmo, ratifico et benedico in nomine patris etc.» [Ich als Diener Gottes bestätige und segne die von euch geschlossene Ehe im Namen des Vaters etc.][29]

Mit dem Kirchgang nach der Brautnacht wurde die eigentliche Hochzeit eröffnet. Hochzeitskleid, Hochzeitsmahl, Hochzeitstanz und Hochzeitsgäste geben dem Fest seinen einmaligen Charakter. Das Hochzeitskleid sowohl von Bräutigam wie Braut muß von großer Kostbarkeit und hohem Wert gewesen sein, denn die Leibherren verlangten es als Abgabe im Todesfall von ihrem Leibeigenen bzw. ihrer Leibeigenen. Der sogenannte Gewandfall bestand in Rock, Mantel, Gürtelgewand und Kappe bzw. Schleier. Der Mann hatte seinem Herrn also jene Kleider zu geben – wie viele mittelalterliche Quellen übereinstimmend berichten, – «wie er zu *hochzeytlichen tagen* zuo kirchen und zuo strassen gegangen ist».[30]

Die Ausschmückung der Brautleute war kunstvoll und beziehungsreich. Bei der Beständigkeit und Langlebigkeit von Bräuchen in der altständischen Gesellschaft lassen sich Traditionslinien weit in die Vergangenheit zurückverfolgen. Braut und Bräutigam mit einem Blumenkranz zu schmücken, war schon im Altertum üblich. Daß in den Brautkranz Weizenähren eingearbeitet wurden, mochte eine Anspielung auf die Fruchtbarkeit der Ehe sein. Brautstrauß und blumengeschmückter Brautschleier sind die bürgerlichen Ausläufer dieser älteren kunstvollen Blumenkronen.[31]

Höhepunkt war das Hochzeitsmahl – seinen Status erhielt es durch die Zahl der Gäste und die Zahl der Speisen. Verwandte und Freunde der näheren und weiteren Umgebung kamen zu der oft mehrere Tage sich hinziehenden Hochzeit. Je zahlreicher und je würdiger die Gäste waren, desto glanzvoller war das Fest. Daran hat sich bis heute nichts geändert.

Genaue Angaben über die Zahl und Qualität der Speisen fehlen weitgehend. Jedenfalls wurde vor allem viel gereicht. Selbst nach einer mehrhundertjährigen eingrenzenden und einschüchternden Gesetzgebung gegen exzessive Hochzeiten wurde beim Hochzeitsmahl, wie volkskundliche Untersuchungen zeigen, immer ein großer Aufwand getrieben. Ein Mahl von drei bis vier Stunden mit fünf bis acht Gängen war noch um 1900 durchaus keine Ausnahme, etwa in Württemberg. Das Voressen aus sauren Kutteln oder Nieren wurde von zwei Suppen eingerahmt, anschließend folgte Rindfleisch mit Zugemüse, darauf wurde Sauerkraut mit Schweinefleisch sowie Blut- und Leberwürsten gereicht, ein Kalbsbraten mit Salat folgte, schließlich nochmals eine Schüssel mit Würsten, dann der Nachtisch, von Käse, Obst und Kuchen nicht zu reden. Die Gänge waren so bemessen, daß pro Fleischgericht für eine Person ein bis eindreiviertel Pfund gerechnet wurde.[32]

In Heinrich Wittenwilers Ring, einer am ‹Meier Betz› entwickelten Schwankdichtung des 15. Jahrhunderts, welche die bäuerliche Hochzeit karikiert,[33] kommt aus der Optik des Spötters dennoch die unbändige Lust am Essen, am Hochzeitsmahl, zum Ausdruck:

«Do trunchens her und suffend,
Daz in die augen truffend.
Pentza Trinkavil der trank
Über aller gesellen danch
Den ersten chruog untz an den dritten
Und den dritten bis enmitten.
Secht, do ward er cheichent,
Den swaiss ans tischtuoch streichent!
Er lait sich auf den tisch gezogen
Mit henden und auch elnpogen;
Da mit so hiet ers überwunden.
Des tranch auch ze den selben stunden
Junchfraw Feina aus eim chruog
Also sorfent und so gfuog,
Daz sei da der huost an kam.
Daz überig durch den puosem ran;
Dem lekt sei mit der zungen nach:
Umb die seuri was ir gach.
Die andern trunken also fast
Daz oft ir eim der gürttel prast,
Das doch den weisen nicht geschach:
Die gurten sich des ersten gmach
Und drunkend da pei fürsich an,
Bis in der gürtel rechte cham.»[34]

Wittenwiler will Distanz schaffen; er verhöhnt den Bauern, weil der Bauer in der Üppigkeit der Ausgestaltung seiner Feste in gefährlicher und damit beängstigender Weise den übrigen, als höherwertig gedachten Ständen nahekommt. Man verachtete die Bauern, so sagt Ricarda Huch im Hinblick auf solche Texte, «weil es üblich war, aber man verachtete sie auch, weil man sie sonst in der Weise nicht hätte ausbeuten können, wie es geschah».[35]

Dem Hochzeitsmahl folgte die Überreichung der Geschenke durch die Gäste an das Brautpaar. In Wittenwilers Ring sind darunter Kälber, Kitze, Enten, Hunde und Katzen, Nadeln, Spindeln und Windeln, Tücher und Handschuhe. Nützliche Gegenstände für den Hausstand sind es allzumal, die den Brautleuten dediziert wurden:

«Einer gab einn pesmenstil,
Der ander her einn haften truog,
Der dritt der bott einn essichchruog,
Der fünft einn korb, der sechst ein sib,
Der sibend gab ein überlid
Ze einem saltzvas (das was guot),
Der ächt verschenchet einen huot:
Den hiet er dreissich jar getragen;
Dennoch mocht ern kaum verclagen.
Noch so gab man ane zal
Schüsslen, täller, kertzestal,
Gablen, rechen, löffel vil.
Wisst, daz ich euchs kürtzen wil!»[36]

Zu den Geschenken gehörten natürlich auch symbolische und scherzhafte, etwa die Schere, mit der die Braut den Faden der Liebe durchschneiden konnte, wenn der Mann treulos wurde.[37]

Der Hochzeitstanz schließlich beschloß in der Regel das Hochzeitsfest. Die Gedichte von Hans Sachs und die Holzschnitte sowie Kupferstiche von Albrecht Dürer, Barthel Beham und Sebald Beham verraten etwas von der sprühenden und ausgelassenen Lebensfreude der Bauern, von der sich die gemächlich schreitenden Tänze des Adels und des reichen Bürgertums mit bewußter Distanz abhoben. Es war oft nur eine Fortsetzung des Tanzes, wenn das Hochzeitsfest in einer wütenden Rauferei endete, die sich freilich dann durch das Friedegebot der Dorfbewohner auch schnell wieder dämpfen ließ. Eine satte, angeheiterte, ausgelassene Gesellschaft brachte schließlich mit frommen Wünschen und neckischen Spielen das Ehepaar zur Brautkammer.

Die Hochzeit tritt aus dem bäuerlichen Leben heraus, das – wenn man den Zeitgenossen glauben darf – trotz allen wachsenden Wohlstandes und allen neuen Selbstbewußtseins im Mittelalter noch immer bescheiden ist:

«Geringes Brot, Haferbrei oder gekochtes Gemüse ist ihre Speise, Wasser und Molken ihr Getränk. Ein leinerner Rock, ein paar Stiefel, ein brauner Hut ist ihre Kleidung»,[38] sagt der als erster deutscher Volkskundler gerühmte Johannes Boemus um 1520. Da bedurfte es keiner bizarren und exotischen Einfälle, um sich bezaubern und entzücken zu lassen. «Künstliche Stimulantien brauchte das mittelalterliche Fest nicht», urteilt der Mediävist Arno Borst:

«Das Außergewöhnliche der Zusammenkunft wird durch die Hinzuziehung von Fremden und Gästen gesteigert; die versammelte Gemeinschaft sprengt ihre eigene Abgrenzung. Auf Entgrenzung richten sich alle Festakte, Kleidung, Ernährung, Wohnung, Geschenke und Spiele. Das Fest spiegelt den Alltag, aber durch Umkehrung. Zur Entgrenzung des gewöhnlichen Lebens tritt seine Verdichtung, nach langer Vorbereitung und weiter Anreise rasche Abfolge an einem Ort.»[39]

Das mittelalterliche Fest war einmalig. Was das Fest zum Fest machte, wurde in der Neuzeit reglementiert, kanalisiert, reduziert – die Pracht der Kleider, die Zahl der Gäste, die Zahl der Speisen, der Wert der Geschenke und die Dauer des Tanzes. Arme Leute, heißt es jetzt in den Landesordnungen, «sollen gar kein Hochzeit... halten. Wann aber die Eegemaecht, in gutem und hoehern vermoegen weder zweihundert Guldin seind, so sollen sie dannocht nit mer laden, dann vatter und mutter, ire Kinder, Geschwisterigt, und deren Kinder, und dazu nicht ueber acht personen, auch ueber das mal nit ueber vier essen geben, bei gebott vier guldin».[40]

Weiter wird verordnet, «daß kein Ehemann, er hab ein Wyb oder nit, der von einem andern uff ain hochzit geladen wird, uff solcher hochzyt ueber fuenff Schilling, deßglychen ein lediger gesell, ueber zween Schilling, und ein Jungfrau oder Tochter ueber Ein Schilling schenken sollen».[41] Das Tanzen schließlich, das sonntags gänzlich verboten ist, wird für Hochzeiten nur noch in beschränktem Umfang erlaubt:

«Wann aber zu gewonlicher Zeith jemand Unßer Landtsordnung gemaes ein Hochzeith halten und tantzen woelt, so sollen die Eltern, so die Hochzeith halten, mit wißen unßeres Ambtmanns, ir zween betagten von der freundschafft, neben einem Statt oder Dorfknecht, zum tantz verordnen, und dabey alle Unordnung, Unzimlich, ungeschickht und unzuechtig spring Verdrehen, herumbwerffen, schreyen, angreiffen und andere Unzucht abschaffen... Und soll mann also auff den Hochzeithen tags nit yber zwo stundt, und nach dem nacht Imbis nit yber ein Stund tantzen.»[42]

Bei aller väterlichen Bevormundung, die die deutschen Fürsten seit dem 16.Jahrhundert ihren Landeskindern und Untertanen angedeihen ließen – und dazu gehörte eben auch die Reglementierung der Hochzeit –, war hier doch nicht allein schiere Unterdrückung am Werk. Die bäuerliche Hochzeit hatte Formen und Ausmaße angenommen, die von großen Teilen der dörflichen Gesellschaft nicht mehr zu finanzieren waren. Der soziale Druck, den es natürlich im Dorf auch gab, verlangte auch von den Armen und Ärmsten aufwendige Hochzeiten, und sie konnten tatsächlich zum wirtschaftlichen Ruin führen oder die bäuerliche Wirtschaft ein Leben lang belasten. Das Fest konnte bei einer sich differenzierenden, ja polarisierenden ländlichen Gesellschaft auch desintegrierend wirken, und so hat es in der Tat auch gewirkt. Nicht umsonst sind es die Bauern selbst, und unter ihnen vermutlich mehrheitlich die ärmeren, die von ihrer Herrschaft erwarten, daß sie Ordnungen gegen Übermaß und Üppigkeit erläßt[43] – zur Förderung der allgemeinen Wohlfahrt, zum Besten «gemeines Nutzens».

Doktor Schmaus und seine Gäste

Prüfungszeremonien und Doktorfeiern im späten Mittelalter

Von Hans-Werner Prahl

Universitätslehrer und Studenten in ihrer Mannigfaltigen Tracht.
Holzschnitt aus: Brunschwig, Chirurgia.
Straßburg 1497:

Lange hatte er studiert: erst Arithmetik, Geometrie, Musik, Astronomie, Grammatik, Dialektik und Rhetorik – also die sieben freien Künste oder *artes*, die in der Artisten-Fakultät gelehrt wurden; dann, nachdem er in einem feierlichen Prüfungszeremoniell zum Magister Artium gekürt worden war, wechselte er über zur Juristen-Fakultät, wo er römisches und kanonisches Recht studierte. Nun, da das Jahr 1486 anbrach, wollte der Kölner Kaufmanns-Sohn Jakob Schmaus seine Studien beenden und die Heidelberger Alma Mater verlassen, an die er vor zwölf Jahren als kaum Sechzehnjähriger gekommen war. Ein langes Prüfungsritual stand ihm noch bevor, und am Ende würde sein reicher Vater wohl noch einmal tief in den Geldbeutel greifen müssen, denn die Professoren erwarteten allerlei Geschenke und vor allem einen opulenten Doktorschmaus. Erst einmal aber mußte Jakob Schmaus den Herrn Dekan der Juristen-Fakultät aufsuchen und sich zur Doktor-Prüfung anmelden. Der Dekan – in violettem Talar gekleidet, die goldene Amtskette um den Hals, den Fakultätsring am Finger – empfing den Studiosus Schmaus, der schon bald die Bezeichnung *candidatus jurisprudentiae* tragen durfte, bevor er am Ende der Prüfungen den Titel eines Doktors beider Rechte, oder wie es damals noch hieß: *doctor jurisprudentiae utriusque*, erwarb. Selbstverständlich unterhielten sich der Dekan und der Student in lateinischer Sprache in jenem kalten, dunklen Amtszimmer, dessen Wände mit Regalen voller Folianten angefüllt waren.

Einige dieser Folianten kannte Jakob Schmaus recht gut, denn diese dicken Bücher enthielten die klassischen Schriften der antiken römischen Rechtsgelehrten, andere die Erlasse und Erklärungen der mittelalterlichen Herrscher, wieder andere die Bullen und Edikte der Päpste. Mit allen diesen Texten hatte sich Jakob Schmaus im Laufe seines Studiums auseinandersetzen müssen und dazu dann noch mit den oft sehr eigenwilligen Interpretationen durch die Professoren. Andere Folianten enthielten die Prüfungsbestimmungen, Studienpläne, Satzungen der Universität wie auch der übrigen Fakultäten, denn die juristische Fakultät wurde oft genug als Schlichterin im Streit zwischen anderen Fakultäten und Professoren angerufen. Alle Texte, das wußte der Studiosus Schmaus, der viel Geld bei den auf das handschriftliche Vervielfältigen von Büchern spezialisierten Kopisten der Stadt gelassen hatte, nur zu gut, waren sorgfältig mit Feder und Tinte von Hand geschrieben worden, denn der Druck mit beweglichen Lettern war eben erst erfunden worden und hatte die nach ihrem Gründer-Fürsten Ruprecht Carolus benannte Universität noch nicht erreicht. Wieder andere Folianten enthielten die Namen und Dokumente jener Studenten, die in den vergangenen 100 Jahren – so alt war diese nach Wien und Prag älteste Universität im deutschsprachigen Raum immerhin schon – ein Doktorexamen bestanden hatten. Auf dem Tisch des Dekans lag neben dem prachtvollen Amtssiegel und dem Topf mit

Siegellack jene lange Papierrolle, die *rotula,* in die sich auch Jakob Schmaus wie alle seine Kommilitonen zu Beginn eines jeden Semesters hatte eintragen müssen. Neben einigen Namen stand die Bezeichnung *pauper,* diese Studenten galten als arm und wurden von der Zahlung der Studiengebühren befreit, einige erhielten sogar einen Freitisch in den Bursen, die mit heutigen Studentenwohnheimen freilich wenig gemein hatten.

Die meisten *pauperes,* daran konnte sich unser Kölner Kaufmannssohn noch gut erinnern, liefen in Mönchskutten umher, denn das Kloster bot im Mittelalter, als das öffentliche Schulwesen, abgesehen von einigen Dom-, Rats- oder Bürgerschulen, noch nicht entwickelt war, auch den ärmeren Schichten die Gelegenheit, Lesen und Schreiben, aber vor allem die lateinische Sprache und andere für ein Studium unerläßliche Kulturtechniken zu lernen. Und ein Jura-Studium galt unter den Klerikern als heißer Tip, weil zwischen den kirchlichen und weltlichen Mächten viel Streit zu schlichten war. Selbst innerhalb der katholischen Kirche waren viele Positionen nicht mehr unumstritten, zumal neue Glaubensbewegungen den Kirchenführern Kopfzerbrechen bereiteten. Da konnte manch einer auf Anstellung und Pfründe hoffen, der sich gut mit dem weltlichen römischen und dem kirchlichen kanonischen Recht vertraut gemacht hatte.

Aber an solche Zukunftsaussichten dachte unser Doktor-Kandidat nicht, als er das Amtszimmer des Dekans betrat – er würde ohnehin in die Handels-Compagnie seines Vaters eintreten und vielleicht später einmal ein Amt in der Stadt übernehmen. Vorher waren aber noch die Prüfungen zu bestehen. Seine Professoren hatten ihm alle bescheinigt, daß er die vorgeschriebenen Vorlesungen, Kurse und Seminare mit gutem Erfolg besucht hatte. Dies war die Voraussetzung dafür, daß er das Studium mit einem Examen abschließen konnte. Viele seiner Studienkollegen, seiner Kommilitonen, verließen die Alma Mater ohne Examen. Zeitgenössische Quellen belegen, daß in vielen Fakultäten drei Viertel aller Studenten überhaupt kein Examen ablegten. Heutigen Hochschulplanern würden deshalb die Haare zu Berge stehen, mittelalterlichen Universitätsprofessoren war das aber kein Grund zur Panik. Denn ein Universitätsexamen war für die meisten Berufslaufbahnen nicht erforderlich – außer wenn die Absolventen selbst wieder Hochschullehrer werden wollten. Ein akademischer Grad war vielfach hilfreich, wenn man ein Amt in Kirche oder Verwaltung übernehmen wollte, aber es gab auch immer noch andere Mittel, um den Posten zu erhalten. Vielen war der akademische Titel wichtig, weil er Ehre vermittelte und in einigen Rechtsbelangen sogar Adelstiteln gleichgestellt war. Für Berufslaufbahnen war das Studium zu jener Zeit nicht besonders relevant, zumal die meisten Studenten aus wohlhabenden Familien stammten und mit einer guten Erbschaft rechnen konnten. Selbst die Ärmeren waren meistens über Laufbahnen in Kirche oder Kloster abgesichert.

Nachdem der Dekan alle Bescheinigungen der Professoren geprüft und durch einen Blick in die Einschreibungsrolle festgestellt hatte, daß Jakob Schmaus regelmäßig studiert und sich kein Vergehen hatte zuschulden kommen lassen, ließ er den Kandidaten zwei Eide schwören. Zum einen mußte der Prüfling schwören, daß er in und nach der Prüfung die Urteile der Prüfer anerkennen und sich nicht an ihnen rächen werde. Ein solcher Schwur war wichtig in einer Zeit, als die Ausübung von Gewalt noch nicht beim Staat monopolisiert war und viele Konflikte mit der Waffe ausgetragen wurden. In den meisten Universitätsstädten konnten die Bürger ein Lied von solchen Gewalttätigkeiten singen, denn zwischen Studenten und einheimischen Handwerksburschen kam es oft zu gewalttätigen Auseinandersetzungen, gelegentlich sogar mit Todesfolge, wie zeitgenössische Chronisten berichten. Aber auch innerhalb der Studentenschaft waren Auseinandersetzungen mit Schwert und Degen, bisweilen auch mit dem Messer oder bloßen Fäusten wohl nicht selten. Zumindest finden sich in vielen Universitätsakten Berichte über Gerichtsverfahren gegen Studenten, die sich ihr vermeintliches Recht mit der Waffe verschafft hatten.

Auch wenn nicht gerade die Waffe gezückt wurde, ging es zwischen den Studenten in jener Zeit oft ruppig zu, viele Rituale hatten brutale Züge. Daran konnte sich auch unser Jakob Schmaus noch recht genau erinnern. Schon als der junge Scholar vor einem Dutzend Jahren sein Elternhaus und auch den Privatlehrer, der ihm das wichtigste Rüstzeug für ein Studium vermittelt hatte, verließ, wurde er bereits am Stadttor von Heidelberg von einer Gruppe älterer Studenten johlend in Empfang genommen. Sie versprachen ihm Hilfe bei der Wohnungssuche und dem Studium, verlangten aber zugleich Geschenke und reckten ihm drohend ihre Fäuste entgegen, als er nicht sogleich reagierte. Bald wurde er als ‹Leibbursche› oder ‹Pennal›, wie es im damaligen Studenten-Latein hieß, einem älteren Studenten zugeordnet. Diesem mußte er oft Mantel und Degen tragen, mit kleinen Geschenken bei Laune halten und auch dessen Bude säubern. Einige Jahre später konnte sich Jakob Schmaus selbst einen Leibburschen halten, denn der ‹Pennalismus›, wie dieses Abhängigkeitsverhältnis damals genannt wurde, war in Heidelberg und den meisten anderen Universitäten jener Zeit durchaus üblich.

Kaum hatte sich der Novize, der Studienanfänger, damals beim Rektor der Universität persönlich zum Studium angemeldet und in die Studentenrolle eingetragen, mußte er ein Aufnahme-Ritual über sich ergehen lassen: die Deposition nämlich, die wohl ursprünglich nur in den Bursen, in denen Studenten und Professoren gemeinsam lebten, üblich war, später aber an fast allen Universitäten bis ins 18. Jahrhundert hinein ausgeübt wurde. Mit der Deposition sollte den Neuankömmlingen verdeutlicht werden, daß sie vor Beginn des Studiums zu nichts nutze seien und folglich erst einmal gereinigt und auf das Studium vorbereitet werden müßten. Universitätsdiener verkleideten sie als Tiere: zum Beispiel mit Hörnern und Eberzähnen oder langen Schnäbeln. In einer langen Prozedur sägte oder brach man ihnen dann die Hörner oder Zähne ab; das Tierfell, das sie trugen, wurde geschoren, und sie wurden für längere Zeit in Wasserbottiche getaucht. Dann bot man ihnen Wein an, den man ihnen aber rasch wieder entzog, verordnete ihnen Pillen aus Tierkot, übergoß sie mit dem Abwasser der Kloake und drohte ihnen weitere Pein an. Schließlich legte man den verängstigten Novizen ein Beichthemd an, forderte sie zum Bekenntnis aller erdenklichen Sünden auf und sprach eine Strafe aus, die meist in der umfangreichen Bewirtung der Professoren und des übrigen Universitätspersonals bestand. Darauf ordnete der Rektor die gründliche Reinigung des Studienanfängers an und erteilte die Absolution. Solche Zeremonien, die an die Initiations-Rituale einfacher Gesellschaften erinnern, aber durchaus auch in dem zu jener Zeit gängigen Handel mit Ablaß-Briefen oder gar in der Inquisition Entsprechungen fanden, wurden von Erasmus von Rotterdam in Versform beschrieben – die deutschsprachige Version lautet so:

«Kommt Bacchanten trett herbey, merckt, was abzulegen sey. Euch will ich auff Euer Fest deponieren auff das Best. Wenn du den Schüler-Sack und das Bacchanten-Kleid hast abgelegt, so folgt all denn viel Ehr und Freud. Des Kämmens kannst Du nicht du Zottel-Bock entbehren, die Haare muß ich auch auff deinem Kopff bescheren. Zum Scherz sey Dein Gehör verriegelt und verschlossen; ich saubre dirs zur Lehr und nicht zu Narren-Possen. Laß dir der Lästrung Bacchanten-Zahn ausziehen, Verleumdung solstu stets gleich als die Hölle fliehen. Ich feile dir die Händ und Nägel anzudeuten, daß du sollst sein geschickt zum künstlichen Arbeiten... Mit dem Bacchanten-Geist solls itzund sein schab ab, deswegen schläget man die stoltzen Hörner ab. Bacchanten-Axt und Beil muß dich mit Ernst behauen, mit groben Spänen taug das Holz zu keinem bauen. Die Hobel-Banck nimmt weg dir lieben Halb-Studenten die Mängel, welche die in Schande bringen könnten. Schlicht-Hobel fahre Fort. Was sich noch nicht will fügen, zum Bau der Ehrbarkeit, das hoble nach Genügen. Wer recht verfahren will in allen seinen Thaten, der circkelt ab zuvor, was ihm nicht soll mißraten. Den Bohrer mußt du auch durch dicke Bretter drehen; durch saure Müh kannst du manch Kunst-Geheimnis sehen... Nehmt hin der Weisheit Saltz! Nehmt hin den Wein der Freuden; Ich wünschte, daß euch Gott vermehr in allen beiden! Und daß er meiner soll zum besten stets gedencken, will Herr Depositor, ich ihm die Gabe schenken.»

Eine solche Deposition hatte unser Kandidat Jakob Schmaus auch über sich ergehen lassen müssen. Die Erinnerung bereitete ihm Schaudern, als er nun im Amtszimmer des Dekans schwören mußte, sich nicht an den Prüfern rächen zu wollen. In manchen Universitäten mußte bei diesem Schwur sogar die gesamte Fakultät zugegen sein, was in vielen Fakultäten nicht besonders schwierig gewesen sein dürfte, denn die Fakultäten der Juristen, Mediziner oder Theologen, die in der Rangfolge deutlich über der Artisten-Fakultät angesiedelt waren, zählten oft nicht mehr als ein halbes Dutzend Professoren – nur in einigen großen und sehr alten Universitäten wie in Bologna, Paris oder Oxford waren es mehr. In Heidelberg, wo in jenen Jahren im Durchschnitt nur etwa 200 Studenten eingeschrieben waren, von denen die Mehrzahl in der Artisten-Fakultät studierte, genügte ein halbes Dutzend Jura-Professoren, um die drei Dutzend Studenten mit den Rechtskenntnissen jener Zeit vertraut zu machen. In der medizinischen Fakultät, in der immer noch nach den Texten des Griechen Hippokrates, des Römers Galenus und des Arabers Avicenna wie schon seit 1000 Jahren bloß theoretisch unterrichtet wurde, gab es meist nur ein oder zwei Professoren und kaum Studenten, weil Ärzte in jener Zeit als bloße Theoretiker galten und mit den praktischen Kenntnissen der Bader, Salber und weisen Frauen nicht konkurrieren konnten.

Nachdem nun die Eide geschworen und festgestellt worden war, daß Jakob Schmaus alle vorgesehenen Veranstaltungen besucht hatte, gegen ihn keine Strafen oder Forderungen von Bürgern der Stadt vorlagen und er ehelicher Abstammung war – denn Bewerber unehelicher Abkunft durften ohnehin nicht zum Studium zugelassen werden –, galt er als *candidatus*. Hatten sich genügend Kandidaten zur Prüfung gemeldet, wurde der Termin für die Prüfung festgelegt, die aus einem nichtöffentlichen Teil, auch *privatus conventus* genannt, und einem öffentlichen Teil, dem *publicus conventus*, bestand. Der nichtöffentliche Teil, an dem alle Professoren der Fakultät im Beisein des Rektors im Prüfungssaal der Universität teilnahmen, war der eigentliche Prüfungsakt, in dem das Wissen der Kandidaten festgestellt wurde.

An diesem Prüfungstage hatten die Glocken der Universitätskirche schon früh geläutet, um auch die Bürger der Stadt auf das feierliche Ereignis aufmerksam zu machen. Die Pedelle, die zu den wichtigsten Universitätsbediensteten zählten, nahmen am Universitätsportal und am Eingang zum Prüfungssaal Aufstellung. Die Fahnen der Universität und des Landesherren waren aufgezogen worden. Vom Vorhof der Universität kommend setzte sich ein größerer Zug in Bewegung. An der Spitze ein Pedell, der das Universitätswappen trug, dahinter ein zweiter mit dem Zepter des Rektors. Seine Magnifizenz folgte in dunklem Talar, auf dem Haupt ein schwarzes Barett, die lange goldene Amtskette um den Hals, eine dunkelrote Schärpe schräg über der Brust, die Hände waren durch kostbare Handschuhe geschützt. Ihm folgten der Dekan und die übrigen Professoren der Fakultät, alle ebenfalls in ihren Talaren und Baretten, um die es damals zwischen einzelnen Professoren und den Fakultäten soviel Streit gab, weil sich einige von ihnen durch zusätzliche Ausstattungen von anderen abheben wollten. Den Professoren folgten die Kandidaten, auch sie in feierlicher Einheitskleidung. Die Statuten sahen vor, daß die Scholaren den ‹erlichen Studentenmantel› tragen sollten, einen langen, dunkelfarbigen Mantel beziehungsweise Rock mit Gürtel und Kapuze, der bis auf die Knöchel reichen und keine Seitenschlitze haben durfte. Auch um diese Bestimmungen gab es oft Streit, weil einige Scholaren sich lieber modisch im farbigen Wams zeigen wollten, andere ihre Wohlhabenheit durch besonders aufwendige Kleidung herausputzen mußten. Die meisten Universitäten legten in jenen Jahren lange Kleiderordnungen fest und verboten zum Beispiel das Tragen von Schuhen mit langen Schnäbeln, geschlitzten Kleidern, Luxus in Halskrausen und Brustlatzen, geteilten, das heißt an jedem Bein andersfarbigen Hosen, Schnürenröcken und allerlei Schmuck. Das Tragen geistlicher Farben war den Studenten ohnehin untersagt, auch wenn sich mancher Scholar selbst darüber hinweggesetzt hatte.

Für Kleidung hatte auch unser Jakob Schmaus viel Geld ausgegeben, mehr freilich noch für Bewirtungen, wie seinem Ausgabenbuch zu entnehmen war. Der erste Posten war Geld für einen Antrittsschmaus: «vor ein esßen ... das student wart»; dann geht es weiter: «zum trinken, vor wein, zum Bade, vor trinken» – nun erst kommt Papier, Ausgaben für Essen, Trinken, bald Bier, bald Wein, Bäder, Zeche, mancherlei Kleidungsstücke und Gerät, Wäscherinnenlohn, Koch, Barbier, Pedell, für Licht, Holz, Opfer und Beichtgeld folgen in buntem Wechsel. Viel Geld hatte er für die Bücher ausgegeben, die für das Studium vorgeschrieben waren und die von den Kopisten handschriftlich vervielfältigt wurden. Eine Bibel kostete zu jener Zeit den Gegenwert von zwei Ochsen. Die Bücher des kanonischen und des römischen Rechts waren kaum billiger. Dann kamen auch noch die Schriften der Professoren hinzu. Zwar lagen die Inhalte und die Abfolge der Lehrveranstaltungen in den mittelalterlichen Universitäten weitgehend fest, die Stundenpläne blieben oft über Jahrzehnte hinweg unverändert, doch konnten die Professoren ihre Lehrmeinungen durchaus unterschiedlich auslegen. Solche Auslegungen wurden von den Studierenden, die zu Füßen des auf dem Katheder dozierenden Professors saßen, eifrig mitgeschrieben. Doch erschien das Mitschreiben manchen Scholaren zu mühselig. Reichere Studenten schlugen daher dem Professor vor, seine Lehrmeinung auf ihre Kosten vervielfältigen oder sogar drucken zu lassen. Eine solche *dissertatio* diente auch Jakob Schmaus zur Vorbereitung auf die

Prüfungen. Der Begriff ‹Dissertation›, der später für die Doktorarbeiten der Kandidaten üblich wurde, hatte im 15. Jahrhundert also die gerade entgegengesetzte Bedeutung und meinte die vervielfältigte Lehrmeinung eines Professors. Eine Doktorarbeit des Kandidaten war in jener Zeit noch unbekannt und wurde in einzelnen Fakultäten erst seit dem 16. Jahrhundert üblich. Die Prüfung, die unser *candidatus* abzulegen hatte, war ausschließlich mündlicher Natur.

Nachdem nun alle Personen im Prüfungssaal Platz genommen hatten und die Türen von den Pedellen geschlossen worden waren, begann der nichtöffentliche Prüfungsakt. Ein vom Dekan aus dem Professorenkreis erwählter Promotor betrat das Katheder und rief einen Kandidaten auf. Jeder Kandidat mußte Teile aus den vorgeschriebenen Büchern rekapitulieren und die jeweiligen Auslegungen der Professoren wiederholen. Wurde so gewissermaßen flächendeckend die Textkenntnis des Kandidaten festgestellt, folgte im nächsten Akt die Disputation. Der Promotor trug einige provozierende Thesen vor und bestellte aus dem Kreis der Professoren zwei Opponenten. Mit ihnen sollte der Kandidat die Thesen disputieren. Die Opponenten durften sich in die abwegigsten Meinungen versteigen und mit dem Kandidaten ein scharfes Kreuzverhör führen. Auf diese Weise wurden Denkvermögen, Formulierungskünste und Reaktionsfähigkeit des Kandidaten getestet. Die Schulung in Rhetorik, die Jakob Schmaus in der Artisten-Fakultät, der Vorläuferin der heutigen Philosophischen Fakultät, genossen hatte, sollte sich jetzt bewähren.

Auch in der Artisten-Fakultät hatte er schon Prüfungen abgelegt, die aber viel weniger feierlich und streng waren. Zuerst ging es um die Prüfung zum Baccalarius, dem niedrigsten Grad der artistischen Fakultät, über den die meisten Studenten jener Jahre nicht hinausgelangten. Hier war Jakob Schmaus in den sieben Freien Künsten, den *artes liberales,* geprüft worden. Später hatte er noch den akademischen Grad eines Magisters erworben. Hierzu hatte er mit den Professoren über antike Philosophie und zeitgenössische Lehrmeinungen disputieren müssen. Auch die Magister-Prüfung war ein feierlicher Akt gewesen, doch an Würde und Strenge war sie kaum mit dieser Doktorprüfung zu vergleichen. Denn die drei höheren Fakultäten, die es an allen 70 Universitäten in Europa zu jener Zeit gab, setzten sich in Zeremoniell und Prunk deutlich von der niederen Artisten-Fakultät ab. Nachdem nun alle Disputationen beendet waren, zog sich das Professorenkollegium zur Beratung zurück, die Sitzung wurde auf den Nachmittag vertagt. Nachmittags – so war es in Heidelberg seit langem üblich – kamen auch die übrigen Scholaren der Fakultät und berühmte Bürger der Stadt in den Festsaal. Nun begann der öffentliche Teil der Prüfungszeremonie. Der Promotor verkündete den Prüflingen, wer in der Prüfung angenommen und in welcher Rangfolge die Prüflinge gereiht worden waren. Noten wie

etwa *summa cum laude* für die beste oder *rite* für die schlechteste
Leistung waren zwar schon üblich, aber wichtiger war der Platz in der
Rangfolge. Denn von diesem hing es ab, ob zum Beispiel später ein
Bewerber für das Professorenamt angenommen wurde. Außerdem ver-
sprach ein guter Platz allerlei Pfründen und Privilegien, was in einer
Gesellschaft, in der Laufbahnregelungen und klar definierte Berufsprofile
unbekannt waren, wichtig war.

Nun mußte jeder einzelne Kandidat vortreten und im Beisein von
Rektor und Dekan die in den Statuten vorgesehenen Eide leisten sowie
um die Verleihung des Titels und der damit verbundenen Abzeichen
bitten. Der Promotor hielt eine Ansprache an ihn, verlieh ihm namens
der Fakultät die Würde eines Doktors beider Rechte, händigte ihm die
kunstvoll gestaltete Urkunde aus und überreichte ihm den Doktorhut
und den Doktorring. Dann umarmte und küßte der Promotor den neuen
Doktor und wünschte ihm alles Gute. Mit diesen symbolischen Handlungen sollte verdeutlicht werden, daß der bisherige Kandidat nunmehr
in den Kreis der Gelehrten aufgenommen war. Der Kuß wurde in den
zeitgenössischen Darstellungen als Friedenskuß interpretiert – eben als
ein Zeichen, daß zwischen den Prüfenden und Geprüften kein Haß
zurückbleiben solle. Doktorhut und Doktorring sollten in einer Zeit, in
der Kleidung und Symbole viel, Schriftzeichen aber wenig galten, die
Auserwähltheit des Doktors nach außen kundtun. An manchen Universitäten wurden zur Verdeutlichung auch noch Schärpen, Ketten oder
Handschuhe verliehen. Die Doktorurkunde berief sich auf das Recht, das
der Universität von Kaiser und Papst zur Verleihung von Doktorwürden
eingeräumt worden war. Alle mittelalterlichen Universitäten, von denen
die frühesten um 1150 in Bologna und Paris, im deutschsprachigen Raum
zwei Jahrhunderte später in Wien, Prag und Heidelberg entstanden
waren, fußten ausdrücklich auf Stiftungsurkunden des Kaisers und des
Papstes, den beiden Universalgewalten des Mittelalters. Unter dem
Schutz von Kaiser und Papst konnten sich die Universitäten nicht nur
relativ autonom entwickeln und beide Gewalten gelegentlich gegeneinander ausspielen, sondern auch durch Überlassung von Kirchenbesitz oder
gelegentlichen Spenden der Landesherren sich leidlich ernähren. Allerdings fehlte es an regelmäßigen Haushaltsplänen, und daher waren die
Professoren und Universitätsbediensteten sehr an Geschenken der Scholaren und Doktoren interessiert. Auch unser Jakob Schmaus sollte nach
dem Abschluß der Prüfungszeremonien noch einmal tief in die Tasche
greifen, um seine Professoren mit Mänteln, Handschuhen und etwas
Schmuck zu beschenken. Geschrieben stand darüber natürlich in keiner
Satzung etwas, doch jeder Scholar wußte schon zu Beginn des Studiums,
was auf ihn zukam. Die Professoren-Gehälter waren kärglich, und
dementsprechend sahen sich die meisten Professoren nach Nebenein-

künften um. Die Jura-Professoren hatten es dabei sogar noch ganz gut,
denn sie konnten als Berater am Hofe, als Richter oder als Gutachter mit
stattlichem Nebenverdienst rechnen, die brotlosen Künste der Artisten-
Fakultät waren weit weniger gefragt.

Den frischgebackenen Doktoren dürfte es leichtgefallen sein, der
Gunst ihrer Prüfer mit kleinen Geschenken etwas nachzuhelfen. Stammten doch die meisten von ihnen aus wohlhabenden Familien. Und
außerdem waren mit dem Doktortitel, der in manchen Regionen mit den
unteren Adelsrängen gleichgestellt war, Steuerbefreiung, Schutz vor
Strafverfolgung und eine Reihe weiterer Privilegien verbunden. Des
weiteren erlaubte der Doktortitel, der sich ja aus dem lateinischen *doctus*
als Bezeichnung für ‹gelehrt› herleitete, das Recht der freien Lehre im
Herrschaftsbereich von Papst und Kaiser. Dieses *ius ubique docendi* war
für die mittelalterlichen Universitäten fundamental, weil mit ihm das
Recht zur Selbstrekrutierung des Personals verbunden war. Die Fakultäten entschieden selbst, wer in ihnen lehren durfte und wer nicht. Eingrif-
fe der Obrigkeit gab es erst mit der Entstehung der Landesfürstentümer
im 16. und 17. Jahrhundert.

Zum Zeichen, daß er frei lehren konnte, bestieg unser Jakob Schmaus,
nachdem er dazu aufgerufen worden war, das obere Katheder, hielt eine
Ansprache an die Versammelten und führte sodann zu einer selbstge-
wählten Fragestellung eine Disputation mit den Scholaren durch. Damit
war er also in den Gelehrtenstand aufgenommen worden, auch wenn er
seine Lehrbefugnis wohl nie ausüben würde. Nachdem alle frischgebak-
kenen Doktoren ihre Disputation beendet hatten, zog die Gemeinde in
feierlichem Umzug durch die Stadt. Der Umzug endete mit einem
Festgottesdienst in der größten Kirche der Stadt. Mit diesem Akt sollte
auch die Bedeutung der Kirche für die Universität hervorgehoben werden.

Am Abend feierte dann der frischgebackene Doktor Schmaus seinen
Doktorschmaus. Er hatte den Wirt der Stadtschänke um die Ausrichtung
gebeten, denn in seiner kleinen Studentenbude hätten die zahlreichen
Gäste wohl kaum Platz gefunden. Geladen waren alle Professoren der
Fakultät mit ihren Gemahlinnen, die Universitätsbediensteten mit Angehörigen, viele Honoratioren der Stadt und etliche ehemalige Kommilitonen. War die Universität bis ins frühe 20. Jahrhundert auch Männersache,
durften beim Doktorschmaus doch die Frauen dabeisein. Gefeiert wurde
offenbar sehr üppig, was zahlreiche Bestimmungen der Landesfürsten,
deren Rentkammer oft einen Zuschuß gewährte, belegen. So legte ein
Dekret fest, es dürfe nur eine Abendmahlzeit «ohne Confect von höchstens zehn Speisen stattfinden». Eine Rentkammer vermerkte als Zuschuß für eine Magisterfeier: «52 Thaler zu Wein, 110 Thaler zu einem
Ochsen, 2 Thaler zu 20 Stück Karpfen, 3 Thaler und 50 Groschen zu

Gewürz, 4 Thaler und 16 Groschen zu Holz.» Für Doktorprüfungen wurde der doppelte Zuschuß gewährt, also etwa 150 Taler. Die übrigen Kosten, wohl noch einmal 150 Taler, trug der frischgebackene Doktor. Wahrlich eine stolze Summe, kam doch ein nicht gerade unbemittelter Student für seine keineswegs sparsame Lebensführung mit 30 bis 40 Talern im Jahr aus. Der Doktorschmaus kostete also unserem Doktor Jakob Schmaus noch einmal so viel, wie er in all den Jahren seines langen Studentenlebens zusammen ausgegeben hatte.

Das große Fest füllte den Lehrern den Magen und leerte den neuen Doktoren den Geldbeutel. Es gab den Universitäten die Gelegenheit, sich in einer weitgehend analphabetischen und unwissenden Gesellschaft nach außen prunkvoll darzustellen und über die allzu schwachen wirtschaftlichen Fundamente hinwegzutäuschen. Dem neuen Doktor brachte es Ansehen und viele Privilegien. Und dafür griff er gern in seinen Geldbeutel.

Im Schatten des Roten Ahorn

Musik und Tanz am japanischen Kaiserhof der Heian-Zeit

Von *Irmtraud Schaarschmidt-Richter*

Besuch des Kaisers in der Kaya-Residenz des Fujiwara no Yorimichi.
Ausschnitt aus der Bilderrolle ‹Komakurabe Kyōkō-emaki›,
spätes 13. bis frühes 14. Jahrhundert.

«Einmal war da ein Minister zur Linken, der hatte sich unweit des Kamogawa-Flusses im Rokujō-Bezirk eine überaus vornehme Residenz anlegen lassen, und dort lebte er. Gegen Ende des zehnten Monats, als die sich ins rötliche verfärbenden Chrysanthemen am schönsten waren, dazu das Herbstlaub in den vielfältigsten Tönungen prangte, lud er einige kaiserliche Prinzen zu sich ein. Sie tranken und spielten miteinander die ganze Nacht hindurch, und während allmählich der Morgen graute, priesen sie in Gedichten den vorzüglichen Geschmack, den diese Residenz bewies.

> Seit wann denn bin ich
> hier am Shiogama-Strand?
> Es fehlen nur noch
> die Boote, die zum Fang
> ausfahren in der Morgenstille.»[1]

So heißt es im ‹Ise-monogatari›, einem der bedeutendsten Werke der höfischen Literatur Japans aus dem 10. Jahrhundert, das recht genau, wenn auch knapp, das Leben eines Hofadligen beschreibt. Dieser Abschnitt enthält eine der frühesten Schilderungen eines höfischen Herbstfestes. Es sind alle wichtigen Elemente angedeutet: Zusammenkunft der Höflinge, Spiel – wahrscheinlich Tanz –, das Verfassen von Gedichten aus Anlaß eines schönen Herbstes. Im Laufe der Zeit verfeinerte sich dies und erhielt mit der weiteren Entwicklung des japanischen Staates auch einen gewissen zeremoniellen Rahmen. Erst im 5. Jahrhundert nämlich bildete sich aus den Clansverbänden heraus die Urzelle des japanischen Staates, der Staat Yamato, und Anfang des 8. Jahrhunderts hatte man im heutigen Nara eine erste Hauptstadt gegründet. Aus politischen und anderen Gründen wurde sie Ende desselben Jahrhunderts an den Platz des heutigen Kyōto verlegt, wo sich nun in einer relativen Friedenszeit – man gab der neuen Hauptstadt den Namen Heian-Kyō, Hauptstadt des Friedens; deshalb auch die Periodenbezeichnung Heian-Zeit[2] – ein reiches geistiges und kulturelles Leben entfaltete, in dem die Feste am Kaiserhof wie in den Adelsresidenzen eine entscheidende Rolle spielten. An ihnen konnte mitunter sogar das gewöhnliche Volk teilnehmen, wenn auch nicht aktiv, so doch als Zaungast bei den prächtigen Prozessionen und selbst bei Tanzvorführungen, wie es mancherorts literarisch belegt ist. Einige dieser Feste sind noch heute lebendig, auch wenn sich ihr gesellschaftliches Umfeld längst aufgelöst oder verändert hat. Doch möchte man sich ihre Schönheit bewahren und versucht deshalb, sie Jahr für Jahr in festlicher Erinnerung nachzuvollziehen.

Eines zum Beispiel ist das ‹Aoi-matsuri› genannte Fest, eine im Mai in Kyōto abgehaltene festliche Prozession zur Erinnerung an die vorbereitende Reinigungsprozession einer kaiserlichen Prinzessin, bevor sie zum

Dienst als Hauptpriesterin am kaiserlichen Schrein nach Ise[3] aufbrach.
Die Gewänder der aufziehenden ‹Hofbeamten›, der ‹Prinzessin› und
ihrer Damen, die mitgeführten Gerätschaften aus goldverziertem Lack,
Leder, Brokat, der reiche künstliche Blumenschmuck führen dem Zuschauer die Eleganz und Verfeinerung jener Kultur von vor 1000 Jahren
deutlich vor Augen. In diesen Festen kulminierten die zahlreichen künstlerischen Möglichkeiten von Musik, Tanz, Dichtkunst, Kunsthandwerk
der verschiedenen Formen, ja auch Malerei und Gartenkunst und verbanden sich zu einem Gesamtkunstwerk, das in seiner Schönheit auch ganz
bewußt als künstlerisches Ereignis genossen wurde. In der Literatur jener
Zeit sind viele dieser Feste – und zwar unter diesem Aspekt – beschrieben. Sie standen im Mittelpunkt des höfischen Lebens, und man muß
aufgrund dieser realitätsbezogenen Beschreibungen annehmen, daß sie
wichtiger genommen wurden als das politische Geschehen. Denn das
politische Leben schien hinter den Festen zurückzutreten oder aber
wurde zu festlichen Riten verfeinert. Dadurch entstand wieder Raum für
davon unabhängige, sogar spontane Festlichkeiten.

Der im 9. Jahrhundert lebende Saga-tennō war einer der Kaiser mit
über das übliche Maß hinausgehenden kulturellen Ambitionen und
künstlerischen Fähigkeiten, – er wird zu den bedeutendsten Schreibmei-
stern seiner Zeit gerechnet und ließ nicht nur Gesetze und Verordnungen
kompilieren. Seine ‹publizistischen› Unternehmungen galten auch den
prächtigen Hofzeremonien und Festen, die er aufzuzeichnen für wert
hielt. 821 gab er Befehl für das ‹Dairi-shiki›, eine Kompilation der
festlichen Palastzeremonien. Natürlich war damals vieles aus China wie
Korea herübergekommen, Feste gehörten dazu und Zeremonien. Aber
allmählich begann man, wie in der Politik, so auch im Bereich des
kulturellen Lebens, der Literatur, der Malerei, der höfischen Zeremonien
und Feste aus dem Schatten des Chinesischen herauszutreten, Eigenstän-
diges zu entwickeln und durchzusetzen. Viele dieser Feste und Riten
wurden später auf Bilderrollen[4] dargestellt sowie in zeitgenössischer
Literatur geschildert und sind uns so überliefert. Sehr charakteristisch für
diese Eigenständigkeit, Ausdruck des substantiell Japanischen, sind die
der Natur, ihrer Bewunderung, ihrer Feier gewidmeten Feste. Sie standen
außerhalb der eigentlichen shintoistisch-rituellen Naturkräfteverehrung
oder des buddhistischen Zusammenhangs, wenn auch diese beiden Komponenten gewisse Voraussetzungen schufen. Diese Feste waren mehr auf
die das menschliche Herz anrührende Schönheit der Natur gerichtet,
Gefühle, die es kunstvoll zu stilisieren galt. Die herausragenden Feste
dieser Epoche und dieser Art waren die Feste zur Bewunderung der
Kirschblüte und zur Feier der Herbstfärbung. Dies aber setzte eine
außerordentliche Sensibilität für die Schönheiten der Natur voraus und
eine Fähigkeit, sie auch in ganz belanglosen Ereignissen oder Phänome-

nen zu entdecken und zu empfinden – Belege dafür sind zahlreich. So
wird zum Beispiel im ‹Nihonshoki›, den 720 kompilierten Annalen des
Reiches, berichtet, daß, als der Kaiser sich im Garten seines Palastes
erging, ein Höfling ihm eine Schale Reiswein reichte und eine Kirschblüte hineinfiel, der Kaiser dies sehr bewunderte. Es wurde Anlaß zu einem
Gedicht.

In der ‹Geschichte vom Prinzen Genji›, dem ‹Genji-monogatari›,
geschrieben von der Hofdame Murasaki Shikibu⁵ um das Jahr 1000,
kommt diese Haltung der Bewunderung ganz deutlich zum Ausdruck:
«...mir liegt mehr daran, die Kirschblüten im Frühling und das
Herbstlaub, alles, was die Natur im Laufe eines Jahres hervorbringt und
wieder vergehen läßt, und auch den Himmel täglich mit ganzer Inbrunst
zu genießen! Seit alters hat man darüber gestritten, was schöner sei, die
Frühlingsblüten auf den Kirschbäumen oder das herbstliche Gedeihen
auf den Feldern, aber noch heute ist man sich nicht einig. In China hieß
es, nichts erreiche an Schönheit den Brokat der Blüten, und in unserem
Lande sagt man, es spreche der Herbst am meisten zu Herzen, doch mich
begeistert der Anblick einer Landschaft im Frühling und im Herbste
gleichermaßen, und auch bei den Farben der Blumen und den Stimmen
der Vögel weiß ich nicht, ob sie mir im Frühling oder im Herbst besser
gefallen.»⁶

Die Fähigkeiten zu diesen tiefen Gefühlen und Empfindungen zählen
zu den bewunderten Tugenden der Heian-Zeit; sie künstlerisch auszu-
drücken, wurde zum wichtigsten Element ihrer Feste. So waren diese
schließlich mehr dem künstlerischen Genuß zugewandt, mehr eine Feier
der eigenen Gefühle und weniger ein strenges symbolisches Ritual. Mit
diesem angedeuteten Inhalt oder Gehalt sind sie auch in der japanischen
zeitgenössischen Literatur überliefert und besonders eben solche, die der
Feier des Frühlings und des Herbstes galten; im ‹Genji-monogatari› heißt
es:

«Da die jungen Dienerinnen offenbar nicht zufrieden waren, die
Bäume auf dem Gartenhügel und das Moos, das sich tiefgrün auf der
Mittelinsel breitete, nur aus der Ferne zu bestaunen, ließ man schnell
einige schon vorher gefertigte Boote chinesischer Art festlich schmücken,
und als diese dann zum ersten Male auf dem Wasser schwammen, rief
Genji die Musiker aus dem Uta-zukasa-Amt, damit sie auf den Booten
spielten. Die kaiserlichen Prinzen und die Kandachime fanden sich in
großer Zahl ein... Die Boote, die an ihrem Bug mit Drachenköpfen oder
mit Fischadlern verziert waren, hatte man nach chinesischer Art hübsch
geschmückt. Die jungen Burschen, die die Boote mit Rudern und
Stangen bewegten, hatten alle ihr Haar in Mizura-Art aufgebunden und
waren chinesisch gekleidet...

Weht der Wind, scheint
die Goldnessel, selbst auf den
Wellen zu blühen,
und jeder denkt an das Saki
der Goldnesselblumen.

Von des Frühlings
sanfter Sonne beschienen,
rudert das Boot,
wie Kirschblüten fallen
von den Rudern die Tropfen.

In dieser Art fertigte man nach eigenem Geschmack unbedeutende Verse, man vergaß die Zukunft und sogar die Heimkehr... Als der Tag dämmerte, lauschte man hingegeben dem Ōjō-Musikstück, und niemand hatte mehr Lust, je diese Boote zu verlassen, doch als man dann am Tsuridono ankam, mußte man doch aussteigen...»[7]

Die Feiern zu Ehren des Herbstlaubes werden im ‹Genji-monogatari›, das man als den ersten Roman der Weltliteratur bezeichnen kann, nicht weniger eindrucksvoll dargestellt. In der Regel bezieht sich dies ausschließlich auf die Rotfärbung des Ahornlaubes, japanisch *momiji*, geschrieben mit zwei Schriftzeichen für ‹Rote Blätter›, jedenfalls seit der Heian-Zeit. Damals hatte sich gerade der Geschmack etwas gewandelt, verfeinert und dem Prächtigen zugewandt, denn zuvor war es mit den Zeichen für ‹Gelbe Blätter› geschrieben worden. Das Fest selbst wurde einfach *momiji-ga*, Herbstlaubbewunderung, genannt. Zum ersten Mal kommt dieser Begriff im ‹Utsubo-monogatari›, eine Art Vorläufer des ‹Genji-monogatari› aus dem 10. Jahrhundert, vor. Im ‹Genji-monogatari› dann trägt ein ganzes Kapitel diesen Begriff als Überschrift.[8] Dazu muß man sich vorstellen, daß die Rotfärbung des Ahornlaubes in Japan ungleich intensiver ist als in Europa: ein purpurnes Rot, das von Sonnenlicht durchschossen wie Rubin aufblitzen kann – eine Schönheit fast unwirklich überirdisch. Gruppieren sich solche Ahornbäume um goldschimmernde Tempel oder spiegeln sie sich im klaren Wasser eines Teiches, so entspricht dies ganz dem Geschmack jener höfischen Zeit. Noch heute zieht man in Japan, wie im Frühling zur Kirschblüte, auch im Herbst hinaus in die Landschaft, um diese feurige Glut zu bewundern, die im reizvollen Gegensatz steht zu den ersten kühlen Herbstwinden. Wie man dies tut, ist ganz dem individuellen Geschmack überlassen, und es ist nicht nötig, sich an irgendwelche bestimmten Traditionen zu halten, ohne sie allerdings zu vergessen; man übernimmt nur gerade das, was einem gefällt. Am kaiserlichen Hof zur Heian-Zeit war dies jedoch etwas anderes. Hier war das Fest eingebunden in einen gewissen zeremonialen Ablauf, der jedoch mehr künstlerische Darbietungen betraf. In dem ‹Momiji-ga› genannten Kapitel des ‹Genji-monogatari› ist eine relativ genaue Beschreibung eines Festes zur Bewunderung oder zum Preise des Herbstlaubes auf uns gekommen. Es fand bei Gelegenheit einer kaiserlichen Ausfahrt zu einem anderen Palast statt, auf dessen Gartenteich prächtige Boote mit Musikern und ihren Instrumenten schon auf den Kaiser warteten.

«An der kaiserlichen Ausfahrt zum Suzaku-in nahmen, angefangen mit den Kaiserlichen Prinzen, alle ohne Ausnahme teil. Auch der Kronprinz hatte sich eingefunden. Auf dem Teich des Gartens ruderten wie immer Ruderboote umher, man spielte chinesische und koreanische Musik, Tanz folgte auf Tanz. Alles hallte wider von Musik und Trommelklang.»[9]

Bereits zu jener Heian-Zeit bildeten Bauwerke und Garten in einer japanischen Adelsresidenz eine Einheit: von einer großen Haupthalle gingen, rechtwinklig zu ihr stehend, flügelartige Bauten aus, die eine Zeremonialfläche und einen sich daran anschließenden Garten umfaßten, um die Jahrtausendwende durch asymmetrisch angebaute Nebentrakte mit kleinen Innengärten erweitert. Die Gärten, insbesondere die Hauptgärten, waren Landschaftsgärten, mehr oder weniger künstlich aufgebaute Hügel, besetzt mit blühenden Sträuchern und Bäumen und vor allem einem großen Teich, dessen Ufer buchtenreich geschwungen waren. Der Teich besaß zumindest eine Mittelinsel und sie mit den Ufern verbindende Brücken. Während der Kaiser im Inneren der Haupthalle blieb, saßen die Gäste und Höflinge meist auf der Veranda und ließen ihre Schleppen, breite gerade Bahnen gleich Bilderrollen, über das Geländer hängen, jede mit einem anderen Muster. Von den Damen waren nur die Ärmel ihrer mehrfach übereinander getragenen Gewänder in feiner Farbabstimmung zu sehen, wie sie unter den Vorhängen aus Bambussplit hervorlugten. So konnten sie von außen nicht durch Blicke belästigt werden, aber doch dem Geschehen draußen folgen. Auf dem Teich fuhren bei diesen festlichen Gelegenheiten reich dekorierte Prunkbarken, gerudert von Pagen, angetan mit grünen Gewändern im chinesischen Stil, aus deren weiten Ärmeln die roten Untergewänder hervorsahen. Auf den Booten befanden sich außerdem Musiker mit großen, mit Ornamenten geschmückten Trommeln und anderen Musikinstrumenten.

Auf verschiedenen Bilderrollen aus dem 13. und 14. Jahrhundert sind diese Boote sehr genau dargestellt. Wenn die Rollen auch aus späterer Zeit stammen, beziehen sich ihre sachlichen Fakten doch auf Beschreibungen aus der höfischen Zeit.[10] Danach waren die Boote ziemlich flach, aber breit und zeigten an ihrem Bug – es handelt sich stets um ein Paar – einen Drachen mit expressiv sich aufbäumendem Kopf und einen phantastischen Vogel, wahrscheinlich einen Phönix, der aber auch als Hahn oder Fischadler interpretiert wird.

Häufig war auf der Mittelinsel des Teiches noch ein Musikzelt aufgebaut, in dem sich die anderen Musiker mit großen und kleinen Trommeln, aber vielleicht auch mit Saiteninstrumenten wie *biwa*-Laute oder *koto*-Zither befanden. Für die bei solchen Gelegenheiten bei Hofe aufgeführte Musik wurde der Sammelbegriff *gagaku* – ‹elegante Musik› – verwendet, womit wiederum mehr auf das Künstlerische als auf das Rituelle dieser Aufführungen hingewiesen wird. Ursprünglich kamen diese Musik und einige der Tänze aus dem Ausland, aus Südasien, aus China und Korea. Um ihre spezielle Herkunft anzuzeigen, wurde im Wort *gagaku* die erste Silbe, das heißt hier Schriftzeichen, ausgetauscht. Die Musik chinesischer Herkunft wird so *tōgaku*[11] genannt und die koreanischer Herkunft entsprechend *komagaku*.[12] Oder man bezeichnete diese Musik – und auch die Tänze – im chinesischen Stil als ‹Links-Musik› und die koreanische als ‹Rechts-Musik›; warum man diese Bezeichnungen wählte, ist allerdings noch nicht recht geklärt. Der eigentliche Tanz fand wahrscheinlich auf der mit weißem Sand bestreuten Zeremonialfläche direkt vor dem Palasthauptgebäude statt.

Zu jener Zeit war es außerdem üblich, auf der Mittelinsel eine Tanzbühne zu errichten. Für das im ‹Genji-monogatari› geschilderte Fest jedoch nimmt man an, daß im äußeren Teil des Musikzimmers, dem *hisashi*-Vorbau,[13] sich eine Bühne befand, wo sich auf der linken Seite 40 Flötisten in einem dichten Kreis aufstellten, gekleidet in ein brokatenes Obergewand mit langer Schleppe, unter dem weite Pluderhosen hervorsahen. Auf dem Kopf trugen sie einen goldgeschmückten helmartigen Hut mit seidenem Nackentuch. Die allgemeine *gagaku*-Flöte ist eine kräftige Querflöte, wie sie wohl auch von diesen Flötisten gebraucht wurde. Sie wird aus Bambus hergestellt und ist bei einem Durchmesser von 2 Zentimetern 40 Zentimeter lang. Sie verfügt über sechs bis sieben Löcher und wird wie alle Querflöten überblasen. Im Schutz des geschlossenen Kreises konnten die Tänzer ihre Zeremonialgewänder ordnen, um dann als Vierergruppe zu einem Rundtanz, dem *rindai*, hervorzutreten. Abgesehen davon, daß ihr Obergewand oft von einer dunkleren Farbe war, glichen ihre Gewänder denen der Flötisten. Dieser Tanz gehörte zu der sogenannten Links-Musik, war also chinesischen Ursprungs oder wenigstens von chinesischem Stil. Die Autorin des ‹Genji-monogatari› schildert diesen Tanz jedoch nicht, sie bezeichnet ihn wie auch andere Teile des Programms als langweilig, da es ihr nur darauf ankommt, ihren Helden, Prinz Genji, im glanzvollsten Licht erscheinen zu lassen.

«Für den Flötenring ernannte der Kaiser aus den Kreisen der Denjōbito und auch des niederen Adels ausnahmslos alle die, welche wegen ihrer Fertigkeit in dieser Kunst einen Ruf besaßen. Zwei Sangi sowie der Saemon no Kami und Uemon no Kami leiteten die Links- und Rechtsmusik. Als Tänzer hatte man unter den Tanzmeistern bereits die allerbesten ausgesucht, sie in ihre Häuser gesperrt und ständig üben lassen. So standen an diesem Tag im Schatten des roten Herbstlaubes 40 Leute im Flötenring nebeneinander. Im richtigen Takt zu dem unbeschreiblich schönen Flötenspiel hörte sich der Kiefernwind wie ein Brausen aus den tiefen Bergen an. Mitten aus den bunt durcheinanderwehenden Blättern erhob sich glanzvoll der ‹Tanz der Blauen Meereswellen› – so zauberhaft schön, daß es jeden beinahe mit Furcht erfüllte.»[14]

Zwar waren einige Berufstänzer engagiert worden, doch den Höhepunkt bildeten die Tänze der Prinzen und hohen Adligen selbst. Bei dem ‹Tanz der Blauen Meereswellen› handelt es sich um einen Links-Tanz, also chinesischen Stils, dennoch entstand er sehr wahrscheinlich im 9. Jahrhundert am japanischen Kaiserhof, denn Choreograph, Komponist und Textdichter sind Japaner und namentlich bekannt. Das Gedicht, das dem Gesang zugrunde liegt, war aber natürlich im Stil chinesisch. Im Genji-Text selbst kommt es nicht vor, jedoch ist es den modernen japanischen Herausgebern zufolge überliefert. Es war ein Tanz, für den nicht nur das Herbstlaubfest berühmt war, er wurde auch bei anderen Gelegenheiten vorgeführt. Das bedeutet gewiß auch, daß einzelne Elemente des Herbstlaubfestes mit denen anderer Feste austauschbar waren. Es gab wohl einen Programmablauf in dem Sinne, daß verschiedene Arten von Tänzen in einer gewissen Reihenfolge standen, zum Beispiel, daß einem Vierertanz ein Zweiertanz folgte. Mehr jedenfalls ist aus dieser literarischen Quelle bis jetzt nicht zu belegen.

Der ‹Tanz der Blauen Meereswellen› war, betrachtet man die erhaltenen Abbildungen, ein verhältnismäßig bewegter Tanz für zwei Tänzer. Dabei wurden die Arme geschwungen bis fast an den Kopf und die Füße nach außen mit den Fersen aufgesetzt; man bezeichnete ihn als einen sehr eleganten Tanz. Das Gewand für die ‹Blauen Meereswellen› schien sehr viel prächtiger als das der *rindai*-Tänzer: ein doppeltes Übergewand mit Wellenornament in Indigo-Dunkelblau über Hellblau und langer Schleppe, dazu Pluderhosen mit reichem Vogelmuster. Prinz Genji trug, der Beschreibung nach zu urteilen, keine Kopfbedeckung, wohl aber Zweige von rotem Ahorn, die allerdings auch an einem ähnlichen Hut, so wie ihn die anderen Tänzer trugen, befestigt gewesen sein könnten.

«Das rote Laub, das Genji als Kopfschmuck trug, war schon fast völlig abgefallen; es schien, als würde es von der strahlenden Herrlichkeit seines Gesichtes erdrückt, und daher pflückte der Saidaishō Chrysanthemen, die vor dem Sitz des Kaisers prangten, und steckte sie Genji aufs Haupt. Als es zu dunkeln begann, fiel ein feiner, dünner Regen. Selbst der Himmel schien begriffen zu haben, daß hier Außergewöhnliches geschah. Der Iriaya-Tanz, den Genji, die leuchtenden Chrysanthemen auf dem Kopf, mit noch größerer Kunst als sonst vollführte, war so überirdisch schön, daß es die Zuschauer kalt überlief. Selbst einfache und ungebildete Leute, die unter Bäumen, in Felshöhlen oder inmitten abgefallenen Laubes dasaßen und lauschten, vergossen, soweit sie nur auch ein wenig Verständnis für dergleichen hatten, Tränen der Rührung. Als nächster tanzte der vierte Sohn der kaiserlichen Nebengemahlin, Jōkōden, der noch wie ein Kind aussah, den ‹Tanz des Herbstwindes›. Mit diesen beiden Tänzen war der reizvolle Teil des Programms zu Ende; was noch weiter folgte, vermochte die Aufmerksamkeit der Anwesenden kaum mehr zu erregen, ja man fühlte sich fast gelangweilt.»[15]

Gerade an dieser Passage ist klar zu erkennen, wie sehr hier das künstlerische Element, die starke künstlerische Empfindung im Vordergrund steht. Sie reichte über eine bloße Unterhaltung weit hinaus. Vielleicht ist diese Empfindung als ein Gefühl der All-Einheit zu interpretieren, das selbst das ‹untere Volk› erfaßte und das doch gleichzeitig – aus Philosophie und Religion seines Jahrhunderts heraus – die Vergänglichkeit allen Lebens vor Augen führte ebensowie die Unermeßlichkeit des Kosmos, da in der Menschenwelt solch überirdische Schönheit kaum zu denken sei.

Den Abschluß des Festes bildete in der Regel die Verleihung neuer, höherer Ränge an die Teilnehmer, was sicher als Belohnung gedacht war und dem Fest schließlich doch eine Art offiziellen Status verlieh. «In dieser Nacht wurde der Chūjō Genji in den Geraden Dritten Rang und Tō no Chūjō in den Geraden Unteren Vierten Rang erhoben. Auch alle Kandachime durften sich entsprechender Auszeichnungen erfreuen, aber sie verdankten sie im Grunde nur Genjis überragendem Können.»[16]

Bei der Beschreibung dieser Tänze zu Ehren des roten Herbstlaubes im ‹Genji-monogatari› fällt darüber hinaus ins Auge, daß die engagierten Berufstänzer, Tanzmeister also, und die hohen Adligen offensichtlich gemeinsam auftraten, so daß soziale Unterschiede hier nicht eigentlich beachtet wurden. Allerdings muß man berücksichtigen, daß auch die Berufskünstler jener Tage aus Adelsfamilien stammten, selbst wenn sie teilweise beamtet waren. Andererseits aber gehörte eine Tanzausbildung zur Erziehung eines jeden jungen Hofadligen, auch der Prinzen, so daß es nichts Ungewöhnliches war, wenn diese ihre Künste bei festlichen Gelegenheiten zeigten. Daß Prinz Genji hier so sehr im Vordergrund steht, hat natürlich vor allem mit seiner Stellung im Zentrum des Romans zu tun. Ein gewisser Unterschied zwischen den beiden Gruppen der Ausübenden bestand aber wohl doch; daran ließen sich sogar kunsttheoretische Überlegungen knüpfen. Deutlicher noch als an der Schilderung des Festes selbst ist dies im Bericht über die ‹Generalprobe› zu diesen Tänzen erkennbar. Da sich der Kaiser für dieses Fest in einen anderen Palast begab, wohin ihn die Damen seines Hofstaates und sogar die kaiserliche Gemahlin nicht begleiten konnten, beschloß man, eigens für die Damen eine Art Generalprobe abzuhalten, um auch sie am Genuß dieser herbstlichen Freuden teilnehmen zu lassen. Diese Veranstaltung

fand im Ostteil der Seiryōden-Halle des Palastes statt, in der ‹Erfrischen-
den Halle›, wenn man es wörtlich übersetzen wollte. Der Kaiser nahm
auf einer mit einem Kissen belegten, mit besonderem Brokat eingefaßten
dicken Matte Platz, und danach setzten sich die Kaiserin und ihre
Hofdamen entsprechend den verschiedenen Rängen ebenfalls, doch nebeneinander in einer Reihe.
«Der Besuch des Kaisers im Suzaku-in war für den zehnten Tag des
zehnten Monats geplant. Man wollte das Fest dieses Mal ganz besonders
eindrucksvoll gestalten, und so bedauerten es die Damen sehr, nicht
daran teilnehmen zu dürfen. Da es auch dem Kaiser nicht behagte, daß
Kaiserin Fujitsubo die Feier nicht sehen sollte, ließ er die Probe hierfür
im Palast aufführen. Genji tanzte den berühmten ‹Tanz der Blauen
Meereswellen›, sein Partner war Tō no Chūjō, der aber, mochte er an
Anmut und Kunst sonst andere überragen, neben ihm nur wie ein
Bergbaum neben einem blühenden Kirschbaum wirkte. Als im klaren
Schein der untergehenden Sonne die begleitenden Instrumente lauter
spielten und sich Begeisterung aller bemächtigte, waren der Rhythmus
der Füße und das Antlitz der beiden, die nun zusammen tanzten, von
einem Zauber, wie es ihn kaum anderswo mehr auf Erden gab. Insbesondere sang Genji so schön, daß man seine Stimme für die des Kalavinka-
Vogels hätte halten können. Tief bewegt, vergoß der Kaiser Tränen, und
auch die Kandachime und Kaiserlichen Prinzen weinten alle. Als nach
Beendigung des Gesangs Genji seine Ärmel zurechtzog, die Instrumente,
die auf diesen Augenblick nur gewartet hatten, plötzlich lebhaft einsetz-
ten, erschien sein Antlitz leuchtender als je zuvor.»[17]
Hier also werden keinerlei zeremoniale Formen mehr beachtet, es
kommt lediglich auf die Vollkommenheit des ästhetischen Ausdrucks und
die durch ihn sichtbar werdenden Empfindungen an. Dadurch aber kam
der Vorbereitung des Festes eine ebensolche Bedeutung zu wie dem
eigentlichen Fest selbst. Dies ließe sich als ein weiterer deutlicher Beweis
dafür werten, daß die höfischen Feste der Heian-Zeit zunächst und vor
allem dem künstlerischen Genuß zu dienen hatten. Doch ging eben dieser
ästhetische Genuß über einen einfachen Augengenuß hinaus, indem er
die Empfindungen und Gefühle des Einzelnen, dessen, der sie ausdrückte, und dessen, der durch Teilnahme an den Festen die Schönheit in sich
aufnahm, zum eigentlichen Inhalt hatte. In diesem Sinne müssen die
Jahreszeiten-Feste von besonders starker Intensität gewesen sein. Im
Zusammenklang vieler Komponenten wie Musik, Schönheit menschlicher Bewegungen, Farben und Gold in den Dekors der Gewänder wie
auch der Instrumente, umrahmt von einer Gartenlandschaft sanfter
Hügel, geschwungener Teichufer und den rotleuchtenden Blättern des
Ahorns, entstand hier in der Tat so etwas wie ein Gesamtkunstwerk, das
das ganze Leben zumindest am Hof überglänzte. Das kunsttheoretisch

Allgemeine läßt sich an dem nach der Probe stattfindenden Gespräch ablesen.

«Als alles zu Ende war, begab sich Kaiserin Fujitsubo in das Gemach des Kaisers, der zu ihr sagte: ‹Der Tanz der Blauen Meereswellen gefiel mir heute in der Probe besser als alles andere. Was meint Ihr dazu?› Fujitsubo war um eine Antwort verlegen und erwiderte schließlich kurz: ‹Er war ganz besonders schön.› ‹Auch sein Partner tanzte nicht schlecht›, fuhr der Kaiser fort. ‹Bei den Söhnen aus gutem Hause sehen Tanz und Bewegungen der Hände anders als bei den Tänzern von Beruf aus. Den berühmten Meistern unserer Zeit fehlt es bei allem Können oft an natürlicher Anmut. Da beide heute schon bei der Probe ihr Bestes gegeben haben, fürchte ich freilich, daß der Tanz im Schatten des Herbstlaubes im Suzaku-in weniger gut gelingen könnte. Aber ich habe den Tanz zur Probe deswegen aufführen lassen, weil ich ihn Euch zeigen wollte!›»[18]

Den berühmten Meistern also, heißt es, fehlt es bei allem Können oft an natürlicher Anmut. Die noch so vollendete Form in noch so meisterhafter Darbietung bleibt, ist sie ohne natürliche Anmut, leer. Daraus läßt sich schließen, daß erst, wenn Natürlichkeit und vollendete Gestaltung sich vereinen, wirkliche Kunst möglich wird. Durch diese Haltung wird schon angedeutet, was – wenn auch gewissermaßen aus entgegengesetzter Perspektive – später in der Zen-Philosophie zu einem grundlegenden Prinzip der Zen-Kunst werden sollte. Wichtig ist, so lautet dieses Prinzip, wohl die spontane Natur, jedoch nicht das einfache Angeborensein, sondern das Natürliche mit Schöpferwillen. «‹Wirkliche Natur› verneint die bloße Natur», formulierte Shinichi Hisamatsu,[19] ein großer Zen-Philosoph unserer Tage. Natürlich hat das Fest unter dem roten Herbstlaub am japanischen Kaiserhof der Heian-Zeit nichts mit Zen-Kunst zu tun. In den wenigen Worten dieses Kaisers aber liegt jene Vorstellung bereits verborgen: Kunst allein ohne Natürlichkeit, aber auch natürliche Anmut allein genügen nicht, erst beide vereint ergeben das wirkliche Kunstwerk.

Diese Beurteilung durch den Kaiser zeigt deutlich, daß die Haltung, die man diesem Jahreszeiten-Fest der Herbstlaubbewunderung gegenüber einnahm, von sublimem künstlerischen Genuß beziehungsweise künstlerischem Ausdruck bestimmt war. Das manifestierte sich zwar auch in vielen anderen Phänomenen jener Epoche, jedenfalls soweit es das Leben des Adels betraf, fand aber seine reinste Form in der künstlerischen Gestalt solcher Feste. Das Fest des Roten Ahorns ist da nur ein Beispiel von vielen.

«Te deum laudamus.» – Kirchliche Feiern zur Zeit des Konstanzer Konzils (1414–1418)

Von Elisabeth Vavra

Konzilsitzung im Münster. Miniatur aus der Chronik des Ulrich Richental.

Kirchliche Feiern im Mittelalter wollen sich, wie das weltliche Fest, absetzen von der Realität des Alltags, wollen den ‹ganzen Menschen› ansprechen, in ihren Bann ziehen; gleichzeitig dokumentieren und vermitteln sie Glaubensinhalte in einprägsamer Form, symbolisieren aber auch durch äußere Prachtentfaltung die Herrschaft Christi und damit die Herrschaft der Kirche auf Erden.[1] Das kommt in den Prozessionen, etwa zu Fronleichnam oder zu den Kirchweihtagen, zum Ausdruck, in den liturgischen Formen der Hochämter, in den Feiern zu den Hochfesten der Kirche. Jede liturgische Handlung, ob schlichter Gottesdienst oder feierliches Hochamt, wird zu einer Inszenierung. Augen und Ohren der Andächtigen werden durch den Ablauf der Vorgänge und das visuelle Ambiente in deren Bann gezogen. In den Dienst dieser theatralischen Wirkung werden alle Künste gestellt. Sie werden dabei einer höheren Sache untergeordnet, dienen dazu, den Gläubigen zu berühren, in das heilige Geschehen miteinzubeziehen: Musik und Gesang, das Wechselspiel zwischen den das Ritual vollziehenden Priestern, Diakonen, Ministranten und Chorsängern, der feierliche Raum, in dem die Handlung vollzogen wird, die mystische Ausstrahlung seiner Ausstattung – all das steht im Dienst der Glaubensvermittlung und Glaubensvertiefung. Es ist dies nicht eine rational abgeleitete, sondern eine Emotionen erweckende Form, die Andächtige und Vollzugspersonen aus dem Alltag entrücken und in ein ekstatisches Gefühlserleben hineinsteigern will.

Aber auch innerhalb der Kategorie der Feste kann es zu Ausnahmeerscheinungen kommen, zu Festen, die sich durch ihre Außergewöhnlichkeit von den übrigen Festen im Jahresablauf abheben. Ausnahmesituationen ergeben sich für die mittelalterliche Gesellschaft, wenn hohe Persönlichkeiten eine Stadt, ein Kloster besuchen; hierin unterscheidet sich das Mittelalter nur wenig von der Gegenwart. Ein solches herausragendes Ereignis war sicher für die Stadt Konstanz das Konzil, dessen Abhaltung für das Jahr 1414 am 9. Dezember 1413 proklamiert wurde. Erstmals sollte ein Konzil auf deutschem Boden abgehalten werden, um das Schisma zu beseitigen, das seit 1378 die katholische Kirche spaltete.[2]

Von dem Konstanzer Bürger Ulrich Richental stammt eine ausführliche Chronik der Ereignisse rund um das Konstanzer Konzil der Jahre 1414–1418.[3] Ihn wie auch seine Mitbürger haben weniger die kirchenpolitischen Hintergründe und Machtkämpfe interessiert, sondern mehr der Konzilsalltag mit seinen positiven und negativen Auswirkungen auf die Gemeinschaft. Beachtung haben auch die religiösen Feiern gefunden, die ihm bemerkenswert und außergewöhnlich erschienen. Die lange Dauer der Verhandlungen bedingt, daß der Eifer seiner Berichterstattung im Laufe der Aufzeichnungen nachläßt. Was im ersten Jahr des Konzils aufgrund der Neu- und Andersartigkeit noch erwähnenswert erscheint, wird langsam zum Alltag der Stadt und findet in späteren Jahren kaum noch Erwähnung, wie etwa die jeden Donnerstag abgehaltenen Votiväm-ter zum Heiligen Geist, die in allen Konstanzer Kirchen zelebriert wurden, oder die ab 15. Juli 1415 jeden Sonntag veranstalteten Bittpro-zessionen um günstigen Ausgang der Verhandlungen König Sigmunds mit dem spanischen Herrscher. Immerhin liefern Richentals Schilderun-gen ein eindrucksvolles Bild der ‹Großereignisse› im Kirchenjahr, wobei ihn mehr die Zahl und Zusammensetzung der Teilnehmer interessiert als die kirchliche oder gar konzilspolitische Bedeutung eines Ereignisses. Chronologisch geordnet fanden folgende religiöse Feste des Konzils statt:

Eindrucksvollstes Ereignis des Jahres 1414 ist zunächst der Einzug des Papstes Johannes XXIII. in Konstanz; sein Auftritt gestaltete sich zu einer Demonstration der von ihm vertretenen Vormachtstellung, seines rechtmäßigen Papsttums. Der Chronist berichtet:

«Mornendes am suntag an sant Symon und sant Judastag nach ymbis in der aylften stund, do ward derselb bapst Johannes von dem closter ze Crützlingen gen Costentz ingefürt mit großen eren und gezierd. Und waren da, die mit dem crützgang giengen in zů enpfahen, alle prelaten, die umb Costentz seßhaft sind: der apt in der Richenaw und ander äbpt, so by vier mylen sitzend, von Crützlingen, Peterßhusen, all thůmherren, die chorherren zů sant Steffan, zů sant Johann, zů sant Paul, all pfafhait und örden. Und giengen im angegen untz gen Crützlingen, und fürt man in glich durch Stadelhoven inher und sant Paulsgassen und Blatten usher in das Münster, und sang man: ‹Te Deum laudamus›, und lüt man all glocken, und zoch in die Pfallentz...

Und als der bapst also hielt vor Crützlinger thor und die nün cardinal mit im, do kam das crütz und alle pfafhait mit allem hailtum, das zů Costentz was, im engegen, und giengent all mit dem crütz und mit dem hailtum umb den bapst und umb die kardinal, und widerumb zů dem thor inher; und gab da der pfafhait den segen. Und do das crütz, die pfafhait und das hailtum wider inher kament, do was ain priester uff ainem roß, und was angelait als ain ewangelier und hat ain chorcappen an, und hat ain stang in siner hand und daruff ain guldi crütz. Das trůg er und fürt es vor dem bapst und dem sacrament, und giengen vor in die acht wißen verdeckten roß mit den watsecken gemach. Uff dem letzten rait der priester mit der stang und dem crütz. Nach dem gieng das roß mit dem sacrament. Uff das do zoch unser hailiger vatter der bapst under der guldinen tecky, und da mit im, vor im und nebent im und hinder im der zunft kertzen und der thůmherren kertzen. Darnach rait der mit dem hůt. Nach dem hůt rittend die cardinal ye zwen und zwen mitainander, und darnach alle ir diener. Und rait neben dem bapst ain priester, der warff pfennig under die lüt...»[4]

Der Papst ist in Konstanz eingezogen, mit ihm seine engsten Vertrauten und Anhänger, die sich unter seine Obhut stellen; im Laufe der nächsten Wochen vergrößert sich diese Schar noch; so vermeldet der Chronist zum 2. November, daß weitere sechs Kardinäle in Konstanz einzogen: «Darnach am fritag um die ainlife vor imbiß, so ritten gen Costentz in sechs cardinäll, die all waren in der obedientz, das ist in der gehorsami desselben bapst Johansen...» Mit ihnen erschien eine große Anzahl an Bedienten und Troß, Richental vermerkt bewundernd: «Und ritten dieselben sechs cardinall mit zway hundert und zway und sibentzig pfarten in und so vil lüt und mit zwaintzig somer roß, als man das hernach och iren wappen findet.»[5]

Am 5. November findet der Eröffnungsgottesdienst des Konzils statt; wieder bildet den Auftakt eine feierliche Prozession durch Konstanz – Prozessionen waren die beliebteste Spielart mittelalterlicher religiöser Feiern, die «Wandertheater der Geistlichen» (Jacques Heers). Wer aber noch fehlt, ist derjenige, auf dessen Initiative das Konzil einberufen wurde: König Sigismund von Ungarn. Er wird erst zu Weihnachten in Erscheinung treten.

Zurück zum Eröffnungsgottesdienst: er wird von Richental besonders ausführlich geschildert, ist er doch nicht nur Manifestation der ausländischen Kirchenfürsten und des Papstes, sondern auch Darstellung und damit Zurschaustellung der Stadt Konstanz:

«In dem sechsten tag in dem dritten herbstmonat, das was an dem sunnentag vor sant Martinstag, do berůft derselb unser hailiger vatter bapst Johannes zesamen all cardinall, der was dozemal 15, und allen erzbischoffen, der was dozemal 23, allen bischoffen, der was 27, allen äpten und allen fromden prelaten und aller pfafhait, die zů Costentz was, in das Münster zů dem thům, und hat da ain gespräch mit inen frü zů der sibenden stund. Nach dem gespräch lüt man drystund mit der grossen gloggen. Zů dem dritten zaichen do kament in das Münster der apt von Crützlingen mit siner ynfeln und all sin münch und pfaffen, der apt von Peterßhusen mit allen sinen münchen und pfaffen und mit sinem stab, der apt von Schotten, all thůmherren und all ir capplon, all chorherren und capplon zů sant Steffan, die chorherren zů sant Johann und ir capplon, der lütpriester von sant Paul und sin capplon, die capplon zů sant Laurentzen, zů dem spittal, all mit iren überrocken, und trůgend mit in in iren henden all ir hailtum, die predyer, Augustiner und barfůssen; was yeglicher angelait, als ob er über altar wolt gon, und och mit irem hailtum.»[6]

Die Vertreter der Konstanzer Geistlichkeit, Welt- wie Ordensgeistliche, haben sich im Münster versammelt, um ein Hochamt zu feiern, «ain meß zů singend von dem Hailigen Gaist». Nur wenige der Konstanzer Bürger hatten Gelegenheit, dieser Messe beizuwohnen, auch der Chronist nicht, denn über die liturgische Handlung schweigt er. Ansichtig wurde er der anschließenden Prozession wie sicher viele der Bürger. Genau schildert er den Ablauf und die Ordnung, die als Abbild die kirchliche und weltliche Hierarchie verkörpert:

«Und was der crützgang also: Des ersten do giengen uß die crütz vom Münster, von Crützlingen, von Peterßhusen, von Schotten, von sant Steffan, von sant Johann und von sant Paul, und mit den aller zünft kertzen. Uff die crütz giengen alle klain schůler. Nach den schůlern giengen die dry bettelorden, ye zwen und zwen mit ainander, all mit ir meßgewät und mit ir habit und mit dem hailtum. Nach den orden giengen alle gelert lüt, die auditores und sust alle gelert lüt, och ye zwen und zwen mitainander. Nach den gelerten lüten die grossen schůler. Nach den Schůlern alle capplan, och mit überrücken und mit ir hailtum in ir henden. Nach den capplan die obgenanten münch, all mit ihr chorcappen und mit ir hailtum. Nach den münchen alle äpt, die thůmherren, och mit ir chorcappen, und alle bröpst, die nit ynflen tragen solten, und nach den die äpt, die ynflen tragen solten, och ye zwen und zwen mitainander. Und nach den äbten alle bischoff mit ir wissen ynflen; nach den bischoffen alle ertzbischoff, och ye zwen und zwen mitainander, und vor yeglichem ertzbischof ain knecht, der trůg ain guldin zwifalt crütz. Und nach den ertzbischoffen die cardinall, und och vor ir jeglichem och ain knecht, der trůg ain silbrin stab, ain hochen mit ainem silbrin knopf, und uf dem knopf ain silbri crütz. Und gieng dann hinder yeglichem cardinal ain erberer priester, der sin diener was, der im das gewand hindenuff hůb, und och sust nieman. Nach den cardinalen zwen patriarchen, und och vor yeglichem patriarchen ain knecht mit ainem zwifalten crütz, und hinder yedwederm ain priester, der im das gewand ufhůb. Und giengen die ertzbischoff, die bischoff, die cardinall und die patriarchen all je zwenn und zwen mitainander, alle mit wissen überröcken und mit wissen ynflen, die warend gemacht mit wissem geschlagnem tůch, und was nüt daran, weder silber noch gold noch edelgestain.

Darnach giengen des bapsts sänger, die sungend; darnach ain priester, was angelait als ain priester, ob er über altar wölt, mit ainem guldin crütz; nach dem priester aber ain priester, was angelait als ain priester über altar, der trůg das hailig sacrament. Und dazwüschen, davor, hinda und nebenzů der thůmherren kertzen und sust vil ander kertzen. Darnach zwen priester, warend angelait als ewangelier, ainer zů der rechten und der ander zu der linggen siten, die trůgend ain guldin tůch gespannen vor dem bapst. Hinder dem tůch gieng der bapst, angelait als ain priester, wann das er ains rocks mer anhett dann ain priester; das was alles von wissem tůch, so es ymmer costlichest sin mocht. Und uff sinem hopt ain schlecht wiß ynfel mit schlechtem geschlagem tůch, als die andern, und nüt sundriges, und gieng under ainem guldin tůch, das im die von Costentz geschenckt hatten. Das trůgend och vier die besten und die

edlosten, die do ze Costentz waren. Und gab also den lüten den segen.
Und hinder im giengen sechs ertzpriester mit chorcappen, und vor im
und nach im die büttel des bapstes mit iren silbrinen stecken und
übergülten. Und die warend michel und trûgend costliche claid an und
warttend dem volck vor getrang. Und darnach die edeln und darnach das
gemain volck, und darnach die frowen.»[7]

Was bei dieser Prozession noch fehlt, sind die Repräsentanten der
weltlichen Macht; ihr Erscheinen prägt das Bild der Weihnachtsfeier im
Münster.

Nachdem man wochenlang auf die Ankunft des römischen Königs und
der Kurfürsten gewartet hatte, wird am Weihnachtsabend die Kunde in
Konstanz verbreitet: Sigmund ist in Überlingen gelandet; er bittet den
Papst, mit der *Missa in aurora*, d. h. mit der Messe in der Morgendämme-
rung des Weihnachtstages bis zu seiner Ankunft in Konstanz zu warten.
In aller Eile werden die Ratsstube und die Räumlichkeiten im Rathaus
angewärmt, und die Honoratioren der Stadt bereiten sich auf den Empfang vor:

«Do schanckten die von Costentz inen zwai vergulti tûcher und vil
malmasy, den sy und all ir diener truncken, e sy zû der meß giengen.
Derselben tûcher ains trûg man uf vier stängen vier burger ze Costentz
ob unserm herrn dem küng. Und was ainer Hainrich von Ulm, Hainrich
Schiltar, Hanns Hagen und Hainrich Ehinger. Das ander tûch trugen och
vier burger von Costentz mit namen Conrat Mangolt, Conrad in der
Bünd, Caspar Gumpost und Hainrich von Tettikoven uff vier stangen ob
der Römschen küngin und der küngin von Wossen. Und giengen also in
das Münster mit allen zunftkertzen und sust mit vil kertzen, der was so
vil, wenn man sy von vernuß sach, so wund man, es brun ain huß. Und
warend also in dem Münster die metti uß.»[8]

Der *Missa in Aurora* wohnt der Chronist bei oder er kann zumindest
Augenzeugen des Ereignisses befragen; genau schildert er den Ablauf, die
Kleidung der an der Liturgie beteiligten Personen. Ergänzt wird die
Beschreibung der liturgischen Handlung durch detaillierte Miniaturen,
die auch den zur Schau gestellten Münsterschatz zeigen. König Sigmund
beschränkt sich nicht auf die Rolle des der Feier beiwohnenden Gläubigen, er nimmt aktiv an der heiligen Handlung teil:

«Und hielt der Römsch küng unter dem guldin tûch knüwend hinder
im och zû der linggen siten, und was angelait als ain ewangelier mit
kostlichem meßgewat, und die Romsch küngin und die küngin von
Wossen unter irem tûch hinder dem küng. Und sang man das ampt
‹Dominus dixit ad me etc.› Und do es kam zû dem ewangeli, do gieng der
Romsch küng mit vil brinenden kertzen uff die kantzel und sang das
ewangelium ‹Exiit edictum etc.› Und die wil er das sang, stûnd der
hertzog von Saxen ob im und hat ain bloß schwert in der hand, und hub

das hoch uff und stackt den spitz gen des kaisers hopt; und hůb im das zepter vor ain her von Unger an stat des pfaltzgraven, und die kron och ainer von Unger anstat des marggrafen von Brandenburg, wann die dennocht nit komen waren.»[9]
Die weiteren Feiern im Ablauf der Weihnachtszeit erwähnt der Chronist nicht. Einzig die Spende des Johannisweines am 1. Januar findet Aufnahme in die Chronik, vielleicht weil es Richental denkwürdig erscheint, daß ein italienischer Papst diesen fast nur in Deutschland üblichen Brauch zelebriert; zu Ehren des hl. Johannes wurde am Neujahrstag ein Ehren- und Liebestrunk mit gesegnetem Wein abgehalten, wobei die Worte gesprochen wurden: «Bibe amorem beati Johannis» – Trink die Minne des hl. Johannes. Wichtiger als die Spende des Johannisweines durch einen italienischen Papst war die bei dieser Feier durch den Papst abgegebene Erklärung, er werde das Konzil nicht daran hindern, gegen Häretiker vorzugehen – eine Erklärung, die sich gegen Jan Hus richtete.
Ein außergewöhnliches Ereignis im Kirchenjahr war sicher die feierliche Heiligsprechung Brigittas von Schweden am 1. Februar 1415. Brigitta von Schweden, aus hochadeligem Geschlecht, stiftete den Brigittenorden; ihre erste Heiligsprechung erfolgte 1391 durch Papst Bonifaz IX., römischer Obedienz; da diese Heiligsprechung während des Schismas erfolgte, ersuchte man das Konzil zu Konstanz um Bestätigung. Johannes XXIII. wurde während des Konzils abgesetzt, daher mußte die Heiligsprechung durch Martin V. erneuert werden, eine weitere Bestätigung erfolgte dann durch das Konzil von Basel 1433. Der Chronist berichtet über die Heiligsprechung: nach der Anhörung der Zeugen aus Schweden, Dänemark und Norwegen erfolgte die Beschwörung der Heiligkeit Brigittens durch neun «doctores oder maister in götlichem rechten»:
«Darnach het ain ertzbischof von Tennarckt meß, und in der meß ward sy uf den altar gesetzt, in irem namen ain michel pild, silbri und vergült, als ain hopt und brust und het ain kron uf irem hopt, und ward da canonisiert und zů ainem hailigen gemacht mit rechter urtail und mit gemainem gesprochnem recht und mit gesvornen aiden. Und nam der bischof das pild und gab damit den segen. Und der ertzbischof hub mit luter stym an ze singen in latin: ‹Ecce nova proles data est› das ist: Sechend ain nüws kind ist got geben. Darnach sang man: ‹Te deum laudamus› und lut man laudes zů dry malen. By diser meß was bapst Johannes, vier patriarchen, 29 cardinal, 47 ertzbischoff, zwen und sechtzig und hundert bischoff, all prelaten, all gelert lüt, unser her der küng, all churfürsten, fürsten, hertzogen, grafen, ritter und knecht.»[10]
Neben den hohen Festen wie Weihnacht, Ostern und Pfingsten spielen kleinere Feste wie Lichtmeß oder Feste lokaler Heiliger eine wichtige

Rolle im Kirchenjahr. Das Reinigungsfest Mariens am 2. Februar wird mit einer älteren Kerzenfeier verbunden. Kerzen symbolisieren den Christusknaben, der durch Maria in den Tempel getragen wird. Kerzen sind aber gleichzeitig Wertobjekte und bedeuten für den mittelalterlichen Menschen Mittel zur Repräsentation, daher die Stiftungen von Wachsopfern, daher die Aufzählung der vielen Kerzen, die die Prozessionen begleiten, und Richental hebt hervor, daß es die Kerzen der Zünfte sind. Zahl und Größe der Kerzen sind es auch, die ihn anläßlich der Lichtmeßfeier durch den Papst beeindrucken:

«Und nach der meß gieng er uff die Pfallentz uff den ärgger, der uf den Obern hof sicht uf dem kerhals. Und stůnden vier cardinal by im, angelait als priester, und er was och also angelait, alle mit inflen; und och by im unser her der Römsch küng und der hochmaister von Rodis. Und gab da dem volck den segen und warff selb mit siner hand vil kertzen abher under das volck, groß kertzen, der aine wol ain halben vierdung hat von wachs und ainer halben eln lang, der warf er vil abher. Darnach, do er iro vast vil herab geworffen hett, so wurffent sin capplon minder kertzen herab och under das volck, das sich also an dem wachs erfand wol by 60 pfunden.»[11]

Ganz anderer Art war ein religiöses Fest, das nach Konstanz gekommene Florentiner Wechsler am Tag ihres Patrons, des hl. Johannes des Täufers, feierten. Die Außergewöhnlichkeit der Feier, sowohl was Zeitpunkt wie Ausgestaltung betrifft, haben den Chronisten veranlaßt, sie genauer festzuhalten:

«An sant Johans aubend des thöffers, do hiessent die wechsler von Florentz durch die stat nach imbis prusonen fünff prusoner. Den hetten sy angehenckt der stat von Florentz baner, ain rotten gilgen in ainem wissen veld. Und gieng ain knecht inen glich nach, der růft mit luter stim und sprach: ‹Hört ir herren! All min herren von Florentz wennd hinnacht sant Johans vest began und morn zů sant Johan in der kilchen.› Und giengen in nach dry pfiffer und pfiften zů den prosonern. Das taten sy zu mittemtag, ze vesper und ze complet und mornends zů allen zyten. Und hetten sant Johans kilchen umhenckt mit köstlichen tůchern, als sy die haben mochten, und vil mayen im chor ufgesteckt. Und hatten in die mayen und tann kreß gehenckt und angebunden oflatten. Und im chor hatten sy ufgehenckt ain schilt Florentzer wappen, ain rotten gilgen in ainem wissen feld, und in der kilchen ouch ain sollichen schilt. Und brunnen vil kertzen uf dem altar und allen altarn.

Und mornends frü an sant Johans tag, do samnoten sy sich all zů den Parfůssen und bestrowten die gassen von den Parfůssen untz gen sant Johann mit frischem graß, und bestackten die strassen baidenthalb mit mayen. Und hiessent frü aber pfiffen und prsunen dristund durch die stat. Und zum dritten mal, do giengen all bischoff und herren von Ytalia von den Parfûssen mit den prosunern und pfiffern von den Parfûssen uff dem graß und under den mayen gen sant Johan. Und gieng mit in hertzog Ludwig von Bayern und all ander weltlich fürsten und herren, je zwen und zwen. Und trug yeglicher ain brinend kertzen in der hand, der yegliche hat ain pfund wachs. Welcher herr aber sin kertzen nit tragen wolt, der gab sy sinem knecht. Und waren der kertzen 5½ hundert.»[12]

Ganz im religiösen Brauchtum der Region verankert ist hingegen das Fronleichnamsfest, das der Chronist für jedes Jahr erwähnt. Die Besonderheit manifestiert sich nur in der ungewöhnlichen Zusammensetzung der Teilnehmer; so zählt Richental für das Jahr 1415 27 Kardinäle, 49 Erzbischöfe, 270 Bischöfe und 96 Weihbischöfe auf, die vor dem Allerheiligsten einhergehen. Allerdings fügt er als Randbemerkung hinzu, daß nicht alle Kardinäle, vermutlich aus Protest gegen die Absetzung des Papstes Johannes XXIII., daran teilnehmen: «die andern waren blöwd das sy nit wol gon mochten.»[13]

Neben den geistlichen Würdenträgern, den Autoritäten der Schulen zu Konstanz, den Schülern, den Orden, sind es auch die hervorragendsten Vertreter der weltlichen Macht, die daran teilnehmen:

«Unser her der küng mit sinen weltlichen churfürsten under ainem guldin tûch, die Romsch küngin, die küngin von Wossen, die hertzogin von Clewen, gräfin von Wirtemberg, ouch under ainem guldin tûch. Vor den gieng das hailig sacrament, das trûgend vier thûmherren und hûbent es zwen thûmherren, ouch under ainem guldin tûch. Und der patriarch Constantinopolitanus, der gieng hinder dem sacrament vor dem küng als ain bapst, ouch under ainem guldin tûch. Und trug man vor im ouch ain guldin tûch. Und sin sänger hinder im, die sungent, und als vil kertzen, der chorherren, der zünft und ander herren kertzen. Der küng gieng mit siner kron und als ain ewangelier gon sol, so er das ewangelium lesen wil. Die dry layen churfürsten giengen als letzner, so ainer sin epistel singen wil. Und hat der hertzog von Sachsen ains bloß schwert in der hand, der pfaltzgraf by Rin den gilgen oder das zepter, der marggraff von Brandenburg den apfel mit dem crütz. Und giengen all vier under ainem tûch. Darnach die layen fürsten, der hochmaister von Rodis und sin conmendtür und ir ritter, die conmendtür Tütsches ordens von Prünsen und ir ritter, all hertzogen, grafen, fryen, ritter und knecht, das gemain volck und darnach die frowen.»[14]

Aber nicht nur liturgische Feiern des römischen Ritus beobachtete Richental. Der auf dem Konzil stark vertretene griechisch-orthodoxe Klerus feierte am 20. März 1418 einen Gottesdienst, dem auch der Chronist durch Vermittlung einer höhergestellten Persönlichkeit beiwohnen konnte. Er zeigte sich stark beeindruckt von der Feier und widmete ihr einen ausführlichen Abschnitt. Als ein Mann, dem im Zuge seiner Berichterstattung zumeist die Äußerlichkeiten mehr interessieren als innere Zusammenhänge und Bedeutungen, konzentriert er sich in der Schilderung der religiösen Feier zunächst auf den zur Schau gestellten Reichtum an liturgischen Geräten:

«Und stund uff dem altar ain guldin crucifix enmitten und zu yetweder siten ain guldin tafel. Die was vierschröt, als ob hailtum darin solt ligen, und vier brinend kertzen uff vier silbrin vergülten kertzstalen. Und satzten da ain silbrin vergülten kelch, der wol als groß was als unser kelch dry. Und laiten über den kelch ainen silbrin dryeggoten steg, der was bogen, und uff dem steg ain gůt guldin tüchli, das was wol als brait und als wit als ain halbe eln. Und gieng in den kelch wol 1½ mäß win. Nebend den kelch laiten sy ain vergült paten, die wol als groß was, das ain versotten hůn wol daruff mocht gelegen sin...»

Beeindruckt zeigt er sich von den im Vergleich zur Konstanzer Geistlichkeit anscheinend weitaus prunkvoller gekleideten griechisch-orthodoxen Priestern:

«...und lait über das überreck ain alb an, und vornen von der hand untz an die ellenbogen zwen kostlich guldin ermel, angebunden mit sidinen schnüren, und ain vinler, und hanckt das har hinden heruß, und darnach den messachel, der was glich als ain glogg von dem hals untz uff die füß.»[15]

Die religiösen Feiern sind eingebettet in das Geschehen des Konzils; sie reflektieren in ihren Bittprozessionen und Meßfeiern, in den Gestaltungen der Hochfeste und offiziellen Anlässe Parteienbildungen, Parteienhader, Erfolge und Scheitern der Verhandlungen. Am 8. November 1417 schließlich, nach zähen, drei Jahre dauernden Verhandlungen, zieht sich das Kardinalskollegium, erweitert um die Vertreter der Nationen, in das zum Konklaveraum adaptierte Kaufhaus am See zurück. Wider aller Erwarten kommt es am 11. November bereits zur Einigung: Kardinal Odo Colonna wird mit der erforderlichen Mehrheit zum Papst gewählt. Es wundert nicht, daß die Konstanzer Bürger und der Chronist Richental das direkte Eingreifen des Heiligen Geistes annehmen – die Entscheidung fällt genau in dem Moment, in dem die täglich stattfindende Bittprozession vor dem Kaufhaus ankommt.

Durch die Entscheidung des Konzils und die erfolgte Papstwahl kommen Konstanz und seine Bürger noch zur Feier der Papstkrönung, der bedeutendsten liturgischen Handlung für die römisch-katholische Kirche. Am 21. November 1417 war es dann soweit. Zuvor mußte der zukünftige Papst, der den Namen Martin annahm und in der Zählung der V. war, noch zum Priester und Bischof geweiht werden – für einen Kardinal waren im Mittelalter diese Weihen nicht nötig, da die politische Bedeutung dieses Amtes die seelsorgerische überwog. Richental berichtet ausführlich von den Feierlichkeiten. Besonders interessiert zeigt er sich – wie bei den Schilderungen der vorhergegangenen Feste – für die Anzahl der anwesenden Persönlichkeiten. Teilnehmer waren die geistlichen und weltlichen Würdenträger; an der Spitze die Patriarchen, die Kardinäle, Erzbischöfe und Bischöfe; die Krönung fand am Oberen Hof in Konstanz statt, das ist der Obere Münsterhof, gleich bei der Pfalz. Der Chronist schildert die Szene:

«Und was das treng als groß, das der küng selb nit mocht ufhin komen. Und brunen uff der brügi so vil großer kertzen, das man ir nit zelen kond. Und sungen da gemach, das man es herindnen nit wol verston kond. Darnach kam ain patriarch mit ainem guldin [crütz] in der hand und knüwt mit dem crütz für den bapst. Und kam darnach ain bischoff und trůg ain stecken in der hand, da was ain busch werch daran; das zunt man an. Das verbran anstett. Do růft der bischof: ‹Pater sancte, sic transit gloria mundi.› Do antwurt der bapst: ‹Deo gratias.› Das beschach zwürend, und sungen aber gemälich. Darnach stůnden uff der cardinal Pancratius, der cardinal de Comitibus, der cardinal de Flischgo, das waren dry ewangelier cardinal, und hort das ampt zů inen. Und stůnd der hochmaister von Rodis zů inen, und knüwten all vier nider, und stůnden wider uff und namen die infel von dem patriarchen und trůgen sy also die staffel ufhin zů dem bapst und satzten im die uff. Und sungen die sänger, das wert wol ain stund. Und darnach gieng der bapst abher mit der kronten infel und saß uff ain wiß roß; das was allenthalb verdackt mit ainem roten tůch. Und hat ain habit an, als er meß hat, und trug man kain tecki ob im, das in mengklich wol mocht sechen. Und gieng unser herr der küng ze fůß und knüwt für in und stund wider uf und kust im sin fůß und nam in zů der rechten hand siten by den zom und hat in der andern hand ain tremel und machet wite umb in. Zů der linggen siten fürt in marggräf Fridrich und kust im ouch den fůs.»[16]

Was nun, nach der Krönung des Papstes geschieht, ist die durch die Chronik bekannte Form der Prozession durch die Straßen von Konstanz; nur wenig unterscheidet sie sich von dem feierlichen Einzug seines Vorgängers Papst Johannes XXIII., den dieser fast genau drei Jahre vorher abgehalten hatte.

Die ‹Schaulust› der mittelalterlichen Bevölkerung von Konstanz wurde aber auch durch ein nicht unbedingt als kirchlich zu bezeichnendes Spektakel befriedigt, das aber wohl in unmittelbarem Zusammenhang mit Machtstrukturen und Machtäußerungen der am Konzil versammelten kirchlichen wie weltlichen Repräsentanten stand: die Hinrichtung des tschechischen Reformators Jan Hus am 6. Juli 1415. Das eigentliche Hinrichtungszeremoniell konnte erst einsetzen nach der Überantwortung an das weltliche Gericht, das heißt: als erster Akt dieses Schauspiels mußte die Degradierung von Hus erfolgen. Nach der Urteilsverkündigung mußte Hus priesterliche Kleidung anlegen. Darauf wurde er von den Bischöfen aufgefordert zu widerrufen und abzuschwören; als er dies

nicht tat, begannen die Bischöfe ihn zu degradieren: Zuerst nahmen sie
ihm den Kelch aus den Händen, dann nahmen sie die anderen Kleidungsstücke von ihm: die Stola, das Meßgewand, und bei jedem Teil stießen sie
Verwünschungen aus, wie Peter von Mladoniowitz, ein Husanhänger,
berichtet. Der letzte Akt der Degradierung war die Zerstörung der
Tonsur; mit Scheren schnitten sie von vier Seiten hinein und sprachen:[17]
«Jetzt hat die Kirche bereits alle kirchlichen Rechte von ihm genommen
und hat weiters nichts mehr mit ihm zu schaffen. Deshalb übergeben wir
ihn dem weltlichen Gerichtshof.»

Bevor sie ihm die Schandkrone aufs Haupt setzten, sprachen sie die
Formel: «Wir überantworten deine Seele dem Teufel.» Die Papierkrone
war rund und mit drei schauerlichen Teufeln bemalt, und auf ihr stand
der Prozeßtitel geschrieben: «Dieser ist ein Erzketzer.»

Das Hinrichtungszeremoniell dient der Abschreckung, der Demonstration kirchlicher und weltlicher Gewalten, gleichzeitig ist es aber ein
Schauspiel für die Bevölkerung. Richental spricht davon, daß so viel
Menschen gekommen waren, daß man Angst hatte, die Brücke, über die
sich der Zug bewegte, könne einstürzen – die Hinrichtung von Hus hatte
mehr Schaulustige angelockt als andere kirchliche Feiern. Genau berichtet der böhmische Chronist über das weitere Ritual: Auf einer bestimmten Wiese zwischen Gärten ist der Hinrichtungsplatz vorbereitet, dort
wird Hus an eine Säule gebunden, mit dem Gesicht nach Westen, denn
das ist die Himmelsrichtung, die Häretikern zusteht. Unter die Füße legt
man Reisigbündel, dann schichten die Henker Holzbündel mit Stroh
vermischt bis unter sein Kinn; nachdem man ihn aufforderte zu widerrufen und er dies verweigert, zündet man das Stroh an:

«Er [Hus] sang darauf mit lauter Stimme zuerst: ‹Christus, Sohn des
lebendigen Gottes, erbarme Dich meiner›; zum zweitenmal: ‹Christus,
Sohn des lebendigen Gottes, erbarme Dich meiner!› Und beim dritten
Mal: ‹Der Du geboren bist aus Maria, der Jungfrau!› – Und als er zum
dritten Male begonnen hatte zu singen, schlug ihm alsbald der Wind die
Flamme ins Gesicht, und also in sich betend und Lippe und Haupt
bewegend, verschied er im Herrn... Als das Holz der genannten Bündel
und Taue verbrannt war und immer noch Körpermasse dastand...,
stießen die Henker die Masse zusammen... und verbrannten die Masse
vollständig... Da sie aber unter den inneren Organen sein Herz gefunden hatten, spitzten sie eine Stange nach Art eines Spießes an und
befestigten am Ende das Herz daran und brannten es besonders... und
machten schließlich jene ganze Masse zu Asche... Und so luden sie alles
zusammen auf einen Wagen und versenkten es im nahen Rheinfluß
daselbst und zerstreuten es.»

Jede dieser Handlungen, Gesten, Aktionen ist symbolbeladen, will
eine Mitteilung an den angesprochenen Zuschauer übermitteln. Durch

den Akt der Degradierung mußte Hus zunächst aus dem kirchlichen Rechtsbereich ausgegliedert werden, um ihn den Armen des weltlichen Gerichtes überantworten zu können. Die gewählte Hinrichtungsart der Verbrennung kam bei erwiesener Hexerei, Giftmischerei, Sodomie und bei Ketzerei zur Anwendung. Mit der Verbrennung wurde der Verbrecher, sein Verbrechen und die Erinnerung daran, so hoffte man, völlig vernichtet. Die Gesellschaft reinigt sich in diesem Akt von begangenen Verbrechen, stellt eine göttlich sanktionierte Rechtsordnung wieder her. Ähnlich wie bei den religiös-kirchlichen Feiern dient das Ritual einer Überhöhung, einer Abhebung, einerseits um, wie bei der Verbrennung von Hus, der Zeremonie Rechtscharakter zu verleihen, andrerseits um Machtstrukturen eindrucksvoll dem Volk vor Augen zu führen.

So grausam eine derartig sorgfältig inszenierte Hinrichtung dem heutigen Betrachter auch erscheinen mag, so selbstverständlich war sie dem mittelalterlichen Menschen. Sie gehörte zum Alltag wie die kirchlichen Prozessionen, war ‹nur› eine extreme Form des Sterbens in einer Zeit, in der der Tod und das Sterben noch nicht in das Ghetto der Spitäler und Altenheime verbannt waren.

Narrenfeste

Fastnacht, Fasching, Karneval in der Bürgerkultur der frühen Neuzeit

Von Leander Petzoldt

Karnevalsfiguren aus Basel, in der Mitte der wilde Mann bei den drei ‹Ehrenzeichen›. Daniel Burckhardt-Wildt, 1784

Es gibt im süddeutschen und alemannischen Raum eine Anzahl traditionsbewußter Narrenzünfte und Bruderschaften, deren Gruppenbewußtsein so stark ist, daß es allen nivellierenden Tendenzen der industriellen Massenkultur standhalten konnte. Ihre historische Begründung nehmen sie aus einem vielfältigen Angebot brauchtümlicher Formen, die zum Teil sehr alten Überlieferungsschichten entstammen, teils aber aus dem Spannungsverhältnis zwischen Brauchtumskontinuität und Anpassung an veränderte Sozialstrukturen entstanden sind. Zu den aus den zwangsläufigen Veränderungen sozialer und kultureller Gegebenheiten erwachsenden Verknüpfungen von Folklore und Kommerz suchen sie häufig eine Alternative zu finden, die sich in der Einführung nachempfundener historischer Brauchformen und einer brauchtümlichen Reglementierung äußert, die oftmals nicht frei von Ideologie zu sein scheint. In den meisten Fällen aber verzichtet dörfliches Selbstbewußtsein in der süddeutschen Fastnachtslandschaft auf übermäßige Werbung nach außen, indem hauptsächlich dem eigenen Bedürfnis nach Spaß und bunter Abwechslung Genüge getan wird. Freilich geschieht dies im festen Rahmen einer überlieferten volkstümlichen Kultur, die sich historisierenden Tendenzen nicht ganz entziehen kann.

Wie weit altertümliche Formen rein bewahrt wurden, hängt vielfach sowohl von der Kontinuität als auch von der Darbietungsfrequenz brauchtümlicher Veranstaltungen ab. Häufig blieben im Fastnachtsbrauchtum nur Einzelzüge rein bewahrt, die in ein ursprünglich funktionales Gefüge integriert waren, heute aber mehr oder weniger funktionslos nebeneinander stehen und mit einer sekundären Erläuterung versehen werden, die oft über das Ziel hinausschießt und archaische Formen dort sucht, wo ein Komplex von Ursachen und Wandlungen zur heutigen Erscheinungsform beigetragen hat. Viele dieser fastnachtlichen Brauchtumsdarbietungen können daher nur rein phänomenologisch erfaßt werden, wobei die historische Begründung ihrer Trägergruppen durchaus einen legitimen Platz in der beschreibenden Darstellung beanspruchen muß.

Zunächst ein Beispiel: Das «ehrsame Narrengericht» in dem kleinen hohenzollerischen Marktflecken Grosselfingen führt seine Entstehung auf die Pestepidemie des Jahres 1439 zurück. Die erste gedruckte Nachricht aus der Neuzeit erscheint im ‹Geographischen Magazin› aus dem Jahre 1783, das in Dessau und Leipzig verlegt wurde:

«In dem Fürstentum Hechingen, unweit Balingen, ist ein Ort, namens Grosselfingen, in welchem des Jahres einmal ein sogenanntes Narrengericht gehalten wird. Die Einwohner kleiden sich wie Harlequine und haben die Freiheit, einem jeden, der an diesem Tag in ihren Bezirk kommt, eine Strafe aufzuerlegen und ihm die trockne Wahrheit ins Gesicht zu sagen. Der Ursprung dieser seltsamen Gewohnheit ist unbekannt.»[1]

Zweifellos entstammt dieses Narrengericht einer kulturellen Sphäre, in der bürgerlicher Selbstkontrolle und bäuerlichem Rechtsgefühl ein weit größerer Spielraum gegeben war als heute. Das Wesen eines Narrengerichtes besteht darin, Mißstände, die sich in einer Gemeinschaft störend auswirken, in aller Öffentlichkeit auf eine lustige Art zu rügen und damit abzustellen. In einem gewissen Sinne wird hier Volksjustiz geübt; das Rügerecht bildet in der Anonymität des maskierten Narren ein willkommenes Instrument der sozialen Kontrolle. Viele Narrenzünfte in den süddeutschen Fastnachtsorten besitzen noch heute Narrenbücher, in denen vom peinlichen Mißgeschick bis zum unsozialen Verhalten alles verzeichnet ist, was einzelne Mitbürger sich im Laufe des Jahres haben zuschulden kommen lassen.

Für die Entstehungs- und Herkunftsfrage des Grosselfinger Narrengerichts ist es nun wichtig darauf hinzuweisen, daß eine religiöse Bruderschaft dieses Spiel trägt.[2] Der Hauptspieltag, der *schmotzige* oder *ausaliga Dauschtig*, der Donnerstag vor dem Fastnachtssonntag, wird mit einem Lobamt für die lebenden und einem Seelenamt für die verstorbenen Mitglieder der Bruderschaft eröffnet. Stirbt einer der Mitspieler des Narrengerichtes, so sind die anderen verpflichtet, an seiner Beerdigung teilzunehmen; die Überschüsse der Narrenkasse dürfen nur für religiöse Zwecke verwendet werden.

Das Narrengerichtsspiel, in dessen Mittelpunkt Rügen und Scheinstrafen stehen, hat viele Züge aus altüberliefertem Jahres- und Zunftbrauchtum bewahrt. Es dauert sechs Stunden, und rund 350 Mitwirkende stellen es unter der Teilnahme des ganzen Dorfes dar. Die einzelnen feststehenden Figuren oder Chargen werden nur von Männern besetzt. Die Zuschauer dürfen nicht maskiert sein.

Zu den charakteristischen Erscheinungen des Narrengerichts gehören die vermummten Gestalten, die ‹Butzen› oder ‹Pestbutzen›. Sie tragen ein schwarzes Gewand mit langen Röcken und eine schwarze buntbestickte Gesichtslarve aus Stoff mit einem hohen Kopfputz, der sie auffallend groß erscheinen läßt. An dem Kopfputz sind lange bunte Seidenbänder befestigt. Die schwarzen Gesichtslarven dieser ‹Butzen› zeigen eine gewisse Ähnlichkeit mit der Gewandung religiöser mittelalterlicher Bruderschaften, deren Aufgabe in sozialen Hilfeleistungen, der Pflege von Kranken und der Beerdigung Verstorbener bestand. So trugen etwa die Angehörigen der mittelalterlichen Pestbruderschaften zum Schutz vor Ansteckung Tuchmasken vor dem Gesicht.

Die rund 200 Mitspieler verteilen sich auf 35 Rollen oder Chargen, die sich hier nicht alle aufzählen lassen. Es seien nur einige genannt: Der Hanswurst, der Bäder, das Narrenrößle, Trommler und Pfeifer, der Geiger, der Narrenvogt und der Redmann, die Richter und der Profos, daneben eine größere Anzahl von Geißelläufern, weißgekleidete Burschen, die ihre kurzstieligen Peitschen oder Karbatschen meisterhaft zu schwingen wissen, so daß ein pistolenschußähnlicher Knall entsteht. Ihr rhythmisches Peitschenknallen entspricht in seinem brauchtümlichen Aspekt dem Neujahrsanschießen oder den Lärmumzügen, die an vielen Orten seit Jahrhunderten üblich sind. Jede der 35 Chargen trägt eine eigene Gewandung, was ein überaus farbenprächtiges Bild abgibt.

Von besonderem Interesse sind die sogenannten Butzen und die ‹Bäder›, deren Aufgabe es ist, die vom ehrsamen Narrengericht verhängten Strafen zu vollziehen. Diese Strafen – die heute freilich als Scheinstrafen durch eine Geldbuße abgelöst werden – weisen ein hohes Alter auf. Sie bestehen darin, den Delinquenten mit der Narrenpritsche öffentlich auszupeitschen oder in den Bach oder einen Brunnen zu werfen. Das Spiel läßt die Verschmelzung verschiedener Brauchtumsformen und -schichten am Termin der Fastnacht erkennen. Es finden sich Züge aus dem burschenschaftlichen Brauchtum des Frühjahrsbeginns und der Pfingstspiele wie auch aus dem Zunftbrauch und dem religiösen Brauchtum des Handwerkers und des Bauern. Wenn sich das ‹ehrsame Narrengericht› auch nicht urkundlich bis in die Zeit der großen Pest zurückverfolgen läßt, wie die lokale Überlieferung dies gern möchte, so muß man doch bis in die Zeit des Barocks zurückgehen, um es nach seiner äußeren Form und seiner Spielhaltung historisch einzuordnen. Aufführungspraxis, Texte und Kostümierung dieses von der ganzen Dorfgemeinschaft getragenen Spiels vermitteln etwas von barocker Prachtentfaltung und Farbenfreude.

Wie verbreitet der übrigens von der Obrigkeit verbotene Brauch des In-den-Brunnen-Werfens – er sei ‹Wassertauche› genannt – war, zeigen zahlreiche Ratsdekrete gegen diese derben Späße aus süddeutschen und schweizerischen Städten des 14. bis 16. Jahrhunderts. So verfügt der Berner Rat 1480: «Dass fürohin sölte abgestelt sin das werfen der junkfrowen in die bäch, der mezger unsinnig umloufen, und all tänz in der ganzen vasten.»[3]

In Überlingen am Bodensee gebot ein Ratsbefehl 1496 unter anderem: «daß niemand den Anderen in die Brunnen werfen soll.»[4] Und der berühmte Autor des ‹Narrenschiffs›, Sebastian Franck, erwähnt in seinem ‹Weltbuch› von 1534 unter anderen Fastnachtsbräuchen am Aschermittwoch: «etlich fangen einander und tragen einander auff Stangen in bach.»[5] In Basel hatte dieser Brauch zweifellos bereits eine längere Tradition, denn 1431 wurde dort den Handwerksknechten verboten: «an der Eschermittwochen nit einander ze trengen [drängen, nötigen] ze zehren und in die Brunnen zu werffen.»[6]

Wie sind solche Bräuche, die jahrzehntelang immer wieder in Ratsprotokollen auftauchen und in abgewandelter Form sich bis in die Gegenwart gehalten haben, zu interpretieren? Es handelt sich hier, so sagt die

Fastnachtsforschung, um brauchtümliche Nötigung, die sich auf Mitbürger bezieht, die nicht bereit sind, mit den anderen Fastnacht zu feiern, zu
essen und zu trinken oder wenigstens einen Obolus zum Vergnügen der
anderen beizusteuern. Ganz deutlich wird dies in einem Ravensburger
Stadtrecht von 1378 ausgedrückt: «Es sol niement den andern darzu
nöten noch triben in der Trinkstuben keinen ze gand, wan als er gern
tut.»[7] Diese etwas krause Formulierung meint, daß niemand dazu genö-
tigt werden solle, in einer Trinkstube zu trinken, noch daran gehindert
werden dürfe, sie zu verlassen. Ein enger Zusammenhang besteht hier
zweifellos mit entsprechenden Zunftbräuchen. 1570 heißt es von den
Metzgern in Burghausen:

«Oswaldt Schenauer und Wolfgang Ferauer, Beedt Mezgkherkhnecht,
haben sambt Iren Consortn, Irem habenden gebrauch nach, den Wolfen
Schneidermair, Burgern und Tuechmachern alhie, umb das er ain Rindt
geschlacht und ausgezogen und khainen Mezger darzue gebraucht, am
Äschermitwochen verschinen 70ten Jars in den Prunn tragen wellen, und
als er sich irer gesezt [für: widersetzt], auch sein Muetter in die schidt
khumen und die Mezgerkhnecht aber von ime nit setzen [für: ablassen]
wellen, undter deme [ist] die alt Schneidermairin mit ainem fleischmesser
gestochen worden...»[8]

Die beiden erwähnten Metzgerknechte wollten also den Tuchmacher in
den Brunnen werfen, weil er ein Rind geschlachtet hatte, ohne die
Metzger dazu heranzuziehen. Der Tuchmacher wehrte sich, und auch
seine Mutter widersetzte sich, wobei es zu einem Kampf kam, in dessen
Verlauf die alte Schneidermaierin mit einem Fleischmesser verletzt wurde. Für diese Tat mußten die beiden Metzgergesellen je zwei Pfund
Dukaten zahlen. Weitere Belege wären leicht anzuführen. In den Zünften
und bei den Handwerkern haben sich diese Bräuche als Gesellentaufe,
‹gautschen› und Metzgersprung weitgehend verselbständigt und zum Teil
bis in die Gegenwart erhalten. Als brauchtümliche Nötigung und/oder
Strafe ist die Wassertauche im 15. Jahrhundert allgemein verbreitet: Ein
gewohnheitsrechtlicher Strafakt ist 1490 bezeugt, wenn in Nürnberg
beim Besuch des Frauenhauses, des Bordells, erkannte verheiratete Männer mit Gewalt in den dort vorbeifließenden Bach geworfen wurden.[9] Es
wird deutlich, daß Bräuche dieser Art vor allem in der Fastnachtszeit
ausgeübt wurden und hier speziell unter dem Aspekt der Nötigung zum
Trinken bzw. einer Spende an die Feiernden und weiterhin direkt als
Scheinstrafe verhängt wurden.

Aus Stockach am Bodensee ist belegt, daß das dortige Narrengericht
unter Berufung auf eine angebliche Stiftungsurkunde von 1351 Macht
haben sollte, «alle Juden, welche an den letzten drei Fastnachtstagen nach
Stockach kommen, mit der Strafe des Brunnenwerfens zu belegen,
wovon sie sich mit dem Geldbetrag für einen Eimer Wein loskaufen

können».[10] Hier wird freilich deutlich, daß es sich bereits um eine pervertierte Spätform des Brauches handelt, die nur noch dazu dient, einer mehr oder weniger rechtlosen Minderheit Geld für die Vergnügungen der Stadtbürger abzupressen.

Der Brauch des Wassertauchens stellt also ein ursprüngliches brauchtümliches Element des spätmittelalterlichen Fastnachtstreibens dar, das in dem Moment, wo es im Verlaufe der kulturellen Entwicklung als gesellschaftlich nicht mehr akzeptabel erscheint und zu Unzuträglichkeiten führt, von der Obrigkeit unterdrückt wird. Erst von diesem Zeitpunkt an taucht es in den Ratsprotokollen auf, die damit zu einer der wichtigsten Quellen der Fastnachtsforschung werden. Deshalb ist noch etwas weiter zeitlich zurückzugehen und nach den Ursprüngen der heutigen Fastnacht zu fragen.

Als Vorläufer oder sogar Ursprung des Narrentreibens der Fastnacht bezeichnet man gewöhnlich das altrömische Fest der ‹Saturnalien›, das in der Tat bereits einige brauchtümliche Züge aufweist, die sich über das Mittelalter teilweise bis in die Neuzeit hinübergerettet haben: In Benjamin Hederichs ‹Gründliches Antiquitäten-Lexikon, worinnen die merkwürdigsten Alterthümer der Jüden, Griechen, Römer, Teutschen und ersten Christen zulänglich beschrieben...› aus dem Jahre 1743 heißt es: «Saturnalia waren ein Fest zu Rom, welches man dem Saturno zu Ehren beging... es fiel den 17. December ein und währete anfangs nur 1 Tag, endlich aber 7 Tage. Inzwischen wurde kein Rath noch Gericht gehalten und daher kamen auch die Advocaten nicht groß zum Vorscheine. Die Schulen waren... eingestellt; Hingegen stellte man häufige Gastmahle an, und beschenckte einander mit allerhand Geschencken... besonders aber mit Wachslichtern. Anbey setzte fast jedermann Hüte auf, als Zeichen der Freyheit. Besonders aber wurden die Knechte als freye Leute tractirt, denen auch selbst die Herren bey deren Gelachen [Gelagen] aufwarteten.»[11]

Der Autor hebt auch den Grund für diese Gelage besonders hervor: «Und das zum Andenken der Zeiten unter dem Saturno, da weder Herr noch Knecht, sondern ein Mensch so gut als andere, gewesen.» Der römische Dichter Vergil verehrte in Saturn einen Kulturheros, der die italischen Bergvölker gesammelt, ihnen Gesetze gegeben und sie das Pflügen und Säen gelehrt habe. In jenem Goldenen Zeitalter seien die Menschen alle gleich gewesen. So feierten die Römer zu Ehren Saturns ein siebentägiges Fest, an dem die Sklaven freigelassen wurden – freilich nur für die Zeit des Festes – und aus den unteren Klassen ein Narrenkönig gewählt wurde, der sich mit ebenfalls im Würfelspiel gewählten Würdenträgern umgab und eine verrückte, verkehrte Welt beherrschte, indem er unsinnige Befehle gab und sein Gefolge zum Trinken, Tanzen, Toben und zu Ausschweifungen aufforderte. Diese Standesumkehrung galt bis hinauf zu den höchsten Würdenträgern, und kaum einer konnte sich diesem tollen Treiben entziehen. Am Ende seiner Herrschaft wurde der Narrenkönig hingerichtet. Aus anderen Quellen geht hervor, daß sich die Römer maskierten, einander Geschenke machten, Gelage veranstalteten. Der römische Schriftsteller Cato spricht von den «feuchten Tagen Saturns», denn man hielt es für angemessen, den Sklaven als Sonderration vier Liter Wein zusätzlich auszuteilen.[12]

Später, etwa nach dem 4. Jahrhundert, wurde die Hinrichtung des Saturnalienkönigs durch die rituelle Opferung eines Bildnisses ersetzt. Das Saturnalienfest verbreitete sich von Rom aus mit den römischen Truppen und Kaufleuten, wohin immer Römer kamen. Auch die Soldaten feierten es, kostümierten sich mit weiblichen Kleidern, trugen eine Zopfperücke, hielten eine Spindel in der Hand und sprachen mit hoher Fistelstimme.[13] Eines der wesentlichen Prinzipien des Festes war jedoch die allgemeine Gleichheit, verbunden mit einer Umkehrung des Normalen, die ‹verkehrte Welt›. Die Sklaven gebärdeten sich als Herren und ließen sich von ihnen bedienen.

Solche Züge haben sich im Fastnachtsbrauch in abgewandelter Form bis heute bewahrt, wenn etwa in den Städten die Narren den Rathausschlüssel und damit symbolisch das Amt des Magistrats übernehmen. Mit dem Aufkommen des Christentums wendeten sich allerdings die Priester und Bischöfe wie gegen alle heidnischen Feste so gegen die Saturnalien, verboten ihren Mitchristen die Teilnahme und predigten gegen jede Art dieser Vergnügungen. Das konnte die Lust des Volkes an Mummereien, Tanzen, Maskenlaufen und Schlemmerei jedoch nicht hindern. Immer wieder sind Verbote der Kirche und Volksprediger überliefert, die gegen jede Art der Belustigung an Fastnacht wettern. Einer der berühmtesten, der Straßburger Prediger Gailer von Kaisersberg, geißelt mit drastischen Worten die unzüchtigen Tänze jener Zeit:

«Es werden viele gefunden, die tanzen also bübischerweis mit Werken und Geberden, daß nicht genugsam von ihrer Üppigkeit zu sagen ist. Man treibt zu unsern Zeiten solche unziemliche Unzüchtigkeit unter dem Tanzen, das vor [vorher] nicht ersehen und erhört ist worden. Desgleichen bringt man so viele Tänze auf die Bahn, die vor nie Brauch seyn gewesen, daß sich nicht genug darob zu verwundern ist. Als da ist der Schäfertanz, der Bauerntanz, der welsch Tanz, der Edelleute-Tanz, der Studententanz, Keßlertanz, Bettlertanz und in Summa, wenn ich sie all wollt erzählen, hätt ich wohl eine ganze Woche zu schaffen. Darnach findt man Klötz die tanzen also säuisch und unflätig, daß sie die Weiber und Jungfrauen dermaßen herumschwenken und in die Höhe werfen, daß man ihnen hinten und vorne hinaufsiehet bis in die Weich, also, daß man ihre hübsche weiße Beinle siehet und schwarze oder weiße Stiefele, die oft so voller Koth und unrein seyn, daß einer darob speien sollt…

Pfui der großen Schand und Unzucht, daß du dieß Ort mutwilliger-
weiß entblößest, das doch Gott und die Natur will verborgen haben...
Noch hätt ich schier einen Tanz vergessen, nämlich den Reihentanz
[Reigen], da werden auch nit minder Unzucht und Schand begangen...
von wegen der schandlichen und schandbaren Hurenlieder, so darin
gesungen werden, damit man das weibliche Geschlecht zu der Geilheit
und Unkeuschheit anreizet.»[14]

Einige Jahrhunderte früher hatte selbst der Klerus, vor allem die
niedere und meist ungebildete Geistlichkeit, an den Narrenfesten teilgenommen und sich besonders in Frankreich den obszönsten Ausschweifungen hingegeben. Diese Narrenfeste der Subdiakonen, auch ‹Eselsfeste›
genannt, zeigen wieder die charakteristischen Elemente der Maskierung,
des Rollenwechsels, der ‹verkehrten Welt›. In einer Beschreibung dieser
bis ins 12. Jahrhundert gefeierten Feste heißt es:

«Die Priester einer Kirche wählten einen Narrenbischof, der mit
größtem Pomp in die Kirche zog und sich dort auf dem Bischofstuhl
niederließ. Hierauf begann das Hochamt, woran alle Geistlichen mit
geschwärzten Gesichtern oder mit einer häßlichen oder lächerlichen
Maske teilnahmen. Während des Hochamtes tanzten die als Tänzer oder
als Weiber vermummten Geistlichen im Chore und sangen dort zotige
Lieder. Die anderen aßen auf dem Altare Würste, spielten Karten oder
würfelten vor dem messelesenden Priester, räucherten ihn mit einem
Weihrauchkessel an, worin alte Lappen brannten und ließen ihn den
Rauch einatmen.

Nach dem Hochamte gab es neue Tollheiten und Gottlosigkeiten. Die
Priester liefen mit den männlichen und weiblichen Bewohnern der Stadt
in der Kirche herum und stachelten sich untereinander zu allem möglichen Unfug und zu Zügellosigkeiten auf. Keine Schande, keine Scham,
kein Hindernis mehr hielten das Übermaß von Narrheit und Leidenschaften zurück. Der heilige Ort, der als Schauplatz dazu diente, flößte
keine Ehrfurcht mehr ein. Mitten im Gewühle und wüstem Lärm von
Gotteslästerungen und zotigen Liedern sah man da sich einen ganz entkleiden und andere sich der schamlosesten Unzucht hingeben. Man verlegte
dann den Schauplatz von der Kirche nach außerhalb. Wenn es auch
weniger gotteslästerlich war, so war es deswegen nicht schicklicher. Die
Teilnehmer, die sich auf Karren voll mit Unrat setzten, belustigten sich
damit, daß sie den umstehenden Pöbel mit Kot bewarfen. Sie hielten
streckenweise vor eigens für ihre Narrheiten errichteten Schaubühnen an
und fingen immer wieder von neuem ihre Narrenspiele vor der Menge
an. Die wüstesten weltlichen Leute mischten sich unter die Geistlichkeit
und unter der Verkleidung als Mönche oder Nonnen machten sie geile
Gebärden und nahmen alle Stellungen geilster Lust an. Bei diesen Vor-
gängen sang man stets zotige und gottlose Lieder.»[15]

Diese ausschweifenden und für unseren Geschmack recht anstößigen mittelalterlichen Vergnügungen, in denen man eine Fortführung der römischen Saturnalien sah, wurden selbst von hohen Kirchengelehrten verteidigt, die darin eine Art Ventil sahen, das man dem Volke und der niederen Geistlichkeit von Zeit zu Zeit öffnen mußte. Andererseits finden sich auch immer wieder Warnungen, Drohungen und Verurteilungen des Narrentreibens, das oft zu gewalttätigen Auseinandersetzungen führte.

Im Jahr 1376 feierte Herzog Leopold von Österreich die Fastnacht in Basel, und man veranstaltete ein Turnier auf dem Münsterplatz. Dabei näherten sich einige Edelleute den Bürgersfrauen in recht eindeutiger Art und mit anzüglichen Reden, was den Zorn der Bürger hervorrief. Zudem warfen Reiter aus dem Gefolge des Herzogs Speere in die Menge. Daraufhin ließ die Bürgerschaft Sturm läuten, und die wehrhaften Basler versammelten sich auf dem Kornmarkt. Von hier zogen sie zum Münster und griffen die Edelleute an. Es gab ein blutiges Gemetzel, dem der Herzog nur mit Mühe entkam. Der 26. Februar des Jahres 1376 ging als die ‹Böse Fastnacht› in die Annalen der Stadt ein.[16] Unter dem Schutz der Maske wurden häufig politische oder private Rechnungen beglichen, und daß die Maskenfreiheit schon in alter Zeit auch immer wieder zu persönlichen Zwecken und Zielen mißbraucht wurde, zeigt besonders deutlich das Beispiel von Jürg Jenatsch, der am 15. Januar 1639 in Chur von Masken ermordet worden ist. Erst im 16. Jahrhundert gelang es der Kirche, mit Hilfe der weltlichen Macht die ärgsten Exzesse und Ausschweifungen zu unterdrücken.

Ein Spiel wie das folgende, das gegen Ende des 15. Jahrhunderts während des Karnevals in Köln üblich war, gehörte zu den vergleichsweise harmloseren ‹Vergnügungen›: «Fünf blinde Männer wurden mit einem Schwein zusammen in einen großen Käfig gesperrt, der dann auf einem Wagen durch die Straßen gezogen wurde. Den Blinden gab man Stöcke, und sie mußten nun das Schwein, das an einem Strick festgebunden war, zu Tode prügeln.»[17] Daß bei diesem rohen Spiel nicht nur das Schwein getroffen wurde, liegt auf der Hand, gehörte aber natürlich zu den beabsichtigten Effekten in einer Zeit, in der selbst Hinrichtungen zu Volksfesten wurden.

In den Städten waren es vor allem die Zünfte und die Patrizierfamilien, die ausgiebig Karneval feierten. Nürnberg war bekannt wegen des ‹Schembartlaufs›, der auf einem Privileg der Metzgerzunft beruhte, die sich 1348 an einem Aufstand der Zünfte gegen den ausschließlich von Patriziern besetzten Rat nicht beteiligt haben soll. Sie durften daher einen feierlichen Zug durch die Stadt, von Stadtpfeifern geleitet, abhalten, an den sich ein Mahl anschloß. Die Fleischhackerknechte durften mit den Töchtern der Metzger tanzen, und schließlich folgte ein großer Umzug

mit einer Riesenwurst, die dem Rat verehrt wurde.[18] Auch die anderen
Zünfte schlossen sich dem Schembartlauf – das Wort bedeutet Schön-Bart
und meint die dabei getragenen Masken – an. Schließlich nahmen auch
die Patrizier daran teil, und es bildeten sich Rotten von maskierten
Läufern, die vor allem als ‹Wilde Männer› auftraten und sich häufig auch
so verhielten. Daneben gab es freilich auch sehr aufwendige und teure
Kostüme, die als Zeichnungen in den Schembartbüchern erhalten sind.
Die Maske des Wilden Mannes, die ein urtümliches dämonisches Wald-
wesen – mit Fellen, Flechten und Moos behängt – darstellen sollte, war
besonders an den Höfen beliebt, wo diese Maskierung einen beliebten
Kontrast zu der hochmodischen Tracht der Edelleute bot. Zur Hochzeit
einer Hofdame am Hofe von Paris wurde am 28. Januar 1392 ein Wilder-
Mann-Tanz – *la danse des sauvages* – veranstaltet. König Karl VI. von
Frankreich und fünf Tänzer vom höchsten Adel verkleideten sich als
Wilde Männer und ketteten sich aneinander. Als der Herzog von Orleans
die Gruppe mit einer Fackel beleuchten wollte, fingen die Kostüme Feuer
und vier der Tänzer verbrannten, während der König durch die Geistesgegenwart der Herzogin von Berry gerettet wurde, welche die Flamme
mit der Schleppe ihres Gewandes erstickte.

Ungeachtet des unglücklichen ‹Bal des ardents›, wie er fortan hieß,
dauerte die Mode der Wilder-Mann-Maskeraden an französischen wie
auch an deutschen Höfen an. Dies belegt ein Unglücksfall, der am
7. Februar 1570 im hohenlohischen Schloß Waldenburg geschah:
«Graf Eberhard hatte Verwandte und Bekannte zu einem Maskenfest
eingeladen. Einige Herren hatten sich Arme, Beine und den ganzen
Körper mit Werg [Flachs] umwickeln lassen, um Wilde Leute darzustellen, wie es häufig bei Adelsgesellschaften an Fastnacht Sitte war. Durch
ein Windlicht fing das Werg Feuer, und alle erlitten schwere Verbrennungen. Graf Georg von Tübingen stirbt, und auch Graf Eberhard, der
Begründer des Geschlechts Hohenlohe-Waldenburg, erliegt einige Tage
später seinen Verletzungen.» Noch im selben Jahr wurde die Geschichte
von der ‹Waldenburger Fastnacht› auf Flugblätter gedruckt und auf den
Jahrmärkten verkauft.[19]

In den Fastnachtszügen der Renaissance wurde auch antikes Bildungs-
gut präsentiert: Bacchus führt Bacchantinnen an der Kette, Neptun
thront auf einem Schiff, Charon besteigt seinen Nachen, Prometheus,
Sisyphus und Tantalus erleiden ihre Hadesqualen. Eduard Mörike hat in
seinem ‹Stuttgarter Hutzelmännlein›, offenbar aufgrund guter Quellen-
kenntnis, einen solchen Aufzug am Stuttgarter Hof geschildert. Aber
manches weist darauf hin, daß der Stil dieser Renaissance-Aufzüge auch
noch die kleinste bäuerliche Residenz erreichte, wie z.B. am erwähnten
Narrengericht in Grosselfingen sichtbar wird.

In der Barockzeit verkleideten sich Adel und Höflinge mit Vorliebe als

Bauern und Bäuerinnen oder in Anlehnung an antike Vorbilder wie
Daphnis und Chloe als Hirten und Hirtinnen; auch Gärtnerinnen und
Zigeuner, Jäger und Krämer waren beliebte Masken. Ein Einladungs-
schreiben zu einer fastnächtlichen Bauernhochzeit am bayrischen Hof
aus dem Jahre 1760 ist erhalten, und dort heißt es:[20] «CORYDON ladet
ein seine GELIEBTE DORIS. Die in der Churfürstl. Haupt- und Residenzstadt München den 13. Februar 1760 angestellte BAUREN-HOCH-
ZEIT mit ihm zu besehen; Nebst vorhergehender Ordnung derselben.»
Es folgt eine kurze Wechselrede zwischen Corydon und Doris:

[Corydon:]　　Komm, laß uns in die Stadt geliebte Doris gehen,
Laß uns die Lustbarkeit des Carnevals besehn,
Es wird der ganze Hof in Bauren-Tracht erscheinen.
[Doris:]　　Geliebter Corydon wie sollt ich dieses meinen!
Der Hof in Bauren-Tracht, der Aufzug ist zu schlecht.
Und er geziemet sich blos für die Bauren-Knecht,
Soll sich der Adel-Stand so weit herunter lassen?
Ein Bauer ein Edel-Mann! wie sollt ich dieses fassen?
[Corydon:]　　Dieß bringt die Lustbarkeit des Carnevals mit sich,
So wisse dann mein Kind! vernehm, und höre mich!
Es ist ein alter Brauch, daß man zu Faßnacht-Zeiten
Ein Bauren-Hochzeit pflegt bei Hofe zu bereiten
Und diese wird auch heur auf prächtigst angestellt,
Ich weiß, daß dir der Zug wohl in die Augen fällt.
Denn Prinzen vom Geschlecht, auch Grafen, und Baronen
Die sonst im stolzen Bau erhabner Schlösser wohnen
Als Bauren finden sich bey dieser Hochzeit ein,
So komme dann mit mir, und nimm den Augenschein.
Welch ein Verwunderung wird Aug, und Brust entzücken,
Welch angenehme Lust wird dein Gemüth bestricken
Wenn du den Adel wirst in so viel Masquen sehn?

Hier zeigt sich jedoch bereits eine Spätform fastnachtlichen Treibens,
das, völlig von seinen brauchtümlichen Wurzeln losgelöst, sich zum
exklusiven Vergnügen einer privilegierten Schicht entwickelt hat. Das
einfache Volk in den Städten war davon ausgeschlossen und feierte in den
Fastnachtstagen, wie es dies seit Jahrhunderten gewohnt war, mit Ver-
kleidungen und Tänzen, mit Trinken und Essen und machte dabei von
einer gewissen Narrenfreiheit Gebrauch. «Dass es viele Narren gibt,
beweisen manche Bürger, die maskiert in der Stadt herumliefen und
ebenso die, welche Rundtänze aufführten»,[21] heißt es im 16. Jahrhundert
von Basel. Schlug aber einer über die Stränge, was im reformierten Basel
recht schnell geschehen konnte, wurde er vom Rat empfindlich gestraft.
So wurde 1543 ein Metzgergeselle ins Gefängnis gesetzt, weil er an der

Fastnacht «mit anderen jungen gesellen in bützenwis [verkleidet] mit frowenkleidern angeton umbherzogen, seltsam bossen gerissen, sich lossen halsen und lecken [umarmen und küssen] under anderen nider gehockt und sich das wasser wie ein wip entplöst, das nun gar schandlich und ergerlich gsin».[22] Daß sich ein Mann wie ein Weib benahm, widersprach der göttlichen Schöpfungsordnung und wurde entsprechend geahndet.

Häufig besuchten sich auch die Bürger befreundeter Städte, veranstalteten gemeinsame Umzüge und tafelten in den Zunfthäusern. So besuchten die Konstanzer 1527 die St. Gallener Fastnacht: «in trachten wis, in grünen röcken, hohen hüten und mit grünen Spießen», und die St. Gallener liefen ihnen entgegen: «in Hosen und bloßen Hemden, in Mohren Wis [Weise] und schwarze Bengel in der Hand.»[23] Ähnliches wird auch aus Basel berichtet.

Die Basler Fastnacht in ihrer heutigen Form, der sog. ‹Morgenstreich›, ist jedoch recht jung. Sie geht, wie der militärische Ausdruck ‹Morgenstreich› zeigt, auf die allgemeine Musterung der wehrfähigen jungen Männer zurück. 1540 heißt es «uff mentag nach den alten faßnacht» sei die allgemeine Musterung durchgeführt worden. Anschließend hielt man einen Umzug der Zünfte mit ihren Fahnen und Ehrenzeichen ab, von denen der Löwe, der Greif, der Wilde Mann bis heute übrigblieben, und feierte danach noch acht Tage lang. Alle übrigen Elemente kamen erst im 19. Jahrhundert dazu. Heute aber eröffnen die drei Kleinbasler Ehrenzeichen jedes Jahr die Fastnachtssaison: Abwechselnd am 13., 20. oder 27. Januar des Jahres versammelt sich vor der Mittagsstunde auf den beiden Rheinufern und der Mittleren Brücke in Basel eine große Menschenmenge, um dem Tanz der drei ‹Ehrenzeichen› Kleinbasels zuzusehen. Auf zwei durch einen Bretterboden miteinander verbundenen Booten kommt unter Böllerschüssen und Trommelwirbeln der ‹Wilde Mann› tanzend den Rhein hinuntergefahren: er ist der Wappenhalter der alten Gesellschaft ‹zur Hären›. In grünes Tuch gekleidet, mit Kupfermaske, ein entwurzeltes Tännchen schwingend und mit Laubkränzen um Haupt und Lenden, erinnert er an einen Walddämon. Zwei andere Wappenhalter, der Greiff (Gesellschaft ‹zum Greiffen›) und der Leu (Gesellschaft ‹zum Rebhaus›), empfangen ihn unter zeremoniellen Bücklingen am Ufer; jener ist mit einem Schuppenpanzer und Flügeln ausgestattet, dieser mit riesiger Mähne und scharfen Krallen. Auf der Mittleren Brücke, an der Grenzscheide zwischen Groß- und Kleinbasel, führen die Ehrenzeichen einzeln ihre überlieferten Tanzbewegungen aus. Umzug und Festmahl schließen sich an. Heidnisches scheint in diesem Brauch mit Mittelalterlich-Zünftigem zu verschmelzen.[24]

In den Umzügen der Basler Fastnachtscliquen und in dem Auftreten der sog. Schnitzelbank in den alten Gasthäusern aber kommt wie eh und je eine ungebremste Lust am Rügen und an der satirischen Bloßstellung von Fehlverhalten oder Mißständen zum Ausdruck. Dieser Rügebrauch an Fastnacht gehört zu den vornehmsten und ältesten Rechten des Narren. Er ist Zeichen einer uneingeschränkten Umkehrung und Verkehrtheit, die zur Fastnacht gehört. Wie bei den römischen Saturnalien die Sklaven von ihren Herren bedient wurden, wie im mittelalterlichen Frankreich der *rex stultorum* und in England der *Lord of misrule* herrschten, so bietet auch die Fastnacht bis heute die Möglichkeit jener sozialen Umkehrung, deren tragischen Aspekt Jean Cocteau in seinem Drama ‹Bacchus› aufdeckte. Nicht nur die sozialen Grenzen werden verwischt, sondern das bunte Gemisch fastnachtlichen Brauchs, das Rügen und Richten, das ‹Heischen› und ‹Spenden›, die Sprünge und Rufe, der Lärm und die Tänze – dieses Gemisch zeigt, daß der Mensch in der Fastnacht eine elementare Entgrenzung erfährt.

Psychologen haben durch Tests erschlossen, daß beim Maskenerlebnis die Merkmale der Identität und der Einheitlichkeit des Ichbewußtseins verloren gehen. Entwicklungsgeschichtlich betrachtet, heißt dies: Der aktive Maskenträger erlebt durch die radikale Verwandlung, die die Maskierung seiner äußeren Gestalt auch in seinem Inneren vollzieht, gesteigerte Momente: Ursprünglich den allmächtigen Ahnen verkörpernd, hatte er nicht nur Teil an dessen außergewöhnlichen Kräften, sondern genoß auch während des Spiels dessen übermenschliche Freiheit, durfte spotten, strafen und höhnen, küssen und nehmen, rächen, zerstören und stehlen. Die Volksjustiz bediente sich des Termins und der willkommenen Anonymität als Instrument einer sozialen Kontrolle.

Die Suche nach den Wurzeln der Fastnacht soll nicht den Eindruck erwecken, als hätte diese eine kontinuierliche Entwicklung von den Urzeiten heidnisch-antiken Dämonenglaubens bis zum heutigen Tag gehabt. Es waren im Gegenteil die verschiedensten Einflüsse, die der Fastnacht ihren Charakter verliehen haben. Kulturgeschichtliche und historische Entwicklungen, behördliche Verbote und Erlasse haben sie ebenso bestimmt wie vorchristliches und christliches Brauchtum. Fruchtbarkeitszauber und höfische Maskerade, Totenangst und Ekstase, Mimus und Kultspiel, sozialer Rollentausch und Volksjustiz sind zusammengewachsen. Und nur aus dieser Vielschichtigkeit ist es zu verstehen, daß die Masken und damit die Fastnacht ihren Sinn nicht eingebüßt haben und daß sie heute lebendiger sind denn je.

Die Festa S. Giovanni in Florenz

Zwischen Volkskultur und Herrschaftsinszenierung

Von *Achatz von Müller*

Johannisfest in Florenz. Prozession der ‹Ceri› auf der Piazza della Signorina.
Anonymer Stich.

Wohl kein Besucher der sommerlichen Toskana vermag sich der Wirkung folkloristisch gefärbter Geschichte zu entziehen, wenn er aus der bekannt heiter-heißen Landschaft eintaucht in die städtische spätnachmittägliche Kühle und abrupt auf eine Bühne bunter Kostüme und malerischer Renaissance-Gesichter versetzt scheint. Es ist Festzeit in der Toskana. In Arezzo, Siena, Pisa, Pistoia und Jahr für Jahr immer weiteren Provinzstädten wird im historischen Festkostüm Erinnerung beschworen – Erinnerung an Volkskultur, kommunale Freiheit, Blütezeiten oder auch nur Blütenträume. Doch wie fast immer bei derartigen Versuchen, in denen Geschichte zum Vorwand für die Steigerung des Angebots an Lust- und Reizbarkeiten dient, sind die in ihr tatsächlich enthaltenen Spannungen und Reize fast vollständig verflogen. Die ursprünglich im Fest als Quell historischer Identität und sozialen Selbstbewußtseins inszenierte Geschichte wird von Tourismus und Medieninteressen – oft im unmittelbaren Sinne des Begriffes – ‹aus dem Feld geschlagen›. Wer wirklich unter der Oberfläche dieser durchaus glanzvollen und faszinierenden Aktionen wenigstens noch einen Anflug der hier einstmals verdeckten, ritualisierten, gezähmten und doch zugleich ausgetragenen Konflikte und geheimen Spannungen verspüren will, muß sich beeilen.

Der Funktionswandel des öffentlichen Festes ist jedoch keineswegs neu. Schon immer waren diese kommunalen Feste dem Einfluß widerstreitender Interessen unterworfen. Wohlgemerkt nicht nur in jenem schnell greifbaren, keineswegs vordergründigen Sinn eines politischen und sozialen Konfliktfeldes, sondern – wirkungsmächtiger, ‹geschichtsträchtiger› noch als Bühne für die Begegnung und den Antagonismus unterschiedlicher historischer Prozesse: für den Widerstreit also zwischen Prozessen von ‹langer und von kurzer Dauer›. Als Teil und Ausdruck von Volkskultur waren die kommunalen Feste nur allmählich und fast unmerklich historischem Wandel ausgesetzt; als Bühne und Hintergrund für politische Inszenierungen blieben sie jedoch nie unberührt vom raschen Wechsel der Eliten und Herrschaftsstile. Zwischen Volkskultur und Herrschaftsinszenierung boten diese Feste somit fast immer schon reiches Anschauungsmaterial für die ‹Gleichzeitigkeit des Ungleichzeitigen›.[1] Daß sie untereinander auch hierarchisch verbunden waren, ist ihnen allerdings heute nicht mehr anzumerken. Tatsächlich aber hatte die allmähliche Unterwerfung der Toskana und ihrer einst freien Kommunen unter die Florentiner Oberhoheit die Ausdehnung des festlichen Beziehungsraumes in dieser Landschaft zur Folge. In den Mittelpunkt der kommunalen toskanischen Festszene schob sich seit ihrem erfolgreichen Kampf gegen die Hegemoniebestrebungen der Visconti von Mailand immer deutlicher das zentrale Stadtfest der Florentiner: die Festa S. Giovanni.[2]

Johannes der Täufer, der heilige Schutzpatron der Stadt, wurde an seinem Festtag, dem 24. Juni, wahrscheinlich bereits seit Beginn seiner besonderen Schutzherrschaft am Arno mit Gaben und Gottesdienst geehrt. Die erste Erwähnung eines ganz allein ihm geltenden Zeremoniells bezieht sich auf das Jahr 724, und immer wieder weisen im Laufe der Jahrhunderte mehr zufällige als systematische Notizen darauf hin, daß die Florentiner den Johannistag mit besonderem Aufwand begingen, ohne daß allerdings ein dauerhaftes Programm des Festes erkennbar würde.[3] Die früheste Nachricht über ein solches dauerhaftes Festelement bezieht sich auf das Jahr 1288. Der wichtigste Chronist des frühbürgerlichen Florenz, Giovanni Villani berichtet, daß in diesem Jahr die Festa S. Giovanni mit dem gewohnten Pferderennen begangen worden sei – allerdings nicht in Florenz, sondern vor den Mauern von Arezzo. Hier nämlich hätten sich fast alle waffenfähigen Florentiner befunden und die Belagerung der Stadt für einen Tag – eben den ihres Schutzpatrons – ausgesetzt.[4] Nach Villani ist der Brauch, am Johannistag einen *Palio* abzuhalten, jedoch bereits gegen Ende des 13. Jahrhunderts alt. Der Begriff *Palio*, den Villani für das Rennen benutzt, leitet sich von dem Siegespreis ab, der dem Besten winkte. Hierbei handelte es sich um ein kostbares und reich besticktes Woll-, Brokat- oder Seidentuch, das die Sieger stets aufs Neue dem Heiligen in seiner Kirche weihten.

Siena hat bis heute das Ritual des *Palio*-Rennens bewahrt und bietet noch immer reiches Anschauungsmaterial für die soziokulturellen Elemente von Konflikt, Erregung und Entladung, die es wohl von Beginn an begleiteten. Wann dieser Beginn zu vermuten ist, wird weder aus Villanis Hinweis auf die Gewohnheit der Florentiner, das Rennen zu Ehren ihres Schutzpatrons zu veranstalten, deutlich, noch aus der Behauptung der älteren Florentiner Kommentatoren Villanis, der *Palio* sei so alt wie die Festa S. Giovanni selbst. Da hilft vielleicht doch eher noch der Hinweis Dantes, der in seiner zu Beginn des 14. Jahrhunderts verfaßten berühmten ‹Göttlichen Komödie› das Johannisrennen in seine eigene Zeit verlegt. Seinen hochmittelalterlichen Urahn Cacciaguida läßt er dort nämlich in eine Eloge auf die Geschichte seiner Heimatstadt ausbrechen, die natürlich in einer Verdammung ihrer Gegenwart mündet, einer Gegenwart, der auch der *Palio* am Johannistag zugeordnet wird.[5]

Sollte somit der *Palio* als fester Bestandteil des Festes tatsächlich erst im 13. Jahrhundert entstanden sein – und vieles spricht dafür –, so dürften die religiösen Zeremonien des Johannistages durchweg älter sein. Von Wachstributen, also Kerzen, die dem Altar des Heiligen in der Kirche S. Giovanni – dem späteren Baptisterium – dargebracht wurden, erzählen bereits frühmittelalterliche Quellen genauso wie von Prozessionen und prächtig begangenen Gottesdiensten.[6] Daß es aber auch ein Tag höchst weltlicher Freude gewesen sein muß, erfahren wir ebenfalls von Giovanni Villani. Er beschreibt die Festfreuden des Jahres 1283:

«Da die Stadt sich im Juni zur Zeit des Johannisfestes in gutem und friedlichem Zustand befand und in heiterster Ruhe, die so nützlich ist für die Kaufleute und Handwerker, bildeten die Rossi und ihre Nachbarn jenseits des Arno eine vornehme und reiche Festkompanie, deren Mitglieder alle in weiße Roben gekleidet waren und deren Anführer ‹Herr von Liebe› genannt wurde. Diese Festbrigade wollte nichts anderes als Spiel, Unterhaltung, Tanz mit Frauen und städtischen Kavalieren. Andere nicht weniger vornehme Bürger tanzten durch die Stadt mit Trompeten und anderen Instrumenten, verbreiteten überall Freude und Glück und vergnügten sich in großen Trinkgelagen und Festessen. Dieses Fest dauerte fast zwei Monate und es war das schönste und vornehmste, das man je in Florenz oder der Toskana erlebt hatte.»[7]

Villani läßt keinen Zweifel an der Exklusivität dieser Festgenossenschaft von 1283. Es waren nämlich die *Cavalieri popolani*, die adeligen und bürgerlichen Eliten der Stadt, die den Festtag ihres Heiligen zum Anlaß für ausgedehnte Vergnügungen und Schmausereien nahmen. Doch Genuß und Freuden, die sie dabei empfanden, galten ihnen keineswegs als die einzige Verlockung des Festes. Nicht weniger ging es gerade diesen Gruppen der städtischen Gesellschaft darum, jede Gelegenheit zur Selbstdarstellung zu nutzen. Der Tag des Stadtpatrons, der wie kein anderer die gesamte Florentiner Gesellschaft versammelte, bot die besten Möglichkeiten dazu. Unter dem Schutz von Festfreiheit und Feststimmung vermochten sich sonst eifersüchtig von der Bürgerschaft abgewehrte oder wenigstens zurückgedrängte Prestigeinteressen der Kaufmannselite und des städtischen Adels kräftiger auszuleben als sonst.

In den bald nach dem denkwürdigen Johannisfest von 1283 ausbrechenden Kämpfen um die Stadtherrschaft zeigte sich der Konflikt zwischen diesem Repräsentationsinteresse der Elite und der um konforme Mäßigung bemühten Bürgerschaft in aller Schärfe. Am Vorabend des Johannisfestes von 1300 attackierten einige bewaffnete Adlige den herkömmlichen Prozessionszug der von Zunftvorstehern angeführten bürgerlichen Nachbarschaftsverbände. Die Bürger – so schrien die Angreifer – hätten sie um ihre legitime Ehre in der Stadt gebracht.[8]

Aber die Zeit, in der Adel und reiche Bürger das Fest zur Darstellung ihres Führungsanspruchs nutzen konnten, war zunächst vorüber. Von nun an beherrschte der korporative Geist der bürgerlichen Kommune den Tag des Florentiner Stadtpatrons. Diesem rationellen Kaufmannsgeist entsprach eine allmählich in das Fest einziehende rituelle Beständigkeit, die den unterschiedlichen Ansprüchen an den Johannistag gerecht zu werden suchte und sich dennoch nicht allein als Ordnungselement verstand. Zu Beginn des 15. Jahrhunderts beschreibt der Mathematiker, Historiker und Poet Gregorio Dati das nunmehr zu seiner Zeit fest umrissene Ritual zu Ehren des Stadtheiligen, nicht ohne die individuelle Festfreude zu würdigen:

«Im Frühling, der doch alle Welt erfreut, beginnt jeder Florentiner darüber nachzudenken, wie die Festa S. Giovanni im Sommer aufs Schönste gefeiert werden könne. Rechtzeitig vor ihrem Beginn sorgt ein jeder für Schmuck, Kleider und Juwelen. Jeder, der Hochzeitsschmäuse oder andere Familienfeste vorzubereiten hat, wartet – wenn immer er kann – damit bis zur Festa, um ihr Ehre zu erweisen. Zwei Monate zuvor beginnt man mit der Anfertigung des Palio und der Kleider für Festdiener, Helfer und Musiker. Zudem muß man dann die Palii in Auftrag geben, die von den Ländereien als Tribut dargeboten werden – ebenso Wachskerzen und andere Dinge. Zugleich beginnt man auch damit, bestimmte Personen zu den Festbanketten einzuladen und Bestellungen dafür vorzunehmen. Ebenso muß für die Pferde gesorgt werden, die sie von überall herholen, um am Palio-Rennen teilzunehmen. Man sieht förmlich die ganze Stadt in Festvorbereitungen, und die Köpfe der Jugend und der Frauen sind ohnehin voll davon.»⁹

Datis Beschreibung übergeht dann in ihrem Eifer, endlich das Fest selbst zu erreichen, einige wichtige Vorbereitungen, die jedoch aus anderen Quellen bekannt sind. Drei Tage vor dem Johannistag liefen Herolde durch die Straßen und riefen zur Teilnahme an der großen Prozession auf, die am Vortag des Festes – der ‹Vigilie des heiligen Johannes› – stattfand. Jeder Einwohner, der das 15. Lebensjahr erreicht hatte, sollte sein Kerzenopfer im Baptisterium darbringen. Zugleich trafen alle Läden und Kaufleute die Vorbereitungen zu einer großartigen Warenschau, mit der diese Stadt der Wolltuche und des Welthandels nicht nur die erwarteten Besucher und stets auch potentiellen Kunden aus ganz Europa zu beeindrucken dachte, sondern auch ihre eigene Identität als Kaufmannsstadt ausdrückte. Am selben Tag begannen außerdem die Arbeiten an einem riesigen Festzelt, das den ganzen Domplatz mit Dom und Baptisterium im Zentrum überspannte. Ein solcher ‹Himmel›, wie er genannt wurde, bedeckte auch die Piazza S. Piero Maggiore, wo sich die meisten Teilnehmer der großen Prozession sammelten, und einige Straßen in Nähe des Domplatzes. Die Stadt verwandelte sich in eine blaue Bonbonniere – denn Blau war die Farbe des Festzeltes und der Markisen über den prächtig ausstaffierten Läden.¹⁰

Der 23. Juni, die ‹Vigilie›, begann morgens um neun Uhr mit dem wahrscheinlich ältesten Teil des Festes: der Prozession des Klerus, der sich die im 12. und 13. Jahrhundert entstandenen Laienbruderschaften anschlossen. Dati beschreibt den sich bietenden Anblick mit Emphase: «Nun beginnt eine erhabene Prozession aller Kleriker, Priester, Mönche und Brüder, von denen die Stadt so viele unterschiedliche Orden beherbergt. Es ist eine wunderbare Erscheinung von unendlicher Frömmigkeit

– zum einen wegen des bewundernswerten Reichtums ihres Schmuckes, ihrer prächtigen Tragaltare und Heiligenbilder, die die Welt so staunenswert nie sah, so geschmückt mit Gold und Seide – sei es wegen der vielen Laienbruderschaften, die ihnen folgen, gekleidet wie Engel, mit Instrumenten aller Art und wunderbaren Gesängen. Und diese zeigen die schönsten Szenen mit den Heiligen, die sie jeweils verehren oder deren Reliquien sie sogar besitzen.»[11]

Diese Schauszenen erschienen auf großen hölzernen Gestellen, die von mehreren Männern getragen werden mußten. Die Gestelle wurden *nuvoli* genannt, da sie meist als kunstvolle ‹himmlische› Wolkenarrangements in Szene gesetzt waren. Kulissenartige Dekorationen steigerten die Illusionskraft der gewählten sakralen Szene, die durch ‹lebende Bilder› dargestellt wurde. Hier fanden die florentinischen Maler und Skulpteure ein reiches Feld für Aufträge, das sich deutlich erweiterte, als man in der zweiten Hälfte des 15. Jahrhunderts die *nuvoli* zunehmend auf belastbareren Wagen in die Prozession schickte.[12] Am Nachmittag des 23. Juni begann schließlich der Hauptteil des Festes – soweit es die Kommune und nicht die Kirche betraf: Dem Heiligen wurde das Wachsopfer dargeboten. Den Anfang machten die Korporationen der Bürgerschaft; die 16 Nachbarschaften, in die die vier Quartiere der Stadt aufgeteilt waren. Dati berichtet:

«Am Nachmittag der Vigilie des heiligen Johannes bis zum Sonnenuntergang sammelt sich jeder Bürger unter der Fahne seiner Nachbarschaft, von denen es insgesamt 16 gibt. Und in jeder dieser ‹Fahnengenossenschaften› gehen nun die Bürger in Zweierreihen; vornweg die würdigsten und ältesten, um der Kirche des heiligen Johannes eine einpfündige Wachskerze zu spenden – wohlgemerkt ein jeder von ihnen. Jede dieser Genossenschaften aber wird begleitet von Spaßmachern, Stelzengängern und Darstellern ‹lebender Bilder›. Alle Straßen, die sie auf ihrem vorgeschriebenen Wege berühren, sind aufs schönste geschmückt – sowohl an den Mauern wie an Balkons und Ballustraden. Teppiche, Markisen, gewirkte Tücher und Portieren verwandeln jedes Haus. Und alles ist voll von Frauen und Mädchen, in Seidenkleidern und geschmückt mit Edelsteinen, Juwelen und Perlen.»[13]

Die Lust an Schaustellung und Repräsentation hat also auch die bürgerliche Kommune nicht verlassen. Es ist vor allem die Frau gewesen, die die Rolle nachdrücklicher Demonstration individueller oder familiärer Prestigemerkmale zu übernehmen hatte. Das Festzeremoniell überließ dem einzelnen Bürger und der ihn umgebenden männlichen Verwandtschaft kaum noch Freiräume zur Selbstdarstellung. Alle Pracht des Festes erscheint ritualisiert, eingezwängt in kollektive Formen. Das heißt – wie auch Datis Bericht zeigt – nun keineswegs, daß damit individuelle Festfreude oder überhaupt jede Überraschung und Emphase der Festa

S. Giovanni entzogen worden sei. Familienfeste, üppige Tafeln mit Freunden und Verwandten, die die Wachsprozession begleitenden Gaukler,
Jongleure und Schausteller – alles weist auf Unterhaltung, Vergnügen und
vor allem auch auf tiefempfundene persönliche Festfreude hin. Zurück-
gedrängt hatte die Kommune allein die Möglichkeit, das zentrale Spektakel der Stadt als Bühne für adlige und großbürgerliche Machtdemonstration zu nutzen. Sie hatte mit einem Wort den ‹Feudalcharakter› des Festes
gezähmt, ohne aber seine Wirkung und Bedeutung für die kollektive
Identität der städtischen Gesellschaft zu schmälern. Die traditionellen
volkskulturellen Ströme, die das Fest durch die Jahrhunderte getragen
hatten und die ihren sichtbarsten Ausdruck in der Prozession der Geistlichkeit, den Schaustellungen der Laienbrüder und der Stadtbürger fanden, waren durch die Kommune in das rituelle Rahmenwerk ihrer
Festordnung[14] eingebettet worden. Innerstädtische Konfliktregelung und
Identitätssicherung in den vorgegebenen politischen Körperschaften verbanden sich auf diese Weise mit dem Interesse der Bürger, die eigenen in
Bruderschaften und Nachbarschaftsverbänden gepflegten Kulturformen
auch im Fest vorzustellen. Daß die Kommune ihren politischen Interessen einen deutlichen Vorrang einräumte, zeigt der Ablauf des eigentlichen
Festtages. Er begann mit der Fortsetzung des Kerzenopfers vom Vortage
– allerdings nun mit allerhöchster Prachtentfaltung, wie Dati in heller
Begeisterung berichtet. Denn es begann nun eben auch der ‹Tag der
Kommune›:

«Wer am Morgen des heiligen Johannes auf die Piazza della Signoria
geht, glaubt eine so herrliche und wunderbare Sache zu sehen, daß er
kaum seiner Sinne mächtig wird. Rings um den Platz sind hundert
Türme, welche aus Gold gemacht scheinen, manche von Karren getragen, manche von Trägern. Sie heißen ‹Ceri›, sind aus Holz, Papier und
Wachs gefertigt, mit Gold und anderen Farben bemalt und mit Reliefs
geschmückt. Innen sind sie hohl. Dort aber sitzen Männer, die diese
Türme kreisen lassen und mit ihnen kreisen die Reliefs und man sieht nun
Reiter galoppieren und fechten, Fußknechte mit Lanzen und Schilden
laufen oder reizende Damen tanzen. Und ebenso sieht man Tiere, Vögel,
Bäume und lauter andere Dinge, die Herz und Auge erfreuen. Neben
und rings um die Holzbühne des Palastes sind hundert Palien oder mehr
an eisernen Ringen oder Lanzen aufgehängt und die ersten sind die der
größten Städte, die unsrer Kommune Tribut schulden. So sieht man hier
den Palio von Pisa, Arezzo, Pistoia, von Volterra, Cortona und vielen
anderen. Allen diesen wunderbaren Stoffen ist eines gemein: daß sie
herrlich anzuschauen sind.»[15]

Nicht zufällig fand dieses großartige Spektakel auf dem Hauptplatz der
Kommune statt. Sie war es, die hier geehrt werden sollte, die mit der
Schaustellung der von ihr beherrschten Städte und Adelsburgen ihre

Bedeutung demonstrierte. Das Fest verschob für einen durchaus nicht unbedeutenden Augenblick sein Zentrum vom Platz des Heiligen zum Platz der Kommune. Aus den Opferkerzen für den Stadtpatron waren verselbständigte Schaustücke geworden, die sich allenfalls noch zu Ehren der Kommune bewegten, wenn auch ihr Name noch an den alten Wachstribut für den Heiligen erinnerte. Dennoch war die *Offerta* – wie die Kerzengabe hieß – nicht vergessen. Jetzt rief doch der Heilige, und die Prozession des Florentiner Staates machte sich auf den Weg zum Baptisterium. Voran schritten die *Capitani* der Parte Guelfa – der Einheitspartei der Florentiner Führungsschicht –, ihnen folgten Botschafter des auswärtigen und florentinischen Adels sowie die Abgesandten der unterworfenen Landschaften. Dann auf Karren gewaltige Kerzen – Tribute der Unterworfenen – und am Ende dieser Kerzenkavalkade ein Ochsenwagen mit der monströsen Kerze der Florentiner Münze. Keinen Augenblick vergaß die Stadt, wer sie war.

Endlich erschien – eingerahmt von Pfeifern und Trommlern – die Signoria, das Herrschaftsgremium der Stadt, in ihrem Gefolge als Gnadenzeichen im Geist des Heiligen die anläßlich des Festes von der Kommune freigelassenen Häftlinge: Amnestie als Tribut der Stadt an ihren Heiligen, dessen Gnade sie sich damit selbst empfahl. Am Ende der Prozession die höchsten Beamten und schließlich die Pferde, die, so schließt Dati seinen Bericht, «... den Palio laufen sollen mit den Jockeys ihrer Herren in reicher Livree und jedes von ihnen trägt eine Kerze, die auch sie dem Altar des Heiligen opfern.»[16] In dieses festgefügte Ritual brach ein halbes Jahrhundert nach Datis Bericht die Herrschaft der Medici mit allem Aufwand herein, über den die ihr eigentümliche kulturelle Produktivität verfügte.[17]

Deutlich gewinnen im Laufe des 15. Jahrhunderts die unterhaltenden und ästhetischen Anteile des Festes immer mehr Raum. Eine noch unter Cosimo dè Medici erlassene Verfügung aus dem Jahr 1454 räumt den von den Bruderschaften mitgeführten Bildprogrammen einen eigenen spektakulären Tag im Festprogramm ein.[18] Der vielleicht letzte große Bürgerhumanist Matteo Palmieri berichtet, daß dieser eigene Festtag der *Edifici* am 22. Juni überall große Zustimmung fand. Der spezifische Reiz, der von den großen auf Tragbühnen stehenden Bilderszenen ausging, wird von ihm nun deutlich auf ihre ästhetische Qualität bezogen. Zur Illustration erzählt er einmal mehr die in der italienischen Literatur schon seit Boccaccio hochgeschätzte Geschichte vom ‹dummen Deutschen›. Diesmal erweist sich der Deutsche als Kunstbanause. Ohne Ahnung von der naturalistischen Illusionskraft der Renaissancekunst klettert der deutsche Festbesucher in der Anekdote Palmieris auf eines der Schaugerüste und versucht, in der dort dargestellten Passionsszene Christi einem der römischen Häscher in den Arm zu fallen, denn, so Palmieri, «er hielt die

Darstellung für wirklich».[19] Die Geschichte findet mit der Niederlage des Deutschen und dem Sieg der Florentiner Renaissancekunst ihr gutes Ende.

Florentiner Künstler, die von dem großartigen Mäzenatentum der Medici profitierten, wandten sich ohne Scheu der mobilen Festkunst zu. Vasari berichtet von dem florentinischen Ingenieur Cecca in der Reihe seiner Künstlerviten ausdrücklich, dieser habe jene sinnreiche Vorrichtung – genannt «die Wolken» – erfunden, mit deren Hilfe auch die kompliziertesten Bilderszenen in der Prozession bewegt werden konnten, aber er sei auch der Erfinder anderer Tricks:

«Nach Angabe desselben Künstlers wurden mehrere Heilige bei Prozessionen entweder als tot oder gemartert dargestellt. Einige von Lanzen oder Schwertern durchstochen, andere den Dolch in der Kehle. Da jedoch heute sehr bekannt ist, daß dies mit einer zerbrochenen Waffe gemacht wurde, will ich nichts darüber sagen. Es genügt, daß sie Erfindungen Ceccas waren.»[20]

Es war bei aller Einflußnahme der frühen Medici in die Ausgestaltung und Erweiterung des Festes aber doch erst Lorenzo dè Medici, der die Festa S. Giovanni auch als Herrschaftsinstrument begriff und entsprechend veränderte. Der entscheidende Eingriff bezog sich erneut auf das Programm der *Edifici.* Die Kommune hatte den Bruderschaften ihr jeweiliges Bildprogramm freigestellt. Dies war das Stück genuiner Tradition und Volkskultur gewesen, das die Bürgerschaft in ihren autonomen religiösen Gruppen lebendig hielt. Bereits der Kunstsinn Cosimos und seiner humanistischen Berater hatte, wie am Werk Ceccas schnell deutlich wird, formalen und zuweilen auch inhaltlichen Einfluß auf die Bildprogramme der Bruderschaften genommen. Doch der religiöse Motivkreis, dem sich die Bruderschaften verpflichtet hatten, wurde dabei nicht gesprengt.

Lorenzo forderte diese Tradition nun offen heraus. Seit 1472 ließ er sich die Programme vorlegen und entwarf gemeinsam mit seinem ‹Hofhumanisten› Poliziano Abänderungen, schließlich ganz neuartige Themen. Immer stärker mischte er in das von den Bruderschaften zu Grunde gelegte Programm der Heilsgeschichte mit den Taten und Leiden Christi und seiner Nachfolger genuin weltliche Motive. Es waren vor allem Szenen der ganz im humanistischen Sinn antikisierenden *Trionfi,* die nun den Zuschauern zum Fest vorgeführt wurden.[21] Nachdem die Renaissancekunst im Dienst der künftigen *Dynastia Medici* bereits die Form des Programms verändert hatte, verwandelte sie nun auch tiefgreifend seine Inhalte. Politisch war dies ein bedeutsamer Schritt. Nicht mehr die kulturelle Identität der Florentiner Gesellschaft kam in den *Edifici* des Prozessionszuges zum Ausdruck, sondern die historischen Leitbilder der Familie, die sich anschickte, die kommunale Verfassung zu beseitigen.

Antike Cäsarentriumphe in einem großartig inszenierten Spektakel konnten in Florenz am Ende des 15. Jahrhunderts nur auf eine Familie verweisen: eben jene, die auch sonst antikes Pathos und antike Bildassoziationen beschwor. In der berühmten Antikensammlung des Palazzo Medici, den antikisch mythologisierenden, öffentlich ausgestellten Bildern Botticellis oder den Putti und Fruchtschnüren Verocchios fanden die in der Prozession erblickten Bilder dauerhaften und immer reicheren Widerhall. Den Verlust volkskultureller Identität schien die immer prächtigere Ausschmückung von Stadt und Leben in Florenz durch die alles beherrschende Familie bei weitem aufzuwiegen. Dieser Verlust an selbstgestalteter Festkultur mußte wohl hingenommen werden. Er entsprach der gesellschaftlichen und politischen Entmündigung. Die entscheidende Zäsur in der auf Beteiligung aller beruhenden Florentiner Festtradition setzten jedoch erst die Nachfolger Lorenzos.

Die Agitation Savonarolas gegen alle Festformen der Medici-Epoche sollte schließlich auch die älteren Traditionen der Festa S. Giovanni beseitigen. Die ‹Verbrennung der Eitelkeiten› vollzog nun als Reaktion, was spätestens Lorenzo begonnen hatte.[22] Als die Medici 1512 nach fast zwanzigjähriger Verbannung Florenz wieder betraten, belebten sie auch das Johannisfest aufs Neue. Aber nun zeigte sich ein bisher ganz unbekanntes Element, das auch äußerlich sofort sichtbar wurde. Das Fest zog sich über den 24. Juni hinaus und erhielt einen Appendix, der allmählich zur Hauptsache auswucherte. Dieser Appendix hieß ‹Unterhaltung›, ‹Belustigung›, ‹Schauspiel›. Die Haltung der Florentiner Festgesellschaft wandelte sich endgültig von aktiver Gestaltung zu passiver Beobachtung. In seinem Tagebuch notiert der Apotheker Luca Landucci im Jahr 1514 Szenen dieser Wandlung:

«Am 25. Juni 1514 veranstaltete man eine Jagd auf der Piazza dè Signori, und sie ließen zwei Löwen herauskommen, und es waren Bären da, Leoparden, Stiere, Büffel, Hirsche und andere wilde Tiere. Und derartiges erwartete man von dieser Jagd, daß sie so viele Tribünen machten auf der Piazza und so viele Einzäunungen, daß man noch nie soviel Holz auf einmal gesehen hatte. Es war jedes Ding völlig bedacht, außer, daß es welche gab, die keine Furcht vor Gott hatten und die eine höchst abscheuliche Sache machten, indem sie auf dieser Piazza in Gegenwart von 40000 Frauen und Mädchen eine Stute mit Hengsten zusammenbrachten, wo jene die unziemlichsten Handlungen sehen konnten; was den guten und ehrbaren Leuten höchst mißfiel, und ich glaube, es mißfiel sogar den unehrbaren.»[23]

Landucci berichtet, daß an diesem Johannisfest auch zum ersten Mal Karnevalslieder zu hören waren. Es war wahrscheinlich jener neue Typus des Festliedes, das kein anderer als Lorenzo dè Medici selbst kreiert hatte. Dem eintönigen Singsang des traditionellen Stegreif-Liedes hatte er das Kunstlied – die Arie – in unterschiedlichem Versmaß und mit variantenreicher Komposition entgegengesetzt. Auch das entsprach der alles neu ordnenden Funktion der Renaissanceästhetik. Die Lieder, die im Juni 1514 erklangen, waren der ‹Schwanengesang› der Republik Florenz.

Das Heilige Jahr 1600. Aufbau einer neuen Bühne

Von Erich B. Kusch

Feuerwerk auf dem Kastell San't Angelo zum Heiligen Jahr 1600.

Es ging nicht immer heilig zu in den Heiligen Jahren. Das gilt auch für das Jubiläumsjahr 1600, das im Zeichen der Gegenreformation stand. In der Geschichte der katholischen Kirche haben die Heiligen Jahre immer eine wichtige Rolle gespielt. Auch diese Tradition stammt aus dem Judentum. Das ‹Jobeljahr› oder ‹Halljahr› wurde bei den alten Juden jedes 50. Jahr gefeiert. Aus diesem Anlaß wurden Sklaven befreit, die Schulden erlassen und die Pfänder zurückgegeben, und darum nannte man es auch ‹Freijahr› oder ‹Erlaßjahr›. In der katholischen Kirche bedeutete das Heilige Jahr zunächst die Wiederkehr eines bestimmten großen Anlasses, der zum ersten Mal 1300 von Papst Bonifaz VIII. gewährt wurde. An Stelle des Zuges nach Jerusalem konnte man nach Rom wallfahren oder die Kosten einer Romreise für kirchliche Zwecke spenden.

Das Jubeljahr wird seit 1475 alle 25 Jahre gefeiert, dazwischen aber gab und gibt es immer wieder außerordentliche Jahre, wie 1933 unter Pius XI., um damit die Zahl der Lebensjahre Jesu Christi zu feiern. Das erste außerordentliche Heilige Jahr hatte Leo X. 1518 eingeführt, um Polen im Kampf gegen die Türken zu stärken. Andere wurden erlassen zur Bekehrung der Protestanten, für das Gelingen des Konzils von Trient, für die Rückkehr Englands zur katholischen Kirche oder für die Erhaltung des Kirchenstaates, gegen dessen Auflösung sich Pius VI. mit Erbitterung gewehrt hatte. Aber das einzige Mittel, das ihm noch zur Verfügung stand, war eben nur das Gebet. Pius IX. seinerseits feierte das Dogma von der Unbefleckten Empfängnis Marias durch ein außerordentliches Heiliges Jahr. Insgesamt sollen 27 Päpste außerordentliche Heilige Jahre abgehalten haben. Aber die Zahl ist historisch nicht verbürgt.

Das Heilige Jahr 1600 war von Clemens VIII. am 19. Mai mit der Konstitution ‹Annus domini placabilis› *annus remissionis* 1599 angekündigt worden. Clemens VIII. entsprach persönlich sicher dem Bischofsideal der katholischen Reform. Er führte das asketische Leben eines frommen Priesters und eifrigen Bischofs. Er wallfahrtete allmonatlich zu Fuß zu den sieben Hauptkirchen und hörte im Jubeljahr stundenlang in Sankt Peter Beichte. Er visitierte die Patriarchalkirchen und mehrere Klöster und Hospitäler. Ippolito Aldobrandini war in dem Konklave, das vom 10. bis 30. Januar 1592 dauerte, zum Papst gewählt worden. Dieses Konklave stand, wie auch die drei vorangegangenen, stark unter dem Einfluß Spaniens. Wie Hubert Jedin im ‹Handbuch der Kirchengeschichte› schreibt, gelang es Spanien damals nicht, seinen bevorzugten, geistig hervorragenden, doch schroffen Kandidaten Santorio durchzusetzen, sondern mußte sich mit dem ihm ebenfalls genehmen, doch weit schwächeren Ippolito Aldobrandini begnügen. Clemens VIII., dessen Pontifikat bis 1605 dauerte, hat die spanischen Erwartungen insofern enttäuscht, als er die von Philipp II. heftig bekämpfte Absolution von Heinrich IV. von Frankreich nach langem Zögern gewährte. Durch sie gewann das Papsttum seine politische Bewegungsfreiheit zurück, konnte beim Abschluß des spanisch-französischen Friedens von Vervins im Jahre 1598 als Vermittler auftreten und nach dem Aussterben der Hauptlinie des Hauses Este das päpstliche Lehen Ferrara einziehen und mit dem Kirchenstaat vereinigen.

Dennoch begann die kirchliche Erneuerungsbewegung unter ihm, den großen Schwung und den universalen Zug zu verlieren, den sie durch Pius V. und seine beiden Nachfolger empfangen hatte. Eine erneute Revision des Index der verbotenen Bücher lockerte zwar einige Fesseln, traf aber die jüdische Literatur besonders schwer. Die Republik Venedig lieferte 1593 den abgefallenen Dominikanermönch Giordano Bruno der römischen Inquisition aus, die ihn, als er nach wiederholtem Widerruf, zuletzt am 5. April 1598, zu seinen mit der damaligen Kirchenlehre im Widerspruch stehenden Ansichten zurückkehrte, zum Tode verurteilte. Ausgerechnet im Heiligen Jahr, am 17. Februar 1600, wurde er auf dem Scheiterhaufen des Campo dei Fiori in Rom verbrannt. Auch den zwischen Dominikanern und Jesuiten ausgebrochenen Gnadenstreit ließ Clemens VIII. unentschieden. Zur Inkraftsetzung der schon fertiggestellten neuen dekretalen Sammlung, die seinen Namen tragen sollte, vermochte er sich nicht zu entschließen. Obwohl als damaliger Nuntius in Polen politisch keineswegs unerfahren, so stellt Hubert Jedin fest, überließ der gewissenhafte aber unentschlossene Papst die Führung der Geschäfte fast ganz seinen Nepoten Cinzio und Pietro Aldobrandini und zerrüttete durch überreiche Zuwendungen an seine Familie die päpstlichen Finanzen.

Rom stellte im 16. und 17. Jahrhundert einen Sonderfall dar, weil, wie es der Historiker Rudolf Lill formuliert, in seiner damaligen Entwicklung parasitäre und provinzielle Elemente mit überstaatlichen und kosmopolitischen eine Symbiose eingingen, die das Bild und die Struktur der Stadt wie ihrer Umgebung bis zur Gegenwart bestimmt. In der Hauptstadt des Papstes galt noch ausschließlicher als in Neapel eine statische und autoritäre Ordnung, doch waren die sozialen Spannungen weniger hart, weil Rom erheblich kleiner – Rom zählte um 1600 rund 110000 Einwohner –, der Bevölkerungsdruck also weitaus geringer und die Tätigkeit kirchlicher Caritas besonders umfangreich war. Latium, das Land um Rom, war von allen Regionen des Kirchenstaates die rückständigste. Auf den Latifundien des Adels und kirchlicher Institutionen wurden lediglich extensiver Getreideanbau und Viehzucht betrieben. Die Großpächter lebten nicht in der Campagna, sondern in Rom und verdienten auf Kosten der Hirten und Landarbeiter sehr gut. Nicht wenige von ihnen wurden Besitzer, die ihre Söhne im Umkreis der Kurie in akademischen und geistlichen Karrieren unterbrachten. An der Erhaltung des Systems, dem sie alles verdankten, waren und blieben ihre Familien ebenso interessiert wie der Adel, dessen geistliche Mitglieder als Kardinäle und Prälaten die wichtigsten Ämter in der Kirchenregierung besetzten. Viele verzehrten auch die Einkünfte aus Pfründen in anderen Ländern. Der römische Adel bestand zu einem geringen Teil aus alteingesessenen Familien, wie den ständig verfeindeten Colonna und Orsini. Die Mehrheit bildeten Familien von Päpsten und Papstnepoten, die sich seit dem 16. Jahrhundert in Rom festsetzten und ebenfalls die Stadt mit Palästen, Villen und Kunstsammlungen ausstatteten: Farnese, Aldobrandini, Borghese, Barberini, Chigi, Doria-Pamphili, Ludovisi, Odescalchi, Altieri und Medici.

Rom war damals wie später unproduktiv. Die Stadt verdankte ihre Bedeutung und ihre Einnahmen den Denkmälern der Antike und der Tatsache, daß sie Sitz des Papstes und damit das Zentrum der seit der Gegenreformation mehr als zuvor auf den Papst ausgerichteten und durch die gleichzeitig beginnende überseeische Mission zur Weltkirche werdenden katholischen Kirche war. Man konnte sich noch einmal der Illusion hingeben, daß Rom *caput mundi*, das Haupt der Welt, sei. Das war nur möglich, weil wie oft zu weit über die eigenen Verhältnisse gelebt werden konnte. In Rom wurden weitaus mehr Gelder ausgegeben, als im Kirchenstaat erwirtschaftet wurden. Sie kamen aus Bereichen, für die der Souverän des Kirchenstaates keine administrative Verantwortung trug und deshalb auch nichts aufwenden mußte. Viele Orden, vor allem die neuen, unterhielten ihre großen Zentren in Rom, daneben bestanden die sehr zahlreichen Kirchen, Kollegien und Hospize aller katholischen Staaten und Nationen. Alle katholischen Staaten, besonders die großen wie Spanien, Frankreich und Österreich, unterhielten beim Papst aufwendige diplomatische Vertretungen. Das bedeutete eine Vielzahl von Aufträgen und Dienstleistungen, die ebenso mit ausländischen Geldern bestritten wurden wie die Ausgaben der Reisenden, deren Zahl erheblich zunahm. Auch die Kavalierstouren der deutschen Prinzen führten nach Venedig und Rom, deren barockes Flair selbst die Nichtkatholiken anzog. Die Einnahmen der Kurie, so die Gebühren für Ernennungen, Entscheidungen und Privilegien, die allerdings seit der Reformation wesentlich abgenommen hatten, kamen ohnehin aus der ganzen katholischen Welt.

Vor diesem Hintergrund spielte sich das Heilige Jahr 1600 ab. Das neue Jahrhundert war mit einem großartigen Feuerwerk auf der Engelsburg begrüßt worden. Aber schon bald darauf wurde das Heilige Jahr durch den Rauch des Scheiterhaufens verdüstert, auf dem Giordano Bruno lebendig verbrannt wurde. Nach zeitgenössischen Zeugnissen zu urteilen, hätte ihm der Papst gerne verziehen, wenn er nur zum Abschwur bereit gewesen wäre. Aber Giordano Bruno zog es vor, sich durch den Scheiterhaufen auf Erden unsterblich zu machen, denn an die Unsterblichkeit seiner Seele glaubte er sowieso nicht. Als sein Todesurteil verkündet wurde, soll er höhnisch zu den Richtern gesagt haben: «Ihr zittert vielleicht mehr, diesen Urteilsspruch zu fällen, als ich, ihn zu hören!» Während Giordano Bruno hingerichtet wurde, zog der gichtkranke Papst zu den sieben Hauptkirchen und kniete auf jeder Stufe der ‹Scala Santa›, um für Giordano Bruno zu beten, in der falschen Hoffnung, daß er sich doch noch im letzten Moment bekehren würde.

Clemens VIII. war, ungeachtet seines Nepotismus, ein frommer Mann, zwei Eigenschaften, die auch einige seiner Vorgänger zu vereinigen wußten. Er hörte nicht nur die Beichte in der Peterskirche, sondern teilte auch die Kommunion aus – im ganzen Heiligen Jahr sollen es 300000 gewesen sein, die von ihm persönlich oder den anderen Kardinälen und Priestern die Hostie empfingen. Er lud fast jeden Tag zwölf arme Pilger an seinen Tisch und bediente sie. Er ging ins Hospiz der Trinität, um den Pilgern die Füße zu waschen und Almosen zu spenden.

Clemens VIII. hatte schon im März 1599 zwei Kardinalskommissionen zur praktischen Vorbereitung des Heiligen Jahres und für die geistliche Betreuung der Pilger eingesetzt, die nach Nationen und Sprachen eingeteilt und versorgt wurden, wobei die Pilger aus dem protestantischen Norden aus Gründen, die auf der Hand liegen, besonders zuvorkommend behandelt wurden. Die Taschendiebe waren jedoch, wie Eva-Maria Jung-Inglessis in ihrem Buch ‹Romfahrt durch zwei Jahrtausende› berichtet, weniger rücksichtsvoll, sondern stahlen ausgerechnet bei der Eröffnungsfeier dem protestantischen Herzog Friedrich I. von Württemberg die sicher äußerst wertvolle Taschenuhr. Die Pilger hatten schon damals ihre liebe Not mit gerissenen Taschendieben und aufdringlichen Händlern.

Zwei bedeutende Gelehrte und Kardinäle wirkten am Heiligen Jahr 1600 mit: der Oratorianer Kardinal Cesare Baronius, der von 1538 bis 1607 lebte und damals seine Annalen schrieb, um die protestantische Geschichtsauffassung des Flacius Illyricus und der Magdeburger Zenturien zu widerlegen, und der Jesuit Roberto Bellarmino, der von 1542 bis 1621 lebte. Bellarmino verfaßte eine Abhandlung zum Heiligen Jahr: ‹De Indulgentiis et Jubilaeo.› Später wurde er sogar in den Rang eines Kirchenlehrers erhoben und heilig gesprochen.

Clemens VIII. zeigte auch praktischen Sinn. Er legte für das Heilige Jahr große Lebensmittelvorräte an und ließ zum Beispiel aus Sizilien zusätzliche Mengen Weizen kommen. Aber all das war nicht ausreichend, denn der Zustrom der Pilger im Laufe des Heiligen Jahres war größer als erwartet. In einem minutiösen Tagebuch, das in den Archiven der Vatikanischen Bibliothek aufbewahrt wird, ist beschrieben, wie die

Pilger ernährt wurden. In einem Speisesaal für die Pilger waren drei lange Tische aufgestellt, an denen 326 Personen Platz hatten, die alle zur gleichen Zeit bedient wurden. Zu essen gab es nur einmal am Tag, und zwar am Abend, denn um die Basiliken zu besuchen, waren die Pilger den ganzen Tag unterwegs. Es gab also einen großen Teller mit Salat und einen weiteren mit Rindfleisch oder kaltem Lamm, je nach der Jahreszeit, ein halbes Pfund pro Kopf, in Stücke zerschnitten, eine Suppe, einen kleinen Pokal Wein und ein Stück Brot für jeden. Die Priester waren bevorzugt, denn sie bekamen außerdem noch Feigen und Nüsse, und Wein und Brot nach Belieben. An den Fasttagen gab es anstatt des Fleischgerichts ein halbes Pfund Thunfisch oder einen Hering pro Kopf. Das Refektorium war mit drei großen Messingleuchtern mit je zehn Öllichtern erleuchtet. Außerdem waren an den Mauern 20 Öllichter angebracht. Auf den Tischen standen zusätzlich noch 40 Talgkerzen, und der Chronist versäumt nicht zu unterstreichen, daß alles wunderschön erleuchtet war.

Schon bevor die Heilige Pforte geöffnet wurde, waren 3000 Pilger angekommen, und in dem Haus war nicht mehr genügend Platz – der Papst mußte für zusätzliche Unterkünfte sorgen. Die päpstliche Polizei ließ Räume und Matratzen beschlagnahmen, um Platz für die Pilger zu schaffen. Vor allem die Juden mußten auf Anordnung des Kardinals Aldobrandini der Kirche Decken, Strohsäcke, Kissen und Bettgestelle zur Verfügung stellen, und als auch das nicht ausreichte, haben sie von den Christen – so der Chronist – 200 Decken und 90 Strohsäcke gekauft und dafür 317 Taler ausgegeben. All das wurde gratis und aus «Liebe» zur Verfügung gestellt. Der Chronist sagt allerdings nichts darüber, wie freiwillig es geschehen ist. Die bevorzugte Behandlung, die man den Priestern und den ausländischen Pilgern angedeihen ließ, löste zudem Unruhe und Unzufriedenheit aus. Sie bekamen besser zu essen als die Italiener und auch bessere Schlafstellen. Selbst dafür wurde eine typisch italienische Lösung gefunden: Die einheimischen Pilger mischten sich unter die Ausländer, um besser behandelt zu werden.

In dem Heiligen Jahr 1600 kamen offenbar besonders viele Bruderschaften gemeinsam nach Rom gepilgert. Am 3. Mai zum Beispiel traf eine solche Bruderschaft in Rom ein, und zwar 80 Pilger aus Otranto in Apulien und San Pietro di Galatina, alle in weißes Sackleinen gekleidet und barfuß. Sie geißelten sich mit Eisenketten, und dieses große Zeichen der Demut beeindruckte – so berichtet der Chronist – die Römer. Als sie durch das Stadttor an der Piazza del Popolo nach einem Marsch von 700 Meilen, die sie in 35 Tagen bewältigt hatten, nach Rom einzogen, küßten sie die Erde. Vorher schon hatten sie das Heiligtum der Madonna von Loreto an der Adria besucht und das Gelübde abgelegt, sich dreimal am Tag zu geißeln. Von den 80 hatten schon drei Rom im Heiligen Jahr 1575

besucht. Bei diesem Einzug in Rom müssen die Tränen reichlich geflos-
sen sein, und einer der Führer der Pilgerfahrt sagte: «Brüder, erinnert
euch daran, daß wir am Ort der Apostel sind, und es steht uns zu, unsere
begangenen Sünden zu beweinen und uns fest vorzunehmen, seine
göttliche Majestät nicht wieder zu beleidigen.»

Es fehlte nicht an kuriosen Episoden, etwa als in einem Pilgerheim drei
große Körbe mit Fisch abgegeben wurden, was, wie sich hinterher
herausstellte, ein Versehen war – die Pilger waren jedoch sofort bereit,
von einer wunderbaren Vermehrung zu sprechen. Während früher die
Gläubigen spontan nach Rom gepilgert waren, jeder so, wie er konnte,
allein oder mit Verwandten, meist zu Fuß, zerlumpt, erschöpft und
bettelarm, erfüllt von einer oft beeindruckenden Volksfrömmigkeit und
manchmal auch von fanatischem Bußeifer, kamen jetzt die Pilger zumeist
mit den neugebildeten Bruderschaften. Jeder Stand hatte eine eigene
Bruderschaft, es gab die Bruderschaften der verschiedenen Landsmann-
schaften und Bruderschaften, die sich zum Beispiel der ‹Schmerzhaften
Muttergottes› geweiht hatten. Alle diese Gruppen zogen geschlossen
durch die Stadt, Tag und Nacht, ein ganzes Jahr lang, eine nach der
anderen. Jede Bruderschaft trug ihre eigenen Farben, Trachten, Kutten,
Kerzen und Fackeln. Sie brachte ihre eigenen Banner, Bilder und Heili-
genstatuen mit. Die Pilger beteten und sangen ohne Unterlaß, verstärkt
oder abgelöst durch Musikinstrumente. Mit einer Bruderschaft nach
Rom zu pilgern, hatte außer der größeren Sicherheit auch noch den
Vorteil, daß man nur einmal die Hauptkirchen zu besuchen brauchte,
um den Jubiläumsablaß zu gewinnen, während sonst noch die alte Regel
von Papst Bonifaz VIII. galt, daß ein Römer dreißigmal und ein nicht
aus Rom stammender Pilger fünfzehnmal die Kirchen zu besuchen
hatte.

Wie immer, wenn in einer Stadt aus einem besonderen Anlaß viele
Menschen zusammenkommen, tauchten auch Spekulanten und Krimi-
nelle in großer Zahl auf. So wandte sich Clemens VIII. an die Behörden
des Kirchenstaates und beauftragte sie, nicht nur die Straßen zu reparie-
ren, sondern auch dafür zu sorgen, daß die Briganten ferngehalten
wurden. Zu oft waren in der Vergangenheit die Pilgerzüge überfallen und
ausgeraubt worden, und die Zimmervermieter wurden unter Androhung
von Körperstrafen – das heißt Auspeitschen – gezwungen, die Preise
herabzusetzen. Eine gleiche Strafandrohung richtete sich gegen die Bäk-
ker, die Mehl gehortet hatten, um die Brotpreise erhöhen zu können.
Außerdem sollte Rom den Pilgern einen erfreulichen Anblick bieten, und
so verbot Clemens VIII. mit einem Dekret, innerhalb der Stadtmauern
kleine und fette Schweine zu halten. Es wurde verboten, in den Straßen
Steine liegen zu lassen, die die Durchfahrt der Kutschen hätten behindern
können. Vor allem die Plätze aber waren voller Schmutz und Abfall. In

den Brunnen bewahrten die Hausfrauen ihr Obst und Gemüse auf, und
der Abfall wurde einfach auf die Straße geworfen.

Das Hauptziel einer Pilgerfahrt war es, den Ablaß zu erlangen, und die
Organisatoren des Heiligen Jahres taten alles, um den Charakter Roms
als Heilige Stadt zu unterstreichen. Im Heiligen Jahr konnten die Pilger
nur dann den Ablaß erhalten, wenn sie die besonderen Vorschriften, die
eigens für die Heiligen Jahre erlassen wurden, erfüllten, das heißt, die
Hauptkirchen besuchten, beichteten und zur Kommunion gingen und
natürlich Buße taten. Auch die Kardinäle durften im Heiligen Jahr, zum
Zeichen der Buße, nicht die ihrem Rang entsprechenden Purpurgewän-
der anlegen, und in den Kirchen predigten berühmte Mönche. Im
Heiligen Jahr gab es natürlich auch keine Karnevalsveranstaltungen, die
in Rom damals besonders beliebt waren. Im Heiligen Jahr 1600 waren
offenbar besonders viele ausländische Pilger davon beeindruckt, daß
Rom nicht mehr das Sündenbabel war, als das es ihnen oft geschildert
worden war. Ein Verwandter Calvins, der Sohn eines deutschen Predi-
gers, bekehrte sich zum Katholizismus und empfing Ende 1600 die
Sakramente – er trat dann in einen Orden der ‹Barfüßigen Karmeliter›
ein. In diesem Heiligen Jahr bekehrte sich offenbar auch eine gewisse
Anzahl von Mohammedanern zum Katholizismus.

Ebenso schwörten – wie die Zeitgenossen berichten – eine Reihe von
Protestanten der «Häresie» ab. Nicht immer ging es bei den Zeremonien
für das Heilige Jahr und bei den vom Papst vorgesehenen Besuchen in
den Basiliken friedlich zu. Vor allem die aus verschiedenen Regionen
Italiens stammenden Bruderschaften wachten eifersüchtig über tatsächli-
che oder angebliche Vorrechte. An der Engelsbrücke entbrannte eines
Tages ein heftiger Streit zwischen den Bruderschaften des ‹Gonfalone›
und der ‹Trinità›. Es ging um den Vorrang bei einer Prozession. In den
Streit mischte sich ein Pilgerzug von Neapolitanern ein, gegen den aber
die beiden römischen Bruderschaften sofort gemeinsam Front machten.
Don Ferrante D'Avalos, der an der Spitze der Neapolitaner marschierte
und das Kreuz trug, warf es weg und zog seinen Degen. Die Bruderschaft
des ‹Gonfalone› muß besonders streitsüchtig gewesen sein, denn bei einer
anderen Gelegenheit prügelten sie sich mit einem Pilgerzug aus Fano.
Flüche und gegenseitige Beleidigungen kamen hinzu. Auch anzügliche
Bemerkungen zwischen Männern und Frauen, die an Prozessionen teilnahmen, waren offenbar nicht gerade selten, und viele der Pilger waren
eher rauflustig als fromm. Noch schlimmer war es, wenn sich Räuber
unter die Pilger gemischt hatten, gegen die sich die Männer mit der Waffe
verteidigen mußten. Auch Häretiker versuchten, Pilger davon abzuhalten, ihre Gebete zu sprechen, die Kirchen zu besuchen und an den
Prozessionen teilzunehmen. Ein zeitgenössischer Beobachter unterstrich
jedoch, daß diese Zwischenfälle die Feierlichkeit und die Ernsthaftigkeit

der Glaubensmanifestationen in diesem Heiligen Jahr letzten Endes nicht stören konnten.

Die Heilige Pforte wurde erst am 31. Dezember 1599 geöffnet, einige Tage verspätet, und zwar wegen der häufigen Gichtanfälle des Papstes. Die Heilige Pforte an der St.Pauls-Basilika wurde im Auftrag des Papstes von Alfonso Gesualdo, Dekan des Kardinalkollegiums, geöffnet, die an der Lateransbasilika von Ascanio Colonna und die von Santa Maria Maggiore von Kardinal Domenico Pinelli. Die Ablässe jedenfalls waren schon von Heiligabend an gültig und brachten natürlich auch Geld. Der Chronist des Heiligen Jahres 1600 berichtet, daß am Tage vor dem feierlichen Beginn des Jubeljahres fast alle Kleriker und Ordensangehörigen aufgefordert wurden, sich am folgenden Tag um 18 Uhr an den vier Hauptbasiliken einzufinden, jeder an der, die ihm am nächsten gelegen war, um an der Eröffnungszeremonie mit einer Prozession teilzunehmen, die sich folgendermaßen abspielte: Zuerst kam die Prozession der Ordensangehörigen, dann die der Familie des Papstes und des Hofstaates, und schließlich die Bischöfe und Kardinäle. Alle hatten Fackeln in der Hand, auch der Papst, der auf der ‹Sedia Gestatoria›, der päpstlichen Sänfte, getragen wurde. Der Kardinal Gesualdo, der den Segen des Papstes erhielt und dann die Heilige Pforte der St.Pauls-Basilika öffnete, war von 150 Reitern begleitet, und auch die anderen Kardinäle wurden von Adeligen, alle zu Pferde, begleitet. Kardinal Pinelli hatte offenbar die größte Zahl von Reitern um sich, zweifellos war es eine Frage des Prestiges.

Die Heilige Pforte an der Peterskirche, die damals immer noch im Bau war – jetzt war nach Michelangelo Maderna der Architekt – wurde von Clemens VIII. mit den rituellen drei Schlägen eines goldenen Hammers geöffnet. In der Heiligen Pforte waren verschiedene Gold- und Silbermünzen eingemauert, die der Papst den anwesenden Prinzen zum Geschenk machte. Den Löwenanteil aber erhielt Ranuccio von Parma, ein Verwandter des Papstes. In der Lateransbasilika wurde das Bild Christi des Erlösers in einer Prozession zum Allerheiligsten gebracht, und in der Basilika von Santa Maria Maggiore war es ein verehrungswürdiges Bild der Jungfrau Maria. Während dieser Zeremonien, an denen eine große Volksmenge teilnahm, kam es, wie der Chronist unterstreicht, zu keinen Zwischenfällen, weder starb jemand, noch wurde jemand verletzt. An den folgenden Tagen waren die Prozessionen besonders zahlreich. Die Reliquien, wie zum Beispiel die Lanze, mit der ein römischer Legionär Christus in die Seite gestochen hatte, wurden dem Volk gezeigt.

Rom war in diesem Heiligen Jahr wie eine große Theaterbühne. Zwar waren noch nicht alle Bauten, die unter den vorhergehenden Päpsten begonnen worden waren, fertiggestellt, aber die eindrucksvollen Fassaden der Kirchen, die Paläste, die Obelisken und die Brunnen hatten Rom

von Grund auf verwandelt. Rom wurde zur Hauptstadt des triumphierenden Katholizismus. Der Barock ging auf seine Glanzzeit zu. Prunk,
Pracht und Aufwand, die Vorliebe für perspektivische Spiele, Feuerwerke und mythologische Darstellungen sollten die Besucher Roms beeindrucken. Wenn der Papst mit seinem Hofstaat und der Adel mit seinem
Gefolge oder neu ankommende Botschafter mit ihrer Begleitung in den
Straßen erschienen, waren es immer farbenprächtige Szenen, die Macht
und Reichtum augenfällig demonstrieren sollten. Gleichzeitig aber lebte
in Rom eine breite Schicht von armseligen, servilen, abergläubischen und
gleichgültigen Menschen, die man entweder mit der Peitsche zum
Schweigen brachte oder mit Geschenken von Geld und Lebensmitteln
beruhigte. Das Handwerk und auch der Handel waren noch nicht sehr
entwickelt. Man zog eine Beschäftigung in den Kanzleien der Kurie vor
oder versuchte, Bediensteter beim Adel zu werden.

Zu den Pilgern des Heiligen Jahres gehörte auch der Kardinal Andrea
von Österreich, Neffe des Kaisers Maximilian II., der zunächst inkognito
in dem Pilgerheim der ‹Trinitá› wohnte, dann aber vom Papst in den
Vatikan geholt wurde, wo er kurz danach starb. Dieser Akt der Bescheidenheit und Demut war allerdings noch eine Ausnahme. Viele Kardinäle
nahmen sich ihre Vorgänger der Renaissance wie zum Beispiel den
Kardinal Farnese zum Vorbild, der mit 180 Reitern nach Rom gekommen
war. Aber er war von Adeligen noch übertrumpft worden, die bis zu 800
Reiter und Ritter mit nach Rom gebracht hatten.

Wieviele Besucher und Pilger 1600 überhaupt nach Rom gekommen
waren, ist nicht verbrieft. Die Zahlen, die einige Historiker wie zum
Beispiel Prinzivalli oder Pastor nennen, und die zwischen 1,2 und drei
Millionen liegen, sind sicherlich maßlos übertrieben. Man kann annehmen, daß insgesamt wenig mehr als eine halbe Million Pilger nach Rom
gekommen waren, wie es auch der Zeitgenosse Kardinal Agostino Vale-
rio, der über dieses Heilige Jahr berichtet, angibt. Im Hospiz für die
Priester, in Borghi gelegen, wohnten insgesamt 2900 ausländische Priester. Die Prozessionen, Zeremonien und Feierlichkeiten verteilten sich
über das ganze Jahr. Zu den Berühmtheiten, die 1600 nach Rom kamen,
gehörte der Herzog von Bayern, der Vizekönig von Neapel, der General
der Flotte von Malta mit verschiedenen Rittern des Malteserordens und
der Botschafter Heinrichs IV., König von Frankreich.

Das Heilige Jahr wurde ebenso verspätet abgeschlossen wie es begonnen hatte, und zwar aus dem gleichen Grund: Papst Clemens VIII. litt
erneut unter Gichtanfällen. Am 13. Januar 1601 wurde die Heilige Pforte
mit dem üblichen Zeremoniell geschlossen. Daraufhin wurde der Ablaß
für das kommende Jahr für die nichtrömischen Gebiete der Kirche
gewährt.

Die Feier des Heiligen Jahres allein führte nicht dazu, daß die Auseinandersetzungen in der Kirche, also theologische Streitigkeiten und der Kampf gegen die Häretiker oder auch die grundsätzlichen Dispute und Kämpfe mit der weltlichen Macht, friedlich zu Ende gebracht worden wären. Immerhin hatte die katholische Kirche ihre tiefe Krise überwunden, die unter Alexander VI., der das Jubeljahr 1500 ausgerufen hatte, verheerende Folgen gezeigt und zur Reformation geführt hatte. 100 Jahre hatten genügt, um das Angesicht der Kirche zu verändern. Die Autorität des Papsttums war wieder hergestellt, wenn auch nicht im ganzen Raum der mittelalterlichen *res publica christiana,* so doch innerhalb der römisch-katholisch gebliebenen Völker, wie es Hubert Jedin im ‹Handbuch der Kirchengeschichte› schreibt. Allen Schwächen des Aldobrandini-Papstes zum Trotz gestaltete sich das Jubiläumsjahr 1600 zu einem Triumph des erneuerten Papsttums.

Die Elbe in Flammen

Fürstenhochzeit Georg von Hessen-Darmstadt und Sophie von Sachsen im Jahre 1627

Von Günter Barudio

Feuerwerk vor dem Japanischen Palais am Dresdner Hof 1718 anläßlich der Ordensvergabe des Goldenen Vlieses an den Kurprinzen.
Es gilt als Höhepunkt aller Barockfeuerwerke.
Kupferstich von August Corvinus 1719.

Wie Hochzeits-Feste im Frieden gefeiert werden können, das hat vor allem das Königshaus Windsor in England einer nach Glück und Glanz süchtigen Welt in den letzten Jahren auf seine Weise vorgeführt, als sich zwei Prinzen in den Stand der Ehe begeben durften. Beim Augenschmaus an diesen farbenprächtigen Schauspielen auf den Straßen Londons werden nur wenige Zuschauer auch daran gedacht haben, daß zumindest Kronprinz Charles als ‹Prince of Wales› mit seiner Heirat einer Verfassungs-Erwartung der Krone Englands zu entsprechen hatte, nämlich im Ehestand legitime Erben als mögliche Thronfolger zu zeugen. In sein privates Glück mischte sich demnach eine Staats- und Rechtsräson, die auch für den gesamten Rahmen seiner Hochzeit mit Lady Diana die Bedingungen vorschrieb: Ein derartiges Fest ist also in seinem Kern mehr als nur die Entfaltung von Pracht und Pomp. Wie unbarmherzig diese Heirats-Konditionen sein konnten, hat die Welt am Los des Herzogs von Windsor erlebt und hat auch der Namensvetter und Vorgänger des jetzigen Kronprinzen erfahren, – Karl I., als er sich in den zwanziger Jahren des kriegerischen 17. Jahrhunderts ebenfalls als ‹Prince of Wales› in Europa auf Brautschau begab. Dabei mußten seine Werber vor allem darauf achten, daß es eine standesgemäße Braut aus kaiserlichem, königlichem oder zumindest fürstlichem Blut war. Außerdem sollte sie die richtige Religion haben und neben reichem Vermögen an Gut und Geld auch politisch einiges in den Ehestand einbringen. Es besteht angesichts dieser Bindungen kein Zweifel, daß das heiratsfähige Weib als kostbare Ware gehandelt wurde, von dessen Kindergebären das Wohl und Wehe eines ganzen Volkes abhängen konnte.

Daher kommen denn auch die zahlreichen Ratschläge in allerlei Tugendbüchern der Neuzeit sowie Warnungen und Ermahnungen, die beim Hochzeitsfest selbst wieder in Sinnsprüchen und Emblemen auftauchen; als wollte man den Ehefrieden von außen beschwören, damit sich der Hauskrieg nach innen zwischen den Geschlechtern begrenzen ließ. So konnte man vom katholischen Spanien bis zum lutherischen Schweden in gleicher Tonlage hören: «Ein böses Weib ist gefährlicher als ein zorniger Mann... Den Hauskrieg besteht ein Mann dann am besten, wenn er mit seinem Weib mehr den Verstand und Bescheidenheit als die Strenge und Gewalt gebraucht. Dann die Weiber sein dermaßen genaturet, daß sie nach den dreißig Jahren täglich ihre Eigenschaft und Art in allen Dingen zu verkehren pflegen.»[1] Und die Courasche bei Grimmelshausen jammert: «Etliche Offiziere hatte ich noch zu Freunden, die aber nicht meinen, sondern bloß ihren Nutzen suchten; teils suchten [sie auch] ihre Wollüste, teils mein Geld, andere meine schönen Pferde... und war doch keiner, der mich zu heiraten begehrte...»[2]

Genau das aber wollte der erwähnte Karl von Wales; und als ihm eine spanische Prinzessin versagt bleiben mußte, ließ er seine Brautwerber in

den ‹Stutengarten Europas› ausschwärmen, wie in jener Zeit die hohen
Fürstenhäuser im Heiligen Römischen Reich Teutscher Nation genannt
wurden. Vornehmlich in Sachsen ließ der heiratswillige Königssohn
anfragen. Dort aber holte er sich beim streng lutherischen Kurfürsten
Johann Georg eine rüde Abfuhr, wollte dieser doch keine Verbindung
mit einem Kalvinisten eingehen. Obgleich der Kurfürst den Kronprinzen
in dessen Religion nicht richtig einschätzte und in diesem Bereich manch
ein Kompromiß möglich war, kam zwischen Dresden und London kein
Heiratsvertrag zustande.

Dafür handelte Johann Georg mit Freude die Heiratsbedingungen für
seine Tochter Sophia Eleonora aus, die im Jahre 1627 den lutherischen
Landgrafen Georg von Hessen-Darmstadt ehelichen durfte – einen politisch sehr umworbenen Reichsstand, der sich als ‹Neutralist› und Frie-
densplaner während des laufenden ‹Teutschen Krieges› einen oft zweifel-
haften Namen machen sollte. Darauf legte die Braut wenig Wert, und es
hat ihr sicher auch nicht allzuviel ausgemacht, daß sie als Prinzessin nur
einen Landgrafen zum Mann bekam, zumal die Auswahl unter den
weltlichen Kurfürsten ja nicht sehr groß war, wenn man strenge religiöse
Maßstäbe anlegte. Denn das Haus Brandenburg und das Pfälzische Haus
der Heidelberger Linie gehörten dem verketzerten kalvinistischen Bekenntnis an. So gesehen machte die Kurfürsten-Tochter aus Dresden
keine schlechte Partie, galten doch außerdem diese Landgrafen in Darmstadt als recht wohlhabend und wußten, wie zur Feier besonderer Feste
ein fürstliches Gepränge auszusehen hatte.

Ein solches durfte Landgraf Georg jetzt selbst erleben, als er sich mit
stattlichem Gefolge auf den Hochzeitsweg nach Torgau, Dresden und
Leipzig machte und an der Grenze zu Sachsen das Geleit der Ritterschaft
dieses Kurfürstentums entgegennahm: «Die ganze Aufzäumung ihrer
Pferde war vergoldet, und auf ihre kostbaren Küraßröcke hatten fleißige
und geschickte Hände goldene Posamente genäht. Ihre Degen und
Sporen waren auch mit Gold überzogen und blinkten überreich in der
Sonne. Auf ihren Hüten wippten gelbe Federn im Takt ihres Ritts.
Schmuck hoben sie sich vom Samtschwarz der Dienermäntel ab, die
ebenfalls mit goldgelben Streifen geziert worden waren, so daß zu Fuß
und Roß Herr und Knecht gleichermaßen Farbe bekannten.»[3]

Schwarz und Gelb. Das waren neben Rot-Weiß die Grundfarben des
Heiligen Reiches, so daß die Ausstattung der ritterlichen Reiter nicht nur
einer Hoftrauer im Sachsen-Haus entsprach, sondern gleichzeitig auch
das Politische vermittelte, in das eine Fürsten-Hochzeit stets einbezogen
wurde. Nach außen hin ehrte demnach das Aufgebot der Ritterschaft den
Landgrafen als Reichsstand und nach innen bestätigte sich im Vergleich
zum ‹gemeinen Mann› und zu den ‹niedrigen Ständen› wie Bürgertum
und Klerus die eigene Standschaft als ‹Wohlgeborene›. Denn mochte auch

die Kleider- und Waffenpracht zur Feier einer Hochzeit aufpoliert worden sein, so bekundete ihre farbliche Anordnung im Alltag nicht weniger, daß das Heilige Reich stets gegenwärtig war. Von dessen Hoheitssymbol, dem doppelköpfigen Adler, ging seit den Kreuzzügen des Mittelalters die Legende, daß sein gesamter Körper schwarz zu sein habe, und er auf gelbem oder goldenem Grund seine Schwingen ausbreite, solange im Heiligen Land die Stätten der Christenheit in der Hand der Heiden wären. Unter diesen Bedingungen mahnte der schwarze Adler die Befreiung Jerusalems an, von der seit Beginn des ‹Teutschen Krieges› im Jahre 1618 immer wieder die Rede ging und die Gemüter erregte bis hin zu dem heißen Wunsch, der Reichsadler möge doch golden auf schwarzem Grund von den Fahnen wehen und damit das ferne Heilige Land als christliche Erde verkünden.

Von Spekulationen dieser Art, überraschende Wandlungen zu erleben, waren die Zeitgenossen des Landgrafen Georg und der Prinzessin Sophia Eleonora in besonderem Maße geprägt. Deshalb wundert es auch nicht, daß zu dieser Fürsten-Hochzeit die erste ‹Teutsche Oper› von keinem Geringeren als Heinrich Schütz komponiert wurde, und zwar nach dem Libretto von Martin Opitz zur ‹Daphne›. Dabei diente dem weltläufigen Dichterfürsten aus Schlesien die italienische Vorlage Rinuccinis, die er gründlich umarbeitete, ohne jedoch auf das dramatische Moment der Verwandlung Daphnes in einen Lorbeerbaum zu verzichten. Diese Nymphe wünschte sich dieses Los, weil sie von Apoll wollüstig verfolgt wurde und Heidenangst vor dessen Gewalttätigkeiten bekam. Cupido als Gott der Liebe wird dann ins Spiel gebracht, und die hessisch-sächsische Hochzeitsgesellschaft durfte sich bei diesem und sonstigem «kurzweiligen Freudenspiel» allerlei Ergötzliches, Erbauliches und Nachdenkliches anhören: «So ist denn nun dem Drachen/ Durch meines Bogens Macht/ Gestillt der wilde Rachen? ... Ach, ach, daß für die große Brunst/ Kein Kraut wächst auf der Erden! ... Tugend ist der beste Freund... So große Lust ihr habt zu'n Reheböcken/ Ihr Töchter Solyme/ So wenig sollt ihr meinen Liebsten wecken/ Bis daß er selbst aufsteh...»[4]

Das hat Landgraf Georg am 1. April 1627 sicher nicht ungern getan, als er im prächtigen Renaissance-Schloß zu Torgau an der Elbe mit dem kurfürstlichen Fräulein Sophia Eleonora «christlich kopuliert» wurde, wie es in der Juristen-Sprache der Zeit hieß. Der Doktor Hoë von Hoënegg soll bei diesem Anlaß den jungen Brautleuten einen «schönen Sermon» gehalten haben, also eine erbauliche Rede auf das Wesen und den Wert des Ehestandes als Grundlage der Gesellschaft, wiewohl Luther die Ehe für «ein weltlich Ding» erklärt hatte und nicht als ein Sakrament gelten lassen wollte wie die Katholischen. Ob dieser Hochzeitsredner und einflußreiche Kanzler am Dresdener Hof bei dieser Gelegenheit auch die Drangsal der teutschen Welt zur Sprache gebracht hat, überliefert der

Chronist dieses Festes nicht. Aber sicher ist, unter welchen Spannungen sich die wochenlangen Feiern erst in Torgau, dann in Dresden und schließlich in Leipzig abgespielt haben. Denn die Flüchtlingsströme aus Böhmen und Mähren rissen nicht ab, war Habsburg doch dabei, die mit Feuer und Schwert zurückeroberten Länder der altehrwürdigen Wenzelskrone von mißliebigen Ketzern zu säubern. Ohne Rücksicht darauf, daß Kaiser Ferdinand II. gerade im Kurfürsten von Sachsen und mit dem Landgrafen von Hessen-Darmstadt unter den Protestanten im Heiligen Reich immer wieder zuverlässige Partner finden konnte, wenn sich seine grobe Politik gegen die Kalvinisten richtete, wurde neben Böhmen und Mähren auch Ober-Österreich mit unglaublicher Härte von Lutheranern ‹befreit›. Dort war im Land-ob-der-Enns gerade ein weitläufiger Bauern-Aufstand vom General Pappenheim und dem Bayern-Herzog Maximilian auf Rechnung der Habsburger in Wien blutig beendet worden. Ob sich Kurfürst und Landgraf die Leidensschreie ihrer Glaubensgenossen zu Herzen genommen haben? Hilferufe, wie sie schon im Buch ‹Micha› des Alten Testamentes zu lesen sind, aus dem auch die Wendung von der Wandlung von Schwertern zu Pflugscharen stammt und damit die Umkehrung, wie gedemütigte und aufs Leben bedrohte Bauern der Not gehorchen und aus Pflugscharen Schwerter schmieden? «Gelüstet es sie nach Feldern, sie rauben sie, nach Häusern, sie nehmen sie weg, bemächtigen sich des Mannes und seines Hauses, des Besitzes und seines Eigentums... Selbst das Erdreich für die Verstorbenen ist kaum noch zu bezahlen... Weib und Kind müssen Bettelbrot essen... Wer Gottes Wort nach Luther verkündet, kann des Todes gewiß sein... Weil es gilt die Seel und auch das Blut/ So geb uns Gott ein Heldenmut...»[5]

Wurden auf dem Hochzeitsweg nach Leipzig allerlei Schäferweisen, Madrigale und Arien zum Lobe des Liebesgottes gesungen, so erklangen gleichzeitig auf dem Leidensweg von Linz her durch das südliche Heilige Reich die Jammerlieder der Enteigneten und Verfolgten, der Hungernden und auf den Tod Erkrankten. Wäre der ‹Teutsche Krieg›, wie er nun schon seit neun Jahren von Böhmen her tobte und allmählich seine Kampffelder aus dem Süden in den Norden verlagerte, nur ein ‹Glaubenskrieg› gewesen, dann hätten sich Kurfürst und Landgraf gerade in diesen furchtbaren Zeiten der leiblichen Not und fortgesetzter Seelenpein verstärkt um ihre lutherischen Glaubensgenossen kümmern müssen. So aber waren andere Interessen mit im komplizierten Spiel der Hohen Häuser mit ihren verwickelten Erb-Streitigkeiten und Besitzhändel. Die ‹Hohen Tiere›, wie Fürsten und Hochwohlgeborene in einer Mischung aus Respekt und Verachtung von jenen mitunter genannt wurden, die ihre Politik zu ertragen hatten, störte das Gejammer aus Ober-Österreich wenig, sie waren jetzt im Frühjahr 1627 dabei, sich in Torgau an plumpen Tierhatzen zu ergötzen, auf freiem Feld und im Schloß:

«Hatten sich die hohen Standpersonen gerade von der Jagd auf Wölfe
erholt, sich an den köstlichen Gerichten gelabt und wie der Kurfürst
selbst kräftig getrunken, da erscholl im ganzen Schloß der freudige Ruf:
Die Bären sind los... Und andere lachten über die verängstigten Tiere in
einem sicheren Gehege: Schaut, wie sie den Schwanz einziehen und in die
Fässer hetzen... Dem Kurfürsten selber aber bereitete es das höchste
Vergnügen, diese Fässer mit Bolzen zu beschießen, auf daß die Bären
wieder aus den Fässern sprangen und er mit biergetränkter Lust befehlen
konnte: Jetzt die Hunde auf sie gehetzt!»⁶

Auf diese Weise und mit vielen anderen Erfindungen wurde während
dieser Hochzeit nicht nur ein Heidenlärm gemacht, sondern auch ein
Heidenspaß unter Adeligen und Fürsten veranstaltet, die sich sonst gute
Christen nannten. Bei Vorhaltungen, sie würden die Tiere verhöhnen und
quälen, hätten sie nach den Vorstellungen ihrer Zeit einfach geantwortet,
daß Tiere keine Seele hätten und demnach behandelt werden dürften, wie
man es nach Lust und Laune wollte. War es unter solchen Verhältnissen
verwunderlich, wenn auch Menschen auf ähnliche Weise behandelt wurden, denen man noch etwas viel Schlimmeres vorwerfen konnte, nämlich
mit ihrer Religion Gott selbst verraten zu haben? Wer keine Seele besaß
und auch keinen Glauben, bei dem bedurfte es auch keines Gewissens.
Die Behandlungen der vermeintlichen Ketzer und der sogenannten Na-
tur-Menschen in Afrika, Asien sowie in der Neuen Welt Amerika
drückten eine Haltung aus, die sich in allen Bereichen des Lebens
überlegen dünkte und von einem Fest zum anderen die Hoffart pflegte,
zumal vor kichernden Damen. Um deren besondere Gunst fand nach den
Tierspektakeln zu Torgau ein Ringrennen statt, das man sich ungefähr so
vorstellen muß:

«Es pfeift der Wind durch einen aufgehängten Eisenring, als wäre es
das letzte Loch, in dem eine Lanzen- oder Speerspitze Platz hätte... Die
prachtvoll geschmückten Hengste der anreitenden Ritter schnauben beim
ruckartigen Stoß in den Ring... Wie Silberklang weht der verzückte
Aufschrei der Damen auf die zerwühlte Rennbahn, wenn einem der
ehrgeizigen Ritter das Kunststück gelingt und er aus vollem Lauf mit
eingelegter Lanze den Ring richtig erwischt...»⁷

Ein Narr, wer bei diesem beliebten Reiterspiel um die Gunst der
adeligen Damen, die den glücklichen Gewinnern besondere Preise verehren durften, nur an eine teutsche und harmlose Variante des Stierkampfes
dachte, aber nicht auf die Idee kam, daß hier vor hohen Damen und
Herren samt ‹niedrigem Volk› eine Defloration in Szene gesetzt wurde!
Und damit es nicht bei diesem Stechen blieb, auch die ‹Tragikomödie
vom Julio Cäsare› und andere Lüste nicht der einzige Gesprächsstoff
waren, gestattete ‹Bier-Jörgen›, wie der Kurfürst wegen seiner Versoffen-
heit im ganzen Heiligen Reich genannt wurde, seinen Pyrotechnikern,

den Meistern des Feuerwerks, als Höhepunkt der Torgauer Hochzeitsfei-
er brennende Kunstwerke besonderer Art: Von einer Schanze aus hatten
sie das Heilige Römische Reich Teutscher Nation in seinen äußeren
Grenzen aus allerlei Brettern und Streben aufgebaut. Darüber schwebte
der doppelköpfige Adler, umgeben von den sieben kurfürstlichen Wappen. Zu denen zählte auch das der Krone Böhmens, die im gleichen Jahr
noch eine diktatorische ‹Landes-Ordnung› durch die Habsburger bekam,
welche bis 1918 in ihrem Kern bestehen blieb. Dieses sonderbare Gebilde
nun wurde mit Hilfe unzähliger Zündschnüre, Pulverkammern und
kunstvoll gesetzter Hohlminen in einen Brand und lodernde Feuerglut
versetzt, daß dabei manch einem Hören und Sehen vergehen mochte:
«Es brannte das herrliche Reich flüssig und wie am Schnürchen ab,
unter Knallen, Zischen und alles betäubendem Krachen... Als die
Rauchschwaden gerade den flackernden Blick ganz vernebeln wollten,
fauchte das Feuer wieder auf und formte in einem sprühenden Funkenre-
gen den Lindwurm, auf den sich der Ritter Georg stürzte! ... Wie sein
großes Schwert nur in den Drachen zuckte und diesem mit immer neuen
Feuerwellen das Licht zerschlug! ... Und vom Anfang bis Ende dieser
Raserei wirbelten Trommeln, und Trompetenstöße schmetterten über die
Elbe weit ins Land... 40 besondere Feuermörser öffneten noch ihre
glutspeienden Mäuler und 15 Wasserkugeln wurden so lange in die Fluten
des Flusses gesenkt, bis selbst seine Schaumkronen zu brennen schienen... Das Wunderwerk zu Ehren des Landgrafen und seiner Braut war
nicht nur kurfürstlich, es galt als ‹königlich›».[8]

Das Heilige Reich in Flammen und Johann Georg sein Retter. War das
nur ein geldfressendes Spiel zu Ehren junger Eheleute, denen in Dresden
und Leipzig noch mehr Gold und Pracht vorgeführt werden sollte, und
an denen sich manch ein Gemüt in der Hoffnung erbaute, daß diese
Heirat den inneren Frieden unter den überaus zerstrittenen Fürstenhäu-
sern des Reiches befördern könnte? Berücksichtigt man die Politik
Johann Georgs in den kommenden Jahren bis hin zur Invasion der
Schweden-Armee unter König Gustav Adolf, ja bis zur berühmten
Schlacht bei Breitenfeld im Jahre 1631, dann erscheint das Höllenspekta-
kel von Torgau wie ein Menetekel. Der Kurfürst und sein Schwiegersohn
glaubten, sie säßen in ihren Ländern sicher, wenn die katholischen Kräfte
um Habsburg und Maximilian von Bayern in der Hauptsache die Kalvinisten unter den Reichsständen bekämpften. Mochte des Nachbarn Haus
brennen, die Menschen fliehen und der Krieg vor der eigenen Tür stehen,
es focht die beiden festvernarrten Fürsten wenig an. Draußen im Heiligen
Reich hungerten bereits in vielen Gegenden die eigenen Glaubensgenossen, bettelten um ein Stück Brot, während die hessisch-sächsische Festgesellschaft einen Gaumenkitzel nach dem anderen genoß: Nach Art der
Zeit mit Pfeffer, Ingwer, Rosinen, Mandeln, Zimt, Muskat, Nelken,

Safran, Oliven oder Kardamom überreich gewürzt und garniert sowie mit Rosenwasser besprengt. Ein Fest, von dem auch die Hochzeitspoeten etwas abbekamen, die englischen Komödianten nicht weniger als die italienischen und ‹teutschen› Musikanten.

Zieht man hier die Gebrechen und die Brüche der Zeiten ab, dann hat sich dieser Hochzeitszug nach und durch Dresden im Jahre 1627 kaum von jenem in London unterschieden, mit dem vor kurzem Prinz Andrew und Lady Ferguson Arm und Reich auf ihre englische Art erfreut haben. Und doch stellt sich beim Lesen des Chronisten neben das Heitere und Lebenslustige, das den Sachsen noch immer nachgesagt wird, auch das Jammergeschrei und Totengeläut ein. Denn nur ein paar Seiten weiter meldet eine damalige ‹Zeitung› beklagenswerte Zustände vom andringenden Elend des ‹Teutschen Krieges› in Stadt und Land, in Schloß und Kirche, bei Tag und bei Nacht. Angesichts dieser Spannung drängt sich die Frage auf, ob das Fest des beginnenden Barock mit der Lust an der Fülle und der Vergegenwärtigung des scheinbar Vollkommenen nicht noch eine andere Kehrseite hat als das Gemahnen an Tod und Endlichkeit. Richard Alewyn verstand es, sich einer Antwort auf diese Frage zu nähern, als er in einem anregenden Essay die ‹Feste des Barock› in ihrem geheimen Wesen zu ergründen suchte und dabei feststellte:

«Jede Stunde [eines Festes] hat ihr eigenes Gesicht, jeder Tag steht unter einer anderen Devise. Und doch ist auch wiederum alles einer leitenden Idee verbunden. Wie viele Wasser trugen, wie 1608 der Arno, den Zug der Argonauten nach dem Goldenen Vlies! Wie viele Gärten haben sich, wie 1682 der Heidelberger Schloßgarten, in den Parnaß verwandelt! Wie oft sind, wie 1668 in Versailles, die Kämpfe christlicher Ritter mit Heiden oder Zauberern wiederholt worden! Wie oft ist ein fürstliches Beilager zur Götterhochzeit erhoben worden, wenn auch nicht stets mit der gleichen Übertreibung wie 1679 in Spanien, wo die Hochzeit des impotenten zweiten Karl gleich als Sturz des ganzen Amazonenreiches ausgelegt wurde. Tage, Wochen, Monate sind durchkomponiert, und alles, Lebendes und Totes, bis zum letzten Lakaien im Schloß und bis zum letzten Orangenbäumchen im Garten, ist nichts mehr als [der] Bestandteil eines großen Planes.»[9]

Solche Pläne aber wurden nicht nur langfristig erdacht, um binnen kurzer Zeit alle Sinne in die Erschöpfung zu treiben und teures Geld in nutzloses Gold zu verwandeln, sie waren auch oft politisch motiviert, zumal bei Heiraten im Fürsten- oder Königsrang. Denn hier sollte, wie erwähnt, das festliche Beilager zu geeigneten Erben führen, damit sich die ‹große Ehe› auf Dauer vollziehe, wie die vertragliche Verbindung von Herrscherhaus und Land- oder Reichsständen in jener Zeit genannt wurde. Daran dachte auch Gustav Adolf in diesem sächsischen Hochzeitsjahr 1627, als er seine erst einjährige Tochter Christina vom Reichstag in Stockholm zur Erbin des schwedischen Zweiges im Hause Vasa und der Krone Schwedens erklären ließ, – eingedenk aller Wechselfälle des unsteten Lebens besonders in diesen Kriegszeiten, als er verstärkt um Johann Georg von Kursachsen bemüht war, damit dieser neben Georg Wilhelm von Brandenburg, seinem Schwager, die ‹patriotische Partei› gegen Habsburg und Wallenstein stütze. Zu diesem Geschäft der allseitigen Sicherungen und diplomatischen Inszenierungen politischer Ansprüche paßt auch der bizarre Zukunftsplan des Schwedenkönigs von 1632, seine Tochter Christina trotz engster Verwandtschaft mit Friedrich Wilhelm von Brandenburg zu verheiraten, dem späteren ‹Großen Kurfürsten›. Ein Verhalten, das dem sächsischen Kurfürsten wenig behagen wollte, sah er sich doch durch diese geplante Verbindung in seiner relativen Eigenständigkeit und ‹Kaisertreue› von Fall zu Fall und über Gebühr herausgefordert. Was Johann Georg beunruhigte, sollte seinem lutherischen Glaubensbruder aus dem ‹mitternächtigen Reich› in Zukunft nicht wenig Sicherheit verschaffen und eine Art protestantischer Supermacht begründen, wenn ihm ein männlicher Erbe versagt blieb. Im Kern dieses Heiratsplans, der wie ein Fest des politischen Intellekts komponiert war, heißt es:

«Ich möchte, daß mein Haus und die Krone Schwedens mit dem Haus Brandenburg und all denjenigen Ländern, die wir hier gewinnen können, durch selbige Heirat in eine Verbindung gebracht werden. Und zwar dergestalt, daß jedes [Gemeinwesen] für sich seine Gesetzesordnung und Gerechtsame abgetrennt behalte, während gleichzeitig alles zusammen ein Corpus werden möchte und von einem Haupte abhänge. Und sollte uns Gott doch noch mit männlichen Erben segnen, da bleibe dieser Prinz hier bei unserem Stand des Kriegsrechtes. Unsere Tochter aber behalte ihr Recht auf die gleiche Weise, nach der die spanischen Königstöchter in den Niederlanden regieren...»[10]

Bekanntlich ist aus diesem hochpolitischen Heiratsfest zwischen einer schwedischen Königin und einem ‹teutschen› Kurfürsten nichts geworden. Dafür aber gestaltete Christina nach den glanzvollsten Feiern zum Abschluß des ‹Teutschen Friedens› von 1648, zu denen Descartes ein berühmtes Ballett verfaßt hat, und nach ihrer Krönung von 1650 im Jahre 1654 eine überaus feierliche Abdankung und Scheidung der ‹großen Ehe› mit dem Königreich Schweden. Zahlreiche Gründe wurden für diesen erstaunlichen Verzicht bisher genannt. Nur auf einen sind die Historiker noch nicht gekommen, daß nämlich diese königliche Flucht aus der Regierungsverantwortung etwas mit dem *Horror vacui* der Zeit zu tun haben könnte, mit der ‹Angst vor dem Nichts›. Sie ist ein fundamentaler Schlüssel zum Verständnis der Feste- und Feiersucht dieses barocken Zeitalters. Blaise Pascal, der die abgedankte Königin aus dem hohen Norden sehr verehrte und ihr als Förderin der Künste und Wissenschaften seine ‹Zwei-Species-Maschine› schenkte – der erste mechanische Rechenapparat in der Geschichte –, hat dieses irrational anmutende Verhalten auf eine rationale Weise zu erklären versucht, aus deren Darlegung manch eine Nachtseite der Feste des Barock verständlich wird:

«Man lasse einen König ganz allein, lasse ihm, ohne seine Sinne zu beschäftigen oder seinen Geist abzulenken, alle Muße, an nichts zu denken als an sich, und man wird es erleben, daß ein König, der sich selbst erblickt, ein Mensch ist voller Elend, und daß er es fühlt wie irgendein anderer. Darum vermeidet man dies so sorgfältig, und darum fehlen in der Nähe der königlichen Personen niemals die Menschen in großer Zahl, die darauf sehen, daß den Geschäften die Zerstreuungen folgen; Menschen, die ihre Mußezeit bewachen und für Vergnügungen und Spiele sorgen, damit nur ja keine Leere entstehe. So sind die Könige umgeben von Leuten, die wunderbar aufpassen, daß der König niemals allein sei und in die Lage komme, über sich nachzudenken. Denn sie wissen, daß er dann – wie königlich er immer sei – unglücklich sein wird.»

Bringt der Schlaf der Vernunft innere Ungeheuer hervor, Alpträume und Verzerrungen des Daseins, so läßt die Furcht vor der Leere und Langeweile das auf die Welt kommen, was wir heute ‹Zeit-Vertreib› nennen. Der Mensch in seiner Angst vor sich selbst, das ist die rauschhafte und aufs Verdrängen gerichtete Kehrseite barocken Feierns. Dieses ist nicht umsonst von der Maske geprägt, liest das ‹Leben› von hinten und erkennt es als ein Nebel, als etwas Flüchtiges. Wen wundert es dabei, daß der Janus-Kopf ein Symbol dieser vom Krieg herausgeforderten Zeit wurde, die viele Menschen schon aus Leibesnot, Gewissensqual und Seelenpein nicht zu sich selber kommen ließ, und in der sich Landgraf Georg von Hessen nach seiner Prunkhochzeit von 1627 manchmal redlich und mitunter verschlagen als ‹Universalfriedensstifter› betätigte. Als Anführer der ‹Neutralisten› im Heiligen Reich wollte er oft nicht sehen, warum in ‹teutschen› Landen die Menschen Krieg zu ertragen hatten. Seine verständliche Friedenssehnsucht, die den wahren Ursachen des ‹Teutschen Krieges› gerne auswich und oft nur über die mitverschuldeten Wirkungen jammerte, hat etwas von einem ausgeprägten Festsinn an sich, der in die große Illusion vernarrt ist. Als er bei seiner Rückkehr aus dem Sachsen des scheinbaren Überflusses und blendenden Reichtums in der Universitätsstadt Marburg feierlich empfangen und festlich bewirtet wurde, da bot er mit seiner frisch angetrauten Frau Sophia Eleonora in der pomphaften Mitte seinen noch wohlhabenden Untertanen ein Bild freudiger Zukunftserwartung. Aber nur wenige Jahre später, nach der Invasion von Schweden und Franzosen (1635), hatte seine und des sächsischen Schwiegervaters Schaukelpolitik viel dazu beigetragen, das ganze Heilige Römische Reich Teutscher Nation mit wirklichem Feuer

zu überziehen. An manchen Orten sah es nach Jahrzehnten der Fülle und
des Friedens, der Feste und der Freude so trostlos aus wie im hessischen
Dorf mit dem bezeichnenden Namen Reichen-Sachsen. Aus dessen
bewegter Kriegsgeschichte berichtet der Pfarrherr Dinge von der Rück-
seite fürstlicher Haus- und Erbpolitik, die das Elend verursacht hat:
«An irgendein Fleischgericht war während des ganzen Jahres nicht zu
denken. Selbst an Festtagen gab es nicht einmal ein bißchen Schmalz für
die Erbsensuppe. Nicht eine Gans und nicht ein Schwein war mehr
vorhanden und der Steinweg durchs Dorf mit hohem Gras überwachsen.
Die besten Äcker konnten für einen oder zwei Laib Brot erworben
werden, und all jene, die sonst die Vornehmsten und Reichsten in
Reichen-Sachsen gewesen, sind nunmehr die Ärmsten geworden...
Doch es ist keine Schande, mögen es wohl bekennen, auf daß sie dadurch
das Kreuz Christi nicht vernichten und Gottes wunderbare Regie und
Erhaltung nicht verschweigen.»[12]

Die unverwesliche Krone

Das Hinrichtungsfest von Karl I.

Von Gertrud Mander

Die Exekution Karls I. von England. Holländischer Stich.

Es gibt eine Szene in der englischen Geschichte, die an dramatischer Eindringlichkeit sogar die großen Tragödien Shakespeares übertrifft: die öffentliche Hinrichtung des Stuartkönigs Karl I. an einem kalten Januarnachmittag des Jahres 1649 auf dem Schafott vor den Fenstern des Bankettsaals von Whitehall Palace. Dessen Decke hatte Rubens 20 Jahre zuvor mit einem Fresko ausgemalt, das die Apotheose von Karls Vater James zum Thema hatte, und nun schritt unter diesem auch ihm Unsterblichkeit verheißenden Gemälde Karl, in seine kostbarsten Gewänder gekleidet, nur von seinem getreuen Bischof Juxon begleitet, gefaßt auf das schwarzverhängte Schafott, auf den Henker, seinen Knecht und den Block zu. Dann in die Runde blickend, wandte er sich der Abteilung mit Piken bewaffneter Soldaten direkt unter ihm zu, den Kavalleristen, die zu beiden Seiten die Straße blockierten, und schließlich blickte er auf die riesige schweigende Menschenmenge um das Schafott, an den Fenstern und sogar auf den vereisten Dächern, die auf seine letzten Worte und auf den Axthieb des Henkers warteten. Aber obwohl er so laut und so deutlich sprach, wie in seinem ganzen Leben noch nicht und auf einmal wunderbarerweise nicht mehr stotterte, waren seine Worte nur den Zunächststehenden vernehmbar und mußten später von Mund zu Mund weitergegeben werden: «Ich bin zu Unrecht verurteilt. Ich sterbe für die Freiheit meines Volkes, als Märtyrer für das Volk. Ich sterbe als ein Christ und bekenne mich zur Kirche von England. Meine Sache ist gerecht und mein Gott ist gnädig.»

Darauf bat er Bischof Juxon, ihm die Haare im Nacken unter die weiße Satinkappe zu schieben, so daß der Hals frei war. Der tat, wie ihm geheißen, und gab ihm seinen Segen, mit der Versicherung, er werde nun bald im Himmel sein, wo ihn große Freude und eine Ruhmeskrone erwartete, worauf der König antwortete: «Ich gehe von einer verweslichen zu einer unverweslichen Krone, wo es keine Störungen mehr gibt, keine Störungen in der Welt.» Er nahm den goldenen Stern des Georgsordens von seiner Brust, gab ihn dem Bischof, fragte, ob der Block etwas höher gemacht werden könne, erinnerte den Henker an das vereinbarte Signal, sagte zum Bischof «Gedenket mein» und betete noch einmal stumm, die Augen zum Himmel gerichtet. Dann legte er sich auf den Boden, das Gesicht nach unten, wie einer, der gekreuzigt wird, legte den Kopf auf den Block und streckte nach kurzem Verweilen die Arme zur Seite, zum Zeichen, daß er nun bereit sei. Die Axt fiel, trennte den Kopf mit einem Schlag vom Rumpf, der vermummte Henker hielt den blutenden Kopf an den Haaren hoch, damit alle ihn sehen konnten. Ein Stöhnen ging durch die Menge, die Leute rannten nach vorn, um ihre Taschentücher mit dem Blut des Märtyrers zu benetzen, ehe die Berittenen sie von der Straße vertrieben. «Nichts im Leben stand ihm so gut an wie das Verlassen des Lebens», kommentierte ein Zeitgenosse, und der puritanische Lyriker Andrew Marvell, der zum Gefolge des Generals Fairfax gehörte, beschrieb die Hinrichtungsszene in bewegenden Worten:

«He nothing common did or mean
Upon that memorable scene
But bowed his comely head
As if upon a bed.»

«Er tat nichts Gemeines oder Schlechtes
An diesem denkwürdigen Tag
Und beugte sein schönes Haupt
Als legte er's auf ein Bett.»

Diese Anerkennung seines würdevollen Todes, auch von Feindesseite, hat König Karl I. den Sonderplatz in der englischen Geschichte gesichert, den er sich durch sein kompromißloses und unnachgiebiges Verhalten in den Verhandlungen mit der parlamentarischen Gegenpartei verwirkt hatte. Wie die tragischen Helden in Shakespeares Dramen entwickelte er angesichts des Todes eine menschliche Größe, die er im Kleinkram des Regierungsgeschäfts allzu oft hatte vermissen lassen, und bewies durch sein Verhalten während des Verhörs und auf dem Schafott, daß er seine Rolle als König nicht nur gut einstudiert hatte, sondern von ihr durch und durch durchdrungen war. «Gott wählt die Könige ihrer Geburt wegen. Der prophetische König David nannte sie Götter, weil sie auf dem Thron Gottes auf Erden sitzen. Allein das Gesetz Gottes regiert sie.» So hatte König James sein Königtum aufgefaßt, als ein Gottesgnadentum. Karl hatte diese Vorstellung sich zu eigen gemacht und durch seinen Tod im Sinne eines christlichen Martyriums öffentlich unter Beweis gestellt. Noch am Abend der Hinrichtung erschien ein wahrscheinlich von Karl selbst in die Wege geleitetes Buch mit dem Titel ‹Eikon Basilike› (Bild des Königs), das reich illustriert und mit Bibelzitaten versehen das königliche Martyrium zu einer Heiligenlegende machte und rasch zum Bestseller wurde. Damit wirkte der König über seinen Tod hinaus und stellte sicher, daß die monarchische Idee durch das republikanische Interregnum des Lordprotektors Cromwell hindurch am Leben blieb, so daß elf Jahre später sein Sohn Karl II. aus seinem Pariser Exil auf den englischen Thron zurückkehren konnte.

Wenn von Karl I. die Rede ist, liegt es nahe, unwillkürlich in die Sprache des Theaters zu verfallen. Marvell nannte ihn einen *Royal Actor,* den königlichen Schauspieler, der das *Tragic Scaffolding,* das tragische Schafott, zierte. Die denkwürdige Szene war ja nicht nur der letzte Akt im Leben des zweiten Stuartkönigs, sie war zugleich auch der Auftakt für ein neues Stück, in dem die gottgegebene britische Monarchie neuerstarkt wiederkehren sollte – allerdings bald gezwungen, sich der Notwendigkeit radikaler Veränderungen zu unterziehen. Auch im Nachhinein ergreift noch die profunde Theatralik der denkwürdigen Szene. Es sieht so aus, als habe der König nicht nur die Hauptrolle gespielt, sondern auch das Stück geschrieben, inszeniert und so glänzend orchestriert, daß der antiken Tragödie durch die christliche Symbolik eine Öffnung zur Transzendenz und ewigen Unsterblichkeit hinzugefügt wurde. Damit wandelte sich der Tod auf dem Schafott zur Apotheose und zur Rechtfertigung der Ideale, die den König im Leben geleitet und mit einem Teil seines Volkes im Parlament in Kollision gebracht hatten. Mit diesem großartigen *coup de théâtre* verließ er die Bühne der Politik, auf der er als Autokrat und Feldherr eine weniger eindrucksvolle Rolle gespielt hatte denn als Märtyrer. Er übersetzte die politischen Realitäten in die allegorische Sprache der Maskenfeste, mit denen er zu friedlicheren Zeiten an Festtagen und zu großen Staatsanlässen den Hof und die ausländischen Gesandten zu beeindrucken verstanden hatte.

«All the world's a stage
and all the men and women merely players
they have their exits and their entrances
and one man in his time plays many parts...»

«die ganze Welt ist eine Bühn,
und Frau'n und Männer sind nur Spieler,
treten auf und gehen ab,
und jeder spielt in seines Lebens Lauf viel' Rollen...»

So hatte Shakespeare 50 Jahre zuvor in der Komödie ‹Wie es Euch gefällt› (II. Akt, 1. Szene) geschrieben und das Lebensgefühl mit dem Festverständnis seines Zeitalters auf eine Weise zusammengebracht, die auch den beiden ersten Stuartkönigen zutiefst aus dem Herzen sprach. Es war das Zeitalter des Barock, dem man in England auch die Namen der jeweiligen Monarchen gab: *Elizabethan Age, Jacobean Age, Caroline Age;* eine Zeit, in deren Verlauf aus der Insel eine europäische Großmacht wurde sowie die Beherrscherin der Weltmeere und Handelsrouten, in der die naturwissenschaftlichen Revolutionen das traditionelle Weltbild radikal veränderten, während die Glaubenskämpfe die Menschen gegeneinandersetzten, in England vor allem im protestantischen Lager, das ein weites Spektrum aufwies: von der fast katholischen anglikanischen Kirche, die den Monarchen zum Oberhaupt hatte, über die Kalvinisten, Presbyterianer und Quäker, die Bischöfe und Priester abgeschafft hatten, zu den sozialradikalen Gruppen der *Levellers* und *Diggers,* die sich allein auf die Autorität der Bibel beriefen.

Gerade auch am Theater schieden sich die Geister, da die strenge Moralität der puritanischen Sektierer dort den Teufel am Werk sah, während am Hof, in den Häusern der Aristokraten, in den Kollegien der

Juristen und in den Volkstheatern außerhalb der Stadtmeile der City of London die Dramen von Shakespeare und seinen Zeitgenossen und Nachfolgern zur Unterhaltung des Volkes und zum Selbstverständnis der Gebildeten und Regierenden beitrugen. Ein veritables Politikum wurde deshalb die Teilnahme der Königin Anne von Dänemark mit ihren Hofdamen an einem Maskenspiel im Jahre 1605, in dem sie, als schwarze Äthiopierinnen verkleidet, sich dem versammelten Hof zeigten. Und Karls französische Gemahlin Henrietta Maria wurde in einer Flugschrift des Puritaners Prynne mit der Hure von Babylon verglichen, weil sie nicht nur tanzend, wie Königin Anne, sondern in einer Sprechrolle aufgetreten war. Daß Prynne für seine Majestätskritik an den Pranger gestellt, ihm seine Ohren abgeschnitten wurden und er zu lebenslänglicher Haft im Tower verurteilt wurde, war ein Beweis von Karls autokratischer Machtausübung, die ihm bei seinen Gegnern den Ruf eines Tyrannen einbrachte. Es zeigte sich darin aber auch, wie unversöhnlich sich die Lager gegenüberstanden in Fragen der Lebensführung und des Festefeierns.

Der monarchische Absolutismus der Tudors und Stuarts bediente sich der barocken Symbolik vom Welttheater zur Untermauerung des politischen und gesellschaftlichen Anspruchs, während die puritanische Theaterablehnung dessen propagandistische Monarchenerhöhung kritisierte. Shakespeares Königsdramen dienten der Legitimierung der Tudordynastie, deren Anspruch auf den englischen Thron immer wieder bestritten wurde – unter anderem auch von Karls Großmutter Maria Stuart, die deshalb dasselbe Schicksal erlitt wie er, obwohl die politische Konstellation für sie ganz anders war. Die Legitimität der Stuarts wurde durch die Berufung James VI. von Schottland auf den englischen Thron als James I. nach dem Tod von Elisabeth I. bestätigt, wodurch Marias Tod gesühnt war, obwohl eine kleine Partei am Hof, angeführt von Sir Walter Raleigh, einen anderen Stuartsprößling befürwortet hatte (und dafür mit lebenslänglicher Festungshaft im Tower büßen mußte). Kaum war der Jahrhunderte alte dynastische Konflikt um die englische Krone beigelegt, der als die ‹Rosenkriege› in die Geschichtsbücher eingegangen ist, und damit auch zum erstenmal die Vereinigung der Königreiche England und Schottland vollzogen, so steigerte sich die neue politische Problematik um die juristische Prärogative des Monarchen, die das Volk in Royalisten und Republikaner, in *Cavaliers* und *Roundheads* spaltete, zum Konflikt zwischen König und Parlament, und, da der König sich auf keine Machtteilung einließ, kam es zum Bürgerkrieg, der mit der militärischen Niederlage der Königspartei und mit der Verurteilung des Königs als Kriegsverbrecher endete.

Karls Tod auf dem Schafott war für den Sieger Cromwell eine ‹schreckliche Notwendigkeit› und somit trotz aller letztlich fehlgeschlagenen

Versuche der Legalisierung im Grunde ein rein realpolitischer Akt: ein Königsmord. Der König hatte den Krieg verloren, er war der Gefangene der Parlamentstruppen, er weigerte sich, beidseitig annehmbare Friedensbedingungen auszuhandeln. Er mußte beseitigt werden. In Shakespeares Königsdramen und in der Vergangenheit hatte sich der Königsmord im Geheimen vollzogen; im Hinterhalt oder im Verließ, mit Hilfe eines gedungenen Mörders, schaffte man sich den entthronten und besiegten Vorgänger kurzerhand aus dem Weg, nachdem man ihn zur Übergabe der Krone gezwungen hatte. Nach diesem brutalen Prinzip: Der König ist tot, lang lebe der König! hatten sich die dynastischen Veränderungen der ‹Rosenkriege› vollzogen. Diesmal war eine gründlichere und grundsätzlichere Veränderung beabsichtigt. Es erwies sich dann aber, daß durch Cromwells realpolitische Tat der Republikanismus in England für lange Zeit diskreditiert worden war. Der König war tot, aber der Monarchismus blieb am Leben.

Auf die Dauer siegte also Karl, indem er seiner Sache im Sinne des christlichen Evangeliums ‹bis in den Tod treu› blieb. Die Monarchie blieb erhalten, aber letzten Endes hauptsächlich in einer symbolischen und repräsentierenden Funktion, da sie ein paar Jahrzehnte später, im Verfolg der zweiten ‹glorreichen Revolution›, zu einer rein konstitutionellen Monarchie umfunktioniert wurde, in der der Monarch bei der Machtteilung seinem Parlament und seiner Regierung die wesentlichen politischen Funktionen überträgt.

Vielleicht wäre Karl ein besserer konstitutioneller als absoluter Monarch gewesen, wenn er seine Rolle so vorgefunden hätte und nicht mit der schwierigen Aufgabe einer Umwandlung der traditionellen Monarchie konfrontiert worden wäre, die den Repräsentanten Gottes zum Repräsentanten des Volkes machen sollte. Er liebte das Repräsentieren und die symbolischen Formen seines ererbten Amtes. An seinem Hofe, der als der formellste Hof Europas galt, wurde streng auf Etikette und Protokoll geachtet. Der Fußfall und die respektvolle Distanz waren *de rigueur,* die Formen des Zeremoniells, die unter James' verlotterter Herrschaft in Verfall geraten waren, wurden restauriert, Anstand und Respekt wurden von allen gegenüber allen gefordert. Das hatte ebensoviel mit Karls Rollenverständnis als König wie mit seiner Psychopathologie zu tun: Er war verschlossen, mißtrauisch, distanziert, anspruchsvoll. Als Kind war er kränklich und schwächlich gewesen, hatte dann lange im Schatten seines glänzend begabten und allseits beliebten älteren Bruders Henry gestanden, der 18jährig plötzlich an Typhus starb, wodurch die Thronfolge an Karl überging. Vater James regierte durch seine Favoriten, er vernachlässigte und mißtraute seinen Söhnen, und Karl mußte auf dem Umweg über den einflußreichsten der Favoriten, George Villiers, Herzog von Buckingham, die Gnade seines Vaters zu erlangen versuchen, bis er dann nach dessen Tod selbst zuerst mit Hilfe des Favoriten Buckingham zu regieren lernte. Mit den Titeln seines Bruders übernahm Karl auch dessen wohlbestücktes Kunstkabinett und machte daraus mit Hilfe des ebenfalls sehr kunstsinnigen Herzogs von Arundel, seines Zeremonienmeisters Inigo Jones und anderer Ratgeber in England und Italien eine reichhaltige Kunstsammlung, die sich sehen lassen konnte. Karl hatte über die bloße Prachtliebe hinaus einen eigenen Geschmack sowie großes Kunstverständnis und war als Sammler bald in ganz Europa bekannt. Als junger Mann auf Freiersfüßen war er in Madrid gewesen, hatte im Prado die Bilder des spanischen Königs bewundert und war davon so begeistert, daß er jede Gelegenheit zum Erwerb von italienischen Meistern nützte. Zum Beispiel erbeutete er die fabelhafte Sammlung der Gonzagas aus Mantua und besaß allein 50 Tizians, ließ es aber wie jeder Renaissancefürst, der etwas auf sich hielt, mit dem Sammeln allein nicht bewenden und wurde zum Mäzen einiger der besten Maler seiner Zeit. So zog er zeitweilig Rubens an seinen Hof und beauftragte ihn sowohl mit diplomatischen wie mit künstlerischen Aufträgen, zum Beispiel mit der Bemalung der Decke in dem von James in Auftrag gegebenen Bankettsaal in Whitehall. Später holte er sich auf Empfehlung von Rubens den jungen Van Dyck an den Hof, von dem er sich auch Unterricht im Zeichnen geben ließ. Van Dyck malte immer wieder neue Porträts von Karl, von seiner Frau und seinen Kindern, von seinen Ministern und Höflingen, so daß für uns in den Bildern dieses Niederländers der ganze Glanz des Hofstaats, die Gesichter der Freunde und der Familie Karls und die kostbaren Gewänder aus Samt und Seide, in die sie sich kleideten, wunderbar idealisiert überlebt haben – sie sind jedoch schon etwas vom bevorstehenden Untergang überschattet. Die Bilder des Königs zu Pferd und auf der Jagd, in würdevoller Pose mit Gemahlin, Kindern und Hunden, oder allein mit den Regalien seines Amtes, haben das Bild des Monarchen geprägt: Würde und Ernst, Entschlossenheit und Milde stehen ihm ins Gesicht geschrieben, er posiert als Herrscher, Krieger, Philosoph, Ehemann und Familienvater, und geradeso wollte er von seinen Untertanen und von der Nachwelt gesehen werden.

Rubens malte ihn als Heiligen Georg, der den Drachen erschlägt, um die schöne Jungfrau, seine Gemahlin Henrietta Maria, zu erretten. Damit war Karls Selbstverständnis als christliche ritterliche Majestät zum Ausdruck und gleichzeitig auch mit dem höchsten Orden seines Reiches in Zusammenhang gebracht. Der Hosenbandorden war dem Heiligen Georg geweiht, wie die Kirche auf Schloß Windsor, wo alljährlich dessen Namensfest gefeiert wird. Der Orden hatte für den König große symbolische Bedeutung, er verlieh ihn seinen engsten Mitarbeitern und Freunden, bei allen öffentlichen Anlässen trug er ihn stets auf der Brust und legte ihn erst im allerletzten Augenblick seines Lebens ab. Auch damit sah er sich legitimiert als der Gesalbte und Erwählte Gottes und bestätigt in seiner Rolle als *pater patriae*, als Retter und Beschützer seines Volkes, schon lange, bevor das Martyrium zu ahnen war.

Die ikonographische Verklärung des Königs durch Van Dyck, Rubens und andere Künstler der Zeit war eine logische Konsequenz der Doktrin vom *Divine Right of Kings*, vom Gottesgnadentum, die von allen Stuartkönigen verkündet und verfochten wurde. Die Künstler und Dichter am Hof identifizierten sich damit und taten ihr Bestes, dieses Gottesgnadentum zu preisen und ins rechte Licht zu setzen. Alle Künste kamen zusammen in der Gattung des Maskenspiels, die für den Stuarthof am typischsten war, und in der Hand des großen Inigo Jones zu ungeahnter Vervollkommnung gelangen sollte. Jones war unter König James zum Oberaufseher der königlichen Bauten avanciert, was auch die Funktion des Zeremonienmeisters einschloß, und hatte in Zusammenarbeit mit dem Dramatiker Ben Jonson im Auftrag der Königin eine Anzahl von Maskenspielen inszeniert, die das plumpe Tudorfest des *pageant*, des Festzugs mit Masken und Tänzern, weit in den Schatten stellte. Er diente auch König Karl bis zur Verlegung des Hofes nach Oxford treulich in dieser Funktion und beschäftigte nach einem Streit mit Ben Jonson andere Hofdichter als Librettisten, wodurch seine eigenen Vorstellungen und Ideen immer entscheidender die Aufführungen bestimmten.

In jungen Jahren war er mit dem Grafen Arundel auf Kavaliersreise in Italien gewesen und hatte von dort eine Fülle von Skizzen, Musterbüchern, Architektur- und Theaterzeichnungen mitgebracht, mit deren Hilfe er sowohl die englische Architektur als auch das Theater revolutionieren sollte. Shakespeare und seine Zeitgenossen kannten Italien und die Kunst der Renaissance nur vom Hörensagen, Jones brachte sie aus Italien buchstäblich mit nach Hause. Da er im König einen gleichgesinnten Kunstfreund hatte, waren seinen Bemühungen, das in Italien Gelernte in die Tat umzusetzen, keine Schranken gesetzt. Nach dem klassizistischen Bankettsaal für James baute er für die Königin einen exquisiten kleinen Palast in Greenwich im palladischen Stil, der als Prototyp für die gesamte nachfolgende englische Architektur dienen sollte. In Florenz und Vicenza hatte Jones gründlich das italienische Theater studiert sowie die Technik der Perspektive erlernt. Konsequent entwickelte er mit Hilfe der Perspektive für das Hoftheater der Stuarts eine neue Bühnentechnik, die mit kunstvoller Maschinerie glänzende illusionistische Wirkungen erzielte.

Für ihn bestand das Maskenspiel, das Ben Jonson als «Spiegel des menschlichen Lebens» verstand, aus «nichts als Bildern, mit Licht und Bewegung». In der Betonung des Visuellen stimmte er völlig mit König Karl überein, es ging ja, wie bei den Porträts und den mythologischen

Bildern, nicht nur um «Eitelkeiten», wie es die kunstfeindlichen Purita-
ner bezeichneten, sondern um eine auf Harmonie und Ordnung gegründete Lebensauffassung, die nach visuellem und symbolischem Ausdruck
drängte. Auch Jones war zutiefst vom Gottesgnadentum überzeugt und
stellte das perspektivistische Theater der Guckkastenbühne mit gemalten
Kulissen und Flugmaschinen ganz in dessen Dienst. Die ästhetische
Kunst, die königliche Macht im Spiel sichtbar werden zu lassen, beschreibt der Stuart-Spezialist Roy Strong, Direktor des Londoner Victo-
ria and Albert-Museums:

«Für Jones war alles Sehen Glauben, und er versuchte, mit seinen
Theaterschauspielen bewußt das Sehen des Publikums zu beeinflussen.
Ein- oder zweimal im Jahr versammelte er in einem verdunkelten Raum
zwei- bis dreitausend der edelsten und wichtigsten Persönlichkeiten des
Königreichs, um ihnen als Tribut an die Krone Faksimiles der Welt und
des Kosmos vorzustellen. All seine Masken feierten den Monarchen als
Stifter von Harmonie und Ordnung durch die Unterwerfung der Natur.
Sie fangen alle mit Unordnung und Chaos an und schreiten zu Ordnung
und Harmonie fort, indem sie den König und seine Höflinge in emble-
matischer Form als Götter und Göttinnen, Helden und Heldinnen,
Sonne und Sterne auftreten lassen. Jedes Maskenspiel hatte deshalb
zweierlei Arten von Bühnenbildern. Die erste Gruppe bestand aus
Bildern der ungezähmten und entfesselten Natur. Da gab es gemalte
Stürme zu Wasser und zu Lande, flammende Höllenfeuer, undurchdring-
liche Wälder, Wüsten und Felslandschaften. Die zweite Gruppe zeigte
Bilder irdischer und kosmischer Harmonie: elegante Villen, Plätze und
Paläste im klassizistischen Stil, sichere Häfen, schöne Gärten, den ge-
stirnten Himmel, eindrucksvolle Wolkenformationen.

Die Perspektive machte den König zum emblematischen und ethischen
Zentrum der höfischen Theateraufführung und betonte die hierarchi-
schen Abstufungen des höfischen Lebens. Alle Linien trafen sich im
Auge des Königs, und je wichtiger man am Hof war, je näher man dem
König stand, um so näher war man dem Schauspiel und dem Verständnis
davon. Das war eine der wichtigsten Thesen des Maskenspiels.

Die zentrale lebens- und lichtspendende Funktion des Monarchen war
also die Grundabsicht des höfischen Schauspiels, das sich der komplexen
Symbolsprache des Neuplatonismus bediente und die Mythologie der
Antike mit der mittelalterlichen Ritterromanze und dem Fürstenspiegel
der Renaissance vermischte. Der ganze Hof spielte mit, verkleidet und
vermummt wurden die Höflinge zu Göttern, Nymphen, Naturkräften,
abstrakten Tugenden, angeführt vom Königspaar, womit das Prinzip von
der Bühne als Welt buchstäblich in die Tat umgesetzt war.»

Das Theater war in einem tiefen Sinne Karls wahres Königreich. Kein
anderer englischer Monarch war so intensiv mit seinem eigenen Bild

beschäftigt. In den großartigen Masken der dreißiger Jahre, als Karl ohne Parlament regierte, sieht man, wie die Phantasie des Königs sich mittels der Kunst seines Zeremonienmeisters ein ideales Reich und ein ideales Selbst schafft, das ihn auch aus den Bildern von Rubens und Van Dyck anschaute. Die direkte Beteiligung des Königs an der Inszenierung dieser Feste war theoretisch gesehen ein politischer Akt. In Wirklichkeit jedoch hatte sein Theater eigentlich kein Publikum, es bestand nur für ihn. Es reflektierte und perfektionierte sein Selbstverständnis, es war der magische Spiegel, in dem er sich unersättlich betrachtete und befriedigt als allmächtigen, absoluten und idealen Herrscher erkannte.

Er sah sich, wie er sich sehen wollte – heroisch, erfolgreich, friedfertig, mächtig, angebetet, und er konnte vergessen, wie schnöde ihn die aufsässigen Mitglieder seines Unterhauses behandelt hatten, die ihm bei ihrer letzten Sitzung sogar die Tür gewiesen hatten. Die spektakulären Visionen von Frieden und Harmonie wurden für ihn zur Offenbarung des göttlichen Willens, symbolische Rechtfertigung des monarchischen Gedankens. Die platonischen Ideale von Liebe und Tugend als Ausdruck autokratischer Macht bildeten den Mittelpunkt dieser Mythologie, personifiziert durch den König als heroischen Liebhaber und seine Königin als Göttin der keuschen Liebe. So war es zum Beispiel in der Maske ‹Der Triumph der Liebe› aus dem Jahre 1630. Darin treibt der König die Sinneslust aus der Sündenstadt Callipolli aus, erhebt sich zum Beherrscher der Meere aus den Wogen, und auf einem Felsen im Meer singen die Musen von der Renaissance der Künste, die unter seiner Herrschaft eingetreten ist. Zum Schluß erscheint dann Venus, die Göttin der platonischen Liebe, und betrachtet sich erfreut ihre menschlichen Inkarnationen. Alles ist eitel Harmonie und Wohlgefallen, keine Opposition meldet sich.

Das heldische Bild vom König, der die Verkörperung rationaler Ordnung und menschlicher Tugend ist und mit seiner schönen und züchtigen Gemahlin seinen Untertanen ein Vorbild setzt, wird auch in der Maske ‹Coelium Britannicum› aus dem Jahre 1634 apostrophiert. Karl und seine Lords werden darin als die Helden eines neuen, des britischen Zeitalters gefeiert, ein riesiger Berg trägt die Figuren von England, Irland und Schottland, darüber schwebt der Genius von Großbritannien, und in den Wolken über dem Königspalast von Windsor zeigen sich die abstrakten Herrschaftsideale des Königs: Religion, Wahrheit, Weisheit, Einigkeit, Ruhm, Regierung.

Inigo Jones hat die mythologische Bildersprache seiner Maskenspiele in allen Details von italienischen Vorbildern übernommen und im Grunde nur eine inspirierte Übersetzung des gängigen ikonographischen Vokabulars der italienischen Renaissance an den Stuarthof besorgt. Er schenkte damit fatalerweise seinem königlichen Auftraggeber eine unerschöpfliche Quelle narzißtischer Selbstbefriedigung, die ihn für seine schwierige Rolle auf der politischen Bühne schlecht vorbereitete und auf dem glatten Parkett der politischen Wirklichkeit ständig ausrutschen oder bloß immer dieselbe selbstbespiegelnde Rolle spielen ließ. Denn seine Gegner sprachen eine ganz andere, viel gröbere Sprache, und während er sich im Bankettsaal unter Rubens Gemälde von der Apotheose seines Vaters die Speisen reichen ließ, in seinem Privatgemach von Tizians Fürstenbildern umgeben mit seinem Gott im Gebet kommunizierte oder im Thronsaal die Petitionen seiner knienden Untertanen empfing, verweigerte ihm das Unterhaus die dringend benötigten Abgaben und Steuern, um seine aufwendige Hofhaltung zu finanzieren und seinen meuternden Soldaten den Sold zu bezahlen. Die Mythologie von Allmacht, Harmonie und Ordnung deckte sich in nichts mit der Wirklichkeit der Kräfte und Machtverhältnisse in seinem Königreich. Einer nach dem anderen seiner Günstlinge wurden ihm durch Attentat oder *Impeachment* von der Seite gerissen, und seine Stimme hatte in den Verhandlungskammern des Parlaments ihren gehorsamheischenden Klang verloren. Trotzdem blieb er bis zum Ende davon überzeugt, daß er im Recht sei, während die andere Seite aus lauter Störenfrieden bestehe, die nichts im Sinn hätten als Unfrieden und Unordnung. Er konnte sich mit ihnen nicht in ihrer Sprache unterhalten und statt Konfrontation nicht diplomatisch Kompromiß und Konsensus praktizieren. So blieb ihm am Ende nur noch der Krieg und damit die Rolle des Königs zu Pferde, wie ihn Van Dyck so eindrucksvoll gemalt hatte, und die er als passionierter Reiter und Jäger glänzend zu spielen verstand.

«Die Zeit ist gekommen für all meine getreuen Freunde, sich mir zu zeigen und dem Kaiser zu geben, was des Kaisers ist. Ich werde für meine Krone und für meine Würde kämpfen, ich werde nie die Kirche dieser Regierung von Zwergen überlassen, noch meine Nachfolger durch eine Verringerung der Krone schädigen.» Er sprach es im theatralischen Brustton der Überzeugung, stieg zu Pferd und befahl seinem Hofstaat dasselbe zu tun. Er drehte London den Rücken, um die Regierungsgeschäfte in Oxford weiterzuführen, bis die leidigen Störungen aus der Welt geschafft und in seinem ganzen Königreich die Ordnung wiederhergestellt sein würde. Er sollte seine Hauptstadt nur einmal noch sehen, und nur als Gefangener.

Aus dem fernen Theaterdonner war blutiger Ernst geworden, Kanonendonner und Schlachtenlärm. Aber so leicht wie im Theater war die Wiederherstellung der Ordnung nicht, und die Feinde waren zahlreich und entschlossen. Der Szenenwechsel brachte keine magische Auflösung des Konflikts, es erschien kein *deus ex machina* aus den Wolken, um ihm den Sieg auf dem Schlachtfeld zu bringen; die getreue Gemahlin ging ins Exil nach Frankreich. Was blieb, waren die abstrakten Ideale, aber die verwandelten sich nicht in klingende Münze, siegreiche Heere, gehorsame Untertanen.

Obwohl sich bald zeigte, daß das moderne Heer des Parlaments unter Cromwell und Fairfax den galanten Kavalieren des Königs unter der Führung seines Neffen Prinz Ruprecht von der Pfalz überlegen war, gab es für ihn keine Kapitulation, keine Flucht und keinen Kompromiß: «Ein König feilscht nicht mit seinem Volk, er beschützt sein Volk, das ihm seine Größe und seine Autorität gibt. Entweder bin ich ein ruhmreicher König oder ein geduldiger Märtyrer, denn ich achte meine Ehre mehr als mein Leben.»

Das ritterliche Glaubensbekenntnis und die Berufung auf die christliche Geduld zeigen, daß dem König der Krieg zu einem Kreuzzug geworden war. Angefangen hatte der Konflikt mit einer Rebellion über die Bewilligung von Steuergeldern und über die Einhaltung der vom König bestimmten liturgischen Formen der Gottesdienstordnung, bald aber sah der König sich in seinem Amt als Oberhaupt und Beschützer der Kirche bedroht und damit die Grundfesten seiner monarchischen Weltordnung wanken. Hatten ihm zu viele Maskenspiele den Blick verstellt, seinen Wirklichkeitssinn, seine Konzilianz und zuletzt auch noch seinen Lebenswillen genommen? Eins steht fest: Nach der Rolle des Kriegers kam diesmal nicht durch Kulissenwechsel die Rolle des Friedensfürsten auf ihn zu, die er so oft so überzeugt gespielt hatte. Vielmehr gab es für ihn nun nur noch zwei Rollen: zuerst die des geduldigen Staatsgefangenen und dann die des geduldigen Märtyrers. Beide hat er nach besten Kräften und vor aller Augen gut gespielt: «Wie Gott mir große Leiden gab, um meine Geduld auf die Probe zu stellen, so gab er mir auch die Geduld, um meine Leiden zu ertragen.»

Im Urteil von Zeitgenossen und Nachwelt hat sich Karl als Monarch und Staatsmann wegen des zähen Festhaltens an überalterten monarchischen Herrschaftsvorstellungen keinen guten Ruf erworben und wird oft als Beispiel für die Zweifelhaftigkeit des Systems der Erbmonarchie zitiert. Wie die Großmutter so der Enkel – nichts stand ihnen so gut im Leben wie das Verlassen des Lebens! Die Stuarts haben das Bilderbuch der Geschichte um einige ihrer farbigsten Seiten bereichert, aber sie verstanden weniger vom täglichen Geschäft der Politik als andere, farblose englische Dynastien. Karl dominierte als Persönlichkeit sein Zeitalter dramatisch und visuell, während Cromwell es als Feldherr und Reformer energisch in eine neue Zeit hineinführte, ohne einen großen persönlichen Eindruck zu hinterlassen. Während Karl als perfekter Gentleman seine Mäzenatenpflichten ernst nahm und seine Hofmaler und Dichter zu genialen Meisterwerken inspirierte, verlangte Cromwell brüsk von seinem Porträtisten, er solle ihn «warts and all», mit allen Warzen im Gesicht malen. Daß es zwischen diesen beiden keine Brücke gab, mag nicht verwundern, aber ebensowenig, daß der realistische Cromwell letztlich doch nicht ganz recht behalten sollte. Er hatte Karl zu einer Gallionsfigur wie den Dogen von Venedig machen wollen und hätte ihm vielleicht gar seine Feste, seine Kunstsammlung und sein monarchisches Zeremoniell belassen, wäre er bereit gewesen, auf den monarchischen Vorrang zu verzichten. Aber Karl verteidigte das *Rex est Lex*, den Anspruch, daß der König das Gesetz sei, bis zum letzten durch seine totale Nichtanerkennung des vom Parlament zu seinem Verhör eingesetzten Gerichtshofs. Er hat dadurch die britische Monarchie gerettet, wenn auch nicht in den Formen, die er sich vorgestellt hatte. Sein Bild in der Geschichte ist das eines kunstsinnigen, tapferen, von Pflichtbewußtsein durchdrungenen, wenngleich sehr querköpfigen und vielleicht gar verbohrten Königs. Cromwells bilderstürmerischer Fanatismus, der ihn die Kronjuwelen und das Tafelsilber des Königs einschmelzen und die wunderbare Kunstsammlung per Auktion in alle Welt zerstreuen ließ, bewirkte dagegen, daß sein Charakter im Bild der Zeit noch immer schwankt. Auch wenn er recht gehabt haben mag, so würde er doch als Theaterfigur bei Shakespeare, Ben Jonson und Inigo Jones keine so heroische Figur abgegeben haben wie sein unglückseliger Gegner Karl I.

Venedigs goldener Herbst

Barocke Vermählung mit dem Meer

Von Hermann Schreiber

Canaletto: Die Ausfahrt des Bucentauro am Himmelfahrtstag.

Die Adria ist heute allzubekannt. Zwischen Rimini und Dubrovnik gibt es wenig Geheimnisse und zu viele Touristen. Auf dem Globus der Weltmeere ist die Adria nichts anderes als der schmale, blaue Streifen, die langgestreckte Bucht eines Nebenmeeres. Diese Bucht aber zielt ins Zentrum Europas, und als die Römer durch die Wälder und über die Gebirge ihre Straßen gebaut hatten, da wurde der Nordrand des adriatischen Meeres die wichtigste Umschlagzone der Alten Welt.

Es war Europas dunkelste Stunde, in der es seine schönste Stadt gebar. Man schrieb das Jahr 452. Das Römerreich wehrte sich mit letzten Kräften gegen Germanen und Hunnen, und das frühe Christentum beleuchtete nur zaghaft eine Welt, aus der aller Glanz der alten Kulturen, alles Glück der *Pax romana* geschwunden war.

Im beinahe tausendjährigen Frieden der römischen Welt waren die ersten Schiffe aus dem Ostmittelmeer hier, an dem Meeressaum der Inseln und Lagunen, gelandet. Von Norden, aber auch Nordosten kommend, hatten Händler Bernstein gebracht, Sklaven aus den Wäldern und Honig. An der Küste war eine Stadt entstanden, die Aquileia hieß, die Stadt, in der die Bernsteinstraße begann und auf der das junge Christentum nach Pannonien und zur Donau zog. Aber wo Straßen dahinziehen, da fallen auch Eroberer ein. Der niedrige Bogen der Berge von Friaul schützte die adriatischen Ufer nur schwach. Der Gotenkönig Alarich hatte hier seine halbverhungerten Scharen aus Dalmatien nach Norditalien führen können, und König Attila war hier mit Hunnen und Ostgoten über das altersschwache Römerreich hereingebrochen – als eine schreckliche Heimsuchung.

Diese Einfälle lösten Fluchtbewegungen aus, aber wohin sollte man fliehen vor einem Feind auf schnellen Pferden? Ein einziger Fluchtweg bot sich an, den alle kannten und den trotzdem niemand beachtet hatte: die Flucht in das bizarre Gewirr von Inseln, Halbinseln und Lagunen rund um Grado und westlich davon. Ein Gemisch von Land und Wasser wie vor dem zweiten Schöpfungstag, eine rätselhafte und unübersichtliche Landschaft, in der zwischen großen Schilfwäldern ein flaches Meer breite Zungen ins Land vorschob. Eine Landschaft, die diesen Namen gar nicht verdiente, tödlich für alle, die nicht mit ihr vertraut waren, die Rettung für jene, die mit ihr zu leben verstanden.

Es war ein Schwarm von Inseln, von denen einige Namen vertraut klingen, andere mit ihren Eilanden versunken sind. Die größeren hießen Heraclea, Rialto und Castello Olivolo, die kleineren Caorle, Equilo, Torcello, Burano, Pelestrina, Chioggia, Malamocco und Murano. Nirgendwo in Europa hat sich die Küstenlinie so stark verändert wie hier. Flüsse brachten Sand, Sturmfluten luden Schlick ab, aus Inseln wurden Halbinseln, aus Buchten Lagunen.

Die Flüchtlinge verbanden die Schlickinseln und Schilfstände durch

Brücken und Aufmauerungen, durch Faschinen und Pfahlbefestigungen zu größeren Plattformen, die sie Fundamente nannten. Die alten Inselbewohner, die wenigen Schiffer und vereinzelten Fischer, wurden böse über den immer schneller wachsenden Flüchtlingsstrom. Aus ihrem ärgerlichen Wort *veni etiam* – ‹da kommen ja immer noch welche› – soll, einer nicht ganz ernstzunehmenden Überlieferung zufolge, der Name ‹Venezia› entstanden sein.

Es war – wie soll man es anders benennen – eine erste Vermählung mit dem Meer. Ein Bündnis aus Angst, nicht aus Liebe, und doch eine Ehe, die bis heute gehalten hat. Die Stadt auf den Fundamenten, die Stadt Venezia weiß, was sie dem Meer schuldet. Sie hat es in ihrer Geschichte stets bereuen müssen, wenn sie sich vom Meer abwandte und Macht auf dem Festland suchte, und sie wird bis heute in stürmischen Winternächten, wenn die Fluten gegen die Lagunendämme anbranden, daran gemahnt, daß das Meer ganz Venedig unter Wogen brackigen Wassers und Strömen von Schlick begraben kann, so wie einst Vineta zugrundeging und Rungholt und die bretonische Königsstadt Ys.

Das alles aber waren unheilige Städte. Venedig hingegen hatte sich getreulich mit dem Meer vermählt, mit Ring und Siegel. Venedig war das herrlich heilige, christliche Ufer eines Meeres, das in seiner ganzen Ostwest-Ausdehnung von den Ungläubigen befahren wurde. Darum wuchs Venedig auf seinen Fundamenten zur Königin der Adria. Rivo Alto, das hohe Ufer, bald Rialto gesprochen, überflügelte alle anderen Städte zwischen Rimini und Aquileia. Der heilige Markus, Jünger und Evangelist, hatte nicht ganz freiwillig eine glanzvolle Grabstätte in Venedig bezogen, was sollte er auch bei den Muselmanen von Alexandria. Venedigs Kaufleute hatten gezeigt, daß sie zu Opfern für ihren Glauben bereit seien, hatten mit Goldstücken nicht gespart und den ehrwürdigen Leichnam in einer Nacht-und-Nebel-Aktion über das Ostmittelmeer bis in die Lagunenstadt gebracht. Das war spätestens 829, Karl der Große lebte nicht mehr, Europa wurde wieder unruhig, weil seine starke Hand fehlte. Venedig aber hatte nunmehr zwei Beschützer: das Meer, mit dem es sich vermählt hatte, und den Heiligen, den die Meereswellen ihm heimlich und lautlos ins Haus gebracht hatten.

Dieses prächtige Haus, im 9. Jahrhundert errichtet, brannte im 10. Jahrhundert ab. Im Jahr 1094 wurden die Reliquien unter dem Altar der neuen Basilika eingemauert, die noch heute steht. Der Schriftsteller Michel Butor schreibt über sie:

«Die Fassade von San Marco darf nicht als eine Trennmauer aufgefaßt werden; wir müssen sie vielmehr als ein Organ der Kommunikation zwischen der Basilika und dem Platz verstehen lernen, als eine Art Filter, der in beiden Richtungen funktioniert, und den die Vorhalle der Kirche ergänzt. Der Platz ist ein geschlossener Raum, von Kolonnaden völlig umgeben, dessen einziges großes Fenster sich auf das San-Marco-Ufer, die Riva Sciavone, öffnet. Umrunden wir den Campanile, um auf die Piazetta zu gelangen, aber auch, wenn wir vor den Uhrturm treten, so haben wir schon das deutliche Gefühl, in der Markuskirche zu sein. Beide Bauwerke unterstreichen die Herrschaft, welche die Basilika über den ganzen Platz ausübt... Und während uns anderswo der nicht abreißende Strom von Touristen zu stören vermag, gehören sie zur Markuskirche, gehören die Menschen, die Tauben, die Cafés und die Kolonnaden zu dem Zauber dieser einzigartigen Kirche in dieser einzigartigen Stadt, weil solchermaßen ein unablässiges Fest vor sich geht. Oder ist es kein festlicher Augenblick, wenn man San Marco betritt?»

Vielleicht muß man sich tatsächlich so fragen wie Michel Butor, denn aus seinen Ausführungen, niedergeschrieben 1963, wird deutlich, daß diese Stadt auf alle, die sie sehen, wie eine Droge wirkt. Venedig, wo man in manchen Jahrhunderten die Karnevalsmasken nicht wochen-, sondern monatelang trug, ist sich seiner besonderen Position bewußt. Es ist die Stadt zwischen Land und Meer, zwischen Europa und dem Orient, zwischen dem christlichen Abendland und den Händlern aus fernen Zonen mit ihren exotischen Glaubensbekenntnissen – und eines ständigen Abschieds von irdischer Nüchternheit.

Dennoch liegt der Verdacht nahe, daß dieses beinahe permanente Festefeiern der Venezianer ein Element ihrer Politik oder doch der politischen Propaganda gewesen ist. Die Serenissima, wie die Republik sich gerne nannte, mußte das, was ihr an Ausdehnung und Volkszahl fehlte, durch einen Ruf wettmachen, der sie außerhalb der vernunftgemäßen Überlegungen stellte. Jeder nüchtern rechnende Gegner, die Franzosen, die Österreicher, die in Neapel regierenden spanischen Fürsten oder auch der Papst, hätte die reiche Stadt erobern und dem eigenen Herrschaftsbereich einverleiben können; sie mußte einen Abwehrschirm aufrichten, in dem Wahrheit und Legende verschmolzen. Die Wahrheit ihres im Handel erworbenen Reichtums und die Legende ihrer militärischen Macht, die es nicht gab, denn Söldnertruppen sind keine nationale Armee, eine Flotte läßt sich nicht überall einsetzen und veraltet schnell, und Venedigs Marinearsenale waren Brutstätten des Aufruhrs.

Es scheint, daß die Stadt an diese Gaukeleien, an die Illusion der eigenen Großmacht-Existenz schließlich selbst geglaubt hat, und es ist erstaunlich, wie lange auch alle anderen daran glaubten. Es bedurfte eines französischen Generals, der es wagte, diesen Theatervorhang zu zerreißen und die Ohnmacht dieser Stadt der Feste vor aller Welt offenkundig zu machen. Napoleon Buonaparte setzte den Schlußpunkt, er riß der alten Dame die brillantenbestickte Maske vom Gesicht. Doch die Ära der Feste begann 600 Jahre früher, auf dem Höhepunkt der staufischen Macht in Italien, im Jahr 1177. Eine Ära erbitterter Kämpfe zwischen

Kaiser und Papst ging mit dem Kaiser Friedrich Barbarossa und dem Papst Alexander III. zu Ende. Schauplatz des rauschenden Versöhnungsfestes war das als Handelsstadt und Stadtrepublik quasi neutrale Venedig. Der Chronist Romoald von Salerno berichtet: «Am Sonntag, dem 24. Juli, bestieg der Papst eine Galeere und kam am frühen Morgen mit den sizilischen Gesandten und einer großen Menge Lombarden und Volkes zum Sankt-Markus-Dom. Er schickte nun einige Kardinäle zum Kaiser, die diesen und die Seinen vom Kirchenbann lösten. Als der Doge von Venedig davon erfuhr, eilte er mit dem Patriarchen, vielen Klerikern, aber auch Laien, dem Kaiser in die Kirche des heiligen Nikolaus entgegen, nahm den Kaiser in sein Schiff auf und brachte ihn ehrenvoll und unter höchster Prunkentfaltung an das Ufer von San Marco. Nachdem der Kaiser das Schiff verlassen hatte, zogen ihm der Doge, die Geistlichkeit und das Volk von Venedig mit Fahnen und Kreuzen in großer Prozession voraus bis zum Markusdom. An dessen Eingang erwartete ihn Papst Alexander sitzend und umgeben von seinen Kardinälen und Bischöfen.

Der Kaiser ehrte Gott in Alexander, vergaß seiner kaiserlichen Würde, legte seinen Mantel ab und warf sich ausgestreckt dem Papst zu Füßen. Unter Tränen hob ihn dieser huldvoll auf, küßte und segnete ihn, worauf die Deutschen mit sehr lauten Stimmen das *Te Deum* sangen. Nun ergriff der Kaiser die Rechte des Papstes, führte ihn in die Kirche und – nachdem er von ihm gesegnet worden war – begab sich in den Palast des Dogen. Der Papst aber bestieg mit den Kardinälen wieder die Galeeren und kehrte in sein Quartier zurück... Am Abend ließ der Kaiser durch Boten den Papst bitten, am folgenden Tage, dem Feste des heiligen Jakob, im Sankt-Markus-Dom das Hochamt abzuhalten, und der Papst erfüllte gütig den Wunsch des Kaisers.»

Dieser große Tag in der Geschichte des Abendlandes, die Rückkehr des Kaisers in die Kirche, aus der er 17 Jahre ausgestoßen gewesen war, vollzog sich in der einzigartigen Insellandschaft der Lagunenrepublik mit einem sehr vorsichtigen Ritual. Die großen Gegner von einst besuchten einander von Insel zu Insel, nachdem Bologna und andere Orte als zu unsicher abgelehnt worden waren. Die Handelsrepublik Venedig stand zwischen den Mächten, ihre Dogen konnten Sicherheiten bieten, die es anderswo nicht gab. Sie verstanden es, große Ereignisse in unvergeßliche Feste zu verwandeln. Sie beeindruckten damit selbst die verwöhnten Franzosen, denn der erste Chronist, der von rauschenden weltlichen und geistlichen Festen ohne besonderen Anlaß berichtet, ist der französische Sprachlehrer Martino de Canale, dem es in Venedig offensichtlich so gut gefiel, daß er seinen französischen Namen vergaß und einen sehr venezianischen annahm. In seiner ‹Chronique des Veniciens› erzählt er in elegantem Französisch von großen Turnieren, für die der Markusplatz wie geschaffen war; sie fanden in den Jahren 1253 und 1272 statt. Im Jahr 1278 zogen die Zünfte der Lagunenstadt festlich geschmückt durch die engen Gassen und über die Plätze, wobei zum erstenmal das Tragen von Masken belegt ist.

Venedig lebte für die Feste, und jedem, der sich eingehender mit dieser Stadt beschäftigt, wird das klar; auch wenn er es nicht so kundig formuliert wie Heinrich Kretschmayr, der in jungen Jahren seine unübertroffene Geschichte Venedigs schrieb:

«Im Verlangen nach festlicher Betonung des Daseins sprach sich nicht nur der Lebensdrang dieses Volkes aus, sondern auch sein Streben nach der Überwindung der Rätselfragen des Lebens. Auch in den traurigsten Zeiten wollte dieses Volk seine Feste haben. In ihnen atmet gleichsam die Stadt. Schon früh im Quattrocento sind adelige Festgesellschaften mit einem Vorstand und mit Statuten eingerichtet worden, für die sich nachweislich zuerst 1488 der volkstümliche Ausdruck *Compagnia delle calze* – die Strumpfgesellschaft – findet, so genannt nach den prunkend verzierten Schuhen und Strümpfen der Mitglieder und Festteilnehmer. Aus ihrem Maskenspiel wird das venezianische Theater ebenso seine Anregungen empfangen wie mancher große, der Anschauung des Lebens und Treibens zugekehrte Maler.»

Er schreibt weiter, daß dies alles schließlich eine legitime Art gewesen sei, hoch und niedrig zu beschäftigen. Die ursprünglich hochheiligen und mit dem geschichtlichen Schicksal der Stadt eng verbundenen Feste werden den Zünften und Bruderschaften überlassen und erfreuen sich fortan des Einfallsreichtums des Volkes, seines natürlichen Ausstattungs-Talents und seiner Lust an der Abwechslung. Das Ganze gewann bald doppelten Sinn: Die kleinen Leute wurden auf diese Weise ihre unruhigen Gedanken und manchen unerfüllten Wunsch los, und die alten Familien, jene, die im Goldenen Buch standen, taten mit dem festlichen Gepränge etwas für den Ruhm und den Ruf der Stadt.

Es war aber keineswegs nur politische Propaganda, denn es ging vor allem auch um wirtschaftliche Interessen, war Venedig doch die Pforte für den Orienthandel. Sehr zum Ärger der Päpste hielt sich die Lagunenstadt durch Jahrhunderte nicht an die christlichen Embargovorschriften, sondern lieferte an die islamischen Staaten zwischen Nil und Schwarzem Meer, was immer diese bestellten und bezahlen konnten. Die zu Hause von ihren Glaubensbrüdern streng kontrollierten Mohammedaner tauchten in Venedig maskiert in den permanenten Festestrubel ein, wo ihnen erlaubt war, was immer sie sich nur wünschen konnten. Daß sich derlei in vollen Auftragsbüchern niederschlägt, versteht sich.

Nur einige der bekanntesten, in dichter Folge ablaufenden Veranstaltungen seien genannt: Am 8. Januar zog der Doge mit seinem ganzen Hofstaat und allen Vornehmen in die Kirche von San Pietro di Castello, auch San Piero genannt, die lange Zeit als die Kathedrale von Venedig galt. Hier fand an diesem Wintertag ein Dankgottesdienst für die Erlösung von der Pest des Jahres 1631 statt. Am 14. Januar beging man auf dem Markusplatz, vor den ausgestellten Reliquien, die Gedenkfeier für den heiliggesprochenen Pierre Orseolo, des Vollenders der Markuskirche. Der 31. Januar war dann der beliebteste Hochzeitstag in der Lagunenrepublik, denn es war der Jahrestag des Eintreffens der Gebeine des heiligen Markus an der Riva Sciavone. (Dieses Fest konnte auch auf den ersten Februarsonntag fallen.) Am 31. Januar 945 jedoch begab sich etwas ganz Besonderes: Die Venetianer, die sich im Schutz jener damals schon 300 Jahre alten Kirche völlig sicher fühlten, wurden von dalmatinischen Seeräubern unter dem rauhen Gaiolo überfallen, und all die lieblichen Bräute aus Venedig, vermehrt um ihre Brautjungfern und die jüngere weibliche Verwandtschaft, wurden auf Seeräuberschiffe verschleppt. Es war, zum Unterschied von dem legendären Raub der Sabinerinnen, ein echter Großraub holder Weiblichkeit im vollen Licht der Geschichte, und wenn auch Venedigs Alarm-Galeeren sogleich ausliefen und schon 50 bis 60 Stunden später die jungen Damen befreiten und heimholten, so geht doch die Sage, daß sich damals eine erhebliche und letztlich nützliche Blut-Auffrischung für die alten Geschlechter vollzogen habe. Zumindest die Erstgeborenen jener Ehen legten eine beachtliche Gesundheit, Wildheit und Lebenskraft an den Tag. In Venedig selbst aber hat die Erinnerung an diese bewegten Tage eine eigene reiche Festestradition, die *Festa delle Marie*, nach sich gezogen.

Im übrigen wurde jedoch im Februar und im März dann gearbeitet, ganz so, als sei man nach diesen Dankes-Veranstaltungen, Opfer-Tagen und Erinnerungsfesten endlich ein wenig festesmüde geworden. Erst am 16. April mußte der Doge wieder zu einem weltlichen Fest ausrücken, um in einer Prozession, die rings um den Markusplatz führte, jenes Jahres 1345 zu gedenken, in dem eine gefährliche Verschwörung niedergeschlagen werden konnte (wozu zu sagen ist, daß solche Verschwörungen stets nur für die großen Familien gefährlich waren). Am 13. Juni wurden die Reliquien des heiligen Antonius von Padua in Santa Maria della Salute gezeigt, und allein die Lage dieser herrlichen Kirche machte schon die Anfahrt der weltlichen und geistlichen Würdenträger in ihren geschmückten Gondeln zu einem Wasserfest von besonderem Charakter. Schon zwei Tage später mußte sich der Doge nach Santi Vito e Modesto begeben, wo die Entdeckung der Verschwörung von 1310 gefeiert wurde. Da damals zwei Brüder aus alten, aber armen Familien die Herrschaft der Reichen zu stürzen versuchten, feierte also das arme Volk von Venedig an jedem 13. Juni die Rettung der Oligarchie und den Fortbestand der eigenen Rechtlosigkeit.

Damit wird sichtbar, daß es vor allem um das Fest als solches ging, weniger um den historischen oder religiösen Inhalt. Die Feste waren und blieben ein Bestandteil venezianischen Volkslebens, auch wenn die Ereignisse, derer gedacht wurde, eben dieses Volk in seine Schranken zurückgewiesen hatten. Einige Feste konnte man gemeinsam feiern, wenn es um auswärtige Gegner ging, wie etwa den Erbfeind der Venezianer, die Türken. Der große Seesieg vom 26. Juni 1656 vor den Dardanellen wurde erst am 6. August gefeiert, vermutlich dem Tag, da er in Venedig bekannt wurde. Ort dieser Feier war die geheimnisvolle Kirche Santi Giovanni e Paolo.

Die venezianischen Feste hatten im Mittelalter noch ihre alten Inhalte und wurden bewußt erlebt, zugleich aber mit jener Naivität und Primitivität gefeiert, die Handgreiflichkeiten, harmlosere Unruhen und derbes Volkstreiben nicht ausschlossen. Im Barock dominierten dann Gepränge und Schaulust, und das eigentliche Volksfest im Sinn des Jahrmarkttreibens schloß sich erst am nächsten Tag oder an den nächsten Tagen an das offizielle Ereignis an. Derlei konnte auch zwischen den traditionellen Festtagen stattfinden, wenn ein neuer Doge in sein Amt einzuführen war, oder wenn es galt, einen hohen Gast zu empfangen. Ein legendäres Fest dieser Art war der Empfang für Heinrich III. aus dem Hause Valois, der 1574 aus Polen nach Frankreich reiste, um dort den durch Heinrich des Zweiten Turniertod plötzlich freigewordenen Thron zu besteigen. Man schwelgte zehn Tage in Umzügen, Festivitäten und Ausschweifungen aller Art, hatte doch der prunkliebende und sinnliche Monarch sich in Polen nur sehr wenig vergnügen können – nämlich mit den Spielkarten und den Polinnen – und verlangte nun nach weltstädtischem Gepränge. Die Berichte über dieses Großereignis des Jahres 1574 sind so zahlreich, daß die meisten von ihnen noch ungedruckt in Pariser und italienischen Bibliotheken ruhen. Molmenti resümiert in seinem vor mehr als 100 Jahren erschienenen Buch:

«Viele italienische Fürsten hatten sich, um dem neuen König zu huldigen, nach Venedig begeben. Die Tag und Nacht fortdauernden Festlichkeiten überboten an Glanz und Pracht alles, was bisher in Venedig geboten worden war. Die Geschichtsschreiber erzählen, schon an den Grenzen des Reiches sei der Herrscher von Musikchören erwartet worden, die ihn auf einer mit Goldstoff ausgeschlagenen Gondel nach Murano führten. Junge Patrizier bedienten den Monarchen. Seine Leibwache bestand aus 60 Hellebardenträgern in orangefarbener Livree mit antiken Streitäxten. Vom Dogen begleitet, hielt der König in einer von 400 Ruderern bewegten Galeere unter Kanonendonner und Jubelrufen seinen Einzug. Unzählige, mit Goldbrokat ausgeschlagene und mit Spiegeln, Waffen und Bildern geschmückte Galeeren und Gondeln folgten dem Staatsschiff. In San Niccolo del Lido hatte Palladio einen Triumphbogen errichtet, und Tintoretto und Paolo Veronese hatten ihn gemeinsam ausgeschmückt. Die Wohnung für Heinrich III. wurde im Palazzo Foscari bereitet; dort bestand die Dekoration aus dunkelblauem Samt mit eingewirkten goldenen Lilien. Zu Ehren des Gastes fanden Regatten und Ringkämpfe zwischen den Männern der beiden Ufer des Canal Grande statt, und der Doge hatte für das Festmahl 3000 Silbergedecke auflegen lassen. Nach dem Bankett gab es eine musikalisch-dramatische Festaufführung, die der Tondichter Giuseppe Zarlina arrangiert hatte.»

Heinrich Kretschmayr wird noch ein wenig deutlicher als Molmenti. Er berichtet, daß man dem verwöhnten jungen König auch die venezianische Aspasia zuführte, also eine dichtende Kurtisane von großer Schönheit und bekannt durch ihren Geist. Sie hieß Veronica Franco und blieb lange an der Seite Heinrichs III., der in späteren Jahren durch seine homoerotischen Neigungen von sich reden machte und vielleicht ihretwegen schließlich auch ermordet wurde.

Es war ein weltliches Fest, doch die geistlichen Feste erinnerten in ihrer regelmäßigen Wiederkehr die Venezianer daran, daß sie in vorderster Front des Kampfes gegen die Ungläubigen standen. Seit dem Ende der Kreuzzüge gab es keinen anderen Dauerkrieg zwischen Christentum und Islam als die Kämpfe der Venezianer gegen die Türken um die Inseln und die Hafenorte des Ostmittelmeeres. Die Kirche revanchierte sich bei den Gläubigen, wenn große Dankesfeste etwa für die Beendigung einer Epidemie stattfanden. Thomas Coryate, Sohn eines anglikanischen Rektors, erlebte staunend die Verbrüderung von Geistlichkeit und Volk im Venedig des 17. Jahrhunderts:

«Im Jahre des Herrn 1576 wurde Venedig von einer schrecklichen Pestilenz heimgesucht, der wenigstens 100000 Menschen zum Opfer fielen... Endlich sah Gott in seiner Barmherzigkeit vom Himmel herab und gebot der Plage plötzlichen Einhalt. Woraufhin der Senat, um Gott für die Befreiung von einer so großen Seuche zu danken, das Gelübde ablegte, eine schöne Kirche zu bauen und dort alljährlich zu der Jahreszeit, da die Pest erlosch, des Erlösers zu gedenken.

Es traf sich, daß dieses Fest während meines Aufenthaltes in Venedig gefeiert wurde, nämlich am 10. Juli, einem Sonntag, an dem sich der Doge in seinem amtlichen Ornat, begleitet von den Senatoren in ihren Gewändern aus schwerem, rotem Damast und anderen angesehenen Persönlichkeiten, wie Gesandten und Ordensrittern, in diese Kirche begab, um die Messe zu hören und Gott zu loben. Zu diesem Fest schlägt man eine breite Brücke über das Wasser, die aus geschickt zusammengefügten Booten besteht, über die man Bretter legt, um dem Volk den Weg zur Kirche und zurück zu erleichtern. Diese Brücke erstreckte sich bald eine Meile lang von Ufer zu Ufer, und ich sah große Menschenmengen über sie in die Kirche strömen. Über der Kirchentür hing, von einer Seite zur anderen, eine große Girlande aus frischen, grünen Blättern und köstlichen Früchten, wie Melonen, Orangen und Zitronen, so wie man sie hier allgemein bei besonderen Festen im Sommer zum Schmücken zu gebrauchen pflegt. Das hier gelegene alte Kloster wurde erneuert und erweitert, gehört jetzt den Kapuzinern und zählt 150 Mönche, von denen 20 Adelige sind. Das Dankesfest gipfelte hier in einer feierlichen Prozession, an der alle Orden und religiösen Gemeinschaften teilnahmen. Sie trafen sich hier mit ihren Kreuzen und Leuchtern, trugen sie in die Kirche und brachten sie dann wieder zurück an die gewohnten Plätze. Außerdem fehlte es an diesem Tage in Venedig nicht an guter Geselligkeit. An vielen Stellen der Stadt wurden allerlei Sorten von Wein ausgeschenkt und Kuchen und andere Leckereien verteilt, genug, um hundert gute Kameraden fröhlich, doch nicht ausgelassen zu stimmen. Ein Buchhändler aus der Stadt, der mir allerlei gezeigt hatte, nahm mich mit auf einen Platz, wo man uns guten Wein, Backwerk und verschiedene Delikatessen vorsetzte und wo wir von einem Priester bedient wurden.»

Coryate reiste vor mehr als 350 Jahren, Heinrich III. traf vor 400 Jahren in Venedig ein, und Casanovas Lebensstrecke erfüllte das 18. Jahrhundert, liegt also 200 Jahre zurück. Alle Autoren, die über das alte Venedig berichten, stimmen überein in der Schilderung einer anhaltenden Freude am Wohlleben, am Luxus, aber auch an langen und fröhlichen Festen des Volkes. An jede offizielle oder kirchliche Feierlichkeit schließt sich nicht nur das von Coryate geschilderte Zechen auf Straßen und Plätzen, sondern auch das Jahrmarkttreiben an. Casanova, der seine Memoiren französisch schrieb, verwendet das Wort *Foire* gleichbedeutend mit *Sensa* oder *Scensa,* der venezianischen Bezeichnung für das Himmelfahrtsfest (*Ascension*). *La Sensa* scheint damit im Lauf der Jahrhunderte zum Fest der Feste geworden zu sein in einer Stadt, in der das Karnevalstreiben sich über Monate hinzog und man schon kaum mehr zum Arbeiten, zur Reue, zur Besinnung kam. *La Sensa,* also Christi Himmelfahrt, an das sich ein 14tägiger Jahrmarkt anschloß, war bis tief hinein nach Asien berühmt. Der alljährliche Menschenzustrom war ungeheuer, was dadurch erleichtert wurde, daß man im Frühsommer im Mittelmeer mit widrigen Winden nicht zu rechnen brauchte. Das Meer spielte auch eine besondere Rolle bei diesem Fest, denn es begann auf hoher See weit außerhalb der Lagune damit, daß sich der Doge symbolisch mit dem Meer vermählte.

Venezianisch hieß die Zeremonie *sposalizio del mare,* und ihr Ritual war im Goldenen Buch der Republik genau festgehalten. Der Doge benützte natürlich das Staatsschiff, den Bucentoro (Der Name ist aus *buzina d'oro* zusammengezogen und bedeutet somit Goldene Barke). Der letzte und schönste Bucentoro war nach sechs Jahren Bauzeit 1729 in Dienst gestellt worden, hatte bei 30 Metern Länge 168 Ruderer an 42

Riemen und war so reich vergoldet, daß die Franzosen das Schiff, als sie 1798 Venedig eroberten, sogleich in Stücke schlugen.

Der Doge wurde neben dem üblichen Gefolge auch von den Bürgermeistern der alten Inselstädte Malamocco, Murano und Torcello begleitet und natürlich von einer großen Flotte kleinerer Schiffe und Gondeln. Von Osten her kam die Flotte des Patriarchen von Venedig hinzu. Man traf am Lido aufeinander, und der Patriarch überreichte dem Dogen Rosen auf einer silbernen Schüssel. Ein Kirchenchor stimmte das Lied ‹*Ne turbetur cor vestrum*› an (Kein Sturm beunruhige dein Herz), und die Umgebung des Dogen antwortete mit einem feierlichen Madrigal. Vereint nahmen dann beide Flotten, die weltliche wie die kirchliche, Kurs hinaus in die Adria. Der Doge warf, für alle sichtbar, von der Brücke seines Schiffes einen schmalen Goldreif in die Fluten und sprach dazu die lateinischen Worte: «Desponsamus te, mare, in signum veri perpetuique dominii.» Das bedeutet: «Ich vermähle mich dir, o Meer, im Sinne einer wirklichen und dauernden Herrschaft.»

Doch diese Herrschaft über das Meer ging nicht erst mit Napoleon zu Ende, sondern schon mit der Entdeckung Amerikas und dem Erstarken der Seemächte England und Holland. Was aber blieb nach dem einzigartigen symbolischen Akt und dem gemeinsamen Gottesdienst in der San-Niccolo-Kirche auf dem Lido, das war der festliche Jahrmarkt. Für ihn waren Holzgalerien erbaut worden, in die man von San Moisé und von San Marco eintreten konnte und in denen Läden aller Art nur eben für die 14 Festtage eingerichtet waren. In diesem fröhlichen und einträglichen Treiben triumphierten der alte Geschäftssinn, der Handelsgeist und die Unverdrossenheit der Venezianer über jene weltgeschichtlichen Entwicklungen, die aus der alten Serenissima ein museales Juwel an einem stillen Nebenmeer gemacht hatten.

Der Glanz der 28 Tage

Kaiserhochzeiten in Dresden 1719 und München 1722

Von Wolfgang Braunfels

Vivien: Die Verlobung Carl Alberts.

Sie waren nicht Kaiser, die Kurprinzen von Sachsen und Bayern, denen
1719 in Dresden und 1722 in München zwei Kaisertöchter vermählt
worden sind. Jedoch ihre Väter, August der Starke als Kurfürst von
Sachsen und König von Polen wie Max Emanuel als Kurfürst von
Bayern, rechneten fest damit, daß sie es einmal werden müßten. Denn es
stand nicht gut um die männliche Nachfolge im Hause Habsburg. Kaiser
Joseph I. hatte nur zwei Töchter hinterlassen, und auch sein Bruder und
Nachfolger Karl VI. hatte bisher nur Mädchen bekommen.

Als Leopold I., der die Heere des ganzen Reiches zu vereinen wußte,
um die Türkengefahr vor Wien abzuwehren, 1705 starb, konnte man
voller Zuversicht auf das Fortwirken der Habsburger in Wien blicken.
Der älteste Sohn Joseph war zum Kaiser erzogen worden und besaß alle
Voraussetzungen für dieses Amt. Der zweite Sohn Karl konnte mit
Sicherheit auf die Krone Spaniens rechnen. Die Türken waren geschlagen. Die Eingliederung Ungarns stand vor dem Abschluß. Das Weltreich
Karls V., in dem die Sonne nicht unterging, mit Österreich im Osten,
Spanien im Westen, Süd- und Mittelamerika jenseits des Atlantik, schien
als Ganzes in dem Besitz von Habsburg verbleiben zu können. Ludwig XIV. von Frankreich mußte sich als von allen Seiten eingekreist
empfinden und war es auch, zumal die Seemächte Holland und England
mit Österreich verbündet waren und die Heere des Kaisers von dem
ersten Feldherrn des Zeitalters angeführt wurden, dem Prinzen Eugen.

Im Spanischen Erbfolgekrieg war der Sieg der Verbündeten über
Frankreich schon gesichert, als Kaiser Joseph I. nach nur sechsjähriger
Regierung im Alter von gerade 33 Jahren starb. Jetzt verfügte Österreich
über keinen Kandidaten für Spanien mehr, denn Karl mußte zurückrei-
sen, um in Wien die Kaiserkrone entgegenzunehmen. Josephs I. beide
Töchter, Marie Josepha und Marie Amalie, waren noch Kinder. Karls VI.
einziger Sohn war kurz nach seiner Geburt gestorben, und seine älteste
Tochter Marie Theresia wurde erst 1717 geboren. Von Jahr zu Jahr
beobachteten die beiden alten Kurfürsten von Sachsen und Bayern, daß
es immer unwahrscheinlicher zu werden schien, daß diesem Kaiser noch
ein männlicher Erbe geboren wurde. Zwar hatte Karl VI. bald nach
seinem Regierungsantritt ein Reichsgesetz erlassen, demzufolge von nun
an auch die Töchter erbberechtigt sein könnten. Man nannte es die
‹pragmatische Sanktion›. Doch wurden von diesem Gesetz Marie Josepha
und Marie Amalie in ihren Eheverträgen ausdrücklich ausgenommen.
August der Starke und Max Emanuel hatten feierlich für ihre Söhne auf
die Erbfolge verzichtet. Doch gleichzeitig haben sie alles getan, um über
andere und ältere Rechte für sie das Kaisertum dennoch zu erringen.

Die Feste, die für die beiden Hochzeiten in Dresden und München
ausgerichtet worden waren, sollten an Aufwand und Dauer alles bisher
Gesehene übertreffen. Man wollte aller Welt zeigen, daß jedes der beiden

Kurfürstentümer nunmehr in ein Zeitalter der großen Politik eintreten werde. August der Starke hatte schon 1711 beim Tode Josephs I. als Vikar des Reiches ein altererbtes Recht seines Hauses wahrgenommen. Fast ein Jahr vertrat er den Kaiser in seinen Reichspflichten, ehe der neue aus Spanien ankam, gewählt und gekrönt werden konnte. Max Emanuel forderte im Spanischen Erbfolgekrieg, in dem er auf der Seite Ludwig XIV. stand, zum mindesten eine Königskrone. Sein Sohn Karl Albrecht ist 1741 nach dem Tode Kaiser Karls VI. von sechs der sieben Kurfürsten in Frankfurt zum Kaiser Karl VII. gewählt worden. Die drei Jahre, die er die Krone trug, die für ihn immer zu schwer gewesen ist, haben Kurbayern, ja dem ganzen Reich nur Unglück gebracht. Doch für dieses ersehnte Kaisertum haben beide Kurfürsten, August der Starke und Max Emanuel, Kaiserschlösser gebaut und weit zahlreichere geplant oder planen lassen.

In Dresden wurde das Stadtschloß erneuert. Es entstand dort als Schatzkammer das ‹Grüne Gewölbe›. Eine größere Anlage ist in eben dem Jahr seiner Tätigkeit als Reichsvikar 1711 mit dem Zwinger begonnen worden und andere, wie das Japanische Palais, das mit ostasiatischer Kunst angefüllt war, sind wenig später errichtet worden. Auf dem Lande wurde die Gegend nach schön gelegenen Plätzen und Jagdrevieren abgesucht, um dort Schloßbauten neu zu erstellen, zuweilen auch ältere auszubauen. Sie waren für das frühe 18. Jahrhundert ebenso ein Mittel, die Naturschönheiten hervorzuheben, wie für das späte die Rousseau-Gedenkstätten und idyllische Parklandschaften. Das gilt für Moritzburg mit seinen Seen und Forsten wie für Großsedlitz mit seinen Gartenterrassen und Orangerien und Übigau mit seinem weiten Elbblick. Wo ältere Schloßgebäude sich vorfanden, gestaltete man sie um, stattete sie neu aus und verwandelte sie mit der sie umgebenden Natur zu Abbildern eines glückhaften Daseins, ja einer erfolgreichen Regierung.

August der Starke hatte 1718 eine ältere Schloßanlage schon im Hinblick auf die Hochzeitsfeste im September 1719 in Pillnitz an der Elbe erworben. Durch seinen Hofarchitekten Daniel Pöppelmann ließ er das alte, bescheidene Schloß mit langgestreckten Flügelpavillons erweitern und vor ihnen Gärten anlegen. Zuerst entstand das Wasserschloß an der Elbe, dann das Bergschloß ihm gegenüber. Beide waren völlig gleich gestaltet, nur verschiedenartig bemalt und ausgestattet. Erst während der Arbeiten erkannte man die Möglichkeit, von der Elbe her anzulanden und schuf am Flußufer die breite Freitreppe.

August des Starken Hauptwerk jedoch wurde der Zwinger, der nur den Vorhof für ein späteres Kaiserschloß gebildet hat, das sich auch hier herab bis zum Elbufer gegenüber dem alten Stadtschloß von Dresden erstrecken sollte. Es gibt zahlreiche großangelegte und ausgemalte Risse. Die machtvolle Bastion im Festungswerk der Stadt, der man den Namen

Luna gegeben hatte, wurde als Bauplatz bestimmt. Die spitzen und stumpfen Winkel der Mauern dieser Bastion und ihre tiefen Wassergräben lieferten den angemessenen Rahmen für einen Schloßvorplatz des Barock. Es kennzeichnet August den Starken, daß er mit dem begann, was uns am unnötigsten erscheint, den Galerien für die Südfrüchte, in denen Feigen, Orangen, Zitronen überwintern konnten und die zugleich den Festplatz für Turniere und Reiterspiele umschlossen hielten. Es gibt kein zweites Werk im deutschen Barock, bei dem ein überragender Baumeister wie Pöppelmann mit einem gleich bedeutenden Bildhauer wie Balthasar Permoser in so vollkommener Harmonie zusammengewirkt hat. So entstand ein Gefüge aus Galerien und Pavillons, die sich wie die Figurinen eines Balletts im Tanze regen. Fünf Bautypen scheinen in diesem Tanz um die Besucher zu kreisen, das Duett der beiden großen ovalen Pavillons, das Quartett der neunachsigen Salons in zwei Geschossen, als Solist das üppige Kronentor und als Chor die eingeschossigen Galerien der Orangerien, die die Hauptgebäude verbinden. Sie schließen das große Oval bis auf die eine Seite zur Elbe ab, auf der das Kaiserschloß entstehen sollte und auf der 150 Jahre später Gottfried Semper die Dresdner Gemäldegalerie errichtet hat. Diese Bauten sind zugleich die Kulisse für ein phantastisches Spiel und Figuren in diesem selbst. Der weiche Sandstein wird gebogen, gedreht und gewölbt. Die Architektur ist mit den Atlanten, die sie einfassen, zur Plastik geworden und die Plastik mit den Wappengiebeln zur Architektur.

Die Bauarbeiten wurden beschleunigt, als das Datum für die Hochzeit des Kurprinzen mit der Kaisertochter im Frühjahr 1718 für den September 1719 festgelegt worden war. Als Ganzes sollte sie ein Denkmal des Selbstverständnisses eines Herrschers werden, dem alle Götter des Olymps und alle Musen des Parnaß zu dienen hatten. Die allegorische Pantomime, die diese Architektur aufführt, gipfelt in der Darstellung des Königs, der als ‹Hercules saxonicus› auf dem Wallpavillon die Weltkugel trägt und in der kupfergetriebenen Haube des Kronentors am Stadtgraben, über der vier Adler die polnische Königskrone halten.

Der Zwinger läßt sich in seiner Vornehmheit und dem Reichtum der Formen allein mit dem Belvedere des Prinzen Eugen in Wien vergleichen, das genau gleichzeitig entstanden ist. Doch sollte der Dresdner Festplatz weniger hoheitsvoll sein. Seine Bauten sind reicher bewegt, verbindlicher in den Gesten, mehr der plastischen Form als der Graphik der Ornamente auf den Wandflächen verpflichtet. Sie sind zu zartgliedrig, um als Werke des Spätbarock bezeichnet zu werden, zugleich von zu großem plastischem Reichtum, um schon dem Rokoko zugerechnet zu werden. Es handelt sich wie bei dem ‹Oberen Belvedere› in Wien um den östlichen Zweig jener Stilhaltung, die gleichzeitig die Kunst des Régence in Paris prägte. Die Vorliebe für Reiterspiele des polnischen Hofes haben auf die

Planungen eingewirkt. Nimmt man dies alles zusammen, so wurde der Zwinger das originellste Werk des Barock in Deutschland, nicht ganz so hoch im Stil wie die Bauten von Andreas Schlüter für Berlin, weniger kraftvoll als jene von Fischer von Erlach in Wien, auch nicht so ernst in der Haltung wie der süddeutsche Kirchenbarock am Beispiel des gleichzeitigen Klosters Weingarten, doch dank dem Zusammenwirken von Raum und Bewegung, von Architekturkörpern und Skulptur ein Gestalt gewordenes Fest, wie es kein zweites gegeben hat.

Gleichzeitig baute man in München an den weit größeren Schlössern von Nymphenburg und Schleißheim und anderen mehr. Was veranlaßte August den Starken von Sachsen und was Emanuel von Bayern, ihre durch Kriege ausgebluteten, durch Mißwirtschaft verarmten Länder stets von neuem mit den Kosten für Schlösser, ihrer noch wertvolleren Ausstattung, einem Hofleben zu belasten, in dem jeder Tag Unsummen verschlang?

August der Starke war unverhofft durch den Tod seines älteren Bruders auf den Thron gekommen, ohne dafür ausgebildet worden zu sein. Feldzüge mit erneut ganz ungeheuren Kosten verschafften ihm wenige Jahre später die Krone Polens und die Residenzstadt Warschau, die er zwischendurch wieder verlor und mit Hilfe Rußlands gegen Frankreich zurückerobern konnte. Dieser Kurfürst und König glich einem klugen, sehr einfallsreichen, stets gutgelaunten und heiteren, auch grausamen Kind. Er liebte Reisen, Wagenfahrten, lange Ritte in stets wechselnder Gesellschaft. Feldzüge führten ihn stets von neuem an die ungarische Türkengrenze und gegen den aufständischen Adel in Polen, der ihn gewählt hatte. Er war tapfer, doch seine Riesenkräfte machten aus ihm mehr einen Heroen als einen Feldherrn. In der Auswahl seiner Freundinnen, vor allem der zwölf regierenden Mätressen, die sich ablösten, oft auch bekämpften, zeigte er den sichersten Geschmack. Nach Aussage der Markgräfin von Bayreuth, einer Schwester Friedrichs des Großen, soll er 350 Kinder gehabt haben. Denn zu den Mitteln jener regierenden Damen, ihre Vorrechte zu halten, gehörte, daß sie ihm schöne Mädchen zuführten, die für eine Rivalin nicht das geistige Format besaßen. Unter den zwölf gab es bedeutende Frauen wie jene Gräfin Königsmark, die als Äbtissin von Quedlinburg ihr Leben beschloß und August dem Starken den kraftvollsten Sohn schenkte, den französischen Marschall von Sachsen, der mehrmals Armeen für Ludwig XV. angeführt hat und auch die Marquise von Pompadour in ihren politischen Plänen unterstützte. Den inneren Zwiespalt zu dem sächsischen Volk und Adel, der daraus erwuchs, daß er und sein Sohn um der Krone Polens willen katholisch geworden waren, während sein Land streng lutherisch blieb, vermochte er nur durch die vollkommenste Indifferenz aller Religion gegenüber zu überspielen.

Max Emanuel hatte sich in jungen Jahren als Türkensieger und Feldherr vor Wien und Budapest ausgezeichnet. Sein Lohn war eine Kaisertochter, die dann mit 23 Jahren starb. In der Hoffnung auf die Kaiserwürde ließ er Nymphenburg vergrößern und Schleißheim als ein Königsschloß erbauen. Während des Spanischen Erbfolgekrieges ruhten in München fast zehn Jahre lang die Arbeiten, die gleichzeitig in Dresden beschleunigt fortgeführt worden sind. Nach dem Ende des Krieges und der Rückkehr aus dem Exil in Frankreich ließ Max Emanuel seine Schlösser vollenden und noch reicher ausstatten, und dies, obwohl sein Staat in grotesker Weise überschuldet war, die Steuern nur mit Hilfe von militärischen Besetzungen aus den verarmten Dörfern und Märkten erpreßt werden konnten.

Beide Fürsten waren in einem Ausmaße zur Egozentrik erzogen worden, die sich heute niemand mehr vorstellen kann. Sie glaubten an ihr Herrschertum von Gottes Gnaden. Wie Ludwig XIV. schien ihnen die eigene Person mit allen ihren Launen und Schwächen der Staat selbst zu sein. Das Steueraufkommen der Länder und ihr privates Einkommen ließen sich in der Vorstellung der Zeit nicht trennen. Es gab Jahre, in denen mehr als die Hälfte des Staatsbudgets für die Bedürfnisse des Hofes verwendet wurde, zu denen die Schloßbauten und eine ununterbrochene Kette von Festen gehörten. Doch ihre Kenntnis von den ökonomischen Voraussetzungen für jede Form von Wohlstand war noch geringer als ihr Verständnis für die soziale Not ihrer Untertanen. Schloßbau erschien ihnen als das beste Mittel, um die enorme Arbeitslosigkeit zu bekämpfen. Hier vermochten sie Tausende zu beschäftigen. Künstler jeder Disziplin umringten sie täglich und erwarteten, ja erflehten Aufträge von ihnen, priesen dann ihren Geschmack, die fürstliche Munifizenz, die Großzügigkeit und Liberalität, wenn sie endlich den viel zu geringen Lohn fast immer zu spät erhielten. Die heitere Welt des Barock und Rokoko ist unter dem härtesten Druck in Jahren der größten Not entstanden. Gerade aus den Monaten vor der Fürstenhochzeit in Dresden haben sich Eingaben des Baumeisters Pöppelmann an August den Starken erhalten, er möge die geringen Löhne für das Heer der Bauarbeiter endlich auszahlen lassen, weil viele von ihnen sich nahe des Hungertods dahinschleppten.

Für die Fürsten aber waren diese Schlösser Denkmäler einer glückhaften und erfolgreichen Regierung. Schon vor der Vollendung ließen sie die neuen Gebäude in kostbaren Stichwerken aufnehmen, die an die Höfe Europas versandt wurden, um aller Welt zu zeigen, mit welchem Erfolg man das Regiment geführt habe. In dem Stichwerk, das den Zwinger und die Hochzeitsfeierlichkeiten in ihm wiedergibt, bemerkt der Verfasser, dies sei «das fast auf dem höchsten Gipfel seiner Vollkommenheit und Glückseligkeit prangende königliche Dresden». Den Stichen der Bauten folgten meist andere, die die schönsten Feste zeigten, die man in ihnen gefeiert hatte.

Der Geldmangel begünstigte Betrüger, die den Fürsten versprachen, die Kunst, Gold zu machen, zu besitzen. Der erfolgreichste unter ihnen war der Apothekergeselle Johann Friedrich Böttger, der von Berlin, wo er entlarvt worden war, nach Dresden floh und dort von August dem Starken festgenommen wurde, um in einer neuen Alchemistenwerkstatt Gold zu gewinnen. Der Kurfürst vertraute darauf, durch Böttger bald aller seiner Sorgen ledig zu sein. Böttger fand bekanntlich kein Gold, sondern erfand das weiße Porzellan. Man erstellte für ihn eine Manufaktur auf der Burg von Meißen, wo er und die Porzellanarbeiter und Künstler wie Gefangene gehalten wurden, damit sie das Geheimnis nicht verraten könnten. Mit diesem Meißener Porzellan besaß man den Werkstoff, der dem Geist des Rokoko am besten entsprach. Er war weich, geschmeidig, glanzvoll, in jede Form zu bringen, unschwer zu bemalen, dabei leicht und zerbrechlich. Nicht nur das Tafelgeschirr, Vasen und Krüge, auch den Schmuck der Festtafel mit Göttern, Schäfern, den Schauspielern der französischen Komödie und der italienischen Oper, Liebespaaren oder Jagdhunden ergänzten seither die Silber- oder Goldarbeiten. August der Starke gefiel sich darin, den jungen Friedrich den Großen, zum Entsetzen von dessen Vater bei einem Staatsbesuch in Dresden, durch Pornographica in Porzellan zu erschrecken. Wenn auch nicht den erwarteten Reichtum – denn Porzellan war zu teuer für billigen Versand auf den schlechten Straßen des 18. Jahrhunderts – so doch neuen Glanz, einen anderen Charakter fügte das ‹alte Sachsen› *le vieux Saxe*, dem Ausstattungsprogramm der Schlösser hinzu.

Diese neuen Schlösser waren nicht zum alltäglichen Wohnen erbaut worden. Ihre Architektur forderte Feste und bildete Kulissen für Feste. Der fürstliche Terminkalender war angefüllt mit aufwendigen Veranstaltungen: Bällen, Maskeraden, langen Soupers, Jagden in allen Formen, Schlittenfahrten, Reiterspielen, Feuerwerk, jeden Abend fast Oper oder Theater. Das beinahe tägliche Kartenspiel, meist um hohe Summen, durfte nicht fehlen. Je höher der Rang, desto später ging man zu Bett. Bis in den frühen Morgen hinein machten die Fürsten, wie die Zeitgenossen es nannten, *Appartements*. Das heißt, sie versammelten in allen Räumen eines Stockwerks ihrer Schlösser den ganzen Adel des Landes an kleinen Tischen zum Spiel. Wo Friedrich Wilhelm von Preußen, der Soldatenkönig, jede Kerze sparte, um Taler auf Taler für seine Kriegskasse anzusammeln, brannten in den Dresdner und Münchner Schlössern Tausende von Kerzen in venezianischen Glaslüstern. Im Kerzenlicht muß man sich die meisten Feste vorstellen, das Theater und die Oper, durch das der Zuschauerraum und die Bühne in gleicher Weise erhellt wurden. Die Hofgesellschaft mit Perücke und Maske glich sich der Theatergesellschaft an und hatte vorgeschriebene Aufgaben in dem großen Schauspiel vor dem Fürsten einzunehmen.

Die Vielzahl der Schlösser erlaubte es August dem Starken kaum, zwei Nächte hintereinander am gleichen Ort zu verweilen. Das Festprogramm sah diesen ständigen Wechsel und in ihm seinen strahlenden Auftritt vor. Anlaß für die Wahl eines Schlosses waren allein diese Programme der Jagden oder Maskeraden, die dort vorbereitet waren. Es gab Parforce-Jagden auf Hirsche und anderes Hochwild, Sauhatzen, Hasen-, Fasanen- und Rebhühnerschießen, Kampfjagden mit Bären im Jägergarten des Schloßhofes. August der Starke bevorzugte die Jagd auf Wildschweine und Hirsche mit der Klinge oder Hirschfeder, weil er dank seiner Körperkräfte allen im Abstechen der Tiere vom Pferd herab überlegen war. Bei den Maskeraden verkleideten sich Kurfürst und Gemahlin gern als Bauernwirte, die dann in den Festsälen der Schlösser die Hofgesellschaft bedienten, die als Bauern oder Bergleute verkleidet erschienen war. Kriegsspiele wurden aus besonderen Anlässen abgehalten. Berühmt ist die Belagerung einer türkischen Festung, die von als Janitscharen verkleideten Soldaten verteidigt wurde und nach allen Regeln der Belagerungskunst des Zeitalters von dem Kurfürsten persönlich angegriffen worden ist, bis sie endlich gesprengt werden konnte, wobei 18 für diesen Zweck ausgestopfte Uniformen der Gegner, zur Freude des Hofes, durch die Luft flogen.

Alle diese Feste sollten von der Hochzeit des Kurprinzen mit der Erzherzogin Marie Josepha im September 1719 übertroffen werden. Der gelehrte Herr von Besser, der die größte Bibliothek der Stadt angesammelt hatte, sah sich gezwungen, das Festprogramm auszuarbeiten. August der Starke selbst hat dann korrigierend und erweiternd eingegriffen. In dieser protestantischen Stadt mit einem katholischen Fürsten konnte nicht wie heute in England ein Gottesdienst im Mittelpunkt der Feierlichkeiten stehen. Man bediente sich der Gestalten des antiken Götterhimmels, um den langen Programmen einen höheren Sinn zu geben.

August der Starke ließ die Braut aus Wien in Pirna an der Elbe durch 15 holländische Jachten mit weiß und rot gekleideten Matrosen am 2. September abholen. Über 100 Gondeln begleiteten die Fahrt. Die Erzherzogin selbst bestieg den Bucentaurus, das venezianische Staatsschiff, das August der Starke schon lange zuvor kopieren und für diesen Anlaß neu vergolden ließ. Weit vor der Stadt landete man. Es ordnete sich ein Festzug aus Karossen. Von auswärts waren sieben Fürsten, nahe an 200 Grafen, über 200 Barone und 500 Edelleute erschienen. Je nach Rang bestieg man vier- und sechsspännige Karossen, die Braut selbst als einzige fuhr achtspännig. Sie trug spanische Hoftracht, und ihr Wagen wurde von schwarzen napolitanischen Rappen gezogen. Vor ihr ritt der Leibmohr, ihm folgten 24 andere Schwarze in weißem Atlas mit roten

Turbanen. Man wollte vortäuschen, daß ihre Reinheit von einem Heer von Eunuchen bewacht würde. Hinter der Karosse folgte zu Pferd der Kurprinz, dessen Purpurgewand von Diamanten fast zugedeckt erschien. Es sollen 100 Karossen gewesen sein, die ein alter Stich bei dem Zug die Elbe entlang nach Dresden zeigt. Sie wurden durch Läufer mit langen Stöcken begleitet, Schweizer mit Hellebarden in den Farben von Sachsen, Türken und Mohren in polnischen Farben, Pagen in spanischen Kleidern. Von der Armee waren 24 Generale in Scharlachuniform mit goldenen Knöpfen erschienen, neun Escadrons Reiter in verschiedenen Uniformen, angeblich 6000 Mann zu Fuß.

Im polnischen Königsornat empfing August der Starke in seinem gelben Samtzelt vor der Stadt die Braut. Er selbst trug sich in Purpur, und die Juwelen an seinem Gewand schätzten die Zeitgenossen auf einen Wert von zwei Millionen Talern. Das wäre ein Viertel des Staatshaushaltes von Sachsen gewesen. Der Kurfürst hatte nicht nur ein Opernhaus neben dem Zwinger und ein Theater – dieses freilich nur in Holz – in größter Eile fertigstellen lassen. Er trug auch Sorge dafür, daß rechtzeitig ein berühmter Komponist aus Venedig, der Dirigent Lotti, eintraf, zugleich seine ausgewählte Truppe, eine französische Komödie, ein Ballett.

Am 2. September ist die Braut eingeholt worden. Den 3. begann man mit einem ‹Te Deum›, auf das das Festmahl folgte, wo an neun Tafeln mit je 30 Gedecken gespeist worden ist. Am Abend war die Uraufführung der Oper von Lotti, ‹Giove in Argo›, und jeder wußte, daß mit diesem Jupiter der Kurfürst gemeint war. Am 4. September folgte der erste der großen Bälle, die alle von sieben Uhr abends bis vier oder fünf Uhr morgens gedauert haben. Fast 100 Musiker spielten auf. Drei Mahlzeiten unterbrachen die Tänze, von denen die erste von 24 polnischen Pagen in ihren Farben gereicht worden ist, die zweite von sächsischen in den ihren und eine dritte – mit der niemand mehr gerechnet hatte – von 24 Mohren. Am 5. September gab man Corneille, ein ernstes Stück. Am 6. folgte eine Kampfjagd mit Bären. Am 7. eine zweite Oper, die von sieben bis zwei Uhr gedauert hat, bei der jedoch Zwischenmusiken es dem Kurfürsten erlaubten, ausgedehnt im Parterre zu tafeln, während die Damen in den Logen kleine Tische mit Köstlichkeiten gebracht wurden.

Höhepunkte waren die Reiterspiele oder Karussells im Zwinger. In besonderem Glanz erstrahlte an einem weiteren Abend der Stolz Dresdens, das Meißener Porzellan im Japanischen Palais, während von sieben Kastraten der Wettbewerb der sieben Planeten um die Gunst der Braut ausgetragen wurde. Ausdrücklich bemerkt der Chronist, daß man anschließend das Souper auf Porzellan an zehn Tafeln serviert hat und als Abschluß ein Feuerwerk jenseits der Elbe abgebrannt worden ist, durch das die Eroberung des Goldenen Vlieses – des Hausordens von Habsburg – durch Jason dargestellt erschien. Es gab noch viermal eine neue Oper, weitere dreimal spielte man französische Komödie, ein einziges Mal wurde ein deutsches Bauernstück gezeigt.

Fünf Götterfeste unterbrachen den Kunstgenuß, ein Jupiterfest im Zwinger, ein Dianafest an der Elbbrücke, in dessen Verlauf 400 Hirsche in den Fluß getrieben wurden, um dort erlegt zu werden, ein Merkurfest auf dem alten Markt von Dresden, in dem die Nationen maskiert ihre Waren feilboten, Italiener, Spanier, Franzosen, Holländer, Polen, auch verschiedene deutsche Gruppen, von wo man dann in den Zwinger zog, der von 60 000 Kerzen erleuchtet war. Merkur als dem Gott des Handels sollte mit besonderem Aufwand gehuldigt werden.

Das durfte nur noch von dem Venusfest übertroffen werden. Es begann mit einem Wagenrennen im Kreis mit als Amazonen verkleideten Damen, die man an der einen entblößten Brust erkannte. Es folgte die Aufführung eines Singspiels im Garten, die Vier Jahreszeiten, das von Hofdamen und Kavalieren aufgeführt worden ist, demnach von lang her einstudiert gewesen sein muß. Dann erst das Souper, dem sich die Illumination des Gartens mit Wachsfackeln und Öllampen anschloß, während man am jenseitigen Elbufer ein riesenhaftes Holzfeuer entzündet hatte. Das Ende brachte ein Ball, für den ein Bretterpodium am Teich des ‹Großen Gartens› aufgeschlagen war. Das letzte der Götterfeste war dem Saturn gewidmet und wurde das berühmteste. Man hatte als Schauplatz ein entfernteres Felsgelände gewählt, den Plauenschen Grund. Zu Beginn wurden lebende Hirsche und Bären von den Felsen herab in den Tod gestürzt. 1500 Bergleute waren aus dem Erzgebirge abkommandiert worden, um mit Grubenlichtern und Fackeln dem Brautpaar Erz noch im Gestein und Silber zu überreichen, aus dem ein Kupido vor allen Augen Münzen schlug. Zu beiden Seiten eines Saturntempels aus Holz hatte man feuerspeiende Berge aufgeschüttet. Das Ende der Feierlichkeiten bildete erneut eine Uraufführung Lottis in der Oper.

28 Tage Hochzeitsfeiern! Das mußte nicht nur die Kassen des Landes erschöpfen, sondern auch alle Teilnehmer mit Ausnahme des herkulischen Fürsten, der überall gegenwärtig war, immer wieder Gelegenheit fand, sich gastfreundlich und von überschwenglicher Herzlichkeit zu zeigen. Die Festfolge war so gewählt, daß sie dem Geschmack der 20jährigen Braut entsprach: Musik, Theater, Maskeraden, Tanz.

Max Emanuel von Bayern mußte hingegen für die Hochzeit der jüngeren Schwester Marie Amalie 1722 in München die Jagd in den Mittelpunkt stellen. Man hatte erkundet, daß die junge Dame eine passionierte Jägerin war. Sie sollte es zeit ihres Lebens bleiben. Auch Bayern hatte sich vordem darum bemüht, für seinen Kurprinzen Albrecht die ältere Marie Josepha zu gewinnen. Jedoch davon wollte man in Wien nichts wissen, da man die Ansprüche des bayrischen Hauses auf die Kaiserkrone kannte. Auch waren Unsummen nötig, um alle einflußreichen Persönlichkeiten am Kaiserhof zur Befürwortung dieser gefährlichen Heirat zu bewegen. Noch kostspieliger waren die Brautgeschenke. Sogar die Hochzeitsgäste aus dem Adel mußten ihre Reisespesen nach München durch weit wertvollere Juwelen in schönen Buketts ersetzt bekommen. Im ganzen hat diese Hochzeit vier Millionen Gulden gekostet, fast das gesamte Haushaltsbudget des Kurstaates Bayern für ein Rechnungsjahr. Dabei war man schon vorher mit über 30 Millionen Gulden verschuldet gewesen, die dann weder der Bräutigam noch sein Sohn in ihren Regierungszeiten je zurückzahlen konnten. Umschuldungen wurden in jedem Jahrzehnt des 18. Jahrhunderts notwendig.

Wie in Dresden der Zwinger sollte in München Schleißheim, das schon als Kaiserschloß geplant worden war, nun in großer Eile für die Staatsempfänge vollendet werden, was nicht ganz gelang. Der Beichtvater Max Emanuels, Pater de Bretagne, hat über die Hochzeitsfeierlichkeiten einen ausführlichen Band verfaßt. Bei ihnen wechselten sich wie in Dresden Oper, Theater, Maskeraden, Feuerwerke in den verschiedenen Schlössern und der Münchner Residenz selbst ab. Im Mittelpunkt jedoch standen die Jagden. Als besondere Leistung hob der Pater hervor, daß die 21jährige Jungvermählte an einem Tag im Forst von Schleißheim vier Wildschweine, mehrere Rehe und zahlreiche Fasane mit der Büchse erlegt habe. Bei diesem Gemetzel fielen freilich 84 Sauen der Festgesellschaft insgesamt zum Opfer. Später sollte den Namen der Braut allein das Jagdschloß im Park von Nymphenburg, das ihr der Gemahl geschenkt hatte, die Amalienburg von Cuvilliés, am Leben halten. Es wurde das vollkommenste Lustschloß auf deutschem Boden. Dem Glanz der Hochzeitsfeierlichkeiten entsprach weder in Dresden noch in München der spätere Lebensstil der beiden Bräutigame. Karl Albrecht wurde in der Tat Kaiser, und vielen sind die Worte im Gedächtnis, mit denen Goethes Mutter den schlanken, kranken Mann auf den Krönungsfeierlichkeiten in Frankfurt ihrem Sohn geschildert hat, der sie uns in ‹Dichtung und Wahrheit› überlieferte. Doch dieses Kaisertum war für Karl Albrecht eine Erblast, die mehr der stärkeren Natur des Vaters entsprach als dem musischen Geist des Sohnes.

August III. unterschied sich noch weit mehr von seinem übermächtigen Vater. Er war ein glücklicher Ehemann geworden, dem seine Frau fast in jedem Jahr ein Kind gebar, und wußte den Töchtern standesgemäße Ehepartner zu verschaffen, so auch den Enkel Max Emanuels als Kurfürst von Bayern, Max III. Joseph. Von den Söhnen wurden einige Priester, einer, der jüngste, Erzbischof von Trier. August selbst überließ die Regierung seinem Günstling, dem Grafen Brühl, der zu jenen sensiblen Intriganten des Rokoko gehörte, bei denen sich Kunstsinn und Verschlagenheit untrennbar verbanden. Den Kurfürst hielt die eigene Sammelleidenschaft von aller Politik fern. Sein Stolz war der Ausbau der

Dresdner Gemäldegalerie gewesen, darunter als wertvollste Neuerwerbung das schier Unmögliche, Raffaels Sixtinische Madonna vom Altar einer Bologneser Kirche. Die Festprogramme seines Vaters setzte er nicht fort. Auch die Gebäude des Zwingers wurden durch ihn einem höheren Bestimmungszweck zugeführt. Er richtete in den Orangerien Museen und wissenschaftliche Kabinette ein.

Der Bau des Zwingers und sein reicherer Ausbau für die Kaiserhochzeit sollte fast ein halbes Jahrhundert später seine verhängnisvollen Folgen zeigen. Die Generalität hatte sofort bei der ersten Planung 1709 August den Starken davor gewarnt, eine der Befestigungsbastionen für diesen Königstraum zu opfern. Die Bedenken wurden zur Seite gedrückt. Als zu Beginn des Siebenjährigen Krieges 1756 sich die Truppen Friedrichs des Großen Dresden näherten, war an Verteidigung nicht mehr zu denken. Friedrich ließ seine Kanonen vor allem auf die Paläste des Grafen Brühl und seine Terrasse an der Elbfront richten, der ihm zu einem persönlichen Gegner geworden war. Als der ‹alte Fritz› wenig später in einem der Brühlschen Schlösser die Garderobe unversehrt vorfand, soll er im Anblick eines geöffneten Schrankes bemerkt haben: «Hundert Perücken und kein Kopf.» Mit diesem Wort fällte das Zeitalter der neuen Aufklärung zugleich sein Urteil über den Geist von Barock und Rokoko.

Heute weiß man, daß August der Starke und Max Emanuel während ihrer Regierung sich dort bewährt haben, wo diese Epoche das für alle Zeiten Beste schuf: dem festlichen Schloßbau. Noch heute ziehen alle Politiker hinaus in die Schlösser des Spätbarock und Rokoko, wenn sie einen hohen Gast ehren oder feiern wollen, nach Brühl, nach Nymphenburg oder Schleißheim, nach Charlottenburg oder Sanssouci, auch in die Schlösser August des Starken vor Dresden. Sie sind für immer gebaute Feste geblieben. Der Optimismus der Lebenshaltung ihrer Schöpfer wirkt bis in unsere Tage fort. Man zeigt mit den barocken Bauten den eigenen Erfolg, den Kunstsinn der Vergangenheit als eigene Geschichte, und das mit demselben Stolz in der Bundesrepublik und in der DDR.

Im Zeichen der Sonne

Die Krönung Ludwigs XV. von Frankreich im Jahre 1722

Von Michael Stürmer

Der Erzbischof von Reims krönt den König.

In der Kathedrale von Reims, Donnerstag, den 22. Oktober 1722: Mit
Macht setzt die Orgel ein, ein gewaltiger Chor singt das Tedeum. Vor der
Kathedrale schießen die Kanonen Salut, die Soldaten der königlichen
Garde feuern ihre Musketen ab, die Offiziere ziehen den Degen. In der
Mitte des Chores aber kniet vor einem Betpult unter einem Thronhimmel
ein Knabe, für die Fernerstehenden in der dichtgedrängten Masse der
Würdenträger Frankreichs kaum zu erkennen. Der amtliche Bericht über
die Krönung hält fest, was geschah: «Während das Tedeum gesungen
wurde, trug man aus der Sakristei eine kostbare Sonne aus vergoldetem
Silber herbei, von 125 Mark Gewicht, welche der König der Kathedrale
von Reims schenkte. Der Herzog von Orleans empfing sie aus den
Händen des Herzogs von Villequier, erster Kammerherr, und bot sie
Seiner Majestät dar, der sie darauf in zeremonieller Form auf dem Altar
niederlegte.»

Diese Sonne war eine Monstranz. Im Zeichen der Sonne erfolgte der
erste feierliche Schritt in dem langen Ritual von Krönung und Salbung
Ludwigs XV. zum König von Frankreich. Das große Tedeum, das den
König begrüßte, war nur der erste Akt eines Festes, das sich von der
Ouvertüre bis zum Schlußakkord über viele Wochen hinzog und den
König zuvor von Versailles im Südosten von Paris durch die Hauptstadt
über mehrere Wegstationen bis zur alten Krönungsstadt Reims inmitten
der Champagne geführt hatte. Das Ritual war seit den Zeiten der
Karolinger entwickelt worden, ja die staatsrechtliche Überlieferung wollte, daß es sich in ungebrochener Kontinuität entwickelt habe seit Taufe
und Krönung Chlodwigs I. im Jahre 496. Nach 1722 wird dieses Ritual
noch zweimal inszeniert werden: 1774 für die Krönung Ludwigs XVI.,
dessen Haupt 19 Jahre später unter der Guillotine fallen wird, mitten auf
der heutigen Place de la Concorde im Angesicht des Tuilerien-Schlosses.
Zum letzten Mal 1825, als sich Karl X., der letzte Bourbonen-König
Frankreichs, der Zeremonie bediente, um der nach-revolutionären Monarchie noch einmal die alte Weihe zu geben und sie in eine tausendjährige Überlieferung zu stellen. Vergeblich: fünf Jahre später wird er ins Exil
fliehen müssen.

Im Zeichen der Sonne: Sie repräsentierte Glanz und Anspruch der
Krone Frankreichs und ihrer Träger. Ein Jahrhundert zuvor hatte Heinrich IV. Ritterspiele veranstaltet, bei denen er selbst einritt mit den
Insignien der Sonne, die Höflinge seiner engsten Umgebung als Spiegel,
der die Strahlen zurückwirft; als Lorbeer, der der Sonne heilig ist; und als
Adler, der nach der Sonne blickt. Ludwig XIV. hatte sich ‹Le Roi Soleil›
genannt, der ‹Sonnenkönig›, und noch heute findet der Besucher des
Schlosses zu Versailles überall das Sonnensymbol des königlichen Frankreich. In diese Tradition wurde durch seine Ratgeber auch der Urenkel
gestellt, der zwölfjährige Ludwig XV., als er der Kathedrale von Reims

jene Silberplastik schenkte, die fast 30 Kilo wog und das lebenspendende
Gestirn darstellte, Symbol der Schöpfung und Herrschaftszeichen zugleich: Der König war dem Land die Sonne. Das *Sacre* aber, die altertüm-
lich feierliche Salbung zu Reims, war dazu bestimmt, die Person des
Monarchen in die Sphäre des Unsterblichen zu heben. Es war, so hat der
Philosoph Ernest Renan bemerkt, für Frankreich eine Art achtes Sakrament. Ein Jurist des Gerichtshofs von Metz, Monsieur Menin, hat
damals, 1722, eine Darstellung gegeben, der vom Zensor Unbedenklich-
keit und Zuverlässigkeit bestätigt wurde. Über Krönung und Salbung der
Könige Frankreichs hieß es:

«Die Salbung der Könige ist nicht nur eine Zeremonie, die durch
Brauch und Gewohnheit besteht und eingeführt wurde durch die Menschen: Sie ist um so heiliger und geheimnisvoller, als sie auf göttlichen
Befehl und Einsetzung zurückgeht und den gleichen Charakter hat wie
die Sakramente. Die Salbung der Könige, sagt einer der Kirchenväter, hat
mit dem Befehl Gottes an Saul begonnen, sie wurde fortgesetzt durch
David und Salomon, und die Könige von Juda und Israel wurden alle,
ihrem Beispiel folgend, gesalbt.»

Der Historiker Ernst Kantorowicz hat von den «zwei Körpern» des
Königs geschrieben, dem sterblichen und dem unsterblichen, dem
menschlichen und dem ewigen, dem materiellen und dem spirituellen. In
der langen Krönungszeremonie zwischen dem Schloß zu Versailles, der
Stadt Paris, der Kathedrale zu Reims und der Kirche von St. Denis ging es
darum, in der Person des Königs dies alles zur Einheit zu verschmelzen,
welche Land und Herrschaft verband. Viel von der alten Zeremonie
dürfte den Damen und Herren des Hofes, leichtlebig und aufgeklärt,
amourös und genußfreudig, längst als leere Geste vorgekommen sein.
Der kalte Blick, mit dem der Herzog von St. Simon in seinen Tagebü-
chern das Hofleben beschrieb, erlaubt da keine Illusion. Und doch: Wie
ironisch auch immer die Hofgesellschaft ihre Distanz genommen haben
mag, zuletzt verstand sie doch, wie ihr Rang und ihre Macht davon
abhingen, daß Rang und Macht des Königs Bestand hatten. Darin ist
wohl auch der tiefere legitimatorische Sinn der Krönung zu sehen: Die
Monarchie konnte nur leben, solange man an sie glaubte. Diesen Glauben zu bestärken, bedurfte es der Krönung, der Salbung und des Festes.

Dabei waren die Zeiten nicht zum Festefeiern. Die Krisen und Kriege
der letzten Jahrzehnte waren noch jedermann schmerzhaft im Gedächtnis: die Verarmung des Landes durch die Kriege Ludwigs XIV., der
‹Große Winter› von 1709 und der ihm folgende Massenhunger; der
inflationäre Schwindel unter der Regentschaft des Herzogs von Orléans.
Niemand hatte das vergessen. Wer aber heute die Kavaliere und die
Schönen in den Bildern des Malers Antoine Watteau in gelassener Eleganz beim ländlichen Fest sieht, sich einschiffend nach der Liebesinsel

Cythera – der darf dies alles nicht als Abbild der wirklichen Welt nehmen. Es war Traumbild eines Lebens, das es niemals gab. Doch mit der Krönung des zwölfjährigen Ludwig XV. begann für Frankreich eine lange Periode der Prosperität, der künstlerischen Entfaltung, der technischen Hochleistung und der Abwesenheit von äußerer Bedrohung. Zwischen den Katastrophen des Spanischen Erbfolgekrieges und der Vor-Revolution am Ende des Jahrhunderts bietet sich dem späteren Betrachter das Bild der Regierungszeit Ludwigs des Vielgeliebten – *le bien aimé* – heute ganz überwiegend dar im Zeichen der Sonne.

Nicht nur die Gegenwart, auch frühere Zeiten hatten das gleiche Bedürfnis, dem flüchtigen Ereignis Bedeutung und Dauer zu verleihen. Jedem der großen Staatsakte waren amtliche Publikationen gewidmet, oftmals reich mit Kupferstichen ausgestattet, um fremden Höfen und der entstehenden literarischen Republik Europas ein Abbild der Ereignisse zu vermitteln. Auch von der Krönung Ludwigs XV. gibt es solche Berichte, und sie mußten vor allem festhalten, wie alles nach der Tradition und der alten Ordnung der Dinge rechtlich und symbolisch abgelaufen war. Da heißt es: «Der König hatte den Tag für Salbung und Krönung festgesetzt auf Sonntag, den 25. Oktober des gegenwärtigen Jahres 1722, und angeordnet, daß man für diese große Feierlichkeit dem Ablauf der Zeremonie folge, welcher für Salbung und Krönung seines Urgroßvaters glorreichen Gedächtnisses beobachtet worden war.»

Die Krönungsreise entsprach der symbolischen Geographie Frankreichs: vom alten Königsschloß Versailles, das Ludwig XIV. zu gewaltiger Dimension emporgeführt hatte, über die Hauptstadt Paris zur Krönungskathedrale. Der amtliche Bericht:

«Seine Majestät verließ Versailles am 16. Oktober und schlief in seinem Palast der Tuilerien zu Paris, von wo er am 17. Oktober nach Reims aufbrach, wo seine Majestät, über Dammartin, Villers-Cotterêts, Soissons und Fîmes am 22. gegen drei Uhr des Nachmittags eintraf. Auf dem ganzen Weg wurde Seine Majestät in seiner Kutsche begleitet von den Prinzen von Geblüt und seinem Erzieher, dem Herzog von Charost, und eskortiert durch die Leibgarde und Abteilungen des Regiment Gensdarmes, der Leichten Reiter der grauen und der schwarzen Musketiere, alle mit ihren Offizieren an der Spitze... Nach ihnen kam ein zahlreiches und glänzendes Gefolge, Karossen und Equipagen des Königs und der Prinzen, Minister und hohen Herren. Der Herzog von Orléans hatte außerordentlichen Aufwand getrieben, um seine Majestät im Schloß von Villers-Cotterêts wohl zu empfangen. Der Graf von Evreux, Gouverneur der Isle de France, übergab an der Spitze aller Beamten der Stadt Soissons deren Schlüssel... Auch wurde der König durch die Akademie dieser Stadt geehrt.»

Es verstand sich von selbst, daß solche Empfänge den, der sie entgegennahm, in hohem Maße verpflichteten. Und es verstand sich auch, daß solche Ehren nicht einem Knaben von zwölf Jahren galten, sondern dem Symbol des Königtums und des Staates. Keine Frage, daß der König sich auch dem Volke zu zeigen hatte, um dessen Akklamation entgegenzunehmen. Das hatte nichts oder doch nur wenig mit demokratischen Begriffen zu tun, deutete aber an, daß es auch dem selbstregierenden Monarchen Frankreichs nicht gleichgültig sein konnte und durfte, ob er verhaßt war oder geliebt. So registrierte auch der amtliche Bericht durchaus pflichtgemäß:

«Überall Feste, Illuminationen und öffentlicher Jubel, wo der König sich zeigte, wo er schlief. Alle Wege, die der König auf seinem Weg von Paris nach Reims passierte, waren umsäumt von einer unzählbaren Menge Volkes und Personen jederlei Standes. Sie alle versicherten durch ihre Bewegung und ihre unablässigen Rufe ‹Vive le Roy› dem Monarchen ihre Ergebenheit und die Wahrhaftigkeit ihrer Zustimmung.»

Unweit der Stadt Reims traf der König auf die Truppen seines Hauses, die Schweizer und die Französischen Garden, in Schlachtordnung aufgestellt, aber diesmal zu friedlicher Parade. Vor der Front übergab der Prinz Rohan, Gouverneur der Champagne, dem König die Schlüssel der Stadt Reims als Unterpfand der Loyalität, und dann zog der feierliche Zug in die Stadt ein, voraus zwei Kompanien Musketiere, dann mehrere Karossen mit den Großwürdenträgern des Hofes. Erst dann folgte der König in einem durch Vergoldung, Größe und Feuer der Pferde hervorgehobenen Wagen. Ihn umgaben königliche Prinzen und hohe Aristokraten, vor und neben ihm ritten die Kommandeure der Garderegimenter in goldbestickter Uniform, mit wehenden Federn auf den Hüten. Dann erneut Gardetruppen zu Fuß und zu Pferd. Die Stadt Reims hatte Triumphbögen aufgestellt, von Bürgern in Waffen bewacht, die ihren Souverän grüßten. Der fuhr in der Karosse vor das Hauptportal der Kathedrale, stieg aus und wurde vom Erzbischof an der Spitze des Domkapitels willkommen geheißen, alle Geistlichen in goldbestickten Gewändern. Dazu waren die Inhaber der großen Bischofssitze aus ganz Frankreich zusammengekommen, allesamt hohe Aristokraten, einige von notorisch leichtem Lebenswandel, aber jetzt, ungeachtet aller früheren oder späteren weltlichen Abirrungen vom frommen Leben, bischöflich gewandet.

Auf einem vorbereiteten Kissen kniete der König zu kurzem Gebet, küßte die Bibel und nahm dann, aufrecht stehend, die feierliche Begrüßung des Erzbischofs entgegen. Es folgten der Einzug in die Kathedrale, das einsame Gebet des Königs und die Niederlegung der silbervergoldeten Sonne auf dem Altar. Der Ablauf dieser Begrüßungsfeierlichkeit verriet auch ihren politischen Sinn: den König, wie er des göttlichen Segens bedürftig war, doch als weltlichen Herrn des Erzbischofs und damit der Kirche darzustellen. Das Verhältnis von weltlicher und kirchli-

774

775

774

cher Macht war damit eindeutig beschrieben, und wer die Symbolkraft der einzelnen Schritte entzifferte, der konnte niemals bezweifeln, daß es der König war, dem der Primat gebührte, und daß der Erzbischof ein Diener Gottes war, aber danach schon einer des Königs. Mit Tedeum und Segen war der erste Akt der Krönung vorbei. König und Erzbischof zogen sich ins bischöfliche Palais zurück, wohin man zuvor schon die kostbarsten Möbel der Krone aus Versailles und den Tuilerien geschickt hatte: Kommoden, Tische und Schränke in Schildpatt mit Messing eingelegt, reiche Bronzen, Silber aus den Hofwerkstätten im Louvre und Tapisserien aus der Manufaktur der Gobelins. Auf Silber, Möbeln und Tapisserie waren die sich kreuzenden Initialen des Königs angebracht unter der Krone, umgeben von Band und Stern des Ordens vom Heiligen Geist.

Am nächsten und übernächsten Tag besuchte der König die Kirchen von Reims. Da nach kirchlicher Stundenzählung der Sonntag schon am Vorabend mit der Vesper begann, begab sich der König mit seinem ganzen Gefolge abends in die Kathedrale, kniete nieder und nahm dann Platz unter einem Thronhimmel aus blauem Samt, mit den goldenen Lilien Frankreichs bestickt. In der Kirche dicht gedrängt höfische und kirchliche Würdenträger. Der Messe folgte eine Predigt über die Zeremonie der Salbung, die nicht nur für Hof und Öffentlichkeit deren religiöse und rechtliche Bedeutung ins Gedächtnis rief, sondern auch staats- und kirchenrechtlich zu bestätigen hatte, daß die Kirche dadurch nicht dem König ihre Macht auferlegte, sondern der seinen nur die göttliche Weihe verlieh. Kein Wort war hier dem Zufall oder persönlicher Phantasie überlassen. Anschließend erneuter Zug des Monarchen und des Erzbischofs aus der Kathedrale ins Palais, wo der künftige König – ein blasser, überanstrengter, timider Knabe – die Beichte ablegte, und zwar nicht dem Erzbischof, sondern seinem gewohnten Beichtvater. Am Sonntag, dem 25. Oktober 1722, folgte der eigentliche Akt von Krönung und Salbung. Monsieur Menin berichtet:

«Die Metropolitankirche Unser Lieben Frauen zu Reims war mit viel Glanz für die große Feierlichkeit vorbereitet worden. Silbertücher, welche der König am Vortag geschenkt hatte, schmückten den Hochaltar. Sie waren mit Gold eingefaßt und bestickt mit dem Wappen von Frankreich und Navarra. Der Thronsessel, den der König nach der Salbung einnimmt, war inmitten des Schiffes aufgestellt unter einem prachtvollen Thronhimmel aus violettem Samt, bedeckt mit goldenen Lilien. Das Betpult vor dem Thron ebenso wie das im Chor war mit einem gleichartigen Teppich bedeckt, und so auch die Sessel und Bänke, auf denen die Pairs von Frankreich zu sitzen hatten, die hohen Beamten und alle anderen Eingeladenen.»

Ein amtliches Bild des Malers Martin, heute im Schloßmuseum zu

Versailles, hält den Glanz, die Enge und die Geometrie des Rituals fest. König und Erzbischof waren die Hauptakteure, das geistliche und weltliche Gefolge jedoch hatte durch seine Gegenwart der feierlichen Handlung politisches Gewicht und öffentliche Geltung zu verleihen. Die Abstufung ihrer Sitze, ob auf Fauteuils, Bänken oder Hockern, oder ob sie im Stehen teilnahmen, entsprach den Stufen ihres Ranges. Auch die Kleidung, die jeder trug, die Orden und Abzeichen waren ihm nicht selbst überlassen, sondern kamen aus altem und ältestem Herkommen, Rechten und Pflichten. Was hier stattfand, war ‹mondänes Ballett›, aber von strengster Observanz.

Der junge Prinz, der nun König werden sollte, betrat die Kirche vom Palais aus über eine gedeckte Galerie. Er trug nichts als ein langes Hemd, eine Art Tunika aus scharlachroter Seide, von jeher die Farbe der Könige. Um ihn gruppierten sich die Großwürdenträger des Königreiches. Wiederum der amtliche Bericht: «Nachdem jedermann seinen Platz eingenommen hatte, bot der Erzbischof und Herzog von Reims dem König Weihwasser dar, ebenso allen, die eingeladen waren oder bestimmte Aufgaben zu erfüllen hatten, dann sang man das Veni Creator Spiritus.» Damit erreicht das Fest seinen spirituellen und symbolischen Höhepunkt. Die heilige Phiole wird am Portal der Kathedrale in Empfang genommen, ein Kristallflakon in goldener Fassung, der das Öl für die Salbung enthält. Am 7. Oktober 1793 wird das alte Gefäß im Auftrag des revolutionären Konvents zerbrochen werden. Nach der Legende war diese *Sancte Ampoule* durch eine Taube gebracht worden, weißer als Schnee, und die Nachfolger des heiligen Remigius leiteten daraus das Recht ab, die Könige von Frankreich zu salben und zugleich den Vorrang zu haben vor allen anderen geistlichen Herren der Monarchie: eine Legende, deren Nutzen außer Frage stand für den Erzbischof wie für den König. Mit dem heiligen Öl konnte die Salbung ihren Verlauf nehmen:

«Der Erzbischof... empfing zuerst vom König das Schutzversprechen, welches seine Majestät für alle Kirchen erteilt, welche der Krone untertänig sind, und in den alten Formen. Seine Majestät berührte mit den Händen die Bibel und legte den Eid ab auf das Königreich, auf den Orden des heiligen Geistes und auf den Orden des Heiligen Ludwig.»

Dies alles galt es, mit lauter Stimme in mittelalterlichem Kirchenlatein auszusprechen. Zum Schutz der Kirche gehörte der Kampf gegen alle Ketzer, zum Schutz der Orden die Aufrechterhaltung des umfangreichen Privilegienkatalogs ihrer Mitglieder. Vermutlich las der junge König dies alles in gemessener Form vom Blatt: Solche Zeremonien waren zu wichtig und zu kompliziert, um sie nach Gehör zu spielen. Der Eidesleistung folgte die feierliche Einkleidung des Königs mit dem Krönungsornat, den geweihten Handschuhen, dem Ring, dem Szepter und dem Schwert, dann die Inthronisation, indem der Erzbischof den König am

Arm zum Thronsessel führte: «Der König, mit seinen königlichen Kleidern angetan, auf dem Haupt eine kleine edelsteinbesetzte Krone, die für diese Salbung eigens angefertigt wurde, [man kann sie heute noch im Louvre-Museum sehen] in seinen Händen Szepter und Schwert, folgt dem Marschall und wird am rechten Arm vom Erzbischof von Reims geführt... Die Schleppe des königlichen Mantels wird getragen von einem Prinzen oder Grand-Seigneur, den der König dazu bestimmt. Der Kanzler geht allein hinter dem König, nach ihm der Ordensmeister zwischen dem Großkämmerer zur Rechten und dem Ersten Hofkavalier zur Linken.»

Darauf stieg der König die Stufen des Thrones empor. Die Würdenträger verfügten sich auf ihre Sitze, und der Erzbischof wies ihm den Thron, hielt ihn bei der Hand und sprach die Inthronisationsformel. Danach nahm er die Mitra ab, beugte das Knie vor dem auf dem Thron sitzenden König, küßte ihn und rief dreimal: *Vivat Rex in aeternum!* Der König lebe in Ewigkeit! Unterdessen wiederholten die Pairs von Frankreich, die Geistlichen zuerst, diesen Ruf. Dann die Steigerung:

«Die Türen der Kirche werden geöffnet, um das Volk einzulassen, das sich drängt, seinen König in seinem Glanz auf dem Throne zu sehen und ihm zuzujauchzen durch den erneuten Ausruf: Vive le Roy! Dies geschieht zum Klang der Trommeln und Trompeten und aller Instrumente im Chor. Das Garderegiment im Vorhof der Kirche, in Schlachtordnung aufgestellt, antwortet auf diese Akklamation durch drei Gewehrsalven. Unterdessen teilen der Kanzler, der Großkämmerer und die Herolde Gedenkmünzen aus Silber aus, zuerst im Chor, dann im Schiff.»

Noch heute existiert im Schloßmuseum zu Versailles ein großformatiges Portrait des zwölfjährigen Ludwig XV. im Krönungsornat: ein Knabe mit langen gewellten Haaren, die eine Hand in die Seite gestemmt, in der anderen das Szepter, bekleidet mit einem Mantel, der innen von Hermelin ist und außen auf blauem Grund die königlichen Lilien zeigt.

Mit der Inthronisation wurde der König Inkarnation des Königreichs und damit aller Rechte, die den Staat ausmachen. Der Mensch geht wie eine Nebensache in Symbol und Zeremoniell auf. Das Hochamt durch den Erzbischof, das zeremonielle Opfer durch den König schließen die kirchliche Handlung ab: Gold und Silber für die Kirche, die Kommunion für den Monarchen. Danach hatte der Monarch die Krone Karls des Großen zu berühren, dann folgte der feierliche Auszug in umgekehrter Ordnung wie zuvor der Einzug. Den Abschluß des Tages bildete das Krönungsessen im bischöflichen Palais. Dabei war der Tisch des Königs unter einem Thronhimmel vier Stufen über denen der geistlichen und weltlichen Herren, der fremden Botschafter und der Inhaber der großen Hofämter. Hier wurde der König feierlich bedient von den Chargen des Hofes. Fünf Tische waren es nur, an denen gespeist wurde. Aber rundum standen und saßen auf einer Galerie die Höflinge und inkognito reisende fremde Fürstlichkeiten. Nichts war hier Zufall: vom Hochamt bis zum Festmahl ein langes Zeremoniell, wo alles seinen Ort und alles seine Bedeutung hatte und nichts, und schon gar nicht Worte und Werke des Monarchen, der Willkür überlassen blieben.

Am Tag nach der Krönung setzte sich das Ritual fort, wie es immer gewesen war und wie es immer sein würde. Ludwig XV. ritt in großer Kavalkade in die Kirche Saint Remis, wo die heilige Phiole aufbewahrt wurde, zu Messe und Gebet. Ein Gewand aus Silberfäden, ein weißes Pferd mit silberner Satteldecke – ein Bild christlich-mittelalterlicher Romantik. Am Abend folgte die Investitur mit dem Orden vom Heiligen Geist, dessen Hochmeister und Souverän der König damit wurde. Dieser Orden war in der Zeit der Religionskriege durch König Heinrich III. gestiftet worden, um den Hochadel an den Monarchen zu binden. Seitdem wurden Ordenskette und der vierstrahlige Stern aus emailliertem Gold Teil des französischen Staatswappens und vornehmste Auszeichnung Frankreichs. Hatten Krönung und Salbung das Verhältnis zur Kirche und zu Gott geregelt, so prägte die Investitur als Ordenshochmeister das Verhältnis zu den Großen des Reiches: Ihnen war der König gleich als Ordensritter, als Monarch und Souverän des Ordens aber vorgesetzt. Eine große Audienz für die Mächtigen des Reiches und eine Truppenrevue folgten: Pflichten des absoluten Herrschers.

Was der Monarch aber am vierten Tag nach der Krönung zu tun hatte, kam aus einer anderen Welt. Der französische Historiker Marc Bloch, der im Zweiten Weltkrieg als Mann der Resistance gefangen und erschossen wurde, schrieb ein Buch: ‹Les rois thaumaturges› – ‹Die wundertätigen Könige›. Im Krönungszeremoniell gehörte das Wundertun zu den unverrückbaren Bestandteilen. Der König begab sich zur Abtei Saint Remis in Reims, wo der Prior und die Mönche ihn empfingen. Der zeitgenössische Bericht hält das altertümliche Ereignis fest:

«Nach der Messe trat der König in den Park der Abtei des heiligen Remigius, in dessen Alleen sich mehr als 2000 Kranke eingefunden hatten, die an Skropheln litten. Seine Majestät berührte sie, beginnend mit den Spaniern und endend mit den Franzosen... Der König war barhäuptig, und er berührte die Kranken, indem er ihnen mit der Rechten von der Stirn bis zum Kinn über das Gesicht fuhr und von einer Wange zur anderen, das Kreuzzeichen machte und die Worte aussprach: Gott möge Dich heilen, der König berührt Dich. Der oberste Arzt legte jedem seine Hand aufs Haupt, der Herzog von Harcourt hielt ihnen die Hände, und wie jeder berührt wurde, gab ihm der Groß-Almosenier eine Gabe.»

Die Anspielung auf die Nachfolge Jesu, der den Aussätzigen geheilt hatte, war offenkundig. Wenn die Krankheit Schickung Gottes war, so die Theorie, dann mochte sie durch die Berührung durch das Königsheil wieder weggenommen werden. Wie auch immer das medizinische Resultat: Jeder der armen Teufel erhielt ein Stück Silber in die Hand. Der Heilung der Kranken folgte noch die Begnadigung von 600 sorgsam ausgesuchten Häftlingen aus den Gefängnissen von Reims, die allerdings in Stellvertretung des Königs vollzogen wurde. Zwei Tage später brach der König mit großem Gefolge wieder nach Versailles auf; aber auch die Rückreise war vorgeschrieben durch symbolische Geographie und politische Zweckmäßigkeit. Zu Chantilly in der Residenz des bisherigen Regenten, des Herzogs von Orléans, erholte sich der junge König. Dann begab er sich in die Basilika von Saint Denis nördlich von Paris: «Vor dem Grabmahl Ludwig XIV., seines Urgroßvaters, sagte er ein ‹De profundis›, danach betrachtete er die Gräber seiner königlichen Vorgänger und verweilte lange Zeit bei den Kostbarkeiten, die in der Schatzkammer der Abtei sind, und auf halb fünf Uhr bestieg der König wieder seine Karosse und begab sich in sein Palais der Tuilerien.»

Am 10. November 1722 kam Ludwig XV. wieder in Versailles an, nachdem ihn die Stadt Paris als König empfangen hatte. Fast vier Wochen lang hatte die Krönungsreise gedauert: ein langes Fest, das die Geschichte Frankreichs durchmessen hatte ebenso wie seine symbolische Geographie.

Die Kaiserkrönung von 1763 zu Frankfurt am Main

Goethes Jugenderinnerung und der Abschied vom Alten Reich

Von Ralph-Rainer Wuthenow

Krönungszug Kaiser Josephs II. Gouache eines unbekannten Zeitgenossen.

Eines der letzten großen öffentlichen Feste aus alter Zeit, die das gleichsam unwirklich gewordene Heilige Römische Reich Deutscher Nation sich noch bewahrt hatte, in dem es deutlicher fortzuleben schien als in seiner politischen Realität, war die Kaiserkrönung. Seit 1356, festgehalten in der Goldenen Bulle, war Frankfurt am Main der Ort der Wahl des deutschen Königs, die im Dom durch die Kurfürsten erfolgte, seit 1562 dann auch Ort der Kaiserkrönung, die zuvor in Aachen als der Pfalz des ersten deutschen Kaisers, also Karls des Großen, während des Mittelalters sogar in Rom stattgefunden hatte. Ein Zentrum des Reiches gab es nicht: Der Reichstag trat in Regensburg zusammen, das Reichskammergericht tagte in Wetzlar, der Reichshofrat in Wien und das Reichsgericht für Zivilklagen in Frankfurt am Main; sein Vorsitzender war der Reichsschultheiß. So war Frankfurt in besonderer Weise mit dem so wenig konkret gebliebenen ‹Reich› verbunden, war gewissermaßen die erste der freien Reichsstädte, soweit diese nach dem Dreißigjährigen Krieg und der darauf folgenden Erstarkung der fürstlichen Territorialherrschaften noch eine gewisse Bedeutung besaßen.

Wie alle Feste der Höfe und der Herrscher hatte auch die Krönung ihren festen Rahmen, ihre genau vorgeschriebene Form. Nicht nur das Fest der Renaissance und der Barockepoche ist als eine «ausgedehnte und ausgewogene Komposition aus vielen Elementen» (nach Richard Alewyn) anzusehen. Zeremoniell und Ritualisierung beherrschen und gliedern es. Hier kann keine Improvisation geduldet werden, alles läuft nach festgelegten Spielregeln ab, jede Handlung hat symbolische Bedeutung, ein geradezu rituelles Gewicht. Dadurch aber wird das Fest, das für den Außenstehenden, den staunenden Beobachter ein erregendes Schauspiel ist, für die Beteiligten zu einer recht anstrengenden Angelegenheit, die auch an die physischen Fähigkeiten der Mitwirkenden, nicht allein an ihre Geistesgegenwart, erhebliche Anforderungen stellt.

Nach mittelalterlicher Vorstellung war der Kaiser der Statthalter Gottes, aber in ihm erneuerte sich auch die Gestalt des römischen *Imperator augustus;* so gehören Melchisedek und David, aber auch Konstantin zu den idealen Vorbildern. Deshalb war Rom als imperiale und als heilige Stadt für lange Zeit der bestimmende Ort: *caput mundi,* Stadt der Apostel – und der Krönung. Aber nicht die Weltherrschaft wird so beansprucht, sondern Geltung in der ganzen Welt. Die *Renovatio Imperii,* also die Erneuerung des Reiches, machte den Kaiser zu einem christlichen Augustus, deshalb ist Weltherrschaft ein Sieg der Gerechtigkeit und nicht der Gewalt; das alte Reich der Römerherrschaft, der befriedete Erdkreis, deutet so voraus auf das neue, das christliche Friedensreich, das Heilige Römische Reich Deutscher Nation.

Zumindest Anspruch und Würde, Ritus und Insignien hatten sich über das Mittelalter und die Glaubensspaltung hinaus noch erhalten, sie

wurden in den Krönungsfeierlichkeiten immer wieder erneuert, so wie
Karl IV. es in der Goldenen Bulle hatte festlegen lassen. Frankfurt bot
sich als Ort der Wahl, später dann auch der Krönung, wohl nicht nur
durch seine günstige Lage an, sondern auch aufgrund von Tradition aus
karolingischer Zeit: Ludwig der Fromme und Ludwig der Deutsche
hatten zeitweilig hier regiert, Lothar II. und Arnulf von Kärnten waren
hier gekrönt worden.

Es ist eine Reihe von ausführlich gehaltenen, mit Kupferstichen anschaulich gemachten Diarien überliefert, die uns genau über Vorbereitung, Wahl, Zeremoniell, Geselligkeit, Bankette und Turniere, über
Gottesdienste und Feuerwerk unterrichten. Die Rekonstruktion schildert Hermann Meinert so:

«Der Tag beginnt mit dem Läuten der Sturmglocke, dann versammeln
sich die Kurfürsten auf dem Römer, um ihr Festgewand anzulegen. Von
hier aus begeben sie sich durch die Hohe Tür, das ist das Nordportal, in
die Bartholomäuskirche hinein und nehmen ihre Aufstellung. Während
der Messe zum Heiligen Geist ziehen sich die evangelischen Kurfürsten
in das Konklave zurück. Die Eidesleistung der Wähler wie auch die
folgenden feierlichen Erklärungen des Gewählten werden jeweils durch
Notare eigens festgehalten. In der Wahlkapelle findet die eigentliche
Proklamation des Gewählten statt. Dann begibt sich der neue König mit
den Kurfürsten zurück in den Chor. Er kniet vor dem Altar, Psalmen und
Gebete erklingen. Die Kurfürsten erheben ihn und setzen ihn auf den
Altar; ein Tedeum beschließt den kirchlichen Akt.»

Am nächsten Tag wird der eben gewählte König zum Kaiser gekrönt,
die Ereignisse übertreffen das Geschehen des Vortags: Aachen und
Nürnberg übergeben durch ihre Vertreter den Kurfürsten im Dom die
Reichskleinodien, dann holen die weltlichen Kurfürsten (aus Böhmen,
Sachsen, Pfalz und Brandenburg) den König ab und geleiten ihn zur
Kirche: Es folgt die Messe und die Eidesleistung. Der König wird gesalbt
und begibt sich in die Sakristei, um die kaiserlichen Gewänder anzulegen,
dann erhält er das Schwert Karls des Großen, Zepter, Reichsapfel und
Ring. Die drei geistlichen Kurfürsten (von Mainz, Köln und Trier) setzen
ihm die Krone aufs Haupt. Abermals leistet der Gekrönte einen Eid, und
nach dem Tedeum, den Glückwünschen, der üblichen Erteilung von
Ritterschlägen erfolgt die feierliche Prozession zum Römer, die nach
Hermann Meinert sich so gestaltete:

«Voran schreiten das Hofgesinde, Adelige und Räte, Trompeter und
Pauker, Grafen und Fürsten zu Fuß, königliche Ehrenholde, dann die
Kurfürsten von Trier, Pfalz und Brandenburg mit den Reichsinsignien zu
Fuß. Die Mitte bildet der König unter einem von Frankfurter Ratsherren
getragenen Himmel. Es folgen die Kurfürsten von Mainz und Köln,
Geistliche und viele andere Personen. Am Schlusse des Zuges reiten

etliche Arkebusiere, deren einer die eigens neu geschlagenen Krönungs-
münzen von Gold und Silber unter das Volk streut. Kaum ist der Festzug
im Römer verschwunden, so beginnt das Volksfest auf dem alten Markt
und dem Römerberg.»
Der aufgeschüttete Hafer, der gebratene Ochse, roter und weißer Wein
aus dem eigens aufgestellten Brunnen werden dem Volk überlassen, indes
im Kaisersaal die Majestät mit den Kurfürsten, jeder an einem eigenen
Tisch, auf ganz zeremonielle Weise das Festmahl einnimmt. Die Ausgaben für die wenigen Tage überstiegen die Jahreseinnahmen eines Herrschers; die Stadt Frankfurt ist dabei wohl auf ihre Kosten gekommen,
hatte aber auch alle Mühe und vor allem die Verantwortung zu tragen,
nicht nur für die Sicherheit, sondern auch für die Versorgung: Täglich
landeten viele Schiffe am Fahrtor, um die Verpflegung der Gäste wie der
Bürger sicherzustellen; Fleisch, Mehl, Bier und Wein mußten schon im
voraus eingelagert werden.

Ein Vergleich zeigt nun auch, wie genau Goethe in ‹Dichtung und
Wahrheit› das große Zeremoniell beschrieben hat, an das sich richtig zu
erinnern er zuvor umfangreiches Material zu studieren hatte, so daß er
wohl auch manches beschreibt, was er nicht mit Augen gesehen.

Die Situation einer Freien Reichsstadt wie Frankfurt im 18. Jahrhundert hat der eher konservative Schriftsteller und Historiker Herman
Grimm mit nachsichtiger Ironie charakterisiert:

«Immer noch thronten um 1750 die Reichsstädte frei, stolz und
unantastbar, mit Mauern, Türmen und Toren. Immer noch zogen ihre
Bürger im Pompe des hergebrachten Regierungsapparates einher. Mit
dem Schimmer uraltehrwürdiger Herrlichkeit war das umkleidet. Unge-
heurem Bedarf an gegenseitiger Hochachtung in allen nur denkbaren
Formen wurde täglich genügt. Hochverrat, an diese Formen zu rühren.»

So weit zum äußeren Bild. Doch das eigentliche bürgerliche Leben ist
aus diesen Stadtrepubliken schon längst gewichen: «Diese gravitätischen
Bürger aber in wirklicher Wehr und Waffen als mannhafte Verteidiger
ihrer Mauern zu denken oder gar sie in den Krieg ausziehen zu sehen...
wäre im Traum eine Unmöglichkeit gewesen. Hartgesotten in ihrem
eigenen Fette, wie wunderliche Bäckerware, mit Zucker bestreut und mit
Rosinen betüpfelt, glaubten diese Herren sich genugsam geschützt, wenn
sie in den verwickelten Rechtsverhältnissen, auf denen allein ihre Existenz beruhte, die rechten Wege kannten. Die Magistrate ohne Initiative,
die Bewohner ohne das Gefühl, daß etwas geändert werden könne. Die
Idee eines politischen Zusammengehens Deutschlands, einer Bewegung
im Ganzen, unfaßbar. Keine Vertretung der Interessen, keine berechtig-
ten Debatten, keine Parteien im heutigen Sinne, nicht einmal öffentliche
Wünsche. Jede Stadt für sich, jedes Haus für sich, jeder Bewohner für
sich.»

Über diese Erstorbenheit des Gemeingeistes vermochte die Krönung des Kaisers von Zeit zu Zeit hinwegzutäuschen, jedenfalls für die Beteiligten, und das waren die Frankfurter als Zuschauer in gewissem Sinne auch. Wie sehr sie das waren, zeigt sich deutlich in der Beschreibung, die Goethe als Erinnerung an seine Jugend von der Krönung Josephs II., die 1764 stattfand, hinterlassen hat, eine Beschreibung, die so genau, so lebendig wie reich an Einzelheiten ist, daß man Lust verspürt, sie in Zinnfiguren nachzustellen. Goethe erwähnt, daß ihn als Kind schon im Römer, dem Frankfurter Rathaus, mehr als das Sitzungszimmer des Rates alles das beeindruckt habe, was mit der Wahl und Krönung des Kaisers in Zusammenhang stand.

«Das mit Purpurtapeten und wunderlich verschnörkelten Goldleisten verzierte Wahlzimmer flößte uns Ehrfurcht ein. Die Türstücke, auf welchen kleine Kinder oder Genien, mit dem kaiserlichen Ornat bekleidet, und belastet mit den Reichsinsignien, eine gar wunderliche Figur spielen, betrachteten wir mit großer Aufmerksamkeit und hofften wohl, auch noch einmal eine Krönung mit Augen zu erleben.»

Neugierig und bewundernd steht der Knabe vor den Brustbildern der deutschen Herrscher und läßt sich erzählen, angefangen mit Karl dem Großen, der für eine schon märchenhafte Vergangenheit steht. Das geschichtlich Fesselnde beginnt mit Rudolf von Habsburg; Karl IV., der die in Frankfurt aufbewahrte Goldene Bulle erlassen hat, wird erwähnt, wurde doch während seiner Herrschaft die freie Reichsstadt am Main Ort der Wahl und demzufolge später auch der Krönung. Maximilian wird genannt, der letzte Ritter und letzte Kaiser aus einem deutschen Hause – wie eine Prophezeiung es vorhergesagt haben soll. Noch von einer neuen ominösen Tatsache ist die Rede: Es gilt als seltsam, daß in der Bildergalerie nur noch Platz für *einen* Kaiser bleibe. Goethe hat noch mehr als nur einen deutschen Kaiser erlebt, aber auch das Ende jenes Staatsverbandes, den man das ‹Heilige Römische Reich Deutscher Nation› genannt hatte und dessen Herrscher mit seiner hohen Würde in eine gleichsam heilige Überlieferung gestellt gewesen war. Im Dom besucht der junge Goethe auch die Wahlkapelle – eine Enttäuschung für ihn, denn der bedeutungsvolle Raum ist nur noch ein Magazin und Abstellplatz, vollgepropft mit Stangen, Balken und Gerüsten. Von älteren Menschen vernimmt er Berichte von vergangenen Krönungen – 1742: Karl VII. und 1745: Franz I., «denn es war kein Frankfurter von einem gewissen Alter, der nicht diese beiden Ereignisse, und was sie begleitete, für den Gipfel seines Lebens gehalten hätte». Besonders die Krönung von Franz I. aus dem Hause Lothringen war durch die Anwesenheit seiner Gemahlin, der vielbewunderten Maria Theresia, allen in besonders lebendiger Erinnerung geblieben.

Im Herbst 1763, der Siebenjährige Krieg ist erst ein halbes Jahr zuvor beendet worden, werden die Vorbereitungen zu einer neuen Wahl und Krönung getroffen:

«Den Anfang machte ein von uns noch nie gesehener Aufzug. Eine unserer Kanzleipersonen zu Pferde, von vier gleichfalls berittenen Trompetern begleitet und von einer Fußwache umgeben, verlas mit lauter und vernehmlicher Stimme an allen Ecken der Stadt ein weitläufiges Edikt, das uns von dem Bevorstehenden benachrichtigte und den Bürgern ein geziemendes und den Umständen angemessenes Betragen einschärfte.»

Der Rat tritt zusammen, um die notwendigen Vorbereitungen zu treffen, der Reichsquartiermeister kommt nach Frankfurt, um die Unterkünfte für die Kurfürsten oder ihre Gesandten und ihr Gefolge festzulegen, die zum großen Teil bei den wohlhabenden Bürgern, deren Räumlichkeiten dies gestatten, wie zum Beispiel das Goethesche Haus am Hirschgraben, untergebracht werden müssen, denn die Gasthäuser der Stadt reichen für eine derart große Versammlung nicht aus. Auf dem Rathaus wird umgestellt und manches neu hergerichtet; die Gesandten treffen ein, sodann, mit großem Prunk, die kaiserlichen Kommissarien. Der Wahltag wird festgelegt, und nun gerät die Stadt allmählich in immer stärkere Bewegung: Die Gesandten der weltlichen Kurfürsten statten einander offizielle Visiten ab; das Vorurteil der Frankfurter hat dabei offenbar den kurbrandenburgischen, also den preußischen Gesandten begünstigt, wiewohl er bescheidener auftrat als die anderen Gesandten. Ihm gilt die besondere Aufmerksamkeit der Bevölkerung, d. h. sie gilt eigentlich dem König von Preußen. Sehr genau hält Goethe die Bedeutung all dieser Vorgänge fest, wenn er bemerkt, daß «solche symbolischen Zeremonien, das durch so viele Pergamente, Papiere und Bücher beinah verschüttete Deutsche Reich wieder für einen Augenblick lebendig darstellten».

Doch auch die Wirklichkeit, die dahinter steht, eine ernüchternde, wird ihm verständlich, wenn er zu Hause für den Vater Verhandlungsprotokolle abschreibt und feststellen muß, daß auch hier mehrere Mächte mit ihren Partikularinteressen gegeneinander stehen, sich auszugleichen suchen und nur darin einig sind, die eigenen Privilegien zu erhalten oder zu mehren, die eigenen Gerechtsame und die Unabhängigkeit zu sichern, wobei es an Kleinlichkeit nicht fehlt.

Nach und nach füllt sich die Stadt, auch mit Neugierigen; aus Aachen und aus Nürnberg müssen die Reichsinsignien gebracht werden; die Ankunft des in erster Linie nun amtierenden Kurfürsten von Mainz wird erwartet. Man empfängt ihn mit Salut, in ihm erscheint ja ein Reichsfürst, und zwar der erste nach dem Kaiser selbst, begleitet von einem stattlichen Gefolge. Dann werden erst im großen Römersaal der Magistrat und die Stabsoffiziere des Frankfurter Kontingents vereidigt, anschließend auf

dem Platz vor dem Römer die gesamte Bürgerschaft sowie das Militär –
es geht dabei um die Sicherheit der hohen Gäste, die Frankfurt garantieren muß.

Nachdem auch die Kurfürsten von Köln und Trier eingetroffen sind,
ist der Wahltag schon da: Am Vorabend werden alle Fremden, wohl
ebenfalls aus Gründen der Sicherheit, aus der Stadt gewiesen und die Tore
verschlossen, die Juden werden streng auf ihre Gasse beschränkt. Die
eigentliche Handlung beginnt. Bisher, sagt Goethe, war alles noch ‹ziemlich modern› vor sich gegangen:

«Die höchsten und hohen Personen bewegten sich nur in Kutschen hin
und wider; nun aber sollten wir sie, nach uralter Weise, zu Pferde sehen.
Der Zulauf und das Gedränge war außerordentlich. Ich wußte mich in
den Römer, den ich, wie eine Maus den heimischen Kornboden, genau
kannte, so lange herumzuschmiegen, bis ich an den Haupteingang gelangte, vor welchem die Kurfürsten und Gesandten, die zuerst in Pracht-
kutschen herangefahren und sich oben versammelt hatten, nunmehr zu
Pferde steigen sollten.»

Die stattlichen und wohlzugerittenen Rosse sind mit Schabracken
bedeckt und prächtig aufgeschmückt. Die Kurfürsten tragen rote, mit
Hermelin besetzte Mäntel, die man sonst nur auf Gemälden erblicken
kann. Auch die Gesandten als Vertreter der abwesenden weltlichen
Kurfürsten sind nach spanischer Manier in Goldbrokat gekleidet, von
ihren Hüten wehen prächtige Federn. Die Fürsten ziehen sich nun zur
Wahl in den Dom zurück, wobei neue Zeremonien zu absolvieren sind;
bald darauf vernimmt man, daß Joseph, Sohn Franz I., zum König
ausgerufen wurde. Der Gewählte befindet sich bereits in Heusenstamm,
in einem Schönbornschen Schloß, sozusagen vor den Toren der Stadt, die
nun beginnt, das wichtige Ereignis mit geistlichen Festen aller Konfessio-
nen zu begehen, mit Hochamt und Tedeum, indes die Kanonen wiederum beginnen, Salut zu schießen. Goethe schiebt eine sehr interessante
Überlegung zur Inszenierung der Festlichkeiten ein:

«Hätte man alle diese öffentlichen Feierlichkeiten von Anfang bis
hierher als ein überlegtes Kunstwerk angesehen, so würde man nicht viel
daran auszusetzen gefunden haben. Alles war gut vorbereitet; sachte
fingen die öffentlichen Auftritte an und wurden immer bedeutender: Die
Menschen wuchsen an Zahl, die Personen an Würde, ihre Umgebungen
wie sie selbst an Pracht, und so stieg es mit jedem Tage, so daß zuletzt
auch ein vorbereitetes, gefaßtes Auge in Verwirrung geriet.»

So reflektiert er auf die Struktur des Festes, und in der Tat ist das
Zeremoniell in seinen wohlkalkulierten Abläufen mit Steigerungen und
Neueinsätzen die Form, die das Fest, das als eine Improvisation über-
haupt nicht zu denken ist, zum Kunstwerk werden läßt. So präludiert der
Einzug des Kurfürsten von Mainz in seiner vollen Pracht gewissermaßen

schon den des Herrschers selbst; Steigerungen gehören zur Inszenierung dieses so seltenen Festes.

Die Spannung steigt, als die Majestäten, Franz I. und sein Sohn, angekündigt werden. Unweit von Sachsenhausen ist ein Zelt errichtet worden, in dem der Magistrat die Herrscher erwartet, um ihnen symbolisch die Schlüssel der Stadt zu überreichen. In der Nähe wurde ein zweites und prächtigeres Zelt aufgebaut, in dem die Kurfürsten und zur Wahl entsandte Botschafter sich zum Empfang bereitet haben, indes ihr Gefolge sich am Weg aufreiht. Dann bewegt sich der Zug, die Fürsten vor den Herrschern, auf die Stadt zu, unter Glockengeläut und unter dem Salut der Kanonen. Im Zuge selbst erscheint auch die Stadt Frankfurt als reichsunmittelbar, als Souverän also: denn ihr Stallmeister eröffnet ihn, es folgen Reitpferde mit Wappendecken (der weiße Adler auf rotem Grund), Bediente, Musiker und drei Schwadronen der Bürgerwehr. Die Gefolge des Reichserbmarschalls und der weltlichen Kurfürsten schließen sich an, es folgen die der geistlichen Kurfürsten, dann ein noch weit größerer Zug, wie Goethe berichtet:

«Das Gefolge der Kaiserlichen Majestät übertraf nunmehr, wie billig, die übrigen. Die Bereiter, die Handpferde, die Reitzeuge, Schabracken und Decken zogen aller Augen auf sich, und sechzehn sechsspännige Galawagen der kaiserlichen Kammerherren, Geheimenräte, des Oberkämmerers, Oberhofmeisters, Oberstallmeisters beschlossen mit großem Prunk diese Abteilung des Zuges, welche ungeachtet ihrer Pracht und Ausdehnung doch nur der Vortrab sein sollte.»

Denn nun erst erscheinen die Hauptpersonen, Würde und Pracht steigern sich noch, jetzt ziehen in ausgewählter Begleitung vorbei die Wahlbotschafter sowie die Kurfürsten, der protokollarisch festgelegten Rangordnung entsprechend, sodann die prächtigen Staatskarossen, dann kündigen zehn kaiserliche Läufer, 41 Lakaien und acht Haiducken die Majestäten an. Goethe erzählt:

«Der prächtigste Staatswagen, auch im Rücken mit einem ganzen Spiegelglas versehen, mit Malerei, Lackierung, Schnitzwerk und Vergoldung ausgeziert, mit rotem gesticktem Samt obenher und inwendig bezogen, ließ uns ganz bequem Kaiser und König, die längst erwünschten Häupter, in aller ihrer Herrlichkeit betrachten.»

Der Zug macht Umwege, nicht zuletzt, damit man ihn bewundern möge, durch Sachsenhausen über die Brücke zur Fahrgasse, die Zeil hinunter und dann zur Innenstadt durch die Katharinenpforte, seit der Erweiterung ein offener Durchgang, aber doch nicht hoch genug für das kaiserliche Prunkgefährt, weshalb man sich, statt einen größeren Umweg zu nehmen, entschlossen hatte, das Pflaster aufzureißen und eine sanfte Ab- und Auffahrt anzulegen. Die Karosse, die hohen Personen sind eindrucksvoll, aber doch auch die Pferde, das Geschirr, das dazugehörige

Zaumzeug, nicht minder die Kutscher und Bereiter, die wie aus einer anderen Welt zu kommen scheinen,

«... in langen schwarzen und gelbsamtnen Röcken und Kappen mit großen Federbüschen, nach kaiserlicher Hofsitte. Nun drängte sich so viel zusammen, daß man wenig mehr unterscheiden konnte. Die Schweizergarde zu beiden Seiten des Wagens, der Erbmarschall, das sächsische Schwert aufwärts in der rechten Hand haltend, die Feldmarschälle, als Anführer der kaiserlichen Garden, hinter dem Wagen reitend, die kaiserlichen Edelknaben in Masse und endlich die Hatschiergarde selbst in schwarzsamtnen Flügelröcken, alle Nähte reich mit Gold galoniert, darunter rote Leibröcke und lederfarbene Kamisole, gleichfalls reich mit Gold besetzt. Man kam vor lauter Sehen, Deuten und Hinweisen gar nicht zu sich selbst, so daß die nicht minder prächtig gekleideten Leibgarden der Kurfürsten kaum beachtet wurden; ja wir hätten uns vielleicht von den Fenstern zurückgezogen, wenn wir nicht noch unsern Magistrat, der in fünfzehn zweispännigen Kutschen den Zug beschloß, und besonders in der letzten den Ratsschreiber mit dem Stadtschlüssel auf rotsamtenem Kissen hätten in Augenschein nehmen wollen».

Eine erste Zeremonie, ein Gottesdienst, findet jetzt im Dome statt, der eigentliche Krönungstag ist dann der folgende 3. April; «das Wetter war günstig und alle Menschen in Bewegung». Der Fünfzehnjährige hat den Vorzug, mit Verwandten und Freunden in einer der oberen Etagen des Römers selbst einen guten Platz erhalten zu haben, von wo aus sich alles genau und in der Vogelperspektive überblicken läßt.

Es ist ein Springbrunnen aufgerichtet worden, mit zwei großen Kufen, in die der Doppeladler der Stadt aus den beiden Schnäbeln roten und weißen Wein ausgießen soll. Daneben wurde ein Haufen Hafer aufgeschüttet, auch hat man ein Bretterhäuschen errichtet, in dem seit Tagen schon an einem Riesenspieß ein ganzer Ochse gebraten wird. Alle Zugänge zum Römer sind inzwischen abgesperrt. In die erwartungsvolle Stille der vor dem Rathaus versammelten Menschen hinein ertönt das Läuten der Sturmglocke; ein Zug erregt die allgemeine Aufmerksamkeit,

«... in welchem die Herren von Aachen und Nürnberg die Reichskleinodien nach dem Dome brachten. Diese hatten als Schutzheiligtümer den ersten Platz im Wagen eingenommen, und die Deputierten saßen vor ihnen in anständiger Verehrung auf dem Rücksitz. Nunmehr begeben sich die drei Kurfürsten in den Dom. Nach Überreichung der Insignien an Kur-Mainz werden Krone und Schwert sogleich nach dem kaiserlichen Quartier gebracht. Die weiteren Anstalten und mancherlei Zeremoniell beschäftigten mittlerweile die Hauptpersonen sowie die Zuschauer in der Kirche...».

Als alle Glocken läuten, wird ein Baldachin ins kaiserliche Quartier getragen, der Erbmarschall reitet – ihm folgen die Gesandten – ebenfalls dorthin. Die Pracht ist nunmehr noch größer als am vorhergehenden Tage. Die Leute erzählen sich, was nun vor sich geht: Der Kaiser bekleidet sich mit dem Ornat, die Erbämter übernehmen die Reichsinsignien und besteigen die Pferde. Der Kaiser im Ornat, der König im spanischen Gewand besteigen gleichfalls die Pferde, und schon kündigt sich der feierliche Zug der wartenden Menge an. Goethe berichtet: «Das Auge war schon ermüdet durch die Menge der reichgekleideten Dienerschaft und der übrigen Behörden, durch den stattlich einherwandelnden Adel, und als nunmehr die Wahlbotschafter, die Erbämter und zuletzt unter dem reichgestickten, von zwölf Schöffen und Ratsherren getragenen Baldachin der Kaiser in romantischer Kleidung, zur Linken, etwas hinter ihm, sein Sohn in spanischer Tracht, langsam, auf prächtig geschmückten Pferden einherschwebten, war das Auge nicht mehr sich selbst genug. Man hätte gewünscht, durch eine Zauberformel die Erscheinung nun einen Augenblick zu fesseln; aber die Herrlichkeit zog unaufhaltsam vorbei...»

Im Dom erfolgt die feierliche Salbung und Krönung, hier wird auch nach altem Brauch der Ritterschlag erteilt. Als dann der Zug unter Glockengeläute zurückkehrt, nimmt er die Richtung auf eine mit buntem Tuch bedeckte künstliche Brücke; Goethe sieht ihn wie den Platz mit den Leuten «... beinah im Grundriß. Nur zu sehr drängte sich am Ende die Pracht; denn die Gesandten, die Erbämter, Kaiser und König unter dem Baldachin, die drei geistlichen Kurfürsten die sich anschlossen, die schwarz gekleideten Schöffen und Ratsherren, der goldgestickte Himmel, alles schien nur eine Masse zu sein, die nur von *einem* Willen bewegt, prächtig harmonisch und soeben unter dem Geläute der Glocken aus dem Tempel tretend, als ein Heiliges uns entgegenstrahlte».

An der großen Treppe im Römer kann der junge Goethe dann die Majestäten sehr genau betrachten. Der Kaiser bewegt sich in seinem altertümlichen Aufzug mit Krone, Szepter und Reichsapfel im Purpurornat noch recht bequem, der junge König hingegen schleppt sich in den gewaltigen Gewändern mit den karolingischen Kleinodien wie in einer unpassenden Verkleidung dahin und muß zuweilen selbst darüber lächeln. Die Krone hatte man sogar ausfüttern müssen, sie stand ihm dennoch, heißt es, wie ein vorkragendes Dach vom Kopf ab. Der Kaiser und sein Sohn treten auf den Balkon, und vor ihren Augen vollzieht sich auf dem Platz ein merkwürdiges Schauspiel: Der Erbmarschall steigt zu Pferde; in der Rechten einen silbernen Henkeltopf, in der Linken ein Streichblech, reitet er in den aufgeschütteten Hafer, schöpft das Gefäß übervoll, streicht ab und bringt es zurück. Der Erbkämmerer bringt ein Handbecken und Handtuch, der Erbtruchseß hat ein Stück vom gebratenen Ochsen in einer silbernen Schüssel zu überbringen, der Erbschenk reitet auf den Springbrunnen zu und holt den Wein für die kaiserliche

Tafel. Abschließend besteigt der Erbschatzmeister sein Pferd und wirft
im Reiten Gold- und Silbermünzen aus den Beuteln an den Seiten des
Pferdes in die wartende Menge. Dann werden auch Hafer, Ochs und
Wein der Menge preisgegeben. Im großen Römersaal hat inzwischen das
Krönungsmahl begonnen; 24 Grafen haben die Aufwartung übernom-
men, doch es speisen nur die Majestäten und die geistlichen Kurfürsten;
zwar sind die Büfette prächtig hergerichtet, aber die Gesandten als
Vertreter der weltlichen Kurfürsten haben sich bereits entfernt, sie spei-
sen in einem Nebenraum, so daß der große Saal fast leer und wie für
Geister hergerichtet zu sein scheint.

Mit einem Feuerwerk wird der Tag beschlossen, an allen Ecken
leuchtet die Stadt auf; einige Häuser, in denen die Gesandten wohnen,
sind prächtig illuminiert – die Herren trachten, einander zu überbieten.
Die große Lindenesplanade am Roßmarkt hat man «... vorn mit einem
farbig erleuchteten Portal, im Hintergrund aber mit einem wohl noch
prächtigeren Prospekte verzieren lassen. Die ganze Einfassung bezeichneten Lampen. Zwischen den Bäumen standen Lichtpyramiden und
Kugeln auf durchscheinenden Piedestalen; von einem Baum zum andern
zogen sich leuchtende Girlanden, an welchen Hängeleuchter schwebten.
An mehreren Orten verteilte man Brot und Würste unter das Volk und
ließ es an Wein nicht fehlen». So weit die Erinnerungen Goethes als
Zeugnis einer der letzten großen Feierlichkeiten, in denen das Heilige
Römische Reich noch einmal seinen ganzen Glanz entfaltete. –
Nur noch zwei Krönungen dieser Art hat Frankfurt gesehen: 1790 die
Leopolds II., 1792 die von Franz II., seinem Sohn. Es sollte die letzte
sein. Georg Forster ist ihr Zeuge gewesen und bemerkt dazu in seiner
‹Darstellung der Revolution in Mainz›, und zwar mit dem Blick auf die
sich anschließenden Festlichkeiten in Mainz, wo man zusammengekommen war, um den Krieg gegen das revolutionäre Frankreich zu planen:
«Das Auge des Neugierigen, das sich in Frankfurt bis zur Ermüdung
an dem barbarischen Aufputz und unbeholfenem Prunk unserer Vorfahren geweidet hatte, und des feudalischen Hochmuths, sammt seiner
steifen Ceremonien endlich überdrüssig geworden war, schwelgte hier
desto üppiger an dem reizenden Schauspiel des verschwenderischen
Aufwandes, wozu die geschmackvollen Künste unseres Zeitalters Hand-
reichung geleistet und der Eigenliebe des gastfreien Priesters mit unüber-
trefflichem Glanze geschmeichelt hatten.»
Es ist ganz deutlich, daß der weitgereiste Forster hier als kritischer
Zeuge und mit dem Blick auf die abgelebten Institutionen des alten
Reiches spricht, Goethe aber aus der Erinnerung an etwas Vergangenes,
das nun – 50 Jahre später! – als Verlorenes in ein Licht getaucht wird, das
verklärende Wirkungen hat. So außerdem war es dem Knaben wohl auch
erschienen. Angesichts seiner Gegenwart hat Goethe dem sonderbaren

Staatsgebilde keine große Aufmerksamkeit mehr geschenkt, gar seine Reverenz erwiesen, und so erklärt sich auch die Tagebuchnotiz vom 7. August 1806, nachdem Franz II. die Kaiserkrone niedergelegt hatte, womit Österreich als eigenes Kaiserreich aus dem Reichsverband ausschied: «Zwiespalt des Bedienten und Kutschers auf dem Bocke, welcher uns mehr in Leidenschaft versetzte als die Spaltung des Römischen Reichs.»

Die Distanz ist unmittelbar und sie ist auch Ursache des fast unglaublichen Lakonismus, mit dem es in den ‹Tag- und Jahresheften› in bezug auf die Rückkehr von Karlsbad im Sommer 1806 heißt: «Indessen war der deutsche Rheinbund geschlossen und seine Folgen leicht zu übersehen; auch fanden wir bei unserer Rückreise durch Hof in den Zeitungen die Nachricht: das Deutsche Reich sei aufgelöst.»

Der Pope's Day in Boston und die Verfassungsfeier in Philadelphia

Von Hans-Christoph Schröder

Der Teufel, der den englischen Politikern eingibt, gegen die amerikanischen Freiheitsrechte vorzugehen. Spottbild, das für die Volksversammlung am 20. Februar 1766 in Boston vorbereitet wurde. Veröffentlichung der ‹Boston Gazette›. Bilder, die die Volksaktionen selber zeigen, sind nicht überliefert.

Es besteht historisch ein enger Zusammenhang zwischen Fest und Rebellion. «Wir wissen heute», schreibt der französische Historiker Jean Delumeau in seinem Buch ‹Angst im Abendland›, «daß die Unruhen in den Städten (ganz gleich ob ein längerer Aufstand auf sie folgte oder nicht) ebenso wie der Gärungsprozeß, der den Beginn eines Bauernaufstandes markierte, in der Kultur von einst oft den Charakter eines Festes oder Bacchanals annahmen. Die Riten und die Stimmung waren die gleichen wie im Karneval, ebenso das Thema der Umkehrung sozialer Rollen und Verhältnisse, das die mittelalterlichen Narrenfeste beherrschte...». In der «lärmenden Fröhlichkeit» des Festes bestätigten sich die Rebellierenden ihre Einmütigkeit, überwanden sie ihre Ängste und machten sie sich Mut; durch die Verhöhnung der Herrschenden und ihrer Institutionen suggerierten sie sich die Gewißheit ihres Sieges.[1] Besaßen die traditionellen Feste des Volkes generell die Aufgabe, den Tod und damit alle Ängste symbolisch zu besiegen,[2] so erfüllte der festliche Charakter eines Aufstandes die spezifische Funktion, die in der Regel weitaus mächtigeren herrschenden Gewalten in den Augen der Rebellierenden zu verkleinern und als überwindbar erscheinen zu lassen.

Es war jedoch nicht nur so, daß der Beginn von Volksaufständen zumeist die Form eines Festes annahm, sondern das Fest selber konnte auch umgekehrt zur Revolte werden. Feste des Volkes besaßen – selbst wenn sie überwiegend Ventilfunktion hatten und zur Erhaltung des gesellschaftlich-politischen Status quo beitrugen – potentiell einen durchaus subversiven Charakter. Sie konnten gleichsam ‹umkippen›, zur Rebellion führen oder von den auf einen Umsturz hinarbeitenden Kräften benutzt werden. Der australische Historiker Bob Scribner hat zum Beispiel in seiner Untersuchung ‹Reformation, Karneval und die verkehrte Welt› gezeigt, wie sich vor allem in den Jahren zwischen 1520 und 1525 in deutschen und schweizerischen Städten reformatorische Auflehnung mit dem Karnevalsritual verband und wie zumal die Elemente der Parodie und der Satire dazu benutzt wurden, um katholische Praktiken zu verhöhnen. In Basel kam es während der Fastnacht des Jahres 1529 sogar zu einem Bildersturm, bei dem die Bilder aus den Kirchen der Stadt in ‹Fastnachtsfeuern› verbrannt worden sind.[3] Der Historiker Le Roy Ladurie hat die Politisierung des Karnevals in der französischen Stadt Romans im Jahre 1580 aufgewiesen. Er hat dargestellt, wie in ihm die sozialen Spannungen zur Entladung kamen, wie sich das Karnevalstreiben mit einer Auflehnung des einfachen Volkes und anschließender blutiger Repression durch die Oberschichten verband.[4]

Zu einer solchen politischen Benutzung und Ausstrahlung eines Volksfestes kam es auch in Amerika, am Vorabend der Amerikanischen Revolution, im Zusammenhang mit den Auseinandersetzungen zwischen der englischen Regierung und den Kolonisten. Dieses Fest, Pope's Day, besaß freilich schon vorher einen starken ‹ideologischen› Akzent, insofern es gegen das Papsttum und die katholischen Stuarts gerichtet war. Es wurde, wie der Guy-Fawkes-Day in England, jedes Jahr am 5. November in Boston, der Hauptstadt der Kolonie Massachusetts, gefeiert. Das war der Jahrestag der vereitelten Pulververschwörung von 1605, aber auch der Landung Wilhelms III. in Torbay im Jahre 1688, durch welche die *Florious Revolution* ausgelöst und England von einem katholischen König mit absolutistischen Neigungen befreit worden war.

Der Pope's Day in Boston ist als ein traditionelles Fest zu bezeichnen, obwohl er – wie fast alles, was Amerika selber hervorgebracht hatte – noch nicht sehr alt war. Er wurde offenbar seit den dreißiger Jahren des 18. Jahrhunderts gefeiert und diente wie die meisten Feste zunächst dazu, die Geschlossenheit und Einmütigkeit der Gemeinschaft zum Ausdruck zu bringen. Im Zentrum des Festes stand ein Umzug.[5] Auf einem großen, von Menschen oder Pferden gezogenen Wagen, der nach Abschluß der Feierlichkeiten auf Copps Hill im Norden der Stadt verbrannt wurde, befanden sich figürliche Darstellungen des Papstes und des Teufels. Die Papstfigur saß, prächtig gekleidet, in einem Lehnstuhl unter einem riesigen, mit Goldborte eingefaßten Hut; vor ihr stand ein Tisch mit Spielkarten. Im Hintergrund des Wagens befand sich die besonders abstoßende Teufelsfigur, die von kleinen Teufelchen umtanzt wurde, die Karten spielten und immer wieder den Teufel küßten.[6] Sowohl die Teufelsfigur als auch die kleinen Jungen, welche die Teufelchen darstellten, waren mit Teer und Federn bedeckt. (Die spätere Praxis der amerikanischen Revolutionäre, die mit England kollaborierenden Amerikaner zu teeren und zu federn, ist offenbar dadurch mit beeinflußt worden.) Das ganze Schauspiel war eine ritualisierte Form der Kritik an der Verweltlichung des Papsttums und entsprach der Deutung des Papstes als Antichrist, die in der anglo-amerikanischen Tradition des Protestantismus weit verbreitet war.[7]

Das Fest am 5. November in Boston hatte durchaus karnevalistische Züge. Die Prozession wurde überwiegend von den Angehörigen der unteren Schichten und vor allem der Jugend durchgeführt, die sich das Geld dazu durch bisweilen sehr fordernd eingetriebene Spenden verschafften und die an diesem Tag den Ton angaben. Die Menschen waren verkleidet, tanzten und ließen sich, wenn man dem Text eines 1753 erlassenen Gesetzes glauben darf, zu groben «unmoralischen Handlungen» hinreißen. Das Moment der Verhöhnung kam durch die figurative Darstellung des Papstes und des Teufels sowie durch Bilder und Verse zum Ausdruck, die auf eine riesige, auf dem Wagen stehende Laterne gemalt waren.

Der ursprünglich einheitliche und friedliche Charakter des Festes ging verloren, als um die Mitte der vierziger Jahre zwischen dem Südviertel und dem Nordviertel – den beiden ärmeren Stadtteilen Bostons – eine Rivalität entstand, beide ihre Päpste herstellten und versuchten, dem Gegner jeweils seine Puppe zu entführen, um sie im eigenen Viertel zu verbrennen. Es kam am Pope's Day fortan regelmäßig zu Gewalttätigkeiten und förmlichen Straßenschlachten, die geradezu strategisch geplant wurden.[8] Wegen der immer wiederkehrenden Ausschreitungen waren die Stadtväter und das Parlament der Kolonie bemüht, den Pope's Day einzudämmen. 1764 versuchten die Behörden sogar, zur Vermeidung von Gewalttätigkeiten die Papstpuppen zu beschlagnahmen. Im Nordviertel waren sie zunächst erfolgreich, aber im Südviertel nicht – und auch den Bewohnern des Nordviertels gelang es dann, ‹ihren› Papst wieder zu erobern. Der 5. November 1764 verlief schließlich in der üblichen tumultuösen Form, wobei diesmal sogar ein Kind von dem Papstwagen überfahren und getötet wurde. 19 männliche Personen, unter ihnen fünf Minderjährige, wurden aufgrund der Ausschreitungen verhaftet.[9]

Der darauffolgende Pope's Day sollte jedoch einen ganz anderen Verlauf nehmen. Diese Entwicklung wurde durch die Regierung und das Parlament Englands bestimmt, die dazu übergingen, die amerikanischen Kolonien zu besteuern – was nach deren Ansicht gegen ihre Rechte und gegen das Prinzip *No Taxation without Representation* verstieß. Der erste massive Versuch Englands in dieser Richtung bestand in der Verabschiedung eines Stempelsteuergesetzes, das die Benutzung von Stempelmarken bzw. von gestempeltem Papier für Zeitungen, Broschüren, Spielkarten, Schanklizenzen, Testamente, gerichtliche und akademische Urkunden und andere Dokumente vorsah. Die Marken sollten von Amerikanern verkauft werden, die von der englischen Regierung zu *Stamp Distributors* ernannt wurden. In Massachusetts wie auch in anderen nordamerikanischen Kolonien versuchten Gruppen von Patrioten, die Anwendung der *Stamp Act* zu verhindern. In Boston verfiel der betreffende Ausschuß auf den Gedanken, die bestehende Struktur des Pope's Day für diesen Zweck zu benutzen. In den beiden Stadtvierteln hatten sich straffe, quasi militärische Organisationen zur Durchführung des Festes herausgebildet. Ihre Verwendung bei den gegen die Stempelsteuer geplanten Aktionen bot einen doppelten Vorteil: Sie stellten energische und tatkräftige Männer zur Verfügung, und sie ermöglichten die kontrollierte und disziplinierte Beteiligung der unteren Volksschichten an den antienglischen Maßnahmen. Ein Zusammenwirken der beiden verfeindeten Stadtteile mußte überdies zum inneren Frieden und zur Geschlossenheit Bostons nach außen beitragen.

Es kam unter den Auspizien der patriotischen Führungsgruppe, den sogenannten *Loyal Nine*, zu einer Übereinkunft zwischen den Kommandeuren des Südviertels und des Nordviertels. Möglicherweise wurde dabei der Führer des Südviertels, der 28jährige Seiler Ebenezer Mackin-

tosh, von dem führenden Patrioten Samuel Adams, der zugleich Steuer-
einnehmer der Stadt war, wegen ausstehender Steuerschulden finanziell
unter Druck gesetzt.[10] Erstes Ergebnis dieser Übereinkunft war dann am
14. August 1765 das Vorgehen gegen Andrew Oliver, Mitglied des Gou-
verneursrates, Sekretär und dritthöchster Beamter der Kolonie, der als
Stamp Distributor vorgesehen war. Unter der Leitung von Mackintosh,
hinter dem wiederum die *Loyal Nine* standen, traten die Männer des Süd-
und Nordviertels in Aktion. Man trug ein Haus ab, das angeblich als
Verteilungsstelle für die Stempelmarken vorgesehen war, und es wurde
eine Oliver darstellende Puppe aufgehängt, durch die Stadt getragen,
enthauptet und schließlich verbrannt. Durch die zwischen den beiden
Stadtvierteln hervorragend koordinierten Aktionen unter Druck gesetzt,
erklärte Oliver seinen Verzicht auf das Amt eines *Stamp Distributor*.
Auch ein riesiger Stiefel, der den von englischen Radikalen und amerikanischen Kolonisten als Hauptverantwortlichen einer freiheitsbedrohen-
den Politik betrachteten Lord Bute darstellen sollte, war aufgehängt
worden. Wie eng nicht nur in bezug auf die Organisation, sondern auch
hinsichtlich des Rituals und der Symbolik des 14. August der Zusammenhang mit dem Pope's Day war, macht nicht zuletzt die Tatsache deutlich,
daß aus dem Stiefel ein Teufel lugte.[11] Das in den Handlungen der Menge
am 14. August 1765 neben der Einschüchterung enthaltene Element der
Verhöhnung kam darin zum Ausdruck, daß an diesem Tage alle Waren,
die auf Wagen nach Boston gebracht oder aus der Stadt herausgefahren
wurden, offenbar mit einem Teufelszeichen ‹gestempelt› worden sind;
ebenso die Steine und Balken des Hauses, das abgetragen worden war.
    Auch am 1. November 1765 – dem Tag, an dem die *Stamp Act* in Kraft
treten sollte und von dem an kein Schiff mehr ohne gestempelte Papiere
im Hafen ein- oder auslaufen durfte – traten Nord- und Südviertel im
Dienst an der patriotischen Sache gemeinsam auf. Es gab einen feierlichen
Umzug durch die Stadt, bei dem unter dem Klang von Kirchenglocken
die Freiheit symbolisch zu Grabe getragen wurde und man wiederum
zwei Puppen aufhing. Diesmal waren es die von George Grenville und
von John Huske, die man für die Stempelsteuer verantwortlich machte.[12]
    Die Bewährungsprobe für die unter dem Vorzeichen des Patriotismus
hergestellte Einheit von Nord und Süd in Boston kam am 5. November
dieses Jahres, und sie wurde glänzend bestanden. Die Führer der beiden
Stadtviertel waren von reichen Patrioten mit prächtigen Uniformen
ausgestattet worden und hatten Sprachrohre erhalten, um ihren Befehlen
beim Fest weithin Gehör verschaffen zu können. Mackintosh, der von
seinen Leuten mit *Captain* angeredet worden war, erhielt jetzt sogar die
Bezeichnung *General*. Für die einflußreichen Repräsentanten der beiden
Stadtviertel wurde ein Essen gegeben, und die traditionelle Geldsamm-
lung erbrachte einen außergewöhnlich hohen Betrag. Ob es mehr diese

Hofierungsversuche waren, wie der deutsche Historiker Dirk Hoerder meint, oder mehr die patriotische Gesinnung der Organisatoren und Teilnehmer dieses Festes: Die üblichen Kämpfe blieben jedenfalls diesmal aus. Der Pope's Day des Jahres 1765 vollzog sich friedlich und in voller Eintracht. Das gesammelte Geld wurde für eine Feier verwendet, die man am 11. November veranstaltete und die bezeichnenderweise den Namen ‹Union Feast› erhielt.[13]

Der Pope's Day in Boston stand auch in den darauffolgenden Jahren im Zeichen patriotischer Einheit und antienglischer Kundgebungen. Es kam zu keinen Kämpfen zwischen Nord- und Südviertel. Die Aggressionen ihrer Bewohner richteten sich nicht mehr gegeneinander, sondern gegen die englische Regierung, die mit immer neuen Maßnahmen die Empörung der Kolonisten wachhielt. Das Ritual des Pope's Day in Boston konnte dabei leicht den jeweiligen Problemen der Amerikaner und den wechselnden Zielscheiben der Kritik angepaßt werden. So wurden 1767 auf dem Umzugswagen zwischen dem Papst und dem Teufel um einen Tisch die Figuren von Zollbeamten aufgebaut. Diese Zollbeamten sollten die neuen, als *Townshend Duties* bezeichneten Einfuhrabgaben erzwingen, die von den Kolonisten als tyrannisch bekämpft wurden. 1769 setzte man die Puppe eines zu den Engländern haltenden Druckers auf den Umzugswagen.

1774 ist der Pope's Day in Boston zum letzten Mal gefeiert worden. Danach machten zunächst die Kriegsereignisse und die Rücksichtnahme auf die katholischen Kanadier – die man auf die amerikanische Seite zu ziehen versuchte, und die man durch eine gegen das Papsttum gerichtete Demonstration nicht vor den Kopf stoßen wollte – die Fortführung des Festes inopportun. Später haben sich möglicherweise die modernisierenden, bewußtseinsverändernden Einflüsse der Amerikanischen Revolution in dem Verzicht auf den Pope's Day geltend gemacht. Der bigotte, religiös intolerante Charakter des Festes und die kleinräumig-bornierte Ausrichtung auf einzelne Stadtviertel vertrugen sich schlecht mit der Entwicklung der ehemaligen Kolonien zu einem modernen, aufgeklärten Nationalstaat. Auch entzog die Trennung von England dem letztlich in Verbindung mit der englischen Geschichte stehenden Pope's Day den Boden. Auf jeden Fall aber war dieser Festtag den Patrioten der Oberschichten suspekt. Obwohl sie ihn und seine Organisationsstruktur für antienglische Maßnahmen hatten nutzen können und obwohl es ihnen gelungen war, den offenbar zu selbstbewußt werdenden Plebejer Mackintosh schon sehr bald kaltzustellen, steckte doch potentiell in dem Pope's Day ein Element der Aufsässigkeit, der Anarchie und der Unberechenbarkeit. Die Tatsache, daß es am 5. November 1773 wieder zu den üblichen Ausschreitungen gekommen war, bewies, daß man das Fest nicht dauerhaft und zuverlässig ‹zähmen› konnte. Es war überdies vulgär, laut, grob sinnlich und verletzte auch dadurch die Empfindsamkeit aufgeklärter und gebildeter Leute. Es war Teil jener Volkskultur, die damals in allen Ländern der westlichen Zivilisation auf die Ablehnung der Eliten stieß.[14]

Den Vorstellungen der führenden amerikanischen Patrioten entsprach, ebenso wie wenig später denen der führenden französischen Revolutionäre, die Form des wohlgeordneten, erhebenden und pädagogischen Festes, wie sie sich dann vor allem im Zusammenhang mit den Feiern anläßlich der Ratifizierung der Unionsverfassung herausbildete. Diese festlichen Umzüge, sogenannte *Parades*, gab es zwischen dem Februar und dem Juli 1788 in jeder größeren amerikanischen Stadt, und sie waren die ersten dieser Art in der amerikanischen Geschichte.[15] Die größte soll näher beschrieben werden. Sie fand am 4. Juli 1788 in Philadelphia statt, nachdem die Unionsverfassung am 2. Juli vom Kongreß in Kraft gesetzt worden war. Es gibt über diesen Umzug einen ausführlichen Bericht von Francis Hopkinson.[16] Hopkinson war Beamter und zugleich Literat, der Gedichte schrieb und der 1774 eine allegorische Fabel verfaßt hatte, in der er im Stil eines Kinderbuchs die Verschlechterung der Beziehungen zwischen dem Mutterland und seinen amerikanischen Kolonien darstellte.[17] Er war Vorsitzender des Organisationsausschusses für das Fest in Philadelphia, zog als Admiralitätsrichter im Umzug mit und stützte seine Schilderung weitgehend auf die Angaben der Beteiligten. An der Vorbereitung der Feierlichkeiten war auch der Maler Charles Wilson Peale beteiligt, der in der Amerikanischen Revolution etwa die Rolle spielte, die in der Französischen Revolution der Maler Jacques Louis David übernehmen sollte. Peale hatte viele Feste der Amerikanischen Revolution gestaltet – darunter eines in Philadelphia im Januar 1788, das verhängnisvoll endete, da das Feuerwerk vorzeitig losging, wobei es den von Peale konstruierten römischen Triumphbogen in Brand steckte und der Maler selber Brandwunden erlitt.[18]

Das Fest in Philadelphia am 4. Juli 1788 hatte einen doppelten Anlaß: Es sollte der amerikanischen Unabhängigkeitserklärung gedacht werden, die am 4. Juli 1776 in dieser Stadt verkündet worden war, und es galt vor allem das Inkrafttreten der Unionsverfassung zu feiern, die bis zu diesem Zeitpunkt zehn Einzelstaaten ratifiziert hatten. Diese Staaten wurden durch zehn geschmückte Schiffe symbolisiert, die über den ganzen Hafen hinweg verteilt waren, und von denen jedes eine weiße Fahne aufgezogen hatte. Auf ihr stand jeweils in goldenen Buchstaben der Name eines der Staaten, die die Verfassung bereits angenommen hatten. Das Symbol der aufgehenden Sonne, dessen Bedeutung für das aufklärerisch-revolutionäre Denken dieser Jahre Jean Starobinski in seinem Buch ‹1789, Die Embleme der Vernunft› herausgearbeitet hat,[19] und das in der Amerikanischen Revolution immer wieder benutzt worden war, spielte auch bei der

Eröffnung dieses Festes eine Rolle. Die aufgehende Sonne des 4. Juli 1788 wurde mit einer Kanonensalve vom Schiff ‹Rising Sun› und mit Glockengeläut vom Turm der Christ Church begrüßt.

In der Stadt selber versammelten sich in verschiedenen Vierteln die einzelnen Abteilungen des Festzuges, die zu einem allgemeinen Sammelplatz geführt wurden. Dort wurden sie von *superintendents* – Aufsehern, von denen bis auf einen 'alle hohe militärische Ränge bekleideten, – so in den Nebenstraßen postiert, daß sie bei der Formierung des Zuges leicht den ihnen vorher zugewiesenen Platz einnehmen konnten. Dadurch wurde, wie Hopkinson in seinem Bericht mit Genugtuung vermerkte, «die vollkommenste Ordnung und Regelmäßigkeit wirksam aufrechterhalten». In dem Umzug, der sich um halb zehn Uhr in Gang setzte und an dem etwa 5000 Menschen teilnahmen, marschierten militärische Einheiten, Wagen mit symbolischen Darstellungen, Musikkapellen, Handwerkerabteilungen und die Repräsentanten verschiedener Berufe. Er war in zwei verschiedene Hauptteile gegliedert. Zunächst wurden die Etappen der geschichtlichen Entwicklung der Vereinigten Staaten dargestellt: die Unabhängigkeit, das Bündnis mit Frankreich, der Friedensvertrag, der Verfassungskonvent von 1787 und schließlich als Höhepunkt die Unionsverfassung selber. Mit diesem Teil des Zuges sollte der Weg zur Annahme der Verfassung als konsequente Entwicklung suggeriert und der Stolz auf das Erreichte geweckt werden. Er war ein Vehikel historischer Erinnerung – freilich einer selektiven Erinnerung, denn die in dieses Bild nicht hineinpassenden Ereignisse wie die Annahme der der Unionsverfassung vorausgehenden *Articles of Confederation* wurden dabei ausgespart. Der zweite Teil des Zuges, in dem die einzelnen Handwerke und Berufe auftraten, war eine festliche Selbstdarstellung verschiedener Gruppen der Bevölkerung, eine Demonstration der Einmütigkeit, und sollte offenbar vor allem die Identifikation mit dem Verfassungswerk stärken.

An der Spitze des Zuges marschierten zwölf axttragende Männer, die in weiße Gewänder mit schwarzen Gürteln gekleidet waren. Auch bei dem späteren Umzug in New York bildeten solche *axemen* den Anfang. Sie sollten fraglos die Urbarmachung des amerikanischen Waldes symbolisieren und möglicherweise durch die Art ihrer Bekleidung auch eine Verbindung zur römischen Geschichte herstellen. Die Unabhängigkeit Amerikas wurde durch einen Reiter dargestellt, der «den Stab und die Mütze der Freiheit» sowie eine seidene Fahne trug, auf der mit goldenen Lettern die Worte «Vierter Juli 1776» geschrieben standen. Ihm folgten Berittene mit Fahnen und Zeichen, die das amerikanisch-französische Bündnis, den Friedensschluß mit England und George Washington, den «Freund seines Landes», beschworen.

Der Abschnitt des Zuges, der der Verfassungsgebung gewidmet war,

wurde durch einen Herold mit Trompete eröffnet, der «eine neue Ära»
verkündete. Die Worte *New Aera* standen auch in goldenen Buchstaben
auf einem Tuch, das an dem Heroldsstab hing. Auf ihm wurden ferner in
Versform und ganz im Sinne der konservativen Rechtfertigung der Unionsverfassung die Abwehr der Anarchie und die Wiederkehr der Gerechtigkeit beschworen. Der Bundesverfassung gewidmet war auch eine
Fahne mit der silbernen Inschrift: «Siebzehnter September 1787.» Das
war der Tag, an dem der die *Federal Constitution* beratende Verfassungskonvent in Philadelphia seine Arbeit beendet hatte. Auf einem Wagen, in
dem die obersten Richter Pennsylvanias saßen und der die Form eines
riesigen, Amerika symbolisierenden Adlers hatte, wurde unter der Frei-
heitsmütze die neue Unionsverfassung gerahmt und geschmückt zur
Schau gestellt. Unmittelbar unter der Verfassung standen in goldenen
Buchstaben die Worte: «Das Volk.»

Der Adler beschwor in der Art seiner Gestaltung die 13 amerikanischen Kolonien, die sich von England losgesagt und in einem losen Bund
zusammengeschlossen hatten, und von denen man hoffte, daß sie in einer
engeren Union wieder vollständig zusammengehen würden. Er war 13
Fuß hoch, seine Brust war mit 13 silbernen Sternen auf himmelblauem
Grund verziert, und darunter befand sich ein Schild, auf dem abwechselnd 13 rote und weiße Streifen zu sehen waren. Die rechte Kralle des
Adlers umschloß einen Olivenzweig, die linke hielt 13 Pfeile. Er war dem
Wappentier der Vereinigten Staaten nachgebildet, das auf dem 1782 vom
Kongreß angenommenen Staatssiegel prangte, und ging letztlich auf den
deutschen Reichsadler zurück. Ähnliche Adler waren auch auf den
Fahnen der in englischen Diensten stehenden hessischen Soldaten aufge-
taucht, die sie in der Schlacht von Trenton am 26. Dezember 1776 mit
sich führten.[20]

Die zehn Staaten, die die Unionsverfassung bereits ratifiziert hatten,
wurden im Zug durch zehn jeweils aus ihnen stammende Männer repräsentiert, die zur Demonstration der Union Arm in Arm gingen und von
denen jeder eine Fahne mit dem Namen seines Heimatstaates trug. Ein
Reiter in voller Rüstung trug einen Schild mit dem Wappen der Vereinigten Staaten. Ihm folgte ein geschmückter Wagen mit der amerikanischen
Fahne, in dem sich die Konsuln und Vertreter ausländischer Staaten
befanden, die mit Amerika verbündet waren. Frankreich, die Niederlande, Schweden, Preußen und Marokko waren auf ihm repräsentiert.
Paradestück des Umzugs war aber ein von zehn weißen Pferden gezoge-
ner Wagen, auf dem der neue Bundesstaat in Form eines Gebäudes – eines
Federal Edifice – dargestellt wurde. Es hatte die Gestalt einer Kuppel, die
von 13 korinthischen Säulen getragen wurde. Der Fries war mit 13
Sternen geschmückt. Zehn der Säulen – sie stellten die Staaten dar, von
denen die Verfassung bereits angenommen worden war – waren vollstän-

dig, drei waren unvollständig gelassen worden. Die unvollständigen Säulen sollten jene Staaten darstellen, deren Ratifizierung noch ausstand. Auf dem Sockel des Bauwerks befand sich die Inschrift: «Vereint steht dieses Gebäude fest.» An der Spitze der Kuppel war eine Figur angebracht, die den Wohlstand symbolisieren sollte und die ein Füllhorn sowie entsprechende Embleme trug. Es handelt sich hier um ein frühes Beispiel für das von dem Historiker David M. Potter aufgewiesene Selbstverständnis der Amerikaner als eines *people of plenty*, eines ‹Volkes der Fülle›.[21] Insgesamt waren die in dem Zug mitgeführten Symbole der Freiheit jedoch noch sehr viel zahlreicher als diejenigen, die Fülle und Reichtum darstellten. Erst einige Jahre später kam es in Amerika zu einer Verschiebung des Schwergewichts, vollzog sich das, was der Historiker Michael Kammen als «den Wechsel in der psychischen Orientierung von der Freiheit zur Prosperität» bezeichnet hat.[22]

An den Wagen mit dem ‹Unionsgebäude› schlossen sich Abteilungen an, in denen einige Berufe und Handwerke repräsentiert wurden: Architekten und Zimmerleute, Sägen- und Feilenmacher. Sie nahmen den Platz hinter dem *Federal Edifice* offenbar deshalb ein, weil sie auf das Bauen bezogen waren. Repräsentiert waren aber auch in dem der Verfassung gewidmeten Teil des Zuges die Bürger in ihrer Gesamtheit, die *citizens at large*, denen die Bundesverfassung zur Annahme unterbreitet worden war und für die zehn Herren unter dem ‹Unionsgebäude› auf Stühlen saßen. Hiermit wollte man offenbar ausdrücken, daß die Verfassung auf der Zustimmung der Bürger beruhte und daß deren Entscheidung der Gründung des neuen Bundesstaates vorausgegangen war. Dafür spricht auch die Tatsache, daß die Plätze dieser zehn Bürger bei Erreichen der ‹Unionswiese› nunmehr von jenen Männern eingenommen wurden, die die zehn Einzelstaaten darstellten. Sie befestigten die Fahne ihres jeweiligen Staates an einer der zehn vollständigen Säulen.

Es folgten im Zug Repräsentanten der Landwirtschaft, die beim Pflügen und Säen gezeigt wurden, und eine Darstellung von *industry*. Darunter verstand man noch nicht die Industrie im modernen Sinne, sondern den Fleiß. Er wurde durch einen Pflüger dargestellt, dem eine Göttin der Fülle mit einem Füllhorn in der linken und einer Sichel in der rechten Hand folgte. Maschinen fehlten aber dennoch in dem Zug nicht – befanden sich doch gerade unter den Befürwortern der neuen Bundesverfassung viele, die mit ihrer Hilfe und vor allem mit den durch sie ermöglichten nationalen Schutzzöllen eine Industrialisierung Amerikas anstrebten. Es waren die Repräsentanten einer sich für die Industrieförderung einsetzenden *Manufacturing Society*, die in dem Zug auf einem Wagen Textilmaschinen mit sich führten; außerdem eine Fahne, auf der ein Bienenkorb abgebildet war, der – wiederum das Sonnensymbol! – in den Strahlen der Sonne stand und aus dem Bienen ausschwärmten. Die

Fahne trug das Motto: «In ihren Strahlen werden wir neue Kraft fühlen.»
Verschiedene Inschriften an dem Wagen gaben der Hoffnung Ausdruck,
daß die Unionsregierung die amerikanischen ‹Manufakturen› schützen
möge. Die mitgeführten Maschinen waren während des ganzen Marsches
durch die Stadt in Betrieb.

Das neben dem ‹Unionsgebäude› wichtigste Schaustück des Zuges war
ein Bundesschiff mit dem Namen ‹Union›, das angeblich in der Rekord-
zeit von weniger als vier Tagen gebaut worden war und das mit seinen 24
Mann Besatzung und seinen 20 Kanonen durch die Straßen gezogen
wurde. Es bestand zum Teil aus dem Material eines Schiffes, das der
berühmte amerikanische Kaperkapitän Paul Jones in einem Gefecht
erobert hatte – besaß also eine Art von eingebauter Reliquie. Die von
zehn Pferden gezogene ‹Union›, deren Räder durch eine von Peale
gemalte Meereskulisse geschickt verborgen worden waren, nahm einen
Lotsen an Bord und manövrierte so, als ob sie sich auf See befände – bis
sie zur ‹Unionswiese› kam und dort unter dem Beifall der Zuschauer
Anker warf. Es ist wahrscheinlich, daß die in Philadelphia und anderen
amerikanischen Küstenstädten in den *Parades* des Jahres 1788 mitgeführten Schiffe nur die maritime Ausrichtung dieser Orte und der Vereinigten
Staaten insgesamt widerspiegelten. Möglich ist aber auch, daß hier der
Einfluß alter europäischer Umzugsbräuche eine Rolle spielte, in denen
Schiffswagen seit altersher von großer Bedeutung waren.[23]

So wie dem ‹Unionsgebäude› die mit dem Bauhandwerk verbundenen
Berufe gefolgt waren, so folgten dem ‹Unionsschiff› die Handwerker, die
mit der Anfertigung und der Ausrüstung von Schiffen zu tun hatten:
Schiffsbauer, Segelmacher, Schiffszimmerer, Seiler und Kaufleute. Erst
danach kamen dann, durch das Los bestimmt, Vertreter anderer Handwerke und Berufe mit ihren Zeichen und Losungen.

Die verschiedenen Abteilungen verbanden dabei durchweg Embleme
ihres Handwerks, die sie teilweise – wie zum Beispiel die Schneider und
die Zinngießer – für diesen Zweck von den Londoner Gilden übernommen hatten,[24] mit sinnbildlichen Darstellungen im Zusammenhang mit
der Verfassungsgebung und mit Inschriften, in denen der Hoffnung
Ausdruck gegeben wurde, daß die neue Bundesregierung dem Gewerbe
Auftrieb geben möge. Diese Erwartung war auch das Motiv gewesen, das
die Handwerker Philadelphias und anderer amerikanischer Städte zur
Unterstützung der Unionsverfassung geführt hatte und sie fast einhellig
Befürworter der *Federal Constitution* in die Ratifizierungskonvente hatte
wählen lassen. Zum Teil ließen die Inschriften darüber hinaus aber auch
das ökonomische und das durch die Revolution ungemein gestärkte
politische Selbstbewußtsein der Handwerker erkennen.[25] Vor allem galt
das für das Motto der Maurer: «Sowohl die Bauwerke als auch die
Herrschenden sind das Werk unserer Hände.» Die Hutmacher hatten das

Motto: «Mit dem Fleiß der Biber treten wir für unsere Rechte ein.» Nationales Selbstbewußtsein sprach aus der Inschrift der Kerzenmacher: «Die Sterne Amerikas, das Licht der Welt.» Dem nationalen Selbstbewußtsein wurde auch durch die für diesen Anlaß verfaßte und von den Druckern (wie schon bei der Verfassungsfeier in New Hampshire) während des Umzugs gedruckte Ode von Francis Hopkinson Ausdruck gegeben. Ein «Empire» steige auf, dichtete Hopkinson, und es beginne eine «neue Ära». Exemplare der Ode wurden zusammen mit den Trinksprüchen des Tages in zehn kleine Päckchen verpackt und mit Brieftauben in die zehn Staaten geflogen, die die Verfassung bereits ratifiziert hatten. Da Pennsylvania eine starke deutsche Minderheit besaß, wurde für das Fest auch eine Ode in deutscher Sprache verfaßt.

Nach Beendigung des Umzugs und einer Rede von James Wilson, einem Mitglied des Verfassungskonvents von 1787 und dem Hauptbefürworter der Unionsverfassung in Pennsylvania, versammelte man sich zu einem Essen auf der ‹Unionswiese› an Tischen, die in einem großen Kreis aufgestellt waren. In seiner Mitte standen das ‹Unionsgebäude› und das Schiff ‹Union›. 17000 Menschen, mehr als die Hälfte der Bevölkerung von Philadelphia, nahmen an dem Festmahl teil. Mit erkennbarem Stolz auf dessen tugendhafte patriotische Nüchternheit berichtete Hopkinson, daß es dabei keinen Wein oder Branntwein gegeben habe, sondern nur amerikanisches Bier und Apfelwein – diese freilich in ausreichender Menge. Zehn Trinksprüche wurden bei Trompetenschall und Kanonendonner ausgebracht: beginnend mit einem Toast auf das Volk der Vereinigten Staaten und endend mit einem Trinkspruch auf «die ganze Familie der Menschheit». Das geordnete Ende des Festes bereitete seinem Organisator und Berichterstatter ebensoviel Befriedigung wie sein geordneter Verlauf. Die ‹Unionswiese› war nach seiner Darstellung bereits um sechs Uhr nachmittags völlig geräumt; sämtliche Konstruktionen und Maschinen hatte man beiseite geschafft; «die Bürger hatten sich nach Hause zurückgezogen».

Ein solches Fest war ganz nach dem Herzen der Elite. Es war gut vorbereitet und durchgeführt, ohne Spontaneität und ohne ‹Auswüchse›. Es vollzog sich, wie Hopkinson feststellte, «in einem Gleichmaß und einer Würde, die über jede vernünftige Erwartung hinausgingen». Die *social idea*, die Idee der Gemeinsamkeit, des Miteinanders und der Union wurde gefördert, aber ohne Überschwang und ohne Exzesse. Das Fest stand im Zeichen einer *rational joy* – einer maßvoll-vernünftigen Freude. In dem diese Begriffe verwendenden Bericht des hauptverantwortlichen Organisators ist eine pädagogische Festvorstellung erkennbar, die später auch in den Feiern der Französischen Revolution zum Ausdruck kommen sollte. Danach hatte das Fest die Funktion, «die Regeln eines neuen sozialen Lebens» vorzuführen und zu verbreiten.[26] Es herrschten nach der Darstellung von Hopkinson am 4. Juli 1788 in Philadelphia «allgemeine Liebe und Harmonie», wozu in seinen Augen das Verhalten der Priester fast aller christlichen Bekenntnisse – sie waren im Festzug Arm in Arm mit einem jüdischen Rabbi mitmarschiert – wesentlich beigetragen hatte. Die pädagogische Zielsetzung des Festes wurde auch in der Rede von James Wilson umfassend zum Ausdruck gebracht. «Prozessionen» dieser Art, erklärte Wilson, sollten «unterweisen und bessern, während sie unterhalten und gefallen.» *Instruct* und *improve* waren die beiden englischen Wörter, mit denen die belehrende und läuternde Aufgabe des Festes von ihm umschrieben wurde. Diesem Ziel vermochten nach Wilson solche festlichen Umzüge auf drei Arten zu dienen: «Sie können die Eleganz oder Nützlichkeit der Wissenschaften und der Künste aufzeigen. Sie können die Erinnerung wachhalten und die Wichtigkeit großer politischer Ereignisse eingravieren. Sie können, mit besonderem Erfolg und Nachdruck, die Wirksamkeit und die Folgen großer politischer Wahrheiten darstellen.»

Solche für die Festvorstellungen einer aufgeklärten Elite charakteristischen und eine Art von Gegenmodell zum Pope's Day entwickelnden Äußerungen machen, ebenso wie der Verlauf des Festes selber, deutlich, daß es sich bei den Feiern am 4. Juli 1788 in Philadelphia nicht um ein Fest des Volkes, nicht um ein Produkt der Volkskultur handelte. Dennoch spielte die eigenständige Beteiligung der Handwerker an ihm eine wichtige Rolle. Möglicherweise hat sogar die aus diesem Anlaß unternommene Suche nach Symbolen und Inschriften die Herausbildung handwerklichen Selbstbewußtseins gefördert.[27] Der Umzug in Philadelphia war auch nicht einfach wie die städtischen Prozessionen der alten Welt unter dem Ançien Régime ein Spiegelbild der hierarchischen Gesellschaft. In den europäischen Städten stellte sich, wie Robert Darnton es für Montpellier in der Zeit kurz vor Ausbruch der Amerikanischen Revolution beschrieben hat, die städtische Gesellschaft mit der *procéssion générale* in ihrer korporativen Gliederung und in ihrer Rangfolge dar. Es war der *homo hierarchicus*, der durch die Straßen schritt. Der Betrachter sah die Sozialordnung der Stadt in ihren zahlreichen Abstufungen an sich vorbeiziehen.[28] In Philadelphia und anderen amerikanischen Städten dagegen wurde zwar – im Unterschied zu den Festen der Französischen Revolution, wo man schließlich nur noch nach dem Alter differenzierte und allein die biologische Ungleichheit gelten ließ[29] – die berufliche Gliederung der Gesellschaft im Festzug dargestellt; aber die Reihenfolge war überwiegend durch das Los festgelegt worden und spiegelte keine soziale Hierarchie wider. Man gewinnt sogar den Eindruck, daß die Vertreter der gesellschaftlich höherstehenden Berufe und der Regierung absichtsvoll am Ende des Zuges placiert worden waren. Es handelte sich offenbar um eine wohlberechnete Geste der Bescheidenheit und Zurück-

haltung von seiten der Elite und um eine taktische Konzession an die
‹Demokratie› – wie so vieles in der *Federal Constitution* selber und ihrem
Ratifizierungsprozeß aus taktischen Zugeständnissen an eine demokrati-
sche und durch die Revolution noch selbstbewußter gewordene Öffentlichkeit bestand. Ohne solche Konzessionen hätte sich dieses eher konservative Dokument, das nach dem Willen seiner Verfasser den Einfluß
der Elite und den Ordnungsgedanken stärken sowie den von ihnen
befürchteten anarchischen Tendenzen entgegenwirken sollte, im amerikanischen Kontext kaum durchsetzen lassen.[30] Als Fest der Elite mit
herausgehobener popularer Beteiligung war der Umzug am 4. Juli 1788
ein getreuliches Spiegelbild der Verfassung, die er feierte.

Frankreich 1790 und 1794

Das Fest als revolutionärer Akt

Von Gilbert Ziebura

Das Föderationsfest vom 14. Juli 1790.

Die Vorstellung, daß Revolutionen etwas mit dem Feiern von Festen zu tun haben, drängt sich auf den ersten Blick nicht auf. Eher das Gegenteil: eine Orgie aus Blut, Tod, Terror, Angst und Schrecken. Die Große Französische Revolution aber liefert eindrucksvolles Anschauungsmaterial dafür, daß beides aufs engste miteinander verbunden ist, ja zwei Seiten ein und derselben Medaille darstellt: ausgelassenste Freude und niederträchtigste Greueltat. Die Historiker hat diese schillernde Realität immer wieder fasziniert. Natürlich haben sie ihre Schlüsse daraus gezogen, um ihr vorgefertigtes Bild vom Wirken der Volksmassen zu bestätigen. Für die einen, die konservativen und reaktionären, enthüllten sich hier die gefährlichen Untiefen einer entfesselten «Volksseele», der Abschaum der Gesellschaft, die «Canaille», wie es hinfort hieß, die «gemeine Menge».[1]

Andere, wie der Romantiker Thomas Carlyle, schwankten zwischen Bewunderung für den Heroismus sowie die kindliche Freude der Massen und Entsetzen über das «Welt-Irrenhaus» und die «Anarchie», die ihre Triumphe feierte.[2] Wieder andere, eher republikanisch eingestellt, sahen in der revolutionären Volksmenge die eigentlichen Träger der Veränderung und Erneuerung, die vorantreibende Kraft, Inbegriff demokratisch-republikanischer Tugenden.[3] Schließlich kümmerte man sich um die empirisch möglichst exakte Analyse der sozialen Zusammensetzung dieser agierenden Volksbewegungen; sie bekamen nun erst Fleisch und Blut.[4]

Inzwischen geht die Forschung neue Wege. Als privilegierter Gegenstand rücken die ‹Mentalitäten› in den Mittelpunkt, also die Entstehung und Entwicklung kollektiver Denk- und Verhaltensweisen. Aus diesem Blickwinkel erhält plötzlich ein Phänomen wie das revolutionäre Fest eine neue Bedeutung.[5] Tatsächlich bietet es einen Einstieg, um herauszufinden, wie sich kollektive Erfahrung bildet, wie sie das Bewußtsein breiter Massen prägt. Einer der profiliertesten Vertreter der Mentalitäts-Geschichte, Michel Vovelle, hat es auf den Begriff gebracht. Für ihn sind die Feste der Revolution «das wichtigste Ereignis, in dem der Traum einer neuen Gesellschaft und einer idealen Welt sich artikuliert hat... In der Unmittelbarkeit des Festes sind alle Träume des Augenblicks zusammengefaßt». Hier verwirklicht sich das schon von Rousseau gedachte Modell: «das staatsbürgerliche oder nationale Fest als ideale Begegnung, bei der es keinen Unterschied mehr zwischen Akteuren und Zuschauern gibt, und der Genuß eines jeden die Freude aller ist.« Dieses Fest ist sowohl Ergebnis revolutionärer Spontaneität von unten wie Instrument der Erziehung, mehr noch «der kollektiven Konditionierung eines noch kindlichen Volkes»,[6] wie die Strategen glaubten.

Das Fest ist mithin unverzichtbarer Bestandteil des revolutionären Prozesses. Jetzt tritt jenes Volk auf die Szene, das in den Reden und

Texten oft nur als abstrakte Größe existiert. Vor allem aber äußert sich bei dieser Gelegenheit am klarsten die ‹revolutionäre Ideologie›. Sie wird aus vielen Quellen gespeist, aus den Schriften der Philosophen, den Pamphleten und Flugblättern der Publizisten; sie verdichtet sich in den Cafés, Salons, Logen, Clubs und Volksgesellschaften, die wie Pilze aus dem Boden schießen und bald das ganze Land überziehen. Einer der führenden Historiker der Französischen Revolution, François Furet, meint sogar, daß ihre wichtigste Errungenschaft, ihre Originalität, in der Entfaltung einer neuen «politischen Kultur» oder genauer, mit einem glücklichen Wort, in einer neuen «politischen Gemeinschaftsfähigkeit» zu suchen ist.[7]

Die ‹revolutionäre Ideologie› geht eine innige Symbiose mit dem revolutionären Prozeß ein, trägt und legitimiert ihn, um durch ihn weiter an Substanz zu gewinnen. Für Furet stellt sie den eigentlichen Beginn einer neuen Epoche dar. Vovelle behauptet sogar, daß es sich bei der Revolution im Kern um eine Subversion handelt, also um die fortschreitende Zersetzung überkommener Werte, Denk- und Verhaltensweisen durch die ‹revolutionäre Ideologie›. In diesem Sinn ist das revolutionäre Fest ein hervorragendes Mittel der Subversion, nicht nur weil sich hier die Massen mit der ‹revolutionären Ideologie› identifizieren, sondern ganz unmittelbar dadurch, daß es traditionelle (also vertraute) Formen der religiösen Kultfeier übernimmt, sie aber mit Inhalten füllt, die von einer rein innerweltlichen Eschatologie stammen: ‹Freiheit, Gleichheit, Brüderlichkeit› und die Verheißung vom Glück im Diesseits. Freilich hat das Unternehmen einen hohen Preis. Das Fest stiftet zwar Einheit, Einigkeit und Kommunion. Aber es ist die Illusion eines kurzen Augenblicks. Schon am nächsten Morgen geht der Kampf weiter. Es zeigt sich, daß das Fest selbst nur Teil einer Transformation gesellschaftlicher Machtverhältnisse ist.

Daraus resultiert, daß die Art und Weise wie Feste gefeiert wurden, den jeweiligen Stand der ‹revolutionären Ideologie› und damit des revolutionären Prozesses widerspiegeln. Vovelle, der Historiker des revolutionären Festes, unterscheidet folglich zwei Phasen. Die erste umfaßt die Jahre 1789 bis 1792. In dieser Zeit sucht das Fest nach neuen Ausdrucksformen. Da sich der Angriff auf die Katholische Kirche als der wichtigsten ideologischen Stütze des Ancien Régime erst langsam entfaltet, zeichnen sich die Feste durch eine seltsame Mischung aus traditioneller Liturgie (einschließlich der Hl. Messe) und revolutionärer Terminologie aus. Im Mittelpunkt steht ein ‹Altar des Vaterlandes›, und in seinem Umfeld werden seit 1791 die ‹Freiheitsbäume› gepflanzt. Alle Feiern finden unter freiem Himmels statt. Man flieht bewußt aus dem mystischen Dunkel gotischer Kathedralen, aus der Eingeschlossenheit in Architektur und Dogma, um die Verbindung mit der Natur zu demonstrie-

ren. Der Pantheismus der Aufklärungsphilosophie beginnt sich auszu-
wirken, ganz konkret, fast spielerisch. Vor allem aber ist es nur auf diese
Weise möglich, große Massen zu versammeln. Tatsächlich geht die Zahl
der Beteiligten oft in die Zehntausende; in Paris sind es in der Regel mehr,
in der Provinz weniger. Anlässe sind zunächst die zurückliegenden revolutionären Großereignisse. Das Bedürfnis ist stark, vergangene Siege noch einmal zu feiern.
Aus der Erinnerung schöpft man neue Kraft, um die Revolution in
Schwung zu halten. Höhepunkt in dieser Phase ist das Föderationsfest
am 14. Juli 1790, dem Jahrestag der Erstürmung der Bastille. Nur an
diesem Tag wird diese Art von Fest mit solcher Begeisterung und
Inbrunst auf dem berühmten Marsfeld in Paris gefeiert. Obwohl (oder
vielleicht gerade weil) es weitgehend improvisiert war, hat es, nach
übereinstimmenden Zeugnissen von Beteiligten, einen tiefen Eindruck
hinterlassen. Mehr als 300000 Menschen aus allen Schichten sollen sich
versammelt haben, von denen viele aus der Provinz nach Paris geströmt
waren. Der Zweck des Unternehmens, teils spontan, teils gesteuert, war
klar: eine mächtige Demonstration gegen alles, was die Revolution
bedrohte, die ‹Große Furcht› vor mehr oder weniger imaginären Gefahren, aber auch gegen die sehr konkreten konterrevolutionären Kräfte,
die sich zu organisieren begannen. Dem setzte man ein Bekenntnis
für Einheit und Eintracht entgegen, indem man einem nicht zufällig von
La Fayette, dem Chef der Nationalgarde, gesprochenen Eid akklamierte,
der, wie es hieß, «die Franzosen unter sich und die Franzosen mit ihrem
König vereinigt, um Freiheit, Verfassung und Gesetz zu beschirmen».
Auch der König, der anwesend war und sich sogar aktiv an den Vorberei-
tungsarbeiten beteiligt hatte, schloß sich diesem Eid an. Es ging also
darum, die bis dahin erreichten Ergebnisse der Revolution mit Hilfe einer
Art von Plebiszit zu stabilisieren.

Um diesen politischen Zweck des Festes zu verstehen, ist an den
Kontext zu erinnern, in dem es stattfand. In der Literatur[8] gilt 1790 als
das ‹glückliche Jahr› der Revolution. Es schien, als würde sich auf der
Grundlage eines Kompromisses zwischen liberaler Aristokratie und dem
Großbürgertum so etwas wie ein neues gesellschaftliches Machtgleichge-
wicht im Rahmen einer konstitutionellen Monarchie etablieren. Dieser
Zustand fand seine Verkörperung in La Fayette. Er hatte sich in Amerika
an der Revolution beteiligt und genoß, als ‹Held beider Welten›, eine
immense Popularität. Als Führer der gemäßigten Fraktion des Bürgertums und von Mirabeau kräftig unterstützt, ging es ihm darum, mit den
aufgeklärten Vertretern der ehemals Privilegierten zu einer Übereinkunft
zu kommen. Viele bezeichnen 1790 als «das Jahr La Fayettes», und das
Föderationsfest stellte dann auch den Höhepunkt seines Ansehens dar.

Das Problem, das auch das Fest nicht überdecken konnte, bestand allerdings darin, daß sowohl die breite Masse des Volkes (damals um Marat geschart) wie der größere Teil der Aristokratie zwangsläufig aus diesem Kompromiß ausgeschlossen blieben. Während die Aristokraten ins Lager der offenen Konterrevolution überliefen, suchte auch das Kleinbürgertum nach Mitteln und Wegen, seinen politischen Einfluß zu verstärken. Die Lage im Sommer 1790 war also eher ein Übergang als jener Abschluß der Revolution, den La Fayette und seine Gefolgsleute bis hinein in die königliche Familie anstrebten. Auch die Nationalgarde war eine ambivalente Einrichtung. Sie war über das ganze Land verbreitet, aber nur in Paris hierarchisch organisiert. In ihren Reihen fanden sich die unterschiedlichsten Gruppen, von begeisterten Revolutionären bis hin zu regelrechten Konterrevolutionären. Insofern ist sie ein Reflex der Notabeln-Bourgeoisie, deren Interessen sie vertrat. La Fayette wollte aus ihr eine Ordnungsmacht im Dienst einer konsolidierten Revolution machen. Aber alles befand sich in der Schwebe. Es ist nicht abwegig, von einem ‹Machtvakuum› (Vovelle) zu sprechen.

Vor diesem Hintergrund erklärt sich, warum sich die ‹Patrioten›, die sich als Träger des revolutionären Prozesses verstanden, zusammenschlossen, sich ‹föderierten›, oft, aber nicht immer, um lokale Einheiten der Nationalgarde, zunächst im lokalen, dann, bereits ab November 1789, im regionalen Rahmen. Im Frühjahr und Sommer 1790 verstärkte sich diese Bewegung. Eine ‹Föderation› bilden hieß immer in erster Linie, sich gegenseitige Hilfe versprechen, um die Sache der Revolution weiterzutragen. Bezeichnenderweise ging diese Bewegung von der Provinz aus. Das Föderationsfest in Paris stellte Schluß- und Höhepunkt dieses Elans dar. Hier fand die sich darin ausdrückende Ideologie der Einmütigkeit ihre Apotheose.

In seinem berühmten Werk ‹Die Entstehung des modernen Frankreich› hat Hippolyte Taine das Ereignis in kräftigen Farben geschildert. Das Buch entstand unter dem Eindruck der Pariser Kommune von 1871; es erschien 1875. Es ist eine einzige Kampfschrift gegen die Große Revolution, vor deren Fernwirkungen der Verfasser die Bourgeoisie der beginnenden Dritten Republik warnen und bewahren wollte. Es ist kein Zufall, daß die ganze Aversion gerade bei der Beschreibung der Feste, hier des Föderationsfestes, ausbricht.

«In der Mitte des in einen ungeheuren Zirkus verwandelten Pariser Marsfeldes erhebt sich der Altar des Vaterlandes, den die Linientruppen und die Provinzföderierten umgeben; vorne sitzt der König neben der Königin und dem Dauphin auf einem Thron; auf einer Tribüne in der Nähe befinden sich die Prinzen und Prinzessinnen, auf einem Amphitheater die Mitglieder der Nationalversammlung. Der Bischof von Autun leitet im Verein mit 200 Priestern in Meßgewändern und dreifarbigen Gürteln den Gottesdienst; 300 Trommler und 1200 Musikanten lassen sich gleichzeitig vernehmen; 40 Kanonenschüsse werden auf einmal abgefeuert; 400000 Hochrufe ertönen in einer und derselben Minute. Selten wirkt alles so sehr zusammen, um die Sinne zu berauschen und das Nervensystem in eine höhere Spannung zu versetzen, als es vertragen kann... Männer und Weiber, Kinder und Erwachsene, Vorgesetzte und Untergebene, Vornehme und Niedrige – sie alle tummeln sich herum wie Schauspieler im letzten Akt eines theatralischen Schäferspiels. Ein Augenzeuge berichtet: ‹Die ersten Ankömmlinge auf dem Marsfelde beginnen trotz des strömenden Regens zu tanzen; die Nachkommenden machen es ebenso und bilden eine Runde, die bald einen großen Teil des Marsfeldes einnimmt... In der Kornhalle und auf dem Bastilleplatz werden Bälle veranstaltet und Erfrischungen gereicht.›»

Und dann folgt das Urteil des Historikers: «An Aufregung und gutem Willen hat es den Leuten nicht gemangelt; sie waren begeistert, entzückt, übermäßig gerührt; sie haben sich feierlich verbrüdert. Ihre Anstrengung hat alles zustande gebracht, was sie überhaupt zustande bringen konnte: eine Flut von Herzensergüssen und Phrasen, einen mündlichen, aber keinen echten Vertrag, eine oberflächliche, scheinbare Brüderlichkeit, ein ernstgenommenes Maskenfest, eine leicht verdunstete Gefühlsaufwallung, kurz – einen heiteren, aber nur einen Tag währenden Karneval.»[9] Was Taine tut, ist evident: Er reduziert die Menge, wie Vovelle treffend kritisiert, «auf die Verhaltensweisen eines betrunkenen oder infantilen Menschen»,[10] auf naive Weise fröhlich, aber leichtfertig und leichtsinnig heute, um morgen den grausamen Instinkten freien Lauf zu lassen.

Die Zeitgenossen beschrieben das Fest, das mehrere Tage dauerte, ganz anders. Sie bewunderten die Lichtfülle, die sich nachts aus Tausenden vom Lampions ergoß, die, zu Girlanden gefügt, zwischen den oberen Zweigen der Bäume hingen:

«In der Mitte des Vorplatzes [zum Marsfeld] erhob sich ein großer Obelisk, der in seiner ganzen Höhe erleuchtet war. Auf seinem Sockel saß noch ein Orchester, das mehr Musiker umfaßte als alle anderen. Um ihn herum tanzte eine besonders zahlreiche Jugend... Bürger jeden Alters, jeden Standes, von ihren Kindern umringte Familienväter, Liebespaare, Gatten, fröhliche Freunde saßen durcheinander und friedlich auf dem Rasen und genossen ausgiebig diese entzückende Mischung aus lebhaften Empfindungen und milden Gefühlen. Nein, nichts Vergangenes oder Modernes hatte jemals einen vergleichbaren Charakter. Es war eine Menge ohne Zahl und ohne Gedränge, eine Freiheit ohne Grenzen und ohne Unordnung, eine Fröhlichkeit ohne Masken und ohne Sich-Gehen-Lassen, eine Orgie ohne Rausch, ein lautes Gelage ohne Raserei. Es war, in einem Wort, eine einzigartige Nacht in der Geschichte der Nächte.»[11]
Doch hat Taine den Schwachpunkt des revolutionären Festes klar

erkannt; daß sich diese Art der Demonstration von Einigkeit nicht in Politik umsetzen läßt oder genauer: daß sie die tiefer liegende soziale Realität nur maskiert und auch das nur für einen Augenblick. Die Ambition La Fayettes, die Aristokratie mit der Revolution zu versöhnen, erwies sich als Illusion. Schon wenige Monate später polemisierte der aufsteigende Robespierre gegen die Nationalgarde, weil sie das Waffentragen zu einem Privileg des reichen Bürgertums mache. In welchem Maß sich die Einmütigkeit als fiktiv erwies, zeigte sich genau ein Jahr später, als, wieder auf dem Marsfeld, die Nationalgarde am 17. Juli 1791 auf die Delegierten des ‹Club des Cordeliers› schoß und ein Blutbad anrichtete. Der Grund lag darin, daß sie die Absetzung des Königs verlangten. Von diesem Augenblick an gab es eine unüberbrückbare Spaltung zwischen der Bourgeoisie und dem Volk, die nun das weitere Schicksal der Revolution bestimmte.

Mit dem Aufstieg und der Herrschaft der Jakobiner änderten sich auch Funktion und Formen des revolutionären Festes. Der Versuch einer tiefgreifenden Entchristianisierung des Landes, der mit der Verabschiedung der Zivilverfassung des Klerus am 12. Juli 1790 begonnen hatte, lief nun auf vollen Touren. Am 27. Mai 1792 wurde ein Dekret veröffentlicht, das die Deportation von Priestern vorsah, die nicht bereit waren, den Eid auf die Verfassung zu leisten. Indem sie sich jetzt mit großer Aggressivität gegen die Kulte und Riten des Christentums wandte, erhielt die ‹revolutionäre Ideologie› eine neue Dimension. Seit 1793 veränderte sich alles: die Sprache, die öffentliche Symbolik (Einführung des revolutionären Kalenders), die Zeremonien, die immer stärker einen Zug ins Fanatische erhielten und der Indoktrinierung dienten. Rousseau hatte bereits im ‹Contrat social› für eine ‹zivile Religion› plädiert. Was sich nun durchsetzte, war eher eine Karikatur davon. Gesetze wurden in einer Form veröffentlicht, die unverkennbar an die Art erinnerte, wie die religiöse Volkskunst die Überreichung der Zehn Gebote an die Hebräer durch Moses darzustellen pflegte. Formeln tauchten auf wie: «Das Gesetz ist die Religion des Staates.» Die Entwicklung lief auf etwas hinaus, was man eine ‹Ersatz-Sakralisierung› der Errungenschaften der Revolution nennen könnte. Sie entwickelte eine eigene Dynamik und gipfelte im Winter 1793/94 im ‹Kult der Vernunft›, der kaum als Fest zu bezeichnen ist, dafür eher als gespreizte Feierlichkeit zwischen Kitsch und Verkommenheit – wieder ein ausgezeichneter Vorwand für konservative Revolutionshistoriker, die Verführbarkeit revolutionierter Massen anzuprangern.

Und wieder ist die Wirklichkeit komplexer. Die revolutionäre Mentalität und Ideologie des Jakobinismus,[12] das, was die Jakobiner selbst die ‹republikanische Moral› als Basis der Gleichheit genannt haben, beruht auf dem Prinzip der Tugend. Der ‹jakobinische Puritanismus› beansprucht vor dem Hintergrund einer wachsenden Bedrohung der Revolution von innen und außen, das kollektive Bewußtsein zu formen. Auf diese Weise soll es den Erfordernissen des revolutionären Kampfes angepaßt werden, für den der Jakobinismus, als selbsternannte Avantgarde, die Ideen und die Führer liefert. Hier lag die Rechtfertigung für den Terror. Schon die Zeitgenossen spürten, was man später die ‹totalitäre Entgleisung› der Revolution nennen sollte. Deshalb versuchten viele Jakobiner, Robespierre an ihrer Spitze, mit der Betonung auf die Grundsätze der Moral und der Tugend in Gestalt eines offiziellen Kults ein Gegengewicht zu schaffen. Das Ziel aller Erziehung der Massen sollte immer die Stärkung der staatsbürgerlichen (nicht unbedingt der staatstragenden) Tugenden sein.

Deshalb hat Robespierre die fast spontane Herausbildung eines atheistischen ‹Kults der Vernunft› von Anfang an verurteilt. Für ihn durfte die Entchristianisierung niemals so weit gehen, nun jede Form von Transzendenz zu leugnen. Die Art, wie Fanatiker den ‹Kult der Vernunft› dazu benutzten, um durch provozierende Blasphemie die Religiosität der Menschen zu schockieren, mußte sie in die Arme der Katholischen Kirche zurücktreiben. Als während eines solchen Festes in der Kathedrale Notre-Dame in Paris am 10. November 1793, an dem die Abgeordneten des Konvents nur mit großem Widerwillen teilgenommen hatten, die ‹Göttin Vernunft› durch eine Schauspielerin dargestellt wurde, sprach Robespierre verächtlich von einer «Maskerade».[13] Nun legte ein Dekret die Freiheit der Religionsausübung fest, und die Entchristlichung wurde gestoppt.

Robespierre wurzelte wie viele Jakobiner tief im Deismus seines Lehrers Rousseau. Er glaubte an die Existenz Gottes, an die Seele, an ein Leben nach dem Tod. Für ihn mußte die zivile Gesellschaft, die auf Tugend und Moral gründet, eine metaphysische Rechtfertigung haben. In seinen Worten: »Die Idee des Höchsten Wesens und der Unsterblichkeit der Seele ist eine ständige Erinnerung an die Gerechtigkeit; sie ist also sozial und republikanisch.«[14] Im Dekret vom 7. Mai 1794 (= 18. floréal) anerkennt das französische Volk die Existenz des Höchsten Wesens und die Unsterblichkeit der Seele. Hier zeigt sich, wohin der ungetrübte Glaube an ihre legislatorische Allmacht die Jakobiner führen, besser: verführen konnte: als wäre es möglich, solche Glaubenssätze durch Dekret zu verordnen! Verordnet wurden in demselben Dekret vier große republikanische Feste: der 14. Juli (1789: Sturm auf die Bastille), der 1. August (1792: Sturm auf die Tuilerien), der 21. Januar (1793: Hinrichtung Ludwigs XVI.) und der 31. Mai (1793: Aufstand der Pariser Sans-Culotten). All das diente dazu, den *culte civique*, wie er überall praktiziert wurde, zu perfektionieren. Das Dekret richtete sich also sowohl gegen die Katholische Kirche wie gegen einen blinden Atheismus.

Höhepunkt dieser Phase ist das ‹Fest des Höchsten Wesens und der Natur›, das am 8. Juni 1794 in Paris stattfand, nicht zufällig am Pfingstsonntag.[15] Es sollte den neuen Kult eröffnen, eine Art feierliche Premiere. Robespierre, der auf dem Höhepunkt seiner Macht stand, hatte das Fest ganz nach seinem Geschmack organisiert. Er hatte die größten Künstler seiner Zeit engagiert, an der Spitze der berühmte Maler David. Für den prächtigen Umzug, der sich durch unübersehbare Massen seinen Weg von den Tuilerien zum Marsfeld bahnt, haben zwei Komponisten eine bombastische Musik geschrieben. Nun wird das Volk in die Rolle von Statisten oder gaffenden Bewunderern gezwängt. Überhaupt dieser Umzug! Mit vorgeschriebenen Handbewegungen zu bestimmten Zeiten zieht er an Altären und an Bergen ähnelnden künstlichen Erhöhungen voller allegorischer Figuren vorbei. Alles geschieht auf Befehl: Umarmungen, ausgelassene Spiele, Huldigungsopfer an den ‹Schöpfer der Natur›. Eine wichtige dramaturgische Rolle spielt der Gesang von Chören.

Hippolyte Taine hat genüßlich die Absurdität des Spektakels herausgearbeitet, indem er Robespierre, den von ihm am meisten gehaßten Revolutionsführer, angreift:

«Ist er selbst nicht die schönste Zierde dieses Festes? Ist er nicht einstimmig zum Vorsitzenden des Konvents und zum Leiter der Zeremonie erwählt worden? Ist er nicht der Begründer des neuen Gottesdienstes, des einzig reinen Kultus, zu dem die Moral und die Vernunft sich auf Erden bekennen dürfen? In Galatracht – Nankinghosen, kornblumenblauer Rock, dreifarbiger Gürtel, Federbuschhut – schreitet er, einen Ähren- und Blumenstrauß in der Hand tragend, an der Spitze des Konvents dahin, und auf der Anhöhe hält er den Gottesdienst ab. Er zündet die Hülle des Götzenbildes der Gottlosigkeit an und zaubert mittels einer sinnreichen Vorrichtung plötzlich die erhabene Statue der Weisheit hervor. Sodann spricht er; dann spricht er nochmals: Er ermahnt das Publikum, redet Abwesende an, predigt, schwingt seine Seele bildlich zum höchsten Wesen auf, und das alles mit den effektvollen oratorischen Behelfen, mit einer außerordentlichen akademischen Entfaltung von kleinen liturgischen Sätzen, die er in langer Reihe hintereinander folgen läßt, um dem Wortschwall einen größeren Schwung zu geben, und mit gelehrter Abwägung der grammatikalischen Bestandteile jedes Satzes. Seine Perioden – die so gewunden sind, als wären sie anläßlich einer Preisverteilung oder eines Leichenbegängnisses gedrechselt worden – gleichen verwelkten Blumen, die nach der Sakristei oder nach der Schulbank duften. Er atmet diesen Duft selbstgefällig ein und berauscht sich daran. Er ist in diesem Augenblick zweifellos guten Glaubens, er bewundert sich unbedenklich und rückhaltlos, er hält sich nicht nur für einen großen Schriftsteller und Redner, sondern auch für einen großen

Staatsmann und Bürger; sein künstliches, philosophisches Gewissen erteilt ihm nur Lobsprüche.»[16]

Taine stellt Robespierre auf das Podium seines eigenen Festes und demontiert ihn gnadenlos. Er kann sich daran gar nicht genug tun. Das Fest wird zum Anlaß, um Robespierre und der Revolution überhaupt, wie er meint, die Maske, die sie sich gerade bei dieser Gelegenheit anlegen, vom Gesicht zu reißen. Am Schluß des Kapitels heißt es dann: «Hinter der vermeintlichen Herrschaft einer menschenfreundlichen Theorie lauert die Diktatur der schlimmsten und niedrigsten Leidenschaften; an die Stelle der Philanthropie tritt die Grausamkeit, und der Schulfuchs verwandelt sich in einen Henker.»

Aber das hat wenig mit der Wirklichkeit zu tun; sie ist, wie immer, viel prosaischer und widersprüchlicher. Robespierre wollte mit diesem Fest (ähnlich wie La Fayette im Juli 1790) die soziale und emotionale Basis der jakobinischen Terrorherrschaft stärken, was sich nach der Eliminierung der Hébertisten und der Zurückdrängung der *Sansculottes* in der Pariser Kommune geradezu aufdrängte. Auch ihm ging es darum, mit dem Mittel des Festes Einheit und Begeisterung für die Sache der Revolution zu stiften, Volk und Wohlfahrtsausschuß zusammenzuschweißen, um auf diese Weise, über einen neuen ideologischen, quasimetaphysischen Konsens, die ungeheuren Belastungen erträglicher zu machen. Das Fest sollte zum Beispiel davon ablenken, daß es wenig Brot gab. Zum ersten Mal in der Geschichte sollte eine tränenreiche Gegenwart durch eine rein innerweltliche Mystik überhöht werden und damit, im dialektischen Rückschluß, der jakobinischen Herrschaft ihre eigentliche Finalität und Legitimität verleihen. Die zentrale Aufgabe des Festes war es, Massenloyalität zu schaffen. Das konnte nur zu Lasten der Spontaneität geschehen. Diesem ganz auf die Mächtigen zugeschnittenen Fest fehlte folgerichtig jenes subversive Element, das bezeichnenderweise, auch in dieser Phase, immer dann auftauchte, wenn, vornehmlich in der Provinz, teilweise längst verschüttete Formen des karnevalesken Festes zu neuem Leben erwachten. Dann konnte es geschehen, daß, wie Vovelle berichtet,[17] äußerst kämpferisch und aggressiv gegen geltende Verordnungen, ja in fast anarchischer Weise gegen alle Regeln verstoßen wurde: die Maske als Tarnkappe der Revolte und des Aufstands gegen die Terrorherrschaft.

Obwohl auch dieses Fest einen starken Eindruck hinterließ, erwiesen sich die gesellschaftlichen Antagonismen erneut als stärker; die Erfahrung von 1790 wiederholte sich. Zugleich offenbarte es die grundlegende Schwäche Robespierres und seiner Anhänger: ihren Glauben an die Allmacht der Ideen, an die Wirkung ideologischer Indoktrination, an die Möglichkeit, durch die Erziehung der Massen den revolutionären Prozeß weiter vorantreiben zu können. Sie begriffen nicht, daß die sozialen und ökonomischen Bedingungen der Revolution durch Ideen nicht wirklich

zu verändern sind. Mehr noch: Das Fest vertiefte die Spaltung unter den
Jakobinern, die schon mit dem Dekret vom 7. Mai 1794 begonnen
hatte. Diejenigen, die an einer radikalen Entchristianisierung festhielten
und daher das ‹Fest des Höchsten Wesens› für überflüssig und lächerlich
erachteten, wandten sich von Robespierre ab und legten die Grundlagen
einer neuen Koalition im Konvent, die wenig später, am 9. Thermidor,
Robespierre und die wichtigsten Mitglieder des Wohlfahrtsausschusses
stürzte und mit der Wiederkehr der bürgerlichen Notabeln das Ende der
Revolution einläutete. Das Fest, das Robespierre auf die Höhe der Macht
geführt hatte, enthielt zugleich den Keim seines schnellen Niedergangs.

Auf den unmittelbaren revolutionären Prozeß haben die Feste mithin
wenig Einfluß gehabt. Dennoch trugen sie als markanteste Erscheinungsform der ‹revolutionären Ideologie› entscheidend dazu bei, Mentalitäten
langfristig zu verändern. Die krassesten pseudo-religiösen Mißbildungen
verschwanden; ihre eigene Lächerlichkeit tötete sie. Aber in tiefen, oft
unbewußten Schichten ist das revolutionäre Fest unverzichtbarer Teil der
französischen Identität. Bis auf den heutigen Tag wird in der Nacht zum
14. Juli auf vielen Plätzen getanzt und getrunken, wenn möglich unter
freiem Himmel, oft auf Podien, die extra errichtet und mit Girlanden
geschmückt werden. Es gibt so etwas wie eine republikanische Ikonogra-
phie, eine Sprache der Symbole und Zeichen, von der Trikolore bis zur
Kokarde und zur roten Revolutionsmütze, die über die Kämpfe und die
Feste popularisiert wurde. Damit holt man die Ideen und Ideale aus der
Abstraktion in den Alltag; man lebt mit ihnen, mit welchem Ergebnis
auch immer.

Dann scheint es, als sei die Erinnerung an das revolutionäre Fest
jahrzehntelang verschüttet, verschollen. Plötzlich aber ist sie wieder da,
hellwach, sie nimmt neue, aktuelle Formen an. Als die Studenten sich im
Mai 1968 gegen eine verkrustete, als zutiefst ungerecht und autoritär
empfundene Ordnung auflehnten, gab es Massendemonstrationen und
Barrikadenkämpfe. Aber es gab auch das revolutionäre Fest, die Entfes-
selung der Phantasie, die chaotische Geburt neuer Lebensformen, den
Jubel, die Freude über einen Moment besonders intensiv genossener
Freiheit. Wie in der Großen Revolution war auch jetzt der unmittelbare
politische Erfolg mehr als bescheiden. Aber wieder wird eine langfristig
wirkende Veränderung von Einstellungen, Verhaltensweisen, Wertvor-
stellungen in Gang gesetzt, die die massive Reaktion der konservativen
Rechten nicht wirklich aufhalten kann. Das Ganze wiederholte sich Ende
November 1986, nun mit einem eklatanten politischen Erfolg. Hunderttausende von Schülern und Studenten demonstrierten gegen ein Gesetz,
von dem sie befürchteten, daß es ihre Zukunftsperspektiven einschränk-
te. Wieder gestalten sie den Protest als Fest: kühne, humorvolle Sprüche
auf den Transparenten gegen die Regierenden, Tanz und Spiel auf der

Straße, Musik und Gesang – bis die Konfrontation zwischen radikalen Elementen und der mit großer Brutalität vorgehenden Polizei alles in blutigen Ernst verwandelt. Aber das Gesetz wird zurückgezogen. So bewahrheitet sich die These, daß das Wesen eines revolutionären Aktes in der Subversion liegt.

Der Wiener Kongreß

Von Karl Otmar von Aretin

Der Wiener Kongreß 1815. Sitzung der Bevollmächtigten der acht Sieger-mächte des Pariser Vertrags. Kupferstich von Jean Godefroy nach einem Gemälde von Jean Baptiste Isabey, 1819.

Der Wiener Kongreß war noch keine vier Wochen alt, als der über 80 Jahre alte österreichische Feldmarschall Fürst Charles de Ligne ein Bonmot über ihn zum Besten gab, das seither unzählige Male wiederholt zur Charakteristik dieses glanzvollsten Ereignisses der europäischen Geschichte verwendet wird: «Europa ist in Wien. Der Teppich der Politik ist ganz mit Festlichkeiten durchwebt... denn der Kongreß geht nicht vorwärts, sondern er tanzt.»

Dieses Wort, «denn der Kongreß geht nicht vorwärts, sondern er tanzt», war keineswegs unberechtigt, auch wenn es nur einen Teil der Wahrheit wiedergibt. Fürst Ligne relativierte seine Meinung sodann mit folgenden Worten: «Aber endlich wird man doch, Robinson Crusoe zum Trotze, einen allgemeinen, dauerhaften Frieden abschließen. Die Eintracht hat endlich die Völker verbunden, die so lange feindlich waren: ihre berühmtesten Vertreter geben das erste Beispiel dazu. Eine seltsame Sache das, die man hier zum ersten Male sah: die Vergnügungen erringen hier den Frieden.»[1] Der als Robinson Crusoe persiflierte Mann war der nach Elba verbannte Kaiser Napoleon I., dessen Erbschaft auseinander zu dividieren die Kaiser, Könige und Fürsten Europas in Wien zusammengekommen waren.

«Der Kongreß, welcher dort [in Wien] zusammentreten sollte und dessen Eröffnung auf den 1. November anberaumt war, hatte über die wichtigsten Fragen zu verhandeln, welche jemals Europa beschäftigten, so daß der mit Recht berühmte Westfälische Friedenskongreß sich dazu nur wie ein schwaches Schattenbild verhielt. Es handelte sich darum, alles neu zu gestalten, über das Schicksal von Deutschland, Italien und Polen zu entscheiden, feste Grundlagen des politischen Gleichgewichtes für die Zukunft zu gewinnen und ein Handelssystem in seinen Hauptzügen festzustellen.»[2] Graf Montgelas, der dies niederschrieb, war in Wien gar nicht anwesend. Als einer der leitenden Minister der von Napoleon im Rheinbund zu einer Art französischem Satellitensystem zusammengezogenen deutschen Staaten fürchtete er, dort schlecht aufgenommen zu werden. Er besaß nicht die Unverschämtheit Talleyrands, der ungeachtet seiner Vergangenheit als Außenminister Napoleons in Wien in den diplomatischen Verhandlungen den Ton angab.

Wien erlebte von Ende September 1814 bis in den April 1815, als Napoleons Rückkehr von Elba den Kongreß auseinandertrieb, seine glanzvollste Zeit. Ganz Europa war zu Gast, ein Abenteuer, das den österreichischen Kaiserhof 30 Millionen Goldgulden kostete. Auch dafür hatte der Fürst Ligne ein Bonmot: «Sie werden eingestehen müssen», sagte er zu Graf de la Garde, dem wir eine Chronik dieses Ereignisses verdanken, «daß, wenn Österreich sich jemals hat besiegen lassen, an Gastfreundschaft gewiß nicht!»[3] In Wien fanden sich ein: Der Zar Alexander I. von Rußland, König Friedrich Wilhelm III. von Preußen,

Max I. von Bayern, Friedrich I. von Württemberg, ein kolossal dicker
Mann, für dessen Bauch die Tische ausgesägt werden mußten und dem
nicht die vielen schönen Frauen Wiens, sondern die jungen Männer
gefährlich wurden, Friedrich von Dänemark, der ein bezauberndes Wiener Waschermadel zu seiner Geliebten und, wie die Wiener spotteten, zur
‹Königin von Dänemark› machte. Alle Prinzen und Häupter der regierenden Häuser Deutschlands waren zugegen, um auch ihrerseits an
diesem politischen Festspiel teilzunehmen und zu erkunden, auf welche
Weise das hohe Tribunal die Grenzen ihrer kleinen Staaten beschneiden
und benagen würde. Man wäre vor lauter Majestäten, kaiserlichen oder
königlichen Hoheiten durch keine Türe gekommen, hätte man sich nicht
darauf geeinigt, daß das Lebensalter und nicht der Rang den Vortritt
bestimme. So ging der von allen verachtete König Friedrich von Württemberg vor dem jugendlichen Zaren aller Reußen durch die Türe. Die
hohen Herren und Damen, in ihrer Heimat durch ein ausgeklügeltes
Zeremoniell von den übrigen Sterblichen getrennt, gefielen sich in Wien
in einem bürgerlichen Auftreten. Sie genossen es, in Verkleidung und
Masken mit den Komtessen und hübschen Wiener Bürgerstöchtern zu
flirten.

«Das in Wien in der Person seiner Souveräne versammelte Europa, sich
durch das Organ ihrer berühmtesten Ratgeber aussprechend, diese Versammlung von Königen, Ministern, Generalen, die ein Vierteljahrhun-
dert hindurch die Schauspieler des großen Dramas gewesen waren, das
die Welt dargeboten hatte, dies ganze in seiner Art einzige Schauspiel
wies darauf hin, daß man da sei, um sich mit dem Geschicke der
Nationen zu beschäftigen... Niemals sind ohne Zweifel wichtigere und
verwickeltere Fragen inmitten so vieler Festlichkeiten verhandelt worden. Auf einem Balle wurden Königreiche vergrößert oder zerstückelt,
auf einem Diner eine Schadloshaltung bewilligt, eine Verfassung auf der
Jagd entworfen, und bisweilen brachte ein Bonmot, ein glücklicher
Einfall einen Traktat zustande, den zahlreiche Konferenzen und geschäf-
tiger Briefwechsel nur mit Mühe zum Abschluß hätten bringen können.»[4]

Dies war nun leicht übertrieben, denn die Fürstlichkeiten, die sich dem
Rausch der Feste hingaben, entschieden weniger als man glaubt. Das
oberste Gremium der vier leitenden Minister, die Großen Vier genannt,
bestand aus dem Fürsten Metternich und dem Protokollführer Gentz aus
Österreich, dem preußischen Staatskanzler Fürst Hardenberg, der wegen
seiner Schwerhörigkeit Wilhelm von Humboldt an seiner Seite hatte, dem
Engländer Lord Castlereagh und dem Russen Graf Nesselrode. Diese
vier hatten aber, als man sich Ende September traf, noch keinen Plan
zurechtgelegt, wie man die ausstehenden Probleme lösen könnte. Es
waren zwei große Problemkreise: Polen und das Schicksal Deutschlands.

Polen war 1772, 1793 und 1795 unter seine drei Nachbarn Rußland, Österreich und Preußen aufgeteilt worden. 1814 beanspruchte Zar Alexander ganz Polen für sich. Preußen sollte für seine polnischen Gebiete mit Sachsen entschädigt werden. Das war ein altes Eroberungsziel Friedrichs des Großen gewesen, der, um Sachsen zu erobern, den Siebenjährigen Krieg ausgelöst hatte. Von Deutschland hieß es im Pariser Frieden, daß es einen Bund souveräner Staaten bilden sollte. Die neuen Grenzen der deutschen Bundesstaaten sollten von den vier Mächten festgelegt werden. Die schlechte Vorbereitung rächte sich sofort. Der Kongreß sollte Anfang Oktober eröffnet werden. Da aber nicht klar war, welche Gremien über was entscheiden sollten, und keine Kongreßordnung existierte, kam es gleich zu Beginn zu ärgerlichen Szenen. Preußen, Hannover und Österreich hatten für einen deutschen Bund eine Verfassung von zwölf Artikeln ausgearbeitet, die den beiden deutschen Großmächten die Herrschaft über Deutschland sichern sollte. Dieser Entwurf war von Bayern und Württemberg geheimgehalten worden. Als Metternich dem bayerischen Vertreter Feldmarschall Fürst Wrede und den Württembergern Graf Wintzingerode und Baron Linden im Oktober den Entwurf mit der Bemerkung vorlegte, daran könnten nur noch Kleinigkeiten geändert werden, kam es zum Krach. Wrede und Wintzingerode erklärten den Plan für unannehmbar und ließen Metternich, Hardenberg und den Vertreter des Königreichs Hannover, Graf Münster, ratlos zurück. Der eigentliche Ärger aber begann im Kreis der vier Vertreter der großen Mächte England, Österreich, Preußen und Rußland, die gemeinsam den Sieg über Napoleon erfochten hatten. Auch hier erweiterte man den Kreis, indem man am 30. September Talleyrand und den Spanier Marquis von Labrador auf den 1. Oktober einlud. Talleyrand erschien als einer der ersten und ließ sich, ohne dazu aufgefordert zu sein, neben Metternich nieder, der das Präsidium innehatte.

Metternich übergab Talleyrand eine Zusammenfassung der Beratungen der vier Großen und bat ihn, das dort Festgelegte zu billigen. Über den weiteren Verlauf der Sitzung berichtete Talleyrand seinem König, Ludwig XVIII. von Frankreich: «Ich fühlte die Notwendigkeit, das Ganze durch ein unumstößliches Argument zu widerlegen. Ich las einige Paragraphen und sagte: ‹Das verstehe ich nicht.› Mit der Miene eines Mannes, der bestrebt ist, den Sinn einer Sache zu ergründen, las ich diese Paragraphen nochmals in aller Ruhe durch, erklärte, daß ich sie auch das zweite Mal nicht besser verstünde und fügte hinzu: ‹Für mich gibt es zwei Daten, zwischen denen sich nichts ereignet hat: der 30. Mai, an dem die Einberufung eines Kongresses beschlossen wurde, und der 1. Oktober, an dem er sich versammeln soll. Alles, was sich inzwischen ereignet hat, ist mir fremd und existiert nicht für mich!› Entmutigt legte Metternich das Protokoll beiseite, und Gentz zerriß die übrigen.»⁵ Als die Vier Talleyrand dazu bringen wollten, sich den Mehrheitsbeschlüssen der Vier zu beugen, wurde es ihm zu bunt. Mit leiser, von Hohn triefender Stimme entgegnete er: «Wir befinden uns hier, um das Recht jedes einzelnen zu gewährleisten, und es wäre über alle Maßen beklagenswert, wenn wir mit einem Rechtsbruch anfangen würden; die Absicht, alles noch vor dem Zusammentreten des Kongresses zu regeln, ist mir neu. Man schlägt uns vor, mit dem abzuschließen, was ich für den richtigen Anfang hielt. Die den sechs Mächten zugedachten Befugnisse könnte ihnen allenfalls nur der Kongreß übertragen.»

Das war der wunde Punkt. Wenn schon ein Kongreß zusammentrat, dann mußte das Gremium der Kongreßteilnehmer die Vier beauftragen. Sonst hätte man sich den Kongreß sparen können. Die erste Sitzung endete in Ratlosigkeit. Man vertagte sich auf den 3. Oktober und verschob die Eröffnung des Kongresses auf Anfang November. Kleinlaut schrieb der Protokollführer Gentz in sein Tagebuch: «Das Dazwischentreten dieser zwei Persönlichkeiten hat unsere Pläne fürchterlich verwirrt und in Stücke gerissen. Sie haben gegen die von uns gewählte Form protestiert und uns zwei Stunden lang heruntergekanzelt. Es war eine Szene, die ich nie vergessen werde... Der Fürst [Metternich] fühlt wie ich das Verwirrende und sogar Fürchterliche unserer Lage.» Ein anderer Beobachter der Szene meinte: «Talleyrand ist der einzige, der gegenwärtig vernünftig spricht, und das Evangelium, möge es auch der Teufel predigen, bleibt Evangelium, und dies ist auch hier der Fall. Er verlangt nichts für Frankreich; er will nur Gerechtigkeit, Mäßigung, Ruhe auf den geheiligten Grundlagen von Recht und Vernunft.»

Es kam noch schlimmer. Am 1. Oktober verschickte Talleyrand eine Note, in der er darauf bestand, daß Polen und Sachsen als selbständige Staaten erhalten bleiben sollten. Metternich und Castlereagh, denen das Vordringen Rußlands an die Westgrenze Polens ebenso unheimlich war wie die Auslieferung Sachsens an Preußen, wurden nun unsicher und begannen, sich Talleyrand zu nähern. Kein Wunder, daß der Russe Nesselrode und der Preuße Humboldt unruhig wurden. Waren damit doch ihre Ziele in Gefahr. Talleyrand genoß das Schauspiel und berichtete seinem Herrn von der Sitzung des 3. Oktober:

«Eure Majestät! Die durch meine Note vom 1. Oktober unangenehm berührten Minister der vier Höfe haben keinerlei Argumente geltend machen können, um sie zu widerlegen, und sind nun entschlossen, darüber erbost zu sein. Diese Note, sagte Herr von Humboldt, ist eine zwischen uns geschleuderte Brandfackel; man will Zwietracht zwischen uns säen, meinte Graf Nesselrode. Dies wird nicht gelingen. Aber damit gab er ziemlich offen zu, was nicht schwer zu erraten war: daß sie unter einander eine Liga hatten bilden wollen, um sich zu Herrn über alles und zu Schiedsrichtern Europas zu machen. Lord Castlereagh erklärte mir etwas gemäßigter und in sanfterem Ton, daß es in ihrer Absicht lag, die Konferenz, zu der sie uns, Marquis von Labrador und mich, berufen hatten, ganz vertraulich zu gestalten. Ich hätte der Zusammenkunft durch die Überreichung einer Note, besonders durch offizielle, diesen Charakter genommen. Ich antwortete, daß dies ihre und nicht meine Schuld ist: sie hatten mich um meine Meinung gefragt, die ich ihnen mitteilen mußte. Daß ich meine Ansicht schriftlich mit meiner Unterschrift versehen abgab, kommt daher, daß ich gesehen hatte, wie sie in ihren Konferenzen schrieben und unterzeichneten, so daß ich glauben mußte, ich müßte auch schreiben und unterfertigen.»⁶

Graf Gagern gegenüber meinte Talleyrand: «Die Unvernunft ist in Unruhe versetzt worden. Alles wurde mit größtem Leichtsinn angepackt. Man ist auf keine einzige Frage vorbereitet und vergißt, daß wir nicht mehr in Chaumont sind.» Chaumont, das war der Ort, an dem sich die Alliierten verabredeten, nicht eher zu ruhen, bis Napoleon gestürzt sei.

Nun wurde es Metternich mit der Eröffnung des Kongresses unheimlich. Talleyrand berichtet:

«Graf Nesselrode bemerkte, ohne viel darüber nachgedacht zu haben, Kaiser Alexander wolle am 25. Oktober abreisen, was mich veranlaßte, ihm gleichgültig zu antworten: ‹Das ist mir recht angenehm, denn er wird den Abschluß der Verhandlungen versäumen.› ‹Aber wie wollen Sie den Kongreß versammeln›, fragte Metternich, ‹da nichts von dem, womit er sich zu befassen haben wird, vorbereitet ist?› ‹Wohlan›, antwortete ich, ‹damit Sie sehen, daß ich nicht aus vorgefaßter Meinung Schwierigkeiten machen will, und ich bereit bin, mich mit allem abzufinden, was sich mit den Prinzipien, von welchen ich nicht abweichen kann, vereinbaren läßt, nachdem weiters noch nichts für die Eröffnung des Kongresses fertiggestellt ist, und da Sie diese verschieben wollen, so möge er um vierzehn Tage oder drei Wochen später zusammentreten. Ich willige ein, aber unter zwei Bedingungen: erstens, daß Sie ihn jetzt schon an einem festgesetzten Tag einberufen; zweitens, daß Sie in der Einberufungsnote die Voraussetzungen festlegen, unter denen man zugelassen wird›.»⁷

Die Voraussetzung, die Talleyrand meinte, hieß, den Grundsatz des Völkerrechts einführen.

Am 8. Oktober ließ Talleyrand sein Programm aus dem Sack.

«Ich werde ebensowenig zugeben, daß Rußland die Weichsel überschreitet und in Europa 44 Millionen Untertanen und seine Grenzen an der Oder hat. Aber wenn Luxemburg zu Holland, Mainz zu Bayern kommt, wenn der König von Sachsen und sein Königreich erhalten bleiben, Rußland die Weichsel nicht überschreitet, so werde ich keine Einwände in diesem Teil Europas haben.» Jetzt ergriff Metternich Talleyrands Hand und sagte: «Wir sind viel weniger verschiedener Ansicht, als Sie es denken; ich verspreche Ihnen, daß Preußen weder Luxemburg noch Mainz bekommen wird; wir halten nicht weniger als Sie darauf, daß Rußland sich nicht übermäßig vergrößert. Und was Sachsen anbelangt, werden wir, soweit es in unserer Macht liegt, alles tun, um wenigstens einen Teil davon zu retten.»[8]

Es dauerte einige Zeit, bis der schwerhörige Hardenberg die Lage begriffen hatte, dann aber lief ihm die Galle über. «Bei diesen Worten entstand ein Tumult, von dem man sich schwer einen Begriff machen kann. Fürst Hardenberg, sich erhebend, die Fäuste auf den Tisch gestützt, fast drohend, schreiend wie alle, die mit demselben Gebrechen wie er behaftet sind, brachte nur stoßweise die Worte hervor: ‹Nein, mein Herr! Das Völkerrecht? Das ist nicht notwendig! Warum sollten wir nicht nach dem Völkerrecht handeln? Das ist selbstverständlich.› Ich antwortete ihm, daß wenn dies selbstverständlich ist, man um so besser fahren würde, es auszusprechen. Herr von Humboldt schrie: ‹Was hat hier das Völkerrecht zu tun?› Worauf ich ihm antwortete: ‹Es bewirkt, daß Sie sich hier befinden!› … Inzwischen hatte sich Herr von Gentz [sic] dem Fürsten Metternich genähert und ihm vorgestellt, man könne sich nicht weigern, in einem solchen Dokument vom Völkerrecht zu sprechen. Fürst Metternich, der darüber abstimmen lassen wollte, verriet durch diesen Antrag, welchen Gebrauch sie [die Vier] von den Machtbefugnissen gemacht hätten, wenn ihr erster Plan durchgedrungen wäre. Schließlich willigte man in die Aufnahme des von mir Verlangten ein.»[9]

Am 3. November wurde der Kongreß in einer wenig feierlichen Form eröffnet. Inzwischen hatte der Kongreß unabhängig von der politischen Lage angefangen, sich zu amüsieren. Von dem Streit drang wenig nach außen, auch wenn Metternich vom Zaren stürmische Auftritte erlebte. Alexander fing an, den österreichischen Staatskanzler mit seinem Haß zu verfolgen, was so weit ging, daß er ihm sogar die Geliebte, die Herzogin Wilhelmine von Sagan, ausspannte. Auch die deutschen Verhandlungen kamen ins Stocken. Eine Fülle von Festen, Truppenrevuen, Maskenbällen und Schlittenfahrten beschäftigte die anwesenden Fürstlichkeiten, so daß die eigentlichen Aufgaben in den Hintergrund traten. Als man Metternich das Wort des Fürsten Ligne hinterbrachte, der Kongreß käme nicht vorwärts, er tanze, meinte er in Anspielung auf die Kaiser, Könige und Fürsten: «Der Kongreß tanzt, damit wir arbeiten konnen!» Der Fürstin Bagration gegenüber, einer leichtlebigen, von Metternich und dem Zaren gleich reflektierten Dame, entfuhr Metternich ein Zugeständnis, als sie ihm sagte: «Mein lieber Fürst, Sie werden doch zugeben, daß Sie es in diesen vielen Wochen, die der Kongreß jetzt dauert, nicht vermocht haben, Europa eine Ordnung zu geben, die sich mit dem vergleichen ließe, was Napoleon geschaffen hat.» Metternich meinte resigniert: «Ich hätte ihn ja nicht abgesetzt. Aber man konnte mit ihm ja nicht mehr reden.» Tatsächlich wurden die Festlichkeiten immer wichtiger, da man in den politischen Fragen nicht weiterkam. Vielleicht wäre der Kongreß sogar ohne die Feste auseinandergelaufen. In den Hofbällen, Redouten, militärischen Schaustellungen und anderen Vergnügungen ließ man sich auch nicht durch den Tod der Königin Caroline von Neapel am 3. September 1814 stören, einer Tochter Maria Theresias. Man verschwieg ihn einfach. Eine Hoftrauer hätte alles noch schwieriger gemacht. Die Liste der Festlichkeiten liest sich wie eine einzige Abfolge von Vergnügungen. Man muß es dem Wiener Hof und dem österreichischen Adel lassen: man war recht erfinderisch. War schon der Einzug der Monarchen in die Stadt ein farbenprächtiges Schauspiel, so ging es dann fast jeden Tag mit Unterhaltungen aller Art weiter. Am 2. Oktober veranstaltete die österreichische Armee das große militärische Friedensfest.

«Mehrere Bataillone Infanterie, Kavallerieregimenter, unter anderen auch das Ulanenregiment Schwarzenberg und die Kürassiere des Großfürsten Konstantin waren auf einem ungeheuren Rasenplatz versammelt. All diese Truppen waren in der glänzendsten Haltung. Die Souveräne kamen zu Pferde an. Die Truppen formierten ein doppeltes Karree. Im Zentrum desselben war ein großes Zelt oder vielmehr ein Tempel errichtet zu Ehren des allgemeinen Friedens. Die Säulen, auf denen er ruhte, waren mit Trophäen von Waffen und Standarten geschmückt, die in den Lüften flatterten. Rings herum war die Erde ganz mit Blumen bestreut. In der Mitte des Zeltes stand ein Altar, der mit reichen Draperien und mit allem Pomp des katholischen Kultus von Gold und Silber reich geschmückt war. Im Augenblick der Konsekration begrüßte eine Artilleriesalve die Gegenwart des Gottes der Schlachten. Und zu gleicher Zeit fielen wie auf einen Wink alle diese Krieger, Prinzen, Könige, Generale, Soldaten aufs Knie und beugten sich vor dem, der in seiner Hand den Sieg und die Niederlage hält. Ein gleiches Gefühl schien sich der zuschauenden Menge mitzuteilen, alle entblößten freiwillig ihr Haupt und knieten im Staube. Die Kanonen sind still, dem mächtigen Donner des Erzes folgt ein frommes Schweigen. Endlich erhebt der Priester des Herrn das Zeichen der Erlösung und wendet sich gegen die Armee zum allgemeinen Segen. Der Gottesdienst ist beendet: die gebeugten Gestalten richteten sich wieder auf, und das Geräusch der Waffen erfüllt wieder die Luft. Da stimmt ein Chor von Sängern in deutscher Sprache die Friedenshymne an, die ein zahlreiches Orchester von Blasinstrumenten begleitet: die Armee und der ganze Haufen der Umstehenden stimmt mit ein in den Gesang. Nein, niemals hat das menschliche Ohr etwas Ergreifenderes gehört, als diese Tausende von Stimmen, die sich vereinigten, um die Wohltat des Friedens und den Ruhm des Allmächtigen zu preisen.»[10]

Unter allen Festen des österreichischen Hofes waren die glänzendsten
ohne Widerspruch die großen Redouten, die in der Burg stattfanden.
«Zu dem großen Redoutensaale hatte man zwei kleinere Säle, durch
eine Galerie nebeneinander verbunden, hinzugenommen; der kleine Re-
doutensaal war gleichfalls offen; ferner war die kaiserliche Reitbahn,
welche ein Meisterstück der Baukunst ist, für die Tänze eingerichtet
worden. Es wäre ein nutzloses unmögliches Bestreben, alle Einzelheiten
der inneren Ausschmückung aufzuzählen. Erstlich bedeckte eine Menge
von Blumen und seltenen Gewächsen alle Treppen und Galerien, eine
Orangenallee führt zu dem Hauptsaale; ungeheuere Kandelaber mit
Wachskerzen zwischen die Kübel der Bäume gestellt, und Kronleuchter
mit Tausenden von glänzenden Kristallstücken verbreiteten ein phantastisches Licht durch das Gezweige der schönen Bäume und ließen die
Blüten hervortreten, mit denen sie besät waren... In dem Gebäude der
Reitbahn war eine Estrade für die Monarchen eingerichtet, mit Trophäen
und Standarten geziert und wie der große Saal mit einer Tapete von
weißer Seide und silbernen Fransen drapiert. Welch unerhörte Verschie-
denheit der Uniformen! Welche Menge von Orden und Dekorationen!
Aber vor allem, welche Vereinigung von schönen Frauen! Wenn Europa
in diesem Augenblicke in Wien durch Berühmtheiten aller Art vertreten
war, so war die Schönheit gewiß dabei nicht vergessen. Niemals zählte
eine Stadt in ihren Mauern so viele bemerkenswerte Damen als Österreichs Hauptstadt während der sechs Monate des Kongresses.

Eine Fanfare von Trompeten ließ sich hören: die Souveräne traten ein,
die Kaiserinnen, Königinnen, Erzherzoginnen führend. Nachdem sie
unter allgemeinem Zurufe durch alle Säle gegangen waren, begaben sie
sich in den der Reitbahn und nahmen auf der Estrade Platz.»[11]

Die Woche verging auf folgende Art: «Ununterbrochen folgten Feste
auf Feste, es schien, als halte man jeden Augenblick für verloren, den
man nicht dem Vergnügen weihe. Alle acht Tage war großer Empfang
und Ball bei Hof. Dem Impulse gehorchend, der von oben herab gegeben
wurde, hatten die Familien der höchsten österreichischen Gesellschaft
gleichfalls ihre bestimmten Tage, wo sie in ihren Salons die Tausende von
Fremden empfingen, welche Geschäfte oder noch mehr die Vergnügungen nach Wien gezogen hatten. Montags versammelte man sich bei der
Fürstin Metternich, donnerstags beim Herrn von Trautmannsdorf, dem
Oberstallmeister; sonnabends bei der schönen Gräfin Zichy. Um auch
ihrerseits für diese anmutige Gastlichkeit sich dankbar zu bezeigen,
entsprachen alle Ambassadeurs und Bevollmächtigte durch Feste dem
glänzenden Empfang, der ihnen selbst zuteil wurde: vermöge dieses
fortwährenden Austausches flossen die Tage dahin, ohne daß man sie
zählte, und jedermann schien die Maxime angenommen zu haben:
Glücklich zu sein ist das erste Bedürfnis des Menschen.»[12]

Die Zeit verging, der Winter kam. Die politischen Probleme blieben ungelöst. Auch die Fürstlichkeiten nahmen bei allem Glanz, den sie entfalteten, mehr und mehr bürgerliche Formen an. In der Politik, das wurde in Wien ganz deutlich, hatten sie ohnehin nicht mehr allzu viel zu sagen. Das bürgerliche Zeitalter war angebrochen. Fürst Ligne spöttelte: «Die Minister streiten und die hohen Herren amüsieren sich.» Trotz Schlittenpartien, Reiterkarussellen und vielen Liebesgeschichten, über die sich die prüde Wiener Geheimpolizei, die über alles Bescheid wußte, entsetzlich erregte, kam auch Langeweile auf. Es war Fürst Ligne, der diese Langeweile auf seine Art unterbrach. Anfang Dezember notierte er: «Der Wiener Kongreß hat inzwischen alle erdenklichen Festlichkeiten ausgekostet. Welches Schauspiel könnte ich ihm bieten, um aus der Langeweile herauszuhelfen. Das Begräbnis eines Feldmarschalls.» Das Entgegenkommen des österreichischen Adels kannte wirklich keine Grenzen! Am 15. Dezember starb Fürst Ligne, und Wien erlebte das pomphafte Leichenbegängnis eines Feldmarschalls.

Die Fürstlichkeiten, von den politischen Beratungen so gut wie ausgeschlossen, entdeckten ein neues Spiel: Sie verliehen sich die höchsten Orden. Der englische Hosenbandorden, das habsburgische Goldene Vlies, der preußische Schwarze Adler und das russische St. Andreas-Kreuz zierten bald Hals oder Brust oder, wie im englischen Fall, den Oberschenkel des Monarchen. Nicht nur Orden, auch Regimenter erhielten neue fürstliche Inhaber. Der arme Präsident des Hofkriegsrates Graf Harrach erlebte den Schock seines Lebens, als sich im ungewissen Licht eines Wintermorgens ein Oberst in österreichischer Uniform meldete, bei dem er erst auf den zweiten Blick erkannte, daß es sich um den russischen Zaren handelte.

Sylvester 1814 wurde mit einem Ball in der Hofburg gefeiert. Die Polonaise hatte begonnen, der Zar führte die Gräfin Parr, als es von allen Türmen Mitternacht schlug. Die Gräfin blieb stehen, wandte sich gegen den Kaiser und sprach: «Wie glücklich bin ich, Sire, als die Erste, einem so großen Monarchen Wünsche für das neue Jahr darzubringen. Erlauben mir Eure Majestät, die Fürsprecherin ganz Europas für die Aufrechterhaltung des allgemeinen Friedens und der Einigkeit aller Völker sein zu dürfen.»[13] Mit dieser Einigkeit war es allerdings zu diesem Zeitpunkt nicht mehr weit her. Rußland und Preußen hatten ihre Forderungen so auf die Spitze getrieben, daß sich am 3. Januar 1815 gegen sie ein Bündnis aus Österreich, England, Frankreich, Bayern und Hannover bildete, das mit Krieg drohte, wenn Preußen seine Forderung auf ganz Sachsen und Rußland die auf ganz Polen nicht fallenließen. Talleyrand triumphierte! «Die Koalition ist aufgelöst! Sie ist es für immer! Frankreich ist in Europa nicht mehr isoliert.» Die feste Haltung im Rat der Vier, die sich weder die Drohungen des Russen Nesselrode noch das anmaßende Auftreten des

Preußen Hardenberg weiter gefallen ließen, brachte den Zaren zum Einlenken. Friedrich Wilhelm III. war auf Talleyrand fuchsteufelswild. Er fauchte ihn an: «Wie können Sie sich für den König von Sachsen einsetzen! Er ist ein Verräter.» Mit spöttischem Lächeln auf ein früheres preußisch-sächsisches Bündnis anspielend erwiderte Talleyrand: «Ich fürchte, Majestät, das ist eine Frage des Datums.»[14] Die Lösung des Problems rückte nun näher. Zar Alexander ließ Preußen im Stich, das sich schließlich mit dem nördlichen Teil Sachsens begnügen mußte. Friedrich August von Sachsen erhielt ein verkleinertes Land zurück, behielt aber seinen Königstitel.

Die vielen Anwesenden, Minister, Agenten und Neugierige, bekamen davon nur unvollkommen Kenntnis. Allenfalls soviel wußte man, daß die eine große Frage, das polnisch-sächsische Problem, gelöst war. Der Karneval brachte noch einmal einen Aufschwung des Vergnügens. «Mit den ersten Sonnenstrahlen, welche der Monat Februar uns wieder schenkte, kehrte auch der Schwarm von müßigen Köpfen und Neuigkeitskrämern auf den Graben zurück, von wo ihn die Kälte und der Schnee so lange verbannt hatten. Dazu nehme man, daß der Carneval eine unendliche Menge neu angekommener Fremden, zahlreicher vielleicht, als in den ersten Tagen des Congresses, nach Wien zog, und noch immer wird man sich schwerlich eine Idee von dem Gedränge der Neugierigen machen, welche die öffentlichen Plätze, Wälle und Promenaden bedeckten. Schauspiele, Maskenbälle und Feste aller Art folgten sich rascher denn je. Als wäre das ganze Europa bestimmt gewesen, zu Wien in einem beständigen Freudentaumel zu leben, wurde nach dem so oft angekündigten und immer wieder hinausgeschobenen Ende des Congresses nicht mehr gefragt.»[15]

Trotzdem, man fing an, sich zu langweilen. Immer dieselben Gesichter! Auch die Liebesgeschichten erkalteten. «Einer ist des anderen überdrüssig. Alles hofft, daß der Kongreß zu Ende geht, nachdem die sächsische Angelegenheit erledigt ist.» Auch die Wiener wurden ungeduldig. Insbesondere Zar Alexander, der allzu unbekümmert seinen Liebeshändeln nachging und von dem man wußte, daß er seine in Wien anwesende Gemahlin, eine Prinzessin von Baden, schlecht behandelte, hatte die anfänglichen Sympathien verspielt. Er wurde bei nächtlichen Streifzügen mehrfach von empörten Bürgern angepöbelt. Kein Wunder, daß auch er, der ausdauerndste Tänzer, allmählich genug bekam. Er drängte nach Hause. Seine Equipagen wurden auf Anfang April bestellt.

Die großen Vier – seit Januar war Talleyrand wieder dabei – kamen nun vorwärts. Die Grenzen der deutschen und italienischen Staaten wurden neu festgelegt. Dabei achtete man peinlich darauf, daß jeder so viele ‹Seelen› (Einwohner) erhielt, wie ihm zustanden. Nur Dänemark, das auch nichts verloren hatte, ging leer aus. Als König Friedrich im März

Wien verließ, tröstete ihn der Zar: «Sie nehmen alle Herzen mit sich!» Der enttäuschte König antwortete: «Die Herzen vielleicht, aber keine einzige Seele.»

Auch des Tanzens war man müde geworden. Man fing an, Theaterstücke und andere Spiele aufzuführen. «Der Tanz ist langweilig und verändert wie ganz Wien. Sonst schwebte alles im Taumel des Walzers bunt durcheinander, und man erholte sich nur an Quadrillen und Ecossaisen; jetzt fast nichts als Polonaisen, die von alten Damen mit den großen Herren durch die Reihen der Zimmer getanzt werden.»

Da schlug am 6. März eine Nachricht wie der Blitz ein: Napoleon hat die Insel Elba verlassen! Noch tröstete man sich, er werde nach Italien gehen. Talleyrand hielt das Ganze für eine österreichische Intrige. Alexander, der in Paris Napoleon aus eigener Machtvollkommenheit nach Elba verbannt hatte, kam in große Schwierigkeiten. Nach fünf Tagen war klar: Napoleon war in Frankreich gelandet, und ganz Frankreich lag ihm zu Füßen! «Man war eben auf dem Balle bei Herrn von Metternich, als man Napoleons Landung zu Cannes und seine ersten Erfolge vernahm... Die Tausende von Wachslichtern schienen plötzlich gelöscht. Die Kunde verbreitete sich mit der Schnelligkeit eines elektrischen Funkens; der Walzer wird unterbrochen; vergebens spielt das Orchester weiter; man blickt sich an; man befragt sich; die vier Worte: ‹Er ist in Frankreich!› sind der Schild Ubalds, welcher, sobald ihn Reinhardt erblickt, in einem Augenblicke alle Zaubereien Armidens zerstört. Der Kaiser nähert sich dem Fürsten von Talleyrand: ‹Ich habe Ihnen wohl gesagt, daß dies von keiner Dauer sein würde.› Der französische Gesandte ändert keine Miene und verneigt sich, ohne zu antworten. Der König von Preußen winkt dem Herzog von Wellington; beide verlassen den Ballsaal. Gleich darauf folgen ihnen der Kaiser Alexander, der Kaiser Franz und Herr von Metternich. Der größte Teil der Gäste entfernt sich allmählich. Nur wenige ängstlich plaudernde Gruppen bleiben in den Salons zurück.»[16] In dem sich leerenden Saal stand fassungslos die Gräfin Zichy und rief: «Was wird jetzt mit dem Kalifen von Bagdad?» Sie meinte die Oper. Wie de la Garde berichtet, ging auch das noch über die Bühne.

«‹Der Congreß ist aufgelöst›, hatte Napoleon gesagt, als er zu Cannes den französischen Boden berührte. Indes gab noch am elften März inmitten des allgemeinen Schreckens eine Liebhaber-Truppe im Redoutensaale den Kalifen von Bagdad. Es hatten sich zu dieser Vorstellung mehr Zuschauer eingefunden, als man hätte vermuten sollen. Aber es war der letzte Schimmer einer erlöschenden Lampe, der letzte verhallende Ton eines schweigenden Instruments. Das Vergnügen ist entflohen; – ‹der Congreß ist aufgelöst›.»

Aber er war noch nicht zu Ende. Während die Militärs zu den Armeen eilten, arbeiteten die Minister fieberhaft an der Lösung der Probleme.

Auf Befehl des Kaisers von Österreich wurden die Hoffeste sofort nach
dem Eintreffen der Nachricht von Elba eingestellt, ein Beispiel, dem
Adel und Diplomatie mit Freuden nachkamen. In fieberhafter Eile
wurden die noch anstehenden Probleme in zum Teil recht zähen Verhandlungen gelöst. Immer wieder mußte der feierliche Akt der Unterzeichnung der alles zusammenfassenden Schlußakte verschoben werden.
Die Souveräne waren alle am 30. Mai abgereist, als immer noch verhandelt und an der 121 Artikel umfassenden Schlußakte herumgefeilt wurde.
     «Die Eilfertigkeit, mit der dies alles in Szene gesetzt wurde, ist von
Labrador, der seine Kollegen alles blindlings paraphieren sah, nicht ohne
Grund bemängelt worden. Wie sehr die einzelnen Artikel hin- und
hergeschoben wurden, ehe sie in die endgültige Reihenfolge gebracht
waren, das ist dem paraphierten Exemplar der Wiener Schlußakte deutlich zu entnehmen. Die Ordnungszahlen sind von Artikel 17 bis 120
radiert und mit Tinte nachgetragen, zuweilen auch mit Bleistiftziffern
versehen.»[17] «Die Reinschreiber der Kongreßkanzleien stritten um das
paraphierte Vertragskonzept, nach dem sich Tag für Tag sechsundzwan-
zig Hände ausstreckten. Clancarty wich nicht aus den Schreibstuben und
spornte deren Insassen zu außerordentlichen Leistungen an; die preußischen Sekretäre wollte er von sechs Uhr früh bis Mitternacht an der
Arbeit sehen. Humboldt saß in seine Kongreßpapiere vergraben, eine
ungeheure Masse, die er nun zu ordnen und einzupacken hatte... Die
Spuren des vorerwähnten Schreiberkrieges trägt das österreichische
Exemplar deutlich an sich. Die Schrift ist flüchtig, es finden sich Rasuren
und Durchstreichungen» – auch solche mit Bleistift – «vor, und selbst das
Schreibpapier ist von verschiedener Sorte und Farbe». Schließlich wurde
am 19. Juni 1815 die im wahrsten Sinn des Wortes zusammengeschusterte
Akte fertig und von 17 Delegierten unterschrieben und besiegelt.
     Der Feldzug gegen Napoleon war mit der Schlacht von Waterloo am
6. Juni 1815 entschieden. Seit dem 7. Juli befanden sich Kaiser Franz, der
Zar und Friedrich Wilhelm III. wieder in Paris. Napoleon wurde als
General Bonaparte nach der fernen Insel St. Helena verbannt. Von ihm
hatte man endgültig genug. Da erschreckte der Zar wenige Tage vor dem
allgemeinen Aufbruch seine Verbündeten mit der Idee der ‹Heiligen
Allianz›.[18] In dem Papier des Zaren war von dem göttlichen Willen die
Rede, der künftig die Fürsten, Völker und Armeen der drei Verbündeten
Rußland, Österreich und Preußen vereinen und in ihrer Haltung bestim-
men werde. Für den trockenen Kaiser Franz stand nach der Lektüre des
Textes endgültig fest, daß der Zar nicht ganz richtig im Kopf war. Er gab
das Elaborat an Metternich weiter, der diesen Eindruck weltmännisch,
wie er war, in Worte kleidete:
     «Die hier in ein religiöses Gewand eingekleideten philanthropischen
Aspirationen des Zaren, welche nicht den Stoff zu einem zwischen den

Monarchen abzuschließenden Vertrag darbieten und manche Sätze enthalten, die selbst zu religiösen Mißdeutungen Anlaß geben könnten, bedürfen, um Wirklichkeit zu werden, der Überarbeitung.» Der Überzeugung war auch Friedrich Wilhelm III. Für die zwei deutschen Monarchen war mit diesem Vorschlag die Grenze des Erträglichen überschritten. Dreimal hatte sich der Zar bereits durchsetzen können. Er hatte Napoleon nach Elba verbannt, hatte Ludwig XVIII. bestimmt, Frankreich eine den Geist der Revolution atmende, schriftlich fixierte Verfassung zu geben und hatte im Mai 1815 eine ebensolche für das Königreich Polen gegeben. Jetzt war es genug! Metternich besaß nach genauer Lektüre die Kühnheit, die Ausarbeitung des Zaren ein «lauttönendes Nichts» zu nennen. Mit Eifer machte er sich an die Überarbeitung. «Die verhältnismäßig wenigen Korrekturen Metternichs biegen den ganzen Sinn dieser Einleitung außerordentlich geschickt um und verkehren ihn förmlich in sein Gegenteil»: Aus der Idee, daß alle Völker sich als Brüder betrachten sollten und ihre Armeen bestimmt seien, die Religion, den Frieden und die Gerechtigkeit zu schützen, wird bei Metternich ein Vertrag der drei Fürsten. Hatte Alexander davon gesprochen, daß sich die brüderlich verbunden fühlenden Untertanen der drei vertragsschließenden Parteien, bei jeder Gelegenheit und überall, Beistand leisten sollten, so wurde daraus bei Metternich eine Verpflichtung der Fürsten, sich untereinander in jedem Fall und auf jede Weise Hilfe und Beistand zu leisten. Was bei Alexander ein Manifest an die Völker war, sich ihrer Selbstverantwortung zu besinnen, wurde bei Metternich eine Stiftung zur Niederhaltung der Volksrechte und zur Verteidigung der absolutistischen Staatsform.

Zar Alexander bemerkte in der allgemeinen Aufbruchsstimmung diese Veränderungen nicht. Bei der Unterzeichnung der ‹Heiligen Allianz› am 26. September 1815 umarmte er unter Tränen Metternich und versicherte, dieser habe durch die Straffung seines Textes alles in völliger Klarheit ausgedrückt. Kaiser Franz und sein Staatskanzler waren danach endgültig überzeugt, daß der Zar aller Reußen ‹nicht ganz richtig im Oberstübchen› war. Spanier, Deutsche und Italiener erlebten in den folgenden Jahrzehnten, wie sich die Monarchen im Geist der veränderten ‹Heiligen Allianz› gegen alle Strömungen zusammenschlossen, die den Völkern Selbstverantwortung und Freiheit bringen wollten. Das metternichsche System der Unterdrückung und Bespitzelung aller freiheitlichen Tendenzen hatte begonnen. Die in Wien gefundene Ordnung hielt allerdings länger als viele andere Friedensabschlüsse. Aber sie begrub die Hoffnung vieler, die mit großen Erwartungen nach Wien geeilt waren.

Politische Walpurgisnacht

Das Hambacher Fest von 1832

Von Johannes Willms

Zug auf das Schloß Hambach am 27t. May 1832.

Der Zug auf Schloß Hambach an der Weinstraße am 27. Mai 1832.

In der Tradition nationaler und liberaler Bestrebungen, die der Geschichte der Deutschen im 19. Jahrhundert den ihr eigentümlichen Anschein der Vergeblichkeit verleiht, kann das Hambacher Fest vom 27. Mai 1832 allein schon deshalb einen eigenen Rang beanspruchen, weil es die früheste öffentliche Manifestation war, in der sich in repräsentativer Weise eine politische Gesinnung aussprach, die die deutsche Misere der Vielstaaterei zu überwinden suchte.

Die Politisierung des in der Goethezeit lediglich kulturellen Nationalbewußtseins der Deutschen war ein Komplementärphänomen der sich allmählich organisierenden Opposition gegen die napoleonische Herrschaft. In den geheimen politischen Zusammenschlüssen, die damals in den deutschen Staaten entstanden, entwickelte sich ein kryptischer Nationalismus, der in all seiner Unausgegorenheit den Stimmungshintergrund der sogenannten Befreiungskriege bildete. Das vom Wiener Kongreß in Deutschland installierte Fürstenkartell mit Namen Deutscher Bund, das den kleinstaatlichen Souveränitätsschwindel konservierte, vermochte dieser nationalen Gefühlswallung zwar Zügel anzulegen, sie aber dennoch nicht völlig aus der Welt zu schaffen. Ganz das Gegenteil war vielmehr der Fall: denn alles, was die Repression der Metternich-Ära zuwege brachte, war, jene nationale Gesinnung zu marginalisieren und ihre Träger voneinander zu isolieren. Die Folge davon war deren rasche Radikalisierung, die sich nicht zuletzt auch in politisch motivierten Morden manifestierte. Die nationale Idee blieb nach 1815 vor allem in den Kreisen der Turner und der Burschenschafter lebendig. Das von diesen 1817 ausgerichtete Wartburgfest entzündete ein Fanal patriotischen Wollens, das in eine breitere Öffentlichkeit hineinwirkte. Unbeschadet der Karlsbader Beschlüsse entstanden nämlich allüberall in den deutschen Staaten zahlreiche politisch patriotische Gesellschaften. Diese Vereinigungen bildeten jenen Zunder, den der Funke der französischen Julirevolution von 1830 in Brand steckte.

Charakteristisch für die Marginalität und Isolation der patriotisch-liberalen Opposition war, daß die Unruhen, die 1830 auch in Deutschland ausbrachen, lediglich lokale Bedeutung hatten und eben deshalb auch rasch erstickt werden konnten. Daß der patriotische Eifer, der in diesen Unruhen sich äußerte, nach deren Scheitern nicht vollends erkaltete, war deshalb vor allem der im November 1830 ausbrechenden polnischen Aufstandsbewegung zuzuschreiben: Die polnischen Emigranten, die nach dem Fall Warschaus im Winter 1831/32 durch die deutschen Staaten nach Frankreich zogen, erregten die romantischen Gemüter der Zeitgenossen, die in diesen geschlagenen polnischen Patrioten die «Vorkämpfer der europäischen Freiheit» zu erkennen wähnten.[1] Der Pfälzer Liberale Johann Georg August Wirth schrieb damals in der von ihm redigierten ‹Deutschen Tribüne›, daß «mit Hilfe eines demokratisch organisierten Polens ein Deutsches Reich mit demokratischer Verfassung gegründet, und durch ein Bündnis des französischen, deutschen und polnischen Volkes eine Europäische Staatengesellschaft vorbereitet wird».

Die kosmopolitische Romantik, die sich in der Polenschwärmerei jener Zeit ausspricht, wirft ein bezeichnendes Schlaglicht auf die Ideen, die in den Köpfen der damaligen Oppositionellen spukten und die dem noch sehr verschwommenen, sich erst im Zustand der Gärung befindlichen liberalen Credo entsprachen, wofür nicht zuletzt das Hambacher Fest das Exempel liefert. Um so erstaunlicher mag es deshalb scheinen, daß diese parteimäßig noch weitgehend undifferenzierte und entsprechend auch unorganisierte Oppositionsbewegung jene alles in allem beeindrukkende Manifestation zu bewerkstelligen vermochte.

Aus einer Reihe von Gründen war die im Mai 1816 endgültig Bayern zugeschlagene Pfalz ein besonders fruchtbarer Boden für aufrührerische Bestrebungen. Während der 20 Jahre dauernden französischen Herrschaft hatte man hier die Früchte staatsbürgerlicher Freiheiten genossen, eine Erfahrung, die sich unter dem Ancien Régime, das mit der Annexion durch Bayern in der Pfalz wieder seinen Einzug hielt, um so weniger leicht vergessen ließ, als dadurch ein gesellschaftlicher Wandel initiiert worden war, der nicht mehr rückgängig gemacht werden konnte. Namentlich die Abschaffung des Privilegienwesens, die Beseitigung der Zünfte und die Einführung einer schrankenlosen Gewerbefreiheit hatten die hier herrschenden Lebensverhältnisse derart gründlich verändert, daß es zwischen diesen und der nach wie vor absolutistischen Gewohnheiten und Vorurteilen noch völlig verhafteten bayerischen Verwaltung zu dauernden Reibereien kommen mußte. Was diese mißlichen Zustände noch verschlimmerte, war, daß in der Pfalz wesentlich höhere Steuersätze gefordert wurden als in ‹Altbayern›: Die Grundsteuer belief sich in der Pfalz beispielsweise auf mehr als das Doppelte, die Familien- oder Personalsteuer auf das fast Vierfache, die Tür- und Fenstersteuer auf das Dreifache und die Gewerbesteuer auf das Vierfache jener Forderungen, die in Bayern rechts des Rheins erhoben wurden. Damit nicht genug, trieb die Regierung in München bis zum 1. Oktober 1831 auch noch die französische Kriegssteuer ein, unbeschadet des Umstands, daß seit 16 Jahren Frieden herrschte.

Die durch diese kurzsichtige Praxis absolutistischer Aussaugung verursachte Verkümmerung von Handel und Wandel wurde durch mäßige bis schlechte Weinlesen in den Jahren 1819 bis 1831 noch weiter beschleunigt. Hinzu kam die große Holznot, die vor allem in den späten zwanziger Jahren immer fühlbarer wurde und unter der die ärmeren Bevölkerungsschichten besonders zu leiden hatten. Dadurch wurde eine Unruhe der Gemüter begünstigt, die ihren Niederschlag zunächst in einer beträchtlichen Stärkung der liberalen Kammeropposition fand: Bei den Wahlen für den Bayerischen Landtag vom Dezember 1830 errangen die Liberalen die Mehrheit in der Zweiten Kammer. Die Folge dieser Entwicklung war, daß sich alle oppositionellen Hoffnungen auf diesen Landtag konzentrierten, der mit einer Fülle von Petitionen und Forderungen der Bayerischen Staatsregierung derart zu schaffen machte, daß König Ludwig I. im Dezember 1831 diesen unbotmäßigen Landtag aufhob und wenig später eine erzkonservative Regierung ernannte. An die Stelle der parlamentarischen Opposition trat nun eine außerparlamentarische Protestbewegung, die sich vor allem in der Pfalz rasch verbreitete und radikalisierte.[2]

Eine Möglichkeit, die Ziele dieser Protestbewegung öffentlich zu propagieren, bot die Presse, deren Reichweite und aufklärende Wirkung aber bald durch immer enger gefaßte Zensurbestimmungen stark beschnitten wurden. Von den bayerischen Zensurbehörden besonders hartnäckig verfolgt wurden die beiden wichtigsten liberalen Organe, die in der Pfalz erschienen, die bereits erwähnte, von Wirth redigierte ‹Deutsche Tribüne› sowie der von Philipp Jakob Siebenpfeiffer verantwortete ‹Westbote›. Um den immer häufiger und lästiger werdenden Eingriffen, Verboten und Beschlagnahmen, mit denen die bayerischen Behörden der pfälzischen Oppositionspresse zusetzten, wirksam begegnen, aber vor allem auch, um die liberalen und nationalpolitischen Ideen, die ihn beseelten, erfolgreich artikulieren zu können, entwickelte Wirth den Plan, einen in allen deutschen Staaten tätigen ‹Preßverein› zu gründen, dessen Zweck er in einem umfangreichen Artikel, der in der ‹Deutschen Tribüne› vom 3. Februar 1832 erschien, beschrieb:

«Wenn nun auch unsere Körper der Gewalt der Tyrannen unterworfen sind, so bleibt doch der Geist frei, und dadurch ist uns die Macht gegeben, die Wiedervereinigung Deutschlands im Geiste herzustellen... Aus dem geistigen Bündnisse aber entspringt die Macht der öffentlichen Meinung, und da diese schwerer in die Waagschale der Gewalten fällt als alle Macht der Fürsten, so führt die Wiedergeburt Deutschlands, im Geiste, von selbst auch auf die materielle Vereinigung. Die Aufgabe unseres Volkes besteht daher darin, die Notwendigkeit der Organisation eines deutschen Reiches, im demokratischen Sinne, zur lebendigen Überzeugung aller deutschen Bürger zu erheben... Gebt der großen Mehrheit des Volkes diese Überzeugung in lebendiger und glühender Weise – und ihr seid nicht mehr weit vom Ziele entfernt... Das Mittel zur Wiedervereinigung Deutschlands im Geiste ist aber einzig und allein die freie Presse.»

Für das reaktionäre Fürstenkartell, das in der staatlichen Zersplitterung Deutschlands seine ureigensten Lebensinteressen verteidigte, waren derlei Überlegungen, wie realitätsfern ihr Idealismus auch immer sein mochte, dennoch brandgefährlich: Am 2. März 1832 verbot der Frankfurter Bundestag die ‹Deutsche Tribüne› und den ‹Westboten› und verfügte außerdem ein auf fünf Jahre befristetes Berufsverbot für Wirth und Siebenpfeiffer, sich journalistisch zu betätigen. Außerdem wurde der ‹Preßverein› in den meisten Mitgliedstaaten des Deutschen Bundes entweder völlig illegalisiert oder durch polizeiliche Willkürmaßnahmen in seiner Entfaltung behindert.[3]

Alle Versuche, diese Unterdrückungsmaßnahmen zu umgehen und beispielsweise durch Flugblätter politische Aufklärung zu leisten, wurden von den rasch zupackenden Behörden wirksam vereitelt. Daraus erklärt sich, daß man auf den Einfall kam, als Ersatz für die fehlenden publizistischen Organe Volksversammlungen abzuhalten. Diese Idee war in ihrem Kern keineswegs neu, denn schon wiederholt waren, um die bestehenden Versammlungsverbote zu umgehen, unter dem Deckmantel privater Festlichkeit politische Bankette veranstaltet worden, zu denen sich jeweils mehrere hundert geladene Personen versammelten. Diese ‹Bankett-Bewegung› nahm am 29. Dezember 1831 ihren Anfang, als man dem Landtagsabgeordneten Schoppmann in Neustadt einen feierlichen Empfang gab, und setzte sich mit ähnlichen Festen für Christian Cullmann am 8. Januar 1832 in Zweibrücken, für Daniel Ritter am 15. Januar in Kaiserslautern und für Jordan am nämlichen Tag in Deidesheim fort. Diese ‹Bankett-Bewegung› fand dann mit den beiden großen Veranstaltungen, die zu Ehren des Oppositionsführers im Bayerischen Landtag, Friedrich Schüler, am 29. Januar 1832 in Zweibrücken und am 6. Mai in dem bei Zweibrücken gelegenen Tivoli gegeben wurden, ihren Höhepunkt.[4]

Die sich verschärfende Repression ließ nun den Gedanken reifen, den beschränkten Personenkreis, der an diesen Banketten teilnahm, zu erweitern, indem man allgemeine Volksfeste veranstaltete. Bereits am 18. April erschien in der ‹Neuen Speyerer Zeitung› ein anonymer Aufruf, der zur Feier eines Verfassungsfestes auf das Hambacher Schloß am 26. Mai, dem Jahrestag der bayerischen Konstitution von 1818, einlud. Dieses, in seiner Absicht keineswegs oppositionelle Unternehmen, hinter dem eine Reihe von Neustadter Schankwirten stand, die sich von einem solchen Fest ein gutes Geschäft versprachen, provozierte den Widerspruch Siebenpfeiffers, der mit der Unterstützung einiger Neustadter Bürger am 20. April einen anderen Aufruf, der zur Feier eines ‹Deutschen Mai› einlud, veröffentlichte. In diesem Aufruf, der zunächst dazu aufforderte, jene andere Einladung «als nicht geschehen zu betrachten», hieß es unter anderem:

«Völker bereiten Feste des Dankes und der Freude beim Eintritte heilvoller großer Ereignisse. Darauf mußte das deutsche Volk seit Jahrhunderten verzichten. Zu solcher Feier ist auch jetzt kein Anlaß vorhang *Politische Walpurgisnacht* 289

den, für den Deutschen liegen die großen Ereignisse noch im Keim; will er ein Fest begehen, so ist es ein Fest der Hoffnung; nicht gilt es dem Errungenen, sondern dem zu Erringenden, nicht dem ruhmvollen Sieg, sondern dem mannhaften Kampf, dem Kampfe für Abschüttelung innerer und äußerer Gewalt, für Erstrebung gesetzlicher Freiheit und deutscher Nationalwürde. Alle deutschen Stämme sehen wir an diesem heiligen Kampfe Teil nehmen; alle seien darum geladen zu dem großen Bürgerverein, der am Sonntag, 27. Mai, auf dem Schlosse zu Hambach... stattfinden wird.

Auf, ihr deutschen Männer und Jünglinge jedes Standes, welchen der heilige Funke des Vaterlandes und der Freiheit die Brust durchglüht, strömet herbei! Deutsche Frauen und Jungfrauen, deren politische Mißachtung in der europäischen Ordnung ein Fehler und ein Flecken ist, schmücket und belebet die Versammlung durch eure Gegenwart! Kommet alle herbei zu friedlicher Besprechung, inniger Erkennung, entschlossener Verbrüderung für die großen Interessen, denen ihr eure Liebe, denen ihr eure Kraft geweiht.»⁵

Die politisch-oppositionellen Absichten, in deren Zeichen dieses ‹Maifest› begangen werden sollte, waren allzu deutlich zu erkennen, und die bayerische Bezirksregierung zögerte deshalb auch nicht, die Veranstaltung zu verbieten und für die fraglichen Tage in der Neustädter Gegend den Belagerungszustand zu verhängen. Diese Präventivmaßnahmen, die einer gesetzlichen Grundlage entbehrten, lösten jedoch einen derartigen Bürgerprotest aus, daß die entnervte Staatsregierung in München schließlich nachgab und die Feier des Fests auf die Versicherung der Veranstalter hin erlaubte, «keine Absicht zu einem Attentate wider die konstituierten Gewalten des Inlandes zu beabsichtigen». Das war natürlich ein auf vielfältige Weise auslegbares Versprechen, das nach dem Ende des Hambacher Fests den Behörden den willkommenen Vorwand lieferte, dessen Veranstalter zu verfolgen.

Kaum hatten die Behörden ihren Widerstand aufgegeben, begannen die Vorbereitungen, wurden Tische und Tribünen aufgeschlagen, ließ die Gemeinde Neustadt den Weg, der zur Burgruine führte, verbreitern. Am Abend des 26. Mai wurden auf der Vorderseite der Burg sowie den umliegenden Höhen Feuer entzündet, kündeten Böllerschüsse und Glockenläuten von dem kommenden Festtag. Bereits am Morgen des 27. Mai wogte um die Burgruine eine bunte, festtäglich geputzte Menge, die sich um Schaubuden, improvisierte Schänken und Karussells drängte.

Um acht Uhr in der Frühe setzte sich der Festzug, der auf dem Marktplatz von Neustadt seine Aufstellung genommen hatte, zur Burg hin in Bewegung. Wieder ertönten Böllerschüsse, läuteten ringsum die Glocken. An der Spitze des Zuges marschierte eine Abteilung Bürgergarde mit Musik; darauf folgten Frauen und Jungfrauen mit einer von ihnen gestifteten polnischen Fahne, die von einem mit einer weiß-roten Schärpe geschmückten Fähnrich getragen wurde; dann wieder Bürgergarden sowie eine erste Gruppe von Festordnern, die an ihren schwarz-rotgoldenen Schärpen erkenntlich waren und die in ihrer Mitte eine deutsche Fahne mit der Aufschrift «Deutschlands Wiedergeburt» mit sich führten. Auf die Fahne folgten der gesamte Landrat Rheinbayerns, eine zweite Abteilung Festordner, denen sich verschiedene Deputationen anschlossen, unter denen die Abordnungen der Burschenschaften aus Jena und Würzburg sowie die gesamte Burschenschaft der Universität Heidelberg, die allein rund 200 Köpfe betrug und von der viele in altdeutscher Tracht erschienen waren, besonders auffielen; an diese schlossen sich, nach Stämmen geordnet, Festbesucher aus allen Ländern deutscher Zunge an, die weitere deutsche Fahnen, insgesamt wurden 16 gezählt, mit sich führten. Lediglich eine Bürgerabordnung aus Deidesheim erschien mit einer bayerischen Fahne, die aber als zum deutschen Nationalfest nicht passend zurückgewiesen wurde. In den Berichten wird noch eine Reihe weiterer Fahnen erwähnt, so namentlich zwei, eine schwarze und eine grüne, die Dürkheimer Winzer mit sich führten. Auf der schwarzen Fahne war zu lesen: «Die Weinbauern müssen trauern», während auf der grünen stand: «Die Weinbauern hoffen!» Weitere grüne Fahnen trugen auf der einen Seite einen goldenen Eichenkranz, auf der anderen die *Fasces*, das Liktorenbündel als das Symbol des rächenden Volkswillens. Den Beschluß dieses Zuges, von dem eine zeitgenössische Farblithographie einen guten Eindruck gibt, bildete wieder eine Abteilung der Bürgergarde.

Während der Zug sich auf die Burg zu bewegte, wurden verschiedene Lieder angestimmt. Zunächst sang man Arndts Vaterlandslied, dann ein neues Lied, das Siebenpfeiffer für diesen Tag gedichtet hatte: ‹Hinauf Patrioten, zum Schloß, zum Schloß!›, das nach der Melodie des Schillerschen Reiterlieds gesungen wurde und das der rührige Siebenpfeiffer zuvor mit rund 300 jungen Neustädtern, zumeist Handwerksgesellen, einstudiert hatte. Bezeichnend für den Geist dieses Lieds ist vor allem dessen fünfte Strophe, die lautet:

«Was tändelt der Badner mit Gelb und Rot,
Mit Weiß, Blau, Rot der Bayer und Hesse?
Die vielen Farben sind Deutschlands Not,
Vereinigte Kraft nur zeugt Größe.
Drum weg mit der Farben buntem Tand,
Nur eine Farb' und ein Vaterland!»

Andere Lieder wie beispielsweise jenes, das Christian Scharpff aus Homburg gedichtet hatte, waren in ihrer Tendenz noch deutlicher. In der letzten Strophe dieses Lieds heißt es:

«Freudig für die Freiheit leben,
Für sie sterben heißt der Schwur!
Nicht wie Könige sie geben,
Volle Freiheit rettet nur.
Daß kein Fürstenwort betöre,
Folgt des Vaterlands Gebot:
Jeder deutsche Mann, er schwöre,
Schwöre: Freiheit oder Tod.»

Alle diese Lieder wurden als Einblattdrucke massenweise an die Festteilnehmer verteilt, deren Zahl auf 20- bis 30000 Personen geschätzt wurde. Ein Bericht in der ‹Neuen Speyerer Zeitung› beschreibt anschaulich den volksfesthaften Trubel, der auf dem Hambacher Schloß herrschte:

«Um 9 Uhr ist der ganze Berg mit einem Gewühl von Menschen bedeckt; Kokardenbuben halten ihre Packe den Anstürmenden mit dem Rufe: ‹Es lebe die Freiheit!› entgegen. Bier- und Weinwirte mit ihren Karren, Brot- und Wursthöckerinnen mit ihren Körben drängen sich durch die Menge; die schwärmerischen Töne der Drehorgel akkompagnieren den Gesang von den letzten zehn Polen.»

Kaum war der Festzug am Ruinengeviert der Burg angelangt, dessen Haupteingang mit Freiheitsbäumen geschmückt war, wurde die deutsche Fahne auf dem Hauptturm der Anlage aufgepflanzt, während die polnische und andere Fahnentücher tiefer angebracht wurden. Dann verteilten sich die Teilnehmer des Festzugs auf jene Zuschauertribünen, die zwischen der Burg, vor der die Rednerbühne errichtet worden war, und dem inneren Mauerring aufgeschlagen worden waren. Von hier aus ging der Blick in die weite, stromdurchglänzte Rheinebene, ein Panorama, das gleichsam den Bühnenhintergrund des nun beginnenden Spektakels bildete, dessen Ablauf darin bestand, daß ein Redner nach dem anderen – insgesamt waren es mehr als 16 verschiedene Hauptredner – die Aufmerksamkeit des Publikums zu fesseln suchte.

Da es der weitaus größeren Zahl der Festteilnehmer nicht möglich war, auf diesen Tribünen Platz zu finden, nahmen diese außerhalb der Ringmauer gelagert an der Veranstaltung teil, ohne jedoch den Reden, die von der Bühne im Inneren herab gehalten wurden, folgen zu können. Deshalb traten bald auch draußen Redner auf, die sich an einzelne Gruppen wandten, die sich um sie scharten und die das Gesagte an anderer Stelle wiederholten. Mit anderen Worten: Außer der zentralen Kundgebung fanden weitere, spontane und improvisierte Kundgebungen statt, so daß die gesamte Feier für den einzelnen Besucher rasch völlig unübersichtlich wurde, ein Umstand, aus dem sich die vielen Unterschiede und Widersprüche, die in den zahlreichen Berichten von Teilnehmern enthalten sind, erklären lassen. Offensichtlich wird daran aber auch, daß die

Veranstalter selbst keine klare Idee davon besaßen, wie der große Zulauf, den dieses Fest hatte, organisatorisch bewältigt werden konnte. Die gesamte Planung orientierte sich augenscheinlich an den mit der ‹Bankett-Bewegung› gemachten Erfahrungen. Dafür spricht nicht zuletzt auch, daß hinter der Rednerbühne lediglich 16 große Tafeln aufgestellt waren, die jeweils 160 Gedecke aufwiesen. Nur eine kleine Minderheit der Festteilnehmer konnte folglich hier Platz finden und ein Mittagessen verzehren, zumal auch der Preis von einem Gulden und 45 Kreuzern für ein nicht allzu üppiges Mahl für die meisten unerschwinglich hoch war.

Was unter solchen Umständen dennoch die fast revolutionär gestimmte Einigkeit der Festteilnehmer gewährleistete und damit ein Auseinanderfallen der Veranstaltung verhinderte, war vor allem, daß immer wieder Lieder angestimmt wurden, in die alle auf dem Hambacher Schloß Versammelten einstimmen konnten. Ja, einige Lieder wurden durch das Hambacher Fest erst wirklich volkstümlich. So beispielsweise der berühmte Rundgesang ‹Das deutsche Treibjagen – Fürsten zum Lande hinaus›, den der Frankfurter Schriftsteller Wilhelm Sauerwein kurz vor dem Hambacher Fest gedichtet hatte.

Für die spontane Protestmentalität, aus der dieses Fest entstanden war, spricht auch, daß es eines dramaturgischen Höhepunkts, eines feierlich inszenierten symbolischen Akts und Abschlusses entbehrte: Kein Schwur wurde geschworen, kein Denkmal enthüllt, keine Proklamation akklamiert. Die Feier des 27. Mai fand am späten Nachmittag ihr schlichtes Ende dadurch, daß die Helden müde geworden waren, kein neuer Redner mehr die Bühne betrat. In kleinen Gruppen strömte die Menge nach Neustadt zurück, wo abends einige private Ballvergnügen gegeben wurden, die Studenten den Veranstaltern Fackelzüge darbrachten und Knaben mit kleinen Freiheitsbäumchen in den Händen duch die Straßen zogen und das Lied ‹Noch ist Polen nicht verloren› sangen.

Bei einem derartigen Ausgang ist es wenig verwunderlich, daß sich am anderen Morgen Katerstimmung ausbreitete. Im Schießhaus zu Neustadt versammelten sich am Vormittag mehrere hundert Personen. In der chaotisch verlaufenden Beratung, die hier gepflogen wurde, machte man so radikale Vorschläge wie den, aus den Reihen der Versammlungsteilnehmer einen Nationalkonvent zu wählen, der dem Bundestag gegenüber die Interessen der liberalen Partei wahrnehmen sollte. Das genügte, um einen unversöhnlichen Dissens offenbar werden zu lassen, mit der Folge, daß auch diese Versammlung ergebnislos auseinanderging, sich in kleine Gruppen zerschlug, die in Neustädter Privathäusern weiter debattierten.

Währenddessen gingen auch an den folgenden Tagen auf dem Hambacher Schloß die Festlichkeiten weiter, fanden sich immer wieder Schaulustige ein, wurden weitere Reden gehalten. Die Veranstaltung nahm aber nun entschieden den Charakter eines Volksfestes, eines populären Rum-

melplatzvergnügens an, das erst am 1. Juni sein endgültiges Ende fand,
als die auf der Burgruine aufgepflanzten Fahnen eingeholt und einem
Neustädter Bürger in Verwahrung gegeben wurden. Der revolutionäre
Anlauf, den man mit dem Hambacher Fest genommen hatte, war damit
endgültig beendet. Der fern dieser Ereignisse in Paris weilende Heinrich
Heine hat in seiner gegen Börne gerichteten Schrift zwar seinen scharfen
Spott darüber ausgegossen, gleichzeitig aber auch das historisch Neue,
das sich auf dem Hambacher Fest manifestierte, hervorgehoben:

«Der Geist, der sich auf Hambach aussprach, ist grundverschieden von
dem Geiste, oder vielmehr von dem Gespenste, das auf der Wartburg
seinen Spuk trieb. Dort, auf Hambach, jubelte die moderne Zeit ihre
Sonnenaufgangslieder und mit der ganzen Menschheit ward Brüderschaft
getrunken; hier aber, auf der Wartburg, krächzte die Vergangenheit ihren
obskuren Rabengesang, und bei Fackellicht wurden Dummheiten gesagt
und getan, die des blödsinnigsten Mittelalters würdig waren! Auf Hambach hielt der französische Liberalismus seine trunkensten Bergpredig-
ten, und sprach man auch viel Unvernünftiges, so ward doch die Vernunft selber anerkannt als jene höchste Autorität, die da bindet und löset
und den Gesetzen ihre Gesetze vorschreibt; auf der Wartburg hingegen
herrschte jener beschränkte Teutomanismus, der viel von Liebe und
Glaube greinte, dessen Liebe aber nichts anderes war als Haß des
Fremden und dessen Glaube nur in der Unvernunft bestand, und der in
seiner Unwissenheit nichts Besseres zu erfinden wußte, als Bücher zu
verbrennen.»[6]

In der Tat hatte das Hambacher Fest, sieht man von einigen Äußerlichkeiten ab, nichts mit dem auf der Wartburg gemein. Als ein politisches
Fest stand es vielmehr in einer Tradition, die sich bis zu den Anfängen der
Französischen Revolution zurückverfolgen läßt. Die große *Fête de la
Fédération*, jenes Bundes- und Versöhnungsfest, das am 14. Juli 1790 auf
dem Pariser Marsfeld noch mit höfischem Pomp und militärischem
Zeremoniell gefeiert wurde, aber unbeschadet dessen dennoch ein genui-
nes Volksfest war, in dem sich das Verlangen aussprach, eine neue,
nationale Einheit in Freiheit von ‹unten her› zu schaffen, lieferte ein
erstes, weithin Beachtung findendes Beispiel,[7] aus dem insbesondere die
jakobinischen Revolutionäre ihre Lehren zogen. In einer am 10. Februar
1792 im Pariser Jakobinerclub gehaltenen Rede entwickelte Robespierre
die Strategie, die Volksmassen durch die Veranstaltung imposanter öffentlicher Feiern zu emotionalisieren und sie in einen Rausch der Begeisterung zu versetzen, um sie solchermaßen für die Ziele zu begeistern, die
zu erreichen man deren Unterstützung bedurfte.[8]

Das Hambacher Fest war ganz dieser jakobinisch-revolutionären Tradition verhaftet, die in der Pfalz während der französischen Annexion
durchaus bodenständig geworden war. Wie die öffentliche Einladung zu

diesem Fest unmißverständlich deutlich machte, wollte man die bislang geübte Praxis des politischen Banketts, mit der lediglich ein exklusiver Personenkreis zu erreichen war, zugunsten eines der breiten Allgemeinheit zugänglichen Volksfestes, das unter freiem Himmel stattfinden sollte, aufgeben. Diese Ausweitung des Teilnehmerkreises war durch eine politische Entscheidung motiviert worden; denn nicht bayerisch-pfälzische Gedenktage sollten, wie aus dem Fest-Aufruf hervorgeht, der Anlaß zu dieser Feier sein, sondern die künftige Sache der deutschen Nation. Als ein «Fest der Hoffnung» sollte die Hambacher Veranstaltung «nicht dem Errungenen, sondern dem zu Erringenden» gelten. Mit anderen Worten: die Protagonisten des pfälzischen Liberalismus machten sich anheischig, das von ihnen geplante Fest zu einem Mittel nationaler Politik zu machen und gleichzeitig damit auch der liberalen Bewegung nationale Geltung zu verschaffen.

Daß sie mit dieser Absicht scheiterten, hat viele Ursachen, die außerhalb ihrer unmittelbaren Einflußnahme und Verantwortung lagen. In einem jedoch war dem Hambacher Fest ein dauernder Erfolg beschieden: Schwarz-Rot-Gold waren seither die Farben eines geeinten und freien Deutschland.

Die Pforte zum Orient

Das neue Europa und das alte Ägypten feiern die Eröffnung des Suezkanals

Von Thomas Ross

Eröffnung des Suezkanals 1869. Zeitgenössische Illustration.

32 Jahre später erinnerte sich eine alte Frau in Chislehurst an ihren letzten
großen Triumph, die Feiern zur Eröffnung des Suezkanals, den ihr
entfernter Verwandter, der Graf Ferdinand de Lesseps, gebaut hatte, im
November 1869:

«Es war der richtige ägyptische Himmel, der sich über uns spannte,
Feuerwerke von Licht, 50 Schiffe und eine Flaggengala erwarteten mich
an der Einfahrt zum Timsah See. Meine Jacht, Aigle [Adler], setzte sich
sogleich an die Spitze des Konvois, die Jachten des Khediven Ismail,
Kaiser Franz Josefs, des Kronprinzen von Preußen, des Prinzen der
Niederlande folgten mir auf weniger als Kabellänge. Ein Schauspiel war
es von so wundervoller Pracht und verkündete so laut die Größe der
französischen Nation, daß ich nicht mehr an mich halten konnte, ich
jauchzte vor Freude.»

Einen Monat lang war Kaiserin Eugénie bei diesem Fest, das der
Vizekönig Ismail zum ‹Fest des Jahrhunderts› gestalten wollte, der
Mittelpunkt gewesen. Am 24. November lichtete die ‹Aigle› in Port Said
den Anker, und eine lange Reise der schönen Frau begann, die sie über
Marseille und Paris in die Niederlage durch eben jene Preußen, mit deren
Kronprinzen, dem nachmaligen Kaiser Friedrich III., sie am Suezkanal
dinierte, tanzte und feierte, in die Absetzung, die Witwenschaft und 50
Jahre im Exil führte.

Drei Parteien feierten sich selber, während der Schatten des deutsch-
französischen Krieges immer näher rückte: der Khedive Ismail, Napoleon III. und Frankreich sowie Ferdinand de Lesseps. Der Kanal, der das
Mittelmeer mit dem Roten Meer und dem Indischen Ozean verband, war
nicht die Tat Frankreichs und seines Kaisers, sondern die Lesseps',
wiewohl sein Bau ohne die Rückendeckung durch Paris und Druck auf
den Sultan, dessen Zustimmung erforderlich war, gescheitert wäre. Auch
war der Kanal nicht die Leistung großer Kapitalisten noch in deren
Auftrag geschaffen, sondern ein unternehmerischer Alleingang von Lesseps. Höflich, charmant, rücksichtslos, verband er Vision mit ungeheu-
rem Beharrungsvermögen, diplomatische Kunst mit finanzieller Skrupel-
losigkeit, wenngleich persönlich an Geld völlig uninteressiert, in den
Rankünen der Kanzleien ebenso zu Hause wie mit aufgekrempelten
Ärmeln an den Baustellen, immer gute Laune und Optimismus verströ-
mend. Wenn's um die Sache ging, war er völlig bedenkenlos. Als die 1846
gegründete ‹Studiengesellschaft zum Bau des Suezkanals›, deren deutsch-
österreichische Mehrheit er später verdrängte, zwölf Leute verlor, soll er
ihrem Präsidenten Enfantin gesagt haben: «Ein Pharao opferte einst
120000 Menschen für den Kanal und Sie weinen um Ihre zwölf.»
Wie viele Ägypter, die in den ersten fünf der zehn Jahre des Kanalbaus im
Frondienst arbeiten mußten, vor allem wegen Trinkwassermangels und
Fehlens fast jeglicher Hygiene ihr Leben verloren – man schätzt ein

Zehntel – wird nicht überliefert. Jedenfalls war der Fron eine wesentliche Voraussetzung für sein Gelingen, ohne Fron hätte er noch weit mehr gekostet. Ende 1863 wurde auf politischen Druck Englands die Fron abgeschafft und, auch um der Effizienz willen, durch von Europäern bediente Dampfbagger ersetzt.

Die Idee vom Bau einer Meeresverbindung lag in der Luft, es war zudem eine Zeit, in der in Europa die grandiosesten Projekte Spekulanten, Ingenieuren, Ökonomen, Unternehmern, Politikern und politischen Idealisten wie den Saint Simonisten – Enfantin war einer von ihnen – und phantasievollen Käuzen die Köpfe erhitzten. Europa war ein junger Riese, der seine Glieder streckte, aufgetaucht aus Kriegen und Revolutionen. Die Industrialisierung gewann gewaltiges Tempo, eine technische Erfindung folgte der anderen, darunter das Dampfschiff, das die Passage des meist im Nordwind liegenden Kanals erst technisch möglich machte. Geld gab es in Fülle.

Ägypten hatte sich unter Mohammed Ali in der ersten Jahrhunderthälfte Europa geöffnet, europäische Kaufleute und Techniker wurden eingeladen, und bald tummelten sich auch Abenteurer und Unternehmungslustige aller Art auf dem neuen Jagdgrund. Lesseps gehörte zu einer anderen Kategorie, jener der Eroberer, außerdem konnte er alte Verbindungen zu Ägypten nutzen. Als Konsul in Ägypten wie ehedem sein Vater, der Freund Mohammed Alis gewesen war, gewann er die Freundschaft eines fetten, freßsüchtigen Knaben, Mohammed Said, der ihm später als Vizekönig die Konzessionen und Mittel zum Kanalbau gewährte. Finanziert wurde der Bau nur zum kleinsten Teil von Europäern, zum größten von Ägypten und das hieß letzten Endes von den Fellachen, die Steuern zahlen und von der *Kurbasch*, der Peitsche der Aufseher angetrieben, Zwangsarbeit leisten mußten.

Wenn die Engländer, deren Politik fast ausschließlich von der Sicherung der Verbindungswege nach Indien bestimmt war und die auf vielerlei Weise den Bau zu verhindern suchten, dahinter eine Verschwörung Napoleons III. vermuteten, so irrten sie. Im Gegenteil, es bedurfte unermüdlicher Anstrengungen Lesseps und der Fürsprache seines ‹Schutzengels›, der Kaiserin Eugénie, bis er den Kaiser, der die Briten nicht verärgern wollte, endlich dazu bewegte, ihn diplomatisch zu unterstützen. Mohammed Ali, 1841 von den Großmächten um die Früchte seiner kriegerischen Erfolge gegen seinen Souverän, den Sultan, gebracht, hatte den Suezkanal, den zu bauen sein Sohn Said und sein Enkel Ismail Lesseps ermöglichten, immer abgelehnt, aus Furcht, er werde einen europäischen Staat vielleicht dazu provozieren, Ägypten eines Tages zu besetzen.

Ismail Pascha, französisch und italienisch erzogen, setzte seinen Ehrgeiz wie der Großvater darein, das Vasallenverhältnis zu lockern, und glaubte, der Kanal, die Compagnie und Lesseps würden ihm dabei helfen. Ein Irrtum freilich, denn weder Frankreich noch Britannien waren an einer Lösung Ägyptens vom Ottomanischen Reich, als Bollwerk gegen Rußland nützlich, gelegen, und außerdem wuchs ihr Mißtrauen gegen seine finanziellen Extravaganzen und militärischen Ambitionen. Auch die Festlichkeiten zur Eröffnung sollten die Welt blenden, Ismails Namen Glanz und Prestige zufügen und den Status Ägyptens erhöhen, gleichgültig, was es koste. Bei der Eröffnung der Oper in Kairo am 1. November 1869 rief er aus: «Mein Land ist nicht länger Afrika, ich habe es zu einem Teil Europas gemacht.»

Ismails enger Vertrauter, der armenische Tausendsassa und Großintrigant Nubar, half ihm bei der Vorbereitung, er selber war im Juli in die Hauptstädte Europas gereist, um Kaiser, Könige und Prinzen einzuladen – eine Liste begrenzt allein durch die Zahl seiner Paläste, wo er sie standesgemäß unterbringen konnte. Voller Mißfallen verfolgte der Sultan die Reise, über die er vorher weder befragt noch informiert worden war, hätte er doch als Souverän die Rolle des Hausherren übernommen. Aus Rücksicht auf den Sultan sagten einige Herrscher ab, so die Könige von Schweden, Norwegen und Dänemark, am meisten indes schmerzte, daß Briten und Russen nur ihre Botschafter in Konstantinopel schickten, dem Präsidenten der Vereinigten Staaten verwehrte die Verfassung die Reise. Es kam aber Kaiser Franz Josef, der den Preußen nicht das Feld überlassen wollte.

Außer den gekrönten Häuptern – zu denen nicht die afrikanischen und die kleineren deutschen Fürsten gehörten – lud der Khedive tausend weitere Gäste ein, denen er alle Spesen einschließlich des *Bakschisch* zahlte. Hundert Auserwählte stiegen bereits am 15. Oktober in Alexandrien an Land, Offiziere und Diplomaten, Abgeordnete und Anwälte, Industrielle und Bankiers, Gelehrte, Künstler, Schriftsteller und Journalisten, unter ihnen Emile Zola, Korrespondent des ‹Figaro›, Théophile Gautier, Eugène Fromentin, Charles Blanc, Alexandre Dumas, auch die Muse Hugos und frühere Geliebte Flauberts, Louise Colet, Henrik Ibsen, Henry Morton Stanley und der Reiseunternehmer Cook. Man sieht, die Franzosen dominierten. In Kairo wurden sie in verschiedenen Hotels untergebracht, Gautier und Blank im neuerbauten ‹Shepheards›. Blank beschrieb es: «Von außen ein großes, nacktes und karges Gebäude, eher wie eine englische Baracke als eine östliche Karawanserei und innen wie ein großes Kloster, spärlich beleuchtete Stiegen und Schlafzimmer wie Mönchszellen.» Über das Restaurant notierte Gautier: «Excellente französische Küche, leicht angliert, keine arabischen Gerichte.» Er hatte zudem besonderes Pech, in seiner langsamen asthmatischen Sprache sagte er Blanc, den Arm in einer Schlinge: «Du siehst, was davon kommt, wenn man an einem Freitag landet. Ich öffnete die Tür eines Zimmers, in der Meinung, es sei das eines Freundes: Ich fiel in einen Kohlenkeller und habe mein Schlüsselbein gebrochen.» Unglücklich war auch Louise Colet: in Kairo in einem zweitklassigen Hotel, auf der Nilfahrt bis Assuan auf einem rattenverseuchten Boot untergebracht und zu Lande von einem störrischen Esel abgeworfen, war sie schließlich während eines Ausfluges vor Erschöpfung außerstande, einen Schritt weiter zu tun; in einem Sack verpackt trugen Fellachen sie zum allgemeinen Amüsement zurück aufs Boot.

In seinem Stammquartier, dem ‹Hotel l'Orient›, bescheiden im Komfort, hervorragend in der natürlich französischen Küche, hielt Lesseps Hof. Am Tische von «Mr. le Comte», wie man ihn gemeinhin nannte, trafen sich die Reichen, die Mächtigen und die Tollen. Auffallend die riesige furchteinflößende Gestalt des Auguste Mariette Pascha, Gründer der Antiken-Verwaltung, des ersten Museums vom Alten Ägypten und Leiter von 3000 Arbeitern an 35 Ausgrabungen zwischen Assuan und dem Mittelmeer, darüber hinaus Autor der Erzählung ‹Braut des Nils›, die Verdi zur ‹Aida› inspirierte.

Am 18. Oktober empfing der Khedive seine Gäste in Audienz und stellte sich ihnen vor: «Ich bin ein hervorragender Landwirt und Industrieller.» Abends gab er im Kasr el Nil Palast ein Diner. Louise Colet, die von 1001 Nacht geträumt hatte, war bitter enttäuscht: «Eine Nachäffung der Tuilerien. Mit Gästen im Frack und einer faden Aufführung von Mussets Caprice.» Vier Tage lang wurden die Gäste durch Kairo geführt und sahen Meisterwerke islamischer Architektur aus früheren Jahrhunderten. «Aber leider, die Stadt der Kalifen empfing uns in neuen Kleidern, fast alle Monumente waren rot und weiß angestrichen, alle ursprünglich so delikaten Maßwerke und die Arabesken verschwanden unter einem Mantel frischer Farbe.» Kurzum, das Ägypten des Khediven Ismail überbot sich darin, Europa nachzuäffen.

Am 19. Oktober traf Kaiserin Eugénie auf der ‹Aigle› in Alexandrien ein und wurde vom Khediven abgeholt. Im Zug fuhren sie nach Kairo und soupierten *en route*. In Kairo war für sie ein Triumphbogen errichtet und eigens der Gezirah Palast gebaut worden. Später beschrieb sie die fünf Wochen in Ägypten als ihre letzte schöne Erinnerung. Hier fühle sie sich wie zu Hause, schrieb sie dem Kaiser, Ägypten erinnere sie an Spanien, ihre Heimat. Auguste Mariette war ihr Führer in Oberägypten, sie hatte sich gut vorbereitet und in Paris unter dem jungen Professor Maspero einen Schnellkurs in Ägyptologie absolviert. Ihr Besuch bei den Pyramiden war auf ihre Rückkehr verschoben worden, weil die elf Kilometer lange Straße zu ihrer Residenz auf der Nil-Insel Gezira noch nicht fertiggestellt war. Kein Fremder durfte derweil die Pyramiden besichtigen, ein Brite, der darauf beharrte, sah den Grund: Die Straße wurde von Fronarbeitern unter ausgiebigem Gebrauch der *Kurbasch* gebaut. Am Fuß der Pyramiden ließ Ismail ein Chalet errichten, wo er Eugénie ein Diner gab, anschließend geleitete er sie ins Freie: die Cheops-Pyramide war von einem Feuerwerk in tausend Lichter getaucht. Unterdessen schwärmten die 900 übrigen Gäste des Khediven ein, der ‹London Times›-Reporter beschrieb sie als «eine selbst zugefügte Pest». Die Hotels waren überfüllt, auch der Lord und der Bankier mußten froh sein, wenn sie ein Zimmer zu zweit oder dritt teilen durften. Ein Problem war, außer für besonders privilegierte, an den Isthmus zu gelangen. Fromentin zwängte sich in die Eisenbahn:

«In unserem Zug war eine riesige Menge asiatischer Pilger, Anatolier, Tscherkessen, Bukharer, einige in seidenen Kaftans, andere in Schaffellen. Die meisten hatten Bettzeug und Kochutensilien mit sich. Wir kamen um Mitternacht in Ismailia an. Irgendwie fand jeder von uns einen Platz zum Schlafen, im Haus eines Freundes, im Zelt, oder wenn man glücklich war, in einem der Hausboote, die im Süßwasserkanal festgemacht waren.»

Am Isthmus herrschte ein ungeheures, festlich gestimmtes Gewühl, Zehntausende von Schaulustigen, geladene und ungeladene, berühmte und geringe, Muslim-Notabeln waren mit ihren Stämmen, ihren Herden von Kamelen, Pferden, Schafen durch die Wüste gezogen, etwa 30000 Araber lagerten an den Ufern des Timsah-Sees, wo in Ismailia der Höhepunkt der Feiern geplant war. Alle Rassen, Sprachen, Hautfarben mischten sich hier, gelbe, schwarze und kupferhäutige, einem modernen Babel gleich. Unter diesen Massen brach die Organisation der Ägypter zusammen, für die wichtigsten Gäste war gesorgt, die anderen mußten sich irgendwie durchschlagen, in einer Gegend, in der bis vor wenigen Jahren nichts als Sand gewesen war.

Die meisten Europäer waren in Ismailia untergebracht, in einer Stadt aus 1200 Zelten, bequem eingerichtet, mit Teppichen ausgelegt. Gewaltige Buffets standen allezeit den Hungrigen und Durstigen bereit, 500 Köche und 1000 Kellner und Hilfspersonal hatte der Khedive aus Italien und Frankreich importiert, und ein Schiff aus Bordeaux hatte die köstlichsten Weine gebracht. Bald waren die Ufer des Timsah-Sees mit leeren Flaschen bedeckt. In großen Zelten tranken die Gäste Kaffee zu den Klängen arabischer Musik, in anderen sahen sie Jongleure, den Tanz der heulenden Derwische, Schlangenbeschwörer, Glasesser, Sängerinnen hinter Gazevorhängen. Nachts waren die Zelte von Laternen beleuchtet und die Straßen und Passagen dazwischen von offenen Feuern und Kienspanfackeln. Europäer bestaunten Araber und Araber, höflich, gesittet, ernst und stolz, bestaunten Europäer. Ein ehrwürdiger alter Scheich, mit weißem Turban und dunkel knöchellang gewandet, der inmitten seiner Herde, seiner Frauen und Diener im Hauptzelt hockte, befragt, warum er seinen Stamm von so weit gebracht habe, erwiderte lakonisch: «Ich glaube, daß das französische Mädchen uns zu sehen wünscht.»

Das «französische Mädchen», die Kaiserin Eugénie, hatte in Alexandrien ihre Jacht ‹Aigle› wieder bestiegen. Am Morgen des 16. November traf sie in Port Said ein, nach Kaiser Franz Josef, dem preußischen Kronprinzen und Prinz Heinrich von den Niederlanden. Ein gewaltiges Kanonensalut der im Hafen versammelten Schiffe, mehr als 80, davon 50 Kriegsschiffe, und der Küstenbatterien begrüßte sie und das Gebrüll aus tausend Kehlen. Nacheinander kamen der Khedive, Lesseps und seine Söhne, im Laufe des Vormittags auch Franz Josef und die Prinzen an Bord der ‹Aigle›, um Eugénie ihre Aufwartung zu machen. Nachmittags wurden Gottesdienste abgehalten; Ismail hatte drei Pavillons am Quai Eugénie errichten lassen, einen für sich und seine Sondergäste, einen für den muslimischen, einen für den christlichen Klerus. Zum erstenmal vollzogen Muslime und Christen ihre Gottesdienste gemeinsam, eine noble und großzügige Idee Ismails, die die Bruderschaft der Menschen symbolisieren sollte.

Als erster sprach Scheikh Ibrahim el Sakka von der ehrwürdigen Al Azhar-Universität in Kairo: «Allah schenke Deinen Segen Europa, das, wie Du siehst, heute zu uns gekommen ist. Schenke Deinen Segen dem Unternehmen, das verspricht, unsere arme Nation zu bereichern. Schenke Deinen Segen unserem Herrn und Vater, Ismail, der diesen großen Arbeiten vorsaß. Schenke Deinen Segen allen Leuten.» Anschließend segneten der katholische und der orthodoxe Geistliche, die füreinander jedoch nichts als Haß und Verachtung übrig hatten.

Am nächsten Morgen, um 8 Uhr 33, setzte sich ein Konvoi von 46 Schiffen in Bewegung, voran die ‹Aigle›. Eugénie, in Furcht, der Jacht könne etwas zustoßen und die Ehre Frankreichs bloßgestellt werden, war während der ganzen Kanaldurchfahrt sehr nervös. Ihren Cousin Lesseps hatte sie eingeladen. Als sie ihn etwas fragen wollte, suchte man ihn überall und fand ihn schließlich im tiefen Schlaf in seiner Kabine. Sie sagte: «Laßt ihn schlafen, er hat es verdient.» Der ‹Aigle› folgte Franz Josefs Jacht ‹Greif›, ihr sollte sich die ‹Grille› des preußischen Kronprinzen anschließen. Indessen bemerkte der Kronprinz, schon irritiert, weil die Engländer ihm nicht salutiert hatten, wie sich kurz vor der Kanaleinfahrt «zwei österreichische Dampfer dazwischen drängten, ein auffälliges Benehmen der Österreicher». In einer Zeit, die noch sehr auf Etikette hielt, wollten vermutlich die Österreicher, drei Jahre nach der Niederlage, es auf diese Weise den Preußen einmal zeigen. Schiffsglocken läuteten, Böller dröhnten, 30 Orchester spielten auf, das Volk, Arbeiter und Touristen jubelten vom Ufer. Beim Durchstich von El Gisr, vor der Einfahrt in den Timsah-See, drängte sich am späten Nachmittag die Menge, darunter Fromentin, der wie ein Rundfunkreporter schilderte:

«Eine leichte Rauchsäule und die Spitze eines hohen Mastes erscheint über den hohen Sandbänken des Kanals. Von einem Mast des noch verdeckten Schiffes fliegt die kaiserliche Flagge von Frankreich. Es ist die ‹Aigle›. Langsam gleitet sie unter uns dahin, ihre Räder drehen sich kaum, mit einer Vorsicht, die die Feierlichkeit des Augenblickes noch vermehrt. Endlich taucht sie in den See. Artilleriesalven aller Batterien grüßen sie, eine riesige Menge applaudiert, es ist wahrhaft wunderbar. Die Kaiserin, auf dem Oberdeck, winkt mit dem Taschentuch. Sie hat Monsieur de Lesseps an ihrer Seite; sie vergißt vor dieser Menge aus allen Teilen Europas und von Emotion überwältigt, seine Hand zu schütteln.»

Die Menge bricht in Jubelrufe aus: «Vive la France! Vive l'Impératrice! Vive Lesseps!» So wurde denn hier die Durchstechung der Landenge als eine Leistung des kaiserlichen Frankreich gefeiert.

Ismailia, innerhalb von sechs Jahren aus dem Wüstensand gewachsen, sollte so glanzvolle Tage nie mehr erleben: Feuerwerke, Gastfreundschaft überall, luxuriöse Diners für Hunderte von Personen, die erlesensten Weine, die delikatesten Fische, Rebhühner, Fasane, Wildenten. Eines der Bankette gab Lesseps den Mitgliedern des Internationalen Kongresses der Europäischen Handelskammern. Er hielt eine nüchterne Rede, frei von Rhetorik und Pathos, in der er die Gäste mahnte, daß die Privilegien eigener Gerichtsbarkeit für Europäer die Arbeit der Compagnie und die kommerzielle Entwicklung Ägyptens behindern würden.

Der 18. November schließlich war der Höhepunkt. In Lesseps Begleitung besichtigte Eugénie den Durchstich bei El Gisr, auf dem Rückweg bestand sie darauf, auf einem Dromedar zu reiten, zum Staunen der Araber. In Lesseps Haus verlieh sie ihm das Großkreuz der Ehrenlegion, der Khedive und Franz Josef zeichneten ihn gleicherweise aus. Nachmittags wurde eine ‹Reiter-Fantasia› vorgeführt, von ägyptischer Kavallerie und Beduinen, ein Dromedarrennen verlieh besonderen Reiz, die Luft hallte von Flöten, Tamburinen und den großen Trommeln der arabischen Musiker. In großer Toilette fuhren die europäischen Damen in ihren offenen Kutschen durch die Menge, als besuchten sie die Rennen von Longchamps. Nach den Rennen wurde die Creme der Gäste zu Beduinenlagern geführt, geschmückt mit Teppichen, Damaszener Klingen, silberbeschlagenen Steinschloßgewehren. Die Scheikhs boten Kaffee, Pfeifen und Süßigkeiten an und unterhielten mit Tänzern, Jongleuren, Sängern, Schwertschluckern und Schlangenmenschen.

Mit Einbruch der Nacht erstrahlten die Schiffe von Perlenschnüren ungezählter Glühbirnen, und Feuerwerke glühten auf. Ismail gab in seinem Palast einen Ball. Unter dem Ansturm der Massen war die Organisation zusammengebrochen, in dem Chaos versuchte jeder auf seine Weise, durch das Gedränge in der Stadt zum Palast zu gelangen, manche in Wagen, manche auf Pferden oder Eseln, andere zu Fuß. Der österreichische Kanzler, Graf Beust, Bismarcks Gegenspieler, erst vor drei Jahren vom sächsischen in den österreichischen Staatsdienst übergewechselt, hatte Pech. Die Kutsche, die ihn abholen sollte, kam nicht. Seine Excellenz machte sich zu Fuß auf den Weg, doch versank er mit seinen schwarzen Lackstiefeln im Sand und war schließlich froh, einen kleinen schwarzen Esel organisieren zu können, auf dem er in Frack und Orden die Reise durch die hell beleuchtete Stadt bis zu den Toren des Palastes bewältigte.

Im maurischen Stil in kurzer Zeit gebaut, war des Palastes oberes Stockwerk noch nicht fertig. Trotz ihrer Größe boten die Räume im Erdgeschoß, reich vergoldet und in einem schauderhaften Deuxième-Empire-Stil dekoriert, zuwenig Platz für die 6000 Gäste, allerdings war ein Drittel uneingeladen gekommen. Ehrengast war die Kaiserin, außer ihr zählte man nur 200 Frauen. Innen ein fürchterliches Gedränge, draußen der Duft von Rosen und der Sand wie Schnee leuchtend. Viele Orientalen saßen im Kreuzsitz auf Teppichen, andere schliefen. Eine enorme Zahl bunter Uniformen und Goldschnüre war zu sehen. Beust hielt krampfhaft zwei Diamantkreuze fest, aus Furcht, sie würden gestohlen. Man konnte sich kaum rühren und raufte sich um gute Plätze für den Einzug der königlichen Hoheiten. Damen standen auf Diwanen, gestiefelte, stiernackige preußische Offiziere stiegen auf Marmortische, die unter ihrem Gewicht bedrohlich wackelten. Endlich erschienen die Souveräne, Eugénie in kirschfarbenem Satin, bedeckt mit Diamanten, im Haar ein Diadem, an ihrem Arm Franz Josef im Frack. Das Mahl wurde erst um ein Uhr nachts serviert, doch schon vorher setzte der Ansturm an. Der ‹Times›-Reporter schrieb:

«Schrecklicher Hunger allein konnte das Benehmen der wilden Menge entschuldigen, jeder Stuhl an den Tischen war besetzt, lange vor der Souper-Zeit und die Leute, dem Prinzip der Krüppel am Brunnen von Siloam folgend, daß nur der, der drängt, etwas bekommt, boten gewiß eine Szene des zivilisierten Europas, die jeden zuschauenden Beduinen verblüffen mußte.»

Gesitteter gings im Salon des Khediven zu, wo ein Menü von 24 Gängen serviert wurde, darunter ‹Poisson à la Réunion des deux mers› und ‹Salade de Crevettes de Suez au cresson›. Ein ägyptischer Minister beschwerte sich bei einem europäischen Kollegen über die hemmungslose Extravaganz des Khediven: «Wir essen die Pyramiden auf, Stein um Stein.» Darauf der Europäer: «Machen Sie sich nichts draus, Exzellenz, Sie können Geld von uns borgen und dann können Sie von uns den Zement kaufen, um sie zu ersetzen.» In der Tat war Ismail dabei, mit seiner Verschwendungssucht zwar nicht die Pyramiden, aber die Unabhängigkeit seines Landes zu gefährden. Sieben Jahre nach dem Eröffnungsfest wird er gezwungen sein, seine Aktien – rund 45 Prozent des

Kapitals der Suez-Compagnie – an die Briten zu verkaufen und ihnen außerdem de facto die Finanzhoheit abzutreten, für vier Millionen Pfund, weniger als das Dreifache dessen, was er für die Eröffnungsfeiern ausgegeben hatte, nämlich 1,4 Millionen Pfund.

Am 19. November zur Mittagsstunde setzte die ‹Aigle› ihre Reise bis zu den Bitterseen fort, wo sich später 15 andere Boote ihr zugesellten. Am folgenden Tag beendete die ‹Aigle› um 11 Uhr 30 in Suez ihre Reise, die Eintragung im Logbuch unterschrieben Eugénie, Lesseps und die Offiziere. Der Khedive, Kaiser Franz Josef, der preußische Kronprinz und andere Hoheiten fuhren im Sonderzug nach Kairo, wo Ismail seine opulente Gastlichkeit fortsetzte. Man besuchte auch die Oper, von Italienern unter persönlichen Anweisungen des Khediven in sechs Monaten erbaut, am 1. November mit ‹Rigoletto› und einer eigens komponierten Kantate des Prinzen Poniatowsky eröffnet und von einer italienischen Truppe gespielt, das Orchester leitete Verdis Schüler Muzio. Eugénie blieb in Suez zurück, besuchte, wie Napoleon vor 71 Jahren, die Quellen des Moses in Sinai und das Haus, in dem er sich aufgehalten hatte, nun im Besitz eines muslimischen Bewunderers, der ihr sagte: «Buonaberdi hätte alle Moscheen Ägyptens verbrennen können. Er hat es nicht getan. Sein Name sei gesegnet.» So klangen die Festlichkeiten am Suezkanal mit einer Erinnerung an den größten aller Franzosen aus, dessen Feldzug nach Ägypten so eigentlich das Land wieder an Europa gekoppelt hatte, – wieder, denn erst die muslimische Eroberung hatte es davon entfernt.

Stanley, der im Auftrag des ‹New York Herald› über die Eröffnung berichtete, bevor er sich anschickte, Livingstone im tiefsten Afrika zu suchen, schrieb: «Das größte Drama jemals in Ägypten miterlebt und ausgeführt.» Doch literarisch und künstlerisch war die Ausbeute mager. Weder Zola noch Gautier noch Stanley schrieben ein Buch, Fromentin schuf nie das Werk, das er als Folge seiner Sahara- und Sahel-Studien schreiben wollte, Charles Blanc kümmerte sich um islamische Kunst in Ägypten, und Ibsen sagte zwar später: «Mein Aufenthalt in Ägypten war die interessanteste und lehrreichste Periode meines Lebens», in seinem Werk indessen schlug es sich nicht merklich nieder. Verdi wird die übermittelte Bitte des Khediven, eine Oper zu schreiben, ablehnen. Unterlagen darüber fehlen, er schrieb am 25. Juni 1870 an Giulio Ricordo: «Letztes Jahr wurde ich eingeladen, eine Oper in einem sehr entfernten Land zu schreiben. Ich antwortete Nein.» Aber dennoch fing er Feuer, komponierte ‹Aida›, die im Dezember 1871 in der Oper von Kairo uraufgeführt wurde.

Ferdinand de Lesseps wurde als Held gefeiert, sie nannten ihn den beliebtesten, am meisten geehrten, am meisten akklamierten Mann der Welt. Nach dem Abschluß der Feiern heiratete er, gerade 64 geworden, seinen persönlichen Hauptgast, die 21jährige Kreolin aus Mauritius,

Louise de Bragard, die ihm noch zwölf Kinder gebar, bevor er mit 89 starb. Emile Zola schrieb im Figaro: «Nachdem Lesseps das Mittelmeer mit dem Roten Meer vermählt hat, vermählte er sich selbst.» Die Festivitäten taten nichts, um die Beziehungen zwischen Europäern und Ägyptern zu verbessern, im Gewühle von Ismailia zeigte sich vielmehr, wie unendlich fremd, ja sogar abstoßend sie einander waren. Tourismus und Ägyptologie hingegen gewannen gewaltigen Auftrieb. Es war ein Fest, das sich einer ganz besonderen, nicht wiederholbaren Konstellation verdankte: ein Europa platzend vor Selbstbewußtsein und Expansionsdrang, das moderne *Condottieri* wie Lesseps und Cecil Rhodes hervorbrachte, ein Europa voll ungehemmtem Willen, sich die Welt politisch und wirtschaftlich gefügig zu machen, besessen von Neugier –und ein uralter, erschlaffter, ohnmächtiger Osten, der sich ihm völlig kritiklos anzupassen suchte, mit Hilfe einer Kombination einheimischer Fronarbeit und importierter Maschinenleistung in einer orientalischen Despotie. Wenige Monate später schrieb Flaubert im Blick auf künftige Rassenkriege an George Sand:

«Die großen kollektiven Arbeiten, wie der Kanal von Suez, sind vielleicht – in einer anderen Form – Entwürfe und Vorbereitungen für diese ungeheuerlichen Konflikte, von denen wir keine Vorstellung haben.»

Die Gründung des Deutschen Reiches von 1871 oder dreimal Kaiserfest

Von Peter-Christian Witt

Kaiserproklamation König Wilhelms I. am 18. Januar 1871 im Spiegelsaal des Schlosses von Versailles. Gemälde von Anton von Werner 1885.

Der Traum von deutscher Einheit in Freiheit – er hatte seit den 1830er Jahren Deutschlands liberale Eliten bewegt, 1848/49 war für diesen Traum gekämpft, gelitten und gestorben worden. Vergeblich, es war ein Traum geblieben, zu stark noch waren die Mächte der Tradition, der Legitimität, zu bedrohlich für viele vielleicht auch schon die aufgewühlten Massen, die nicht allein mehr Einheit in Freiheit, sondern Einheit in Freiheit *und* Gleichheit auf ihre Fahnen geschrieben hatten. Aber der Traum von deutscher Einheit blieb nicht nur eine machtvolle politische Idee, sondern Industrialisierung und Verbürgerlichung gaben ihr neue Schubkraft: Politische Ideologie und sozial-ökonomische Interessen gleichermaßen forderten die Einheit der Nation. Wie Einheit der Nation gestaltet werden, wer alles unter dem Dach der geeinten Nation sich sammeln sollte, darum wurde gestritten: Kleindeutsch oder großdeutsch, konstitutionell oder monarchisch-legitimistisch, Vorrang des aufstrebenden Bürgertums oder der traditionellen Kräfte, Vorrang von Parlament und parlamentarischen Ministern oder der Krone und des Heeres – das waren die Streitfragen, das Ziel aber war immer: Einheit der Nation. Wer hierfür eine Lösung bieten konnte, der hatte – wie immer sein Lösungskonzept auch aussehen mochte – zunächst für sich, daß er sich im Einklang mit den Forderungen seiner Zeit befand.

Dies hatte auch Bismarck erkannt und deshalb verband er sich mit der nationalen Bewegung: «Das war das Bündnis mit der Macht der Zeit, ohne die nichts mehr ging. Nation war das dominierende Prinzip der Zeit. Indem Bismarck diese Einsicht zur Maxime seiner Politik erhob, leitete er die große Umformung des deutschen Nationalismus ein. Nationalismus wird aus einer Oppositionsideologie zu einer Integrationsideologie ... Bismarck hat die Selbstbehauptung und Machtsteigerung Preußens *mit* dem Strom der Zeit erreicht: er hat sich selbst an die Spitze einer allgemeinen und großen Bewegung, die nicht in seiner Ursprungswelt war, gesetzt. Er hat das Gleichgewicht der gesellschaftlichen Kräfte der Zeit ... institutionell verankert. Damit wollte er den Staat und seine Regierung stärken, die Macht sichern und erhalten.» – So das zutreffende Urteil von Thomas Nipperdey über Bismarcks ‹deutsche› Politik in den 1860er Jahren.[1]

Es war das Bündnis von Tradition und Fortschritt, von traditioneller Herrschaft, von monarchischem Staat und von Königsheer mit dem revolutionären Prinzip der Nation. Preußischer Machtstaat und deutsche Einheit verschmolzen, auf der Strecke aber blieben sowohl die Vorstellungen der preußischen Hochkonservativen von Legitimität und Gottesgnadentum wie die liberalen Forderungen nach Einheit *in* Freiheit.[2] Es triumphierte das Dreigestirn: Einheit, Ordnung, Macht. Sicher, Einheit der Nation war noch immer auch Symbol des allgemeinen politisch-liberalen Fortschritts und Bismarcks Konzeption der deutschen Einheit

noch keineswegs allgemein akzeptiert. Und als nach den Kriegen von
1864, 1866 und 1870/71 die deutsche Einheit Wirklichkeit wurde, waren
die Weichen keineswegs endgültig gestellt; wie sich das geeinte Deutschland politisch, sozial und wirtschaftlich entwickeln würde, welche Kräfte
und Ideen sich durchsetzen würden, wie das Verhältnis von Tradition
und Fortschritt sich gestalten würde, welchen Stellenwert die Forderungen nach Freiheit und Gleichheit neben der gewonnenen nationalen
Einheit erhalten würden, das alles war offen. Der einmal erreichte Status
quo, die Machtverteilung zwischen Krone, Regierung und Parlament, sie
mußte ja nicht für ewig gelten. Doch, daß Bismarcks ‹deutsche› Politik
und die wenigstens partielle Unterwerfung der Liberalen unter seine
Vorstellungen, daß also der Triumph von ‹Einheit, Ordnung, Macht›
nicht doch schwere Vorbelastungen bedeutete, darüber kann es keinen
Zweifel geben.[3]

Die Gründung des Deutschen Reiches 1871 oder, wie manche romanti-
sierend und ganz unhistorisch meinten, die Wiederbegründung des Deut-
schen Reiches 1871 – das war schon eine merk- und denkwürdige
Geschichte: Mitten im Feindesland, im Spiegelsaal des vom französischen
Sonnenkönig, von Ludwig XIV., errichteten Schlosses von Versailles
vollzog sich im Beisein der deutschen Fürsten, der Generalität, von
Diplomaten und Ministern die Proklamation des preußischen Königs
Wilhelm I. zum Deutschen Kaiser. Das berühmte Gemälde Anton von
Werners – für die Ruhmeshalle des Berliner Zeughauses geschaffen – hat
diesen Moment in eindrucksvoll-entlarvender Weise festgehalten: Kaiser
Wilhelm I. in der Uniform des 1. Garde-Regiment zu Fuß auf einem
erhöhten Podeste stehend, an seiner Seite der Kronprinz und der Groß-
herzog von Baden, hinter ihm die Fahnenträger der preußischen Regi-
menter und vor ihm im Halbrund aufgebaut die militärischen Würdenträ-
ger Preußens und der anderen deutschen Bundesstaaten, Diplomaten und
Minister, herausgehoben hier auf dem Bilde Bismarck, durch seine weiße
Uniform, mit der Urkunde über die Annahme der Kaiserwürde in der
Hand.[4]

In Wirklichkeit trug Bismarck nicht eine weiße Uniform, sondern die
blaue Uniform der Magdeburger Kürassiere mit den frisch verliehenen
Rangabzeichen eines Generalleutnants und dem ebenso frisch verliehenen orangefarbenen Bande der Ritter eines hohen Ordens vom schwarzen Adler;[5] es war also künstlerische Freiheit, wenn Anton von Werner
auf dem Gemälde Bismarck so heraushob – ihn gleichermaßen wie den
Kaiser zum Augenfang und Mittelpunkt des Bildes machte. Aber es war
nicht nur künstlerische Freiheit, sondern 1902, als das Bild entstand,
eben auch schon gemalte Wahrnehmung eines großen historischen Ereignisses – und diese Wahrnehmung hieß: Seht auf Kaiser und Kanzler, sie
sind die Gründer des Reiches, und seht auf ihre Gehilfen bei der

Gründung des Reiches in ihren Uniformen, seht die militärische Macht, sie hat uns das Reich gegeben, sie schützt und bewahrt uns des Reiches Einheit. Kein Zivilist störte dies Bild der bunten Waffenröcke, der goldgewirkten Epauletten, der schimmernden Orden und farbigen Ordensbänder, der gezückten Säbel und glänzenden Helme – und zu Recht vermeldete Schultheß' Geschichtskalender unter dem 18. Januar 1871 «Feierliche militärische Proclamierung des Deutschen Kaisers».[6] Selbst einer der fürstlichen Teilnehmer, der bayerische Prinz Otto, empfand die ganze Zeremonie als unpassend: «Ich kann Dir gar nicht beschreiben» – so meldete er seinem königlichen Bruder Ludwig II. – «wie unendlich weh und schmerzlich es mir während jener Szene zu Mute war... Alles so kalt, so stolz, so glänzend, so prunkend und großtuerisch und herzlos und leer».[7]

Noch ein anderer der fürstlichen Teilnehmer, Bismarck selber, fühlte sich – wenngleich aus anderen Gründen – etwas bedrückt, wohl auch erbittert durch seinen kaiserlichen Herren, der ihn bei der Feier vernachlässigt hatte, die Huldigung der deutschen Bundesfürsten entgegennahm, auch dem Chef des Generalstabes, Grafen Moltke, und anderen Generälen noch die Hand geschüttelt hatte, ihn aber einfach überging. Spöttelnd berichtete Bismarck seiner Frau: «Diese Kaisergeburt war eine schwere, und Könige haben in solchen Zeiten ihre wunderlichen Gelüste wie Frauen, bevor sie der Welt hergeben, was sie doch nicht behalten können. Ich hatte... mehrmals das dringende Bedürfnis, eine Bombe zu sein und zu platzen, daß der ganze Bau in Trümmer gegangen wäre. *Nötige* Geschäfte greifen mich wenig an, aber die *unnötigen* verbittern...»[8] Natürlich spielte Bismarck damit auf seine Auseinandersetzung mit dem Kaiser darüber an, wie denn nun dessen Titel lauten sollte: ‹Kaiser von Deutschland›, wie es Wilhelm I. wünschte, wenn es schon der Kaisertitel sein mußte, oder ‹Deutscher Kaiser›, wie Bismarck es aus staatsrechtlichen Gründen, wegen der notwendigen Balance zwischen unitarischen und föderalistischen Elementen des neuen Deutschen Reiches, verlangen mußte. Wie immer, wenn es um hohe Politik ging, hat sich Bismarck durchgesetzt, auch wenn formell der Großherzog von Baden, der das Hoch auf den Kaiser ausbrachte, die Streitfrage elegant umschiffte, als er «Seine Kaiserliche Majestät, Kaiser Wilhelm» hochleben ließ.[9]

Also auch die «Kaiserliche Majestät» war mit der ganzen Feier so recht zufrieden nicht. Sicher, Wilhelm I. hatte sich mit dem Termin durchgesetzt, dem symbolträchtigen 18. Januar, jenem Tag, an dem vor 170 Jahren im Schloß von Königsberg Kurfürst Friedrich III. von Brandenburg sich selber zum König von Preußen gekrönt hatte. Wilhelm I. war damit auch wesentlich für die Geschmacklosigkeit verantwortlich, das Deutsche Reich auf fremdem Boden auszurufen – sozusagen unter Ausschluß des eigenen Volkes–, aber das, was er hatte werden wollen,

Kaiser von Deutschland, das wurde er nicht. Daß er es nicht werden
konnte, das mag er später begriffen haben; im Moment seiner Proklamation zum ‹Deutschen Kaiser› war er die ganze Sache wohl eher leid: Wie
er dachte und fühlte, das hatte er am 18. Oktober 1861 gezeigt. Durch
den Tod seines wahnsinnigen Bruders, Friedrich Wilhelms IV., endlich
vom Regenten zum König geworden, hatte er sich als einziger preußischer König nach Kurfürst Friedrich III. im königlichen Schlosse von
Königsberg am 30. Geburtstag seines ältesten Sohnes, des späteren Kaisers Friedrich III., selber zum König gekrönt und sich huldigen lassen.
Zwar ließ sich dies mit der konstitutionellen Monarchie, die Preußen nun
einmal war, in dieser Form kaum vereinbaren, aber es entsprach ganz
seinen Vorstellungen vom Gottesgnadentum der Krone.[10] Zum Kaiser
wurden weder er noch die beiden Nachfolger gekrönt; die alten Reichsinsignien, Krone, Szepter und Reichsapfel, lagen in Wien, – und neue
waren selbst 1890 erst im Entwurf vorhanden.[11]
    Aber war eigentlich mit der Proklamierung des preußischen Königs
zum Deutschen Kaiser am 18. Januar 1871 auch das Deutsche Reich
gegründet? Die borussische Geschichtsschreibung à la Treitschke und
Sybel, und selbst der viel kritischere Otto Hintze machten hier keine
Ausnahme, haben dies immer als selbstverständlich hingestellt, und wenn
Reichsgründung im Kaiserreich und auch später noch in der Weimarer
Republik gefeiert wurde, dann geschah es am 18. Januar.[12] Das hatte seine
Gründe, aber staatsrechtlich war die Kaiserproklamation nur ein notwendiger Teil des Gründungsaktes, dem sich ein zweiter, ebenso notwendiger, zugesellen mußte: die Verabschiedung der Verfassung durch Bun-
desrat und Reichstag und ihre Ausfertigung und Verkündung. Dies
geschah erst am 16. April 1871, und erst in diesem Moment begann das
Deutsche Reich in staatsrechtlicher Hinsicht zu existieren.[13] Verfassun-
gen haben es freilich an sich – und das wurde bei den Verfassungsfeiern in
der Weimarer Republik schmerzlich erfahren –, daß sie als abstrakte
Rechtsordnungen wenig emotionale Bindekraft entwickeln, sich schlecht
feiern lassen, jedenfalls schlechter als Persönlichkeiten oder leicht faßli-
che, singuläre Ereignisse wie Schlachtensiege oder eben Kaiserproklama-
tionen. Insofern machte es schon Sinn, den Staatsakt im Schlosse von
Versailles zum Reichsgründungsfest umzustilisieren, die Gestalt des Kaisers zum Mittel- und Angelpunkt der nationalen Identifikation und
Integration zu machen. Auch die Reichsverfassung unterstützte eine
solche Interpretation: Der Kaiser und König war und blieb Oberbefehls-
haber der gesamten militärischen Macht, nur von seinem persönlichen
Vertrauen, nicht etwa von parlamentarischer Zustimmung, hing der
jeweilige Reichskanzler und preußische Ministerpräsident ab; er konnte –
mußte dies freilich nicht – entscheidenden Einfluß auf die Gestaltung der
inneren und äußeren Politik des Reiches nehmen.[14]

Staatsrecht wie das Bedürfnis nach einer nationalen Identifikations- und Integrationsfigur gleichermaßen sprachen also dafür, Reichsidee und Kaisermythos zu verschmelzen und in der Person des Kaisers das neu- oder –wie manche meinten – wiederentstandene Reich zu feiern. Und daran sollte dann auch das Volk, das an der Kaiserproklamation selber so herzlich wenig Anteil hatte nehmen können, mochten auch im Reiche am 18. Januar 1871 überall die Kirchenglocken geläutet und die Salutbatterien geschossen haben, teilnehmen dürfen. Leider gab es dabei aber einige praktische Schwierigkeiten: In deutschen Landen ist der 18. Januar nicht gerade ein Tag, der zum Volksfest auf den Straßen einlädt, und auch der 22. März, Geburtstag Kaiser Wilhelms I., oder der 27. Januar, Geburtstag Kaiser Wilhelms II., waren gleichermaßen durch das Klima benachteiligte Daten. Da traf es sich gut, daß ja noch ein anderer Tag zum Feiern zur Verfügung stand, der mit verhältnismäßig geringen Schwierigkeiten zum Kaiserfest gemacht werden konnte: der Tag von Sedan. Hier hatte Napoleon III. am 2. September 1870, nachdem am Vortage die französische Hauptarmee geschlagen und in der Festung von Sedan eingeschlossen worden war, dem preußischen König seinen Degen übergeben und sich in preußische Gefangenschaft begeben. Das war das Ende des napoleonischen Kaisertums, nicht aber das Ende des deutsch-französischen Krieges, der zog sich blutig noch bis zum 2. März 1871 hin. Aber, wer Kaiser Napoleon III. als Haupthindernis für die deutsche Einigung interpretiert hatte, der konnte natürlich leicht seine Kapitulation zur Geburtsstunde des Deutschen Reichs und Kaisertums umstilisieren. Und der 2. September war ein Tag, an dem es sich auch in Deutschland gewöhnlich gut auf den Straßen und Plätzen feiern ließ.

So bildete sich schnell – schon in den 1870er Jahren – die Tradition, zentriert auf des Kaisers Majestät dreimal die Gründung des Deutschen Reiches zu feiern.[15] Einmal am 18. Januar, dem Tag der Kaiserproklamation, sodann am 22. März bzw. am 27. Januar, an Kaisers Geburtstag, schließlich am 2. September, dem Tage von Sedan.

Der 18. Januar war ein Tag, an dem Preußen sehr im Vordergrund stand: Tag der preußischen Königskrönung von 1701, am Vortage schon eingeleitet mit dem Fest der Ritter eines Hohen Ordens vom Schwarzen Adler, Preußens höchster Auszeichnung, beherrscht von Proklamationen an das preußische Heer und der Parade der preußischen Garderegimenter in Berlin, von Kundgebungen beider Häuser des preußischen Landtages, von Deputationen aus den preußischen Provinzen,[16] – das war wohl für viele, die die Reichseinheit erstrebt und für sie gekämpft hatten, oder auch für die Nachgeborenen, denen das geeinte Deutsche Reich schon selbstverständliche Lebenserfahrung war, doch zu viel Preußen und zu wenig Reich. Das galt nicht nur für Süddeutschland, wo solch borussische Umprägung des Einheitsgedankens ohnehin nicht allzuviel Begeisterung hervorzurufen imstande war, sondern auch in preußischen Landen, wo viele ebenfalls wünschten, daß Preußen hinter dem Reich zurücktreten sollte. Und der 18. Januar war eben auch zu sehr Fest des Hofes und der Höflinge, der Offiziere, Minister und Diplomaten, zu sehr ein Tag «des Reichs der Reichen», wie Sozialdemokraten spotteten,[17] kein Volksfest jedenfalls, allenfalls ein Fest der Honoratioren, über die sich an diesem Tage ein Strom wunderschöner, Uniform oder – hatte es zum Reserveoffizier nicht gereicht – Frack schmückender Ordenskreuze und Ordensbänder ergoß, der unter dem uniform- und ordensvernarrten Wilhelm II. bisweilen auch zur Flut wurde.[18]

Auch Kaisers Geburtstag hatte nicht nur klimatische Nachteile: Der alte Kaiser Wilhelm I. verstand seinen Geburtstag wohl eher als ein Ereignis, das im Kreise der königlichen Familie, der Offiziere seiner Armee und seines Hofes zu begehen war. Das Volk konnte nur in Berlin die unvermeidliche Parade der preußischen Garderegimenter bewundern, und der Königssalut, auf dem Königsplatz unter der Siegessäule abgeschossen von einer Batterie eines der Garde-Feldartillerie-Regimenter, war unüberhörbar, aber außerhalb Berlins war auch des Kaisers und Königs Geburtstag eher ein Tag für Honoratioren, die ihre Festkommerse in geschlossener Gesellschaft feierten.[19] Am meisten mögen sich noch die Insassen preußischer Gefängnisse an diesem Tag gefreut haben: Gab es doch an Kaisers Geburtstag ein Extrastückchen Fleisch zur Anreicherung des tristen Speisezettels.[20] Dabei genoß der alte Kaiser Wilhelm I. – und zwar je älter der 1797 Geborene wurde, desto mehr – in weiten Kreisen der Bevölkerung Verehrung, zumindest aber Respekt. Solche Verehrung sucht sich häufig stilleren, nicht öffentlichen Ausdruck: Was seines Kaisers und Königs Geburtstag ihm bedeutete, wie sehr er in den Kategorien persönlicher Ergebenheit und Treue zu seinem kaiserlichen und königlichen Herren lebte, macht eindrucksvoll ein Brief von Generalfeldmarschall Helmuth Graf von Moltke an seinen jüngeren Bruder Ludwig deutlich, dem er am 22. März 1872, «an Deines Kaisers Geburtstag», wie er schrieb, eine namhafte Schenkung machte, um ihn, der mit den irdischen Glücksgütern nicht so gesegnet war, auf Dauer von «Sorgen» materieller Art zu befreien.[21] Nicht zum Weihnachtsfeste, nicht zum Geburtstag des Bruders oder gar an seinem eigenen, sondern am Geburtstag seines Kaisers und Königs wollte Moltke also einem ihm nahestehenden Menschen eine besondere Freude machen – und so seinen Kaiser feiern.

Wilhelm II., zunächst von der überwiegenden Mehrheit der Bevölkerung mit großen Hoffnungen begrüßt,[22] konnte naturgemäß auf persönliche Verehrung nicht rechnen: Denn sie kommt nicht mit der Kaiserwürde ganz selbstverständlich, sondern sie will erworben sein. Dieser prachtliebende, uniformvernarrte und redelustige Monarch inszenierte seinen

Geburtstag als prächtige Hofoper. Der Stoßseufzer des bayerischen Prinzen Otto über die Feier in Versailles am 18. Januar 1871 – «Alles so kalt, so stolz, so glänzend, so prunkend und großtuerisch und herzlos und leer» –, er hätte nicht treffender sein können, um Wilhelms II. Geburtstagsinszenierungen zu charakterisieren. Uniformen, auch ‹höchst eigenhändig› neu entworfene, Orden, Säbel, Marschmusik, Kanonendonner – das waren die alljährlich wiederkehrenden optischen und akustischen Kulissen – und als Dreingabe bisweilen auch noch eine Kaiserrede. Dieser junge Kaiser liebte es, Reden zu halten und zwar selbstverfaßte: Sie wurden bald zum Schrecken eines jeden einigermaßen verantwortungsbewußten Menschen in Deutschland, von den verantwortlichen Ministern, die immer wieder ihre Zeit damit zu vertun hatten, wenigstens die übelsten Folgen kaiserlicher Reden auszubügeln, ganz zu schweigen.[23] Es gab nichts, wozu der ‹hohe kaiserliche Herr› nicht seine Meinung zum Besten gab: Politik, Militärstrategie und Taktik, Kunst und Literatur, Landwirtschaft und Industrie, für alle Fragen seiner Zeit hatte Wilhelm II. Lösungen parat, absurde und weniger absurde, bisweilen sogar ganz vernünftig klingende. Was aber wirklich problematisch war an diesen Reden, war, daß der Kaiser sich ohne Not in die Niederungen der Tagespolitik einmischte, überall mitreden wollte und damit naturgemäß selber zu einer umstrittenen Figur wurde, die als Symbol nationaler Identifikation und Integration persönlich einfach nicht mehr taugte.

Der Tag von Sedan, der 2. September, ließ sich schon eher als Volksfest feiern. An der Schlacht von Sedan hatten nicht nur preußische Regimenter, sondern auch Verbände der süddeutschen Staaten teilgenommen und ihr Blut für die deutsche Einheit vergossen. Das war also weder zu sehr preußisches Fest noch zu sehr an die konkrete Person auf dem Kaiserthrone gebunden: Hier ließen sich Reichsidee und Kaisermythos verschmelzen, waren Hunderttausende von Kriegsteilnehmern emotional involviert, ließ sich über Regimentertraditionen manches von den Emotionen an die Nachgeborenen vermitteln, fanden die Kriegervereine eine Möglichkeit zum öffentlichen Feiern.[24] Daß der Sedanstag natürlich auch seine Tücken hatte, auch viele Deutsche, die sich durchaus behaglich in der gesellschaftlichen, wirtschaftlichen und politischen Ordnung des Kaiserreiches eingerichtet hatten, nicht so unbedingt davon überzeugt waren, daß gerade der Tag des Sieges, der eben auch der Tag der Niederlage für Frankreich war, so bombastisch gefeiert werden mußte, war offensichtlich. Selbst Regierung und Behörden haben in späteren Jahren bisweilen dafür plädiert, die Sedanfeier lieber ganz ausfallen zu lassen oder doch auf das obligate Läuten der Kirchenglocken zu beschränken, um nicht durch eine allzu protzige Darstellung der eigenen militärischen Macht und durch zu viele wilde Reden wider den ‹Erbfeind›

Frankreich ohnehin bestehende außenpolitische Spannungen noch zu verschärfen.²⁵

So einfach wie am 18. Januar oder an Kaisers Geburtstag aber ließ sich am Sedanstage nicht von ‹oben› bestimmen, wie gefeiert wurde. An jenen Tagen brauchte nur die Zurschaustellung der militärischen Macht bei den Paraden reduziert werden, genügte ein Wink an die Behörden und schon unterblieben die sonst üblichen Grußadressen und waren bei den Festkommersen eher moderate Töne zu hören, wurde mehr von Kaiser und Reich als friedensstiftenden Kräften denn von Armee und Flotte als Garanten deutscher Größe geredet, – am Sedanstag aber war alles etwas anders. Es war der Tag, an dem Kaiser und Reich von ‹unten› gefeiert wurden; es war der Tag, an dem sich Sentiments und Ressentiments all' jener, die mit der bestehenden Ordnung zufrieden waren und sich aus welchen Gründen auch immer vor einer Änderung des gesellschaftlichen Status quo ängstigten, relativ ungehemmt auslebten; es war der Tag, an dem die Krieger- und Schützenvereine und die vielen anderen, sogenannten patriotischen Vereine das öffentliche Geschehen bestimmten; es war der Tag, an dem die Oberlehrer ihre patriotischen Reden hielten; es war der Tag, an dem die Kinder nicht nur – wie auch an Kaisers Geburtstag – schulfrei hatten, sondern vielerorts aktiv in die Feiern einbezogen wurden; es war der Tag, an dem die «Reichstreuen» «ihren» Kaiser und «ihr» Reich feierten.²⁶

Sedanstag war Volksfest – und blieb es zumindest auf dem flachen Lande und in den kleinen Städten des protestantischen Deutschland auch bis 1918, während in Großstädten wie Hamburg etwa die Beteiligung schon seit der Jahrhundertwende so zurückging, daß das Fest kurzerhand vom 2. September auf den jeweils nächstliegenden Sonntag verlegt wurde,²⁷ um wenigstens eine nicht gar zu dünne Kulisse für den Aufmarsch der Kriegervereine zu haben. Wie gefeiert wurde, das läßt sich schön am Beispiel der Stadt Harburg, einer in den 1870er Jahren noch kleinen, dann aber seit den 1890er schnell wachsenden, industrialisierten Stadt zeigen. Spontan geschah auch hier nichts: Wie bei den großen Staatsfeiern nahm sich die Obrigkeit der Sache an. Bürgermeister und Magistrat luden alljährlich Anfang August die Honoratioren der Stadt, die Vertreter der staatlichen Behörden, den evangelischen General-Superintendenten, die Direktoren der höheren Schulen, die Vorsitzenden der Kriegervereine, die Vertreter von Handwerk und Industrie, zur Bildung eines Festkomitees ein, und alljährlich beschloß man, seit in den 1870er Jahren sich die Rituale eingespielt hatten, das gleichförmige Programm:²⁸

Mittags um 12 Uhr Läuten aller Kirchenglocken für eine Stunde (im Falle der katholischen Kirche aus dem Stadtsäckel extra honoriert), dann um 13 Uhr Abfeuern des Kaisersaluts vom Schwarzenberg; am späten Nachmittag Sammeln der Kriegervereine, der Gesangs- und Turnvereine, der Schulkinder und der Veteranen mit Fahnen und Musik im Stadtzentrum und von dort Zug zum Schwarzenberg. Hier wurde dann zunächst das Freudenfeuer abgebrannt, ehe der Festkommers begann. Auch dessen Ablauf änderte sich in den Jahren nie – er dauerte später nur sehr viel länger, weil die einzelnen Programmpunkte ausgebaut wurden: am Anfang Marschmusik, dann ein gemeinsames Lied «Stimmt an mit hellem, hohem Klang, stimmt an das Lied der Lieder, des Vaterlandes Hochgesang...» Dann das Hoch auf den Kaiser – und jetzt das erste ‹Lebende Bild›, von denen noch zwei weitere folgen sollten, in denen Szenen aus der Schlacht von Sedan und die Übergabe des Degens durch Napoleon III. an den preußischen König nachgestellt wurden. Hieran schloß sich der Gesangsvortrag des ersten der Harburger Männergesangvereine an – ihm sollten noch Vorträge der drei anderen Gesangsvereine folgen; sodann – und dies war eine Einlage, die es erst seit den 1890er Jahren gab – Schauturnen des ‹Harburger Turnrats› und dann endlich die Festrede. Sie hielt über mehrere Jahrzehnte immer der Oberlehrer Wolf, der Direktor des Realgymnasiums; diese ‹Erinnerungsrede an die große Zeit› – sie war annähernd stets die gleiche: Die deutsche Einheit erstritten gegen den «Erbfeind», der – «durch Gottes Fügung» und durch den «ruhmreichen Kaiser Wilhelm den Großen und seinen Kanzler» besiegt – in Sedan sich hatte unterwerfen müssen. Dieses Werk gegen innere und äußere Feinde zu bewahren, sei die Aufgabe der Gegenwart; letzteres mal chauvinistischer, mal moderater formuliert, aber im Tenor immer gleich. Mit einem Wechselspiel gemeinschaftlicher Lieder, Gesangsvorträgen, Schauturnen und ‹Lebenden Bildern› – nur noch unterbrochen durch die Rede des Kriegervereinsvorsitzenden auf die Gefallenen – ging der Festkommers zu Ende, und das eigentliche Feiern mit viel Bier und Bierseligkeit konnte im Festzelt beginnen.

Sedanstag war Volksfest – doch stets nur eines Teils des Volkes. Denn am Sedanstage wurde auch gegen alle jene zum gnadenlosen Kampf geblasen, die sich nicht bedingungslos in die herrschende politisch-soziale Ordnung des Kaiserreiches einfügen wollten. Dies Schicksal traf zur Zeit des Kulturkampfes die deutschen Katholiken, es traf auch die treu zu ihrem angestammten Hannoverschen Königshaus stehenden Welfen, solange man in ihnen eine politische Gefahr erblickte, es traf ganz selbstverständlich die im Deutschen Reiche lebenden nationalen Minoritäten, die Dänen, die Polen und die Elsaß-Lothringer, vor allem aber traf es die Sozialdemokraten. Sie waren schon am Sedanstage 1871, als ihre Zahl noch klein und ihre politische Bedeutung ganz gering war, Zielscheibe chauvinistischer Hetze und sie blieben es noch, als vor dem Ersten Weltkrieg mehr als ein Drittel der Wähler ihnen das Vertrauen schenkte, als Millionen ihren Parolen folgten und für die politische, soziale und wirtschaftliche Gleichberechtigung der Arbeiterschaft kämpften. «Vaterlandslose, heimatlose, gottlose Gesellen», «Volksfeinde», «Krebsgeschwür unserer Zeit», das mit Stumpf und Stiel auszurotten war, so tauchten Sozialdemokraten in den Reden zum Sedanstage auf – und da konnte es nicht ausbleiben, daß sie sich wehrten. Seit den 1890er Jahren fanden regelmäßig Gegenveranstaltungen zu den offiziellen Sedansfeierlichkeiten statt,[29] – manchmal als Friedensdemonstration organisiert, manchmal auch dem Gedenken an Ferdinand Lassalle gewidmet, der am 31. August 1864 gestorben war, hatten sie stets einen doppelten Zweck: Einmal sollten sie durch ein eigenes Fest, durch eine eigene Feier mit Fahnen, Musik und Ansprachen der eigenen Anhängerschaft die Möglichkeit zu geselligem Beisammensein geben und sie gegen die Lockungen der prächtigen Paraden und der Volksfeststimmung bei den offiziellen Sedansfeiern immunisieren, zum anderen wollte man gerade an diesem Tage gegen die bestehende Ordnung agitieren, soziale Ungerechtigkeit anprangern und für ein Deutsches Reich werben, in dem sich alle Schichten des Volkes heimisch fühlen konnten. «St. Sedanstag», Fest des «Reichs der Reichen», «völkerverhetzendes Treiben», – so stellten Sozialdemokraten die offiziellen Feiern dar und setzten dagegen die Parolen «Nieder mit dem Chauvinismus» und «Für Frieden und Völkerverständigung». Und auf kaum einer ihrer eigenen Feiern blieben Georg Herweghs zynisch-verzweifelte Verse zum Sieg von Sedan unzitiert:

«Das Blut von Wörth, das Blut von Spichern,
Von Mars la Tour und Gravelotte,
Einheit und Freiheit sollt es sichern –
Einheit und Freiheit, großer Gott!

Ein Amboß unter einem Hammer
Geeinigt wird Alldeutschland stehen,
Dem Rausche folgt ein Katzenjammer,
Daß euch die Augen übergehn.

Es wird die Fuchtel mit der Knute
Die heil'ge Allianz erneu'n,
Europa kann am Übermute
Siegreicher Junker sich erfreu'n.»

Der Tag von Sedan einte so wenig wie der 18. Januar oder Kaisers Geburtstag die tief gespaltene, durch Kulturkampf, Sozialistenhetze, Nationalismus und Chauvinismus vorsätzlich tief gespaltene Nation. Denn wer Sedan und die beiden anderen Kaiserfeste feierlich beging, der mißbrauchte den innenpolitischen Gegner, indem er ihn als ‹Reichsfeind› denunzierte, vor allem auch dazu, seine eigenen Anhänger zu mobilisieren. Es war eben kein Zufall, daß im Ersten Weltkrieg der letzte im größeren Stil gefeierte Sedanstag, der 2. September 1917, dazu genutzt wurde, um in Königsberg in Preußen mit all denen, die gegen Demokratisierung und Parlamentarisierung und für einen deutschen Siegfrieden, für die Unterwerfung Europas unter deutsche Vorherrschaft, kämpften, die ‹Deutsche Vaterlandspartei› zu gründen.[30]

Bayreuth. Mythos und Gegenwart

Von Martin Gregor-Dellin

*Das Bayreuther Festspielhaus im Eröffnungsjahr
der Richard-Wagner-Festspiele 1876.*

Die Idee des griechischen Tragödientags lebte im 19. Jahrhundert noch einmal auf in den Frühschriften eines Philosophen und im Festspielgedanken eines Musikers. Nietzsche hat ‹Die Geburt der Tragödie› nicht als historische Interpretation gemeint, sondern als eine Deutung des Griechentums und des griechischen Geistes mit deutlicher Anspielung auf die Gegenwart, wodurch er sich die Sympathien seiner philologischen Zeitgenossen verscherzte. Das Ereignis, das er beschrieb und dessen musikalische Realisierung er ja gar nicht kannte, hatte Größe als Vorbild und Utopie. Richard Wagner erging es nicht viel anders, wenn er über die Wiedergeburt eines mystischen Festes zu einem Zeitpunkt nachgrübelte, als er von der Verwirklichung seiner Werkidee noch weit entfernt war. Es war lange vor der Arbeit am ‹Ring des Nibelungen›, daß ihm die besondere und abgehobene Bedeutung eines Theaters aufging, das erst noch zu schaffen war. Während der Komposition des ‹Lohengrin› im Sommer des Jahres 1847 drang er in seiner Lektüre griechischer Klassiker zu Aischylos vor, und er vergegenwärtigte sich den Ablauf eines attischen Festspiels. Das gab ihm die Vision getragener Riesenwerke ein, die aus dem Urgrund der Musik wuchsen. Gleichsam mitspielend, versetzte ihn Aischylos bis zum Schluß der ‹Eumeniden› in eine anhaltende Entrücktheit. «Meine Ideen über die Bedeutung des Dramas», so bezeugte er noch in seiner Autobiographie, «und namentlich des Theaters, haben sich entscheidend aus diesen Eindrücken gestaltet.»

Er las Aristophanes und Platons ‹Gastmahl›, wie er im vergangenen Winter 1846/47 Euripides durchgearbeitet hatte, und in der Anschauung der griechischen Antike ließ er die Lektüre der ‹Edda›, der ‹Wilkina-› und ‹Niflunga-Saga›, der ‹Heimskringla›, der ‹Völsunga-Sage› und der ‹Völuspa› auf sich wirken. Aus der Verschwisterung beider Sphären erwuchs ihm eine wünschbare Figurenwelt.

Dies ist *eine* Wurzel des Festspielgedankens, der mit dem Namen Bayreuth verbunden ist, der aber nicht notwendigerweise Bayreuth hätte heißen müssen. Die zweite Wurzel läßt sich in Inhalt und Dimension eines Werkes erkennen, mit dem Richard Wagner aus seiner Zeit herausdrängte, spätestens nachdem er 1849 Dresden verlassen und sich in der Schweiz der Konzeption und Niederschrift seiner vier ‹Ring›-Dramen zugewandt hatte. Bereits 1850 brach aus Unmut über die Unzulänglichkeit der Weimarer ‹Lohengrin›-Inszenierung Wagners Festspielgedanke in einem Brief an Ernst Benedikt Kietz zum erstenmal hervor: Er brauche 10000 Taler, dann wolle er aus Brettern ein Theater errichten, die geeignetsten Sänger kommen lassen und gratis drei Vorstellungen von ‹Siegfrieds Tod› geben, worauf dann das Theater abgebrochen werde und die Sache ihr Ende habe. Und als ihm ein Jahr später klar wurde, daß es bei ‹Siegfrieds Tod› nicht bleiben werde, kündigte er am Ende seiner Schrift ‹Eine Mitteilung an meine Freunde› 1851 an: An einem «eigens dazu bestimmten Feste» gedenke er dereinst «im Laufe dreier Tage mit einem Vorabende jene drei Dramen nebst dem Vorspiele aufzuführen». Er habe dabei keine «Repertoirestücke» nach den modernen Theaterbegriffen im Sinne.

Hier klingt ein Wort an, das später zur Abgrenzung eines Qualitätsanspruchs benutzt wurde: ‹Repertoire› und ‹Repertoire-Theater›. Die Bühnenwirklichkeit, wie Wagner sie in seiner Zeit vorfand, bestand entweder aus unzulänglichem Stadttheater oder einer höfischen Oper, in der – nach Wagners Meinung – die Aufmerksamkeit nicht auf das Werk hingelenkt, sondern von ihm abgezogen wurde. Viele Beispiele mochten ihm da zunächst recht geben, und die aus der Hofoper entwickelte Architektur, die das Gepränge im Saal mit dem auf der Bühne konkurrieren ließ, war nun auch nicht die günstigste Voraussetzung, das Drama selbst zum Hauptereignis werden zu lassen. Auch darüber hatte Richard Wagner früh nachgedacht. Als ein aus Riga stammender Cellist ihn einmal an das Jahr 1837 und seine Rigaer Kapellmeisterzeit erinnerte und ihn fragte, wie er denn in der Rigaer ‹Scheune› überhaupt habe dirigieren können, erwiderte Wagner, drei Dinge seien ihm an dieser ‹Scheune› als merkwürdig in Erinnerung geblieben: das stark ansteigende, nach Art eines Amphitheaters sich erhebende Parkett, die Dunkelheit des Zuschauerraums und das ziemlich tief liegende Orchester. Wenn er je einmal dazu käme, habe er damals gedacht, sich ein Theater nach seinen Wünschen zu errichten, so werde er diese drei Dinge dabei in Betracht ziehen.

Die amphitheatralische Anordnung schuf eine Versammlung von Gleichen wie im griechischen Theater; die Dunkelheit lenkte die Konzentration auf das Werk; das tief liegende Orchester schuf die Illusion einer klingenden Bühne, auf der sich die Gattungen zum Gesamtkunstwerk verschwisterten. So die äußere Gestalt des Festspiels. Das war auch schon die dritte Komponente, die zu Bayreuth führte, verbunden mit einem Qualitätsanspruch, der diese besondere Aufführungsstätte vom Routine-Betrieb des ‹Repertoire-Theaters› abgrenzen sollte. Warum das Werk nämlich nicht in der «Gestalt des Mittelmäßigen» an die Öffentlichkeit treten solle, begründete Wagner 1878 in seiner Schrift ‹Publikum und Popularität› so: «Erst die höchste Reinheit im Verkehr eines Kunstwerkes mit seinem Publikum kann die nötige Grundlage zu seiner edlen Popularität bilden.» Eine andre wollte er nicht. Aber das alles hätte immer noch nicht zu Bayreuth führen müssen!

Ein Schweizer Projekt, vielleicht sogar das einer Seebühne bei Brunnen am Vierwaldstättersee, war gescheitert. Der Plan eines Münchner Festspieltheaters über der Isar, zu dem Gottfried Semper bereits ein Modell ausgeführt hatte, wurde vom bayerischen König Ludwig II. noch bis ins Jahr 1867 – also weit über Wagners Ausweisung aus München hinaus – verfolgt und wäre wahrscheinlich nicht ganz so aussichtslos gewesen, wenn Wagner nicht aus Verärgerung über den König und die Münchner Theaterverhältnisse jedes Interesse daran verloren hätte. Dann trat in Tribschen am Vierwaldstättersee Friedrich Nietzsche in Wagners Leben, der deutsch-französische Krieg brach aus, und die langsam ihrem Ende entgegengehende Arbeit an dem musikalischen Riesenwerk des ‹Rings› ließ in Wagner den Entschluß reifen, gerade jetzt ein Festspiel zu begründen, das die Deutschen, nachdem sie «furchtbar» gewesen waren, nun auch von ihrer humansten Seite zeigte: als Künstler. Es war Nietzsche, der in seiner Schrift ‹Richard Wagner in Bayreuth› 1876 den Zusammenhang von nationaler Begeisterung und dem «Gedanken von Bayreuth» offen aussprach. Aber so einfach war es nicht gewesen. Nietzsche machte nur stimmig, was sich aus einer Reihe von Zufällen ergab.

Das allerzufälligste war der Ort. Wagner war beim Diktat seiner Autobiographie ‹Mein Leben› und dem Erzählen einer Jugend-Episode auf den Namen Bayreuth gestoßen und stellte im Konversationslexikon fest, daß die Stadt über ein Markgräfliches Opernhaus verfügte. Bayreuth lag außerdem günstig: beinah genau in der Mitte des Reiches, gerade noch in Bayern, so daß man mit der Unterstützung des Königs rechnen durfte, aber weit genug entfernt war vom Einflußbereich der Münchner Intendanz.

Wagners erste Reise ins Reich führte 1871 nach Bayreuth. Er besichtigte das Markgräfliche Opernhaus, fand es aber für eine Aufführung des ‹Rings› zu klein und ungeeignet. Da die Eigentümlichkeit und Lage der Stadt seinen Wünschen jedoch entgegenkamen, faßte Wagner den Entschluß, sich hier niederzulassen. Er hatte Glück, daß ihm die Bayreuther Stadtväter im Lauf der nächsten Monate und Jahre weit entgegenkamen. In Berlin erörterte Wagner die Finanzierung des Festspiel-Unternehmens mit den Wagner-Vereinen. 300000 Taler mußten aufgebracht werden: ein Drittel für den Bau; ein Drittel für die technische Einrichtung, die Ausstattung und die Dekorationen; ein Drittel für die Künstler und das übrige Personal. Dieser Betrag sollte durch den Verkauf von 1000 Patronatscheinen zu je 300 Taler einkommen. Um es vorweg zu sagen: Der Plan scheiterte. Zwar gelang es, die richtigen Männer – Architekten, Techniker, Ausstatter, Künstler – zu finden, und sogar Bayerns König Ludwig II. rief Wagner am 26. Mai 1871 zu: «Gottvoll ist Ihr Plan bezüglich Ihres in Bayreuth aufzuführenden Nibelungen-Werkes», aber an seinen Hofsekretär hatte er das genaue Gegenteil geschrieben: «Der Wagner'sche Plan mißfällt mir sehr...»

Am 1. November 1871 gab Wagner dem Bayreuther Gemeinderatsvorsitzenden seine Festspielabsichten bekannt und begründete, warum seine Wahl auf Bayreuth gefallen war, folgendermaßen: «Der Ort sollte keine Hauptstadt mit stehendem Theater, auch keiner der frequentesten großen

Badeörter sein, welche gerade im Sommer mir ein durchaus ungeeignetes Publikum zuführen würden; er sollte dem Mittelpunkte von Deutschland zu gelegen und ein bayerischer Ort sein, da ich zugleich an eine dauernde Übersiedelung für mich dabei denke und diese im Fortgenuß der vom Könige von Bayern mir erwiesenen Wohltaten nur in Bayern zu treffen für schicklich finden muß.» Am 29. April 1872 begannen die Erdarbeiten am Festspielhaus, gleichzeitig mit dem Bau des Siegesturms, den die vaterländisch gesinnten Oberfranken zur Erinnerung an die Gefallenen des deutsch-französischen Krieges unweit der Bürgerreuth auf der bewaldeten Höhe errichteten...

Schon der zweite Bauabschnitt war gefährdet. Die Einnahme aus dem Verkauf der Patronatscheine betrug im Sommer 1873 kaum die Hälfte der erwarteten Summe. Am 24. Juni sandte Wagner seine Schrift ‹Das Bühnenfestspielhaus zu Bayreuth› an den Fürsten Bismarck. Mit dem kurzen Begleitbrief wolle er, schrieb Wagner, sich nicht aufdrängen, bitte überhaupt nur um Kenntnisnahme, äußerte aber sein «tief beklommenes Gefühl», daß die Ausführung seines Unternehmens sich ohne Teilnahme der einzig adelnden Autorität vollziehen sollte: dann müsse er sich mit dem Schicksal trösten, das der Neugeburt des deutschen Geistes durch die großen Dichter in der zweiten Hälfte des 18. Jahrhunderts widerfahren sei. Wagner erhielt nie eine Antwort.

Bayreuth, ein National-Unternehmen? Das war es keinesfalls und konnte es auch nicht sein. In der Rede, die Wagner anläßlich der Grundsteinlegung des Festspielhauses im Mai 1872 im markgräflichen Opernhaus hielt, wies er den Begriff ‹Nationaltheater› mit aller Entschiedenheit zurück: «Ich bin nicht berechtigt», sagte er, «diese Bezeichnung als gültig anzuerkennen. Wo wäre die ‹Nation›, die dieses Theater sich errichtete?» Im besten Fall, so meinte er, würde dieses Theater in einem deutschen Parlament als Chimäre behandelt werden! Und als die ersten Festspiele 1876 mit einem katastrophalen Defizit geendet hatten, ließ Wagner die Abgesandten der Bayreuther Patronats-Vereine wissen: «An eine Hülfe von Seiten des Reichstags ist nicht zu denken. Im Reichstag ist nicht *ein* Mensch, der weiß, worum es sich für uns handelt. Bismarck würde wohl sagen, wenn wir eine Unterstützung begehrten: Wagner hat genug gehabt; viele Fürsten, der Kaiser selbst war da, um seine Aufführungen zu besuchen; wohin will der Mann?»

Ja, wohin wollte er? Noch niemals war es einem Künstler eingefallen oder gar gelungen, einen Theaterbau nur für die Aufführung seines eigenen Werkes zu errichten und für nichts sonst. Die Festspiele gründeten ausschließlich auf dem Durchsetzungsvermögen eines Komponisten, der zugleich Intendant und Regisseur sein wollte. «Wagner hat erreicht, was noch kein Künstler vor ihm auch nur anzustreben sich vermessen hatte», schrieb, als das Unwahrscheinliche eingetreten war, der Kritiker

Paul Lindau. «Bayreuth – wie wir die Summe all' dieser Anstrengungen und Resultate mit einem Worte bezeichnen wollen – Bayreuth ist zwar kein ‹nationales Unternehmen›; es ist in seinem eminent persönlichen Charakter sogar die volle Negierung des Nationalen. Aber unzweifelhaft ist es die stärkste individuelle Leistung, die zu denken ist.»

Um so unerträglicher waren sofort die Nebenerscheinungen dieser ‹individuellen Tat›, die sich denen, die um der Kunst willen zu kommen bereit waren, aufdrängten: eine unduldsame Anhängerschaft, Glaube statt Verständnis, Besserwissen und Proselytenmacherei, kurzum: die Sekte. Es gab genug Zeitgenossen, die das Ganze schon vorher durchschauten, die rochen, daß es hier nicht allein um Kunst gehen sollte, sondern um Schwelgerei, Heiltum und Gottesdienst. Sie wandten sich ab und bildeten den Kern einer Gegensekte von intellektuellen Ketzern, die Wagner das Leben schwer machten und in Sachen der Kunst meist nicht klüger waren als die Anhänger. Sie fühlten sich von der Intoleranz der ausschwärmenden Rechtgläubigen derart abgestoßen, daß ihnen kaum anderes übrigblieb als atheistisches Eiferertum gegen den neuen Kunstgott. Die Zahl der opferwilligen Patrone blieb begrenzt.

Der Grundsteinlegung gedenkend äußerte Wagner in einem Rückblick: «Wer die Weihestunden jenes Tages mit erlebte, mußte die Empfindung gewinnen, als sei die Ausführung meines weiteren Unternehmens zu einer gemeinsamen Angelegenheit vielverzweigter künstlerischer und nationaler Interessen geworden.» Dem war aber nicht so. In einem schrillen Brief an Nietzsche heißt es über das zeitweilige Ausbleiben jeder Hilfe von Seiten der Fürsten und der Aristokratie: «Ich wenigstens bin jetzt so weit, nach gar keiner Seite zu mir ein Blatt vor das Maul zu nehmen, und käme mir die Kaiserin Augusta in den Weg, sie sollte bedient werden. Denn das eine steht fest, daß an einen Kompromiß gar nicht zu denken ist.»

Dennoch wurde das Ergebnis, Bayreuth, ein exemplarischer Kompromiß, der Nietzsche enttäuschte. Als die Bauarbeiten eingestellt werden mußten und sich eine Eingabe an den Kaiser auf höheren Wink als unzweckmäßig herausstellte, sprang zuletzt wieder der bayerische König ein. Die Hilfe, 1874 gewährt, bestand in einem Vorschuß auf königliche Bürgschaften, was allerdings die ursprüngliche Festspielidee ruinierte: denn nun wurde ein Kartenverkauf notwendig, und aus dem Theater für alle wurde ein Theater für die Bevorzugten.

Auch auf der Bühne war nichts vollkommen. Die Wirklichkeit war von Anfang an behaftet mit Mängeln, unter denen niemand mehr litt als Richard Wagner selbst. Akustisch war das Haus ein Wunder – und ist es bis heute geblieben–, aber die optische Realisierung des ‹Rings› enttäuschte Wagner derart, daß er hinterher sagte: «Es war alles falsch!» Das lag nicht nur an Wagners eigenem desolaten Geschmack, sondern auch an

Martin Gregor-Dellin

der Unzulänglichkeit mancher Mitarbeiter. Nietzsche, der mit den größten Hoffnungen nach Bayreuth gefahren war, litt unter den langen Akten und war desillusioniert von den Zuschauern, die er in seiner gerade zu den ersten Festspielen fertiggewordenen Schrift ‹Richard Wagner in Bayreuth› noch als so «anschauenswert» bezeichnet hatte. Wenig anschauenswert war auch, was auf der Bühne zu sehen war. Die Kostüme erinnerten an Indianer-Häuptlinge und hatten – so Cosima in ihrem Tagebuch – «neben dem ethnographischen Unsinn noch den Stempel der Kleine-Leute-Geschmacklosigkeit». Alberich wirkte mit Mantel und Epauletten geradezu lächerlich. ‹Das Rheingold› stand unter vollständigem Unstern, die Akte der ‹Walküre› erschienen zu lang, und das szenische Arrangement war vergleichsweise dürftig. Während einer Aufführung sagte Wagner zu Malwida von Meysenbug: «Sehen Sie nicht zu viel hin! Hören Sie zu!» Erst ‹Siegfried› war ein Triumph. Da es aber zu Lebzeiten Wagners aus finanziellen Gründen zu keiner zweiten ‹Ring›-Inszenierung kam, hielt sich die Nachwelt zunächst an das nur mäßig Geglückte, und nach den ‹Parsifal›-Festspielen 1882, den letzten, die Wagner selbst erlebte, waren alle Weichen für eine Petrifizierung gestellt. Dabei hatte Cosima doch noch während der Proben zur ersten ‹Ring›-Aufführung im Juli 1876 in ihrem Tagebuch voller Resignation einbekannt: «So weit wird die Ausführung vom Werk zurückbleiben, wie das Werk von unsrer Zeit fern ist!»

Zweifellos war etwas Fremdes erschienen in dieser Zeit, und kritische Formulierungen wie «Affenschande», «Machwerk» und «Tollheit» waren keine Seltenheit. Wie aber konnte sich es trotzdem behaupten? Es gibt in der Kunst der großen Formen und des langen Atems eine Antinomie zwischen Schein und Inhalt, da sich Kunst und Gesellschaft voneinander entfernt haben und keine gemeinsamen Konventionen mehr kennen, eine Antinomie, die fast jeder Kunst zum Problem wird: zwischen Kulinarischem und Tendenziellem, zwischen Genuß und Erkenntnis. Der Glanz des Gründerzeit-Ambientes, mit dem sich auch das Werk umgab, war Trug. Die Götter gingen unter. Aber hinter dem Rücken des Schöpfers macht sich das Werk auf, um zu vergolden, was nicht besteht und gar nicht sein kann: so trügerisch ist Kunst, die nur Gleichnisse vorführt. Aber davon lebt sie auch. Der Mythos zeigt, wie alles zerfällt und zuschanden wird: Macht, Geld und Glaube. Nur merken die Zuschauer es nicht. Die Oberklasse des Reichs sah das radikalste sozialkritische Kunstwerk in Deutschland vor Anbruch des Naturalismus – und war entzückt.

Das ist ein Bayreuther Problem geblieben. Einerseits wurde Bayreuth im doppelten Sinn zur Werkstatt: durch künstlerische Experimente und neue Deutungen, die den Blick auf Werk und Zeit freigeben. Andrerseits verlangte eine Festspiel-Gemeinde die Perfektion, erstklassige Sänger-

Darsteller und Dirigenten, keine Ablenkung durch Innovationen, sondern die Wiederkehr des Gleichen. Dem kam die Ära Cosima Wagner entgegen. Die Wahnfried-Kanzlei, lange Zeit unter dem Einfluß Houston Stewart Chamberlains, hat diese konservierende Tendenz über das Ästhetische hinaus ins Politische zu verlängern gewußt. Mit einer nationalistischen Stilisierung Wagners, die den demokratischen Revolutionär unterschlug und seine antisemitischen Züge hervorkehrte, hat sie der späteren Vereinnahmung durch Hitler und das Dritte Reich Vorschub geleistet.

Die in der Ära Cosima Wagner unternommenen Versuche, einen künstlerischen oder urheberrechtlichen Schutzwall um Bayreuth zu errichten, sind zum Glück gescheitert. Unter Siegfried Wagners Festspielleitung setzte in den Zwanziger Jahren auch eine vorsichtige Modernisierung der Inszenierungen ein.

Also Musiktheater vom ‹Fliegenden Holländer› bis zum ‹Parsifal› mit wechselndem Glück und all den Peinlichkeiten, die mit so groß dimensionierter Oper unvermeidlich verbunden sind: unbefriedigende optische Realisierung, Klingsors Garten oder der Venusberg nie ganz zu lösen, all das Schwüle, das immer eine Tendenz zum Kitsch hat oder zu zerebraler Kälte, es sei denn, es ist dunkel und man sieht nichts. Kein Opernakt ohne die Gefahr der Langatmigkeit oder aber der unfreiwilligen Komik durch Bühnen-Aktionismus. Aber so geht es jeder Kunst, die Außerordentliches will und die Möglichkeiten der Realisierung von Anfang an überschreitet.

Die Überwältigungen sind überraschender und innerer Art, es sind Augenblicke oder vielmehr Stimmungen, die sich, wenn alles glückt, durch ein Zusammentreffen günstiger Umstände und hoher Leistungen einstellen: während des Doppelmonologs Holländer-Senta am Ende des zweiten ‹Holländer›-Aufzugs; oder bei den geteilten Violoncelli, wenn Sieglinde Siegmund zu Beginn des Wälsungen-Dramas den Trank darbietet; oder im letzten Akt der ‹Walküre›, nach dem dritten schwellenden Anlauf der Musik, der alles Trennende zwischen Vater und Tochter, Wotan und Brünnhilde, aus dem Wege geräumt hat, so daß sie beide, im Entsetzen ausgesöhnt, einander erschüttert in die Arme sinken. Dieser Augenblicke halber und nach manchen Längen, die mühselig und beladen sind, dieser Höhepunkte wegen also, sagt man sich im nachhinein, hat die Reise sich gelohnt, das stundenlange Schwitzen in den Akten, wenn der Sommer heiß ist, auf Sitzen, die zwar nunmehr nach Jahren harter Holzstuhlqual einen weichen Cordbezug erhalten haben, aber noch immer unbequem genug sind und für alle Zeiten nun einmal zu eng stehen, als daß man sich entspannt zurücklehnen könnte.

Das ist ein reines Vergnügen nie gewesen, und es erfordert die ganze Konzentration auf die Musik, ein diszipliniertes Publikum, das sich nicht rührt und reckt und das die Füße stillhält; das sich nicht durch Husten und Rascheln und Scharren den Genuß verdirbt und das mit um so größerer Erschöpfung bestraft wird, je angespannter und aufmerksamer es lauscht, weshalb es die Stundenpausen, die seit 1876 unverändert zwischen den Akten eingehalten werden, dringend benötigt.

Tschaikowsky, der damals den ersten ‹Ring des Nibelungen› in Bayreuth sah und hörte, fragte sich: «Wenn ich als Musiker von Profession nach der Aufführung der einzelnen Teile der Tetralogie das Gefühl vollständiger geistiger und physischer Erschöpfung empfand, wie groß muß dann die Ermattung der zuhörenden Dilettanten sein?» Das trifft wohl auf die meisten zu gegenüber einer Musik, deren Gewebe so raffiniert gewirkt ist, daß man den Teppich zugleich von unten sehen müßte, um seine Muster zu verstehen.

Dennoch stehen das Werk und sein innerer Zusammenhang in Bayreuth mehr im Vordergrund als bei vergleichbaren Opernfestspielen, die vor allem eine touristische Attraktion sind. Vom ‹Fliegenden Holländer› bis zum ‹Parsifal›: das bedeutet ja von vornherein Eingrenzung und Vergleich, es enthält die Chance ständiger fruchtbarer Auseinandersetzung mit einer vorgegebenen Werkstruktur und mit einer aus dem Geist der Gegenwart entwickelten Neu-Interpretation, von der Anstöße und stilistische Einflüsse auf das gesamte zeitgenössische Musiktheater ausgehen können. Aber nur was das Werk verspricht, kann eingelöst werden. Man kann die Behauptung immerhin wagen, daß unter dem Publikum in Bayreuth mehr Kenner sind als in Salzburg, Verona oder München. Dabei kommt es zwar zum Streit über mißglückte und gewagte Regietaten, doch ist der Schock, der von ihnen ausgeht, gewöhnlich nach einigen Jahren vergessen. Sogar das Umstrittene erscheint mit der Zeit in milderem Licht. Niemand kann ernsthaft mehr über ein Sakrileg wehklagen, nachdem sich herausgestellt hat, daß auch fragwürdige Inszenierungen dem Werk Wagners nur neue Interessenten und Anhänger, vor allem unter der Jugend, hinzugewonnen haben. Anhänger – nicht Wagnerianer, denn die Ideologie hat ausgespielt.

Die Fülle der Meinungen über Richard Wagner und sein Werk hat dem Künstler nicht geschadet, sondern genützt. Hier kann sich jeder auf irgendwen berufen. Strömungen, Meinungen und Parteiungen haben einander abgelöst wie die Stile der Inszenierungen. Der Geschmack aller Richtungen hat seine Anhänger auf dem Hügel gleichsam abgelagert, und der Karten-Computer tut heute ein übriges, um Alt und Jung, affirmative und kritische Anhängerschaft durcheinanderzuwirbeln. Hier findet jeder, was er nicht gesucht hat, und mancher gelegentlich auch sich selbst.

Bayreuth war von Anfang an ein sowohl relikthaftes wie neu-fremdes Fest, auf Kontinuität und Wiederholungszauber angelegt, auf Einübung und Wiedererkennen, und das Mißglückende, Mißlingende war wie das Außerordentliche aus eben diesem Grunde stets überraschend und nicht selten befremdlich. Über die Jahrzehnte hinweg hat sich ein Kanon gelungener Groß-Inszenierungen herausgebildet, die heute anerkannt werden und Festspiel-Geschichte sind, selbst wenn sie beim erstenmal in Mißfallenskundgebungen untergingen.

Mit dem fatalen nationalistischen Überbau hat Bayreuth auch den Charakter eines pseudoreligiösen Mekka der Kunst verloren, an das Cosima am inständigsten glaubte. Ihr Sohn Siegfried war zu schwach, um sich gegen eine gefährliche Tendenz auszulehnen, und er starb zu früh. Winifred Wagner, seine Witwe, verspielte ein Erbe, indem sie es formal über die Nazi-Zeit hinweg zu bewahren suchte. Zuweilen steht in Diskussionen die Vergangenheit wieder auf: exemplarische Geschichte, in die Wagner und seine Festspiele exemplarisch verwickelt waren. Aber auf welch anderem Gebiet hätten wir uns unsrer Geschichte entledigt? Die Improvisationskunst und Vorausschau eines Theatermannes und monomanischen Organisators erwiesen sich immerhin als stark genug, die Einrichtung der Festspiele Reiche und Kriege, Generationen und wechselnde Kunstauffassungen überdauern zu lassen, auch wenn die Idee vor Mißbrauch nicht geschützt war. Die Enkel Wieland und Wolfgang Wagner haben die Idee bewahrt, indem sie sie durch Wagnisse erneuerten.

Der Triumph des Industriezeitalters

Paris 1889 und die Weltausstellungen des 19. Jahrhunderts

Von Wolf Schön

Der Eiffelturm. Foto um 1889.

«Die Weltausstellungen sind Wallfahrtsstätten zum Fetisch Ware.» Auch die folgende, ebenso kritische wie scharfsinnige Definition der gigantischen Volksfeste des 19. Jahrhunderts stammt von Walter Benjamin: «Die Weltausstellungen verklären den Tauschwert der Waren. Sie schaffen einen Rahmen, in dem ihr Gebrauchswert zurücktritt. Sie eröffnen eine Phantasmagorie, in die der Mensch eintritt, um sich zerstreuen zu lassen.» Wie anders, wie idealistisch hatte Prinz Albert die ehrgeizigen Selbstdarstellungen des bürgerlichen Industriezeitalters eingeschätzt, als er 1850 in London auf einem Bankett zur Vorbereitung der ersten Weltausstellung das Wort ergriff: «Der Mensch nähert sich mit größter Vollendung der großen und heiligen Mission, die er in der Welt erfüllen soll... Die Ausstellung von 1851 soll uns ein wahres Zeugnis und ein lebendiges Gemälde der Stufe sein, auf die die Menschheit in der Erfüllung dieser großen Aufgabe vorgedrungen ist, und eine neue Quelle, aus der die Nationen ihre Kräfte in der Zukunft schöpfen sollen.»

Die beiden gegensätzlichen Äußerungen bezeichnen die Pole, zwischen denen sich das geistige und materielle Spannungsfeld der hektischen Gründerjahrzehnte vor der Jahrhundertwende aufbaute – zwischen Konsumrausch und Fortschrittsgläubigkeit, zwischen Profitdenken und dem Willen zur Völkerverständigung über alle trennenden Grenzen hinweg. Zehnmal wurden in London, Paris, Wien, Philadelphia und Chicago den staunenden Massen die Errungenschaften der technischwissenschaftlichen Zivilisation zur Schau gestellt. Unter den gigantischen Glasdächern der Ausstellungshallen erblühte – jedesmal prächtiger, reicher an unvorstellbaren Sensationen – der wiedergefundene Garten Eden. Die wilden Tiere, in friedlichem Beieinander vereint, bestanden freilich aus Eisen und Stahl, waren Maschinen, die im Überfluß und für alle erschwinglich das produzierten, was vordem nur einer privilegierten Oberschicht zugänglich war: vom barocken Polsterfauteuil, auf dem es sich wie ein regierender Fürst thronen ließ, bis zur mechanischen Schreibmaschine, an der nach einem zeitgenössischen Bericht junge Mädchen wie vor einer Art Klavier saßen und die Finger wie über eine Tastatur spielen ließen. Zur Musik der klappernden Typen, der rauschenden Spülung in den neuerfundenen Wasserklosetts und dem Gestampfe der fauchenden Dampfmaschinen inszenierten die Industrienationen ihre Version vom Tanz ums Goldene Kalb. In den Kathedralen der Waren errichteten Unternehmer und Fabrikanten Altäre, auf denen sie ihre Produkte feilboten. 50 Millionen Besucher waren es, die zum rauschenden Abschlußfest des optimistischen Säkulums im Paris der Jahrhundertwende in den Tempeln des Konsums zusammenströmten.

Was die anonymen Kupfer- und Holzstecher und dann die ersten Fotografen nicht müde wurden festzuhalten, waren eben diese weltwunderbaren Bauwerke, die sich gegenseitig übertrumpfenden Paläste für den

von allen Völkern anerkannten Beherrscher der Welt: den technischen
Fortschritt. Darin schon unterscheiden sich die Weltausstellungen von
den Expo-Imitationen unserer Tage, bei denen sich gewöhnlich jedes
Land in einen ‹National›-Pavillon zurückzieht. Bemerkenswert ist, daß
die kühnste aller Architekturen am Anfang und keineswegs am Ende der
Weltausstellungsgeschichte steht – Paxtons Londoner Kristallpalast aus
dem Jahre 1851. Wenn für manche nachfolgenden *World-Fair*-Bauten die
Bezeichnung ‹Palast› eher noch eine Untertreibung gewesen sein mag –
für Paxtons rechtwinklige, transparente Huldigung an die Prinzipien von
Nützlichkeit und Wirtschaftlichkeit wurde die schmeichelnde Klassifizie-
rung zum falschen Kompliment. Denn dieser erste monumentale Inge-
nieurbau war nicht als Ruhmesmal für künftige Generationen konzipiert,
sondern für den alsbaldigen Verbrauch bestimmt: Nur sechs Monate
dauerte im Hyde-Park die Montage der vorfabrizierten einheitlichen
Bauelemente; nicht weniger lange der von vornherein geplante Abbruch,
so daß das prototypische, aus gußeisernen Stützen und gläsernen Wänden
wie ein titanisches Gewächshaus konstruierte Monument des beginnenden Industriezeitalters nur auf Abbildungen erhalten ist. Die über sechs
Millionen Besucher betraten den Kristallpalast – so ein Augenzeuge –
ehrfürchtig wie den Petersdom in Rom, und Lothar Bucher berichtet,
daß graphische Reproduktionen der alle Dimensionen sprengenden, fast
600 Meter langen Glas-Basilika in den entlegendsten deutschen Bauernhöfen zu finden waren. Doch hat der wagemutige, vielbestaunte Vorgriff
auf Manhattan – hochkant gestellt wäre die Halle ein Wolkenkratzer im
Bauhaus-Stil gewesen – zunächst keine Schule gemacht. Überwältigt von
Nationalstolz und Prestigedenken, wollten die nachfolgenden Gastge-
berländer dann doch auf den Pomp historischer Dekorationen nicht
verzichten. So bescherte das in Maskeraden verliebte Fin de Siècle ein
halbes Jahrhundert später der Weltausstellungsmetropole an der Seine als
krönenden Abschluß die neobarocken Architektur-Monstren Grand und
Petit Palais, die inzwischen, wie auch der gegen erbitterte Widerstände
errichtete Eiffelturm, so viel Patina angesetzt haben, daß sie aus dem
Stadtbild nicht mehr wegzudenken sind.

Dieses Retardieren war typisch für das janusköpfige Jahrhundert, das
seine Künstler und Kunsthandwerker dazu anhielt, dem Stolz auf das
Erreichte mit den Stilformen vergangener Epochen bombastischen Ausdruck zu verleihen. Daß sich Fortschritt und Erfindungskraft häufig wie
auf der Echternacher Springprozession gebärdeten, zeigt das 1885 von
Carl Benz vorgestellte erste Automobil: ein elegantes Gefährt auf drei
hohen Speichenrädern, eine neue revolutionäre Form der Fortbewegung,
die ihre Funktion nicht verleugnet. 15 Jahre später sahen die Wagen der
Firma – dem Geschmack der auf Selbstdarstellung bedachten Kundschaft
angepaßt – wie repräsentative Kutschen ohne Deichsel und Pferde aus.

Einerseits also ließ das doppelgesichtige *Dixneuvième* seine wie Welt-wunder bestaunten Maschinen auf Rokokoschnörkeln rattern, anderer-seits war 1867 in Paris nicht nur die zweite von vier Weltausstellungen zu besichtigen, sondern obendrein erstmals die sinnvolle Durchgestaltung einer modernen Großstadt – eine urbanistische Großtat, freilich nicht ohne militär-strategische Hintergedanken des Kaisers Napoleon III. und seines Präfekten Haussmann. Zwölf Jahre zuvor hatte Gustave Courbet in einem eigenen Pavillon das Programm der realistischen Malerei vorge-stellt, was die Preisrichter der Weltausstellung nicht daran hinderte, Medaillen für Möbel zu verteilen, die Beichtstühlen der Renaissance ähnlicher sahen als zeitgemäßen Gebrauchsgegenständen.

Solche Schizophrenie war die Erbkrankheit der Gründerzeit: Der Fortschrittsrausch, entstanden durch die sich jagenden Erfolge von Tech-nik und Wissenschaft, war nur voll auszukosten in heroischen Posen und aufwendigem, geborgtem Dekor. Die der Maschine innewohnende nüch-terne Sachlichkeit blieb kommenden Generationen vorbehalten. Auf so pathetische Namen wie ‹Die Unbesiegbare›, ‹Die Wunderbare› und ‹Die Favoritin› wurden die ersten leistungsfähigen Mähmaschinen getauft. Und unter dem Dampfhammer der Creuzot-Werke – 1280 Tonnen schwer, Fallhöhe fünf Meter – zogen die Besucher der 1878er Weltschau hindurch wie unter einem Triumphbogen. Théophile Gautier stellte fest: «Die Kunst stand Seite an Seite mit der Industrie. Weiße Statuen erhoben sich zwischen schwarzen Maschinen, die Malerei breitete sich zwischen reichen Stoffen des Orients aus.»

Man mag den lärmenden Zirkus der Weltausstellungen, diese opern-haften Kraft- und Protzveranstaltungen des 19. Jahrhunderts, im Rück-blick für verwerflich halten, weil sie so schwungvoll das Karussell des Konsums ohne Rücksicht auf kulturelle, soziale und ökologische Folge-schäden angekurbelt haben, weil sie mit blindem Pathos den Glauben an unbegrenztes wirtschaftliches Wachstum dogmatisierten. Fest steht in-des, daß der Begründer der die Welt vereinenden Schau-Messen, der Königlich Britische Verein für Kunst, Handwerk und Handel, von hohen Idealen getragen war: Abbau der Zollmauern, freier Austausch von Wirtschaftsgütern, friedlicher Wettstreit der Völker auf dem Gebiet von Technik und Wissenschaft, Ausbau einer weltweiten Kommunikation. Das waren in der Mitte des vorigen Jahrhunderts keine Selbstverständ-lichkeiten und sind es heute immer noch nicht. Das rasante Tempo der technischen Entwicklung – auf die Dampfmaschinen folgte die Anwen-dung der Elektrizität, das Eisen machte dem Stahl Platz; Telephone, Glühbirnen, Fotoapparate, Nähmaschinen, Fahrstühle, Maschinenge-wehre und Zeitungs-Rotationspressen veränderten die Welt, – dieses Tempo zelebrierten die Weltausstellungen zunächst auf der soliden völ-kerverbindenden Basis gemeinsamer wirtschaftlicher Interessen. Daß die

enorme Publizität der Weltausstellungsspektakel am Ende zum Vehikel
nationalen Geltungsbedürfnisses wurde, war im Zuge der politischen
Entwicklung Europas und seiner immer erbarmungsloser konkurrieren-
den Nationalstaaten wohl unvermeidlich. Ausgerechnet Karl Marx, ein
eifriger Weltausstellungsbesucher, hatte fest mit der völkerversöhnenden
Kraft der bourgeoisen Industrieproduktion gerechnet. «Die wohlfeilen
Preise ihrer Waren [der Bourgeoisie] sind die schwere Artillerie, mit der
sie alle chinesischen Mauern in den Grund schießt, mit der sie den
hartnäckigsten Fremdenhaß der Barbaren zur Kapitulation zwingt.» Der
Satz steht im Kommunistischen Manifest, das drei Jahre vor der Einweihung des Londoner Kristallpalastes veröffentlicht wurde.

Das imposanteste Wahrzeichen, das die großen Weltausstellungen der
Gegenwart hinterlassen haben, ist zweifellos der Pariser Eiffelturm, –
machtvolles Symbol für das Hoch-hinauswollen einer Zeit, die ihren
eigenen Ehrgeiz entwickelt hatte. «Zum Ruhme der modernen Wissenschaft und zu Ehren der französischen Industrie wollte ich einen
Triumphbogen errichten, der ebenso ergreifend ist wie jene, welche die
vorhergehende Generation den Eroberern erbaut hat.» So interpretierte
der geniale Ingenieur Gustave Eiffel seinen stählernen Koloß, der als
gewaltiges Eingangstor und unübersehbarer Blickfang für die Pariser
Exposition Universelle von 1889 am Seine-Ufer aufgestellt wurde. Den
Anspruch, zu den Weltwundern gezählt zu werden, unterstreicht ein
zeitgenössisches Architektur-Capriccio, auf dem der Turm Eiffels die
Cheops-Pyramide, die Petersdom-Kuppel, das Straßburger Münster und
andere Großleistungen der Baukunst bei weitem überragt. Zumindest
was die Höhe betraf, wurde eine bis dahin unvorstellbare Traumzahl
erreicht: 1000 englische Fuß, was 300 Metern entspricht. Mit konventio-
nellen Konstruktionsmethoden war dieser Gipfelsieg nicht zu erringen.
Eiffel wählte die moderne Stahlskelettbauweise, die er mit hohen Brük-
kenbauten bereits hinreichend getestet hatte. Damit war vor allem das
Problem der Druckbelastung durch Windkräfte gelöst. «Der Turm ist
gewissermaßen vom Wind selbst geformt worden», erläuterte der Architekt sein funktionalistisches Bauprinzip, das indes nicht nur die Form,
sondern auch die Fertigung bestimmte. Handelsübliche Winkeleisen,
genormte Stahlbalken und genaueste Vorfabrikation bis zu den Nietlö-
chern ermöglichten eine rationelle Bauweise: Nach nur 16 Monaten war
die Montage des Wunderwerks beendet, ohne daß sich ein einziger
schwerer Unfall ereignet hatte.

Freilich stieß der gleichsam nackte Ingenieursbau, der sein konstrukti-
ves Innenleben aus unzähligen Streben selbstbewußt präsentierte, zunächst auf erbitterten Widerstand. Zolà, Maupassant und Verlaine prote-
stierten gegen die vermeintlich häßliche Fabrik-Ästhetik, die angeblich
das Pariser Stadtbild verschandele. Nur war das Monument der Superla-

tive, das unter dem Donner von 21 Salutschüssen von der zweiten Plattform aus erstmals erstiegen wurde, alles andere als ein nützlicher Zweckbau. Seine Symbolkraft ließ die Kritik bald verstummen. Auf einer Spitze hatte der Erbauer eigenhändig die Trikolore gehißt, verstand er seinen schwindelerregend hohen Turm doch auch als Denkmal für die Französische Revolution, die sich bei der Eröffnung der Weltausstellung zum hundertsten Male jährte. Und die Gipfelschau lenkte den Blick über das nationale Jubiläumsdatum noch weit hinaus: An der Balustrade der ersten Galerie prangten die Namen von 72 Gelehrten und Wissenschaftlern aus allen Ländern, die die Menschheit auf dem Weg der rationalen Welteroberung so weit nach vorn gebracht hatten. Überschwenglich sah der Politiker Jules Simon den Traum von Utopia in Erfüllung gehen: «Hier gibt es keine Streitigkeiten der Weltanschauungen oder Nationalitäten mehr, wir sind alle Bürger des Eiffelturmes!» In der Tat gaben sich zu Füßen des wiedererstandenen und jetzt endlich vollendeten babylonischen Turms, dessen Stützpfeiler in die vier Himmelsrichtungen weisen, über 50 Länder mit insgesamt 61 722 Ausstellern ein Stelldichein – mehr als je auf einer Weltausstellung zuvor, obgleich die europäischen Monarchien das so werbewirksame Spektakel der Dritten Republik mit Argwohn betrachteten und sogar teilweise boykottierten. Über 32 Millionen Besucher pilgerten in die Ausstellungshallen; in 30 Sprachen waren die Hinweisschilder verfaßt, darunter auch in der neuen stenographischen Kurzschrift und in Volapük, der modernen Kunstsprache, die der Konstanzer Abt Schleyer 1879 entwickelt hatte.

Emphatische Begeisterung führte dem Korrespondenten die Feder, der 1889 seine Eindrücke vom grandiosen Fest der Waren und Maschinen für die ‹Deutsche Rundschau› festhielt. An das Schiller-Zitat «berauscht von dem errungenen Siege» glaubte sich der Berichterstatter erinnern zu dürfen, «wenn man», wie er dann fortfährt, «in der gewaltigen Eisenconstruction der galerie des machines, auf den durch Elektricität in Bewegung gesetzten ponts roulants über den keuchenden, stampfenden, kurbelnden, schwingenden, Menschenarbeit verrichtenden Maschinen hinrollte, die jedem Betriebe auf und unter der Erde, im Wasser und selbst im Bereiche der Luft dienen. Wir sehen Stahlmeißel, die im Stande wären, das Urgebirge zu durchbohren, und Ballons, die uns auf Verlangen in die Luft entführen. Wir sehen, wie Maschinen Brot backen, und andere, die Chokoladetafeln ausmünzen. Wir nehmen die Röhren der Phonographen ans Ohr und hören, was vor Wochen gesprochen, gesungen, gespielt wurde, wir genießen die Musik der großen Oper durch das Telephon… Wir senden vom Telegraphenpavillon Weisungen in weite Fernen oder setzen uns in den Fahrstuhl des Eiffelturms und schreiben 300 Meter über der Erde eine Postkarte, die morgen in den Händen unserer Freunde sein wird. Zeit und Raum ist überwunden!»

Aber nicht genug mit den Zauberkunststücken einer sich überschlagenden technischen Revolution, die das menschliche Leben von Grund auf zu verbessern versprachen. In der Hauptstadt Frankreichs, das sich –
. von Nordafrika über den Kongo bis nach Madagaskar und Indochina – in kurzer Zeit ein beachtliches Kolonialreich erobert hatte, waren auch exotische Völker zu Gast. Ließen bisher, vornehmlich während der Romantik einige wenige Literaten und Künstler ihre Phantasie zu fernen Kontinenten und unberührten Kulturen schweifen, so waren deren Vertreter mit ihren fremdartigen Trachten, Künsten, Wohn- und Kultstätten im Zentrum der westlichen Zivilisation jetzt leibhaftig präsent. 22 Jahre zuvor, während der Pariser Weltausstellung von 1867, erwachte langsam das allgemeine Interesse an überseeischen Lebensformen, wurden Mitbringsel von Missionaren – ‹Idole› heidnischer Religionen – im Pavillon für kirchliche Mission ausgestellt, die freilich vom Standpunkt der eigenen Überlegenheit aus als Kuriosa eher belächelt wurden. Nun ließ sich, mit weitreichenden Folgen für das europäische Kulturverständnis und Lebensgefühl, das Weltausstellungspublikum erstmals vom bunten Folklore-Treiben und dem noch unverbildeten *savoir vivre* der weitgereisten fremdländischen Gäste begeistern. Das Staunen ob solcher Kontrasterlebnisse lernte auch der Reporter der ‹Deutschen Rundschau›, der in seinem Bericht fortfährt:

«Menschen und Produkte der fernsten Länder umgeben uns, sobald wir hinaustreten ins Freie. Durch den westlichen Ausgang des palais des machines entlassen, befinden wir uns in der Rue du Caire, einer orientalischen Straße, mit vergitterten Fensteröffnungen und vielen echten Thüren, die man aus Kairo hierher gebracht hat. Minarete erheben sich vor uns; ägyptische Eseljungen bieten uns ihre Thiere an; unter den Vorhängen der Bazare begrüßen uns die bräunlichen Gesichter der Eingeborenen, und eintretend, können wir, von verschleierten Frauen bedient, echten arabischen Kaffee schlürfen, dem berühmten Tanze der arabischen Tänzerin, oder den Kreiseldrehungen des Derwischs, oder dem Kampfspiele der Sudanneger zuschauen. Dann wandern wir weiter nach Marokko, nach China, Japan, Südamerika, den Lappen, Eskimos, den afrikanischen Völkern und den Indianern, zumeist von echten Vertretern dieser Völkerschaften begrüßt! Orbis in urbe erat!»

Zu guter Letzt stellte die ‹Deutsche Rundschau› Betrachtungen darüber an, wie dieses erstaunliche Rendezvous der Völker zustande gekommen ist und welche Folgen die Überwindung der Distanzen für die Zukunft haben kann:

«Steht man nach all der Fluth von Eindrücken dann abermals vor den überall wiederkehrenden, mahnenden Zahlen 1789 und 1889, dann drängt sich freilich die Einsicht auf, was wir alles der Nutzbarmachung des Dampfes und der Electrizität verdanken. Welcher Umschwung der

Verkehrsverhältnisse, die es möglich machten, die Gesellschaft der ganzen Erde zusammenzubitten und gleich ihre Hütten und Häuser, ihre Einrichtungen und ihr Gesinde mitzubringen! Für Schiller und seine Zeitgenossen war Georg Forster ein Wunder, weil er die Erde umsegelt hatte, und wenn der Schwabe in zwölf Tagen Paris erreichte, fühlte er sich Herr der Natur. Jetzt reist man in zwölf Stunden von Stuttgart nach Paris, und die Depesche braucht keine zwölf Minuten. Sollte die Umgestaltung der Verhältnisse des menschlichen Geschlechtes bis zum Jahre 1989 in gleichen Proportionen vor sich gehen, wer will sich dann auch nur eine Vorstellung davon machen, wie es bei unseren Enkeln aussehen wird? Man fühlt sich selbst schon halb fossil und antediluvianisch bei dem Gedanken.»

Die Frage, wie die Welt nach weiteren 100 Jahren aussehen würde, ist inzwischen beantwortet worden, nur leider ein wenig anders, als es sich die naiven Tagträumer von 1889 ausmalen konnten. Umgekehrt reicht die heutige Vorstellungskraft kaum aus, sich in den unkritischen Begeisterungstaumel der Belle Epoque zurückzuversetzen. Den technischen Apparaten auf den Heldenpodesten näherte sich das feierlich gestimmte Publikum, als gelte es, einem sakralen Ritus beizuwohnen. Auf den Bildreportagen für illustrierte Zeitschriften, Kataloge und andere Publikationen, mit denen sich die Daheimgebliebenen vom festlichen Glanz der Mammutveranstaltung beeindrucken ließen, haben die Besucher Sonntagsstaat angelegt: Wie für einen Ball hergerichtet, bauschen sich die weitschwingenden Krinolinen der Damen, überragt von den schwarzen Zylinderhüten gravitätischer Ehegatten und eleganter Kavaliere.

War dem schlanken, himmelhohen Eiffelturm die Rolle des säkularisierten Campanile zugedacht, so erweckte die ihm auf dem Marsfeld gegenüber liegende *Galerie des Machines* den Eindruck der dazugehörigen Kathedrale. Der Architekt Dutert und der Ingenieur Contamin hatten das 1865 in Deutschland entwickelte statische System der Drei-Gelenkbogen-Konstruktion benutzt, um mit einem neuen Bau der Rekorde alle bisherigen Weltausstellungsarchitekturen in den Schatten zu stellen. Das Kunststück glückte, eine schier endlose Fläche von 420 Metern Länge und 115 Metern Breite ohne Zwischenstützen bis zu einer Höhe von 43 Metern am Scheitel des sich sanft wölbenden, auf eine flache Spitze zulaufenden Glasdachs frei zu überspannen. Überkommene Sehgewohnheiten wurden außer Kraft gesetzt, da die geschwungenen Seitenwände übergangslos mit dem breitgefächerten Glasgewölbe eine organische Einheit bildeten. Das so gewonnene Raumbild ohne tragende Wände und lastendes Dach erzeugte die Illusion von Grenzenlosigkeit, zumal die über 60 Meter langen, am Boden spitz zulaufenden Rippenbögen auf punktförmigen Auflagern ruhten. Ein italienischer Journalist fürchtete, daß die pure Schönheit des transparenten Bauwerks entweiht

werden könnte, als er schrieb: «Die vollendet bogenförmige, durchsichti-
ge Wölbung wird von weißen Glasscheiben geschlossen, die mit ein paar
schlicht-harmonischen, bläulichen Ornamenten verziert sind, ebenso die
beiden Fenster, die im Norden und Süden des Palastes den Abschluß
bilden. Solange dieser leer war, verlieh ihm die Bauart – Eisen und Glas –
eine solche Leichtigkeit, daß ein Dichter ausrief: ‹Schade, daß man ihn
verschandeln wird, indem man Maschinen hineinstellt.›»

Die 32 Millionen Besucher, die während der kommenden Monate den
Palast nach seiner Ausstattung mit den neuesten Produkten des technischen Fortschritts durchwanderten, sahen die Sache anders. Zu viele
sensationelle Novitäten galt es zu bewundern – wie die jüngste Generation leistungsstarker Dynamo-Maschinen, die in den Industriestaaten die
Nacht zum Tage zu machen begannen, als überlegene und umweltfreund-
liche Energiequellen Dampfkraft und Gas ersetzten und die Halle selbst
in gleißendes elektrisches Licht tauchten. Mannshohe Scheinwerfer, auf
dem Eiffelturm installiert, erhellten mit kilometerlangen Lichtfingern
den nächtlichen Himmel von Paris, und nicht weniger attraktiv die
farbensprühenden Lichtbrunnen, die von unterirdischen bunt verglasten
Bogenlampen raffiniert beleuchtet wurden.

Unbeschreibliches Gedränge gab es vor dem Edison-Phonographen,
dem Vorläufer des Grammophons, der erstmals in Wachs-Rillen gespei-
cherte Töne beliebig oft reproduzieren konnte. Bereits weitentwickelte
Telephon-Apparate faszinierten nun auch die private Kundschaft, nachdem sich bereits Regierungsämter, Banken, Börsen und Warenhäuser
dieser phantastischen Kommunikationstechnik bedient und ihre kommerzielle Basis erheblich erweitert hatten.

Doch auch die Weltausstellung von 1889, die sich auf die Ideale der
Großen Revolution berief und sich der Wohlfahrt der Völker verschrieben
hatte, mochte auf die Präsentation der neuesten Waffen nicht verzichten. Makabres Prunkstück der Militärschau war neben vollautomatischen
Maschinengewehren der Geschützturm ‹Barbette›, dessen 32 cm-Grana-
ten 20 Kilometer weit trugen und bereits mühelos alle Panzerplatten
durchschlagen konnten, die haushohe Dampfhämmer gerade erst ge-
schmiedet hatten. Der Zerstörungskraft des hypermodernen Kriegsge-
räts, das die Furchtbarkeit kommender militärischer Auseinandersetzungen hätte vorausahnen lassen können, begegnete ein zeitgenössischer
Kommentator wenigstens mit bitterer Ironie: «Ein Schuß kostet mehrere
hundert Francs, und man muß schon mehrfacher Millionär sein, um sich
mit dem Stück eine Salve leisten zu können.»

Insgesamt jedoch bot das Ausstellungsgelände im Schatten des Eiffel-
turms mit der *Galerie des Maschines* und den drei kaum weniger impo-
santen Kuppelbauten, dem *Dôme central*, dem *Palais des Beaux-Arts* und
dem *Palais des Arts-Libéraux*, ein durchaus friedliches Bild. Nach den

Schrecken des Kommune-Aufstands hatte sich die Dritte Republik in restaurative Beschaulichkeit geflüchtet; die hohe Politik fand vornehmlich im Ballsaal statt. Die Wunden, die der verlorene Krieg gegen Deutschland geschlagen hatte, waren dank der florierenden Wirtschaft rasch verheilt. Waren die Weltausstellungen, anders als etwa die Warenmessen des Mittelalters, von Anfang an nicht als Kaufmärkte, sondern als reine Schau-Veranstaltungen konzipiert, so entwickelte die *Exposition Universelle* von 1889 obendrein eine enzyklopädisch-dokumentarische Perspektive, die auch die Vergangenheit mit einschloß. Umfangreiche Retrospektiven wurden organisiert. Eine davon galt der Geschichte der menschlichen Arbeit, des Kapitals der besitzlosen Massen, die zugleich ausgebeutet wie auch als Konsumenten der expandierenden Industrieproduktion umworben wurden.

Das bürgerlich-republikanische Frankreich der Belle Epoque war durchaus auf Ausgleich der Interessen und soziale Probleme bedacht. So konnten die neuen Arbeiterbewegungen der Vorstädte und Industriegürtel mit ihrem Kampf gegen Armut und Verelendung durchsetzen, daß 1874 das Mindestalter für arbeitende Kinder von acht auf zwölf Jahre erhöht wurde. 1874 zählte man allein in Paris 130 verschiedene Gewerkschaften, die 1884 offiziell zugelassen wurden. 1890, ein Jahr nach der Weltausstellung, kam es zur ersten Demonstration für die Einführung des Achtstundentages. Bereits 1862 hatten sich französische Arbeitervertreter in organisierten Sammelreisen nach London aufgemacht, um mit ihren britischen Kollegen über gewerkschaftliche Organisationsformen zu diskutieren – zwei Jahre vor der Gründung der 1. Arbeiter-Internationale unter Mitwirkung von Karl Marx.

Vor diesem Hintergrund erscheint es nur folgerichtig, daß die französische Weltausstellung von 1889 ein ganzes Bündel von Informationsmöglichkeiten im Hinblick auf die wachsenden sozialen Bedürfnisse der Bevölkerung präsentierte: Neben der opulent inszenierten Rückschau auf die Entwicklung der Arbeit, die mit den ersten Handwerken der Steinzeit begann und den fortschrittsgläubig gestimmten Besucher die unaufhaltsam ansteigende Stufenleiter menschlichen Fleißes und Erfindungsreichtums bis zu seiner strahlenden Gegenwart hinaufführte, waren die unterschiedlichen Typen preiswerter Arbeiterwohnhäuser verschiedener Siedlungsgesellschaften und Baugesellschaften aufgebaut. Das Gebäude eines Arbeitervereins hatte einen Konferenzsaal für 300 Teilnehmer. Informationsstände unterrichteten über Arbeits- und Sozialfragen wie Lohn, Gewinnbeteiligung, Versicherung, Pension und Gewerkschaftsaktivitäten.

Besonderer Wert wurde auf die Verbesserung der Hygiene gelegt. Der Werbung und Aufklärung auf diesem Gebiet, die sich an Architekten, Investoren und Stadtplaner richteten, dienten zwei äußerlich gleiche vierstöckige Mietshäuser: Das eine war noch mit den üblichen Abtritten und Fäkaliengruben ausgestattet, während das andere mit zeitgemäßem, im Hinblick auf die sprunghaft anwachsende Großstadtbevölkerung auch dringend benötigtem Komfort wie fließendem Wasser und an ein Kanalsystem angeschlossenen Toiletten glänzte. Sogar erste Fertighäuser wurden gezeigt – freilich waren die aus vorfabrizierten Pappwänden zusammengesetzten Baracken für den Gebrauch in den Kolonien und als transportable Lazarette gedacht.

Ein besonderes Geschenk für die Gastgeberstadt hatte sich der kunstfreudige englische Millionär Sir Richard Wallace ausgedacht. In allen Quartieren von Paris ließ er gußeiserne Trinkwasserbrunnen aufstellen – Miniaturtempel im Renaissance-Stil, deren Kuppeldächer von antik kostümierten Karyatiden getragen wurden. Auf einer zeitgenössischen Illustration kostet ein Passant vom hochherzig spendierten Naß so andächtig, als hätte er eine heilige Quelle entdeckt. Die ebenso nostalgischen wie modernen Brunnenanlagen komplettierten die Außenmöblierung der Stadt, die sich zunehmend gerade auch im Freien wohnlich einrichtete, indem sie Straßen und Plätze mit Laternen, Bäumen, Bänken, Denkmälern, Plakatsäulen und Kiosken bestückte.

Seitdem Haussmann mit seinen Prachtstraßen die mittelalterliche Enge aus dem Paris Nouveau vertrieben hatte, spielte sich das Pariser Leben zunehmend auf den Avenuen und Boulevards mit zahllosen Vergnügungsstätten ab. Der Flaneur, der sich in der anonymen Menge ziellos treiben läßt, wurde zum Inbegriff einer Gesellschaft, die die städtischen Attraktionen im entspannten Müßiggang genießt. Man huldigte den Göttern des Wohlstands und überließ sich dem unbeschwerten Leben, wie es die Impressionisten licht- und farbentrunken dargestellt haben. Künstler und Literaten verließen die hochherrschaftlichen Salons und trafen sich lieber in Cafés. «Straßenzüge wurden vor ihrer Fertigstellung mit einem Zelttuch verhangen und wie Denkmäler enthüllt», berichtet Walter Benjamin über die Lebensart des Hochkapitalismus in der «Hauptstadt des 19. Jahrhunderts». Die Weltmetropole der Künste, der Mode, des Geschmacks und des Plaisiers baute sich die flüchtige Pracht der Weltausstellungen auf Dauer für den täglichen Gebrauch nach: Passagen mit Luxusläden imitierten das Filigran der Stahl-Glaskonstruktionen; in den neuen Warenhäusern eröffnete sich ein Schlaraffenland.

Keine Pariser Weltausstellung schließlich ohne die Heerschau der Schönen Künste. Im *Palais des Beaux-Arts* fand die wohlhabende Bourgeoisie Anregungen für repräsentative Wanddekoration zuhauf. 1889 beherrschten die Naturalisten den Geschmack des verwöhnten Publikums, das nach sensationellen Themen, ausgefeilter Technik und großen Formaten für das geschäftliche und private Interieur verlangte. Die offizielle Malerei führte einen letzten und am Ende aussichtslosen Kampf gegen die Fotografie, der auf der Weltausstellung von 1855 bereits die erste Sonderschau gewidmet wurde. Was das technische Gerät für lebensechte Bilder einstweilen noch nicht konnte, produzierten die gefeierten Salonkünstler im Übermaß: falsche Gefühle und kolossale Inszenierungen. Die Staffelei wurde zur Bühne, auf der vom heroischen Titanenkampf im Stahlwerk gegen die Kräfte der Natur bis zum religiösen Rührstück alles vertreten war, was die Schaulust entfesseln konnte. Auch bei den Bildhauern ging es hoch her. Darwins schockierende Lehre vom ‹Kampf ums Dasein› und die nahe gerückte Exotik mit ihren wilden Tieren inspirierten den Plastiker Fremiet zu einem furchterregenden Gorilla, der eine entblößte Frau entführt. Erotik, ein anderes Mal in antiker Marmorverpackung, stillte zugleich den bürgerlichen Bildungshunger. Sentimental oder dekorativ gaben sich die Bronze- und Marmorstandbilder wie Allouards trauernde ‹Heloise› und Constantino Barbellas ‹Liebeslied›.

Aber auch die moderne Kunst hat vom 89er Weltspektakel profitiert. Die Sonderausstellung japanischer Holzschnitte läutete den Japonismus ein. Einer, der sich nicht satt sehen konnte im algerischen Pavillon, wo die Flora Afrikas grünte und blühte und ausgestopfte Raubtiere im Gewächshausurwald auf imaginäre Beute lauerten, war der Zöllner und Sonntagsmaler Rousseau. Lange hat die kunsthistorische Forschung gebraucht, bis sie herausfand, daß seine märchenhaften Visionen Reportagen aus der Pariser Traumfabrik sind. Als ein Kritiker zu einem seiner Hauptwerke die ironische Frage stellte, wie sich denn ein Sofa in den Urwald verirren könne, antwortete er denn auch wahrheitsgemäß, die Sache verhalte sich umgekehrt: Der Dschungel sei zu der Frau auf dem Sofa gekommen. Die Wirkung dieser frei Haus gelieferten Mirakel der Welt, die man nicht wie der Tahiti-Reisende Gauguin selbst aufsuchen mußte, hat der Vater der Naiven nicht nur auf seinen Leinwänden, sondern auch in einer seiner harmlos vergnüglichen Theaterpossen geschildert. «Mein Gott, was für ein heißer Tag!», entfährt es da einem von der Suggestivkraft der verwirrenden Eindrücke restlos überwältigten Provinzler. «Mir ist zumute, als lebte ich im Senegal oder in einem jener exotischen Länder, deren riesige Wälder mit ihren farbenfrohen Bäumen von Menschenfressern und mehr oder weniger schrecklichen Tieren bevölkert sind!»

Von den technischen und künstlerischen Zaubergärten des Jahres 1889 blieb nur der «höchste Fahnenmast für die Trikolore», wie der Eiffelturm von seinem Schöpfer genannt worden ist. Als 1910 die *Galerie des Machines* demontiert wurde, war die Zeit für die Feste des Fortschritts endgültig vorbei. Der Rausch des unaufhaltsamen Vorwärtsstrebens wich Skepsis und Ernüchterung. Der Wille, den ganzen Erdkreis in einer

Superschau für Millionen zusammenzuzwingen, hielt den exzentrischen Kräften der auseinanderdriftenden Welt nicht statt. Nüchterne Spezialmessen haben den Karneval der Weltausstellungen ersetzt. Von ihren tollen Tagen reflektieren die heutigen Expos nicht mehr als einen schwachen Abglanz.

Der 1. Mai und die deutsche Arbeiterbewegung

Politische Demonstration und sozialistische Festtagskultur

Von Jens Flemming

*Titelblatt der im Vorwärts-Verlag Berlin 1894
erschienenen Maizeitung.*

Der 1. Mai heute: für viele ist er ein freier Tag wie andere auch. Man nutzt ihn zu Ausflügen, zur Erholung und Entspannung. Allein die Gewerkschaften sorgen für Kolorit und Atmosphäre. Sie organisieren Kundgebungen, Reden werden gehalten und gesellschaftspolitische Perspektiven beschworen: Pflichtübungen und Rituale, die alljährlich wiederkehren und abends an den Fernsehschirmen zu besichtigen sind. Sie bestätigen Erwartungen und Bedürfnisse, die selten über das Milieu der ohnehin Überzeugten hinausreichen. Transparente, Plaketten und Fahnen wecken hier und da Erinnerungen an Traditionen, die verblaßt und im Bewußtsein der Menschen nur locker verankert sind. An die verschiedenen Etappen bei der Ausbreitung und Entfaltung der Maifeiern denken die Wenigsten: nicht an die sozialen Konflikte, aus denen sie hervorgewachsen sind und auf die sie ihrerseits eingewirkt haben, auch nicht daran, daß die Nazis es waren, die den 1. Mai zum gesetzlichen Feiertag erhoben, sich seiner Symbolik bemächtigten, sie umbogen, eingemeindeten und entschärften. Daß sich vor 1933 in den Aufmärschen und Festzügen Elemente einer spezifischen Arbeiterkultur äußerten, ist kaum noch geläufig, an Revolution und sozialistischen Visionen berauscht sich niemand mehr, und eine Analyse wie die Rosa Luxemburgs aus dem Jahre 1907 dürfte bei den meisten auf Unverständnis oder Desinteresse stoßen. Der Ansatz, den sie verfolgt, ist jedoch nicht ohne Reiz. Denn er lenkt die Aufmerksamkeit auf verschüttete Argumentationsmuster und fremd gewordene Überzeugungen, lädt ein zu Erkundung und Spurensuche:

«Die Maifeier ist ein lebendiges historisches Stück des internationalen proletarischen Klassenkampfes, und deshalb spiegelt sie in sich seit bald 20 Jahren getreu alle Phasen, alle Momente dieses Kampfes wider. Äußerlich genommen, ist es immer dieselbe monotone Wiederholung gleichlautender Forderungen und Resolutionen. Deshalb glauben auch diejenigen, deren Blicke nur an der starren Oberfläche der Dinge haften, die Maifeier hätte durch Wiederholung ihre Bedeutung verloren, sie sei beinahe ‹eine leere Demonstration› geworden. Allein unter der äußerlich gleichen Erscheinungsform birgt die Maifeier in sich den wechselnden Puls des proletarischen Kampfes, sie lebt zusammen mit der Arbeiterbewegung und verändert sich daher mit ihr, gibt in dem eigenen Ideengehalt, in der eigenen Stimmung, in der eigenen Spannung die wechselnden Situationen des Klassenkampfes wieder.»[1]

Die Anfänge der nun fast 100jährigen Geschichte des 1. Mai waren begleitet von hochfliegenden Hoffnungen, von einer eigentümlichen Mischung aus Euphorie, Illusion und Enthusiasmus. In Deutschland bahnten sich damals einschneidende Wandlungen an. Der Fall des Sozialistengesetzes und der Sturz Bismarcks markierten 1890 den Beginn einer neuen Epoche. Befreit von den ärgsten Fesseln der Unterdrückung,

gelang der Sozialdemokratie der Durchbruch auf dem Weg der Massenbewegung. Bei den Wahlen zum Reichstag feierte sie einen spektakulären
Triumph. Wegen des Wahlrechts zwar nicht nach der Zahl der Mandate,
wohl aber nach der Zahl der abgegebenen Stimmen entwickelte sie sich
zur stärksten politischen Kraft. Als Partei des «Umsturzes» und der
«vaterlandslosen Gesellen» blieb sie freilich verfemt und ausgegrenzt.[2]
Immerhin, die parlamentarische Mehrheit, überhaupt der ersehnte
‹Zukunftsstaat›, in dem Freiheit, Gleichheit und Brüderlichkeit walten
würden, schien in greifbare Nähe gerückt. Selbst ein sonst eher nüchtern
urteilender Beobachter wie Friedrich Engels ließ sich im Londoner Exil
anstecken von einer Welle des Optimismus. « Stände nur Marx noch
neben mir, dies mit eigenen Augen zu sehen», wünschte er sich: ein Satz,
in dem die Begeisterung über die soeben miterlebte große «Heerschau»
des europäischen Proletariats nachhallte.[3] Gemeint waren damit die
Feiern und Demonstrationen am 1. Mai, den im Juli 1889 der Pariser
Gründungskongreß der Zweiten Sozialistischen Internationale zum allgemeinen, die Völker verbindenden Kampftag ausgerufen hatte. Er sollte
ein weithin sichtbares Signal setzen zum «Widerstand» gegen die «zerstö-
renden» Konsequenzen der kapitalistischen Ordnung, sollte die Massen
aufrütteln und den nötigen Druck schaffen, um soziale Reformen, vor
allem den Achtstundentag als Normalarbeitstag zu erzwingen. Dominie-
rendes Thema war die Humanisierung der Arbeitswelt und der Arbeits-
bedingungen.[4] Es hat bis heute nichts von seiner Aktualität eingebüßt.
Bei der konkreten Ausgestaltung der Maifeiern verzichtete man von
vornherein auf verpflichtende Richtlinien. Taktik und Aktionsformen
sollten sich an nationalen, aber auch an regionalen und lokalen Gegebenheiten, Überlieferungen und Milieus orientieren. Als Ideal wurde die
demonstrative Niederlegung der Arbeit proklamiert, freilich nur dort,
wo dies den Bestand der Arbeiterbewegung nicht prinzipiell gefährdete.
Als Maxime galt: Unternehmer und Staatsmacht aus der Reserve zu
locken, sie jedoch nicht zu Gegenschlägen zu provozieren und die
Arbeiterschaft nicht in aussichtslose Konfrontationen zu treiben: eine
Aufgabe, die zeitweilig der Quadratur des Kreises glich. In Deutschland
entzündeten sich darüber lange schwelende Kontroversen, die sich mit
dem Streit der verschiedenen ideologischen Strömungen überschnitten.
Im Kern ging es dabei um das Verhältnis von Reform und Revolution.
Skepsis vor radikalem Überschwang regte sich insbesondere in den
Reihen der Gewerkschaften. Parallel zur allmählichen Konsolidierung
und der seit Mitte der neunziger Jahre sich beschleunigenden Ausweitung
ihrer Basis konzentrierte man sich dort auf Ausbau und Sicherung des
gewonnenen Handlungsspielraums. In der Konsequenz hieß das, Risiken
zu reduzieren, unnötigen Konflikten auszuweichen und sich auf erreich-
bare Teilerfolge zu beschränken. Maidemonstrationen erschienen in die-

ser Optik als entbehrliche, weil leere Gesten. Sie hätten niemandem, notierte 1904 ein Mann aus der Verbandsbürokratie, auch nur «fünf Minuten Arbeitszeitverkürzung» gebracht.[5] In der Partei trösteten sich die Befürworter zwar regelmäßig damit, daß die Sache des 1. Mai «festen Boden in der deutschen Arbeiterklasse gefaßt» hätte,[6] aber die ganze Wahrheit war das nicht, eher schon eine Art Beschwörungsritual, um den mangelnden Konsens zwischen Partei und Gewerkschaften zu überdekken. Karl Kautsky jedenfalls, einer der Chefdenker in der Sozialdemokratie, meinte 1909, die Maifeier sei ein «Schmerzenskind», das «nicht leben und nicht sterben» könne.[7] Mit ähnlich resignierendem Unterton klang es 1915, schon im ersten Kriegsjahr, aus einem Beitrag in der ‹Neuen Zeit›, dem theoretischen Organ der Partei. Die Organisation sei zum «Selbstzweck» verkümmert und hätte die «großen Ziele» aus dem Auge verloren:

«Was einst ein Symbol revolutionärer Entschlossenheit war, wurde dort, wo sich starker Widerspruch der Unternehmer und der Regierungen geltend machte, vielfach zur Erfüllung einer Pflicht, die man einmal auf sich genommen und dort, wo es an diesen scharfen Widerständen fehlte, wurde die einst so revolutionäre Maifeier, vor der im Jahre 1890 das ganze Bürgertum gezittert, zum harmlosen Volksfest.»[8]

Daß die Schichten von Besitz und Bildung damals «gezittert» hätten, war nun allerdings eine gewaltige Übertreibung. Denn sofort nachdem ruchbar geworden war, daß Sozialdemokraten und Gewerkschafter am 1. Mai auf die Straße gehen wollten, formierte sich energische Gegenwehr. In Hamburg zum Beispiel, wo die SPD wenige Wochen zuvor alle drei Reichstagswahlkreise erobert hatte, ordnete die Polizeibehörde die Überwachung und Ausforschung sämtlicher Vorbereitungen an, öffentliche Versammlungen und Festivitäten wurden verboten, die Gefängnisse erweiterten prophylaktisch ihre Kapazitäten, und im benachbarten Altona hielt sich das dort stationierte Infanterieregiment zum Eingreifen bereit. Die Industriellen ihrerseits besannen sich auf Mittel der ‹Selbsthilfe› und schlossen sich zu einem schlagkräftigen Arbeitgeberverband zusammen, der bald darauf in den übrigen Bezirken der Monarchie als nachahmenswertes Modell gepriesen wurde. Sein erklärtes Ziel war es, die Mai-Aktionen der Arbeiterschaft zu konterkarieren und die noch jungen Gewerkschaften an die Wand zu drücken. Nur so schien es möglich, sich auch weiterhin als uneingeschränkte Herren im Hause zu behaupten. Welche Befürchtungen vor dem Waffengang herrschten, zu dem man sich in den Direktionsetagen der Betriebe rüstete, illustriert die Äußerung eines Beteiligten:

«Wenn wir uns den willkürlichen Feiertag am 1. Mai ruhig gefallen lassen, dann müssen ja die Arbeiter auf den Gedanken kommen, daß sie es sind, welche über die Fabriken disponieren und nicht wir; und haben sie mit ihrer Premiere am 1. Mai erst Glück, dann wird das Stück noch ganz andere Fortsetzungen erleben.»[9]

Aus einer Machtdemonstration der Gewerkschaften wurde so unvermutet eine Machtdemonstration des Obrigkeitsstaates und der unter seinem Schirm operierenden Phalanx der Unternehmer. Wie bereits im April angedroht, sperrten diese am 2. Mai diejenigen Arbeiter aus, die tags zuvor der Arbeit ferngeblieben waren und den Aufrufen ihrer Berufsvereine Folge geleistet hatten: rund 20000 an der Zahl. Den organisierten Arbeitern, selbst wenn sie den Kundgebungen nicht beigewohnt hatten, wurde ein Formblatt präsentiert, worin sie sich durch Unterschrift und «auf Ehrenwort» verpflichten sollten, unverzüglich aus den Gewerkschaften auszutreten. Wer sich weigerte, wurde ebenfalls ausgesperrt. Bei den Mitgliedern des Arbeitgeberverbandes zirkulierten ‹Schwarze Listen› mit den Namen der Gemaßregelten, die auf diese Weise stigmatisiert wurden. Die Streiks, mit denen die Arbeiter in einigen Branchen antworteten, dauerten bis zum Spätsommer 1890, ruinierten die Kassen, aber auch die organisatorischen Fundamente der Gewerkschaften und endeten in einem Fiasko, nicht zuletzt deshalb, weil die Gegenseite es verstanden hatte, in größerem Umfang auswärtige Arbeitskräfte als Streikbrecher anzuheuern. Die Gerichte in der Hansestadt verhängten Gefängnisstrafen, die sich auf insgesamt 20 Jahre summierten, das Armenkollegium verweigerte den Bedürftigen und deren Familien jede finanzielle Unterstützung, kurzum: die Ergebnisse dieses mit so viel Elan und Kraftbewußtsein in Szene gesetzten Maitages waren deprimierend, für den Vorsitzenden der SPD, August Bebel, deshalb Anlaß zu einer ernüchternden Bilanz: «Das stets opferwillige, in allen Kämpfen der Partei als festes Bollwerk geltende Hamburg [wurde] auf längere Zeit nahezu kampfunfähig gemacht.»[10]

Von den Schlappen, die sie in jenen Wochen hatten einstecken müssen, erholten sich die Gewerkschaften überraschend schnell. Aber für den 1. Mai die allgemeine Arbeitsruhe durchzusetzen, gelang in den zentralen, strategisch wichtigen Bereichen der deutschen Wirtschaft vor dem Weltkrieg nicht. Die Parteien verharrten in unversöhnlicher Feindschaft, die Fronten lockerten sich kaum: nur wenige Unternehmen zeigten sich geneigt, ihre Beschäftigten einen halben oder ganzen Tag freizustellen. Verwaltung und Justiz, Polizei und Militär standen für gewöhnlich Gewehr bei Fuß, präventive Schritte, ein wahres Arsenal an Verordnungen und Drohgebärden erzeugten Unsicherheit und Angst. Alljährlich, sofern der 1. Mai nicht auf einen Sonntag fiel, wurden Zehntausende von Arbeitern ausgesperrt, 1906 waren es ungefähr 49000, darunter allein 30000 Metallarbeiter, die bis zu zehn Tagen zwangsweise pausieren mußten.[11] Den Betroffenen verlangte dies erhebliche Opfer ab. Jede Teilnahme an den Maidemonstrationen barg schwer kalkulierbare Risiken, für den Einzelnen ebenso wie für die Gewerkschaften. Da sie den gemaßregelten Kollegen mit Geld unter die Arme greifen mußten, befürchteten sie negative Rückwirkungen auf Kampfkraft und Manövrierfähigkeit.

Kein Wunder, daß sich die Begeisterung in Grenzen hielt, der Aktionsradius eng blieb. Jubeltöne und Rhetorik in Zeitungen, auf Plakaten und Flugzetteln dürfen darüber nicht hinwegtäuschen. Die Zahl derer, die während der Arbeitszeit feierten, überstieg selten mehr als ein Prozent der arbeitenden Bevölkerung. Aus Hamburg etwa wird berichtet, daß sich 1897 zur Kundgebung am Morgen des 1. Mai 6000 Personen eingefunden hätten, kleine Geschäftsleute, Handwerker, Angestellte von Partei und Gewerkschaft, höchstens die Hälfte gehörte zum Kreis der Industriearbeiter, den eigentlichen Adressaten: mit Blick auf die 20000 eingeschriebenen Sozialdemokraten in Stadt und Umgebung ein eher kümmerliches Aufgebot.[12] Die Massen jedenfalls, von denen die sozialdemokratische Publizistik so gern schwärmte, wurden nicht erreicht, der Grad der Mobilisierung war insgesamt gering. Als Reflex auf diese Situation meldeten sich in den Gewerkschaften immer wieder kritische Stimmen. Sie plädierten dafür, auf Arbeitsniederlegungen völlig zu verzichten und die Festveranstaltungen auf den Abend zu verschieben. Im Metallarbeiterverband ging man soweit, die Maifeiern unverblümt als «Schädigung der Arbeiterinteressen» anzuprangern. Mehrheiten konnten solche Positionen auf Gewerkschaftskongressen und Parteitagen zwar nicht gewinnen, aber sie vermitteln eine Ahnung von der Bandbreite der Meinungen und von den Schärfen in der darüber aufgebrochenen Debatte. Der 1. Mai war in der Arbeiterbewegung ein ‹Zankapfel›, für viele ein ungeliebtes, nur mit Zögern und allerlei Kautelen adoptiertes Kind.[13]

Daß unter solchen Bedingungen eine ihrer selbst gewisse, solidarisch handelnde Arbeiterschaft die Klassengesellschaft, den Staat und die Unternehmer in die Schranken fordern könnte, war mehr Wunschtraum als Realität. Im Angesicht der Barrikaden, hinter denen sich das gegnerische Lager verschanzt hatte, zog man sich vielfach zurück auf die Idylle der Gartenlaube und erschöpfte sich in vorpolitischer Geselligkeit.[14] Man traf sich zu Ausflügen ins Grüne, tummelte sich auf abendlichen Festveranstaltungen, ließ sich ergötzen von künstlerischen und sportlichen Darbietungen. Da gönnte man sich Potpourris aus Oper und Operette, Vorführungen durch Mitglieder der örtlichen Arbeiterturnerbünde, Sketche und Couplets, Massenchöre, Feuerwerk und Tanzvergnügen. Aus der Distanz erscheint manches davon als bloßer Abklatsch eines kleinbürgerlichen Kulturbetriebes. Für die sozialdemokratischen Beobachter und Propagandisten von damals manifestierte sich darin jedoch ein Stück proletarischer Gegenöffentlichkeit, in der sich unverwechselbare Rituale und Symbole ausprägten. In der Maifeier glaubten sie die Umrisse der

‹Wirtschaftsordnung von morgen› zu erkennen, in der sich die Kunst mit der Arbeit verschwistern würde. Der 1. Mai galt als Fest ‹aus eigenem Recht›, nicht gewährt durch Obrigkeit und Kirche, sondern Zug um Zug erobert, gefüllt von Äußerungen der ‹Freiheit› und der ‹Freude›. Von traditionellem Feiertagsrummel, von altehrwürdigen Bräuchen und der dominierenden Festkultur des Bürgertums wähnte man sich dabei meilenweit entfernt. Denn, wie 1894 eine «historische Betrachtung» präzisierte:

«In einem Klassenstaat gibt es kein einmütiges Volksfest; da gibt es nur Klassenfeste. Dort die Feste der Bourgeoisie, hier das Fest des Proletariats, hier die aufstrebende junge Welt, welche im Frühling den Weckruf einer kommenden Zeit hört, dort die alte untergehende Welt, dort der ekle Brodem, die heiße Stinkluft einer absterbenden Gesellschaftsklasse. Hier der Idealismus der Arbeit, des kampffrohen Strebens und Schaffens, dort die grinsende Übersättigung, die nur das Heute genießt, unbekümmert, ob morgen schon die Sintflut kommt. Dort Taumel, Sinnenrausch, hier klassenbewußtes, ernstes Wirken, dort die schale Gegenwart, hier die tagende Zukunft, dort Bismarckjubel und Sedanstag, hier die Maifeier der Arbeit, ‹bewußt und groß› – auch im Feiern der Feste.»[15]

Das Pathos einer Bewegung, die sich mit dem gesellschaftlichen Fortschritt im Bunde weiß, begegnet uns allenthalben. Die Jahr um Jahr in Auflagen von einigen Hunderttausend publizierten Maifeier-Zeitungen sind voll davon. In ihren Spalten finden sich Kommentare zur aktuellen Politik, Erzählungen und Gedichte, Erinnerungen an Gestalten und Ereignisse der Geschichte, nicht zuletzt auch Bilder und Illustrationen, in denen sich der Bedeutungsgehalt des Tages symbolhaft verdichtet. Die Titelseite der Ausgabe von 1898 zeigt im Hintergrund, auf einer Sänfte thronend, eine Frau, antik gekleidet, in der rechten Hand einen Stab mit dem Zeichen der Republik, der Jakobinermütze. Zusammen mit festlich geschmückten Knaben und Mädchen bildet sie die Spitze einer langen Marschsäule von Männern, Frauen und Kindern, die eine in den Konturen bereits verschwimmende Industrielandschaft hinter sich läßt. Im Vordergrund kehrt ein jugendlicher Arbeiter Pickelhaube, Säbel und Fürstenkrone zusammen, außerdem Schilder und lose Zettel mit Aufschriften wie «Fabrik-Ordnung», «Polizeiverbot», «Privateigentum»: Er räumt den Müll und die Hemmnisse der Gegenwart beiseite, macht gewissermaßen die Bahn frei für Demokratie und soziale Gerechtigkeit. Im Mittelteil derselben Nummer findet sich ein anderes Bild: zwei nackte Menschen, ein Mann und eine Frau, halb Schlange, halb Fabeltier, die Nacht und der Morgen, ringen miteinander, am Boden Geldstücke, eine zerborstene Kanone, ein Bischofsstab, dahinter eine strahlende junge Frau mit einer leuchtenden Fackel: die Sonne, sie steigt auf, der Maientag erwacht. Die ‹alte Zeit› sinkt hinab zu den Mächten der Finsternis, überwunden durch den zähen Kampf und die zupackende Kraft des Proletariats.[16]

Morgenröte und Licht, die Ablösung des Winters durch den Frühling, der Arbeiter im Gewand des Schmiedes und des Sämannes: In solchen und ähnlichen Metaphern symbolisiert sich der Aufbruch in eine bessere Zukunft. So wie die Natur sich ändert, so wird sich auch die Gesellschaft ändern in einem langen, aber unaufhaltsamen Prozeß. Darin lebt die Erwartung, daß die Strukturen des Kapitalismus mit innerer Notwendigkeit in sich zusammenstürzen werden. Soziale Interessen und Bedürfnisse legitimieren sich im Entwurf einer menschheitsgeschichtlichen Perspektive. Im Kampf der Arbeiterklasse kulminieren und vollenden sich die Kämpfe der Väter- und Großvätergenerationen. Derartige Überzeugungen äußerten sich nicht selten in mystischen Bildern von schwärmerischer Inbrunst. Wirklichkeitssinn paarte sich mit Heilsgewißheiten, in das Programm der politischen Emanzipation, in das Ideal von Glück und sorgenfreier Existenz flossen Anleihen ein aus dem Fundus religiöser Formeln und chiliastischer Vorstellungswelten. Wendungen wie «Maien-Evangelium des Sozialismus» oder «Heilsbotschaft» legen davon Zeugnis ab, und in der Festzeitung von 1902 waren geradezu überschäumende Sätze zu lesen:

«Einmal in jedem Jahr, am Tage des 1. Mai lehnt das Proletariat Wehr und Waffen an die Wand; da reckt es sich auf in seiner ganzen stolzen Größe; da trocknet es sich den Arbeitsschweiß von der Stirn, da schaut es um sich, rückwärts, vorwärts. Und alle Glut des Glaubens der Vergangenheit lodert wieder empor, bricht in hellen Flammen zu Tage. Und mit den Augen des Glaubens schaut der Riese Proletariat zehnmal glaubensgewisser denn je in die Zukunft hinein: Sein Adlerauge, von Begeisterung geschärft, erblickt wieder die Höhen, die kein Feind mehr wegreden, wegbeweisen, wegschicken kann; erblickt wieder den letzten Weg aufwärts; sieht noch immer das letzte große Gewitter hangen und seiner warten; schaut sich selber, wie er schreitet und dem letzten Wegende näher und näher kommt, bei jedem Schritte zunehmend an Weisheit, Reife und Kraft, bei jedem Schritte fähiger werdend, den letzten großen Ansturm zu vollenden.»[17]

Der 1. Mai als Demonstrations- und Festtag diente der Sammlung und Schulung, der Agitation und Mobilisierung. «Die Feinde sollen uns fürchten lernen, die Freunde sollen herangezogen werden, die Gleichgültigen müssen wir aufrütteln», gab 1912 das ‹Volksblatt› in Halle als Parole aus.[18] Besondere Aufmerksamkeit widmete man dabei den Landarbeitern und den Frauen, beides ‹Problemgruppen›, in denen die Sozialdemokratie aus unterschiedlichen Gründen nur schwer Fuß fassen konnte. Die Landarbeiter verharrten größtenteils im Dunstkreis eines konservativen Milieus, das allen Werbekampagnen der SPD und der Gewerkschaften trotzte; die Frauen verhielten sich in ihrer Mehrheit indifferent, rieben sich auf in der Bewältigung des Alltags, der Versorgung der Familie und der Erziehung der Kinder. Für Aktivitäten darüber hinaus fehlten Zeit und Energie. Appelle, selbst wenn sie sich dem Erfahrungshorizont der Frauen anpaßten, auch wohlklingende Angebote wie die von Clara Zetkin in der Maizeitung von 1904 änderten daran nichts:

«Der Achtstundentag der Arbeiterinnen schenkt oder richtiger spart den erwerbstätigen Proletarierinnen in Gestalt einiger freier Tagesstunden körperliche und geistige Kräfte, die sie dem gewerkschaftlichen und politischen Ringen für Brot, Bildung und Freiheit zu widmen vermögen. Der Achtstundentag der Arbeiter gibt dem Mann für eine Spanne des Tages dem Familienleben zurück. Als beratender Freund und politischer Lehrer kann er nun das Interesse seiner Lebensgefährtin für das öffentliche Leben wecken und läutern, kann er sie zur Pflegerin und Hegerin seiner Ideale heranbilden. Als Vater nimmt er sein Teil am Erziehungswerk der Kinder, so daß es der Frau ermöglicht wird, ihrerseits als Kampfgenossin an seine Seite zu treten.»[19]

In der gesellschaftlichen Realität des Kaiserreichs gelangte dies alles aus dem Stadium der Utopie nicht hinaus: ein Gegenentwurf, an dem man sich wärmte, ohne Möglichkeiten, ihn umzusetzen. Wandel schuf hier erst die Revolution vom November 1918. Die Nationalversammlung verabschiedete 1919 ein Gesetz, das den 1. Mai zum allgemeinen Feiertag erklärte. Zwölf Monate später schon zeigte sich freilich, daß dies eine Eintagsfliege war. Den Beschluß zu wiederholen, scheiterte am Einspruch einer bürgerlichen Mehrheit, nur eine Minderheit der Länder wie Hamburg, Lübeck und Sachsen hielt daran fest. Immerhin, trotz mancher Widrigkeiten wuchs die Partei der ehedem ‹vaterlandslosen Gesellen› hinein in den Staat, trieb Sozialpolitik und sah die Strategie eines pragmatischen Reformismus bestätigt. Gleichwohl begriff sie die parlamentarische Republik nicht als Endziel, sondern als Etappe auf dem Weg zum demokratischen Sozialismus. Insofern überdauerten die Symbole und Mythen, die vor 1914 die Gemüter beherrscht hatten, den Krieg und den Zusammenbruch der Monarchie. Auch in den Zwanziger Jahren stilisierten die Poeten der Festschriften den 1. Mai zum «Hochamt der Arbeit», das in «dunkler Zeit» den «Ton der Zukunft» zum Klingen bringt: ein «heiliger Tag», der einen Augenblick lang das Grau der Mietskasernen, den Staub der Fabriken und Werkstätten vergessen läßt.[20]

Verglichen mit der lärmenden Rhetorik, die die Kommunisten entfalteten, wirkte dies eher matt und defensiv. Mit der Spaltung der Arbeiterbewegung in zwei sich erbittert befehdende Richtungen spalteten sich auch die Erwartungen und die Kampfformen. Fortan gab es zwei, durch tiefe Gräben getrennte Milieus, deren Repräsentanten sich gegenseitig Rang und Daseinsberechtigung streitig machten. Ausgerechnet am 1. Mai 1929 prallten die beiden Lager aufeinander, nachdem der sozialdemokratische Polizeipräsident von Berlin die von der KPD angekündigten Maidemonstrationen verboten hatte. In der Folge kam es zu schweren Zusammenstößen mit der Ordnungsmacht, zurück blieben Tote und Verwundete.[21] Während sich die Anhänger der Kommunisten durch unbekümmerten Radikalismus auszeichnen, dämmern die Sozialdemokraten in verknöcherter Kleinbürgerlichkeit vor sich hin, so jedenfalls kommentierte der Arbeiter-Schriftsteller Erich Weinert die Ereignisse. Sein Gedicht trägt den Titel ‹In würdigem Rahmen› – hier die Anfangsstrophen:

«Begehst du jetzt nach alter Sitte
Den ersten Mai, benimm dich bitte!
Nimm deinen Sonntagsanzug her!
Bleib auf der Straße nirgends stehen!
Auch darfst du nur zu zweien gehn,
Die Straße dient ja dem Verkehr.

Dann setz dich still im Saale nieder!
Ein Männerchor singt Frühlingslieder.
Zur Andacht wirst du eingestimmt.
Ein Redner mit solidem Bauche
Spricht was von altem Freiheitsbrauche,
Der noch in deiner Seele glimmt.»

Für Carl von Ossietzky tilgte der ‹Blutmai› von 1929 die «letzte Erinnerung an die alte sozialistische Weltgemeinschaft».[23] Seither vergifteten Haß und Polemik die Atmosphäre. Fast scheint es, als wäre die Arbeiterschaft mehr mit sich selbst beschäftigt als mit dem politischen Gegner. Wagenburgmentalitäten schwächten die Abwehrkräfte vor der heraufziehenden Gefahr des Nationalsozialismus. Dessen Dynamik bändigten weder die Kommunisten noch die Sozialdemokraten: Die einen bauen auf Revolution und Diktatur des Proletariats, die anderen auf strikte Legalität, beide werden zu Gefangenen ihrer Illusionen und Fehleinschätzungen. Am gravierendsten verkalkulierten sich die Gewerkschaften. Nach dem 30. Januar 1933 unternahmen sie verzweifelte Anstrengungen, sich mit den braunen Gewalthabern zu arrangieren. Am 1. Mai, den die Hitler-Regierung zum ‹Feiertag der nationalen Arbeit› ausgerufen hatte, marschierten sie mit, tauchten ein in ein Meer von Hakenkreuzfahnen. Die Nazis honorierten die Anpassung allerdings nicht. Schon am nächsten Tag besetzten die Kolonnen der SA die Gewerkschaftshäuser, plünderten die Kassen, verhafteten und drangsalierten die Funktionäre.[24]

Die Maifeiern werden umgemodelt zu regimefrommen Veranstaltungen, klassenkämpferische Parolen weichen der Ideologie der ‹Volksgemeinschaft›. Zwölf Jahre Diktatur hinterlassen auch in der Arbeiterschaft tiefe Spuren. Die kollektiven Traditionen und Orientierungen des Sozialismus werden dabei so gründlich in Frage gestellt, daß es nach 1945 nicht mehr gelingt, die älteren Ausdrucksformen einer eigenständigen Festkultur zu neuem Leben zu erwecken. Die Maifeiern von heute haben eine andere Qualität als die von früher: in den Zielen, die sie propagieren, sind sie realistischer geworden, ihre gegenkulturelle Kraft haben sie jedoch verloren.

Faszination und Manipulation

Die Nürnberger Reichsparteitage der NSDAP

Von Hans-Ulrich Thamer

Reichsparteitag der NSDAP 1933 in Nürnberg.

Die Nürnberger Reichsparteitage der NSDAP waren den Zeitgenossen Inbegriff der Glanz- und Machtentfaltung des Dritten Reiches. Als «grandiose Heerschau» feierten die nationalsozialistischen Propagandisten den Generalappell ihrer Partei, von dem sie behaupteten, er sei «glanzvoller als der Reichstag der alten Kaiser». Hunderttausende von Parteifunktionären, SA- und SS-Männern, Arbeitsdienstmännern, Hitlerjungen und BdM-Mädchen kamen alljährlich im September nach Nürnberg, um Hauptakteure, Statisten im ‹Ornament der Masse› und akklamierende Gefolgschaft zugleich zu sein. Militärs, Diplomaten und Journalisten aus dem In- und Ausland beobachteten und bewunderten die monumentale Machtentfaltung, die Stärke und Geschlossenheit des Regimes demonstrieren wie das Außergewöhnliche des Führer-Nimbus von Adolf Hitler aufs Neue begründen sollte. Die Leiterin eines Mütterheimes der NS-Volkswohlfahrt schrieb im September 1938 aus Nürnberg an ihre Mutter:

«Ich kann gar nicht sagen, wie schön dieses Erlebnis der Gemeinschaft war. Das kann man auch am Radio nicht erleben. Nürnberg ist für uns wirklich die Kraftquelle. Das kann niemand fühlen, der nicht selbst mitten in dieser Stadt in ihrem schönsten Schmuck mit den festlich gestimmten Menschen weilte. Am Tage das Fahnenmeer im hellen Sonnenschein; abends wurden die Burg, die Türme, die winkeligen Häuser mit Scheinwerfern angestrahlt. In der Pegnitz spiegelten sich die kleinen Brücken, die alten Häuser und roten Fahnen wider. Ein märchenhaftes Bild! Wir hatten fast zu allen Veranstaltungen Karten. Ihr werdet die Bilder in der Zeitung gesehen haben vom ‹Tag der Gemeinschaft›, wo wir dicht neben der Führertribüne saßen. Ein herrliches Bild der Körperbeherrschung bei den turnerischen Übungen der Männer und der Grazie bei den Reigen der BDM-Mädel. Erhebung und Feierstunde war für uns der Appell der politischen Leiter im Lichterdom. Ganz Deutschland stand ja an diesem Tage verkörpert in seinen Männern vor dem Führer. Die Fahnen aus jedem deutschen Ort grüßen ihn. Es war ein herrliches Bild, als sie in das große Feld einmarschierten, ein in rot und gold leuchtendes Fahnenmeer. Alle waren ergriffen. Von der tausende zählenden Menschenmenge sprach niemand ein Wort. – Den Führer haben wir natürlich sehr oft gesehen. Immer wieder empfand man, wie dieser Mann die Menschen an sich reißt. Keiner kann sich ihm entziehen.»[1]

Auch der französische Botschafter in Deutschland, André François-Poncet, der sich vier Jahre lang wie die übrigen westlichen Botschafter diesem Spektakel entzogen hatte, zeigte sich bei aller kritischen Distanz von seinem Besuch in Nürnberg im September 1937 auch beeindruckt:

«Aber erstaunlich und nicht zu beschreiben ist die Atmosphäre der allgemeinen Begeisterung, in die die alte Stadt eingetaucht ist, dieser eigenartige Rausch, von dem Hunderttausende von Männern und Frauen ergriffen sind, die romantische Erregung, mystische Ekstase, eine Art heiligen Wahns, dem sie verfallen. Während acht Tagen ist Nürnberg eine Stadt, in der die Freude herrscht, eine Stadt, die unter einem Zauber steht, ja fast eine Stadt der Entrückten. Diese Stimmung, verbunden mit der Schönheit der Darbietungen und der großzügigen Gastfreundschaft, die man bietet, beeindruckt die Ausländer stark, und das Regime verfehlt nie, sie zu seiner jährlichen Tagung einzuladen. Es geht davon eine Wirkung aus, der viele nicht zu widerstehen vermögen, sie kehren heim, verführt und gewonnen, reif zur Mitarbeit, ohne die gefährliche Wirklichkeit bemerkt zu haben, die sich unter dem trügerischen Prunk der großartigen Aufmärsche verbirgt.»[2]

Die nationalsozialistische Regie des öffentlichen Lebens zog in Nürnberg alle Register ihrer organisatorischen und propagandistischen Fähigkeiten. Massenkundgebungen und Weihestunden, Appelle und Aufmärsche, militärische Schaumanöver und Volksbelustigungen wechselten sich in den zunächst vier-, dann sieben- und schließlich achttägigen Riesenveranstaltungen ab. Die Magie der Fahnen und Fackeln, der Massenrituale und des Führerkultes, der Todesverklärung und Treueschwüre betäubte alle Sinne und befriedigte «älteste Schauergelüste»[3] ebenso wie Sensationslust und das Bedürfnis nach Gemeinschaft. Die Monumentalität der Architektur verstärkte diese Emotionen; die modernsten Medien, Rundfunk und Film, reproduzierten die Großveranstaltung. Alle Medien der Kommunikation waren miteinander verbunden, alle propagandistischen Stilelemente aufgeboten, um ein Gesamtkunstwerk politischer Ästhetik zu schaffen, das die traditionellen Formen politischer Kommunikation, Rede und Diskussion, durch irrationale Gefühle und Verschwommenheit ablöste. Die Reichsparteitage waren nicht Diskussionsforen, sondern Selbstdarstellung eines politischen Stils und einer Ideologie. Nicht im Wort artikulierte sich dieser politische Massenkult, sondern in einer Liturgie aus Feuer, Ritus und Symbolik. In den ritualisierten Massenveranstaltungen und der monumentalen Repräsentationsarchitektur fand diese Verschränkung von Ästhetik und Politik ihren unverwechselbaren Ausdruck. Die Nürnberger Reichsparteitage sind Höhepunkt und wirkungsmächtiges Zeugnis des ästhetisierenden Politikverständnisses sowohl des Nationalsozialismus wie des Künstler-Politikers Adolf Hitler. Die nationalsozialistischen Masseninszenierungen sind zudem die historisch auffälligste und am weitesten entfaltete Form eines politisch-ideologischen Massenkultes, der für die Zwischenkriegszeit insgesamt und für den europäischen Faschismus insbesondere charakteristisch war.

Obwohl auch der Faschismus in Italien einen von Ritualen und Mythen geprägten politischen Stil pflegte, entwickelte das Regime Mussolinis nicht wie der deutsche Nationalsozialismus einen umfassenden, alle Lebensbereiche durchdringenden politischen Kult, sondern fand

seine Grenzen dort, wo die katholische Kirche und andere traditionelle
Mächte ihre Autonomie behaupten konnten. Auch in der Ausbildung
und Durchsetzung des politischen Kultes erweist sich also der Nationalsozialismus als die radikalere Variante des Faschismus. Während sich der
stark etatistisch geprägte italienische Faschismus auf die pathetische
Selbstdarstellung des Staates konzentrierte, suchte der nationalsozialistische Kult in den Alltag der Menschen hineinzuwirken. Neben spektakulären nationalen Partei- und Staatsfeiern, die sich auf Gau-, Kreis- und
Ortsgruppenebene wiederholten, gab es nationalsozialistische Lebensfei-
ern zu Geburt, Hochzeit und Tod, gab es das Fahnenhissen und sonntäg-
liche Morgenfeiern der Partei. Das nationalsozialistische Feier-Jahr erhielt einen besonderen Rhythmus, an dem sich jeder beteiligen sollte.

Der nationalsozialistische Kult füllt damit in einer bislang unbekannten Art und Weise das sinnliche Vakuum, das der moderne Staat hinterlassen hatte, als er sich, um den Bürgerkrieg zu beenden, von allem
Religiösen trennte und sich auf die Organisation des Weltlichen und
Politischen beschränkte. Seit der Epoche der Französischen Revolution
gab es immer wieder politische Bewegungen, die, gestützt auf eine breite
Massenmobilisierung, politische und geistige Autorität zu verbinden
suchten, um ihre politische Herrschaft damit um so umfassender und
dauerhafter sichern zu können. Der amerikanische Historiker George
Mosse hat diesen Vorgang zutreffend als Nationalisierung der Massen
und als Antwort auf das Zeitalter des politischen Massenmarktes charakterisiert: «Solche Massenbewegungen erforderten einen neuen politischen
Stil, der die Menge in eine massive politische Kraft umformen sollte,
während der Nationalismus in Anwendung der neuen Politik den Kult
und Liturgie lieferte, die diesen Zweck erfüllen konnten.»[4] Wichtigstes
Element dieses neuen politischen Stiles, der später zu so grausamen
Zwecken eingesetzt werden sollte, war nach Mosse die Ästhetik:
«Aber die Ästhetik der Politik war die Kraft, die Mythen und Symbole
und die Emotionen der Massen zusammenbrachte; ein gewisser Sinn für
Schönheit und Form bestimmte das Wesen des neuen politischen Stiles.
Die üblen Endzwecke, zu denen er schließlich mißbraucht wurde, waren
maskiert durch die Wirkung eben dieser neuen Politik auf einen großen
Teil der Bevölkerung, durch seine Nützlichkeit beim Empfangen der
Sehnsüchte und Träume der Menschen. Ein Konzept von Schönheit
objektivierte die Traumwelt von Glück und Ordnung, während es die
Menschen mit den vermeintlich unwandelbaren Kräften in Berührung
bringen konnte, die außerhalb des Ablaufs des Alltages stehen.»[5]

Der Nationalsozialismus war zweifellos der Höhepunkt in der Anwendung dieses neuen politischen Stils. Die Nationalsozialisten nahmen
alles auf, was seit einem Jahrhundert in den verschiedenen politischen
Massenbewegungen als Alternative zur politischen Rhetorik der parla-

mentarischen Demokratie entwickelt wurde und perfektionierten es. Der nationalsozialistische politische Stil war nicht zuletzt deswegen populär, weil er auf gewohnten und wesensverwandten Traditionen aufbaute, diese aber vitalisierte und dem Massengeschmack des technischen Zeitalters anpaßte. Der Nationalsozialismus war, wie in anderen Bereichen auch, das Uralte und Moderne zugleich. Für Adolf Hitler, den eigentlichen Schöpfer des nationalsozialistischen Massenkultes, hatte die ausgeklügelte Liturgie die Aufgabe, das politische System des Nationalsozialismus über seinen Tod hinaus zu verlängern und auf ein ‹Tausendjähriges Reich› einzurichten. Albert Speer, Mitschöpfer und Exekutor dieses politischen Stils, schreibt dazu:

«Das Streben Hitlers ging danach, in seinem Ritus die Persönlichkeitswirkung des Staatsoberhauptes oder des Leiters der Partei einzuschränken und an ihre Stelle einen Ablauf zu setzen, der in sich beeindruckend ist. Diese Idee kam aus seiner Überlegung, daß seine Nachfolger voraussichtlich nicht über die Faszinationskraft verfügen würden wie er, daß also ein in seinen Augen ‹kleiner politischer Wicht› immer noch eine Faszination zum Tragen bringen muß; und diese Faszination war nun mehr oder weniger in Massenchören und den Massenaufmärschen von Fahnen, in stillen Demonstrationen – wie der Marsch vom Ehrenmal in der Luitpold-Arena zurück zum Rednerpult – zu sehen, so daß die eigentliche Rede demgegenüber nur noch ein Teil war, der, wenn er nicht nur auf großer Höhe stand, doch nicht den Charakter der Kundgebung zum Scheitern bringen würde.»[6]

Nach dem Zeugnis von Speer richtete Hitler darum sein besonderes Augenmerk darauf, das Ritual der Nürnberger Reichsparteitage zu perfektionieren. Nach dem Parteitag von 1938 habe Hitler in einer Nachbesprechung jeden Veranstaltungstag und -teil noch einmal kritisch durchmustert. «Einige Kundgebungen», erklärte er dabei, «haben bereits ihre endgültige Form».[7] Dazu zählte er die Veranstaltungen der Hitlerjugend, den Aufmarsch des Reichsarbeitsdienstes, die Nachtkundgebung mit den Politischen Leitern auf dem Zeppelinfeld sowie die Totengedenk-Feier der SA und SS in der Luitpold-Arena. Dann offenbarte der abgefallene Katholik und Künstler-Politiker, daß er die Appelle, Aufmärsche und Weihestunden des Parteitags nicht als bloße «propagandistische Revue», sondern als Feier eines politischen Kults und Mittel der Herrschaftssicherung verstand. «An diesem Ablauf dürfen wir nichts mehr ändern, damit die Form, solange ich noch lebe, zum unabänderlichen Ritus wird. Dann kann später niemand daran rühren.»[8]

Die Pracht- und Machtentfaltung in der Bühnenwelt der Nürnberger Reichsparteitage überbot darum alle anderen Veranstaltungen im nationalsozialistischen Kalendarium. Die Reihe der Hochfeste des NS-Feier-Jahres begann mit dem 30. Januar, dem Tag der Machtergreifung, und endete mit dem 9. November, dem Gedenktag für die Märtyrer der Bewegung. Dazwischen lag eine kaum übersehbare Fülle von Gedenkstunden, Weihefesten und Kundgebungen. Am 24. Februar gedachte man der Verkündung des Parteiprogrammes, am 16. März folgte der Heldengedenktag, am 20. April ‹Führers Geburtstag› mit der nächtlichen Vereidigung der neuen Politischen Leiter, der Aufnahme der neuen Pimpfen-Jahrgänge in das Jungvolk und seit 1936 einer Militärparade. Der 1. Mai, der ‹Tag der nationalen Arbeit›, wurde als höchstes Fest der Volksgemeinschaft begangen, mit frischem Grün und Fahnen, Massenumzügen und einer Abordnung von Arbeitern aus dem ganzen Land als Gäste des ‹Führers›. Wenige Tage später folgte der Muttertag, mit Ehrungen für die Heldinnen der ‹Gebärschlacht›. Aus der völkischen Tradition kam das Fest der Sommersonnenwende am 21. Juni mit Feuerrädern und Feuerreden. Auf die Riesenveranstaltung in Nürnberg Anfang September folgte Anfang Oktober das Erntedankfest auf dem Bückeberg bei Hameln: Hitler schritt durch ein Spalier der Masse zum Erntealtar, um die Erntekrone zu empfangen. Eine Parade der Wehrmacht gab dem Fest von Blut und Boden einen martialischen Charakter. Einen Monat später, am 9. November, marschierte der ‹Führer› in München mit den ‹Alten Kämpfern› hinter der ‹Blutfahne› zwischen Fahnen und brennenden Opferschalen, um durch Ritus und Dekoration die einstige Niederlage vom November 1923, in einem Akt symbolischer Revision, in einen Triumph zu verwandeln und die Gefallenen der Bewegung zu Religionsstiftern eines neuen Staatskultes zu erheben: «Das Blut, das sie vergossen haben ist Taufwasser geworden für das Reich.»[9]

Mühe dagegen hatten die nationalsozialistischen Planer der Feiergestaltung mit dem Weihnachtsfest, das sie zunächst als ‹Julfest› mit der Wintersonnenwende zusammenzuziehen und damit seines christlichen Inhaltes zu entkleiden versuchten. Doch gerade hier zeigten sich nicht nur die Beziehungen zum traditionellen, christlichen Kult, sondern auch die Resistenzkräfte, die davon ausgehen konnten. Das nationalsozialistische Feier-Jahr orientierte sich am Festkalender der Kirchen und suchte, diesen zugleich zu unterlaufen und zu ersetzen. Es war in Zahl und Reihenfolge wie in der Gestaltung der Feste bald ebenso kanonisiert wie sein kirchliches Vorbild und folgte diesem auch in seiner Liturgie. Von der kleinsten Feier bis zu den Massenritualen in Nürnberg, München oder auf dem Bückeberg, immer erinnerte das Szenarium an Kirchenräume und Altäre. Fahnen umstellten den Kultraum oder hoben den Altarraum heraus. Batterien von Flakscheinwerfern bündelte Albert Speer auf dem Nürnberger Zeppelinfeld zu einem ‹Lichtdom›. Gewaltigen Altären gleich waren die Bühnen und Podien, waren Weihehandlungen mit Fahnen ausstaffiert. Für die Predigt des Hohen Priesters waren gigantische Führerkanzeln errichtet. Dort, wo der ‹Führer› nicht präsent sein konnte, in den vielen kleinen Feierräumen, stand an der Stelle des Altars eine Hitler-Büste auf hohem Sockel vor einer Hakenkreuzfahne. Jede Feier begann mit einem Lied, das das Gemeinschaftsgefühl wecken sollte. Als unerläßlicher Bestandteil der Zeremonie folgte ein Führerwort. Es schlossen sich Ansprache und Bekenntnis an, danach folgte ein abschließendes gemeinsames Lied bzw. der Ausmarsch. Immer war der Ablauf dem dreiteiligen Grundschema der christlichen Liturgie nachempfunden: Aufruf, Verkündung und Bekenntnis.[10]

Aber nicht nur christliche Kultformen übernahmen die Nationalsozialisten. Was immer emotionale Wirkung versprach, wurde in das Veranstaltungsschema integriert. Elemente militärischer Paraden und vaterländischer Feiern, bis hin zu den rituellen Formen der Jugendbewegung und unmittelbaren Anleihen vom politischen Ritual des italienischen Faschismus. Wie in seiner politischen Ideologie war auch der Nationalsozialismus in seinem politischen Stil eine eklektische Bewegung.

Warum wurde gerade Nürnberg zum Schauplatz der Parteitage der NSDAP. Es gab für diese Wahl verschiedene Gründe, allerdings nicht den, daß Nürnberg eine besonders ‹braune› Stadt gewesen wäre. Sie galt vielmehr als ‹rote› Hochburg mit einer traditionell sozialdemokratischen Mehrheit, nur in der Region Franken lagen die Wahlerfolge der NSDAP über dem Reichsdurchschnitt. Zwar waren auch Ansehen und Machtstellung des Frankenführers Julius Streicher und seiner Gauorganisation von Bedeutung, doch bestimmte die Entscheidung, den dritten Parteitag in der noch jungen und turbulenten Geschichte der NSDAP 1927 erstmals nach Nürnberg zu verlegen, vor allem die Tatsache, daß der von der bayerischen Staatsregierung eingesetzte Nürnberger Polizeidirektor Gareis den Aktivitäten der politischen Rechten einschließlich der NSDAP wohlwollend gegenüberstand. Hinzu kam die Möglichkeit, die historisch-romantische Kulisse und Reichstradition Nürnbergs zu nutzen und eine scheinbare Kontinuität von der Stadt der Reichstage zur Stadt der Reichsparteitage zu konstruieren. Zudem war Nürnberg dank seiner verkehrsgünstigen, zentralen Lage für überregionale Massenveranstaltungen geeignet.

Nachdem der nächste Parteitag von 1929 zu einem ersten großen Erfolg wurde, suchte Hitler nach seiner Machtübernahme 1933 an die Elemente der jungen Parteitradition anzuknüpfen, die allerdings 1930 und 1931 durch die Weigerung der Stadt unterbrochen worden war, Schulen, Festhallen und Stadion als Unterkunfts- und Versammlungsort zur Verfügung zu stellen. 1933 galt es nur noch, die Bedenken der mittlerweile nationalsozialistischen Stadtväter gegen eine große und in sich geschlossene, einzig für die Zwecke der Parteitage zu errichtende Anlage im Süden der Stadt zu überwinden. Die Stadt müsse sich rasch entscheiden, forderte Hitler am 21.Juli von Vertretern der Stadt am

Rande der Bayreuther Festspiele, «ob sie für die nächsten 100 Jahre den Parteitag mit einigen hunderttausend Teilnehmern alle zwei Jahre in ihrer Stadt haben will»[11] oder wegen der Erhaltung einer «Anzahl von alten Bäumen» auf die Vorteile verzichten wolle, die sich aus dieser Veranstaltung für die Geschäftswelt ergäben. Außerdem würde sich auch Stuttgart um die Ausrichtung künftiger Parteitage bewerben. In einem Aktenvermerk vom 24. Juli hieß es dann, daß auf Veranlassung Hitlers und einer mündlichen Weisung von Gauleiter Streicher und Oberbürgermeister Liebel das geforderte Gelände um den Luitpoldhain zur Verfügung gestellt würde. Während der Eröffnung des Parteitages am 30. August verkündete Hitler, «daß unser Parteitag jetzt und für immer in dieser Stadt stattfinden wird».[12] Bald bekam die Stadt dann auch den Titel ‹Stadt der Reichsparteitage›.

Zu dieser Zeit gab es weder eine weitreichende Planung noch genaue Vorstellungen über das Ausmaß der Veranstaltungen. Auch im Bereich von Propaganda und Kult begann das Dritte Reich keineswegs mit einem geschlossenen und fertigen Konzept. So unterschied sich der Parteitag von 1933 auch allenfalls in der Höhe der Teilnehmerzahl und in der Nutzung aller staatlichen Ressourcen von seinen Vorgängern; Schauplatz und Szenario deckten sich noch mit dem Parteitag von 1929. Mit der Stabilisierung des Regimes wich die Improvisation der Planung einer monumentalen, auf die Ewigkeit eines ‹Tausendjährigen Reichs› ausgerichteten Architekturkulisse und einer zunehmenden inhaltlichen Kanonisierung des Parteitagsrituals. Festgeschrieben wurden der heroische Stil und der innere Rhythmus der Parteitage auch durch Leni Riefenstahls Parteitagsfilm von 1934 ‹Triumph des Willens›. Weit mehr als ein bloßer Dokumentarfilm, brachte dieser Film die politische Symbolik und Liturgie der Veranstaltung auf den Begriff und sorgte für die massenhafte Verbreitung der Nürnberger Masseninszenierung. Mit ‹Triumph des Willens› wurde zugleich aus der Heerschau der NS-Bewegung eine Tribüne des Führerkultes. Film und Architektur verstärkten die Entwicklung eines überdimensionalen Führerbildes; der Film, indem er das Geschehen immer wieder auf Hitler zurückführte und ähnlich wie die Tribünenarchitektur den überhöhten Führer in einsamer Größe vom Horizont abhob und ihn aus der Perspektive der unter ihm versammelten Gefolgschaft zeigte.

Mit dem Reichsparteitag von 1934 waren Ablauf und propandistische Elemente in den Grundzügen festgeschrieben, sollten in Zukunft nur noch geringfügige Modifikationen und Erweiterungen erfahren, vor allem durch die schrittweise Fertigstellung der Parteitagsbauten, an denen in großer Hektik zwischen den einzelnen Parteitagen weitergebaut wurde. Seit 1933 standen die Großappelle des Nationalsozialismus unter einem die politische Situation und Ansprüche des Reiches kennzeichnenden Motto: 1935, der Parteitag der Freiheit, 1936, der Parteitag der Ehre, 1937, der Parteitag der Arbeit, und 1938, der Parteitag Großdeutschland. Für den September 1939 lautete das Motto ‹Parteitag des Friedens›. Doch der schöne Schein war nun zerstört, und der Parteitag, der nie stattfinden sollte, wurde Ende August abgesagt.

Die Stilelemente der Bühnen- und Prozessionswelt der Reichsparteitage hatten ähnlich wie die NS-Ideologie einen synkretistischen Charakter. Sie vereinigten in sich alle Formen des politischen Kultes, wie sie sich aus den unterschiedlichen Quellen kirchlicher Liturgie und vaterländischer Feiern im Kaiserreich, aus Weihe und Festformen der Jugendbewegung und aus der Frühzeit faschistischer Demonstrations- und Kundgebungsformen in Italien herausgebildet hatten. Aus der eigenen Parteigeschichte kamen die uniformierten Formationen und ihre Aufmärsche, der Kult der Märtyrer der Bewegung und die Fahnenweihe in Form einer religiösen Feier, mit einem abschließenden Appell. Die Instrumentalisierung der historischen Tradition und Kulisse der Stadt Nürnberg als Demonstrationsrahmen steigerte die emotionale Wirkung und rechtfertigte den Anspruch des Nationalsozialismus, Überkommenes zu bewahren und zu vitalisieren.

Innerhalb des liturgischen Gesamtprogramms der Parteitage hatte jeder Tag einen kanonisierten Ablauf.[13] Er diente der Darstellung einer bestimmten Parteigliederung und wurde in einem eigens dafür geschaffenen oder noch zu schaffenden räumlichen Rahmen inszeniert. Im Mittelpunkt der komplexen Agende stand jedoch immer der Führer. Immer wieder finden wir im Ablauf das der christlichen, insbesondere protestantischen Liturgie nachempfundene dreiteilige Grundschema von Einmarsch und Aufruf, von Ansprache und Verkündung, von Bekenntnis und abschließendem gemeinsamem Lied bzw. Ausmarsch.

Der erste Tag stand unter dem Eindruck des feierlichen Einzugs des ‹Führers› in seiner Stadt, den der Film von Leni Riefenstahl noch zusätzlich verstärkt und interpretiert durch das Motiv des aus den Wolken in einem glitzernden Meisterwerk deutscher Flugzeugtechnik zu der altfränkischen Stadt herabsteigenden Erlösers. Unter dem Geläut aller Glocken der Stadt zog Hitler dann in den Rathaussaal ein, um dort vor den 1938 aus Wien zurückgeholten Reichskleinodien als Symbol der wiedergewonnenen Reichsherrlichkeit begrüßt zu werden. Den Abschluß bildete die Festaufführung einer Oper, natürlich stand Wagner auf dem Programm.

Der zweite Tag begann mit dem Vorbeimarsch der Bannfahnen der HJ vor Hitlers Hotel. Das war zugleich der Abschluß des Bekenntnismarsches der HJ zum Führer. Es folgte die Eröffnung des Parteikongresses in der Luitpoldhalle, der ehemaligen Maschinenhalle einer Industrieausstellung von 1906, die von Speer zeitgemäß neoklassizistisch verblendet wurde. Das Zeremoniell folgte wieder dem Muster eines Gottesdienstes: Fahneneinmarsch, voran die ‹Blutfahne›, pathetische Eröffnungsansprache von Heß mit Hinführung auf die vom Gauleiter Wagner vorgetragene Führer-Proklamation, anschließend eine Totenehrung für alle Gefallenen der Bewegung. Beteiligte, so heißt es in einem Bericht, waren von «fast religiöser Ergriffenheit erfüllt».[14] Am Abend folgte eine Kulturtagung, bei der als Gegen-Dramaturgie zum Nobel-Preis der ‹Deutsche Nationalpreis für Kunst und Wissenschaft› verliehen wurde.

Der dritte Tag war der Tag des Reichsarbeitsdienstes. Mit Gesang marschierten 50000 Arbeitsdienstmänner auf dem Zeppelinfeld vor der Führertribüne auf. Höhepunkt der Zeremonie war eine chorische Großfeier mit Wechselrede; eine Agitationsform, die Gabriele D'Annunzio als *commandante* in Fiume 1919 entwickelt und dem neuen politischen Stil des Faschismus inkorporiert hatte. Mit Fragen und Aufrufen hatte er seine schwarz uniformierten Freischaren und die Massen der Stadt, in Großveranstaltungen unter freiem Himmel, zu euphorischen Antworten aufgepeitscht. Bei dem Aufmarsch des Reichsarbeitsdienstes in Nürnberg wurde die chorische Wechselrede zur pseudo-religiösen Liturgie erweitert. Die aufmarschierten Marschblöcke präsentierten ihre Spaten und nahmen Grundstellung ein. Dann ertönte aus dem Lautsprecher ein Befehl: «Einmal im Jahr soll der Spaten ruhen. Einmal im Jahr kommt für uns die Zeit, vor unserem Führer zu stehen, für den wir Tag und Nacht arbeiten. In dieser Stunde entzündet sich ein neuer Glaube.» «Wir sind bereit», tönte es im Chor von den Kolonnen zurück. Nach einem gemeinsamen Lied erklang von neuem die Stimme aus dem Lautsprecher: «Niemand ist zu gut», und die angetretenen Männer, den Spaten vor sich gegen den Boden gestemmt, vollendeten den Satz: «um für Deutschland zu arbeiten.» «Niemand ist zu niedrig», tönte die Stimme, «um für Deutschland zu arbeiten!» schallte es von der Gefolgschaft zurück. «Jeder hat das Recht und jeder hat die Pflicht», verkündete die Stimme, worauf der Chor antwortete: «um für Deutschland, das Vaterland, zu arbeiten.» Dann wieder eine Stimme: «Wir haben Dich tief in unseren Herzen getragen, aber wir können es nicht aussprechen.» Der Chor zurück: «Deutschland, Vaterland.» Dann wieder die Stimme: «Dann kam das Gesetz, Arbeit wurde Pflicht. Jetzt stehen wir alle Seite an Seite.» «Deutschland, Vaterland», kam die Gegenrede vom Chor. «Pflichterfüllung ist für uns nicht Knechtschaft. Wir tragen den Spaten im Dienst der Nation. Als Arbeiter treten wir vor Euch», fuhr der Lautsprecher fort. Und wieder der Chor: «Deutschland, Vaterland.» Dann wieder die Stimme: «Der Führer will der Welt Frieden geben.» Die Männer des Arbeitsdienstes: «Wohin er auch führt, wir folgen.» Nach einem weiteren gemeinsamen Lied kam wieder die Stimme aus dem Lautsprecher: «Wir erheben den Blick und gedenken unserer Brüder, die in den Schützengrä-

ben litten, und der anderen, die in den Straßen Mord und Haß bekämpften. Sie starben für Deutschland», und der Chor darauf: «Aber heute
dürfen wir für Deutschland leben.» Beschlossen wurde die Zeremonie
mit einem ‹Feierlied der Arbeit›, das mit den Worten ausklang: «Werk
unserer Hände, laß es gelingen/denn jeder Spatenstich, den wir vollbrin-
gen/soll ein Gebet für Deutschland sein.»[15] Es folgten der singende
Ausmarsch der Spatenformationen und der Einmarsch in die Stadt,
wieder zum ‹Deutschen Hof›, dem Hotel Hitlers.

Der vierte Tag, der Tag der Gemeinschaft, war sportlichen Schauvor-
führungen und Massenfreiübungen gewidmet und fand wieder auf dem
Zeppelinfeld statt. Ergänzt wurde er 1937 durch die Grundsteinlegung
für ein gigantisches Deutsches Stadion, in dem in Zukunft die Germanischen Weltfestspiele als Ersatz für die Olympischen Spiele stattfinden
sollten. Am Abend zogen die Politischen Leiter in einem großen Fackel-
zug an Hitler vorüber, der vom Hotel-Balkon seine Amtsleiter grüßte.
Wieder waren Parteitagsgelände und Stadt inszenatorisch verbunden.

Der fünfte Tag wurde mit Sondertagungen einzelner Parteigliederun-
gen und Sitzungen des Parteikongresses fortgeführt. Hauptaktion war
die nächtliche Weihestunde auf dem Zeppelinfeld in dem glanzvoll inszenierten ‹Lichtdom› als Höhepunkt pseudo-sakraler Massensinnlichkeit.
Fahnen, Feuer und Licht vereinigten sich zum Bild einer Kirche, schlossen die versammelte Gemeinschaft vom Dunkel der Außen- und Feindes-
welt ab. Beim Eintreffen Hitlers auf der Haupttribüne des Zeppelinfeldes
schossen schlagartig die Strahlen der 150 Riesenscheinwerfer in den
schwarz-grau verhüllten Nachthimmel und bauten über der Viertelmil-
lion Zuschauer eine gigantische, schimmernde Strahlenkuppel. Auch der
britische Botschafter Henderson zeigte sich beeindruckt:

«Die bläulich gefärbten Strahlen trafen sich am oberen Ende tausende
von Fuß hoch über der Erde und bildeten so eine Art von Satteldach,
dem eine zufällig dort lagernde Wolke vermehrten Realismus lieh. Man
hatte den Eindruck – feierlich und schön zugleich–, daß man sich im
Inneren einer Kathedrale aus Eis befände. Auf ein Kommando hin
näherten sich die Standartenträger vom unsichtbaren fernen Ende des
Stadions der Hauptbahn entlang, die Stufenreihen empor und entlang der
vier Seitenbahnen. Ein gewisser Prozentsatz dieser Standarten war auf
den Schäften mit elektrischen Lichtern versehen, und das Schauspiel
dieser fünf Ströme von Rot und Gold, die unter dem Dom von blauem
Licht in vollkommenem Schweigen durch die gedrängten Formationen
der Braunhemden fluteten, war unbeschreiblich malerisch.»[16]
Ein Wall von Fahnen und Lichtkegeln schirmte den imaginären Innen-
raum vom Dunkel der Außenwelt ab, symbolischer Ausdruck des duali-
stischen Weltbildes. Auf der magisch angeordneten und angestrahlten
Altar-Bühne erschien Hitler als charismatische Heilsfigur, als Hoher

Priester eines neuen Kultes. Es folgten wieder eine Totenehrung, eine kurze Ansprache Hitlers und ein feierliches Weihelied. Den Abschluß bildete die gemeinsam gesungene Nationalhymne. Damit wurden die 250000 Versammelten am Kult beteiligt und die Botschaft von der geeinten und gestärkten Nation verbreitet.

Der sechste Tag war der Tag von SA und SS, die sich in der Luitpold-Arena beiderseits der sogenannten ‹Straße des Führers› versammelten, von den Sturmfahnen zu riesigen Blöcken eingeteilt und zusammengefaßt. Nach seiner feierlichen Ankunft und einer kultischen Anrufung schritt Hitler unter Trauermusik, einsam – in respektvollem Abstand folgten nur, Ministranten gleich, der ‹Stabschef der SA› und der ‹Reichsführer SS› – von der Führerkanzel zum gegenüberliegenden Ehrenmal, wo sich die ‹Blutfahne› auf den Kranz des ‹Führers› niedersenkte. Während sich die Fahnen neigten, verharrte der ‹Führer› schweigend vor der ‹Blutfahne›, eine Szene, die dem Führerkult sinnfälligen Ausdruck gab. «Hitler inmitten seiner in der strengen soldatischen Gehorsamsformation von Reih und Glied versammelten Getreuen, aber auf Schritt und Tritt umgeben von dem leeren, unüberbrückbaren Raum cäsarischer Einsamkeit, die nur ihm gehört und den toten Helden, die sich im Glauben an ihn und seine Sendung geopfert haben.»[17] Dann schritt Hitler zurück, vom Ehrenmal zur gegenüberliegenden Tribüne, es folgte der Träger der ‹Blutfahne›. Der ‹Führer› als Hoher Priester der Partei hatte sie vom Totenmal hinüber zur jungen Bewegung gebracht und weihte nun mit der ‹Blutfahne›, umringt von einem Fahnenwald, die neuen Fahnen und Standarten, bei jeder Berührung Salutschüsse. Aus dem ‹Opfertod› der gefallenen Helden erwuchs damit eine Verpflichtung für die Partei und ein Auftrag des ‹Führers›. Das Bild der kämpferischen Entschlossenheit im Dienste des braunen Kultes wurde dann verstärkt durch den anschließenden stundenlangen Vorbeimarsch von 120000 Uniformierten vor Hitler, nun vor der Kulisse des städtischen Hauptmarktes und der Frauenkirche, abgeschlossen durch die schwarzen Kolonnen der SS und der Leibstandarte.

Mit dem großen Wecken in der Stadt begann der achte Tag, der Tag der Wehrmacht mit Schaugefechten und einer Parade der drei Wehrmachtsteile auf dem Zeppelinfeld. Später sollte dieses Schauspiel der militärischen Stärke in das eigens dafür errichtete, gigantische Märzfeld am Ende des Parteitags-Geländes verlegt werden. Die Wehrmacht erhielt eine eigene Zeremonie, das Militärische war deutlich vom pseudo-religiösen Kult des Nationalsozialismus getrennt. Am Nachmittag fand der Schlußappell in der alten Kongreßhalle statt, von Hitler als Abschluß und Manifestation eines ‹weltanschaulich-volklichen Glaubensbekenntnisses› gefeiert.

Drei Grundelemente der Propaganda und Konsekrierung sind hier

miteinander verschmolzen. Einmal die Monumentalität des Feierstils und
der Feierstätten, zweitens politische Symbolik und politischer Mythos
und drittens die politische Symbol- und Integrationsfigur Hitler, dessen
Mythos auch durch die Inszenierung begründet und gesteigert wird.[18]
Die Kongruenz von Architektur und Massenszenen macht die spezifisch
nationalsozialistische Dimension innerhalb der politischen Ästhetik der
Faschismen aus. Die Architektur des ‹Gigantenforums›, wie man in
Parteikreisen die Tribünen und Hallen des Parteitagsgeländes ehrfurchts-
voll nannte, verstärkte die Botschaft der politischen Liturgie und ihre
emotionale Wirkung auf die Versammelten. Architektur fungiert als
architecture parlante oder, wie es Hitler formulierte, als «Wort aus
Stein», das «überzeugender ist als das gesprochene Wort». Denn, so
Hitler weiter: «Wenn Völker große Zeiten innerlich erleben, so gestalten
sie diese Zeiten auch äußerlich.»[19] In der Architektur, die selbstverständlich ausschließlich mit heimischen, naturgebundenen Baumaterialien errichtet werden sollte, realisierte bzw. antizipierte sich die politische
Utopie des Nationalsozialismus und seines Anspruchs auf Weltherrschaft.

Die gebaute Megalomanie, die unter der Gesamtverantwortung Albert
Speers und unter ständiger Einflußnahme Hitlers, ohne Rücksicht auf die
Kosten, bis zum Kriegsbeginn teilweise errichtet wurde, sollte nach dem
Willen Hitlers «hineinragen gleich den Domen unserer Vergangenheit in
die Jahrtausende der Zukunft».[20] Denn nur «große Kulturdokumente aus
Granit und Marmor» galten Hitler als «wahrhaft ruhender Pol in der
Flucht all der anderen Erscheinungen».[21] Die Parteitagsarchitektur und
nicht nur sie war mithin Ausdruck der nationalsozialistischen Ideologie.
Ihre tausendjährige und imperialistische Absicht artikulierte Speer in
seiner Theorie vom Ruinenwert, von Hitler begierig aufgegriffen. Durch
die Verwendung besonderer Materialien sollten die Bauten noch im
Verfallszustand von der Größe des Germanischen Reiches künden. Hitler
war begeistert und erhob das Ruinengesetz zum Grundprinzip aller
Bauten seines Reiches; Speer hatte ihm Zeichnungen vorzulegen, die
veranschaulichten, in welchem Verfallsstadium sich der jeweilige Bau
nach 500, nach 1000, nach 2000 Jahren befinden würde. Die Bauten
sollten nach Jahrtausenden von der Größe des Germanischen Reiches
künden und zugleich «in einer Zeit beschränkter politischer Macht dem
inneren Lebenswert und dem Lebenswillen der Nation einen um so
gewaltigeren kulturellen Ausdruck geben».[22]

Bei der Grundsteinlegung des Deutschen Stadions formulierte Hitler
noch einmal den imperialen Anspruch seiner Architektur: «Die Gegner
werden es ahnen, aber vor allem die Anhänger müssen es wissen: zur
Stärkung unserer Autorität entstehen unsere Bauten..., denn gerade sie
werden mithelfen, unser Volk politisch mehr denn je zu einen und zu

stärken, sie werden sozial die Lächerlichkeit sonstiger irdischer Differenzen gegenüber diesen gewaltigen, gigantischen Zeugnissen unserer Gemeinschaft überwinden.»[23] Kultstätten mit Ewigkeitsanspruch sollten entstehen und nicht Mehrzweckhallen. Darum hatte Hitler 1933 die Pläne der Nürnberger Stadtväter abgelehnt, die auf Zweckmäßigkeit und vielseitige Verwendbarkeit der Parteitagsgebäude bedacht waren und sie nicht nur für acht Tage im Jahr nutzen wollten. Daß diese politische Botschaft verstanden oder zumindest die Sensationslust der Bevölkerung weckte, beweisen die großen Besucherströme, die bis zum Kriegsausbruch zwischen den Parteitagen nach Nürnberg pilgerten, von der Freizeitorganisation ‹Kraft durch Freude› organisiert und betreut.[24]

Neben ihrer Symbolfunktion erfüllten die Bauten ihre Aufgabe als angemessener räumlicher Rahmen des politischen Kultes und unterstrichen die Botschaft des Zeremoniells. Ein zeitgenössischer Kunsthistoriker formulierte es so: «Sowohl die Gesamtplanung wie auch die Gestaltung der einzelnen Bauten und Platzgruppen werden von dem für die nationalsozialistische Ordnung so grundlegenden Verhältnis zwischen Führer und Volk bestimmt.»[25] Die architektonische Hervorhebung der Führerkanzeln machte Hitler allgegenwärtig, der immer der aufmarschierten Partei und seiner Gefolgschaft gegenüber stand. Die Haupttribünen des Zeppelinfeldes und der nicht mehr fertiggestellten neuen Kongreßhalle, die, dem römischen Colosseum nachgebildet, dieses aber an Ausmaßen übertreffen sollte, hoben die neue politische Elite wie auf einer Bühne heraus. Die Doppelanlage der Luitpoldarena entsprach dem liturgischen Verlauf der Toten- und Erlösungsfeier. Die langen Straßen des Führers durch das aufmarschierte ‹Ornament der Masse› erlaubten ein weihevolles Schreiten und gaben dem Prozessionscharakter der Veranstaltung deutlichen Ausdruck. Die aufmarschierten Massen waren Staffage für die Kolossalarchitektur, die erst dann ihre ästhetische Wirkung entfaltete. Nicht die Massen kamen zu ihrem Recht, sondern der Rausch der Geometrie. Der Intensivierung des Gemeinschafts- und Unterwerfungserlebnisses diente zudem die massenhafte Verwendung von Fahnen, die sowohl die Architektur belebten wie das Gefühl der Geschlossenheit vermittelten. Eine zusätzliche Steigerung dieser Magie der Kulisse brachte schließlich die Verbindung von nächtlicher Veranstaltung mit Feuer und Licht.

Damit sind bereits die wichtigsten politischen Symbole des Kultes bestimmt: die Standarten und Fahnen, insbesondere die ‹Blutfahne›, die Feuersymbolik flackernder Fackeln, der sakrale Charakter des ‹Lichtdoms›. Für die Nationalsozialisten bedeutete die brennende Flamme Läuterung, symbolisierte brüderliche Gemeinschaft und sollte die Parteimitglieder an den ‹ewigen Prozeß des Lebens› erinnern. Darüber hinaus stand die Flamme für das aufsteigende Leben als Symbol der ‹ewigen

Wiedergeburt›. Doch nicht das Leben wurde gefeiert, sondern sein eigentlicher Zweck, seine Bestimmung zum Kampf und zum Tod. Totenehrung und Todesverklärung standen immer wieder im Zentrum der politischen Liturgie wie die Vorlieben für nächtliche Kulissen. Immer wieder wurde durch den Vollzug der kultischen Feier, durch den Einsatz von Feuer und Licht, Hitler als todesüberwindender Heros, als Erlöser verklärt. Im Feiervollzug partizipierte dann die Gefolgschaft an der Erlösertätigkeit des Führers. Die Apotheose des Führers zum Helden des Mythos, der mit seinen Taten und Bauten in die Ewigkeit wirkt, ist der integrative Bezugspunkt der gesamten Veranstaltung. Die Inszenierung des Führer-Mythos vereinte die unterschiedlichen Rituale und stiftete das Charisma Hitlers als übernatürliche und nicht alltägliche Integrations- und Legitimationskraft des nationalsozialistischen Regimes. Die Identifikation von Führer und Gefolgschaft als propagandistischer Kern plebiszitärer Herrschaft fand im Parteitagszeremoniell ihren symbolischen Ausdruck. Es ist kein Zufall, daß Hitler in Nürnberg seinen charismatischen Herrschaftsanspruch geradezu klassisch formulierte: «Das ist das Wunder unserer Zeit, daß Ihr mich gefunden habt unter so vielen Millionen. Und daß ich Euch gefunden habe, das ist Deutschlands Glück.»[26]

Die Magie des Parteitagskults wurde zum Instrument der Manipulation. Dekoration und Ritus verstellten die Wirklichkeit, sie konstruierten gewissermaßen eine zweite Realität, die von der politischen und sozialen Wirklichkeit ablenkte. Die abschirmende Bedeutung von ‹Lichtdom›, Fahnenwald und Dunkelheit verdeutlichte schlagartig der Bericht Speers, er habe die nächtliche Inszenierung des Aufmarsches der Politischen Leiter unter dem ‹Lichtdom› zunächst deswegen erfunden, um die Korpulenz der mittlerweile in ihren Pfründen fett gewordenen Amtsleiter und -walter zu verhüllen.[27]

Nichts war in dieser Inszenierung dem Zufall überlassen, jedes Stilmittel, die Ausschmückung der Stadt, vor allem mit Fahnen, war in Zahl, Größe und Anbringung festgelegt; städtebauliche Mängel und Lücken in der alten Stadtumwehrung sollten durch Kulissen verdeckt werden. Auch das Irrationale konnte nicht mehr ohne einen immer perfekteren, bürokratischen und technischen Apparat auskommen. Die Männer, die den Kult zelebrierten, waren zugleich kühle Techniker und Regisseure, Söhne des rationalistischen Zeitalters. Es war vielleicht gerade diese Verbindung von Irrationalität und technischer Rationalität, von atavistischer Ideologie beziehungsweise mystischem Zeremoniell mit der Moderne, die dazu beitrug, die kritische Vernunft auszuschalten.

Es wäre eine nachträgliche Selbsttäuschung, wollte man die propagandistische Wirkung dieser Masseninszenierung herunterspielen. Die Faszination, die von der aufwendigen und raffinierten Inszenierung von

Macht, Ordnung und Feierlichkeit, von der Regie der Masse und des Lichtes wie der Magie von Geometrie und Monumentalität ausging, ist vielfach überliefert. Filme zeigen die Euphorie der Menschen, aber auch ausländische, unabhängigere Beobachter und Diplomaten beschreiben die «Atmosphäre der allgemeinen Begeisterung». Auch ausländische Journalisten, die dem Abschluß des Parteitags 1937 in der Luitpold-Halle nicht beiwohnen konnten, sondern die Übertragung im Hotel erlebten, konnten sich dem nicht entziehen. Die ‹New York Times› berichtet:

«Als der Jubel verebbte, der Hitlers abschließendem ‹Sieg Heil› in der Luitpold-Halle gefolgt war, erhoben sich wie auf Kommando alle im Foyer Anwesenden, streckten den Arm zum Hitler-Gruß und stimmten begeistert ein in das Absingen der Nationalhymne und des abschließenden Horst-Wessel-Liedes. Dies war typisch für den Ausklang einer acht Tage währenden, sich ständig steigernden Erregung, für deren Beschreibung es keine Worte gibt.»[28]

Kein Wunder, daß ausländische Faschisten, wie die französischen Schriftsteller Brasillach und Drieu la Rochelle, die verschiedentlich nach Nürnberg pilgerten, von der Monumentalität schwärmten und meinten, hier den neuen Menschen, den *homme hitlerien*, gesehen zu haben. Auch die Deutschland-Berichte der Exil-SPD bestätigten schließlich die Massenbegeisterung, die die Parteitage auslösten, auch wenn sie dies in den Anfangsjahren nicht wahrhaben wollten und auf die Ablenkungsfunktion dieser Veranstaltung hinwiesen. «Solche Feste sind eben verbraucht und können die Massen nicht über die wirkliche Situation hinwegtäuschen», hieß es noch 1935.[29]

1937 gestand man jedoch ein, daß die Nürnberger Schaustellung in den ersten Jahren des Regimes ihre Wirkung nicht verfehlt habe. Mittlerweile seien aber selbst die Teilnehmer nicht mehr begeistert und scheuten die Strapazen der endlosen An- und Aufmärsche.

Daß trotz der perfekten Regie in Nürnberg Anspruch und Wirklichkeit, Pathos des politischen Kultes und Parteitags-Alltag auseinanderklafften, ist vielfach bezeugt. Nicht nur, daß die Politischen Leiter so mancher Gauabteilung, durch ihr Auftreten während der Bahnfahrt und in Nürnberg selbst, alles andere als eine politische Elite darstellten, kommt in verschiedenen Stimmungsberichten nationalsozialistischer Orts- und Kreisgruppen ans Licht, sondern auch vom Leerlauf der acht Tage ist die Rede, der zum exzessiven Alkoholgenuß, zu Randaliererreien und einem unglaublichen Vandalismus in den Massenquartieren führte.[30] Mangelnde Marschdisziplin und Egoismus mußten sich etwa die Politischen Leiter des Gaues Weser-Ems vorhalten lassen. Der Fackelmarsch vor dem Führer, «für den Politischen Leiter Belohnung für mühsame Jahresarbeit»,[31] geriet zum Fackellauf, als der Gau unter dem spöttischen Gelächter der Zuschauer im Dauerlauf eine große Lücke in der Marschordnung zu schließen suchte. Der Führer habe dann, welch eine Schande für den Gau, zwar noch die Gau-Standarte gegrüßt, dann aber seinen Blick abgewandt.

Doch Bühnendekoration und Nähe zum Heros überlagerten die negativen Eindrücke. Der Aufmarsch der Politischen Leiter unter dem ‹Lichtdom›, heißt es in einem Bericht aus Bremen, «war ein Gottesdienst im wahrsten Sinne des Wortes».[32] In einem anderen Bericht wird die Wirkung des Hitler-Kultes bezeugt: «Nicht zuletzt war es für jedermann das herrlichste Erlebnis, dem Führer wieder mal aus der nächsten Nähe in die Augen schauen zu können. Dieses Erlebnis bedeutete Kraftansporn für die Mitarbeit in der Bewegung.»[33] Auch in diesem Falle lenkte der Führer-Mythos, der inszenatorisch-propagandistische Kern des Parteitages wie das wichtigste Mittel der Herrschaftsstabilisierung des Dritten Reiches überhaupt, von der politischen Realität in der Partei ebenso ab wie im Alltag von den sozialen und materiellen Mißständen. Die Bühnen- und Traumwelt dieses kultischen Theaters sollte das Bewußtsein manipulieren und eine zweite Realität schaffen, die zwar die äußere Welt nicht verändern, ihr aber entgegenwirken und sie kontrollieren konnte.

Die Manipulation, die sich hinter dem politischen Kult verbarg und sich der Faszination der Gefolgschaft bediente, galt dem Ziel, die Wertmuster der neuen Herrschaft in die Volksgemeinschaft durch eine emotionale Überwältigung einzupflanzen. Zur Dramaturgie des Parteitages von 1935 gehörte dann auch die Verkündung der ‹Nürnberger Gesetze›, mit der sich der nationalsozialistische Vernichtungswille – umgeben von der Pracht- und Machtentfaltung des Regimes – durchsetzen und eine wichtige Etappe auf dem Weg zur Entrechtung und Verfolgung der Juden hinter sich bringen konnte. Der Wille zu Gewalt und Krieg stand hinter dem Kult. Nicht von ungefähr wurden bei allen Ritualen Werte wie Gehorsam, Opferbereitschaft, Heldentod und Kampf gefeiert, wurden Todesvisionen beschworen. Zwei Tage vor Eröffnung wurde der ‹Parteitag des Friedens› Ende August 1939 abgesagt. Aus dem heroischen Stil der Bühnen-Welt war tödlicher Ernst geworden. Auch während der Vorbereitungen zum Rußland-Feldzug im Frühsommer 1941 ließ Hitler sich nicht von weiteren monumentalen Bauprojekten abhalten. Speers Vorschlag, während des Vormarsches in Rußland alle nicht unbedingt kriegswichtigen Bauten stillzulegen, lehnte Hitler ab und bestand auf der Verwirklichung seiner steinernen Utopie, den Parteibauten in Nürnberg wie den Projekten für die Welthauptstadt Germania. 1942 wurden die Großbauten in Nürnberg jedoch stillgelegt bis zur ‹Friedenszeit›. Die großen Turmdrehkräne wurden zum Bau der IG-Farben-Werke in Auschwitz gebraucht.[34] Spätestens seit dem Krieg zeigte sich das Doppelgesicht des Regimes unverhüllt, das aus Verführung und Gewalt bestand.

Morgenröte und Muskelkraft

Die Weltfestspiele der Jugend und Studenten

Von Rolf Schneider

Eröffnungsveranstaltung der 12. Weltjugendfestspiele in Moskau 1985.

Was unter dem verbalen Kürzel ‹Weltjugendfestspiele› auftritt, heißt mit
korrektem deutschem Namen ‹Weltfestspiele der Jugend und Studenten›,
und hier ist gleich zu sagen, daß es sich um falsches Deutsch handelt. Die
Zusammenfassung eines Genitiv pluralis und eines Genitiv singularis
unter nur einem Artikel ist unzulässig. ‹Weltfestspiele der Jugend und der
Studenten› müßte es richtig heißen, heißt aber nicht so, weil die deutschen Kommunisten, die das Wort in Umlauf brachten, auch sonst im
Umgang mit ihrer Muttersprache eher sorglos sind; Hauptsache, es
schaut eine schöne, umständliche Genitivkonstruktion heraus, die, gram-
matisch richtig oder nicht, den matten Flügelschlag des so innig favori-
sierten Hegelschen Sprachgeistes erahnen läßt. Wir reden von deutschen
Kommunisten. Den Erfindern der Weltfestspiele ist der grammatische
Sündenfall nicht anzulasten, denn die waren zwar Kommunisten, Deutsche waren sie nicht, jedenfalls nicht im Anfang.

Die Weltjugendfestspiele sind ein Kind des Nachkriegs. Gezeugt wurden sie 1946 im Februar, geboren aber wurden sie im August 1947. Die
beiden Eltern heißen ‹Weltbund der Demokratischen Jugend›, abgekürzt
WBDJ, und ‹Internationaler Studentenbund›, Kürzel ISB. Auch die sind
beide wieder Nachkriegsgeschöpfe; der WBDJ wurde November 1945
gegründet, und zwar in London, durch Delegierte aus 63 Ländern,
repräsentierend, so sagt meine Auskunftei, damals über 30 Millionen
organisierte Jugendliche; inzwischen gehören ihm Organisationen aus
103 Ländern an, die für 100 Millionen junger Menschen stehen. Das
Wörterbuch der sozialistischen Jugendpolitik, erschienen im Dietz Verlag
Berlin, dem Editionshaus der Sozialistischen Einheitspartei Deutschlands, erläutert wie folgt: «Der WBDJ entstand aus der internationalen
antifaschistischen Bewegung der Jugend im Zweiten Weltkrieg. Hervorragenden Anteil an seiner Gründung hatte der Leninsche Kommunistische Jugendverband der Sowjetunion (Komsomol), der im Kampf des
Sowjetvolkes gegen die faschistischen Aggressoren mit in vorderster
Linie stand. Das Erbe des antifaschistischen Kampfes war für die Grund-
orientierung des WBDJ bestimmend.»

Der Antifaschismus, wer wollte es leugnen, war eine humanisierende
Tat von weltgeschichtlichen Konsequenzen, was selbst der dröge Sprach-
duktus des Ost-Berliner Nachschlagewerks nicht gänzlich verbergen
kann. Zum Abschluß der Gründungsversammlung jenes WBDJ wurde
dann, dem Geist des Augenblicks gemäß, also ein wenig pathetisch, ein
Text verabschiedet, aber der Text war kein Text, auch keine Deklaration
und kein Manifest, sakral sollte es vielmehr zugehen, oder sagen wir
lieber para-sakral, da die Teilhaber doch überwiegend Agnostiker waren,
jedenfalls einigte man sich statt auf einen Wortlaut auf einen Schwur:
«Wir schwören, in der ganzen Welt die Einheit aller Rassen, aller
Hautfarben, aller Nationalitäten und aller Religionen herzustellen; alle

Spuren des Faschismus von der Erde zu tilgen; zwischen allen Völkern der Welt eine tiefe und aufrichtige internationale Freundschaft zu schaffen; einen gerechten und dauernden Frieden zu erhalten.» Damit war zugleich die Magna Charta aller künftigen Weltjugendfestspiele vorgegeben. Im Wortlaut zuweilen anders, dem Inhalte nach absolut identisch äußerten sich auch die Teilnehmer der verschiedenen Festivals während der darauffolgenden vier Jahrzehnte.

Das andere Elternteil, der ‹Internationale Studentenbund›, seiner faktischen Rollenbedeutsamkeit zufolge und auch wegen des grammatischen Geschlechtes jenes seinen Namen bestimmenden Subjekts wollen wir es den Vater nennen, wurde erst im August 1946 gegründet, ein halbes Jahr, nachdem der WBDJ beschlossen hatte, Weltjugendfestspiele auszurichten. Die sich demnach einer Art von Jungfernzeugung verdanken, welcher rechtzeitig vor der Entbindung noch ein Vater zugeteilt wurde; die Umstände erinnern sonderbar an jene von Christi Geburt laut Lukas 2,1–10, und nicht nur hier, nicht nur im Falle des zitierten Schwures, wird, wer will, immer wieder auf religiöse Zitate treffen können, wenn Kommunisten sich öffentlich zelebrieren. 1946 repräsentierte der ‹Internationale Studentenbund› 43 Organisationen aus 39 Ländern. Inzwischen haben sich die beiden Zahlen ungefähr verdoppelt. Die politischen Ziele des ‹Internationalen Studentenbundes› sind verbal überwiegend, inhaltlich vollkommen identisch mit jenen des WBDJ.

Die ersten Weltfestspiele fanden vom 20. Juli bis zum 17. August 1947 in Prag statt. Die zweiten Weltjugendfestspiele gab es dann in Budapest, vom 14. bis 28. August 1949. Der Abstand der beiden Ereignisse, die Frist von zwei Jahren, sollte für eine Weile verbindlich bleiben; in diesem Rhythmus würden jedenfalls die nächsten Festivals ausgerichtet werden. Man erkennt im Vergleich der jeweiligen Festivaldauer eine Verkürzung von zunächst drei Wochen auf deren zwei. Bei den zwei Wochen sollte es hinfort bleiben. Nach Prag und Budapest würden die Ausrichtungsstädte heißen: Bukarest, Warschau, Sofia, Moskau, Havanna, also Metropolen von kommunistisch-volksdemokratisch regierten Ländern. Prag, als dort 1947 das erste Festival stattfand, war aber noch nicht kommunistisch. Dieser Wandel geschah erst 1948 und trug entschieden bei zum Ausbruch des Kalten Krieges. So haben die Weltfestspiele immer mal wieder in Hauptstädten Quartier gemacht, die nicht solche von Volksdemokratien waren, freilich in einem wie immer gearteten freundschaftlichen Verhältnis der Nähe zu den sozialistischen Staaten sich befanden. Dies gilt für Wien, wo das Festival von 1959 stattfand, es gilt für Helsinki, wo man 1962 war.

Mit der unmittelbaren Vorbereitung ist ein Internationales Vorbereitungskomitee befaßt, in den einzelnen Ländern wirken Nationale Festivalkomitees. Charakter, Ziele und Details der Weltjugendfestspiele be-

schreibt das DDR-Wörterbuch zur sozialistischen Jugendpolitik wie
folgt:
«Die Weltjugendfestspiele entwickelten sich zur größten internationalen Begegnung junger Menschen verschiedener politischer, weltanschau-
licher und religiöser Auffassungen. Sie werden getragen von der Geschlossenheit der jungen Generation, im internationalen Kampf zwischen
den Kräften der imperialistischen Reaktion und des gesellschaftlichen
Fortschritts ihren Beitrag für die Erhaltung und Sicherung des Friedens,
für Solidarität und Freundschaft zwischen den Völkern und zwischen
jungen Menschen der ganzen Welt zu leisten. Die Weltjugendfestspiele
werden geprägt von der Lebensfreude der Jugend, von einer Vielzahl
politischer, kultureller und sportlicher Begegnungen. Sie standen stets im
Zeichen des Kampfes der Jugend für eine Welt ohne Ausbeutung, ohne
Unterdrückung, ohne Rechtlosigkeit und ohne Angst vor der Zukunft,
für eine friedliche Welt, die mit den Lebensinteressen der Jugend überein-
stimmt. Die Weltjugendfestspiele leisteten einen wesentlichen Beitrag zur
Durchsetzung der Prinzipien der friedlichen Koexistenz.»
Auch hier lasse man sich nicht durch das hölzerne Leitartikel-Deutsch
der Verfasser irritieren. Die Weltjugendfestspiele sind emotionsgefütterte
und farbige Veranstaltungen mit durchaus charismatischen Wirkungen.
Die finanziellen Ausgaben mögen enorm sein; über genaue Kosten ist
nichts zu erfahren, aber dieses Geld ist jedenfalls nicht schlecht angelegt.
Eine sommerliche Großstadt, überquellend von jungen Leuten, ist ein
hübsches Bild. Die Begegnung junger Menschen verschiedener Zungen,
verschiedener Hautfarben fördert die allgemeine Kommunikation, vermag Vorurteile durch Urteile zu ersetzen, befeuert die allgemeine Bildung und den individuellen Informationsstand. Eine Woge von Unbe-
dingtheit, Fröhlichkeit, eben von Jugend breitet sich aus, viel Erotik ist
immer auch dabei. Man treibt Sport. Man tanzt. Man singt Lieder. Man
demonstriert und begibt sich zu riesigen Versammlungen. Man liegt auf
den Grünflächen öffentlicher Parkanlagen und sieht den Strahlen der
Springbrunnen zu. Jemand zupft die Gitarre. In den dunklen Winkeln
der Straßen häufen sich raschelnd die Papiere der fortgeworfenen Versorgungsbeutel. Alles ist entspannt, frohgemut, lächelnd, vollgepumpt mit
einem diffusen Wir-Gefühl.
Der harte Kern des Ereignisses ist marxistisch-kommunistisch dispo-
niert, daran herrscht kein Zweifel, dafür stehen die Organisatoren nach
Herkunft und politischem Engagement. Das Kommunistische ist dementsprechend in allen Geschehnissen präsent, aber es drängt sich nicht
fortwährend auf. Die Gründung des WBDJ erfolgte aus dem Geiste des
Antifaschismus; der aber war ein Ausfluß jener Politik, die auf kommu-
nistischer Seite Bündnis- oder Volksfrontpolitik heißt. Will sagen: es gibt
politische Manifestationen, nationale wie internationale, an denen Kom-

munisten teilhaben, die sie aber nicht gänzlich dominieren, wo sie vielmehr, unter Hervorhebung irgendwelcher Gemeinsamkeiten der allgemeinen Art, etwa des Friedens oder der antikolonialen Emanzipation, den einen oder anderen Eigenanspruch hintanstellen. Ihre Gegner werfen ihnen dann gerne Falschmünzerei vor, manipulative Maskeraden, um Proselyten einzufangen; aber erstens ist dies auch von gänzlich anderen politischen Gruppierungen immer wieder gerne versucht worden, also ein durchaus legitimer Vorgang; zweitens und viel wichtiger aber: dies alles hat auch Rückwirkungen, und zwar verändernde, auf die Kommunisten selber. Es wird Welt zugeführt, Abwechslung, Alternative des Seins und des Tuns. Obwohl mir persönlich beim organisierten Auftreten von Menschenmassen immer ein bißchen eng und unheimlich wird, werde ich weiterhin für dergleichen Ereignisse optieren, und dies ist keine abstrakte Entscheidung, jedenfalls nicht hinsichtlich der Weltjugendfestspiele, sondern eine, die sich auf eigenes und unmittelbares Erleben stützen kann.

Zwei der Festivals fanden nämlich in jenem Lande statt, in dem ich wohne, also der DDR. Einmal, 1951, war ich dabei ein delegierter Teilnehmer. Es lohnt, davon zu erzählen, obschon, mit Friedrich Dürrenmatt zu sprechen, die Wahrheit manchmal wie eine Sage klingen mag.

Ich lebte damals in einer kleinen Stadt hart an der deutsch-deutschen Grenze zu Niedersachsen. Berlin war weit fort, ein Mythos, ich war erst ein einziges Mal in Berlin gewesen, und die Aussicht, dorthin zu gelangen, war für mich durchaus stimulierend. Zwischen meinem Abitur und dem Beginn meines Universitätsstudiums hatte ich ein Jahr lang arbeiten müssen, in einem volkseigenen Industriebetrieb; dies galt als eine Art von sozialpädagogischer Maßnahme, damit man keine Intellektuellen-Arroganz entwickle, vielmehr durch persönliche Teilnahme der Sphäre des Proletariats und der materiellen Produktion verbunden bleibe. Ich war Hilfsarbeiter in einer Gießerei, die Gehäuse für Elektromotoren herstellte. Dies war eine körperlich strapaziöse und im übrigen vollkommen stupide Tätigkeit. Nunmehr, die Zulassung zur Universität schon in der Tasche und das Ende meiner Hilfsarbeit vor Augen, sollte ich nach Berlin fahren, zu den Weltfestspielen. Ich sollte nicht allein fahren. Ich hatte die Verantwortung für eine Gruppe von Lehrlingen, die entscheidende Jahre jünger waren als ich und – im Unterschied zu mir – Berlin bloß dem Namen nach kannten.

Die Weltfestspiele, dritte ihrer Art, waren bereits im Gange. Man hatte, um möglichst vielen jungen Leuten aus dem Lande die Teilnahme möglich zu machen, bei der Organisation mehrere Durchläufe bei gleitendem Wechsel vorgesehen, jeweils ausgelegt auf ein paar Tage. Jener Durchgang, für den ich mit meinen Lehrlingen bestimmt war, fiel in die zweite Woche des Festival-Geschehens.

Wir stiegen am Bahnhof unserer kleinen Stadt in einen von mehreren
Sonderwagen der Deutschen Reichsbahn und fuhren davon. Wir trugen
die Blauhemden der staatlichen Jugendorganisation FDJ und besaßen
jeder einen Festival-Ausweis, der uns zu diesem und jenem berechtigen
sollte: Benutzung öffentlicher Verkehrsmittel, Zugang zu allerlei Veranstaltungen. Man hatte uns einen Verpflegungsbeutel ausgehändigt. Er
enthielt Brot, Kekse und ein Stück harte Wurst: alles damals sehr
begehrenswerte Dinge; Kriegsende und Mangelwirtschaft lagen eben erst
hinter uns, man kaufte in der DDR Lebensmittel immer noch auf
Marken. Der Versorgungsbeutel zum Festival erschien wie eine Gebärde
des materiellen Übermuts, ein Vorgriff auf das Paradies des Kommunis-
mus, und außer einer profanen Versorgungsfunktion sollte er dem wohl
auch dienen, als Köder.

Wir fuhren. Die Weltjugendfestspiele waren schon Wochen vor ihrem
eigentlichen Beginn in der Publizistik des Landes propagandistisch einge-
trommelt worden derart, daß es einem bereits ein wenig zum Halse
heraushing. Zu den propagandistischen Vorbereitungen gehörten allerlei
Literarica, gereimte Verse zum Beispiel, zu denen es auch Kompositionen
gab. Die gereimten Verse erhielten wir auf gedruckten Blättchen. Für
einen Festivalteilnehmer gehörte es sich, daß er das auswendig wußte.
Zum Lernen benutzten wir die Eisenbahnfahrt, und die dauerte lange.
Die direkte Strecke von unserer kleinen Stadt nach Berlin führte über
Magdeburg und Potsdam. Nach Magdeburg gelangten wir wohl, nach
Potsdam gelangten wir niemals. Unser Wagen wurde abgekoppelt, an
neue Züge angehängt, hin und her geschoben oder auch vielfach dem
Stillstand überlassen. Viele Stunden ging das so. Wir kannten die gereimten Verse inzwischen auswendig. Ich erinnere mich, daß wir irgendwann
eine längere Zeit auf einem Abstellgeleise warteten, und auf einem
anderen Gleis, uns gegenüber, stand ein anderer Zug, auch mit jungen
Leuten im Blauhemd. Wir riefen einander Fragen und Antworten zu. Die
anderen kamen gleichfalls von weither, freilich aus dem Norden, nämlich
aus Greifswald. Wo genau wir uns jetzt befanden, wußten wir alle
miteinander nicht. Wir entdeckten neben den Bahngeleisen schüttere
märkische Kiefern, die im Winde wedelten, dazu schien die Sonne.

Von den gelernten Liedern habe ich ein paar Zeilen im Gedächtnis
behalten. Zwei davon stammten aus dem Lied der Weltjugend und
lauteten so: «Unser Lied die Ländergrenzen überfliegt. Freundschaft
siegt. Freundschaft siegt.» Man sollte an Texte solcher Art keine überstei-
gerten Ansprüche stellen, aber was, außer um des Reimes willen, das
Grenzüberfliegen eines Liedes mit dem Sieg der Freundschaft zu tun
habe, war mir nicht ganz ersichtlich. In einem anderen Text wurde der
verschiedenen Nationalitäten gedacht, die zum Fest zusammenkamen,
und als besondere Preziose, deswegen auch alliterierend hervorgehoben,

trat da ein «Kim aus Korea» auf. Immerhin, es war die Zeit des Korea-Konflikts. In meinem Bewußtsein würde Korea hinfort Kim sein und Kim Korea. So ist es bis heute geblieben, wo KIM in der DDR die am meisten verbreitete und deswegen in jeder Lebensmittelverkaufshalle erhältliche Art der Hühnereier ist; kaufe ich sie, denkt es in mir: Kim aus Korea. Ein drittes Lied lautete: «Im August, im August blüh'n die Rosen.» Die Wiederholung der Zeitangabe suggeriert eine Nachdrücklichkeit, wenn nicht Ausschließlichkeit, die sich naturwissenschaftlich nicht ganz halten läßt, aber es handelte sich hier wohl um metaphorische Rosen, speziell implantiert für das Festival, und überhaupt ist an Liedtexten wohl nicht so wichtig, daß sie sich inhaltlich erschließen, vielmehr, daß man sie singen kann.

Wir kamen, Kim aus Korea und die im August blühenden Rosen auf den Lippen, in Frankfurt/Oder an. Da war es schon sehr später Nachmittag. Unser Ziel, das uns niemals zuvor präzise mitgeteilt worden war, erreichten wir kurz vor Einbrechen der Dunkelheit. Das Ziel erwies sich als ein Ort namens Fürstenwalde. Wir wurden in die riesige Scheune eines Bauern eingewiesen. Wir nagten an unseren Wurststücken und warfen uns ins Stroh.

Am nächsten Morgen strebten wir zum Bahnhof. Überall quollen jugendliche Blauhemdträger aus Bauernhöfen und Bürgerhäusern. Auf dem Bahnhof war hemdenblaues Gewühl. Ich ermahnte meine Lehrlinge zu Vernunft und Achtsamkeit, auch politischer, dann entließ ich sie. Jeder sollte das tun, wonach ihm zumut war, so besagte es die Anweisung. Meine Lehrlinge verloren sich in der Menge, und dann war auch schon die Bahn heran. Es war eine Dampfbahn. Die Lokomotive zeigte sich mit allerlei politischen Symbolen dekoriert. Wir fuhren mit dem Zug bis Erkner und wechselten dort in die elektrisch betriebene S-Bahn. Aus allen Bahnhofslautsprechern quoll jugendliche Musik. Unser Lied die Ländergrenzen überfliegt. Blüh'n die Rosen. Kim aus Korea. Ich fuhr, erinnere ich mich, bis zur Station Alexanderplatz, stieg dort aus und überließ mich dem Treiben.

Berlin, muß man wissen, war damals noch eine weitgehend ungeteilte Stadt, jedenfalls verkehrstechnisch. Zwar gab es schon zwei Verwaltungen, eine im Bezirk Mitte, eine in Schöneberg, wie es auch schon zwei deutsche Staaten gab; der eine, östliche, richtete eben jetzt das große Fest. Es gab zwei Währungen, und es gab den Kalten Krieg, der auch dadurch, daß in Korea, wo Kim war, ein heißer Krieg tobte, zu einem heißen Krieg insgesamt zu werden drohte. Das Wort Frieden war keine beliebige Polit-Vokabel. Es knisterte auch sonst noch in der Welt. Eine junge Französin, Raymonde Dien, hatte sich, demonstrativ und zum Zwecke der Behinderung, vor einen Güterzug geworfen, der Waffen für einen der damaligen französischen Kolonialkriege transportieren sollte.

Sie wurde deswegen zur Heldin der Schlagzeilen in allen linken Gazetten
der Welt und zur vielbejubelten Heroine dieser Weltjugendfestspiele.
Der Kalte Krieg war eine Periode idiotischer Handlungsweisen, auf
beiden Seiten. Ein Jahr vor den Weltjugendfestspielen hatte es in Ost-
Berlin schon einmal ein Massenaufgebot junger Leute gegeben; das hieß
‹Deutschlandtreffen›, war eine Art Generalprobe auf das weltweite Festival und ein Politikum ersten Ranges. Auch dafür hatte man Lieder
gedichtet; eines, das bekannteste, ging auf die Kehrreimzeile «Die Freie
Deutsche Jugend stürmt Berlin», und da es das ausdrückliche Ziel des
‹Deutschlandtreffens› war, auch West-Berlin mit einzubeziehen, entstand
bei der durch Stalins politische Sticheleien geplagten Bevölkerung der
Halbstadt tatsächlich die Furcht, die Freie Deutsche Jugend wolle Berlin
ernsthaft stürmen, im Sinne eines veritablen Bürgerkriegs. Also wurden
die Sektorengrenzen bewacht, und die Blauhemdträger, die dort auf-
tauchten, wurden unsanft angehalten und zurückgeschickt.

Jetzt, ein Jahr später, war alles umgekehrt. West-Berlin lud die jungen
Leute aus der DDR zu allerlei Gratis-Vergnügungen ein, aber damit war
die DDR nicht einverstanden. Wieder trat Polizei auf den Plan, diesmal
die östliche, und fischte Blauhemden aus den grenzüberschreitenden
Verkehrsmitteln. Ich unternahm erst gar nicht den Versuch. Nicht Furcht
oder Feigheit war dabei mein Motiv; als Kind aus einer altkommunisti-
schen Familie war ich den Anweisungen meines Jugendverbandes bedingungslos hörig; etwelche Zweifel und Einwände verstopfte ich wortlos in
meiner Brust.

Ich stieg also am Alexanderplatz aus, das jugendbewegte Ost-Berlin
umfing mich. Die kleine Stadt, aus der ich kam, war im letzten Krieg
verschont worden; Berlin, das wußte ich von meinem ersten Besuch her,
war voller Zerstörungen. Davon war das allermeiste noch vorhanden,
aber seltsam, man sah es in diesen Tagen nicht. Die Straßen waren mit
lärmenden, lachenden, drängenden jungen Menschen angefüllt. Eine
Reihe von Malern hatte riesige Dekorationstafeln verfertigt und an die
Ränder der großen Boulevards gestellt. Einer dieser Maler stammte aus
der Stadt, wo ich wohnte, er hieß Bert Heller, und seine den Mexikanern
Riviera und Siqueiros nachempfundene öffentliche Kunst trug ihm einen
hohen Staatspreis und eine Professur an der Berliner Kunsthochschule
ein; später würde er noch allerlei Prominenz portraitieren. Das Weltju-
gendfestival hatte sein Leben verändert.

Es gab Ausstellungen, Begegnungen, Konzerte, Theatervorstellungen,
es gab viel Sport. Der Sport interessierte mich nicht. Die Theater und
Konzerte waren überfüllt. Ich ging in eine Ausstellung, und keines ihrer
Exponate blieb mir in Erinnerung. Ich pickte mir eine kostenlos erhältli-
che Zeitschrift auf, ‹Sinn und Form›; dieses spektakuläre high-brow-
Journal der DDR, redigiert von Peter Huchel, hatte anläßlich des Festi-

vals eine Sonderausgabe ediert, mehrsprachig, mit allerlei Beiträgen von Leuten wie Aragon, Brecht und Neruda. Ein besonders begehrtes Objekt war das von Pablo Picasso entworfene Festival-Halstuch. Es gelang mir nicht, in dessen Besitz zu gelangen. Bloß ein albernes Mützchen bekam ich, weiß, mit allerlei aufgestickten Staatswappen; der erste Regenguß kam, und es verlor seine Form. Ich ging umher und besah mir alles. Die kaputte Stadt Berlin zeigte eine Art von jugendlichem Massen-Lächeln, und das stand ihr nicht übel. In unser ärmliches, ausgepowertes Land war ein wenig Welt eingekehrt, für zwei Wochen. Man redete in vielen Sprachen, und zu allem leuchtete penetrant die Sonne. Irgendwann geriet ich an eine Gruppe junger Engländer und blieb mit ihnen den Rest der Zeit zusammen. Es waren sehr angenehme, sehr anregende Leute, wir redeten über vielerlei. Unter ihnen war eine junge hübsche Frau mit goldblonden Haaren und ziemlich lumpigen Tennisschuhen. Später würde ich ihrem Abbild noch häufig begegnen, denn später würde sie recht berühmt werden. Es handelte sich um die Prosa-Schriftstellerin Doris Lessing.

Am letzten Abend dann stand ich eingekeilt Unter den Linden in der Nacht. Es gab eine öffentliche Ehrung. Damals lebte noch der sowjetische Staatsmann Josef Wissarionowitsch Stalin, allgemein gerühmt als weiser Führer aller Werktätigen. Zu seinen Ehren war während des Jahres 1951 in der DDR eine Art Wettbewerb erfolgt. Der fand nun seinen feierlichen Abschluß, die Sieger im Stalin-Aufgebot wurden geehrt, und sie wurden geehrt womit? Sie wurden geehrt mit einer riesigen roten Fahne, der ein Profil-Bildnis des schnurrbärtigen Georgiers appliziert war. Scheinwerfer stachen in die Dunkelheit und zeigten die flatternden Fahnen. Ein scharfer Wind wehte, der auch die großen Lautsprechersäulen Unter den Linden und die Mikrofone am Lustgarten heimsuchte. Jemand redete laut an gegen den Wind, mit heller Stimme. «Und überreiche ich ein Banner mit dem Bildnis des großen Stalin», hörte ich die helle Stimme rufen, dann nahm der Wind sie fort, bloß die Bewegung des erwähnten Banners nahm ich optisch wahr. Die helle Stimme gehörte dem damaligen Vorsitzenden der FDJ, Erich Honecker, der heute mein Staatschef ist. Neben ihm stand ein schmaler, etwas hochmütig wirkender Mensch südländischer Herkunft. Er hieß Enrico Berlinguer, war Vorsitzer des WBDJ und würde später Italiens KP dem Eurokommunismus zuführen.

Ich übernachtete ein letztes Mal auf dem Stroh von Fürstenwalde, und dann sammelte ich, den nächsten Morgen, meine Schäflein zum Zwecke der Heimkehr. Sie waren allesamt in West-Berlin gewesen, hatten dort Coca Cola getrunken, Wildwest-Filme gesehen und waren darüber der Begeisterung voll. Ich hörte nicht hin. Immerhin waren wir vollständig. Andere Gruppen traten die Rückreise durchaus gerupft an, da manche der Festival-Teilnehmer im Anblick der westlichen Fleischtöpfe beschlossen hatten, augenblicklich das Vaterland zu wechseln.

Das Festival bewegte dann noch eine Menge retrospektiver Zeitungsartikel, aber das wurde zusehends weniger, bis es bloß noch Statistik war. Zwei Millionen junger DDR-Menschen waren zum Festival in Berlin gewesen. Im Jahre 1951 war dies eine respektable Leistung.

Genau 22 Jahre später wurde Ost-Berlin abermals der Ort eines Weltjugendfestivals. Die Aktivisten von '51 waren derweil gesetzte Damen und Herren, ihre wichtigste Verbindung zu diesem Fest war die Teilnahme ihrer Kinder. Ich, inzwischen am Rande von Berlin ansässig, würde in diesen zwei Wochen die Stadt, in der kein Vorwärtskommen war, tunlichst meiden; so viel konnte ich immerhin wahrnehmen: alles geschah sehr viel perfekter, satter, aufwendiger als damals vor 22 Jahren, die rührende Armseligkeit des Nachkriegs war dahin, aber was sollte man darüber greinen, wahrscheinlich greinte man bloß dem unwiederbringlichen Verlust der jungen Jahre hinterdrein.

Das Festival von 1973 wurde politisch in mehrerer Hinsicht bedeutsam. Zwei Jahre zuvor war Walter Ulbricht, Zuchtmeister der DDR-Gründerjahre, von allen wichtigen Ämtern zurückgetreten. Die Ära Honecker begann, mit ihrem vergleichsweise angenehmen Pragmatismus, ihrem Mehr an geistig-kultureller Beweglichkeit und, die Jugend betreffend, ihrer endlichen Billigung von Blue Jeans, Rockmusik und langen Haaren. Die DDR war eben dabei, aus ihrer außenpolitischen Isolation erlöst zu werden, und zeigte mit diesem Festival, wie sie sich international zu öffnen und zu präsentieren gedachte. Was 1951 Raymonde Dien gewesen war, sollte nun die schöne amerikanische Bürgerrechtlerin Angela Davis werden: eine Jeanne d'Arc des kommunistischen Internationalismus. Viel Jubel war um sie, und sie durfte auch das letzte Wort der Veranstaltung haben: «Wir haben unser Versprechen gegeben und unsere Verantwortung bekundet, unablässig die tiefgreifenden Veränderungen unserer Epoche zu fördern... Verstärken wir unsere Aktion und unsere Einheit gegen den Imperialismus, für nationale Unabhängigkeit, Demokratie, sozialen Fortschritt und für den Frieden.»

Die Sprüche, man erkennt es, waren jedenfalls noch die nämlichen wie 1951. Sonst aber? Rudi Dutschke ging Arm in Arm mit Wolf Biermann über den Alexanderplatz. Viele Jusos reisten an, unter der Leitung ihres damaligen Vorsitzenden Roth, um mit Leuten von der FDJ-Spitze zu debattieren. Mittendrin starb plötzlich Walter Ulbricht. Man wollte das Festival durch dieses Ereignis nicht beschädigen lassen. Die Staatstrauer, die fällig war, wurde einfach verschoben. Das früher nach Walter Ulbricht, jetzt aber einfach nach der Weltjugend benannte Stadion wurde zum Ort eines Multi-Media-Spektakels, in Stil und Design einer US-amerikanischen *Easter Parade*. Ich dachte, während ich es am Fernseh-

Apparat verfolgte, an den toten Ulbricht und fand alles ein wenig makaber. Die Statistik sah dann so aus: 1542 Veranstaltungen, 25 646 ausländische Teilnehmer aus insgesamt 140 Ländern, 5 Millionen Besucher aus der DDR, das ist fast ein Drittel des Staatsvolks. Die Weltfestspiele der Jugend und Studenten, was sind sie also? Eine Mischung aus Olympiade, laisiertem Kirchentag, Politkirmes und Volksfest. Ein Massenauftrieb junger Leute, eine logistische Herausforderung, überwölbt von großen Wörtern und bedroht von rascher Vergänglichkeit. Letzteres ist ihr ständiger Fluch. Es ist auch ihre immer wiederkehrende Chance.

Nation für drei Tage

Schall und Rausch in Woodstock

Von Uwe Schmitt

*Woodstock, New York, vom 15. bis zum 17. August
1969. Rund eine halbe Million Menschen versammeln
sich hier zum bislang größten Open-Air-Festival der
Rockgeschichte. Sie begründen die Legende von der
‹Woodstock-Gemeinde›, der inmitten des von den Verwaltungsbehörden deklarierten ‹Notstandsgebiets› zeitweilig die soziale Idylle gelang.*

Zuerst ist da das Zögern, die Naivität versiegter Hoffnungen einzugeste-
hen, einen Jugendtraum womöglich der Lächerlichkeit preiszugeben:
Woodstock, das größte, friedlichste und letzte gemeinsame Symbol einer
aufbegehrenden Massenbewegung, die an eine grenzenlose Veränderbar-
keit der Verhältnisse glaubte; Woodstock, der ausgelassene Abgesang, der
ahnungslose Tanz auf dem Vulkan, berauscht von Liebe, Musik und
Drogen, mischt die Gefühle: Wehmut und Zorn, Stolz und vielleicht
Scham. Woodstock – war es das Totenfest der Subkultur der Sechziger
Jahre oder der Geburtstag der gewaltfreien, ökologisch grünen Friedens-
bewegung? Oder doch nur eine blöde Blumenkinderei? Fragen an eine
Legende.

Unbestreitbar ist das Scheitern der einfältigen Utopie, die es wagte, das
Paradies einzuklagen. Und es einfach auszurufen, als es sich nicht zeigen
wollte. Adornos Begriff der ‹abweichenden Sehnsucht› bezeichnet die
Richtung, in der zu suchen wäre. Doch keine Metapher hat den flüchti-
gen Zeitgeist je besser beschworen als ein Songrefrain, der in Sprache und
Inhalt jene Leichtigkeit erfaßt, die, leichtlebig und leichtfertig, uns heute
um so schwerer begreiflich ist: «If You Can't be With The One You
Love, Love The One You're With», sang das Quartett ‹Crosby, Stills,
Nash & Young›, das in Woodstock zum zweiten Mal gemeinsam auftrat.
Ein Glaubensbekenntnis, ein Underground-Bibelspruch: «Wenn du
nicht bei deinem Liebsten sein kannst, liebe deinen Nächstbesten.» Alles
teilen zu können, ohne Eifersucht, Neid oder Konkurrenz: Liebe und
Leben, Essen und Drogen, Musik und gar den Frieden – daran glaubten
sie, allen Ernstes, und manche von uns. Niemand dachte in diesem
Traum an Karriere, Konsum, schon gar nicht an die Katastrophe Aids.
Woodstock, das Synonym für eine verlorene Zeit, lag in diesem August
19 Jahre zurück: die Legende ist volljährig und wird noch weiter wachsen. Ihr an die Wurzeln zu gehen, kann vielleicht peinlich sein, zerstörbar
ist sie nicht.

Nun sollen jene nicht übergangen werden, die den Begriff Woodstock
in Blenheim Palace, dem Geburtsort Sir Winston Churchills in Woodstock nahe Oxford, ansiedeln oder gar jene, die besondere Bindungen zu
einem anderen Woodstock aus dem guten Dutzend von Orten gleichen
Namens pflegen, kurz – all jene, die bisher nicht recht wußten, wovon
die Rede ist: Am Wochenende des 15., 16. und 17. August 1969 versammelte sich eine halbe Million Menschen auf einem 240 Hektar großen
Farmgelände nahe der Ortschaft Bethel im amerikanischen Bundesstaat
New York zu einem Rockfestival. Geplant war die ‹Aquarian Exposition›
von der ‹Woodstock Music & Arts Fair› tatsächlich in dem Ort Woodstock, gut 90 Kilometer nordöstlich des Festivalgeländes, das kurzfristig
der Milchfarmer Max Yasgur für 50000 Dollar zur Verfügung stellte. 28
mehr oder minder berühmte Gruppen und Einzelinterpreten waren

angekündigt, die Veranstalter, vier blauäugige Abenteurer Mitte 20, rechneten mit 50000 Besuchern, bei Eintrittspreisen zwischen sieben Dollar für einen, 18 Dollar für drei Tage. Am späten Abend des 15. August drängten sich 200000 auf dem Weideland, mindestens viermal soviel waren in endlosen Wagenkolonnen auf dem Weg dorthin. Bald kam der Verkehr zum Stehen, Nahrungsmittel wurden knapp, die sanitären Einrichtungen versagten.

Doch Regen, Kälte und Hunger begegnete die riesige «urchristliche Gemeinde», wie das ‹Time›-Magazin die Menge später respektvoll taufte, mit Solidarität, Gleichmut und Friedfertigkeit. Es herrschte Anarchie, aber kein Chaos. Während sich in dem 180 Kilometer südöstlich gelegenen New York City schnell die Kunde von katastrophalen Zuständen in dem Notstandsgebiet verbreitete, feierten die Festivalbesucher mit ausgelassener ‹Staatsräson› die Zufallsgründung ihrer Drei-Tage-Nation, die für ein Wochenende zur zweitgrößten Stadt des Staates New York anschwoll. In der Masse genossen sie eine Macht, die sie ohne Gewalt teilten. In der Masse fanden sie Wärme und Schutz. In der Masse machten sie eine Art von «Frieden mit sich, der stiller Ekstase nahekam», wie die ‹International Herald Tribune›[1] damals schrieb. So wurde der Mythos Woodstock geboren, wahllos, in Phon und Watt, Wind und Wetter.

Nur wenige ahnten in ihrem Taumel, daß in Woodstock nicht ein Anfang, sondern der Anfang vom Ende gemacht wurde. Daß die Unschuld des Tagtraumes verloren würde, vergewaltigt von einer Wirklichkeit des Kommerzes, der Ausbeutung, der Ernüchterung. Woodstock war das erste Rockfestival, das von Film- und Phonoindustrie mit gigantischen Profiten vermarktet wurde. Zugleich war es das unwiderruflich letzte, zu dem die Besucher strömten, ohne sich als willfährige Opfer oder Marionetten einer Verkaufsstrategie zu fühlen. Was Jerry Garcia, Gitarrist und Kopf der Band ‹Grateful Dead›, als «biblisch epische Stadt» rühmte, entstand improvisiert, spontan, unvorhersehbar. Die Medien reagierten auf das Ereignis Woodstock, aber noch lancierten sie nicht vorab ein Medienereignis. Nicht zufällig etwa fehlten Superstars wie Bob Dylan oder die ‹Stones› in Woodstock. Die Gagen zwischen 10000 und 15000 Dollar lockten die zweite Garnitur: Jimi Hendrix, Janis Joplin und Joe Cocker, Santana und The Who rückten erst mit der weltweiten Veröffentlichung der beiden Plattenmitschnitte und des Konzertfilmes in den ersten Rang des Rock auf. Mehr noch: alle Musiker, die in Woodstock auftraten, können seither auf einen auratischen Bonus als Woodstock-Legionäre verweisen. Nicht wenige von ihnen, die in den letzten Jahren in Drittklassigkeit oder gar völlige Bedeutungslosigkeit fielen – Arlo Guthrie, Country Joe McDonald, John Sebastian, Alvin Lee und andere – zehren diesen Bonus notgedrungen wie ein Gnadenbrot auf.

Der mythische Nachruhm von Jimi Hendrix und Janis Joplin, die beide im Herbst 1970 unter Drogeneinfluß im Abstand von gerade zwei Wochen auf elende Weise starben, warf wiederum enormen Glanz auf das Festival zurück, dessen ständig wachsende Legende nun vermächtnishafte Züge aufwies.

Der Auftritt des genialen Gitarristen Jimi Hendrix an jenem dunstig feuchten Montagmorgen des 18. August um halb neun krönte künstlerisch in der Tat das Festival. Und er machte Musikgeschichte. Zwei Stunden lang, am Ende vor kaum mehr als 30000 Zuhörern, sang und spielte der dunkelhäutige Halbblutindianer, als gelte es sein Leben. Mit einem kurzfristig zusammengestellten Quintett improvisierte er durch sein Repertoire, bis er sich kurz vor Schluß die amerikanische Nationalhymne ‹Star Spangled Banner› vornahm. In einer nie zuvor gespielten, in ganz und gar unerhörter Form brachte Hendrix die heilige Hymne mit krachenden und heulenden Rückkopplungsmanipulationen auf ihren neuesten Stand: und das hieß Krieg, Krieg in Vietnam. Er entrang seiner Gitarre pfeifende Bombenabwürfe, aufplatzende Erde und qualvolle Schmerzensschreie.

Der politisch radikalste Protestsong in Woodstock hatte nicht Jimi Hendrix’ kreative Kraft, aber gerade der bitter sarkastische ‹I-Feel-Like-I'm-Fixing-To-Die-Rag› von Country Joe McDonald muß als die Hymne der Woodstock-Nation gelten. Zehn Meilen weit, so will es die Legende, war das obszöne Verweigerungswort der Menge zu hören, das sich McDonald buchstäblich skandieren ließ: F… U… C… K.

In Europa hob die Diskussion über das Massenphänomen Woodstock im Herbst 1970 an, als der dreistündige Dokumentarfilm von Michael Wadleigh eine Anschauung mindestens im Ausschnitt gestattete. Der Film spaltete die Kulturkritik in zwei feindselige Lager, die einander jedoch an ideologischer Beseeltheit in nichts nachstanden. Während die einen nicht müde wurden, den Mythos eines gigantischen Friedensfestes selig zu besingen, der den Kindern von Marx und Coca-Cola und dem von ihnen verachteten Establishment endlich den Weg in eine neue freiheitliche Gesellschaft gewiesen habe, verdammten die anderen die Vision von Woodstock als gefährlich oder zu arglos. Es kam zu einer denkwürdigen Ablehnungskoalition von erzreaktionären Publizisten und Vertretern der linken Intelligenz, die ihrerseits Woodstock als ein Frankfurter Schulbeispiel für eine irregeleitete Massenbewegung in der Knechtschaft kapitalistischer Profiteure brandmarkten. Es lohnt sich, die Fährte dieser erbitterten Polemiken aufzunehmen. Sie führt geradewegs zurück in eine Zeit des hoffnungsvollen Aufruhrs, aus der das Symbol Woodstock häufig auf fatale Weise isoliert, ja gleichsam ausgestoßen wurde.

Die ‹Dialektik der Aufklärung› von Horkheimer und Adorno mit ihrem Begriff der Kulturindustrie sowie Enzensbergers ‹Bewußtseinsindustrie› standen an prominenter Stelle im Argumentationsfundus der Woodstock-Verächter. Gleichermaßen nutzbar als bloße Schlagworte oder im ernsthaften Diskurs, wurden sie nach Bedarf und Neigung mit weniger verbreiteten Zeitzeugenaussagen gestützt. Etwa mit der Kritik von Jürgen Habermas am «modernen Freizeitverhalten», das «nicht beliebig, sondern in ‹Freizeitangeboten› von der Produktionssphäre abhängig»[2] sei. In eine ähnliche Stoßrichtung zielte ein Satz aus ‹Integration und Desintegration›, einem Aufsatz von Adorno und Benjamin aus dem Jahre 1942.[3] Dort heißt es: «Die Vorstellung, daß in einer klassenlosen Gesellschaft in weitem Maße Kino und Radio stillgelegt werden, die wahrscheinlich jetzt schon kaum einem dienen, ist keineswegs absurd.» Die klassenlose Gesellschaft? Niemand zögerte damals, solch gewaltige Begriffe auf die klassenlose Wochenend-Nation in Woodstock höhnisch anzuwenden. Und nur wenige hielten einer solch hochfahrenden Kritik entgegen, daß sie gerade das wesentliche der Jugendrevolte nicht verstanden habe.

Denn was Adorno und Benjamin als bloße «Reproduktion der Arbeitskraft im Kapitalismus»[4] verurteilt hatten, konnte der Gemeinde von Woodstock nicht ferner liegen, die gerade diesem System sich verweigerte, die eben nicht mit-arbeiten, nicht bei dem *Rat-race* um Geld und Macht mitmachen wollte. Gemeinsam Musik zu hören, galt den Totalverweigerern von 1969 nicht als Kompensation für einen entfremdeten Alltag, sondern als Selbstzweck in Selbstbestimmung. Dieter Baacke beschrieb dieses heute seltsam anachronistisch und arglos anmutende Lebensgefühl in seinem Buch ‹Beat – die sprachlose Opposition›, das drei Jahre nach Woodstock erschien. Baacke weist dort gelassen Anwürfe der Linken wie der Rechten zurück und stellt heraus: «Es kommen vielmehr Interessen und Lebensbereiche zur Geltung, die in der Leistungsgesellschaft verschwiegen werden und keine Rolle spielen dürfen: der Eros vor allem, die Beziehung zu Nachbarn und sich selbst.»[5] Baacke verteidigt das «Bedürfnis nach Selbstausdruck, Liebe, Zuneigung, Bewunderung (als Bewundertwerden und Bewundern)»,[6] das allen Jugendlichen gemeinsam sei. Da ist er, der Geist von Woodstock. Mindestens in Umrissen gewinnt er hier Gestalt.

Doch zur vollständigen Zitatauswahl zählen selbstverständlich auch die Äußerungen jener aufrechten Musikkritiker, die Woodstock einzig als Synonym für den Niedergang der Künste und ihrer konsumgeblendeten Rezeption in einer Massengesellschaft anklagten, indem sie die gesamte populäre Musik der Volksverdummung beschuldigten. Wieder wurde Theodor W. Adorno bemüht, der in seinem umstrittenen Aufsatz ‹Dekonzentration der Hörer›[7] im Jahre 1938 vernichtend über den Jazz und den Schlager urteilte. In einem Satz hieß das: «Der Fetischcharakter der Musik produziert durch Identifikation mit den Fetischen seine eigene

Verdeckung.» In genüßlicher Geringschätzung fand Adorno immer neue Vernichtungsformeln für ein infantiles, «regressives Hören», für das «Waren-Hören», schließlich gar für ein «Komisch-werden der Musik». So eifernd und unsinnig Adornos pauschale Verdammung der populären Musik heute anmutet, die Zeit, in der diese Urteile ausgesprochen wurden, forderte ihm wenig mehr ab. Der Jazz gab sich noch als swingendes Tanzvergnügen zufrieden. Bis zu seiner Emanzipation im Bebop sollten noch zehn, bis zur Reife des Rock'n'Roll 20, bis zur Herausforderung einer Nation mit der begnadet zerfetzten Hymne eines Jimi Hendrix in Woodstock würden noch 30 Jahre vergehen. So gerechtfertigt Adornos Verdikt für die Masse der populären Musik gelten kann, so vehement wird man immer wieder die Ausnahme von seiner Regel in Schutz nehmen müssen.

Doch hinter der Wirkungsgeschichte von Woodstock und seiner Legende könnte das Ereignis selbst verblassen, seine Entstehungsgeschichte, Bedingungen und Voraussetzungen fielen dann dem Vergessen anheim. Diesen Fehler beging der überwiegende Teil der europäischen Kulturkritik damals wie in der Folgezeit bei den einschlägigen Anlässen, zu Todes- oder Jahrestagen. Sie setzte sich darüber hinweg, daß Woodstock zunächst als amerikanisches Phänomen verstanden werden muß. Die Bilder von einer rebellierenden, aufbegehrenden Jugend mögen einander weltweit geähnelt haben, dieselben waren es niemals. 1968 – das ist uns: Paris im Mai, Anti-Springer-Demonstrationen in Berlin, das sind Ohnesorg, Dutschke, Bloch. 1968 in Amerika – das sind blutige Rassenunruhen in den Städten, der Protest beim Konvent der Demokratischen Partei im sommerlichen Chicago, das sind die mörderischen Anschläge auf Martin Luther King und Robert Kennedy, aber auch die phantasievollen Aktionen der Yippies, der ‹Young International Party›. Ihre Führer Abbie Hoffman und Jerry Rubin sorgten mit satirisch respektlosen Auftritten im Geiste der anarchischen Marx-Brothers für ähnliches Aufsehen wie hierzulande die ernsthaften Politclowns Fritz Teufel und Rainer Langhans. Der Widerstand gegen die amerikanische Kriegsführung in Vietnam einte sie alle, doch nur die amerikanischen Demonstranten hatten Väter, Brüder und Söhne als Opfer zu beklagen.

1968 in Amerika – das ist das Jahr bitterster Gewalt, die Furcht vor einer maßlosen Eskalation. So läßt sich die Erleichterung, ja die Bewunderung begreifen, mit der die amerikanische Öffentlichkeit ein Jahr später auf das friedliche Fest der halben Million in Woodstock reagierte. Die beinahe verdächtige Einmütigkeit, mit der die Medien die verloren geglaubte Jugend wieder in die Arme schlossen, mit der sie großzügig Drogenexzesse, freie Liebe und Rockmusikhörigkeit verziehen, war von Angst bestimmt. Denn 1969 – das war auch das Jahr der Sharon Tate/La-Bianca-Morde, begangen von dem psychopathischen Neonazi und Rock-

enthusiasten Charles Manson und seiner Kommune, die ihr grauenhaftes
Blutbad nach einem Song der Beatles ‹Helter Skelter› nannten und
behaupteten, im Namen ihrer Helden einen Rassenkrieg gegen die
Schwarzen führen zu müssen. Diesem abscheulichen Wahn, der Popmu-
sik zum Mord-Fetisch weihte, wurde beschwörend der Mythos Woodstock entgegengehalten, wie ein Kreuz den Vampiren. Noch einmal: nur
in diesem sozialen, kulturellen und politischen Zusammenhang konnte
die Legende von Woodstock geboren werden und nur aus Trotz gegen die
so bald enttäuschten Hoffnungen konnte sie bis heute überleben.

Zu welch emphatischen Hoffnungen mancher nach Woodstock fähig
war, hat wohl niemand so anrührend und ehrlich beschrieben wie der
liberale Publizist Max Lerner. Sein überschwenglicher Artikel in der
‹New York Post› scheute nicht vor den kühnsten Prophezeiungen zurück. Lerner schrieb:

«Wenn wir etwas ein ‹Ereignis› nennen, das den Wendepunkt in dem
Bewußtsein der Generationen voneinander und von sich selbst markiert,
dann war das Wochend-Festival auf Max Yasgurs weitem Weideland in
Bethel ein *bedeutendes* Ereignis. Die Geschichte wird damit zu rechnen
haben; denn diese jungen Revolutionäre sind auf dem besten Wege, einen
Lebensstil abzulegen, der nie der ihre war, und einen eigenen zu finden.»[8]

Nur wenige Monate später, am 6. Dezember 1969, mögen Max Lerner
ernste Zweifel an seiner Einschätzung gekommen sein, als das Festival im
kalifornischen Altamont mit einem Desaster endete. Von den Gruppen
‹Rolling Stones› und ‹Grateful Dead› als ‹Woodstock der Westküste› bei
freiem Eintritt geplant, sahen sich 300000 Besucher in der verlassenen
Rennbahn von Altamont den willkürlichen Terrorakten der als Ordner
engagierten ‹Hells Angels› ausgesetzt. Niemand konnte den Rockern
Einhalt gebieten, die prügelten, stachen, angeblich sogar auf die Menge
schossen. Vier Menschen starben, viele wurden verletzt. ‹Grateful Dead›,
die auch in Woodstock dabeigewesen waren, traten aus Protest gegen die
Übergriffe nicht auf. Die ‹Rolling Stones› spielten schließlich, um eine
Panik und noch mehr Blutvergießen zu verhindern. Starb der Geist von
Woodstock in Altamont, erschlagen von den Billardstöcken der ‹Hells
Angels›?

Wie konnte es dazu kommen, daß die populärste Parole jener Zeit,
Make Love not War, mit dem Kleinkrieg unter ihresgleichen in Altamont
endgültig pervertiert wurde? War die Friedfertigkeit der Menge in Woodstock nur ein glücklicher Zufall, ein Geschenk der Götter? Es ist an der
Zeit, der Skepsis das Wort zu geben, den Mythos realistisch zu überprüfen. Dafür stehen Augenzeugen zur Verfügung – zum Beispiel Jan
Hodenfield, damals Redakteur des Rockmagazins ‹Rolling Stone›,[9] dessen essayistische Reportage von Woodstock als einer der authentischsten

Berichte gilt. Selbst nicht frei von Sentimentalität, vergleicht Hodenfield seine Story heute mit jener, die sein Vater als Kriegsberichterstatter während der Landung der Alliierten 1944 in der Normandie schrieb: die wichtigste Geschichte seines Lebens.

Wie eine Invasion, wie ihren *D-Day* erlebten die Farmerfamilien in Bethel und White Lake den Einbruch der Menschenmassen in ihre leise Idylle. Der friedliche Landfriedensbruch der *Beautiful People* hinterließ ein tiefes Trauma gleich einer Naturkatastrophe. Die Erinnerung wird verdrängt; Pilgern, die alljährlich in den Feldern umherirren, auf der Suche nach dem schmucklosen grauen Betonklotz, den ein Woodstock-Veteran vor einigen Jahren stiftete, begegnen die Leute mit Mißtrauen und Ablehnung. Doch damals, am Freitagnachmittag des 15. August 1969, staunten sie noch ahnungslos über die höflichen jungen Leute, die durch ihren Ort zu dem natürlichen Amphitheater bei Yasgurs Farm strömten. Die vier Veranstalter, John Roberts, Joel Rosenman, Michael Lang und Artie Kornfeld, hatten das Festival neun Monate lang für rund zwei Millionen Dollar vorbereitet, in den etwa 250 Underground-Zeitungen Amerikas geworben, eine 30 Meter breite Holzbühne, vier riesige Gerüsttürme für Scheinwerfer und Lautsprecherboxen, kilometerlange Zäune und 600 mobile Toiletten auf dem Gelände installiert. Das Mögliche schien getan, doch es erwies sich bald als bei weitem nicht genug. Mit der liebevollen Akribie des amerikanischen Journalisten notiert Jan Hodenfield jede Zahl, jeden Namen, jedes beiläufige Statement, ohne Ordnung in das beginnende Chaos bringen zu können.

Als am Freitag um sieben Minuten nach fünf der schwarze Sänger Richie Havens das Festival eröffnet, seinen Song ‹Freedom› heiser, aus zahlosem Mund, in die Menge schreit, nimmt sie ihn beim Wort: gemächlich werden die Zäune niedergedrückt, Woodstock ist ab sofort ein *free concert*. Die 100 Polizisten aus der Gegend, verstärkt durch einige hundert Nationalgardisten, haben genug mit dem Verkehr zu tun, der sich längst in einem Radius von zehn Meilen staut. Am späten Freitagabend bricht die Versorgung mit Wasser und Nahrung zusammen. In der Nacht fallen Regenschauer. Am Samstagmorgen – inzwischen ist die Menge auf 300000 angewachsen – wird ein 17jähriger in seinem Schlafsack auf einem Feld von einem Traktor überfahren und tödlich verletzt. Doch die Menge ist längst nicht mehr zu erschüttern. Hunger, Kälte, Abfall und Morast trotzt sie mit einem kollektiven, gleichmütigen selbstzufriedenen Größenwahn. Welche Rolle der allgegenwärtige, selbst in Bühnendurchsagen propagierte Drogenkonsum spielt, ist schwer zu ermessen. Jan Hodenfield berichtet, daß von den 5000 Behandlungen, die 45 mit Hubschraubern eingeflogene Notärzte während des Wochenendes leisten, 400 auf Drogenmißbrauch, vor allem auf sogenannte schlechte LSD-Trips zurückzuführen waren. Dennoch scheint es kaum gewagt anzunehmen, daß das Festival ohne den besänftigenden Einfluß weicher, kommunikationsfördernder Drogen wie Haschisch und Marihuana einen anderen Verlauf genommen hätte. Heroin, Kokain, harte Aufputschmittel sind noch bedeutungslos, Alkohol ist streng geächtet, weil er aggressiv und damit einsam macht. In Woodstock aber wollen sie noch ganz aufgehen in der Masse von ihresgleichen. So zwiespältig es auch anmuten mag: unter der Dunstglocke aufsteigender Marihuanaschwaden gedeiht vielleicht zum letzten Mal der ungebrochene Glaube an Gemeinsamkeit und Glück. Woodstock gleicht im Rückblick einem ausgelassenen Pfadfinderlager vor dem langen und mühsamen Marsch durch die Institutionen.

Es stört sie nicht im geringsten, die Nation der drei Tage, daß sie nur wenige Stunden lang autark bestehen kann. Die Nation hängt am Tropf, künstlich ernährt vom Establishment: so verteilt der Frauenverein der jüdischen Gemeinde 30 000 Gratis-Brötchen, Max Yasgur füttert die Gemeinde mit Milch und Käse und eine Hubschrauberstaffel der ihr sonst verhaßten Luftwaffe wirft Lunchpakete über dem Gelände ab. Die Wohlstandskinder nehmen gerne, ihren Bedeutungshunger stillen die Übersättigten auf andere Weise. Yoga und Zen-Meditation stehen in Woodstock hoch im Kurs. Die Musik nimmt die überwiegende Mehrheit bei dieser grandiosen Abschiedsparty der Subkultur ohnehin nur in vom Wind verwehten Klangfetzen oder vom Hörensagen wahr. Die 4500 Watt starke Übertragungsanlage, für heutige Maßstäbe lächerlich unterdimensioniert, verbreitet ihre verzerrte Botschaft gerade einige hundert Meter weit. Niemand hört im entferntesten jene Musik, die von den Aufnahmegeräten in sauberem Stereoton der staunenden Nachwelt auf Platten überliefert wird. Noch viel weniger ist in Woodstock vom Geschehen auf der Bühne zu sehen: etwa von Joe Cocker, dessen großartige Interpretation des Beatles-Songs ‹With a Little Help From My Friends› zeitversetzt durch Film und Platte selbst Legende wird. Kaum einer erfährt in Woodstock, daß der britische Sänger in seinen ausgetretenen Sternenbannerstiefeln auf einer vom Regen überschwemmten Bühne steht, auf die sich die Tontechniker aus Angst vor einem Kurzschluß nur noch unter Protest und in Gummistiefeln wagen. Erst Wadleighs Film wird Cocker in Nahaufnahme vor aller Augen führen: Wie er wahrhaftig seine Seele aus dem Halse würgt, mit spastisch verrenkten Gliedern wie unter Strom gestikulierend, zu seinen Füßen eine Batterie leerer Bierdosen. Es ist ein heroischer Augenblick in der Rockgeschichte, der untrennbar zum Mythos Woodstock gehört, und den ironischerweise damals die meisten Augenzeugen verpaßten. Es wird deutlich, daß es nicht eine, sondern zwei Legenden von Woodstock geben müßte, die sich jedoch im Laufe der Jahre zu einem diffusen Ganzen verschmelzen.

Das Friedensfest der 500 000 wuchs erst mit einer Reproduzierbarkeit für Millionen über sich selbst hinaus. Nicht die Ahnung, daß etwas Großes, Einmaliges geschehen war, hätte etwa die Veranstalter versöhnen können, die das Festival mit 1,3 Millionen Dollar Defizit abschlossen. Denn die Drei-Tage-Nation Woodstock war mit ihrer Gründung unregierbar. Improvisierte Hilfsmaßnahmen verschlangen Unsummen, in der Not mußte die Tugend teuer erkauft werden. 14 Tage dauerten die Aufräumungsarbeiten im abfallübersäten, morastigen Weideland, noch nach Monaten mußte die Polizei von White Lake etliche verlassene Autos bergen, die von ihren Besitzern im Chaos des Aufbruchs nicht wiedergefunden worden waren,[10] ein Jahr brauchte Max Yasgurs verwüstete Farm, um über die Narben Gras wachsen zu lassen. «Ihr habt der Welt bewiesen, daß eine halbe Million junger Leute in Frieden und Freude zusammenkommen kann. Gott segne euch dafür!»,[11] hatte der Farmer, überwältigt, seinen Gästen am Sonntagnachmittag jenes Wochenendes zugerufen. Als alles vorbei war, bekannte der herzkranke Mann, noch einmal würde er ein solches Fest nicht durchstehen. Max Yasgur starb fünf Jahre nach Woodstock. Und mit ihm vielleicht ein Stück der *einen* Legende: nämlich die Hoffnung auf eine Wiederholung.

Die *andere* wurde zu einem kommerziellen Traum für die Veranstalter, die Filmgesellschaft und die Plattenfirma. Mehr als 300 Millionen Dollar Gewinn warf der Ausverkauf der flüchtigen, bankrotten Nation Woodstock bis heute ab. Die Frage stellt sich: Hat dieser posthume Handel mit Bildern und Musik, mit den endlos reproduzierbaren Reliquien der Woodstock-Gemeinde, das Ereignis wirklich pervertiert? Bleibt nicht mindestens in der Musik von Woodstock etwas von dem, das Herbert Marcuse 1977 in seinem Aufsatz über ‹Die Permanenz der Kunst› mit analytischer Poesie beschwor? «Die Kunst», schrieb er, «kämpft gegen die Verdinglichung, indem sie die versteinerten Menschen und Dinge zum Sprechen bringt – zum Singen, vielleicht zum Tanzen.»[12] Oder haben wir nur noch nostalgischen Spott für den Yippie-Führer Abbie Hoffman, der in seinem Buch ‹Talk-Rock-Album›[13] als erster die ‹Woodstock-Nation› ausrief und als einer der Angeklagten im Prozeß um die Protestaktionen von Chicago auf die Routinefrage nach seinem Wohnort ebendiese angab. Nach einem Einspruch des Staatsanwaltes erläutert Hoffman: «Die Woodstock-Nation ist nicht eine Gegend, sondern ein Geisteszustand, so wie die Sioux ihre Nation mit sich herumtragen.» Der Richter unterbricht: «Eine Adresse genügt, nichts über Philosophie oder Indianer, Sir. Sie sagten Woodstock. Wo ist Woodstock?» Darauf Hoffman: «In meinem Kopf.»[14]

Nun ließe sich Abbie Hoffmans Gerichtssatire als geistreicher Politklamauk abtun, von der Art wie einst Fritz Teufels Bemerkung zu der Aufforderung im Gericht, sich zu erheben: «Sicher, wenn's der Wahrheitsfindung dient.» Aber möglicherweise verbirgt sich in der Tat eine

Wahrheit über den Mythos Woodstock in dem Jux des Abbie Hoffman. Vielleicht hat die Legende von einem einzigen Wochenende Liebe, Musik und Frieden im August 1969 die Jahre und ihre Kommerzialisierung nur deshalb überstanden, weil sie sich dem Zugriff immer wieder entzog, im Wortsinne unbegreiflich blieb, allen Deutungsversuchen zum Trotz. Kurz, weil Woodstock eine unangreifbare Zuflucht fand: In den Köpfen als Traum, Erinnerung, Märchen, als unerfüllbar gedachter Wunsch, uralt und alterslos.

Die freudvollen Totenfeiern

Kultische Erlebnisse auf Bali

Von Rolf Italiaander

*Zur Seelenreinigung werden die als Blumen- oder Sandelholzeffigien symbo-
lisch vergegenwärtigten und wiederbelebten Verstorbenen in hohen Türmen
zum Meer gebracht. Später werden diese Türme verbrannt. Es handelt sich
hierbei um Zeremonien, die in der Regel erst Jahre nach der eigentlichen
Leichenverbrennung stattfinden. Sanur, Bali, ca. 1940*

Aus tiefstem Schlaf erwachte ich und wußte zunächst nicht, wo ich mich befand. Schließlich stellte ich fest, daß ich auf einem Liegestuhl aus Bambus lag. Heute am frühen Morgen war ich von Jakarta nach Denpasar, der Hauptstadt der ‹Märchen-Insel Bali›, geflogen. Der Neffe meines Gastgebers hatte mich in seinem viktorianischen Auto abgeholt und nach Ubud in den Puri des Onkels gefahren. Ein Puri ist eine schöne Gartenanlage mit einem Palast oder einem großen Haus einer hochgestellten Persönlichkeit. Zu einem Puri gehören kleinere Häuser und Pavillons, zum Wohnen oder zur Aufbewahrung von Heiligtümern. Dieser Puri hier gehörte meinem Freund Tjokorda Gde Agung Sukawati, dem Fürsten von Ubud. Indonesien ist seit der Unabhängigkeitserklärung 1945 eine Republik. Aber die Nachkommen der alten adeligen Familien werden noch immer respektiert, besonders, wenn sie sich um die einheimische Kultur verdient gemacht haben. ‹Tjokorda› bedeutet Prinz. Tjokorda Gde Agung aus dem Fürstenhaus Sukawati wurde ‹der letzte Prinz von Ubud› genannt. Ubud heißt das Dorf, in dem sein Puri gelegen ist. Der Titel ‹Tjokorda› weist darauf hin, daß der Namensträger einer alten Kriegerkaste angehört. Nach dem Erwachen atmete ich tief aus, denn ein grenzenloses Glücksgefühl überkam mich wie immer, wenn ich mich auf Bali aufhalte. Ich bewohnte den schönsten Pavillon auf dem fürstlichen Grundstück, ein Holzhaus mit reichen, bunt bemalten und vergoldeten Schnitzereien. Das war eine Auszeichnung, die mir Freund Tjokorda immer wieder gewährte.

Ich bin niederländischer Herkunft, auf meinem Kinderbett hatte eine mit wunderschönen Blumen verzierte Batikdecke aus Bali gelegen. Bei ihrem Anblick erwachten in mir – also zu jener Zeit war ich noch ein Kleinkind – erstmals ästhetische Empfindungen. Ich liebte diese Decke und ließ sie mir später von meiner Mutter schenken. Das war der erste künstlerische Gegenstand, mit dem ich zu sammeln begann. Bali wurde mir schließlich zum Inbegriff alles Schönen und Liebenswerten. Bali und insbesondere das winzige Fürstentum Ubud hatten das Glück, in der ersten Hälfte dieses Jahrhunderts einen kunstverständigen Prinzen als Oberhaupt zu haben; Tjokorda Gde Agung Sukawati. Wenn sich in der ersten Jahrhunderthälfte eine Renaissance der Bali-Kultur ereignete, so war dies dem kunstbegeisterten Mentor Tjokorda Agung zu danken. Allerdings hatte er das Glück, zwei europäische Mitarbeiter zu gewinnen, die als Meister der Bildenden Künste gleichfalls in Bali und seine traditionsreiche Kultur verliebt waren. Einer von ihnen war der niederländische Maler Rudolf Bonnet. Ihn faszinierte Bali dermaßen, daß er den Wunsch hatte, eines Tages hier auf Bali eingeäschert zu werden – was geschah.

Bonnet war befreundet mit dem universellen deutschen Maler, Kulturgeschichtler, Musiker und Musikwissenschaftler Walter Spies. Der Prinz aus Ubud, Bonnet und Spies gründeten einen höchst nützlichen ‹Verein zur Wiederbelebung der Künste auf Bali›. Gemeinsam installierten sie auch das Bali-Museum ‹Puri Lukisan›, das Zentrum der Bali-Renaissance in den Bildenden Künsten. All das wäre freilich nicht möglich gewesen ohne die Hilfe des Prinzen von Ubud, eines asiatischen Kultur-Protagonisten ohnegleichen. Er stammte aus einer uralten einheimischen fürstlichen Großfamilie. Geboren 1910, wurde er nur 68 Jahre alt. Er starb am 20. Juli 1978. Sehr krank lag er in einer Klinik in Surabaja auf Java. Als er sein baldiges Ableben spürte, ließ er sich nach seinem Puri in Ubud transportieren. Einen Tag nach seiner Heimkehr starb er hier – wie man berichtete, «verklärt und heiter am Ort seiner Geburt».

Sein ländlicher Besitz war ein Kleinod. Von einer großen, partiell grünbewachsenen Mauer umgeben, war er ein ‹Garten Eden› mit Tausenden von Hibiskus-Sträuchern und Orchideen, die Tag für Tag blühten. Auf dem Gelände standen vielerlei niedrige Mauern, die das Terrain aufteilten in verschiedene Gärtchen, zu denen jeweils ein Häuschen oder ein Pavillon gehörten. Der Fürst selbst wohnte mit seiner Familie in einem größeren Gebäude, dem Palast, von dem aus er – wie er selbst spottete – «regierte» und sich vornehmlich der Förderung der gesamten balinesischen Kultur widmete. Vorherrschend in Bali ist eine spezifische hindujavanische Tradition. Sie weiß zwar auch um die Vergänglichkeit aller irdischen Dinge, dennoch hindert sie den Menschen nicht daran, sich an den Schönheiten der Natur und der Künste zu erfreuen. Sie sieht darin eine durchaus lebensbejahende Religiosität, die auch vom Tjokorda geteilt wurde. Er war eben der große weise Mann dieser Südsee-Insel.

Für mich ist Bali zu einem hochgradigen kulturellen und religiösen Erlebnis geworden. Mit dem Begriff der asiatischen Religionen ist meist die Vorstellung von Sitten oder Ritualen verbunden, die uns Europäern (und Christen) schwer begreiflich sind. Auf Bali war das alles anders. Die Balinesen gehörten zu den allerfreundlichsten und liebenswertesten Menschen, denen man in Fernost begegnen konnte. Aus Gutherzigkeit lächelten sie immer, waren sie immer hilfsbereit: demütig, gütig. Alle Balinesen strebten nach dem geheiligten Glück, nach der makellosen Schönheit, nach der Vollendung im Göttlichen. Walter Spies wurde davon überwältigt und äußerte sich über sein magisches Erleben Balis:

«Ich glaube an das Leben und lebe im Glauben... Die Herrlichkeit, die Heiligkeit des Lebens, auch im Ernst des Alltags, mit all seinen Fällen, Anfällen, Ausfällen, Unfällen, Zufällen, ist es, an die ich glaube. Und dieser Glaube ist so stark und übertönt, verschluckt alles Leiden, alle Selbstgefühle, alle zeitlichen, räumlichen und körperlichen Zustände, so daß nur die große Heiligkeit des Lebens strahlt... Und ich glaube, daß Kunst wie Gebet muß sein, ein Preisen, ein Lobsingen muß es sein von der Helligkeit des Lebens. Und dies kann es nur werden, wenn der

Abstand vom Leben bewahrt bleibt. Denn eine Wiedergabe nur der Schönheit des Lebens würde die Heiligkeit töten, wenn der Abstand wegfiele... Auch für einen Balinesen, und dies durch seine ‹Primitivität›, Unverdorbenheit und Naturnähe, ist das Leben die herrliche, heilige Tatsache; die Religion ist lebendig und ist da, um das Leben lieben und leben zu lehren, und die Kunst ist lebendig und ist da, um die Heiligkeit des Lebens zu preisen... Alle Gefühle, wie Liebe, Haß, Seelenqual, Eifersucht und all diesen Rummel, haben sie und kennen sie genau wie wir, doch sobald es heißt, darüber sich künstlerisch zu äußern, wird es sublimiert, gefiltert, gesiebt, und es wird keine sechste Sinfonie von Tschaikowsky daraus, sondern eine klare heilige Tatsache. Alles nur ‹Hohelieder› über die Heiligkeit alles Geschehens.»

Diese Vielfalt der religiösen Sitten und Gebräuche, aber auch die Erklärungen, die der Besucher Balis erhält und die sich oft zu widersprechen scheinen, weisen auf die komplizierte Geschichte hin, welche die von den Balinesen heute gelebte Religion durchlaufen hat. Ihre heutige Bezeichnung ‹Bali-Hinduismus› deutet auf ihre beiden Grundlagen: zum einen die uralte balinesische Religion, die sich nicht wesentlich von anderen alten Religionen in Indonesien unterscheidet. Sie berichtet in ihren Mythen von einer Urgottheit, die sich über verschiedene Stufen immer weiter in einer Vielfalt von Erscheinungsformen entfaltete, bis schließlich die ganze Welt entstand: mit der Unterwelt als tragende Stütze und ihrem Symboltier, der Schlange (naga), die gleichzeitig die Gottheit der Unterwelt darstellt; ferner mit dem mittleren Bereich, in dem sich die Menschen aufhalten und mit ihnen die Dämonen; schließlich über allem die Oberwelt, deren Gottheit in der Regel von einem Vogel (Hahn, Adler, Garuda) repräsentiert wird.

Die ganze Welt ist, weil sie aus dem einen Urgott hervorgeht, eine Einheit, auch wenn es in ihr zu Spannungen oder sogar Kämpfen kommt. Aber nie kann ein Bereich ohne den anderen existieren. Wenn zum Beispiel in einem Tempel, der einer Gottheit der Oberwelt oder einem vergöttlichten Ahnengeist geweiht ist, geopfert wird, dann muß auch ein Opfer den Geistern der Unterwelt dargebracht werden – und umgekehrt. So stellt das alte Eingangstor zum Tempel von Ulu Watu im Süden Balis, der dem Herrn der Unterwelt geweiht ist, zwei Garudas dar, also Symbole der Oberwelt. Zum Verständnis dieser Einteilung ist ein Blick auf die Geographie Balis wichtig. Von den großen fruchtbaren Ebenen aus gesehen liegen die hohen Berge, auf deren Spitzen die Götter wohnen, im Norden, mit dem heiligsten und höchsten Berg, dem Gunung Agung, im Nordosten. An seinem Fuße findet sich die wichtigste Tempelanlage Balis, Besakih, wo die vergöttlichten Ahnengeister der balinesischen Fürstenfamilien verehrt werden. Im Süden erstreckt sich das unabsehbare Meer: lebensfeindlich und unheimlich, die Region der

Unterwelt. In der Mitte, in den fruchtbaren Ebenen und Hügellandschaften, wohnen die Menschen. Für die Bewohner des schmalen Küstenstrichs im Norden steht diese ‹heilige Geographie› allerdings auf dem Kopf: für sie ist der Norden mit seinem Meer Region der Unterwelt.

Weil auch die Menschen ein Teil dieses Kosmos sind, ihren Ursprung gleichfalls in der Urgottheit haben, wissen sie sich letztlich in einer tiefen Geborgenheit, was jedoch nicht heißt, daß sie nicht auch in die Spannungen und Kämpfe zwischen den oberen und unteren Mächten hineingezogen werden. Ihr Ziel ist es jedoch, in Harmonie mit allem zu leben, nicht in einer Gleichmacherei, sondern so, daß sich die gegeneinander gerichteten Kräfte gegenseitig die Waage halten. Als symbolischer Ausdruck dafür können die schwarz-weiß-karierten Sarongs angesehen werden, die man bei bestimmten Tänzen trägt.

Der Hinduismus, die zweite Komponente der heutigen Religion der Balinesen, kam in zwei Etappen. Ursprünglich, wohl um das Jahr 1000 n. Chr., kamen Brahmanen, die sich mit ihren Riten als Beschützer der Fürsten insbesondere anboten. Durch Heiratsverbindungen wurden erste Kontakte nach Ost-Java geknüpft. In der Mitte des 14. Jahrhunderts zog dann das aufstrebende hindu-javanische Reich Majapahit Bali in seine Einflußsphäre ein. Dieser Einfluß bestand fort, bis Majapahit von den ersten islamischen Fürsten auf Java zerstört wurde und, zu Beginn des 16. Jahrhunderts, die hinduistisch gebliebenen Adeligen und Brahmanen auf Bali ihre Zuflucht suchten. In religiöser Hinsicht konnte der Hinduismus auf der altbalinesischen Religion aufbauen und diese vertiefen. Als oberste Gottheit wird Sang Hyang Widi Wasa verehrt. Seine höchste und bedeutendste Erscheinungsform ist die der Trimurti, der Dreigestaltigkeit, die mit den Göttern Siwa (im Zentrum), Viśnu (im Norden) und Brahma (im Süden) gleich gesehen wird. Durch ihre Kräfte, nämlich das Entstehenlassen, das Behüten und das Zerstören, beeinflussen sie entscheidend das Leben der Menschen. Diese Dreiheit spiegelt sich – sie ist freilich nicht identisch – in den drei Haupttempeln eines jeden Dorfes: dem Dorftempel in der Mitte, neben ihm zumeist das Versammlungshaus der Dorfgemeinschaft; dem Tempel für die Geister der Gründer des Dorfes (im Nordosten) und dem Totentempel (im Süden). Selbst in den Gehöften findet sich diese geographische Einteilung. Im Nordosten stehen die Tempel für die Geister der Familienahnen, daran schließt sich das Schlafgemach der Großeltern, daran das der Eltern und deren Kinder, wobei die Füße nie in Richtung der älteren Generation zeigen dürfen. Im südlichen Bereich des Hofes befindet sich die Küche mit ihren Abfalltrögen.

In anderen Vorstellungen werden den drei genannten Göttern noch zwei weitere hinzugefügt, entsprechend der Windrose: nämlich Iśwara im Osten und Mahadewa im Westen. Sie entsprechen den fünf Elementen des Kosmos: Visnu (Norden) steht für den Raum bzw. den Himmel, Iśwara (Osten) für den Wind, das heißt die bewegende Kraft, die Luft; Siwa in der Mitte für das Feuer (die Sonne, die lebensspendende Wärme), Brahma für die Erde und Mahadewa für das Wasser. Aus diesen Grundelementen setzt sich der gesamte Kosmos zusammen; somit sind sie auch in jedem Menschen anwesend. Bei der Schöpfung entstand ein Element aus dem anderen: Zuerst entstand der Raum, aus ihm der Wind, aus dem Wind das Feuer, aus dem Feuer das Wasser (man denke an den Dampf, wenn Wasser erhitzt wird), aus dem Wasser die Erde. Diese Elemente haben auch im Menschen ihren Platz und formen seine Gestalt ebenso wie seinen Charakter. Seine Haut entspricht der Erde, die Zunge dem Wasser, sein Schädel dem Raum. Die anderen Körperteile und Sinnesorgane werden diesen zugeordnet. Stirbt der Mensch, so geht jedes dieser Elemente zurück zu seinem Urelement. Ist dieses geschehen, so verschwindet die Erde wieder im Wasser, das Wasser im Feuer, das Feuer im Wind und der Wind im Raum. Damit ist der Mensch zu seinem Ursprung zurückgekehrt. Die Klimax dieser Rückkehr, soweit die Hinterbliebenen eines Toten sie beeinflussen können, ist die Verbrennung. Ihre lebensbejahende Religion äußert sich bei den Balinesen auch in ihrem Verhältnis zum Sterben. Bei wenigen Völkern der Erde ist der Tod dermaßen in das Leben positiv integriert wie bei den Balinesen. Er ist ohne Schrecken.

Als ich an jenem Morgen in meinem Liegestuhl aufwachte, entschuldigte sich der Obergärtner des Tjokorda, der gerade handtellergroße Schmetterlinge bewundert hatte, er müsse für eine Weile zu einem Nachbargrundstück. Er habe einen Leichnam für die Verbrennung vorzubereiten. Er erklärte stolz: «Ich tue das gern, denn es ist eine hohe Auszeichnung, einen verstorbenen Mitmenschen für den Übergang in die andere Welt herzurichten. Die Leichname, die ich für die große Reise vorbereite, sind ohne Tadel. Kein bißchen Ackerstaub bleibt übrig. Und wenn ich ihn mit dem Fingernagel abkratzen muß.» Aber dies heute war ein Sonderfall; denn generell müssen über 40 Tage vergehen, ehe eine Leiche beerdigt oder verbrannt wird. Fast jedes Dorf hat jedoch seine eigenen Regeln.

Wenig später sprach ich mit dem Prinzen, einem introvertierten Philosophen. Er hätte mich nach Bali eingeladen, sagte er, weil er vorschlage, daß ich heute an einer Totenehrung teilnehme. Ich meinte, mit zunehmendem Alter würde ich Friedhöfe lieber meiden. Er lächelte barmherzig und meinte:

«Bei euch würde ich das wahrscheinlich auch so empfinden! Und das hängt mit eurer mir völlig fremden Einstellung zum Tod zusammen. Sicherlich wird abermals das Largo von Händel oder der Chopinsche Trauermarsch gespielt. Nein, das würde mir nicht gefallen. Das ist organisiertes Weinen. Aber warum angesichts des Todes weinen? Er ist

ein völlig konsequenter Vorgang. Den Tod muß man genauso bejahen wie
die Geburt. Nur dann kann man glücklich leben. Der Tod ist in die
kosmische Ordnung organisch eingefügt.»

Der Prinz erinnerte mich daran, daß unsere Art Leben geschlossen ist,
das Leben der Balinesen dagegen ist geöffnet. In ihm gibt es einen
fließenden Strom aus der übersinnlichen in die sinnliche Welt. Das
Verhältnis von Leib und Seele ist bei Menschen materialistischer Zivilisa-
tionen wie der europäischen oder nordamerikanischen ein anderes als bei
den Balinesen. Ich fragte, warum die Balinesen ihre Toten in einem
wahren Festakt verbrennen würden. Er antwortete: «Um eine Scheidung
des Geistig-Seelischen vom Physischen, die unersetzlich ist, herbeizuführ-
en.» Die Scheidung sei in der Form der Verbrennung nicht etwa ein
«Angstphänomen», sondern ein «Liebesphänomen». Der Sinn der Leichenverbrennung sei das Überführen von geistigen Elementen in eine
geistige Welt.

Am Spätnachmittag nahm ich selbst als Beobachter an der Verbrennungszeremonie teil, allerdings nur in angemessener Distanz. Aber hier
sei darauf nicht näher eingegangen, denn es ist wichtiger, über die
Verbrennungszeremonie des Tjokorda Gde Agung Sukawati selbst zu
berichten.

Tausende von herrlichen Blumen gaben dem Schauplatz ein fröhliches
Aussehen, und die Verbrennungszeremonie des Tjokorda Gde Agung
Sukawati in Ubud wurde zu einem historischen Ereignis. Tjokorda
Agung war am 20. Juli 1978 gestorben. Sechs Monate lang war er im Puri
auf der Veranda seines großen Hauses aufgebahrt. Einbalsamiert lag er in
einem geschlossenen Sarg. Über seine Leiche waren ‹für die letzte Reise›
zahlreiche Kleidungsstücke ausgebreitet, darunter kostbare Sarongs. Am
Kopfende des Sarges lag ein Großfoto von ihm. Der Sarg war bedeckt mit
unzähligen würzig duftenden Orchideen, die jeden Tag ausgewechselt
wurden. Ebenso waren riesige Blätter von Heraklien dekorativ angeordnet, deren Samen ich vor Jahren als Gastgeschenk aus Hamburg dem
Freund mitgebracht hatte – nicht ahnend, daß sie sich im feuchtwarmen
Klima Balis zu solchem Riesenformat entwickeln würden. Mindestens
ein Familienmitglied saß stets neben dem Sarg, auch nachts. Am Abend
versammelte sich die ganze Familie drumherum. Es wurde Kaffee oder
Tee serviert, dazu Gebackenes. Man plauderte über Erlebnisse mit dem
geliebten und verehrten Toten und spekulierte darüber, welche Zukunft
er wohl im fernen Reich der Seelen haben würde. Man war sicher, daß
seiner Seele ein gutes Fortleben bevorstand. Er war doch ein ungewöhnlich kreativer und sozialer Mensch gewesen.

Heilige Texte werden in Bali auf rechteckig zurechtgeschnittene Blätter
der Lontar-Pflanze eingekratzt. Durch Fäden werden die etwa 20 cm
langen und vier cm breiten beschriebenen Blätter zusammengehalten und

als ‹Lontar-Buch› bezeichnet. Aus diesen Skripten wird häufig an der Seite des Toten feierlich vorgelesen oder oft stundenlang vorgesungen. Auch Kinder hören mit Andacht zu.

Tjokorda Agung durfte nicht sofort verbrannt werden, weil ein Gesetz – zumindest in Ubud – besagt, daß mindestens 40 Tage vergangen sein müssen, ehe man eine Leiche verbrennt und die Asche entweder in einem abgesegneten Gefäß in einem Tempel einbettet oder sie ins Meer versenkt. Wenn der Prinz von Ubud ein halbes Jahr auf seiner Veranda aufgebahrt war, hatte das eine zwingende Ursache. Man brauchte viel Zeit für die Vorbereitung der vorgesehenen Verbrennungszeremonie. Außerdem mußte für diese Feierlichkeit sehr viel Geld gesammelt werden. Diese Festlichkeit soll fast eine Viertel Million Mark gekostet haben. Tjokorda Agung selber war nicht wohlhabend – einer der Gründe, weshalb er in seinem Puri zahlende Hausgäste aufnahm. Die Familie konnte nur einen kleinen Betrag für die hohen Kosten aufbringen. Aber es stellte sich heraus, daß andere adelige Familien interessiert waren, ihre Verstorbenen zusammen mit dem Fürsten von Ubud einzuäschern. Auch nichtfürstliche Familien meldeten sich. Dann waren noch die Gebeine des Malers Rudolf Bonnet aus den Niederlanden einzufliegen. Etwa 30 Tote wurden gemeinsam verbrannt. Es scheint nicht übertrieben, wenn berichtet wurde, daß es sich bei dieser Nagabanda auf Bali um das größte rituelle Ereignis dieses Jahrhunderts handelte.

Aus diesem Anlaß kamen über 100000 Touristen auf die Südsee-Insel. So viele Menschen beieinander hatte es in Bali noch nie zuvor gegeben. Vier Fernsehgesellschaften filmten – keineswegs immer pietätvoll – die Ereignisse. ‹Nagabanda› heißt übersetzt ‹das Gefährt› oder ‹die Brücke›. Zweck der Zeremonie ist, dem Toten einen geraden Pfad der Vereinigung seiner Seele mit dem Absoluten, also dem Ewigen, sicherzustellen. Der Naga – die Schlange – bildet dabei die Brücke. Er ist aus Bambusrohren, Brettern, Pflanzenfasern, Leinen und kräftigem Papier in wochenlanger Arbeit hergestellt und schließlich in expressiven Farben bemalt worden. An der Vorbereitung dieser prunkvollen Verbrennungszeremonie beteiligten sich Hunderte von Mitbürgern, vor allem Frauen aus den Dörfern. Insgesamt sollen es 2000 Menschen aus Ubud und den umliegenden Dörfern gewesen sein.

Der Naga war mit kostbarem rotem Stoff und reichem Zierat versehen. Vorherrschend waren die Farben Gold, Schwarz und Rot. Ehe der Drache für die Feuerbestattung verwendet werden konnte, mußte er in das benachbarte Dorf Peliatan hinuntergetragen werden. Dort wurde die Zeremonie ‹Mendak› durchgeführt. Mit Hilfe eines Hohenpriesters wurde der Naga ‹zum Leben erweckt›. Diese Zeremonie wurde nicht in Ubud durchgeführt, sondern in Peliatan, um die Solidarität zwischen den beiden fürstlichen Dörfern zu festigen. Der berufene Hohenpriester galt als einer der gebildetsten und in religiöser Hinsicht einflußreichsten Brahmanen, der als einziger für würdig galt, bei dieser Festlichkeit mitzuwirken. Nach der Mendak-Zeremonie wurde der Naga nach Ubud zurückgetragen. Eine eindrucksvolle Prozession unter Anteilnahme von Prinzen und Prinzessinnen sowie anderen Angehörigen fürstlicher Familien. Außerdem nahmen teil Frauen mit reichen Opfergaben, Soldaten als Ehrengardisten. Dutzende von Musikanten liefen dem Naga voraus. Der Naga wurde nach seiner Ankunft in Ubud im Puri des Tjokorda nach allen Seiten hin gut sichtbar aufgestellt. Der Sarg mit den Gebeinen des Toten wurde nunmehr in der Nähe des Naga plaziert, wieder mit Orchideen überreich geschmückt.

Viele kleine Feierlichkeiten und Darbietungen vergnügter Unterhaltung fanden statt. Ein solches Fest ist also kein Fest der Trauer, sondern eines der frohen Besinnung, weil die Seele des Toten die Gelegenheit erhält, sich von ihrem Körper zu trennen. Der Leichnam wurde schließlich in jene Tücher gewickelt, in denen er verbrannt werden sollte.

Alle, die bei den Zeremonien mithalfen, wurden mit Geschenken reich bedacht, die gewiß dazu beitrugen, daß eine solche pompöse Festlichkeit sehr kostspielig wurde. Die Geschenke gelten häufig auch als Wiedergutmachung von Sünden, die sich der Verstorbene vielleicht hatte zuschulden kommen lassen. Alles wird getan, damit er in freundlichster Erinnerung bleibt. Daher die Opfergaben, daher die nächtlichen Tanzvorführungen – nicht nur für die Familien, sondern für die gesamte Öffentlichkeit. An vielen Plätzen wurden Gamelan-Orchester aufgestellt. Hörte das eine Orchester auf zu spielen, begann ein anderes. Geheiligtes Wasser war für die verschiedensten Rituale ebenso wichtig. Es wurde wiederholt über den Sarg gesprengt, ähnlich den christlichen Zeremonien mit Weihwasser.

Der höchste Festtag selbst – am Mittwoch, dem 31. Januar 1979 – nahm morgens 8.30 Uhr seinen Anfang. Der Bestattungsturm Naga erhielt seine höchste Dachverzierung. Ein Akt, der immer erst am Verbrennungstag selber vollzogen wird. Gegen zehn Uhr gab die fürstliche Familie im Puri des Tjokorda einen Empfang für Gäste höheren Ranges und Würdenträger. Ja, Indonesien ist seit 1945 eine Republik. Aber sie verleugnet oder diskriminiert nicht seine Fürstenhäuser. So erschien als Vertreter der Regierung in Jakarta der Gouverneur von Bali, Ide Bagus Mantra. Alle Straßen rund um den Puri des Tjokorda Gde Agung Sukawati und dem Verbrennungsplatz selbst füllten sich mit Zehntausenden von Menschen aus allen Kontinenten. Die gesamte Bevölkerung von Bali schien nach Ubud gepilgert zu sein.

Ein unerwartetes Ereignis folgte um 13 Uhr: Mit Gamelan-Musik marschierte eine Delegation von 1600 Banjars auf, also Dorfgemeinderäten, die es sich nicht nehmen lassen wollten, dem populären und gelieb-

ten Fürsten noch einmal zu huldigen. Sie mußten sich einem besonderen
Reinigungsritual unterziehen. Ihre Aufgabe war es, den etwa 25 Meter
hohen Schlangenturm zu tragen. Die Gebeine Tjokordas befanden sich
während der Prozession vom Puri zum Verbrennungsplatz in der Mitte
des Turmes unterhalb der neun Stufen an seiner Spitze. Daneben die
Gebeine seines niederländischen Maler-Freundes Rudolf Bonnet. In anderen, kleineren Särgen, die dazugestellt wurden, befanden sich die
gleichzeitig zu verbrennenden Leichname. Der Verbrennungsturm wurde
in Position gebracht. Die zwei Sarkophage wurden mühsam zum Turm
hinaufgetragen und in dessen Mittelteil abgesetzt. Dies war jedoch noch
nicht die Endposition des Naga. Wiederum von Hunderten von Helfern
wird der Verbrennungsturm auf den großen Platz geschleppt, wo die
Verbrennungszeremonie ohne Gefährdung des unerwartet zahlreichen
Publikums durchgeführt werden kann.

Der Hohepriester hatte den Naga mittlerweile ‹zum Leben erweckt›,
wie es das Ritual vorschreibt. Zum Leben erweckt wird der Naga, um
allerdings gleich wieder ‹getötet› zu werden. Anderenfalls könnte er seine
rituellen Aufgaben nicht erfüllen. Diese ‹Erweckung und Tötung der
Schlange› erfolgt durch mit bunten Blumen reich verzierte Pfeile. Sie
werden, ohne Personen zu gefährden, in alle Windrichtungen abgeschossen, auch auf den Naga selbst. Sinngehalt der Handlung: Der Naga soll
mit einem neuen Geist beseelt werden, um überreiche Kräfte zu haben,
die Seelen des toten Tjokorda und all derjenigen, die gleichzeitig mit ihm
verbrannt werden, auf den rechten Pfad zu führen und Ablenkungen
durch irdische Begierden und Bedürfnisse fernzuhalten. Besonders die
alten erfahrenen Balinesen beobachteten streng, ob der Hohepriester
seine Aufgaben der Tradition entsprechend verrichtete. Täte er es nicht,
würde er – so der Volksglaube – nach der Verbrennung bald selbst in
einem furchtbaren Todeskampf sterben müssen – als Strafe dafür, daß er
seinen Dienst nicht pflichtbewußt verrichtet hatte.

Die Sarkophage des Tjokorda und Bonnets sowie die Särge der anderen
Verstorbenen wurden auf dem Verbrennungsturm plaziert. Das riesige
Gestell mit seinen weit abstehenden Tragebalken war ungewöhnlich
schwer. Gezählt wurden etwa 1000 Träger! Die Festleitung hatte vergessen, rechtzeitig Hochspannungspfähle umzulegen und den Strom abzu-
schalten. Das mußte nun erst geschehen. Die Balinesen nahmen diese
Verzögerung mit Geduld hin. Hatte der agile und fleißige Prinz in seinem
eigenen Leben nicht immer wieder Umwege gehen müssen, um sein Ziel
zu erreichen?

Nachdem der Turm am Verbrennungsplatz angekommen war, wurden
die Leichname feierlich über eine Bambusbrücke aus der Kammer des
Turmes, in dem sie hierher transportiert wurden, herausgetragen. Der
Leichnam Tjokordas wurde unter vielen Reinigungsriten in den geöffne-

ten Rücken eines hölzernen Rindes gelegt, das unter einem Baldachin auf einem Berg von Holzscheiten aufgestellt worden war. Seine Kleider, Sarongs und andere Gaben, wurden ebenfalls beigelegt. Inzwischen war der Turm bereits angezündet worden.

Nach den letzten Segnungen und Besprengungen mit geweihtem Wasser wurde auch der Scheiterhaufen angezündet, auf dem das hölzerne Rind stand, in dessen Bauch nun der Leichnam ruhte, nachdem der Rücken des Tieres verschlossen worden war.

Der Verbrennungsturm geriet mehrfach in Gefahr, umzukippen. Aber die 1000 Helfer vermochten die Katastrophe zu verhindern. Als der Turm schließlich an der Verbrennungsstätte angelangt war und auf der Erde abgesetzt werden konnte, sprangen Söhne und Enkel des verstorbenen Tjokorda auf die Stufen des Turmes, um selber der Zeremonie recht nahe beizuwohnen. Zwei junge Prinzen gerieten in einen absonderlichen Zustand. Mal lachten sie hysterisch, mal weinten und wehklagten sie ebenso hysterisch.

Schon Wochen vorher waren jene Männer auserwählt worden, welche die große Ehre hatten, den Verbrennungsturm anzuzünden. Das trockene Gerüst brannte sofort lichterloh und das lodernde Feuer verbreitete sich über den Verbrennungsturm in Sekunden. Die zahllosen Kulthandlungen, nicht nur an diesem einen Tag, sondern auch die Tage, ja Wochen davor, hatten alle Menschen erschöpft. So nahmen an der Verbrennung weniger Beobachter Anteil als erwartet. Sie waren befriedigt, daß nun die Feierlichkeit ihren Abschluß fand. Die Tausende von Zuschauern verließen ziemlich hastig den Verbrennungsplatz, sei es um nach Hause zu fahren, sei es, um in den zahllosen improvisierten Imbißbuden etwas zu essen und zu trinken. Zurück blieben nur der Hohenpriester mit einigen Familienangehörigen und Helfern, denen die Aufgabe zufiel, die Asche der verschiedenen Toten aufzusammeln und in Behälter zu schaufeln, um sie später in einer weiteren Zeremonie dem Meer zu übergeben oder in einem Tempel beizusetzen.

Eine Zeremonie solch ungewöhnlichen Ausmaßes dürfte kaum nochmals in Bali stattfinden. Sie war nur möglich dank der ungewöhnlichen Persönlichkeit des Tjokorda. Die Balinesen sind sehr geschichtsbewußt und verwurzelt in der Tradition. Die Wunden des sensiblen, friedfertigen Volkes aus der Zeit des Kolonialismus sind noch längst nicht restlos ausgeheilt. Mit einem solchen Fest wollten sie auch ihre Selbständigkeit beweisen, ihre ureigene balinesische Identität. Auch auf Bali ist leider durch den westlichen Einfluß ein Verfall der tradierten Sitten zu beobachten. Tjokorda Gde Agung Sukawati und seine Familie waren noch tief verwurzelt im balinesischen Hinduismus. Schon die nunmehr heranwachsenden Generationen sind es kaum mehr. Vielleicht hörte mit dieser letzten fürstlichen Verbrennung das Vorrecht auf, daß sich Bali ‹eine Insel der Dämonen› nennen darf. Die Dämonen machen auch hier bei den Balinesen, wie bei allen ehemaligen Naturvölkern, den neuen selbstherrlichen Kultur-Bürokraten und Kultur-Technokraten Platz – eine geistige Verarmung dieses einstmals bedeutenden Kulturbereiches.

Der Tanz der tyi wara

Erntedank auf afrikanisch

Von Eno Beuchelt

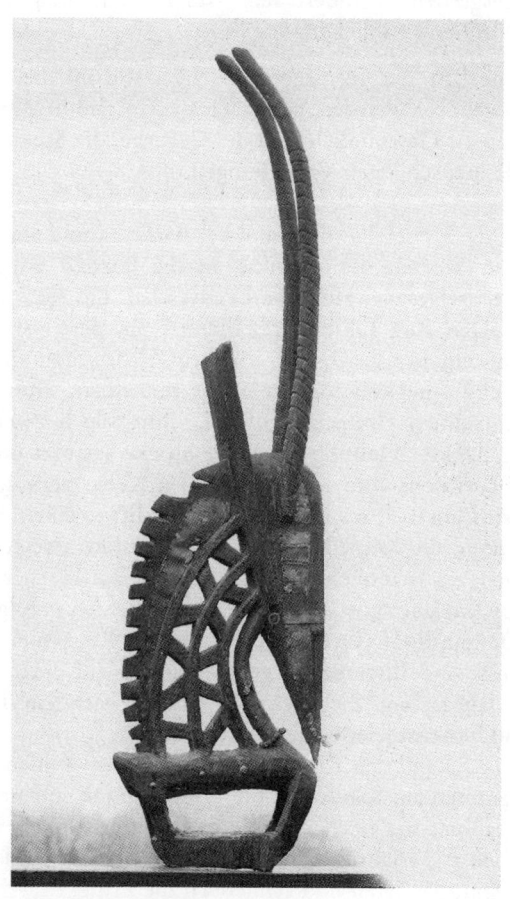

*tyi wara-Maskenaufsatz in Form einer
männlichen Antilope.*

«Schau auf und sag, was Du siehst!
Sieh den Himmel, der immer er selber bleibt:
die nimmermüde Sonne spiegelt die Taten des Schöpfers.
Der Allmächtige schafft wieder nur Mächtiges.
Sonne, durchpflüge Himmel und Erde, unaufhaltsam ist dein Lauf.
Was auch geschehen mag, die Sonne geht nicht vor ihrer Stunde
unter.
Das Tagesgestirn verändert sein Wesen nicht, mag es auch der
Panther drohend anblicken.

Die Sonne läßt die Gestirne erbleichen, sowohl die, die mit ihr
zugleich geboren wurden, wie auch die, in deren Mitte sie ihren
Lauf verfolgt. Gewöhnlich sind die Gestirne, die Sonne aber über-
steigt alle menschlichen Vorstellungen.»[1]

Es ist Herbst, die Hirsefelder im Land der Bambara sind abgeerntet. Mit
den feierlichen Worten der ‹Hymne an die Sonne›, vorgetragen im
langsamen Wechselgesang, zieht die Bruderschaft des *tyi wara* aus dem
Dorf hinaus. Den Zug führen drei Männer an, deren eindrucksvolle
Maskierung an ein Mysterienspiel erinnert. Allen voran springt in ge-
duckter Haltung eine koboldartige Figur mit einem Hundekopf; der
Körper ist mit einem Umhang verdeckt.[2] Ihm folgen zwei Gestalten,
ebenfalls in gebückter Haltung auf kurze Stöcke gestützt und mit Um-
hängen aus Blattfasern vom Kopf bis zu den Knien verhüllt. Auf dem
Kopf tragen sie kunstvoll aus Holz geschnitzte, bis zu einem Meter hohe,
stilisierte Figuren, die Kopf, Hals und Rückenansatz zweier Antilopen-
arten darstellen: ein männliches Tier mit gebogenen Hörnern, das einer
Pferdeantilope (hippotragus equinus) nachgebildet ist, gefolgt von einer
weiblichen Oryxantilope (O. biarra), die auf dem Rücken ein Kitz trägt.
Die Tierfiguren sind filigranartig gearbeitet und auf einer Strohkappe
befestigt. In langsamem Zickzack-Gang folgen sie dem Hundekopf.
Trommler und Flötenspieler begleiten den Pulk der Dorfbewohner, die in
respektvollem Abstand den Tänzern folgen. Auf dem kahlen Feld reihen
sich die Musikanten am Rande auf, die Antilopen folgen einer elaborier-
ten Choreographie, die noch einmal die wichtigsten Feldarbeiten des
zurückliegenden Agrarjahres aufnimmt: das Roden der Felder, die Aussaat des *sorghum*, das Jäten und schließlich die Ernte.
   Dann wechselt der Rhythmus der Instrumente, das feierliche Andante
geht in ein mäßiges Allegro über. Männer und Frauen rücken näher
zusammen, die Kinder spitzen die Ohren, denn was jetzt kommt, wird
für einige gar nicht sehr heiter werden. Mit recht derben und direkten
Worten geißeln die Tänzer die Verfehlungen der Dorfbewohner, läßliche,
aber auch schwerer wiegende Sünden, die zumeist bisher der Kenntnis

des Dorfes entgangen waren oder die nach Meinung der Bruderschaft keine zureichende Sühne gefunden hatten.

«Die Aoua hat ihren Hintern in den Mond gehalten, das hat den Badje gefreut! Alioun macht derweil das Murmeltier!»
So erfährt man einen nächtlichen Ehebruch, bei dem der gehörnte Gatte offenbar tief und fest geschlafen hat.

«Warum sehen die Ohren des kleinen Gaoussou genau so aus wie die von Tjemoko aus [dem Nachbardorf] Douga? Weil [seine Mutter] Fanta sie sich dort abgeholt hat. Der Tjemoko hat sie ihr in den Bauch gesteckt, damit sie sie unterwegs nicht verliert!»
Das rohe Dorfvolk lacht, und nur Fantas Ehemann Tyabi schaut wütend und unheilverkündend auf seine ungetreue Frau. Und weiter gehts mit der Denunziation eines Diebes:

«Warum ist der Mamdou so dick? Ja, wenn man fremde Hühner ißt, vertreibt die Angst die Verdauung.»
Ein homophiler Händler hat das Dorf besucht, gute Geschäfte gemacht, aber einen Teil seines Gewinnes den willigen Knaben überlassen müssen:

«Der Diop aus Djenné kam und verschlang die Kaurimuscheln [Geld]; als er weiterzog, wollten die Muscheln hierbleiben und so versteckten sie sich im Hintern des [Knabenbundes] n'domo!»
Eine Frau hat heimlich mehr von der Gartenernte abgezweigt als ihr zustand und auf dem Markt verkauft; sie wollte sich ein buntes Halstuch kaufen.

«Die Faraduu pflanzt und jätet wie alle, aber auf dem Markt hat sie Tomaten und Erdnüsse und Gurken, als hätte ihre große Vulva sich selbständig gemacht und bei der Arbeit geholfen. Ob sie ihr jetzt auch das schöne rote Tuch vorbindet?»
Aus dem Gebüsch um das Feld sind währenddessen unterschiedlich vermummte Gestalten gekommen, mit Tiermasken verkleidet; sie illustrieren mit grotesken, oft obszönen Gesten die Geschichten. Es sind die *sogo*, die Schelme und Narren des Festes, die die ernsten und würdigen *tyi wara* ablösen und schließlich den Zug der Zuschauer unter furiosen Trommelwirbeln zurück ins Dorf begleiten. Hier endet die Feier bei Einbruch der Dunkelheit mit einem gewaltigen Schmaus aller ums offene Feuer. Hirsebier, aber auch in Segou erworbener Rotwein und ganze Kästen ‹Bière Kronenbourgh› runden das Fest ab und tragen zur Versöhnung mit den Gescholtenen bei. Die öffentliche Bloßstellung war Strafe und rituelle Reinigung zugleich.[3]

Wir waren Zeuge eines scheinbar recht schlichten Vorganges: ein westafrikanisches Dorf feiert ein Erntedankfest und verbindet es mit einer Art Scherbengericht. Denn hier wie da entscheidet natürlich nicht ein einzelner, sondern ein Gremium darüber, wer öffentlich gezüchtigt, welche unsoziale Tat dem Volkszorn preisgegeben wird. Ein wenig erinnern Anlaß und Ausführung an eine Sitte, die uns aus dem süddeutschen Raum recht gut bekannt ist: das oberbayerische Haberfeldtreiben, ein volkstümliches Rügegericht, das sich gegen solche, vorwiegend sexuelle, Verfehlungen wandte, die sich dem Einschreiten der ordentlichen Gerichte entzogen. Höllenlärm von Maskierten, Offenlegung der Sünden und Anonymität der Anschuldigung – das sind Elemente, in denen sich oft und an vielen Orten der Volkszorn manifestierte, bei den ‹Haberern› wie bei den *Sogi* oder auch verschiedentlich in der Schweiz, wo man einem ‹den Haberer abmachte›, will sagen, ihm die Leviten las.[4]

Doch kehren wir zurück zu den Bambara, einem Bauernvolk von 1,5 Millionen Menschen in Sudan, heute die bedeutendste völkische Komponente der Republik Mali. Ihre Geschichte ist recht gut bekannt. Noch vor dem Jahr 1000 n. Chr. wanderten sie in kleinen Gruppen in den Raum zwischen Niger und Bani ein, vermischten sich mit den dort seit langem fischfangtreibenden Bozo und anderen Altvölkern, gründeten selbständige Dorfgemeinden und ernährten sich vom Feldbau – einer Lebensgrundlage, die sie sowohl von den viehzüchtenden, hellhäutigen Nomaden unterschied, wie von den kleineren, sehr dunklen Bozo. So wichtig war ihnen diese Unterscheidung, daß sie die Kultivation der Hirse und später die der Erdnuß in den Rang der einzig ehrbaren, eines Menschen würdigen Tätigkeit erhoben. Ihre Kulte waren Agrarkulte, allen voran der des *tyi wara*, wörtlich: des ‹Krallentieres der Arbeit›. So wie dieses Fabelwesen gruben sich die Bambara in ihre Erde und sicherten damit Ernährung der Lebenden und Fortbestand künftiger Generationen. So wie die Hörner der Antilope, so sollten auch die Saaten sprießen. Dies mag auch der Grund sein, warum viele Ethnologen die Riten des ‹(Feld)arbeitstieres› als die ältesten ansehen, die diese Bauern kennen. Und obstinat, wie Bauern sein können, widersetzten sie sich auch der Bevormundung durch die zahlreichen Herrschaften, die danach trachteten, sich ihr Siedlungsgebiet einzuverleiben. Die Almoraviden und das alte Reich Mali, die Soninke und die Sonrhai stießen hier an die Grenzen ihrer Macht; stolz übersetzen heute noch die Bambara ihren Namen mit ‹Verweigerung des Gehorsams›, obwohl vielleicht ‹die Söhne des Krokodils› auch sprachlich angemessener wäre. Trotz allem hat sich in diesem westsudanischen Schmelztiegel im Laufe der Jahrhunderte ein Mischtyp herausgebildet, der sich von seinem Erscheinungsbild her kaum von den sudaniden Nachbarn unterscheidet: mittelgroß, untersetzt, das Haar kraus, aber relativ lang, die Haut matt dunkelbraun, das Gesicht negroid, aber nicht ausgesprochen prognat.

Irgendwann um die Zeit, als Columbus Amerika entdeckte, verbreitete sich im Gebiet des oberen Niger eine Schöpfungsmythe, die nach und nach alle Völker dieses Raumes als ihre Herkunftssage akzeptierten und die zur ideologischen Basis auch der Bambara wurde. Von Norden und

Westen sickerte islamisches Gedankengut ein, von groß angelegten Pilgerzügen nach Mekka brachten die Malinkefürsten auch vorislamischen arabischen Okkultismus mit, dem ein zähes Überleben eigen war. Die Bambara, vom späten 17. Jahrhundert an Erben der politischen Macht zwischen Senegal und Timbuktu, integrierten anscheinend mühelos das religiös-philosophische, sozial-mystische Konglomerat ihrer Vorgänger, übersetzten es ins Bäuerliche und schufen sich eine sehr lebensnahe – und das heißt bei ihnen: agrarische – Religion, die zugleich Soziallehre, Rechtssystem und Anleitung zur Feldbestellung war. Der Kult des *tyi wara* findet sich eingebettet vor allem in ein bündisches System, das die Kaste der Schmiede, zugleich gefürchtete und verachtete Kapitalisten jener Tage, aus der Erbmasse des vorislamisch-arabischen Mystizismus käuflich erworben hatte.[5] Wie die Finger einer Hand, so lautete die Parole, wirkten fünf geheime Männergesellschaften zusammen, um nach dem Höchsten zu greifen, das man sich vorstellen konnte: dem Wissen um die Gottheit und ihre Einbindung in die alltäglich notwendigen Verrichtungen zum Erhalt der Gesellschaft. Es war ein Modell der individuellen Persönlichkeit, der dörflichen Gemeinschaft und der kosmischen Organisation, ineinander verwoben, eines genau so nötig wie das andere zum Erhalt des Ganzen.

Kernstück dieses sozialen Lebens waren die *dyo,* die Bünde der beschnittenen, erwachsenen Männer, deren Heilige Trommeln die Körnerfrüchte bargen, als die Götter sie zur Erde sandten. Der Klang der Trommeln machte die Erde fruchtbar, sie sind die Mutter der Feldbaugeräte, ihr Schutzgestirn ist der Abendstern, und nur, wenn sie von den Bünden geschlagen werden, können die Jahreszeiten einander folgen, kann die Erde fruchtbar sein, werden Frauen Kinder kriegen – der Leib der Trommel ist zugleich der Uterus der Frau, eines kann nicht ohne das andere sein.

Ist das kultische Leben eines Dorfes noch intakt, gibt es jene ‹fünf Finger›, die Bünde, in die eine aufsteigende Folge von Promotionen die Männer initiiert und auf die ein Jugendbund, der *n'domo,* vorbereitet, und dessen fünf Klassen nacheinander schon hinweisen auf die späteren mythischen und sozialen Funktionen. Ist ein Knabe beschnitten, verläßt er den *n'domo* und tritt ein in den *komo,* von dem wir wissen, daß er von dem Mekka-Pilger el Hadj Moussa aus Arabien mitgebracht wurde. Die Legende berichtet von der vergeblichen Bemühung dieses Mali-Königs, am heiligen Ort Vergebung für seine schweren Sünden zu bekommen; so wandte er sich der arabischen Volksmagie zu und tauschte schließlich ein Zaubergewand (und etliche Kilo malischen Goldes) gegen die Kenntnisse von den Riten des *komo.* Es ist ein Bund, der sich dem Ahnenkult gewidmet hat, er schützt im Namen der Vorfahren die Gemeinschaft vor Verbrechen und ahndet Vergehen, unter Umständen selbst durch die

Todesstrafe. Auf der nächsten Initiationsstufe steht der *nama*, der Hexen und Zauberer bestraft, die seine Mitglieder auf nächtlichen Streifzügen aufspüren. Ihm folgt der *kono*, dessen Adepten Amulette fertigen, weiße Magie betreiben und wahrsagen. Männern, die sich hier bewährt haben, steht der Aufstieg in den *tyi wara* offen, dem die kultische Pflege des Ackerbaus obliegt. Bei der Aussaat, während des Jätens und zur Erntezeit tanzen seine Mitglieder in der eingangs beschriebenen Weise. Es ist der einzige Kult, dessen Manifestationen am Tage stattfinden und denen Kinder und Frauen beiwohnen dürfen. So wie Sonne und Frauen zur Fruchtbarkeit dieser Welt nötig sind, so bedürfen die Tänze des Tageslichts und der Gegenwart der Frauen. Der Kult verleiht besonders den jungen Männern Stärke und Ausdauer, sowohl bei der Feldarbeit, als auch beim Werk der Fortpflanzung, das in enger wechselseitiger Verbindung mit dem Wachstum der Körnerfrüchte steht. Krönender Abschluß der bündischen Struktur ist der *kore,* der nicht nur – wie oberflächliche Beobachter berichteten – grausame Flagellationen, obszöne Maskentänze und wüste Trinkgelage veranstaltet, sondern auch seine Mitglieder anhält, sich durch Meditation ebenso wie durch logische Ableitungen der Erkenntnis des Göttlichen zu widmen.

Soweit die profanen, nach außen sichtbaren Erscheinungen des Bundwesens der Bambara, in das unser *tyi wara* so fugenlos integriert erscheint. Grübler, Philosophen und Theologen – bei den Bambara so erfindungsreich wie hierzulande – haben eine Fülle weiterer Beziehungen und Analogien zu einem dichten Netz verwoben, das aus der sozialen Struktur zugleich eine metaphysische Anatomie, eine philosophische Anthropologie und eine angewandte Psychologie werden läßt. So sind die *dyo*, die Männerbünde, etwa den Gelenken des Menschen vergleichbar:

– der *n'domo* entspricht dem Fuß und seinem Gelenk, weil er wie diese dem Menschen erlaubt, sich auf sein Ziel hin – dem Bund, dem Wissen und der Selbsterkenntnis – zu bewegen;

– der *komo* gleicht dem Knie, und so wie dieses die Gelenkigkeit des Fußes fortsetzt, so setzt der *komo* die Unterrichtung des *n'domo* fort;

– der *nama* zeigt Affinitäten zum Hüftgelenk – diese Gesellschaft wacht über die menschliche Gattung, das Gelenk erlaubt die Hinbewegung zum Anderen und die Ausführung des Geschlechtsverkehrs, des sozialen Aktes schlechthin;

– der *kono* erinnert die Eingeweihten an den Ellenbogen, der die Beweglichkeit der Gedanken symbolisiert;

– der *tyi wara* steht in Verbindung mit dem Ackerbau und mit den Schultergelenken, die die Beweglichkeit der Arme und damit die Feldarbeit ermöglichen;

– der *kore* schließlich korrespondiert mit der Hand; so, wie mittels dieses Gliedes der Geist in die Aktionen eingreift, so auferlegt der *kore* dem Menschen die Impulse, seine Geistigkeit zu realisieren.

Auch die Sinne fügen sich ins System:

– der *n'domo* korrespondiert mit dem Sinn der Orientierung, einer von den Bambara angenommenen Kombination aus Auge und Fuß, mit der man das Ziel und den Sinn seiner Existenz erreicht;

– der *komo* zeigt Affinität zum Tastsinn, dem Fühlen, denn das Wissen, die Erkenntnis muß der Adept erfühlen und abtasten wie einen Körper;

– der *nama* ist dem Geruchssinn verbunden, besonders durch die Anziehung des Geruchs verbinden sich die Menschen, auf deren Vereinigung die Gesellschaft beruht;

– der *kono* entspricht dem Geschmack. Mit dieser Fähigkeit hält der Mensch den Kontakt mit den Dingen aufrecht und durch sie analysiert er diese Beziehung auch; gleichermaßen hält der *kono* die Verbindung zwischen Denken und Körper und unterrichtet seine Mitglieder über die Ungleichheit der Elemente, die das Leben bestimmen;

– der *tyi wara* gleicht dem Gehör, dieses Organ fördert insofern Mut und Fleiß, als man damit die Berichte von beispielhaften Heldentaten aus früheren Tagen aufnehmen kann; man kann die Lobpreisungen der Feldarbeit, der Sonne und des Arbeitstieres aufnehmen und sich zum Beispiel werden lassen;

– der *kore* erinnert an das Gesicht, denn dieser höchste *dyo* vermittelt letzte Einsichten und Erleuchtungen. Er ermöglicht den Bambara die Perzeption der Umwelt und des Jenseitigen, er öffnet das Auge für das physische Licht wie auch für die göttliche Erleuchtung.

Kehren wir zurück zum *tyi wara*, der in mancher Hinsicht eine Sonderstellung einnimmt. Er ist – wie erwähnt – der älteste der Kulte und damit nach afrikanischer Denkart ohnehin ganz besonders würdig. Er ermöglicht und pflegt den Ackerbau und garantiert damit das Überleben der Menschen; dazu sichert er die Fruchtbarkeit der Frauen und die Potenz der Männer und sorgt so für den Bestand des Dorfes. Er ist aber auch eine Manifestation der Sonne, so wie seine heraldischen Tiere in den Augen der Bambara ‹Sonnentiere› sind: so wie das Tagesgestirn unermüdlich seine Bahn zieht, sind auch die Antilopen kräftige, ausdauernde Tiere; so wie die Sonne bei Tage Wasser zieht, gehen auch die Antilopen oft tagsüber zur Tränke – im Gegensatz zu anderen Tieren, die sich erst in der Dämmerung ans Wasser wagen. Die Strahlen der Sonne öffnen die Scholle für die Saat, das *tyi wara* hat Krallen und Hörner zum gleichen Zweck. Die Kette der Analogien ließe sich lange fortführen, und die Vordenker dieser Bünde setzen ihren Stolz darein, immer neue Gleichnisse zu ersinnen und der Nachwelt weiterzugeben. Wie immer man auch argumentieren mag, wichtig ist die Erkenntnis eines tiefen, unauflöslichen Zusammenhanges zwischen dem Boden, dem Bauern, seiner Feldarbeit, deren Früchten und der Sonne, dem ‹größten Tagarbeiter›. Die Tiere und ihre Symbole, die Masken, fassen diese Kommunion sinnenhaft, begreiflich zusammen.

Sichern muß diesen Zuammenhalt und seine Funktion der *tyi wara dyo*, der Bund; seine Mitglieder *tyi wara dew*, die ‹Kinder des *tyi wara*›, rekrutiert er durch Initiationen derjenigen Männer, die die vorausgehenden Stufen im *komo*, *nama* und *kono* bereits erklommen haben. An der Spitze steht der *tyi wara tigi*, der Chef, der diese Würde zumeist vom Vater oder einem älteren Bruder geerbt hat. Er ist verantwortlich für die Instandhaltung der Pflanzenfaserumhänge und Strohkappen für die Tänzer, besonders aber der Maskenaufsätze, jener grazilen Schnitzwerke in Antilopengestalt; er legt die Daten für die Auftritte der Tänzer fest und sorgt für die Pflege von Opferaltären, die sich unauffällig an Kreuzwegen im Dorf und an Feldrändern finden. Die Opfer selbst – Hundeschlachtungen und Gaben von Feldfrüchten – werden von einem eigenen Funktionär vollzogen, der auch als der Stellvertreter des Chefs gilt. Zumindest vor jedem Auszug der Masken zur Rode-, Saat-, Jäte- und Erntezeit müssen diese Opfer gebracht werden, aber auch in Zeiten extremer Dürre oder bei Ausbruch einer Seuche. Der Dritte im Bundesvorstand ist schließlich der *griot*, ein Barde, der die Geschichte des *dyo*, seine Erfolge und Gefährdungen mündlich den nächsten Generationen überliefert. Ihm obliegt es auch, die Dorfbewohner zu informieren und einzuladen, wenn ein Tanz der Masken bevorsteht.

Hatte einst ein jedes Dorf im Lande der Bambara neben den anderen Bünden auch einen *tyi wara dyo*, so ging deren Zahl in mehreren Stufen drastisch zurück. Der größte Einschnitt in der Geschichte animistischer Kulte des Westsudan war der Heilige Krieg des Hadj Omar, eines fanatisch islamischen Toucouleurs-Herrschers, der im 19. Jahrhundert die Obernigerregion mit Schwert, Blut und Tränen zum rechten Glauben bekehren wollte. Die französische Kolonialisierung und die Intensivierung der christlichen Mission waren der nächste und die Modernisierung der Landwirtschaft nach 1950 der vorläufig letzte Schlag gegen die animistisch-agrarische Kultur der Bambara. Zählte man um die Jahrhundertwende noch 744 Dörfer mit einem eigenständigen Bund, so waren es Mitte der fünfziger Jahre nur noch 133 und 1970 von 132 Dörfern der östlichen Bambara-Region ganze 33; von ihnen hatten sich jedoch nur vier das vollständige bündische Kultleben erhalten. Trost kann man allenfalls in der vagen Hoffnung finden, daß die allgemeine Welle folkloristischer Erneuerung, die Westafrika seit einiger Zeit erfaßt hat, auch diesen so beziehungsreichen und eindrucksvollen Riten einen neuen Impuls gibt.[6]

Ganz im Gegensatz zur rückläufigen Entwicklung der Bünde erfreuen sich allerdings die dekorativen Maskenaufsätze ihrer Tänzer einer zunehmenden Beliebtheit. Hergestellt wurden diese Prachtstücke afrikanischer Schnitzkunst entweder aus dem Holz des Flamboyant (sclero carya birrea) oder des Kapokbaumes (bombax buonopozenese), beides weiche Holzarten, die ein rasches, detailreiches Arbeiten erlauben. Obwohl der Künstler sich an die allgemeinen ikonographischen Vorgaben halten mußte – eine männliche und eine weibliche Antilope mit Kitz nachzubilden –, hatte er doch in der weiteren Gestaltung große kreative Freiheiten. Man kann wohl ohne Übertreibung sagen, daß sich unter den Tausenden von Skulpturen nicht zwei identische finden. Je nach der religiösen Interpretation, die ein Schnitzer dem Kult gab, fügte er der männlichen Figur weitere Hörner oder einen Schwanz zu, arbeitete die Grundform eher realistisch oder impressionistisch heraus, schuf grazil-elegante oder kraftvoll-massige Tiergestalten oder kombinierte die Antilopenform mit der des Hundes. Schmuckdekore auf den Tierleibern waren weitere Möglichkeiten individueller Gestaltung.

Auffällig häufig findet sich vor oder zwischen den Hörnern des männlichen Tieres eine kleine Frauengestalt, die *muso koroni,* die ‹kleine alte Frau› der Mythe von Mande. Kaum irgendwo sonst wird die Gleichstellung des ‹Arbeitstieres› mit der Feldarbeit so augenfällig: die *muso koroni* ist nämlich jene mythologische Gestalt, die den Menschen die Kenntnisse und Fähigkeiten des Ackerbaus brachte, die ihn lehrte, mit den Saatenpflanzen umzugehen und sich den Wechsel der Jahreszeiten für deren Anbau zunutze zu machen. Wie so viele Kulturheroen in den Mythen der Menschheit tat allerdings auch die kleine alte Frau nach Meinung der Götter des Guten zuviel; von deren Fluch getroffen, wurde aus der guten Fee eine böse, die hinfort alles befleckte, was sie berührte: die Menschen, Saaten und Felder wurden unrein, und es bedurfte elaborierter Reinigungs- und Entsühnungszeremonien, um die Gaben der Natur wieder genießen zu können. So hatte sich ein Stück des ‹gefallenen Engels› in der Vorhaut der Knaben und der Klitoris der Mädchen festgesetzt – beides muß durch Beschneidung entfernt werden, ehe der Mensch ‹gesellschaftsfähig› wird und sich fortpflanzen kann. Auf die Erde tropfte das Monatsblut der *muso koroni,* mit dem die Götter sie nach dem Sündenfall geschlagen hatten – die Agrarriten des *tyi wara* dienen unter anderem auch der Purifikation der verdorbenen Erde und der Abschreckung der alten Frau, auf daß sie von der neuen Saat fernbleibe. Nicht jedes Dorf ist so fest an die Mythe von Mande gebunden. Wo man sie aber zur Grundlage, zur Theologie gemacht hat, gehört die *muso koroni* auch auf das *tyi wara,* auf daß sie entfliehe, von ihrer eigenen sündhaften Häßlichkeit geschreckt.

Heute existiert nahezu eine handwerkliche Industrie zur Herstellung der vom Handel so gesuchten Maskenaufsätze; immerhin werden – so viel wir wissen – immer noch die traditionellen Hölzer in Handarbeit und unter Qualitätskontrolle der Schnitzergilde erarbeitet, so daß zumindest ein Hauch Schönheit des alten Afrika überlebt.[7]

Hoffen wir, daß das, was die ‹Hymne an die Sonne› sagt, auch ein wenig für ihre irdische Manifestation gilt:

«Sonne, durchdringe die Erde und ziehe weiter.

Sonne, stürze dich beutegierig auf die Erde, sie gehört keinem außer dir.

Kein Stern kann dem Glanz der Sonne gleichen, die anderen vollziehen ihre Vorstellungen, die Sonne zeigt das Beste.

Manche Sterne glauben Qualitäten der Sonne zu besitzen, aber ihr Anspruch ist umsonst. Selbst wenn man eine Zuneigung für einen anderen Stern hat, muß man die Überlegenheit der Sonne anerkennen.

Das Tagesgestirn braucht sich nicht zu wandeln, noch sein Wesen zu ändern, es ist in jeder Art und Weise der Herr der Welt.»[8]

Kleine Philosophie des Festes

Von Odo Marquard

Eine große Philosophie des Festes müßte alles über das Fest sagen, was philosophisch über das Fest zu sagen ist; und all dieses, was da gesagt werden müßte, hätte auch noch ganz und gar richtig zu sein. Mit solch einer großen Philosophie des Festes kann ich nicht dienen. Sie ist hier nicht beabsichtigt. Eine kleine Philosophie des Festes hingegen, diejenige also, die hier beabsichtigt ist: sie darf sich einen Aspekt unter vielen möglichen Aspekten des Festes – einen besonderen, vielleicht gar abseitigen – heraussuchen und ihn – philosophisch – durchüberlegen, auf die Gefahr hin, möglicherweise in einer Sackgasse zu landen. Diesen – riskanten – Gedankenweg einer kleinen Philosophie des Festes möchte ich hier in vier Etappen durcheilen, in vier Abschnitten.

1. Moratorium des Alltags: das Fest. Feste zu feiern ist menschlich; und ich glaube: es ist nur menschlich. Weder Sterne, Meere, Steine, Feuersbrünste noch Pflanzen noch Tiere feiern Feste. Zwar gibt es auch Menschen, die ungern Feste feiern: etwa Festmuffel, wie ich einer bin. Aber selbst diese feierschwachen Menschen können – und ich sage das aus eigener Erfahrung des Widerstrebens – gar nicht umhin, die stets nötigen und unentwegt wiederkehrenden menschlichen Feste mitzufeiern: Willkommen zu sagen zu Menschen, wenn sie geboren sind; Abschied zu nehmen von Menschen, wenn sie gestorben sind; gute Wünsche zu sagen an Menschen, wenn sie – durch Heirat oder berufliche oder politische Entscheidungen – Wichtiges vorhaben; Dank zu sagen für das, was gut und zugleich nicht selbstverständlich war; und schließlich dabei allüberall Gott die Ehre zu geben oder – hilfsweise – seinen Surrogaten, auf die Menschen offenbar nicht verzichten können, sobald sie auf Gott verzichten wollen. Die Menschen sind – unvermeidlich – feiernde und also festliche Lebewesen. Aber unvermeidlich feiernde und festliche Lebewesen sind offenbar nur die Menschen; denn nur die Menschen feiern Feste: andere Lebewesen tun das nicht. Das Fest ist ein ‹Anthropinon›, etwas ausschließlich Menschliches. Warum ist das so?

Von Helmuth Plessner stammt die Formel von der ‹exzentrischen Positionalität› des Menschen, die – grob gesprochen – besagt: der Mensch ist unter den Lebewesen der Exzentriker. Alle anderen Lebewesen leben ihr Leben; der Mensch lebt sein Leben nicht nur, sondern verhält sich auch noch zu ihm, und das kann er nur, weil er auf Distanz geht zu seinem Leben. Zum Menschen gehört immer beides: daß er sein Leben lebt, und daß er auf Distanz geht zu seinem Leben. Darum – weil der Mensch so der Lebensexzentriker ist – braucht und hat er das Fest. Sein Leben leben: das ist beim Menschen sein Alltag. Auf Distanz gehen zu seinem Leben: das ist beim Menschen das Fest. Man könnte sagen: Tiere haben nur den Alltag; sie leben. Gott hat nur den Sonntag: er schaut. Die Menschen aber haben beides: sie leben und distanzieren sich vom Leben;

sie arbeiten und feiern; sie haben den Alltag und das Fest. So gehört das Fest zur Lebensexzentrizität des Menschen: als eine Art Aussetzung, Unterbrechung des Alltags, – und auf diese Formel, die nicht von mir stammt, möchte ich im Folgenden häufiger zurückkommen – als eine Art Moratorium des Alltags.

Ich möchte hier dieses Moratorium des Alltags verteidigen, das das Fest ist. Das ist häufig getan worden und scheint fast überflüssig. Aber ich möchte das Fest anders verteidigen als es bisher meistens geschah. Bisher hat man das Fest fast immer nur (notabene: mit völligem Recht) gegen den Alltag verteidigt: der Alltag soll das Fest nicht auffressen, nicht auslöschen. Aber man muß – und das will ich hier tun – das Fest auch dadurch verteidigen, daß man den Alltag gegen das Fest verteidigt und dadurch das Fest gegen das Fest: gegen die Perversion des Festes. Denn das Fest – meine ich – hört auch dann auf, Fest zu sein, wenn es – statt neben den Alltag zu treten – an die Stelle des Alltags tritt und dadurch den Alltag auslöscht. Das Fest neben dem Alltag: das ist gut. Das Fest statt des Alltags: das ist problematisch und muß bös enden. Die eine Gefahr für das Fest ist der totale Alltag, der das Fest nicht mehr gelten läßt. Aber es gibt eben auch die andere Gefahr für das Fest: daß das Fest zum Fest ohne Alltag wird; denn auch dann – wenn für das Fest der Alltag preisgegeben wird – wird das Fest zerstört und hört auf, Fest zu sein. Alltag und Fest: beide gehen dann unter in dem, was man das totale Fest nennen könnte, im totalen Moratorium des Alltags.

2. Moratorium des Alltags: der Krieg. Ein derart totales Fest – das totale Moratorium des Alltags – ist der Krieg: die Suspension des Alltags und Festes zugleich durch den großen Ausnahmezustand. Diese These übernehme ich – sie zuspitzend – von Manès Sperber. Er hat – zuletzt in seiner Friedenspreisrede von 1984 ‹Leben im Jahrhundert der Weltkriege›, in der er zugleich bündig erklärt hat: «Ich bin gegen jeden Krieg, ausnahmslos» – eine Frage aufgeworfen, die nunmehr auch mich nicht mehr losläßt: wie kommt es eigentlich, daß die Menschen unseres Jahrhunderts zu zwei Weltkriegen psychisch bereit waren? Um diese Frage zu beantworten, erörtert Manès Sperber «das allgemeine Verhältnis des Menschen zum Krieg» und schreibt, ich zitiere: «Hier eine Einsicht, die sich mir seit Jahren aufdrängt: sie betrifft das Verhältnis des Menschen zu seinem tyrannischen Alltag, den er als Versklavung und als Entkernung seines Wesens empfindet. Ihm sucht er, bewußt oder unbewußt, zu entweichen. Ja, seit Jahrtausenden suchen Menschen aller Stände der täglichen Wiederkehr des Gleichen zu entfliehen – gleichviel wohin. Gewiß, man kann in intimen Erlebnissen, in Liebe und Freundschaft, aber auch in intimen Zwistigkeiten Abwechslung, Flucht und Ausflucht suchen, aber nur das große Abenteuer, ein allgemeines Moratorium des

Alltags, kann» – scheint es dann – «eine völlige Umwälzung der Lebens-
weise und der alles regelnden täglichen Ordnung herbeiführen...: der
Krieg.» Die Menschen fürchten den Krieg nicht nur, sondern sie wünschen ihn auch, zumindest unbewußt, um ihrem Alltag – dem drücken-
den und lastenden Alltag – zu entkommen. Jede Warnung vor dem Krieg
bleibt zu harmlos, die nicht vor dieser Quelle des Kriegswunsches warnt
und erkennt: der Krieg ist für die Menschen nicht nur schrecklich,
sondern zugleich von den Menschen auch auf schreckliche Weise gewünscht: als Entlastung vom Alltag, als Moratorium des Alltags.

   Manès Sperbers These vermag jene Faszination durch den Krieg zu
erklären, die vor allem auch zum Ersten Weltkrieg gehörte: etwa jene, die
Ernst Jünger – indem er «den Kampf als inneres Erlebnis» in «Stahlgewit-
tern» pries – und Thomas Mann – indem er den Krieg als «höheres
Indianerspiel» ironisierte – zustimmend oder kritisch meinten und die
auch noch in Thomas Manns ‹Zauberberg› und in Robert Musils ‹Mann
ohne Eigenschaften› literarisch wirksam war: der Ausbruch des Krieges
überholt dort den vergeblichen Versuch, dem bürgerlichen Alltag ins
höhere Krankfeiern oder in einen «anderen Zustand» zu entkommen.

   Dabei sollten wir uns nicht zu sicher wähnen, vom geheimen Wunsch
nach dem kriegerischen Moratorium des Alltags durch die Erfahrung der
Schrecken des Zweiten Weltkriegs und – im Zeitalter der Nuklearisierung
des Krieges – durch die Ahnung der weitaus größeren Schrecken künftiger Kriege zuverlässig geheilt zu sein. Denn die Faszination durch eine
kriegerische Entlastung vom Alltag ist – scheint mir – gegenwärtig nicht
erloschen, sie hat sich nur verschoben: den Krieg will man nicht mehr,
dafür aber häufig – gelobt als Revolution – den Bürgerkrieg, und zwar
aufgrund der Erwartung, daß der revolutionäre Umsturz des bestehenden Alltags – ein Umsturz, der selber schon eine Aufhebung des Alltags
ist und für den die bestehenden Feste als Behinderungen gelten – zu einer
ganz anderen und dadurch automatisch zu einer besseren Welt führen
würde, in der man den Alltag endgültig los wäre. Es ist dieser auf den
Bürgerkrieg umgelenkte geheime Kriegswunsch, der aus der Unlust am
vorhandenen Alltag entspringt, durch den man dann zu absurden Ein-
schätzungen kommen kann: weil selbst noch die liberalste vorhandene
Welt – die bürgerliche Welt – den Alltag hat, will man diese vorhandene
Welt loswerden. Durch diesen Hang zum großen revolutionären Moratorium des Alltags gilt so – zum Beispiel – die Bundesrepublik dann nicht
als das, was sie ist, als gelungene Demokratie, sondern als mißlungene
Revolution. So – scheint es – trifft auch auf den Bürgerkrieg zu, was
Manès Sperber für den Krieg behauptet hat: er ist für die Menschen nicht
nur schrecklich, sondern zugleich auch von den Menschen auf schreckli-
che Weise gewünscht: als Entlastung vom Alltag, als Moratorium des
Alltags.

3. *Moratorium des Alltags: Gesamtkunstwerk und alternatives Leben.*
Vielleicht – man sollte das zumindest erwägen – hat die wachsende
Faszination der Menschen durch den großen Ausnahmezustand bis hin
zum Kriegswunsch und bis hin zum Bürgerkriegswunsch zu tun mit dem
Zerfall der Kultur der Feste. Das Bedürfnis nach Entlastung vom Alltag
muß irgendwie gedeckt werden; und so braucht man – als Moratorium
des Alltags – Krieg und Bürgerkrieg, wenn man – als Moratorium des
Alltags – die Feste nicht mehr hat. Soweit das die Lage der modernen
Welt ist, wird gerade in dieser Welt die Frage nach Gegenmitteln dring-
lich. Eine naheliegende Antwort ist diese: das Gegenmittel gegen diesen
schrecklichen Wunsch nach dem Ausnahmezustand – nach dem martialischen Moratorium des Alltags: dem Krieg und dem Bürgerkrieg – besteht
in einer neuen Kultur der Feste.

Ein Remedium, ein Gegenmittel gegen den Hang zur Preisgabe des
Alltags, die Krieg und Bürgerkrieg sind, ist – in einer entzauberten Welt,
wie es die moderne Welt ist – die Kultur jener Feste, die die Kunstwerke
sind: gelungene Bauwerke, Plastiken, Bilder, Musik und Tänze, Erzählungen, Gedichte, dramatisches Theater. All das sind Feste; und gerade
die moderne Welt – weil sie spürt, daß dies nötig war – hat die Kultur
dieser Feste, die die Kunstwerke sind, selbständig und dadurch stark
gemacht, indem sie den Umgang mit den Kunstwerken zum ästhetischen
Umgang werden ließ.

Aber die Kraft der Kunst, Remedium gegen das totale Moratorium des
Alltags zu sein, scheint dort aufzuhören, wo die Kunst selber zum
totalen Moratorium des Alltags zu werden versucht: als Gesamtkunstwerk. Das Gesamtkunstwerk – indem es, in der Weise Richard Wagners,
alle Einzelkünste fusionierte, oder indem es, in der Weise der Futuristen,
Surrealisten und Dadaisten, alle Einzelkünste zerstörte – will nicht neben
die vorhandene alltägliche und festliche Wirklichkeit treten, sondern an
ihre Stelle: das Gesamtkunstwerk ist jenes totale Fest und Moratorium
des Alltags, das die vorhandene Wirklichkeit nicht mehr gelten läßt, und
ist schließlich – ernst genommen – auf ästhetische Weise das, wogegen es
gerufen wurde: der revolutionäre Ausnahmezustand.

Ein anderes Remedium, ein anderes Gegenmittel gegen die Apotheose
des Ausnahmezustandes – gegen den Hang zu jenem Ausbruch aus dem
Alltag, der Krieg und Bürgerkrieg sind – ist die Kultur jener Feste, die –
in einer sachlich, künstlich, technisch gewordenen Welt, wie es die
moderne Welt ist – die Naturverhältnisse sind: die Entdeckung der
Landschaft, die Konjunktur des Parks und des Gartens vom botanischen
und zoologischen über den englischen Garten bis zum Schrebergarten,
die Sehnsucht nach den Wäldern, die Lust am Wandern und am Reisen in
die unberührte Natur. Auch das alles – diese Naturverhältnisse – sind
Feste; und wiederum gerade die moderne Welt – je sachlicher, künstli-

cher, technischer sie wurde – hat die Kultur gerade dieser Naturfeste bestärkt und intensiviert.

Aber diese Kraft des Lebens in der Natur, Remedium gegen das totale Moratorium des Alltags zu sein, scheint dort aufzuhören, wo das Leben in der Natur selber zum totalen Moratorium des Alltags zu werden versucht: als ‹alternatives Leben›. Die Formel des ‹alternativen Lebens› ist heute mehrdeutig: sie kann gerade die Kultur jener festlichen Naturverhältnisse meinen, und dann ist sie auch für mich durchaus zustimmungsfähig. Aber dort, wo das ‹alternative Leben› – als ein ganz und gar anderes und neues Leben, das das vorhandene bürgerliche Leben negiert – an die Stelle der vorhandenen Wirklichkeit treten und deren Alltag und deren Feste durch den großen Ausstieg aus ihnen auslöschen soll, gewinnt es selber – meist wohl ungewollt – martialische Züge. Die Faszination des ‹alternativen Lebens› ist dann die Faszination durch den Ausstieg in den Ausnahmezustand.

Daß dieses Moratorium des Alltags nicht neben den Alltag, sondern an die Stelle des Alltags tritt, ist eine Ähnlichkeit mit jenem großen und schrecklichen Moratorium des Alltags, vor dem Manès Sperber warnte: eben dem Krieg. Diese Ähnlichkeit wird nicht dadurch geringer, daß gerade die Protagonisten des ‹alternativen Lebens› – häufig friedensbewegt – die größte Kriegsangst haben und ständig den Angsttraum Krieg träumen und uns alle zum Mitträumen verpflichten wollen. Denn die Psychoanalyse – die bei der Psychologie des Friedens und des Krieges zu konsultieren gerade Horst Eberhard Richter uns dezidiert und mit Recht empfiehlt – hat uns gezeigt, wie ein Angsttraum funktioniert: die Angst, die man bei ihm hat, ist nicht die Angst vor dem Schrecklichen, das man träumt, sondern die Angst vor dem eigenen Wunsch nach dem Schrecklichen, das man träumt. Der Angsttraum – und so mag es auch bei dem Angsttraum Krieg sein – konserviert, getarnt als seine Abwehr, einen schrecklichen Wunsch: je größer die Angst, desto größer der Wunsch nach dem Krieg, der ja auch – beim ganz und gar alternativen Leben – nicht unverständlich wäre. Denn – zurück zur Natur! – die Rückkehr in den Naturzustand unter Zivilisationsbedingungen ist der Krieg, bis hin zum Bürgerkrieg. Der extremste Aussteiger ist der Krieger, und das extremste ‹alternative Leben› ist der Krieg.

4. Plädoyer für eine Kultur der Feste: Meine kleine Philosophie des Festes, die das Fest nicht nur gegen den totalen Alltag, sondern auch gegen das totale Fest verteidigen will, ist zur Kritik des absoluten Festes geworden. Wenn das Fest zur ganzen Wirklichkeit und die ganze Wirklichkeit zum Fest werden soll – zum einen einzigen Alleinfest: zu jenem absoluten Moratorium des Alltags, das weder den Alltag noch andere Feste neben sich duldet und nur noch Ausnahmezustand ist –, geht es nicht gut. Es kann daraus nichts menschlich Aushaltbares werden, denn wer – und das wäre ja die Intention dieses absoluten Festes – die Erde zum Himmel machen will, macht sie zuverlässig zur Hölle.

Es gibt in unserer Welt diesen Hang zum totalen Moratorium des Alltags, zum totalen Fest; und weil es ihn gibt, darum muß man sich ihm widersetzen. Dazu – denke ich – braucht man: mehr Mut zum Alltag und mehr Mut zum Sonntag. Mehr Mut zum Alltag: das bedeutet, das Bedürfnis nach Entlastung vom Alltag – nach ‹Moratorium des Alltags› – zu reduzieren: durch mehr Bereitschaft zum Alltag und zu ihrer Förderung (etwa durch das, was man ‹Humanisierung der Arbeitswelt› nennt). Mehr Mut zum Sonntag: das bedeutet, eine andere Entlastung vom Alltag – ein vom Krieg, vom Bürgerkrieg, vom totalen Ausstieg verschiedenes ‹Moratorium des Alltags› – zu suchen und zu pflegen. Wer sich mit seinem Alltag versöhnt, und wer sich durch den Sonntag – durch die Vielheit und Buntheit der Feste – mit seinem Alltag versöhnt, braucht jenes ‹Moratorium des Alltags› nicht, das der große Ausstieg in den Ausnahmezustand ist: vom ‹alternativen Leben› bis zum Krieg.

Ich meine hier – wenn ich von den Festen als Remedien spreche und spreche darum vom Sonntag – vor allem die religiösen Feste. Je mehr der Sonntag seine Kraft verliert, desto stärker wird das Bedürfnis, das ‹Moratorium des Alltags› als Krieg zu absolvieren, und je mehr das vermieden werden soll, desto mehr muß das religiöse Fest – exemplarisch der Sonntag – wieder an Kraft gewinnen. Die Perversion des Festes ruft – als Gegenmittel – nach dem Fest.

Das mag auch von den halb- oder nichtreligiösen Festen gelten. Darum sollte man gerade auch die zweitbesten Feste nicht tadeln: von der Kunst – wenn sie nicht gerade das Leben ersetzen will – über die Naturzuwendung – wenn sie nicht gerade das Leben ersetzen will – über den Sport – wenn er nicht gerade das Leben ersetzen will – bis zu jener halbfestlichen Form des Alltagsmoratoriums auf genau befristete Zeit, die in der modernen Wohlstandswelt entstanden ist: dem Urlaub. Auch der Urlaub tritt nicht an die Stelle des Alltags, sondern neben den Alltag, um ihn lebbarer zu machen, und gehört so – wie der Sonntag – zu den Segnungen des Alltags. Dabei übernimmt der Urlaub auf friedliche Weise Funktionen, die früher der Krieg wahrnahm. Zum Urlaub gehört häufig die Reise, nicht selten die Reise in andere Länder. Der moderne Massentourismus ist die Demokratisierung der Bildungsreise, indem er die friedliche Fortsetzung jenes Breitentourismus ist, den früher nur der Krieg bot. Einstmals mußte man in schöne und interessante Länder einmarschieren, damit viele Menschen sie kennenlernen konnten. Heute – ein Vergleich beispielsweise der Zahl früherer deutscher Besatzungssoldaten mit der Zahl heutiger deutscher Urlauber etwa in Jugoslawien zeigt das – braucht man diese martialische Form der Touristik nicht mehr: heute bucht man

Yugotours. Der Massentourismus wird häufig gescholten: ich meine, er ist eine gute Sache. Denn auch der jährliche Urlaub ist – auf bescheidene Weise – ein Fest. Und wir brauchen – je schrecklicher der Krieg zu werden droht, desto mehr – die Feste, und zwar alle Feste, um auch so den Kriegswunsch in uns – den Wunsch nach dem schlimmen und schrecklichen ‹Moratorium des Alltags›, das der Krieg ist – zum Erlöschen zu bringen.

In diese Kultur der Feste sollte man auch ihre unscheinbarsten Formen hineinnehmen: wir sind nicht so gut gestellt, daß wir es uns leisten könnten, auf irgendeine dieser festlichen Lebensformen zu verzichten. Das gilt vielleicht sogar für die Vorformen. Ich stellte eingangs fest: ich selber bin ein Festmuffel. Ich ergänze das jetzt durch das private Geständnis: ich bin zugleich ein Schlafenthusiast. Nur so einer mag auf folgenden Gedanken verfallen: offenbar sind alle höheren Lebewesen darauf angewiesen, sich regelmäßig aus ihrem Leben – ihrem Wach- und Alltag – zurückzuziehen in jenes elementarste ‹Moratorium des Alltags›, das der Schlaf ist. Möglicherweise ist der Schlaf ein keimhaftes Fest: gut geschlafen ist halb gefeiert; und nur der Exzentriker unter den Lebewesen, der Mensch, braucht nicht allein den Schlaf, sondern darüberhinaus auch noch das Fest.

Dabei sind – meine ich – die menschlichen Feste so weitherzig zu pflegen, daß bei ihnen (wie es antike Philosophien empfehlen) alle drei menschlichen Lebensformen, die die antike Ethik unterschied – das genießende Leben, das praktische Leben, das beschauliche Leben – auf ihre Kosten kommen können. Die genießenden Menschen amüsieren sich beim Fest; die praktischen Menschen machen – beim festumgebenden Rummel – ihre Geschäfte; die frommen und beschaulichen Menschen aber begehen das Fest, wie es – die anderen Formen des Feierns mitermöglichend – zentral gemeint ist: beschaulich, bittend und dankend, betend. Auf diese Weise – in all seinen Formen, vor allem aber nicht als Ersetzung, sondern als Ergänzung des Alltags – brauchen die Menschen das Fest. Denn der Mensch ist das exzentrische Lebewesen, das ohne das Fest nicht auskommen kann. Entweder feiert der Mensch Feste, oder er sucht sich schlimme Ersatzformen des Festes – bis hin zum Krieg.

Anhang

Anmerkungen und Literatur

Dietrich Wildung, Das Opet-Fest in Altägypten

Literaturhinweise:

Hellmut Brunner: Die Geburt des Gottkönigs, Ägyptologische Abhandlungen 10, Wiesbaden 1964.

Pierre Lacau/Henri Chevrier: Une chapelle d'Hatshepsout à Karnak, Bd. I, Le Caire 1977.

William J. Murnane: Opetfest, in: Lexikon der Ägyptologie, Bd. IV, Wiesbaden 1982, Sp. 574–579.

Walter Wolf: Das schöne Fest von Opet, Leipzig 1931.

Zum Fest des Abul Haggâg:
Georges Legrain: Louqsor sans les pharaons, Paris 1914.

Barbara Suchy, Pessach

1. Elias Canetti: Die gerettete Zunge. Geschichte einer Jugend, Frankfurt am Main 1979, S. 30–31.
2. 5. Buch Mose, Kap. 16:16.
3. Ernst Ludwig Ehrlich: Die Kultsymbolik im Alten Testament und im Nachbiblischen Judentum, Stuttgart 1959, S. 65 ff.; vgl. auch ‹Passover›, Encyclopaedia Judaica Jerusalem, 13. Band, Jerusalem 1971; ‹Pessach›, Jüdisches Lexikon, Band IV, Berlin 1930; H. Schauss: The Jewish Festivals from their Beginning to our Days, New York 1965; S. M. Lehmann: Jewish Customs and Folklore, London 1948; J. Soetendorp: Symbolik der jüdischen Religion, Gütersloh 1963; Leo Hirsch: Jüdische Glaubenswelt, Gütersloh 1962; Jakob J. Petuchowski: Feiertage des Herrn. Die Welt der jüdischen Feste und Bräuche, Freiburg/Basel/Wien 1984.
4. 2. Buch Mose, Kap. 12:21 ff.
5. Markus, Kap. 14; vgl. Johannes, Kap. 18:28; Kap. 19:14. Hier ist es einen Tag früher.
6. Franz Rosenzweig: Der Stern der Erlösung, Den Haag ⁴1976, S. 352.
7. 2. Buch Mose, Kap. 12:15–20; Kap. 13:7; Kap. 23:15; Kap. 34:18.
8. Jüdisches Fest. Jüdischer Brauch. Ein Sammelband unter Mitwirkung von Else Rabin, herausgegeben von Friedrich Thieberger, Berlin 1937, S. 201.
9. Jüdisches Leben in Deutschland. Selbstzeugnisse zur Sozialgeschichte 1780–1871, herausgegeben und eingeleitet von Monika Richarz, Stuttgart 1976, S. 165.
10. Jüdisches Leben in Deutschland. Selbstzeugnisse zur Sozialgeschichte im Kaiserreich, herausgegeben und eingeleitet von Monika Richarz, Stuttgart 1979, S. 209–210.
11. 2. Buch Mose, Kap. 6:6–7.

12. Diese Übersetzung in Anlehnung an Moritz Zobel: Das Jahr des Juden in Brauch und Liturgie, Berlin 1936, S. 172; S. Ph. De Vries: Jüdische Riten und Symbole, Wiesbaden, S. 124.
13. Vgl. Arthur Hertzberg: Der Judaismus, Genf 1973, S. 174; Petuchowski (s. Anm. 3): Feiertage des Herrn, S. 34–36.
14. Heinrich Heine: Der Rabbi von Bacherach. Mit Illustrationen von Max Liebermann und einem Nachwort von Joseph A. Kruse, Frankfurt am Main 1985, S. 23–26.
15. Vgl. Chad Gadja. Das Peßachbuch, herausgegeben von Hugo Herrmann, Berlin 1914, S. 35–36.
16. Das Hohelied Salomos, Kap. 2:11.

Christian Meier, Das große Fest zu Olympia

Literaturhinweise:

Jacob Burckhardt: Griechische Kulturgeschichte, Darmstadt 1962.
Walter Burkert: Griechische Religion der archaischen und klassischen Epoche, Stuttgart 1977.
Richard Harder: Eigenart der Griechen. Einführung in die griechische Kultur, Freiburg 1962.
Augusta Hönle: Olympia in der Politik der griechischen Staatenwelt. Von 776 bis zum Ende des 5. Jahrhunderts, Bebenhausen 1972.
Alfred Mallwitz: Olympia und seine Bauten, Darmstadt 1972.
Christian Meier: Die Entstehung des Politischen bei den Griechen. Frankfurt 1980, ²1983.
Ders.: Politik und Anmut, Berlin 1985.
Ingomar Weiler: Der Sport bei den Völkern der alten Welt, Darmstadt 1981 (mit weiterer Literatur).

Elsbet Orth, Die Kaiserkrönung Karls des Großen

1. Notker: Taten Karls, in: Quellen zur karolingischen Reichsgeschichte Bd. 3, Darmstadt 1960, S. 360f.
2. Othmar Hageneder: Das ‹crimen maiestatis› und die Kaiserkrönung Karls des Großen, in: Aus Kirche und Reich, Festschrift für Friedrich Kempf, Sigmaringen 1983, S. 55ff. widerspricht dieser Auffassung, benennt aber seinerseits überhaupt kein Motiv für das päpstliche Interesse an Karls des Großen Romreise.
3. Die Annalen des fränkischen Reichs, in: Quellen zur karolingischen Reichsgeschichte Bd. 1, S. 72f.
4. Stadtfahnen gab es damals nur in Rom, vgl. Carl Erdmann: Kaiserliche und päpstliche Fahnen im hohen Mittelalter, in: Quellen und Forschungen aus italienischen Archiven und Bibliotheken Bd. 25, 1933/34, S. 9ff.
5. Ernst H. Kantorowicz: Laudes regiae, Berkeley/Los Angeles 1958, S. 73f.
6. Einzelheiten über die Anklagepunkte sind nicht überliefert, obwohl vor allem

die Vorwürfe gegen Leos Lebensführung in einem Brief an Alkuin, den Leiter der Hofschule Karls des Großen, aufgeführt waren. Aber Alkuin verbrannte das Schreiben, damit es nicht in falsche Hände fiele und um die Kirche vor Schaden zu bewahren, denn er fürchtete – gewiß mit Recht – gemeinsam mit dem Papst werde die gesamte Geistlichkeit Ansehen einbüßen, vgl. Erich Caspar: Das Papsttum unter fränkischer Herrschaft, Darmstadt 1965, S. 127 f.

7. Einhard: Leben Karls des Großen cap. 27, in: Quellen zur karolingischen Reichsgeschichte Bd. 1, Darmstadt 1955, S. 198 f.

8. Vgl. ebd. cap. 23, S. 194 f.

9. Annalen des fränkischen Reichs (s. Anm. 3), S. 74 f.

10. Vita Leonis III., in: Liber Pontificalis, hg. von Pietro Guglielmo OSB und Kardinal Pandolfo, Bd. 2, kommentiert von Pietro Bohier OSB, Rom 1978, außerdem: Annalen des fränkischen Reichs (s. Anm. 3).

11. Manfred Bukzofer: The Music of the Laudes, in: Kantorowicz (s. Anm. 5), S. 198 ff.

12. Ebd., S. 13 ff.

13. Annalen des fränkischen Reichs (s. Anm. 3), S. 74 f.

14. Vita Leonis (s. Anm. 10), S. 455.

15. Einhard (s. Anm. 7), S. 198 ff.

16. Von den Vorverhandlungen berichten die Lorscher Annalen, vgl. Kurt Reindel (Hg.): Die Kaiserkrönung Karls des Großen, Klecken bei Hamburg 1966, S. 27 f.

17. Annalen des fränkischen Reichs (s. Anm. 3), S. 74 f.

18. Eine detaillierte Aufzählung möglicher Gründe für Karls Unmutsäußerung gibt Peter Classen: Karl der Große, das Papsttum und Byzanz, Sigmaringen 1985, S. 76.

19. Vita Leonis (s. Anm. 10), S. 455.

20. «Karolus serenissimus augustus a Deo coronatus magnus pacificus imperator Romanum gubernans imperium, qui et per misericordiam Dei rex Francorum atque Langobardorum»; die Formulierung verrät byzantinischen Einfluß.

21. Karl der Große verschaffte seinem Anspruch mehrfach Geltung, zum Beispiel als unter seinem Vorsitz die i. J. 794 in Frankfurt tagende Synode über die Reichsgrenzen hinweg gegen die ‹Adoptionisten› einschritt und Beschlüsse im Bilderstreit faßte, wobei sie die Entscheidung des Konzils von Nicaea (787) für nichtig erklärte.

22. Karolus Magnus und Leo Papa. Ein Paderborner Epos im Jahre 799, Paderborn 1966, S. 94, Vers 504.

Literaturhinweise:

Karl Josef Benz: ‹Cum ab oratione surgeret›, Überlegungen zur Kaiserkrönung Karls des Großen, in: Deutsches Archiv zur Erforschung des Mittelalters 31, 1975, S. 337–369.

Helmut Beumann: Das Paderborner Epos und die Kaiseridee Karls des Großen, in: Karolus Magnus und Leo Papa, S. 1–54, wiederabgedr. in: Wolf: Kaisertum S. 309–383.

Arno Borst: Kaisertum und Namentheorie im Jahre 800, in: Festschrift für Percy Ernst Schramm, Wiesbaden 1964, S. 36–51, wiederabgedr. in: Wolf: Kaisertum S. 216–239.

Manfred Bukzofer: The Music of the Laudes, in: Kantorowicz: Laudes regiae, S. 189–221.

Peter Classen: Karl der Große, das Papsttum und Byzanz. Die Begründung des karolingischen Kaisertums, nach dem Handexemplar des Verfassers hg. von Horst Fuhrmann und Claudia Märtl, Sigmaringen 1985.

Peter Classen: Romanum gubernans imperium, in: Deutsches Archiv zur Erforschung des Mittelalters 9, 1952, S. 103–121, wiederabgedr. in: Wolf: Kaisertum S. 4–29.

Josef Déer: Die Vorrechte des Kaisers in Rom (772–800), in: Schweizer Beiträge zur allgemeinen Geschichte 15, 1957, S. 5–63, wiederabgedr. in: Wolf: Kaisertum S. 30–115.

Josef Fleckenstein: Karl der Große, Göttingen/Düsseldorf 1968.

Ernst Kantorowicz: Laudes regiae. A Study in Liturgical Acclamations and Mediaeval Ruler Worship, Berkeley/Los Angeles 1958.

Karolus Magnus und Leo Papa. Ein Paderborner Epos im Jahre 799, Paderborn 1966.

Dieter Schaller: Das Aachener Epos für Karl den Kaiser, in: Frühmittelalterliche Studien 10, 1976, S. 134–168.

Reinhard Schneider: Das Frankenreich, München/Wien 1982.

Percy Ernst Schramm: Die Anerkennung Karls des Großen als Kaiser und ders.: Karl der Große als Kaiser, in: P. E. Schramm: Kaiser, Könige und Päpste, Bd. 1, Stuttgart 1968, S. 216–302.

Hans K. Schulze: Vom Reich der Franken zum Land der Deutschen, Berlin 1987.

Gunther Wolf (Hg.): Zum Kaisertum Karls des Großen (Wege der Forschung 38), Darmstadt 1972.

Peter Moraw, Die Hoffeste Kaiser Friedrich Barbarossas

1. Grundlegend Alfred Haverkamp: Aufbruch und Gestaltung. Deutschland 1056–1273, München 1984 (Neue Deutsche Geschichte 2) und Hagen Keller: Zwischen regionaler Begrenzung und universalem Horizont. Deutschland im Imperium der Salier und Staufer 1024 bis 1250, Berlin 1986 (Propyläen Geschichte Deutschlands 2).

2. Joachim Bumke: Höfische Kultur, 2 Bde., München 1986.

3. Außer Anm. 1 und 2: Die Zeit der Staufer, Bde. 1–4, Stuttgart 1977, Bd. 5, Stuttgart 1979; Odilo Engels: Friedrich Barbarossa, in: Theologische Realenzyklopädie 11, 1983, S. 653–659; ders.: Die Staufer, Stuttgart ³1984, bes. S. 49ff.; Heinrich Appelt: Friedrich Barbarossa, in: Kaisergestalten des Mittelalters, hg. v. Helmut Beumann, München 1984, S. 177–198.

4. Zu 1184: Wilhelm von Giesebrecht: Geschichte der deutschen Kaiserzeit, Bd. 6, hg. u. fortges. v. B. v. Simson, Leipzig 1895, S. 63ff., 600ff.; Josef Fleckenstein: Friedrich Barbarossa und das Rittertum, in: Festschrift f. Hermann Heimpel, Bd. 2, Göttingen 1972, S. 1023–1041; Mainz in der

Stauferzeit = Lebendiges Rheinland-Pfalz 21, Heft 4, 1984; Josef Fleckenstein: Das Turnier als höfisches Fest im hochmittelalterlichen Deutschland,
in: Das ritterliche Turnier im Mittelalter, hg. v. dems., Göttingen 1985,
S. 229–256, bes. 236ff.; Keller (s. Anm. 1), S. 441ff.; Bumke (s. Anm. 2),
S. 278ff. Zu 1188 s. u. Anm. 34.

5. La chronique de Gislebert de Mons, ed. Léon Vanderkindere, Bruxelles 1904,
S. 115f., Teilübersetzungen von Johannes Bühler: Die Hohenstaufen, Leipzig 1925, S. 266ff.; u.Arno Borst: Lebensformen im Mittelalter, Frankfurt/
Berlin 1973, S. 85ff. Vgl. Fernand Vercauteren: Note sur Gislebert de Mons,
rédacteur de chartes, in: Mitt. d. Inst. f. österr. Geschichtsforschung 62,
1954, S. 238–253; William Henry Jackson: Knighthood and nobility in Gislebert of Mons's ‹Chronicon Hanoniense› and in twelfth-century German
literature, in: The Modern Language Review 75, 1980, S. 797–809. – Im
folgenden Text sind einige kleine Auslassungen nicht gekennzeichnet.

6. Hier irrt Giselbert. Regensburg war ein Bistum, oder meint er Salzburg?

7. Karl Jordan: Heinrich der Löwe, München ²1980; Heinrich der Löwe, hg. v.
Wolf-Dieter Mohrmann, Göttingen 1980.

8. Alfred Haverkamp: Italien im hohen und späten Mittelalter 1056–1454, in:
Handbuch der europäischen Geschichte, Bd. 2, hg. v. Ferdinand Seibt,
Stuttgart 1987, S. 546–681, bes. 598f.

9. Martina Reinke: Die Reisegeschwindigkeit des deutschen Königshofes im 11.
und 12. Jahrhundert, in: Blätter f. dt. Landesgesch. 123, 1987, S. 225–251.

10. Ludwig Wolff/W. Schröder: Heinrich von Veldeke, in: Die deutsche Literatur
des Mittelalters. Verfasserlexikon, Bd. 3, ²1981, Sp. 899–918.

11. Wilfried Schöntag: Untersuchungen zur Geschichte des Erzbistums Mainz
unter den Erzbischöfen Arnold und Christian I. (1153–1183), Darmstadt/
Marburg 1973; Odilo Engels: Grundlinien der rheinischen Verfassungsgeschichte im 12. Jahrhundert, in: Rhein. Vierteljahrsbll. 39, 1975, S. 1–27;
ders.: Die Stauferzeit, in: Rheinische Geschichte, Bd. I, 3, Düsseldorf 1983,
S. 199–296; Königtum und Reichsgewalt am Niederrhein, hg. v. Klaus Flink
u. Wilhelm Janssen, Kleve 1983.

12. Arnoldi chronica Slavorum, ed. Georg Heinrich Pertz (Monumenta Germa-
niae historica, Scriptores rerum Germanicarum in usum scholarum), Hannover 1868, S. 88ff.

13. Hugo Stehkämper: Der Kölner Erzbischof Adolf von Altena und die deutsche Königswahl (1195–1205), in: Hist. Zeitschr. Beih. 2 NF, 1973, S. 5–83;
Odilo Engels: Erbreichsplan, in: Lexikon des Mittelalters, Bd. 3, 1986, Sp.
2117.

14. Meinrad Schaab: Geschichte der Kurpfalz, Bd. 1, Stuttgart usw. 1988, S. 38f.

15. Ottonis de Sancto Blasio Chronica, hg. v. Adolf Hofmeister, Hannover/
Leipzig 1912, S. 38 (Monumenta, s. Anm. 12).

16. Joachim Bumke: Die romanisch-deutschen Literaturbeziehungen im Mittelalter, Heidelberg 1967; ders. (s. Anm. 2), S. 83ff.

17. Außer Anm. 1–4: Das Rittertum im Mittelalter, hg. v. Arno Borst, Darmstadt
1976; Josef Fleckenstein: Rittertum und höfische Kultur, in: Max-Planck-
Gesellschaft, Jahrbuch 1976, S. 40–52; Herrschaft und Stand, hg. v. dems.,
Göttingen 1977; Joachim Bumke: Studien zum Ritterbegriff im 12. und

13. Jahrhundert, Heidelberg ²1977; C. Stephen Jaeger: The origins of courtliness, Philadelphia 1985; Höfische Literatur, Hofgesellschaft, Höfische Lebensformen um 1200, hg. v. Gert Kaiser u. Jan-Dirk Müller, Düsseldorf 1986; Richard Mortimer: Knights and Knighthood in Germany in the Central Middle Ages, in: The Ideals and Practice of Medieval Knighthood, ed. Christopher Harper-Bill and Ruth Harvey, Woodbridge/Dover N.H. 1986, S. 86–103.

18. Die Adelsgeschichte in der Ausbaulandschaft des mitteldeutschen Pleißenlandes z. B. begann ernstlich überhaupt erst um 1150, vgl. Dieter Rübsamen: Kleine Herrschaftsträger im Pleißenland, Köln/Wien 1987. Für die Zeit um 1200 fand Jackson (s. Anm. 5), S. 805f., bei Hartmann von Aue (Gregorius V. 1573ff.) die Beschreibung eines entsprechenden «Lerngefälles» vom niederrheinischen Nordwesten abwärts.

19. Zur materiellen Kultur Bumke (s. Anm. 2), und Beiträge in den meisten bisher genannten Sammelbänden, auch im Katalogband: Die Kuenringer. Das Werden des Landes Niederösterreich, Wien 1981; Lutz Fenske: Adel und Rittertum im Spiegel früher heraldischer Formen und deren Entwicklung, in: Das ritterliche Turnier (s. Anm. 4), S. 75–160.

20. Außer Bumke (s. Anm. 2), ders.: Mäzene im Mittelalter, München 1979; Literarisches Mäzenatentum, hg. v. dems., Darmstadt 1982; Ursula Peters: Fürstenhof und höfische Dichtung, Konstanz 1981; Gert Kaiser: Der Ritter in der deutschen Literatur des hohen Mittelalters, in: Das Ritterbild in Mittelalter und Renaissance, Düsseldorf 1985, S. 37–49; U. Schulze: Deutsche Literatur III, in: Lexikon des Mittelalters, Bd. 3, 1986, Sp. 743–754, 758. Vgl. Rolf Sprandel: Gesellschaft und Literatur im Mittelalter, Paderborn usw. 1982.

21. Vgl. oben Anm. 10 Heinrich von Veldeke: Eneit, hg. v. Gabriele Schieb u. Theodor Frings, Berlin 1964, V. 13221ff.

22. Guiot de Provins: La Bible, ed. J. Orr. 1915.

23. Bumke (s. Anm. 2), S. 654ff.

24. Hans Jürgen Rieckenberg: Leben und Stand des Minnesängers Friedrich von Hausen, in: Archiv f. Kulturgesch. 43, 1961, S. 163–176; Günther Schweikle: Friedrich von Hausen, in: Die deutsche Literatur (s. Anm. 10), Bd. 2, ²1980, Sp. 935–947.

25. Hans-Walter Herrmann: Beatrix von Burgund, in: Lexikon des Mittelalters, Bd. 1, 1980, Sp. 1742f.

26. Günther Schweikle: Kaiser Heinrich, in: Die deutsche Literatur (s. Anm. 10), Bd. 3, ²1981, Sp. 678–682.

27. Sabine Žak: Musik als «Ehr und Zier» im mittelalterlichen Reich, Neuß 1979; Wolfgang Hartung: Die Spielleute, Wiesbaden 1982; Walter Salmen: Der Spielmann im Mittelalter, Innsbruck 1983; Friedrich W. Riedel: Geistliche und weltliche Musikkultur der Stauferzeit, in: Mainz in der Stauferzeit (s. Anm. 4), S. 106–109.

28. Erwin Assmann: Friedrich Barbarossas Kinder, in: Dt. Archiv f. Erforschung d. Mittelalters 33, 1977, S. 435–472.

29. Außer Anm. 17 und 30: Josef Fleckenstein: Die Entstehung des niederen Adels und das Rittertum, in: Herrschaft und Stand (s. Anm. 17), S. 17–39;

Werner Rösener: Bauer und Ritter im Hochmittelalter, in: Institutionen, Kultur und Gesellschaft im Mittelalter, Festschr. f. Josef Fleckenstein, Göttingen 1984, S. 665–692; Maurice Keen: Chivalry, New Haven/London 1984 (dt.: Das Rittertum, München/Wien 1987); Das Ritterbild in Mittelalter und Renaissance, Düsseldorf 1985.

30. Außer Anm. 17 und 29: Karl Bosl: Die Reichsministerialität der Salier und Staufer, 2 Bde. Stuttgart 1950/51; Benjamin Arnold: German Knighthood 1050–1300, Oxford 1985; Kaiser (s. Anm. 20).

31. Kaiser (s. Anm. 20).

32. Gerade die Mainzer Geschichte bietet dafür Beispiele, bis zur Ermordung des Erzbischofs Arnold 1160 doch wohl durch eigene (städtische) Ministerialen.

33. Das ritterliche Turnier (s. Anm. 4) passim; Bumke (s. Anm. 2), S. 342 ff., 827 f.

34. Giesebrecht (s. Anm. 4), Bd. 6, S. 183 ff., 677 f.; Friedrich Wilhelm Wentzlaff-Eggebert: Der Hoftag Jesu Christi 1188 in Mainz, Wiesbaden 1962.

35. Gerd Althoff: Nunc fiant Christi milites, qui dudum extiterunt raptores, in: Saeculum 32, 1981, S. 317–333; Karl Leyser: Early Medieval Canon Law and the Beginnings of Knighthood, in: Institutionen, Kultur und Gesellschaft im Mittelalter. Festschr. f. Josef Fleckenstein, Göttingen 1984, S. 549–566; Josef Semmler: Facti sunt milites domni Ildebrandi omnibus... in stuporem, in: Das Ritterbild (s. Anm. 29), S. 11–35; Jackson (s. Anm. 5).

36. Chronica regia Coloniensis, hg. v. Georg Waitz, Hannover 1880 (Monumenta, s. Anm. 12), S. 138 f.

Gunhild und Uwe Pörksen, Wettstreit der Ritter und Sänger

1. The Quest for Arthur's Britain. Edited by Geoffrey Ashe/Leslie Alcock/C. A. Ralegh Radford/Philipp Rahtz. The Pall Mall Press Ltd., London 1968.

2. Johann Wolfgang von Goethe: Zur Farbenlehre. Historischer Teil. Dritte Abteilung. Zwischenzeit – Lücke. Weimarer Ausgabe, II. Abt., 3. Bd., S. 132.

3. Sir Thomas Malory: Der Tod Arthurs. Übertragen von Hedwig Lachmann, Leipzig o. J., 3. Buch, 2. Kapitel.

4. Ebd., 3. Buch, 5. Kapitel.

5. Wolfram von Eschenbach: Parzival. Mittelhochdeutscher Text nach der Ausgabe von Karl Lachmann. Übersetzung und Nachwort von Wolfgang Spiewok. Reclam UB. Nr. 3681-2, Stuttgart 1981, 309,5 ff.

6. Ebd., 303,25: «Die Sitze waren alle gleich hoch.»

7. Hartmann von Aue: Iwein. Text der 7. Ausgabe von Benecke, Lachmann, Wolff; Übersetzung mit Anm. von Thomas Cramer, Berlin/New York ³1981. 885 ff.

8. Malory (s. Anm. 3), 13. Buch, 2. Kapitel.

9. Geoffroy of Monmouth: Historia Regum Britanniae (vgl. E. Faral: La Légende Arthurienne, Bde. 1.2.3., Paris 1929. Nachdruck: New York 1973); vgl. a. K. O. Brogsitter: Artusepik. Stuttgart ²1971 (= Sammlung Metzler 38).

10. Malory (s. Anm. 3), Caxtons Vorrede (1485), S. XXI.

11. Sir Gawain and the Green Knight, englisch und deutsch. Übersetzt und hg. von Manfred Markus. Stuttgart 1974. Reclam UB. Nr. 9667-70, S. 9.

12. Hartmann von Aue: Erec. Hg. von Albert Leitzmann. 6. Auflage von Christoph Cormeau und Kurt Gärtner, Tübingen 1985, 1797 ff.: «Nun begann auf dem Schloß zu Karadigon eine Zeit der Wonne. Wo hätte es größere Freude geben können als die, die man dort ununterbrochen hatte? Sie bemühten sich im Wettstreit, alle die dort waren, sich fröhlich zu stellen und zu benehmen: in einem Wettstreit der Freude.»

13. Ebd., 1750 ff.

14. Parzival (s. Anm. 5), 281, 16:
   «Artus, der Maien-Mann;
   was immer man von dem erzählte,
   geschah zu Pfingsten
   oder in der Blumenzeit des Monats Mai.
   Welche süßen Lüfte man ihm zuspricht!»

15. Walther von der Vogelweide: Mailied, in: Ders.: Gedichte. Mittelhochdeutscher Text und Übertragung. Ausgewählt und übersetzt von Peter Wapnewski, Frankfurt am Main 1962:
   «Wohl dir, Mai, wie du alles
   ohne Feindschaft auseinanderdividierst!
   Wie du Wald und Wiese
   und das offene Feld überkleidest!
   Das hat die meisten Farben.
   ‹Du bist kürzer, ich bin länger›,
   so streiten auf der Weide
   Blumen und Klee.»

16. Gottfried von Straßburg: Tristan. Nach dem Text von Friedrich Ranke neu herausgegeben, ins Neuhochdeutsche übersetzt, mit einem Stellenkommentar und einem Nachwort versehen von Rüdiger Krohn. Reclam UB. Nr. 4471-3, Stuttgart 1980, 16887:
   «Ihnen diente der Vogelsang,
   die kleine makellose Nachtigall,
   die Drossel und die Amsel
   und andere Waldvögelein.
   Zeisig und Lerche waren ihnen
   im Wettstreit miteinander dienstbar.»

17. Erec (s. Anm. 12), 1907 ff.: «Graf Brandes von Doleceste (er brachte in seinem Gefolge fünfhundert Begleiter, deren Ausrüstung man rühmen muß, alle waren wie er gekleidet) und Graf Margôn, geboren von Glufiôn, die Herren von Alte Montanje (das ist nahe bei Britanje).»

18. Ebd., 2158 ff.: «Die besten Spielleute, die es je auf der Welt gab und die alle den Meistertitel führten, von denen waren dort im Nu dreitausend oder mehr.»

19. Tristan (s. Anm. 16), 4621 ff.

20. Erec (s. Anm. 12), 2197 ff.: «Dann nahmen reich beschenkt die Spielleute sehr fröhlich Abschied. Alle sprachen einstimmig Gutes von diesem Hochzeitsfest: Erec und Enite wünschten sie alles Glück.»

Peter Blickle, «Zu mercklichem Nachtheil gemeines Nutzens.»

1. Reichspolizeiordnung 1530. Neue und vollständigere Sammlung der Reichs-
   abschiede, hg. v. E. A. Koch, Teil 2, Frankfurt am Main 1747, S. 340; Art. 23.
2. F. von Krenner (Hg.): Baierische Landtag-Handlungen, 9. Bd., München
   1804, S. 429.
3. F. Leist (Hg.): Quellen-Beiträge zur Geschichte des Bauern-Aufruhrs in
   Salzburg 1525 und 1526, Salzburg 1888, S. 141 f.
4. A. L. Reyscher (Hg.): Sammlung der württembergischen Gesetze, 12. Bd.,
   Tübingen 1841, S. 100.
5. Ebd., S. 440 f.
6. L. Zehnder: Volkskundliches in der älteren schweizerischen Chronistik
   (Schriften der Schweizerischen Gesellschaft für Volkskunde 60), Basel 1976,
   S. 120.
7. Das Zitat bei A. Hagelstange: Süddeutsches Bauernleben im Mittelalter,
   Leipzig 1898, S. 239 f.
8. A. Borst: Lebensformen im Mittelalter, Frankfurt 1979, S. 97.
9. Zur Einordnung vgl. B. Boesch: Artikel ‹Die Bauernhochzeit›, in: Die
   deutsche Literatur des Mittelalters. Verfasserlexikon, hg. v. K. Ruh, 1. Bd.,
   Berlin 1978, Sp. 640. – Zur Einordnung des Textes selbst H. Schüppert: Der
   Bauer in der deutschen Literatur des Spätmittelalters – Topik und Realitätsbe-
   zug, in: Bäuerliche Sachkultur des Spätmittelalters (Österreichische Akademie der Wissenschaften, Philosophisch-historische Klasse, Sitzungsberichte
   439), Wien 1984, bes. S. 133 f. – Die Quelle wird im folgenden als ‹Meier
   Betz› mit Verszählung zitiert, und zwar nach der Edition von E. Wiessner:
   Der Bauernhochzeitsschwank. Meier Betz und Metzen hochzit (Altdeutsche
   Textbibliothek 48), Tübingen 1956, S. 1–13.
10. Für umfassendere, handbuchartige Übersichten vgl. P. Mikat, Artikel ‹Ehe›,
    in: Handwörterbuch zur deutschen Rechtsgeschichte, hg. v. A. Erler/E.
    Kaufmann, 1. Bd., Berlin 1971, Sp. 809–833, ferner Artikel ‹Ehe›, in: Lexi-
    kon des Mittelalters, 3. Bd., München/Zürich 1986, Sp. 1616–1648 und H.
    Bächtold: Die Gebräuche bei Verlobung und Hochzeit mit besonderer Be-
    rücksichtigung der Schweiz (Schriften der Schweizerischen Gesellschaft für
    Volkskunde 11), Basel/Straßburg 1914. Zuletzt M. Schröter: «Wo zwei zu-
    sammenkommen in rechter Ehe...» Sozio- und psychogenetische Studien
    über Eheschließungsvorgänge vom 12.–15. Jahrhundert, Frankfurt am Main
    1985.
11. Meier Betz (s. Anm. 9), S. 28–40.
12. H. Bächtold: Gebräuche (s. Anm. 10), S. 87.
13. Zitiert nach C. v. Kraus (Hg.): Des Minnesangs Frühling, Leipzig ³²1959,
    S. 1.
14. W. Treue: Kulturgeschichte des Alltags, Frankfurt am Main 1961, S. 37.
15. H. Bächtold: Gebräuche (s. Anm. 10), S. 41 f.
16. Der Text ebd., S. 8.
17. Ebd., S. 65.
18. Die gravierenden herrschaftlichen Eingriffsmöglichkeiten bei der Eheschlie-
    ßung sind in der volkskundlichen und germanistischen Literatur, die sich

bislang vornehmlich mit der Bauernhochzeit auseinandergesetzt hatte, so gut wie nicht berücksichtigt worden. Die historische Literatur für den süddeutschen Raum ist dagegen vergleichsweise umfangreich und hat die damit verbundenen Probleme weitestgehend geklärt. Vgl. auswahlweise W. Müller: Entwicklung und Spätformen der Leibeigenschaft am Beispiel der Heiratsbeschränkungen. Die Ehegenoßsame im alemannisch-schweizerischen Raum (Vorträge und Forschungen, Sonderband 14), Sigmaringen 1974, und P. Blickle: Agrarkrise und Leibeigenschaft im spätmittelalterlichen deutschen Südwesten, in: H. Kellenbenz (Hg.): Agrarisches Nebengewerbe und Formen der Reagrarisierung im Spätmittelalter und 19./20. Jahrhundert, Stuttgart 1975, S. 39–55.

19. Der Kemptener Leibeigenschaftsrodel, hg. v. H. Besch/P. Blickle, in: Zeitschrift für bayerische Landesgeschichte 42 (1979), S. 584 f. Die Schreibweise wurde gegenüber der buchstabengetreuen Edition vereinfacht.

20. Beispiele bei W. Müller: Entwicklung (s. Anm. 18), S. 28–35. Zahlreiche Belege auch verstreut bei C. Ulbrich: Leibherrschaft am Oberrhein im Spätmittelalter (Veröffentlichungen des Max-Planck-Instituts für Geschichte 58), Göttingen 1979.

21. ‹Raub und Wechsel› ist ein verbreiteter Ausdruck in jenen oberdeutschen Rechtsquellen, die sich mit Fragen der Leibeigenschaft befassen. Der Wechsel ist zunächst die Aufhebung des Raubes, das heißt der geschädigte Leibherr wird durch das Auswechseln einer anderen Person (bei nächster sich bietender Gelegenheit) in seinen Ansprüchen befriedigt. Daraus entstehen umfassende ‹Wechselgeschäfte›, die schließlich in der Neuzeit gelegentlich in die Freizügigkeit münden. Eine Einzelregion ausführlicher beschrieben bei P. Blickle: Kempten (Historischer Atlas von Bayern, Teil Schwaben, Heft 4), München 1968. – Die Diskussion über die ‹Raubehe› leidet darunter, daß sie diese Tatbestände nicht miteinbezieht. Vgl. P. Mikat: Ehe (s. Anm. 10), Sp. 815 f. und W. E. Peuckert: Ehe. Weiberzeit, Männerzeit. Saeterehe, Hofehe, Freie Ehe, Hamburg 1955, S. 376–414.

22. Zusammenstellung des Brauchtums (über die geschilderten Fälle hinaus) H. Bächtold: Gebräuche (s. Anm. 10), S. 197 f.

23. Ebd., S. 72.

24. Das Zitat ebd., S. 76 f. Es handelt sich um die Statuten der Herrschaft Pfirt im Sundgau.

25. Meier Betz (s. Anm. 9), S. 41–54.

26. W. Treue: Kulturgeschichte (s. Anm. 14), S. 35 ff. – Vgl. auch P. Mikat: Ehe (s. Anm. 10), Sp. 814 f.

27. Die Verlobungszeremonien referiert H. Bächtold: Gebräuche (s. Anm. 10), S. 113 ff., 123, 209 ff.

28. Zitiert nach S. Epperlein: Der Bauer im Bild des Mittelalters, Leipzig 1975, S. 93.

29. Der Beleg bei H. Bächtold: Gebräuche (s. Anm. 10), S. 212.

30. Zitiert nach Saarbrücker Arbeitsgruppe: Die spätmittelalterliche Leibeigenschaft in Oberschwaben, in: Zeitschrift für Agrargeschichte und Agrarsoziologie 22 (1974), S. 20.

31. So J. Simpson: Volkstümliche Erzählungen und Bräuche, in: J. Blum (Hg.):

Die bäuerliche Welt. Geschichte und Kultur in sieben Jahrhunderten, München 1982, S. 170.

32. Die Daten für Württemberg bei K. Bohnenberger: Volkstümliche Überlieferungen in Württemberg (Schwäbische Volkskunde Neue Folge 14), Stuttgart ²1963, S. 151 f.
33. E. Wiessner (Hg.): Heinrich Wittenwilers Ring. Nach der Meininger Handschrift (Deutsche Literatur in Entwicklungsreihen. Reihe Realistik des Spätmittelalters 3), Leipzig 1931 (Nachdruck Darmstadt 1973), S. 195–218, hier Vers 5847–5870. – Künftig zitiert als ‹Wittenwilers Ring› mit Verszählung. – Zur Interpretation B. Plate: Heinrich Wittenwiler (Erträge der Forschung 76), Darmstadt 1977.
34. Wittenwilers Ring (s. Anm. 33), 5847–5870.
35. Das Huch-Zitat bei R. M. Radbruch/G. Radbruch: Der deutsche Bauernstand zwischen Mittelalter und Neuzeit, Göttingen ²1961, S. 25 f.
36. Wittenwilers Ring (s. Anm. 33), 5520–5533.
37. J. Simpson: Volkstümliche Erzählungen (s. Anm. 31), S. 170.
38. G. Franz (Hg.): Quellen zur Geschichte des deutschen Bauernstandes in der Neuzeit (Ausgewählte Quellen zur deutschen Geschichte der Neuzeit. Freiherr vom Stein-Gedächtnisausgabe 11), Darmstadt 1963, S. 2 f.
39. A. Borst: Lebensformen (s. Anm. 8), S. 96.
40. A. L. Reyscher: Gesetze (s. Anm. 4), S. 217 f.
41. Ebd., S. 4 f.
42. Ebd., S. 317 f.
43. P. Blickle: Landschaften im alten Reich. Die staatliche Funktion des gemeinen Mannes in Oberdeutschland, München 1973, S. 530, 532, 550.

Hans-Werner Prahl, Doktor Schmaus und seine Gäste

Literaturhinweise:

Autorenkollektiv: Geschichte der deutschen Universitäten und Hochschulen, 2 Bde., Berlin/Ost 1971.
L. Böhm: Die Verleihung akademischer Grade an den Universitäten des 14.–16. Jahrhunderts, in: Chronik der Ludwig-Maximilians-Universität 1958/59, S. 164 ff.
M. Doeberl u. a.: Das akademische Deutschland, 4 Bde., Berlin 1930/31.
W. Erman/E. Horn: Bibliographie der deutschen Universitäten, Leipzig/Berlin 1904–05.
R. Fick: Auf Deutschlands Hohen Schulen, Berlin 1900.
P. Grabein (Hg.): Vivat Academia. 600 Jahre deutsches Hochschulleben, Essen o. J. (ca. 1932).
G. Kaufmann: Geschichte der deutschen Universitäten. 2 Bde., Stuttgart 1888–1896.
W. Klose: Freiheit schreibt auf eure Fahnen. 800 Jahre deutsche Studenten, Oldenburg/Hannover 1968.
F. Paulsen: Geschichte des gelehrten Unterrichts auf den deutschen Schulen und

Universitäten vom Ausgang des Mittelalters bis zur Gegenwart, 2 Bde., Leipzig/Berlin 1885.

H.-W. Prahl: Hochschulprüfungen – Sinn oder Unsinn?, München 1976.

Ders.: Sozialgeschichte des Hochschulwesens, München 1978.

Ders.: Die Universität. Eine Kultur- und Sozialgeschichte, Luzern/München 1981.

H. Rashdall: The Universities of Europe in the Middle Ages, London 1895.

P. Schulze/P. Symank: Das Deutsche Studententum von den ältesten Zeiten bis zur Gegenwart, Leipzig 1910.

Irmtraud Schaarschmidt-Richter, Im Schatten des Roten Ahorn

1. Das Ise-monogatari, Kavaliersgeschichten aus dem alten Japan (Übers. S. Schaarschmidt), Frankfurt am Main 1981, S. 76.

2. Die Periodisierung der japanischen Geschichte hat sich erst später herausgebildet. Für die Bezeichnungen benutzt man unterschiedliche herausragende Merkmale. Doch seit frühhistorischer Zeit werden, anfangs schon nach wenigen Jahren wechselnde, Devisen ausgegeben.

3. Die Schreine von Ise sind der mythischen Ahnherrin des japanischen Kaiserhauses, der Sonnengöttin Amaterasu und der Reisgöttin Toyo'uke-hime, geweiht. Noch heute werden dort die Riten vollzogen.

4. Bilderrolle, japanisch *emaki* oder *emakimono,* eine horizontale Handrolle mit in Kompartimente geteilten, meist aber fortlaufenden Darstellungen verschiedener Themen, vor allem literarischer, historischer oder religiöser Art. Die älteste erhaltene Rolle ist das ‹Genji-monogatari emakimono› aus der ersten Hälfte des 12. Jahrhunderts. Gemalt wurden sie mit Mineral- oder Pflanzenfarben und mit Tusche auf Papier, seltener auf Seide. S. auch Akihisa Hase/ D. Seckel: Emaki, die Kunst der klassischen japanischen Bilderrollen, München 1959.

5. Murasaki Shikibu: Die Geschichte vom Prinzen Genji (Japan. ‹Genji-monogatari›; Übers. Oscar Benl), Zürich 1966, 2 Bde. *Monogatari,* d. i. Roman, Erzählung; Erzählliteratur, Anfänge seit dem 9./10. Jahrhundert.

6. Ebd., S. 571.

7. Ebd., S. 695 ff. (Auszüge).

8. ‹Das Fest des roten Herbstlaubs›, ebd., S. 218 ff.

9. Ebd., S. 220.

10. Irmtraud Schaarschmidt-Richter: Der japanische Garten – ein Kunstwerk, Würzburg 1979, S. 166 ff., Abb. 141 und S. 16 f. Fig. 3 und 4.

11. *Tō* ist das Schriftzeichen für ‹T'ang in T'ang-Dynastie›, ein Synonym für China.

12. *Koma* oder *kōrai,* japanische Lesung für Koryo, Bezeichnung für ein koreanisches Reich vom 10. bis 14. Jhdt.

13. *Hisashi,* eine Art geschlossener breiter Umgang um den Hauptraum eines Palastes oder Tempels unter dem verlängerten Hauptdach.

14. Genji-monogatari (s. Anm. 5), S. 220 f. (Auszug).

15. Ebd., S. 221.

16. Ebd., S. 221.
17. Ebd., S. 218.
18. Ebd., S. 219.
19. Shinichi Hisamatsu: Zen und Kunst (Zen to Bijutsu), Kyōto 1958, zitiert nach I. Schaarschmidt-Richter: Japanischer Garten (s. Anm. 10), S. 75.

Literaturhinweise (soweit nicht bereits oben angegeben):
Rose Hempel: Japan zur Heian-Zeit, Kunst und Kultur, Stuttgart/Berlin/ Köln/Mainz 1983.
Dietrich Seckel: Einführung in die Kunst Ostasiens, 34 Interpretationen, München 1960.

Elisabeth Vavra, «Te deum laudamus.»

1. Zum religiösen Fest vgl. u. a. Mircea Eliade: Das Heilige und das Profane (Rowohlts Deutsche Enzyklopädie 31), Hamburg 1957, S. 50–55; Josef Andreas Jungmann: Das kirchliche Fest nach Idee und Grenze, in: Verkündigung und Glaube, Festgabe für Franz X. Arnold, Freiburg i. Br. 1958, S. 164–184; Josef Pieper: Über das Phänomen des Festes (Arbeitsgemeinschaft für Forschung des Landes Nordrhein-Westfalen, Geisteswissenschaften 113), Köln/Opladen 1963; ders.: Zustimmung zur Welt. Eine Theorie des Festes, München 1963; Harvey Cox: The Feast of Fools. A Theological Essay on Festivity and Fantasy, Cambridge ²1970; Gerhard M. Martin: Fest und Alltag. Bausteine zu einer Theorie des Festes (Urban-Taschenbücher 604), Stuttgart/Berlin/Köln/Mainz 1973; Gerhard Jaritz: Zum religiösen Fest im Mittelalter, in: Spiritualität heute und gestern. Internat. Kongreß vom 4. bis 7. August 1982, Bd. 3 (Analecta Cartusiana 35), Salzburg 1983, S. 5–21; Jacques Heers: Vom Mummenschanz zum Machttheater. Europäische Festkultur im Mittelalter, Frankfurt am Main 1986.
2. Zu der kirchenpolitischen Bedeutung des Konzils vgl. Walter Brandmüller: Causa reformationis. Ergebnisse und Probleme der Reformen des Konstanzer Konzils, in: Annuarium historiae conciliorum 13 (1981), S. 49–66; Duncan Nimmo: Reform at the Council of Constance: a problem of medieval and early modern political theory, in: Annuarium historiae conciliorum 7 (1975), S. 238–256; Hartmut Boockmann: Zur politischen Geschichte des Konstanzer Konzils, in: Zeitschrift für Kirchengeschichte 85 (1974), S. 45–63; Karl August Fink: Das Konzil von Konstanz. Seine welt- und kirchengeschichtliche Bedeutung, in: Otto Feger (Hg.): Ulrich Richental. Das Konzil zu Konstanz, Starnberg/Konstanz 1964, S. 11–20 (mit der älteren Literatur).
3. Zur Überlieferungsgeschichte der Chronik des Ulrich Richental vgl. Otto Feger: Die Konzilschronik des Ulrich Richental, in: ders.: Ulrich Richental (s. Anm. 2), S. 21–36; zu den Illustrationen Lilli Fischel: Die Bilderfolge der Richental-Chronik, besonders der Konstanzer Handschrift, in: Otto Feger: Ulrich Richental (s. Anm. 2), S. 37–81.
4. Otto Feger: Ulrich Richental (s. Anm. 2), S. 160–161:

«Morgens am Sonntag, am St. Simon- und St. Judas-Tag [= 28. Oktober], zur elften Stunde da wurde Papst Johannes vom Kloster Kreuzlingen nach Konstanz geführt mit großen Ehren und Gepränge. Und waren da, die mit der Prozession gingen, ihn zu empfangen, alle Prälaten, die um Konstanz ansässig sind: der Abt von der Reichenau und andere Äbte, so im Umkreis von vier Meilen, von Kreuzlingen, von Petershausen, alle Domherren, die Chorherren zu Sankt Stefan, zu St. Johann, zu St. Paul, alle Geistlichen und Orden. Und gingen ihm nach Kreuzlingen entgegen und führten ihn durch Stadelhofen, die St. Paulsgasse und Plattengasse bis zum Münster; und sie sangen: ‹Te Deum laudamus›, und alle Glocken läuteten, und so zog man in die Pfalz ein...

Und als der Papst vor dem Kreuzlinger Tor hielt und die ihn begleitenden neun Kardinäle, da kam ihm das Kreuz und die Geistlichen mit den Heiltümern, die in Konstanz waren, entgegen; und sie gingen mit dem Kreuz und dem Heiltum um den Papst und die Kardinäle und zogen wiederum in das Tor; und da gab er der Geistlichkeit den Segen. Als das Kreuz, die Geistlichen und das Heiltum wieder herauskamen, da war ein Priester auf einem Pferd dabei, der wie ein Evangelier [= Diakon oder Priester, der Evangelium während der Messe liest] angekleidet war und eine Chorkappe trug, der trug eine Stange und auf dieser war ein goldenes Kreuz. Das trug er vor dem Papst und dem Heiltum; und vor ihm gingen die acht weiß verdeckten Saumpferde. Auf dem letzten ritt der Priester mit der Kreuzstange. Nach diesem ging das Pferd mit dem Sakrament. Dann ritt der Papst unter der goldenen Decke [= Baldachin] und mit ihm, vor ihm, neben ihm und hinter ihm die Zunftkerzen und die Kerzen der Domherren. Dann kam der mit dem päpstlichen Hut, nach dem Hut ritten die Kardinäle, je zwei und zwei miteinander, und dann alle ihre Diener. Und neben dem Papst ritt ein Priester, der warf Pfennige unter die Leute...»

5. Otto Feger: Ulrich Richental (s. Anm. 2), S. 163:

«Danach, am Freitag [= 2. November], da ritten gegen Konstanz sechs Kardinäle, die alle in der Oboedienz waren, das heißt im Gehorsam gegenüber Papst Johannes... Und ritten dieselben sechs Kardinäle mit 272 Pferden ein und ebensovielen Leuten und 20 Saumpferden, wie man hernach [= gemeint ist in der Handschrift] ihre Wappen findet.»

6. Otto Feger: Ulrich Richental (s. Anm. 2), S. 164:

«Am sechsten Tag, im dritten Herbstmonat, das war am Sonntag vor dem St. Martinstag, berief unser Heiliger Vater Papst Johannes alle Kardinäle zusammen, das waren damals 15, alle Erzbischöfe, das waren damals 23, alle Bischöfe, das waren damals 27, alle Äbte und alle fremden Prälaten und alle Geistlichkeit, die in Konstanz war, in das Münster zu dem Dom und führte mit ihnen ein Gespräch in der siebten Stunde. Nach dem Gespräch läutete man drei Stunden lang die große Glocke. Zu dem dritten Zeichen kamen in das Münster der Abt von Kreuzlingen mit seiner Infel [= Mitra] und alle seine Mönche und Geistlichen, der Abt von Petershausen mit allen seinen Mönchen und Geistlichen und mit seinem Stab [= Abtstab], der Abt von den Schotten, alle Domherren und alle ihre Kapläne, alle Chorherren und Kapläne zu St. Stefan, die Chorherren zu St. Johann und ihre Kapläne, der Leutpriester

von St. Paul und sein Kaplan, die Kapläne zu St. Laurenzen, dem Spital, alle
kamen mit ihren Überröcken [= Superpelliceum, Chorrock] und trugen in
ihren Händen all ihr Heiltum, die Prediger, Augustiner und Barfüßer;
jeglicher war gekleidet, als ob er Messe lesen wollte, und alle brachten ihr
Heiltum.»

7. Otto Feger: Ulrich Richental (s. Anm. 2), S. 165:

«Und die Prozession war folgendermaßen: Als erstes zogen aus die Kreuze
vom Münster, von Kreuzlingen, von Petershausen, von den Schotten, von
St. Stefan, von St. Johann und von St. Paul und mit diesen alle Zunftkerzen.
Den Kreuzen folgten alle kleinen Schüler [= Schüler, die das vorbereitende
Studium der Grammatik an der Domschule betrieben]. Nach den Schülern
gingen die drei Bettelorden, je zwei und zwei miteinander, alle mit ihrer
Meßkleidung, und mit ihrem Habit und mit dem Heiltum. Nach den Orden
gingen alle Gelehrten, die Auditores und sonst alle gelehrten Leute, auch je
zwei und zwei miteinander. Nach den gelehrten Leuten gingen die großen
Schüler [= Schüler, die an der Domschule Studium der Theologie oder des
Kirchenrechts betreiben]. Nach den Schülern alle Kapläne, auch mit den
Überröcken [= Superpelliceum, Chorrock] und mit dem Heiltum in den
Händen. Nach den Kaplänen gingen die obgenannten Mönche, alle mit ihren
Chorkappen und mit ihrem Heiltum. Nach den Mönchen alle Äbte, die
Domherren, auch mit ihren Chorkappen, und alle Pröpste, die nicht Infeln
[= Mitren] tragen durften, und nach denen die Äbte, die Infeln tragen
durften, je zwei und zwei nebeneinander. Und nach den Äbten alle Bischöfe
mit ihren weißen Infeln; nach den Bischöfen alle Erzbischöfe, je zwei und
zwei nebeneinander, und vor jedem Erzbischof ein Knecht, der ein goldenes
zweifaches Kreuz trug. Und nach den Erzbischöfen die Kardinäle, und auch
vor jeglichem ein Knecht, der einen silbernen Stab trug, einen langen mit
einem silbernen Knopf, auf dem ein silbernes Kreuz war. Und hinter jedem
Kardinal ging ein Priester, der dessen Diener war, der ihm das Gewand hinten
aufhob. Und nach den Kardinälen zwei Patriarchen, und auch vor jedem ein
Knecht mit einem zweifachen Kreuz, und hinter jedem ein Priester, der ihm
das Gewand aufhob. Und gingen die Erzbischöfe, die Bischöfe, die Kardinäle
und die Patriarchen alle zwei und zwei miteinander, alle mit weißen Überrök-
ken und mit weißen Infeln, die aus weißem Tuch gemacht waren und war
nichts daran, weder Silber noch Gold noch Edelstein.

Danach gingen die Sänger des Papstes, die sangen; dann ein Priester,
angekleidet wie ein Priester, der zum Altar geht, mit einem goldenen Kreuz;
nach dem Priester ein Priester, gekleidet wie ein Priester, der zum Altar geht,
der trug das heilige Sakrament. Und dazwischen, davor, dahinter und daneben die Kerzen der Domherren und viele andere Kerzen. Danach zwei
Priester, die wie Evangelier gekleidet waren, einer zur rechten und einer zur
linken Seite, die trugen ein goldenes Tuch vor dem Papst gespannt. Hinter
dem Tuch ging der Papst, gekleidet wie ein Priester, nur daß er einen Rock
mehr anhatte als ein Priester; das war alles von weißem Tuch, wie es
köstlicher nicht sein konnte. Und auf seinem Haupt eine schlichte weiße Infel
[= Mitra] aus schlichtem Tuch, schlichter als die anderen, und nichts sonst,
und er ging unter einem goldenen Tuch [= Baldachin], das die Konstanzer

ihm geschenkt hatten. Das trugen vier der besten und angesehensten, die in Konstanz waren. Und er gab den Leuten den Segen. Und hinter ihm gingen sechs Erzpriester mit Chorkappen, und vor ihm und nach ihm die Büttel des Papstes mit ihren silbernen Stecken und vergoldeten. Und die waren groß und trugen kostbare Kleider und wehrten das Volk ab. Und dann gingen die Edlen, und dann das gemeine Volk, und dann die Frauen.»

8. Otto Feger: Ulrich Richental (s. Anm. 2), S. 170:

«Da schenkten die von Konstanz ihm zwei goldene Tücher und viel Malvasier [= Weinsorte], den sie und ihre Diener tranken, ehe sie zu der Messe gingen. Eines der Tücher trugen vier Bürger von Konstanz auf Stangen über unserm Herrn, dem König. Und einer war Heinrich von Ulm, einer Heinrich Schiltar, Hanns Hagen und Heinrich Ehinger. Das andere Tuch trugen auch vier Bürger von Konstanz mit Namen Conrat Mangolt, Conrad in der Bünd, Caspar Gumpost und Heinrich von Tettikoven auf Stangen über der römischen Königin und der Königin von Bosnien. Und gingen also in das Münster mit allen Zunftkerzen und sonst mit vielen Kerzen, die waren so viel, daß man, wenn man sie von der Ferne sah, glauben konnte, es brenne ein Haus. Und sie waren im Münster während der Mette.»

9. Otto Feger: Ulrich Richental (s. Anm. 2), S. 170:

«Und der römische König kniete hinter ihm unter dem goldenen Tuch zu der linken Seite, und war gekleidet wie ein Evangelier mit kostbarem Meßgewand, und die römische Königin und die Königin von Bosnien unter ihrem Tuch hinter dem König. Und man sang das Amt ‹Dominus dixit ad me etc.› [= Der Herr sprach zu mir]. Und als es zum Evangelium kam, da ging der römische König begleitet von vielen brennenden Kerzen auf die Kanzel und sang das Evangelium ‹Exiit edictum etc.› [= Es erging ein Befehl des Kaiser Augustus]. Und während er dies sang, stand der Herzog von Sachsen über ihm und hatte ein bloßes Schwert in der Hand, und hob dieses hoch auf und richtete die Spitze gegen das Haupt des Kaisers; und das Szepter hielt vor ihm ein Herr aus Ungarn anstelle des Pfalzgrafen, und die Krone auch einer aus Ungarn anstelle des Markgrafen von Brandenburg, da die beiden noch nicht gekommen waren [= Da die Kurfürsten noch nicht anwesend sind, üben zwei Ungarn die Erzämter aus].»

10. Otto Feger: Ulrich Richental (s. Anm. 2), S. 184:

«Doktoren oder Meister im göttlichem Recht... Danach hielt ein Erzbischof von Dänemark die Messe, und während der Messe wurde sie auf den Altar erhoben, in ihrem Namen ein großes Bild [auf den Altar gestellt], silbern und vergoldet, gebildet als Haupt- und Brustbild und trug eine Krone auf ihrem Haupt [= Reliquienbüste], und wurde da kanonisiert und zu einer Heiligen gemacht mit rechtem Urteil und mit gemeinem gesprochenen Recht und mit geschworenen Eiden. Und der Bischof nahm das Bild und gab damit den Segen. Und der Erzbischof fing mit lauter Stimme lateinisch zu singen an: ‹Ecce nova proles data est› das ist: Sehet ein neues Kind ist Gott gegeben. Danach sang man ‹Te deum laudamus› und dreimal läutete man zur Laudes. Bei dieser Messe waren Papst Johannes, vier Patriarchen, 29 Kardinäle, 47 Erzbischöfe, 162 Bischöfe, alle Prälaten, alle gelehrten Leute, unser Herr der König, alle Kurfürsten, Fürsten, Herzöge, Grafen, Ritter und Knechte.»

11. Otto Feger: Ulrich Richental (s. Anm. 2), S. 185:

«Und nach der Messe ging er auf die Pfalz, auf den Erker, der auf den Oberen Hof sieht, auf den Kirchhof. Und vier Kardinäle standen bei ihm, gekleidet als Priester, und er war auch so gekleidet; alle trugen Infeln [= Mitren]; und bei ihm war auch unser Herr der römische König und der Hochmeister von Rhodos. Und er gab dem Volk den Segen und warf mit eigener Hand viele Kerzen hinunter unter das Volk, große Kerzen, jede wohl ein halbes Viertel Wachs und eine halbe Elle lang, die warf er in großer Zahl hinab. Danach, als er fast alle hinabgeworfen hatte, da warfen auch seine Kapläne kleinere Kerzen hinab unter das Volk, insgesamt an die 60 Pfund Wachs.»

12. Otto Feger: Ulrich Richental (s. Anm. 2), S. 215:

«Am Abend vor dem St. Johannis des Täufers Tag [= 23. Juni] ließen die Wechsler von Florenz fünf Posaunenbläser durch die Stadt ziehen. Den Posaunen hatten sie das Banner der Stadt Florenz angehängt, eine rote Lilie in einem weißen Feld. Und ein Knecht ging ihnen [= den Posaunenbläsern] nach, der rief mit lauter Stimme und sprach: ‹Höret ihr Herren! All meine Herren, wenn heute nacht St. Johannes Fest beginnt und morgen zu St. Johann in der Kirchen.› Und ihnen nach gingen drei Pfeifer und pfiffen zu den Posaunen. Das taten sie zu Mittag, zur Vesper, zum Komplet und morgens, zu allen Zeiten. Und sie hatten St. Johannis Kirchen mit den kostbarsten Tüchern, die sie hatten, ausgehängt und im Chor viel Maien [= frisches Grün, wie Birken etc.] aufgesteckt. Und sie hatten in die Maien und Tannenzweige Kränze [?] gehängt und Oblaten gebunden. Und im Chor hatten sie ein Schild mit dem Florentiner Wappen, einer roten Lilie auf weißem Feld gehängt und in der Kirche ein ebensolches Schild. Und auf dem Altar [= Hochaltar] brannten viele Kerzen und ebenso auf den anderen Altären.

Und morgens früh am St. Johannis-Tag, da sammelten sich alle bei den Barfüßern und bestreuten die Gassen von den Barfüßern aus hin zu St. Johannis mit frischem Gras und bestecketen die Straßen beiderseits mit Maien. Und ließen früh in der Stadt pfeifen und posaunen. Und zum dritten Mal da gingen alle Bischöfe und Herren aus Italien von den Barfüßern aus mit den Posaunenbläsern und Pfeifern von den Barfüßern aus auf dem Gras und unter dem Maien zu St. Johannis. Und mit ihnen ging Herzog Ludwig von Bayern und alle anderen weltlichen Fürsten und Herren, je zwei und zwei. Und jeglicher trug eine brennende Kerze in der Hand, die jegliche hatte ein Pfund Wachs. Welcher Herr aber seine Kerze nicht tragen wollte, der gab sie seinem Knecht. Und waren der Kerzen fünfeinhalbhundert [= 550].»

13. Otto Feger: Ulrich Richental (s. Anm. 2), S. 199:

«... die anderen waren dumm, weil sie nicht mitgehen wollten.»

14. Otto Feger: Ulrich Richental (s. Anm. 2), S. 200:

«Unser Herr der König mit seinen weltlichen Kurfürsten unter einem goldenen Tuch, die römische Königin, die Königin von Bosnien, die Herzogin von Kleve, die Gräfin von Württemberg, auch unter einem goldenen Tuch. Vor diesen ging das Heilige Sakrament, das trugen vier Domherren und zwei Domherren hielten es, auch diese unter einem goldenen Tuch. Und der Patriarch von Konstantinopel, der ging hinter dem Sakrament vor dem König wie ein Papst, auch unter einem goldenen Tuch. Und vor ihm trug man auch ein goldenes Tuch. Und seine Sänger hinter ihm, die sangen, und viele Kerzen, der Chorherren, der Zünfte und anderer Herren Kerzen. Der König ging mit einer Krone und wie ein Evangelier gehen soll, wenn er das Evangelium lesen will. Die drei Laienkurfürsten gingen als letzte, so einer die Epistel singen will. Und der Herzog von Sachsen hatte ein bloßes Schwert in der Hand, der Pfalzgraf vom Rhein die Lilie oder das Szepter, der Markgraf von Brandenburg den Apfel mit dem Kreuz [= Reichsapfel]. Und alle vier gingen unter einem Tuch. Danach die Laienfürsten, der Hochmeister von Rhodos und sein Komtur und ihre Ritter, die Komture des Deutschen Ordens von Preußen und ihre Ritter, alle Herzoge, Grafen, Freien, Ritter und Knechte, das gemeine Volk und danach die Frauen.»

15. Otto Feger: Ulrich Richental (s. Anm. 2), S. 253:
«Und auf dem Altar stand ein goldenes Kruzifix in der Mitte und zu jeder Seite eine goldene Tafel, die waren so vierschrötig, als ob das Heiltum in ihnen liege, und vier brennende Kerzen auf vier silbernen, vergoldeten Kerzenleuchtern. Und darauf stellten sie einen silbernen, vergoldeten Kelch, der war so groß wie drei unserer Kelche. Und über den Kelch legten sie einen dreikantigen [?] Steg, der gebogen war, und auf den Steg ein goldenes Tuch, das war wohl eine halbe Elle sowohl breit wie weit. Und in den Kelch gingen wohl eineinhalb Maß Wein. Neben den Kelch legten sie eine vergoldete Patene, die wohl so groß war, daß ein gesottenes Huhn darauf Platz hätte...»
«... und legte über das Übereck [?] eine Albe [= weißes liturgisches Gewand] an, und vorne von der Hand bis zum Ellenbogen zwei kostbare goldene Ärmel, angebunden mit seidenen Schnüren, ... und danach das Meßgewand, das war wie eine Glocke [= mittelalterliche Mantelform] und reichte vom Hals bis zu den Füßen.»

16. Otto Feger: Ulrich Richental (s. Anm. 2), S. 242:
«Und das Gedränge war so groß, daß der König selbst nicht hinauf kommen konnte. Und auf der Brücke brannten so viele große Kerzen, daß man sie nicht zählen konnte. Und sie sangen so ruhig, daß man sie herunten nicht gut verstehen konnte. Danach kam ein Patriarch mit einem goldenen Kreuz in der Hand und kniete vor dem Papst mit dem Kreuz nieder. Und danach kam ein Bischof und trug einen Stecken, an dem ein Buschen Werg war; das zündete man an. Das verbrannte auf der Stelle. Da rief der Bischof: ‹Pater sancte, sic transit gloria mundi.› Da antwortete der Papst: ‹Deo gratias.› Das geschah zweimal, und sie sangen ruhig. Danach standen auf der Kardinal Pancratius [= Rainald Brancacci], der Kardinal de Comite [= aus dem römischen Grafengeschlecht Conti], der Kardinal de Flisco [= Fiesco de Genua], das waren drei Evangelierkardinäle, und hatten das Amt inne. Und trat der Hochmeister von Rhodos zu ihnen und knieten alle vier nieder, und standen wieder auf und nahmen die Infel von dem Patriarchen und trugen sie die Staffel hinauf zum Papst und setzten sie ihm auf. Und die Sänger sangen, das dauerte wohl eine Stunde. Und danach ging der Papst mit der gekrönten Infel [= Tiara] und saß auf einem weißen Roß auf; das war bedeckt von einem roten Tuch. Und er hatte ein Habit an, als ob er Messe lesen würde, und man trug keinen Baldachin über ihm, damit ihn alle sehen konnten. Und unser

Herr der König ging zu Fuß und kniete vor ihm nieder und stand wieder auf
und küßte ihm die Füße und nahm zu seiner rechten Seite den Zaum und hatte
in der anderen Hand einen Stab und machte damit Raum um sich. Zu der
linken Seite führte ihn Markgraf Friedrich und küßte ihm auch die Füße.»
17. Die Berichte über Degradierung und Hinrichtung Jan Hus' im folgenden
zitiert nach Peter von Mladoniowitz: Hus in Konstanz (Slawische Geschichtsschreiber 3), Graz 1963, S. 241–258.

Leander Petzoldt, Narrenfeste

 1. Geographisches Magazin, Dessau/Leipzig 1783. Vgl. L. Petzoldt: ‹Social
    control› und Brauchtumspräsentation. Das Narrengericht in Grosselfingen,
    in: Heimatkunde und Gesamtunterricht 23 (1968), S. 43–48.
 2. Vgl. Leander Petzoldt: Das Narrengericht in Grosselfingen. Institut für den
    Wissenschaftlichen Film, Göttingen, Film E 2 318 (Publikationen zu Wiss.
    Filmen, Serie 11, Nr. 8, 1981).
 3. Leo Zehnder: Volkskundliches in der älteren schweizerischen Chronistik,
    Basel 1976, S. 302.
 4. Victor Mezger: Die Fastnacht in Überlingen, in: Schriften d. Ver. f. Gesch. d.
    Bodensees 1932/33, S. 21 ff.; hier S. 26.
 5. Zit. nach Lutz Mackensen: Volkskundliche Texte aus dem 15. u. 16. Jh.,
    Dresden 1938, S. 61.
 6. Hans Moser: Städtische Fasnacht des Mittelalters, in: Masken zwischen Spiel
    und Ernst, Tübingen 1967, S. 182.
 7. Ebd.
 8. Nach Gerichtsrechnungen von 1572 im dortigen Stadtarchiv. Für Hinweise
    auf Quellen zur Geschichte der Fastnacht, insbesondere den Brauch der
    ‹Wassertauche›, danke ich Hans Moser, Göttingen.
 9. Mackensen (s. Anm. 5), S. 39.
10. Vgl. Schriften d. Ver. f. Geschichte des Bodensees 5 (1874), S. 150.
11. Benjamin Hederich: Gründliches Antiquitäten-Lexikon, Leipzig 1743 (Neu-
    druck: Graz 1972).
12. Manfred Fuhrmann: Fasnacht als Utopie. Vom Saturnalienfest im alten Rom,
    in: Narrenfreiheit. Beiträge zur Fasnachtforschung, hg. v. H. Bausinger u. a.,
    Tübingen 1980, S. 29–42, hier S. 34.
13. Ebd., S. 36.
14. Rolf Hellmut Foerster: Das Leben in der Gotik, München 1969 (²1977),
    S. 285 f.
15. John Gregory Bourke: XVI. Vom Narrenfeste, vom Subdiakonfeste..., in:
    F. S. Krauss u. K. Reiskel: Die Zeugung in Glauben, Sitten und Bräuchen der
    Völker, Leipzig 1909, S. 131 f.
16. Vgl. Zehnder (s. Anm. 3), S. 306 f.
17. Nach: Alexander Orloff: Karneval. Mythos und Kult, Wörgl 1980, S. 39.»
18. Ulrich Roller: Der Nürnberger Schembartlauf, Tübingen 1965, S. 181.
19. Vgl. Leander Petzoldt: Historische Sagen I, München 1976, Text: S. 228 ff.;
    Kommentar: S. 394 f. – Vgl. auch H. Bausinger: Volkssage und Geschichte.

Die Waldenburger Fastnacht, in: Württembergisch Franken 41 (1957), S. 1–23.

20. Archiv der Stadtbibliothek Wien.

21. Zehnder (s. Anm. 3), S. 307.

22. Ebd., S. 309.

23. Ebd.

24. Vgl. Karl Meuli: Gesammelte Schriften. 1. Bd. (Zum Maskenwesen). Basel 1975, S. 144 ff.

Achatz von Müller, Die Festa S. Giovanni in Florenz

1. Zum Diffusionsprozeß zwischen ‹politischen› und ‹volks-kulturellen› Faktoren kommunaler Feste vgl. immer noch E. Le Roy Ladurie: Karneval in Romans. Von Lichtmeß bis Aschermittwoch 1579–1580, Stuttgart 1982. Zur kulturellen Typologie städtischer Feste P. Hugger (Hg.): Stadt und Fest. Zu Geschichte und Gegenwart europäischer Festkultur, Stuttgart 1987. Zum Strukturwandel des Festes an der Schwelle zur Neuzeit J. Heers: Fêtes à la fin du Moyen Âge, Montréal/Paris 1971 (dt. Frankfurt 1986). – Die in der historischen Forschung etablierte Unschärfe des Begriffs ‹Volkskultur› zwingt zu einer Erklärung: Trotz des durchaus nachvollziehbaren ‹Manichäismus›-Verdachts G. Dubys weist der Begriff auf den autonomen Charakter kultureller und sozialer Identitätsfindung der an ‹Macht und Herrschaft› unbeteiligten Gruppen deutlicher hin als all jene Begriffe, die die grundsätzliche Wahrnehmungsdichotomie zwischen ‹oben› und ‹unten› in vorindustriellen Gesellschaften ignorieren. In diesem ganz unprätentiösen Sinne sei der Begriff hier verwendet; vgl. dazu N. Schindler: Spuren in der Geschichte der ‹anderen› Zivilisation. Probleme und Perspektiven einer historischen Volkskulturforschung, in: R. van Dülmen/N. Schindler (Hg.): Volkskultur. Zur Wiederentdeckung des vergessenen Alltags (16.–20. Jhdt.), Frankfurt 1984, S. 13–77.

2. Quellensammlungen z. Geschichte der ‹Festa S. Giovanni›: C. Guasti: Le Feste di S. Giovanni Battista in Firenze. Descritte in Prosa e in Rime dei Contemporanei, Florenz 1884; P. Gori: Le Feste Fiorentine attraverso i secoli: Le Feste per S. Giovanni, Florenz 1926. Zur Deutung vgl. R. C. Trexler: Public Life in Renaissance Florence, New York 1980. L. Artusi/S. Gabbrielli: Feste e Giochi a Firenze, Florenz 1976; A. v. Müller: Überregionale Identität und rituelle Integration im Florentiner Quattrocento, in: F. Seibt/W. Eberhardt (Hg.): Europa 1500. Integrationsprozesse im Widerstreit, Stuttgart 1986, S. 279–291.

3. R. Davidsohn: Geschichte von Florenz, Bd. I, Berlin 1896, S. 764 ff.; P. Gori: Feste (s. Anm. 2), S. 6.

4. G. Villani: Cronica (ed. Dragomanni), lib. 7, cap. CXIX.

5. Dante: Paradiso XVI, 39–42.

6. Vgl. außer den in Anm. 2 genannten Sammlungen von Gori und Guasti noch R. Davidsohn: Geschichte von Florenz, Bd. IV, Die Frühzeit der Florentiner Kultur, 3, Berlin 1927, S. 294 ff.

7. Villani (s. Anm. 4), lib. 7, Cap. LXXXVIII.

8   D. Compagni: Cronica delle Cose Occorenti ne' Tempi suoi, Milano 1965, S. 11.

9.   Text bei Guasti (s. Anm. 2), S. 4ff.

10.   Die ausführlichste Schilderung aller ‹technischen› Details bei G. Vasari: Leben der ausgezeichnetsten Maler..., Bd. II, Stuttgart u. Tübingen 1839, S. 156ff. (Vita di Cecca).

11.   Dati bei Guasti (s. Anm. 2).

12.   Zur Partizipation von Künstlern und Handwerkern an der ‹Festa S. Giovanni› vgl. M. Wackernagel: Der Lebensraum des Künstlers in der florentinischen Renaissance. Aufgaben und Auftraggeber, Werkstatt und Kunstmarkt, Leipzig 1938, S. 199ff.

13.   Dati bei Guasti (s. Anm. 2).

14.   ‹Festordnung› ist doppeldeutig. Die rituelle Ordnung weicht im Laufe des 15. Jahrhunderts allmählich der normativen. Bezeichnend dafür der Erlaß einer schriftlichen Prozessionsordnung kurz nach 1439 (Text bei Gori: Feste Fiorentine – s. Anm. 2 –, S. 157f.).

15.   Dati bei Guasti (s. Anm. 2).

16.   Ebd.

17.   Aus der uferlosen Literatur seien hervorgehoben: E. H. Gombrich: Die Medici als Kunstmäzene. Ein Überblick über die Zeugnisse des 15. Jahrhunderts (neue Fassung von: The early Medici as Patrons of Art, 1960), in: Ders.: Die Kunst der Renaissance, Bd. I, Norm und Form, Stuttgart 1985, S. 51–78, 184–187, 201–204; A. Chastel: Art et Humanisme à Florence au temps de Laurent le Magnifique, Paris ³1982.

18.   Trexler: Public Life (s. Anm. 2), S. 252ff.

19.   M. Palmieri bei Guasti (s. Anm. 2), S. 22f.

20.   G. Vasari (s. Anm. 10).

21.   Vgl. W. Weisbach: Trionfi, Berlin 1919, S. 15f.; A. Pinelli: Feste e Trionfi: Continuità e Metamorfosi di un tema, in: Biblioteca di Storia dell' Arte. Memoria dell'Antica nell'Arte Italiana, Bd. II, Milano 1985, S. 281–350.

22.   Die Dialektik des Zerstörungsprozesses der Savonarola-Bewegung kann hier nur angedeutet werden. Was als ‹Reform› religiöser und kommunaler Tradition gegen die *luxuria* der Moderne antrat, bahnte den neuen Verhältnissen am Ende den Weg. Mit dem ‹Klassizismus› und der Lust an antikisierender Körperallegorie, die die Bildverliebtheit der frühen Medici auszeichneten, verbrannte in den Scheiterhaufen der Anhänger Savonarolas auch ein gutes Stück popularer Bildkultur. Zur Bilderverbrennung vgl. H. Bredekamp: Renaissancekultur als ‹Hölle›: Savonarolas Verbrennungen der Eitelkeiten, in: M. Warnke (Hg.): Bildersturm. Die Zerstörung des Kunstwerks, München 1973, S. 65–99.

23.   L. Landucci: Diario Fiorentino, a cura di I. del Badia, Firenze 1883, S. 345f. Zum Fest der Renaissance als Medium der Macht vgl. Roy Strong: Art and Power. Renaissance Festivals 1450–1650, Suffolk 1984.

Erich B. Kusch, Das Heilige Jahr 1600

Literaturhinweise:

Paolo Brezzi: Storia degli anni Santi. Da Bonifacio VIII ai giorni nostri (= Storia e documenti, 18), Milano 1975, bes. S. 112–122.
Ders.: Roma e l'Anno Santo. Riflessi degli Anni Santi sulla vita economica e sociale della città di Roma, Roma 1975, bes. S. 33f.
Mario Capodicasa: I papi degli Anni Santi, Pescara [2]1975, bes. S. 109–114.
Domenico Maria Manni: Istoria degli Anni Santi dal loro principio fino al presente..., Firenze 1750, bes. S. 150–175.
Ludwig von Pastor: Geschichte der Päpste seit dem Ausgang des Mittelalters. Bd. 11: Klemens VIII. (1592–1605), Freiburg i. B. 1927, bes. S. 505–512.
Virginio Prinzivalli: Gli Anni Santi (1300–1925), Roma 1924, bes. S. 89–109.
Andrea Vittorelli: Historia de' giubilei pontificii..., Roma 1625, bes. S. 421–456.
Cherubino da Roma Ofmoss: Dichiarazione istorica-teologica dell' Anno Santo, Roma 1750, bes. S. 27, 51f., 66.

Günter Barudio, Die Elbe in Flammen

1. Zum Frauen-Bild dieser Zeit s. G. Barudio: Der Teutsche Krieg, [2]1985, S. 240ff.: ‹Das Weib als Ware.›
2. J.J.C. von Grimmelshausen: Courasche. Stuttgart 1980, S. 45.
3. G. Barudio (s. Anm. 1), S. 287ff.; die Chronik dieses Hochzeitsfestes in den ‹Messe-Relationen auf das Jahr 1627.›
4. M. Gregor-Dellin: Heinrich Schütz. Sein Leben, sein Werk, seine Zeit, 1984, S. 146ff.
5. Die Bibel, 1972, S. 1019.
6. G. Barudio (s. Anm. 1), S. 289ff.
7. Vgl. G. Barudio: Gustav Adolf – der Große, [2]1982, S. 32ff.
8. G. Barudio (s. Anm. 1), S. 290.
9. Richard Alewyn: Das große Welttheater. München 1985, S. 11.
10. G. Barudio (s. Anm. 7), S. 558ff.
11. B. Pascal: Gedanken, Stuttgart 1980 (Reclam), S. 58ff.: ‹Zerstreuungen.›
12. G. Barudio (s. Anm. 1) , S. 536ff.

Gertrud Mander, Die unverwesliche Krone

Literaturhinweise:

Charles Carlton: Charles I, The Personal Monarch, London 1983.
Sir Thomas Herbert: Memoirs of the last years of the Reign of King Charles, 1678.
Inigo Jones. Catalogue to the Exhibition in the Banqueting Hall, Whitehall/London 1970. Introduction by Roy Strong.
The Letters, Speeches and Proclamations of King Charles I, 1935.

Roy Strong: Splendour at Court: Renaissance Spectacle and the Theater of Power, Boston 1973.

C. V. Wedgwood: The Trial of Charles I, London, 1964.

Hermann Schreiber, Venedigs goldener Herbst

Literaturhinweise:

Heinrich Kretschmayr: Geschichte von Venedig, 3 Bde., Gotha 1905, Reprint bei Scientia (Aalen Württemberg).
Hermann Schreiber: Das Schiff aus Stein. Venedig und die Venezianer, München 1979, Taschenbuchausgabe Reinbek 1988.
Philippe Monnier: Venedig im 18. Jahrhundert. München 1928.

Michael Stürmer, Im Zeichen der Sonne

Literaturhinweise:

M. Bloch: Les rois thaumaturgues, Paris 1923.
P. Chaunu: Europäische Kultur im Zeitalter des Barock, Frankfurt am Main 1970.
G. Chaussinand-Nogaret: La Noblesse au XVIIIe Siècle, Paris 1976.
N. Elias: Über den Prozeß der Zivilisation, 2 Bde., Frankfurt am Main 1978.
H. Fillitz: Die Schatzkammer in Wien. Symbole abendländischen Kaisertums, Wien 1986.
F. Furet/D. Richet: Die Französische Revolution, Frankfurt am Main 1968.
P. Goubert: L'Ancien Régime, 2 Bde., Paris 1969/73.
E. Kantorowicz: The King's two Bodies. A Study in Medieval Political Thought, Princeton N. J. 1957.
Menin (Avocat): Traité historique et chronologique du sacre, Paris 1723.
M. de Moël: Le Sacre des Rois de France, Paris 1985.
P. E. Schramm: Der König von Frankreich, 2 Bde., Weimar 1939, ²1960.
Ders.: Herrschaftszeichen und Staatssymbolik, 3 Bde., München 1954–1956.
M. Stürmer: Handwerk und Höfische Kultur, München 1982.
Ders.: Scherben des Glücks. Klassizismus und Revolution, Berlin 1987.
P. Verlet: Le Chateau de Versailles, Paris 1987.

Ralph-Rainer Wuthenow, Die Kaiserkrönung von 1763

Literaturhinweise:

Johann Wolfgang von Goethe: Dichtung und Wahrheit (I, 5).
Hermann Meinert: Von Wahl und Krönung der deutschen Kaiser zu Frankfurt am Main. Frankfurt am Main 1956.
Heinz Schomann: Kaiserkrönung. Wahl und Krönung in Frankfurt nach den Bildern der Festbücher. Dortmund 1982 (Die bibliophilen Taschenbücher Nr. 290).

Hans-Christoph Schröder, Der Pope's Day in Boston

1. Jean Delumeau: Angst im Abendland. Die Geschichte kollektiver Ängste im Europa des 14. bis 18. Jahrhunderts, Reinbek 1985, Bd. I, S. 264.
2. Robert Muchembled: Kultur des Volks – Kultur der Eliten, Stuttgart 1982, S. 107.
3. Bob Scribner: Reformation, Karneval und die ‹verkehrte Welt›, in: Richard van Dülmen/Norbert Schindler (Hg.): Volkskultur, Frankfurt 1984, S. 117–152.
4. Emmanuel Le Roy Ladurie: Karneval in Romans, Stuttgart 1982.
5. Die folgende Darstellung des Pope's Day in Boston stützt sich überwiegend auf das unveröffentlichte Manuskript von Alfred F. Young: Pope's Day, Tar and Feathers, und Cornet, Joyce, jun.: From Ritual to Rebellion in Boston, 1745–1775.
6. Zu den englischen Vorbildern dieses Rituals vgl. John Stevenson: Popular Disturbances in England, 1700–1870, London 1979, S. 58 u. 61.
7. Vgl. dazu Christopher Hill: Antichrist in Seventeenth-Century England, London 1971.
8. Für die entsprechenden Rivalitäten und Gegensätze, die in englischen Festen des 18. Jahrhunderts (z. T. auch am 5. November) zum Ausbruch kamen, siehe Stevenson (s. Anm. 6), S. 51 f. Zum schichtenspezifischen Charakter der Loyalitätsorientierung unter den traditionellen Jugendgruppen, bei der die Angehörigen der Unterschicht überwiegend auf Straßen, Plätze und Stadtviertel und die der Oberschicht eher auf die Stadtgemeinde als Ganzes ausgerichtet waren, vgl. Michael Mitterauer: Sozialgeschichte der Jugend, Frankfurt 1986, S. 194.
9. Dirk Hoerder: Crowd Action in Revolutionary Massachusetts, 1765–1780, New York 1977, S. 94.
10. Ebd., S. 96.
11. Ebd., S. 98. Der Stiefel (boot) als Zeichen der Verhöhnung Lord Butes wurde auch von den Anhängern des radikalen Demagogen John Wilkes, die überhaupt sehr stark mit Symbolen arbeiteten und an denen sich die amerikanischen Kolonisten vielfach orientierten, benutzt. Vgl. dazu Stevenson: Popular Disturbances (s. Anm. 6), S. 65 f., sowie vor allem John Brewer: Party Ideology and Popular Politics at the Accession of George III, Cambridge 1976, passim.
12. Edmund u. Helen M. Morgan: The Stamp Act Crisis, Prologue to Revolution (Taschenbuchausg.), New York 1967, S. 173.
13. Hoerder (s. Anm. 9), S. 117f.
14. Den führenden Patrioten waren ‹erhabene Darbietungen› lieber, wie sie etwa bereits in den 1760er Jahren am 14. August zur Feier der ersten Demonstration gegen die Stempelsteuer in Boston und anderen Orten von Massachusetts mit Instrumentalmusik, Chorgesang sowie anschließenden wohlgesetzten Trinksprüchen und Salutschüssen stattfanden. Über das Fest in Dorchester im Jahre 1769, wo 350 Menschen auf offenem Feld das neue Freiheitslied von John Dickinson sangen, schrieb der Revolutionsführer und spätere Präsident der Vereinigten Staaten, John Adams, lobend: «das heißt die Empfindungen

der Freiheit kultivieren.» Zitiert nach Kenneth Silverman: A Cultural History of the American Revolution, New York 1976, S. 113.

15. Alfred F. Young: English Plebeian Culture and Eighteenth-Century American Radicalism, in: Margaret u. James Jacob (Hg.): The Origins of Anglo-American Radicalism, London 1984, S. 186, 200.

16. Francis Hopkinson: An Account of the Grand Federal Procession, Performed at Philadelphia on Friday the 4th of July 1788, abgedr. in: Ders.: The Miscellaneous Essays and Occasional Writings, Philadelphia 1792, Bd. III, S. 349–422. Dieser Bericht wird hier zugrundegelegt, wobei auf einzelne Seitennachweise verzichtet werden muß.

17. Silverman (s. Anm. 14), S. 265 f.

18. Ebd., S. 424 ff.

19. Jean Starobinski: 1789, Die Embleme der Vernunft, Paderborn 1981, S. 40–47.

20. Silverman (s. Anm. 14), S. 417.

21. David M. Potter: People of Plenty (Paperbackausg.), Chicago 1966.

22. Michael Kammen: A Season of Youth, The American Revolution and the Historical Imagination, New York 1978, S. 101.

23. Vgl. dazu Werner Danckert: Unehrliche Leute. Die verfemten Berufe, Bern ²1979, S. 108 ff.

24. Young (s. Anm. 15), S. 201 f.

25. Vgl. dazu Hans-Christoph Schröder: Die Amerikanische Revolution, München 1982, S. 150 ff.

26. Roger Chartier: Phantasie und Disziplin. Das Fest in Frankreich vom 15. bis 18. Jahrhundert, in: van Dülmen/Schindler (s. Anm. 3), S. 168.

27. Young (s. Anm. 15), S. 201 ff.

28. Robert Darnton: A Bourgeois Puts His World in Order, in: Ders.: The Great Cat Massacre and Other Episodes in French Cultural History (Taschenbuchausg.), Harmondsworth 1985, S. 117 u. 120.

29. Mona Ozouf: La Fête Révolutionnaire 1789–1799, Paris 1976, bes. S. 134 u. 233.

30. Vgl. dazu Schröder (s. Anm. 25), S. 132–146.

Gilbert Ziebura, Frankreich 1790 und 1794

1. Z. B. H. Taine: Die Entstehung des modernen Frankreich, franz. Ausgabe Paris 1875–1893, 11 Bde.; dt. Ausgabe Meersburg o. J.; Berlin/Frankfurt 1954.

2. Th. Carlyle: Die Französische Revolution, engl. Ausgabe London 1837; dt. Ausgabe Leipzig 1927, 2 Bde.; dt. illustrierte Ausgabe Leipzig 1906.

3. Die klassischen republikanischen Revolutionshistoriker wie A. Aulard, A. Mathiez usw.

4. G. Rude: Die Massen in der Französischen Revolution, engl. Ausgabe London 1959; dt. Ausgabe München/Wien 1961.

5. Die Forschung hat sich frühzeitig mit dem Phänomen des revolutionären Festes befaßt, seit den 60er Jahren aber großen Auftrieb erhalten. Vgl.

(Auswahl) B. Bois: Les Fêtes revolutionnaires à Angers de l'an II à l'an VIII, Paris 1929; A. Soboul: Sentiment religieux et cultes populaires pendant la Révolution, in: Annales de la Révolution francaise, 1957, S. 193 ff.; J. Ehrard/ P. Viallaneix (Hg.): Les fêtes de la Révolution, Paris 1977; v. a. aber die Arbeiten von M. Ozouf: La fête révolutionnaire, 1789–1799, Paris 1976 und M. Vovelle: Les métamorphoses de la fête en Provence, 1750–1820, Paris 1976.

6. M. Vovelle: Die Französische Revolution. Soziale Bewegungen und Umbruch der Mentalitäten, München/Wien 1982, S. 127.

7. F. Furet: 1789 – Vom Ereignis zum Gegenstand der Geschichtswissenschaft, Frankfurt am Main 1980, S. 49 ff.

8. Zusammenfassend M. Vovelle: La Chute de la monarchie, 1787–1792, Paris 1972.

9. H. Taine (s. Anm. 1), Bd. I, S. 465 ff.

10. M. Vovelle (s. Anm. 6), S. 81.

11. Tableaux historiques de la Révolution française (1791 bis 1817), geschrieben von Faucheux und Chamfort, illustriert von Jean-Louis Prieur; zit. in: La Révolution française et le Premier Empire. Dessins du Musée Carnavalet, Paris 1983, S. 138 f.

12. M. Bouloiseau: La République jacobine. 10 août 1792 – 9 thermidor an II, Paris 1972.

13. J. Godechot: Les institutions de la France sous la Révolution et l'Empire, Paris 1951, S. 366 ff.

14. Zitiert in: A. Soboul: Précis d'Histoire de la Révolution française, Paris 1962, S. 331.

15. Am besten noch immer: A. Aulard: Le culte de la raison et le culte de l'être suprème, Paris 1892.

16. H. Taine (s. Anm. 1), Bd. II, S. 381–384.

17. M. Vovelle (s. Anm. 6), S. 128.

Karl Otmar von Aretin, Der Wiener Kongreß

1. Graf de la Garde: Gemälde des Wiener Kongresses 1814–1815, Bd. 1, München 1912, S. 32 f. De la Gardes Schilderung gibt eine lebendige Darstellung des äußeren Rahmens dieses Ereignisses. Als historische Quelle ist er in seinem Wert umstritten, jedoch in diesem Rahmen, in dem die politischen Ereignisse nicht im Vordergrund stehen, unentbehrlich.

2. Ludwig Graf Montgelas (Hg.): Denkwürdigkeiten des bayerischen Staatsministers Maximilian Grafen Montgelas 1799–1817, im Auszug aus dem französischen Original übersetzt von Fhr. v. Freyberg-Eisenberg, 1887, S. 385 f.

3. De la Garde (s. Anm. 1), S. 34.

4. Ebd., Bd. 2, S. 14.

5. M. v. Bourgoing: Vom Wiener Kongreß, 1943, S. 88 ff.

6. Ebd., S. 99.

7. Ebd., S. 101.

8. Ebd., auch für das Folgende, S. 103 f.

9. Ebd., S. 105.
10. De la Garde (s. Anm. 1), Bd. 2, S. 53 f.
11. Ebd., S. 68 f.
12. Ebd., S. 225 f.
13. Ebd., Bd. 3, S. 72.
14. M. v. Bourgoing (s. Anm. 5), S. 138.
15. De la Garde (s. Anm. 1), Bd. 4, S. 66 f.
16. Ebd., S. 217 f.
17. M. v. Bourgoing (s. Anm. 5), S. 358.
18. Vgl. hierzu Werner Näf: Zur Geschichte der Heiligen Allianz, Berner Untersuchungen zur Allgemeinen Geschichte, Heft 1, Bern 1928, S. 16 ff. Dort sind auch die folgenden Zitate zu finden.

Johannes Willms, Politische Walpurgisnacht

1. Vgl. Johannes Willms: Nationalismus ohne Nation. Deutsche Geschichte 1789–1914, Düsseldorf 1983, S. 113–125.
2. Vgl. Hans-Ulrich Wehler: Deutsche Gesellschaftsgeschichte, München 1987, Bd. II, S. 362–363.
3. Thomas Nipperdey: Deutsche Geschichte 1800–1866. Bürgerwelt und starker Staat, München 1983, S. 369.
4. Heinrich Lutz: Zwischen Habsburg und Preußen. Deutschland 1815–1866, Berlin 1985, S. 175.
5. Zur Vorgeschichte und zum Verlauf des Hambacher Fests vgl. J.G.A. Wirth: Das Nationalfest der Deutschen in Hambach, Neustadt a. H. 1832 (Neudruck Neustadt/Weinstr. 1981); Veit Valentin: Das Hambacher Nationalfest, Berlin 1932; Anton Maria Keim/Helmut Mathy: Hambach 1832–1982. Ereignis, Grundwerte, Perspektiven. Ein politisches Lese- und Bilderbuch zur Geschichte von Freiheit und Demokratie, Mainz 1982; Hellmut G. Haasis: Morgenröte der Republik. Die linksrheinischen deutschen Demokraten 1789–1849, Frankfurt am Main/Berlin/Wien 1984, S. 182–190; Helmut Bock: Nationalfest bei Hambach. Deutsche Republik und europäischer Völkerbund, in: Helmut Bock/Wolfgang Heise (Hg.): Unzeit des Biedermeiers. Historische Miniaturen zum Deutschen Vormärz 1830 bis 1848, Köln 1986, S. 81–88.
6. Heinrich Heine: Ludwig Börne. Eine Denkschrift, in: Manfred Windfuhr (Hg.): Historisch-kritische Gesamtausgabe der Werke, Hamburg 1978, Bd. XI, S. 83.
7. Vgl. die Augenzeugenberichte von: François Louis Comte d'Escherny: Correspondance d'un habitant de Paris avec ses amis de Suisse et d'Angleterre sur les évenements de 1789, 1790 et jusqu'au 4 avril 1791, Paris 1791, S. 308–315; Emmanuel Vicomte de Grouchy/Antoine Guillois (Hg.): La Révolution francaise racontée par un diplomate étranger. Correspondance du Bailli de Virieu, Paris 1903, S. 201–207.
8. Maximilien Robespierre: Oeuvres, Marc Bouloiseau, Georges Lefebvre und Albert Soboul (Hg.), Paris 1953, Bd. VIII, S. 157–184.

Thomas Ross, Die Pforte zum Orient

Literaturhinweise:

D. A. Farnie: East and West of Suez, Oxford 1969.
Lord Kinross: Between two Seas, London 1968.
Johann von Kunowski: Der Suezkanal, Berlin 1936.
Ferdinand von Lesseps: Die Entstehung des Suezkanals, Düsseldorf 1984.
John Marlowe: World Ditch, New York 1964.
Bernard Simito: Suez, 50 siecles d'histoire, Paris 1974.
Verdis Aida, collected and translated by Hans Busch (letters and documents), Minneapolis 1978.

Peter-Christian Witt, Die Gründung des Deutschen Reiches von 1871

1. Thomas Nipperdey: Deutsche Geschichte 1800–1866. Bürgerwelt und starker Staat, München 1983, S. 780–803, Zitat S. 802.
2. Vgl. Gerhard Ritter: Die preußischen Konservativen und Bismarcks deutsche Politik 1858–1876, Heidelberg 1913; Heinrich August Winkler: Preußischer Liberalismus und deutscher Nationalstaat, Tübingen 1964; Michael Gugel: Industrieller Aufstieg und bürgerliche Herrschaft. Sozioökonomische Interessen und politische Ziele des liberalen Bürgertums in Preußen zur Zeit des Verfassungskonfliktes 1857–1867.
3. Lothar Gall: Bismarck. Der weiße Revolutionär, Frankfurt am Main/Berlin/ Wien 1980, insbes. S. 373–455.
4. Das Gemälde Anton v. Werners ist schon zeitgenössisch häufig reproduziert worden (so auch als Stich); leicht zugänglich jetzt in dem Ausstellungskatalog: Preußen. Versuch einer Bilanz. Eine Ausstellung der Berliner Festspiel GmbH, 15.8.–15.11. 1981, Bd. 1, Reinbek b. Hamburg 1981, Nr. 24/2, S. 509.
5. Theodor Toeche-Mittler: Die Kaiserproklamation in Versailles am 18. Januar 1871, Berlin 1896, S. 22–26.
6. Schultheß' Europäischer Geschichtskalender Jg. 1871, 18. 1. 1871.
7. Michael Doeberl: Bayern und die Bismarcksche Reichsgründung, München 1925, S. 174f. (Otto v. Bayern an Kg. Ludwig II., 2. 2. 1871).
8. Otto v. Bismarck: Die Gesammelten Werke, Bd. XIV, S. 810 (Bismarck an Johanna v. B. 21. 1. 1871).
9. Lothar Gall (s. Anm. 3), S. 450ff.
10. Otto Hintze: Die Hohenzollern und ihr Werk, Berlin 1915, S. 263–275, 569–573.
11. Die alten Reichsinsignien des Heiligen Römischen Reichs Deutscher Nation befanden sich in Wien; als einziges Requisit war 1871 der in der Kaiserpfalz von Goslar befindliche Thronsessel Kaiser Heinrichs III. nach Versailles geschafft worden, vgl. Michael Stürmer: Das ruhelose Reich. Deutschland 1866–1918, Berlin 1983, S. 174. Zu den Entwürfen der neuen Kaiserkrone, vgl. Elisabeth Fehrenbach: Wandlungen des Deutschen Kaisergedankens (1871–1918), München 1968, S. 120.

12. Vgl. hierfür die Berichterstattung in: Schultheß' Europäischer Geschichtskalender (jeweils zum 18. Januar).
13. Vgl. Ernst Rudolf Huber: Deutsche Verfassungsgeschichte seit 1789, Bd. 3, Stuttgart ²1978, S. 724–765.
14. Ebd., S. 809–820; Bd. 4, Stuttgart ²1982, S. 329–347.
15. Vgl. hierzu exemplarisch die Gestaltung der Festlichkeiten durch den Harburger Magistrat, StA Harburg, 430-4, XII D 10, Bd. I–IV (1873–1914); XII D 18 (25-Jahrfeier der Kaiserproklamation 1896).
16. Einen sehr guten Überblick vermitteln die in Schultheß' Europäischem Geschichtskalender jeweils unter dem 17. und 18. Januar abgedruckten Reden, Proklamationen und Zeitungsberichte.
17. So z. B. Hermann Wendel: Hie Fleischwucher! Hie Gottesgnadentum! Rede gehalten im Gallussaal zu Frankfurt am Main am 1. September 1910, Frankfurt am Main 1910, S. 1.
18. Vgl. John C. G. Röhl: Kaiser, Hof und Staat. Wilhelm II. und die deutsche Politik, München 1987, S. 17–34, S. 78–115 u. S. 205–210, 220–233; Isabell V. Hull: The Entourage of Kaiser Wilhelm II., 1888–1918, Cambridge 1982; Georg Schuster: Geschichte des preußischen Hofes, Bd. 3, Berlin 1913; Robert Graf Zedlitz-Trützschler: Zwölf Jahre am deutschen Kaiserhof, Berlin/Leipzig 1923; Rudolf Vierhaus (Hg.): Aus dem Tagebuch der Baronin Spitzenberg, München 1965.
19. StA Harburg, 430-4, XII D 18.
20. Speiseordnung des Gefängnisses Plötzensee von 1882, abgedruckt in: Geschichtslandschaft Berlin. Orte und Ereignisse, Bd. 1, hg. v. Helmut Engel u. a.: Charlottenburg, T. 1: Die Historische Stadt, Berlin 1986, S. 217.
21. Helmuth Graf von Moltke: Gesammelte Schriften und Denkwürdigkeiten, Bd. 4, Berlin 1891, S. 304 f.
22. Auch in der durchaus kritischen Biographie von Emil Ludwig: Wilhelm II., Berlin 1926, S. 78 ff. wird etwas deutlich von diesen Hoffnungen in der deutschen Bevölkerung; vgl. aber vor allem J. D. Chamier: Ein Fabeltier unserer Zeit. Glanz und Tragödie Kaiser Wilhelms II., Zürich/Leipzig/Wien 1936.
23. Johannes Penzler/Bogdan Krieger (Hg.): Die Reden Kaiser Wilhelms II., 4 Bde., Leipzig 1897–1913. Eine kleine Auswahl hieraus bei Ernst Johann (Hg.): Reden des Kaisers. Ansprachen, Predigten, Trinksprüche Wilhelms II., München 1966.
24. Allgemein zu den Kriegervereinen vgl. Klaus Saul: Der ‹Deutsche Kriegerbund›. Zur innenpolitischen Funktion eines ‹nationalen› Verbandes im kaiserlichen Deutschland, in: Militärgeschichtliche Mitteilungen 2/1969, S. 95–159. Zur Festgestaltung durch die Hamburger Kriegervereine vgl. die Zeitungsausschnittsammlung in StA Hamburg, Politische Polizei, KV 53, Bd. 1–2.
25. Vgl. z. B. Beschluß des Harburger Festausschusses am 11. 8. 1900 «mit Rücksicht darauf, daß in dem z. Zt. herrschenden Kriege mit China die französische Armee mit der deutschen Armee zusammen unter dem Oberbefehl des Generalfeldmarschalls Grafen Waldersee kämpft, von einer *offiziellen* Feier des Sedanstages Abstand zu nehmen»; dagegen wurde im Juli 1905, als ein Mitglied des Festausschusses wegen der 1. Marokkokrise erneut den

Verzicht auf eine *offizielle* Sedansfeier vorschlug, dies von allen anderen Mitgliedern des Festausschusses abgelehnt; StA Harburg, 430-4, XII D 10, Bd. IV (Protokolle v. 11.8. 1900 und 23.7. 1905).

26. Vgl. hierzu neben den in Anm. 24 genannten Quellen auch den Bestand StA Hamburg, Politische Polizei, KV 1–3 UA 2.
27. Rundschreiben Hamburger Kriegerverband v. 12.8. 1902: «Nach Beschluß der Generalversammlung am 17. Juli soll der *Sedanstag* fortan stets an einem Sonntag gefeiert werden», StA Hamburg, Politische Polizei, KV 53 Bd. 1.
28. Programm zum Fest-Commers am 2.9. 1879:
    1. Eröffnung der Kneipe: Festmarsch.
    2. Gemeinsamer Gesang: «Stimmt an mit hellem».
    3. Toast auf Kaiser und Reich: Oberbürgermeister.
    4. Musik- und Gesangvorträge.
    5. Toast auf den Kronprinzen.
    6. Lebendes Bild.
    7. Gemeinsamer Gesang: «Deutschland, Deutschland über Alles».
    8. Lebendes Bild.
    9. Musik- und Gesangvorträge.
    10. Toast auf die Krieger.
    11. Gemeinsamer Gesang: «Es braust ein Ruf».
    12. Lebendes Bild.
    13. Musik- und Gesangvorträge.
    14. Toast auf die Heerführer.
    15. Gemeinsames Lied: «Wo Muth und Kraft».
    16. Lebendes Bild.
    17. Musik- und Gesangvorträge.

Und noch 1913 sah das Programm ganz ähnlich aus, wurden dieselben Lieder gesungen, wurden dieselben ‹Lebenden Bilder› gestellt, turnten jetzt auch noch die Turnvereine und war aus dem ursprünglichen bloßen Kaisertoast die Festrede ‹Erinnerung an die große Zeit vor... Jahren› geworden. Vgl. die Programme in: StA Harburg, 430-4, XII D 10, Bd. I–IV.
29. Vgl. Werner K. Blessing: Der monarchische Kult, politische Loyalität und die Arbeiterbewegung im Deutschen Kaiserreich, in: Gerhard A. Ritter (Hg.): Arbeiterkultur, Königstein/Ts. 1979, S. 185–208.
30. Vgl. Abraham J. Peck: Radicals and Reactionaries: The Crisis of Conservatism in Wilhelmine Germany, Washington D.C. 1978, S. 203–235.

Martin Gregor-Dellin, Bayreuth

Literaturhinweise:

Richard Wagner: Gesammelte Schriften und Dichtungen, 12 Bde., Leipzig 1871–1911.
Ders.: Dichtungen und Schriften. Jubiläumsausgabe in zehn Bänden, hg. von Dieter Borchmeyer, Frankfurt am Main, 1983.

Ders.: Mein Leben. Vollständige, kommentierte Ausgabe, hg. von Martin Gregor-Dellin, München 1976.

Ders.: Sämtliche Briefe. Hg. im Auftrage des Richard-Wagner-Familien-Archivs Bayreuth von Gertrud Strobel und Werner Wolf. Bd. I: Briefe der Jahre 1830–1842, Leipzig und Mainz 1967; Bd. II: Briefe der Jahre 1842–1849, Leipzig und Mainz 1970; Bd. III: Briefe der Jahre 1849–1851, Leipzig und Mainz 1975; Bd. IV: Briefe der Jahre 1851–1852, Leipzig und Mainz 1979.

Ders.: Bayreuther Briefe 1871–1883, Leipzig 1912.

Ders.: Gesammelte Briefe. Hg. von Julius Kapp und Emerich Kastner. 2 Bde., Leipzig 1914.

Cosima Wagner: Die Tagebücher. Vollständiger Text der in der Richard-Wagner-Gedenkstätte aufbewahrten Niederschrift. Hg. von der Stadt Bayreuth. Ediert und kommentiert von Martin Gregor-Dellin und Dietrich Mack. Bd. I: 1869–1877, München 1976; Bd. II: 1878–1883, München 1977.

Über Richard Wagner:

Carl Friedrich Glasenapp: Das Leben Richard Wagners in sechs Büchern. 4., neu bearbeitete Ausgabe, Leipzig 1905–1911.

Martin Gregor-Dellin: Richard Wagner. Sein Leben, sein Werk, sein Jahrhundert, München 1980.

Eduard Hanslick: Aus meinem Leben. Mit einem Nachwort hg. von Peter Wapnewski, Kassel 1987.

Paul Lindau: Nüchterne Briefe aus Bayreuth. Separatdruck aus der Schlesischen Presse, Breslau 1986.

Quellen und Archive:
Richard Wagner Nationalarchiv Bayreuth
Sammlung Haus Tribschen bei Luzern
Sammlung Fritz-Reuter-Haus Eisenach

Wolf Schön, Der Triumph des Industriezeitalters

Literaturhinweise:

W. Benjamin: Illuminationen, Frankfurt 1980.

L. Bucher: Kunsthistorische Skizzen aus der Industrieausstellung aller Völker, Frankfurt 1851.

V. Champier: Les Industries d'Art à l'Exposition Universelle de 1889, Paris 1889.

S. Faniel: Le dix-neuvième siècle français, Paris 1957.

C. Friemert: Die gläserne Arche – Kristallpalast London 1851/54, München 1986.

L. Gonse, A. de Lostalot: Exposition Universelle de 1889, Paris 1889.

U. Haltern: Die Londoner Weltausstellung von 1851, Münster 1971.

H. J. Hansen: Das pompöse Zeitalter, Hamburg 1970.

W. O. Henderson: Die Industrielle Revolution, Europa 1780–1914, Wien 1971.

H. Kraemer: Das 19. Jahrhundert in Wort und Bild, Berlin 1899.

J. Lessing: Das halbe Jahrhundert der Weltausstellungen, Berlin 1900.

H. Loyrette: Gustave Eiffel. Ein Ingenieur und sein Werk, Stuttgart 1986.

B. Mundt: Historismus, München 1981.
M. Pietsch: Die Industrielle Revolution, Freiburg 1961.
D. Vallier: Henri Rousseau, München 1981.
Kat.: Weltausstellungen im 19. Jahrhundert, München 1973.
Kat.: Courbet und Deutschland, Hamburg 1978.
Kat.: Belle Epoque, Bremen 1980.
Kat.: Die Nützlichen Künste, Berlin 1981.
Kat.: Die andere Tradition, München 1986.

Jens Flemming, Der 1. Mai und die deutsche Arbeiterbewegung

1. Rosa Luxemburg: Die Maifeier (1907), in: Gesammelte Werke, Bd. 2, Berlin/ Ost 1972, S. 201.
2. Allgemein zur Geschichte der Sozialdemokratie vgl. Gerhard A. Ritter: Die Arbeiterbewegung im Wilhelminischen Reich. Die Sozialdemokratische Partei und die Freien Gewerkschaften 1890–1900, Berlin 1959; Dieter Fricke: Die deutsche Arbeiterbewegung 1869–1914. Ein Handbuch über ihre Organisation und Tätigkeit im Klassenkampf, Berlin/Ost 1976; Detlef Lehnert: Sozialdemokratie zwischen Protestbewegung und Regierungspartei 1848 bis 1983, Frankfurt am Main 1983; Klaus Schönhoven: Die deutschen Gewerkschaften, Frankfurt am Main 1987.
3. Friedrich Engels: Vorrede zum kommunistischen Manifest, Ausgabe 1890, in: Marx-Engels-Werke, Bd. 22, S. 58 f.; zum Kontext und zur Entwicklung der Maifeiern vgl. Udo Achten: Illustrierte Geschichte des 1. Mai, Oberhausen 1979 und Dieter Fricke: Kleine Geschichte des Ersten Mai. Die Maifeier in der deutschen und internationalen Arbeiterbewegung, Berlin/Ost 1980.
4. Forderungen des Internationalen Arbeiter-Congresses, 1889, in: Achten (s. Anm. 3), S. 29.
5. Georg Schmidt: Die Maifeier (Sozialistische Monatshefte 1904), zit. nach: Friedrich Giovanoli: Die Maifeierbewegung. Ihre wirtschaftlichen und soziologischen Ursprünge und Wirkungen, Karlsruhe 1925, S. 53.
6. Bericht des Parteivorstandes auf dem Mannheimer Parteitag der SPD, 1906, in: Achten (s. Anm. 3), S. 126.
7. Karl Kautsky: Zum Parteitag, in: Die Neue Zeit 27, 2. Bd., 1909, S. 844.
8. Gustav Eckstein: Zum 1. Mai, in: Die Neue Zeit 33, 2. Bd., 1915, S. 132.
9. Zu den Kämpfen um die Maifeiern in Hamburg vgl. Fricke (s. Anm. 3), S. 39 ff.; Klaus Saul: Der Staat und die ‹Mächte des Umsturzes›. Ein Beitrag zu den Methoden antisozialistischer Repression und Agitation vom Scheitern des Sozialistengesetzes bis zur Jahrhundertwende, in: Archiv für Sozialgeschichte 12, 1972, S. 293 ff.; Wulf D. Hund: Der 1. Mai 1890, in: Jörg Berlin (Hg.): Das andere Hamburg. Freiheitliche Bestrebungen in der Hansestadt seit dem Spätmittelalter, Köln 1981, S. 119 ff. (Zitat: S. 128).
10. August Bebel: Die Maifeier und ihre Bedeutung, in: Die Neue Zeit 11, 1. Bd., 1892/93, S. 439.
11. Giovanoli (s. Anm. 5), S. 43 f.; Fricke (s. Anm. 3), S. 112 ff.
12. Geschichtliches zur Maifeier in Deutschland. Nach Tatsachenmaterial zusam-

mengestellt vom Vorstand des Deutschen Metallarbeiter-Verbandes, Stuttgart 1907, S. 53. Zum beschränkten Radius der Maifeiern vgl. auch Peter Friedemann: Feste und Feiern im rheinisch-westfälischen Industriegebiet 1890 bis 1914, in: Gerhard Huck (Hg.): Sozialgeschichte der Freizeit. Untersuchungen zum Wandel der Alltagskultur in Deutschland, Wuppertal 1980, S. 161 ff.

13. Geschichtliches zur Maifeier (s. Anm. 12), S. 77 und S. V.

14. Materialien zur Ausgestaltung der Feiern bei: Friedemann (s. Anm. 12), S. 169; Fricke (s. Anm. 3), S. 132 f.; Giovanoli (s. Anm. 5), S. 93 ff.

15. Udo Achten (Hg.): Zum Lichte empor. Mai-Festzeitungen der Sozialdemokratie 1891–1914, Berlin/Bonn 1980, S. 53.

16. Ebd., S. 79 und S. 82 f. Zur Bildersprache und zu den Traditionen der Maifeiern vgl. auch Gottfried Korff: Volkskultur und Arbeiterkultur. Überlegungen am Beispiel der sozialistischen Maifesttraditionen, in: Geschichte und Gesellschaft 5, 1979, S. 83 ff.; ders.: ‹Heraus zum 1. Mai›. Maibrauch zwischen Volkskultur, bürgerlicher Folklore und Arbeiterbewegung, in: Richard van Dülmen/Norbert Schindler (Hg.): Volkskultur. Zur Wiederentdeckung des vergessenen Alltags. Frankfurt am Main 1984. S. 246 ff.; Wolfgang Ruppert: ‹Heute soll Sonne sein. Heute soll ruhen die Hand›. Das Arbeiterfest des 1. Mai, in: ders. (Hg.): Die Arbeiter. Lebensformen, Alltag und Kultur von der Frühindustrialisierung bis zum ‹Wirtschaftswunder›. München 1986, S. 238 ff.

17. Achten (s. Anm. 15), S. 113.

18. Zit. nach: Evemarie Peters: Die Auseinandersetzungen in der deutschen Arbeiterbewegung um die Arbeitsniederlegung am 1. Mai (1890–1914), Phil. Diss. Halle/Wittenberg 1967, S. 284 f.

19. Achten (s. Anm. 15), S. 133.

20. Giovanoli (s. Anm. 5), S. 136 f. und Ruppert (s. Anm. 16), S. 238. Allgemein vgl. auch Gottfried Korff: Rote Fahnen und geballte Faust. Zur Symbolik der Arbeiterbewegung in der Weimarer Republik, in: Peter Assion (Hg.): Transformationen der Arbeiterkultur, Marburg 1986, S. 86 ff.

21. Chris Bawlby: Blutmai 1929. Police, Parties and Proletarians in a Berlin confrontation, in: Historical Journal 29, 1986, S. 137 ff.

22. Thomas Kurz: Arbeitermörder und Putschisten. Der Berliner ‹Blutmai› von 1929 als Kristallisationspunkt des Verhältnisses von KPD und SPD vor der Katastrophe, in: Internationale Wissenschaftliche Korrespondenz 22, 1986, S. 313.

23. Carl von Ossietzky: Zörgiebel ist schuld!, in: Die Weltbühne 25, 1929, S. 691.

24. Achten (s. Anm. 3): Illustrierte Geschichte, S. 264 ff.; Gerhard Beier: Das Lehrstück vom 1. und 2. Mai 1933, Frankfurt am Main 1975.

Hans-Ulrich Thamer, *Faszination und Manipulation*

1. Stadtarchiv Hamm: B VI/19. Reichsparteitag in Nürnberg 1938 – Brieflicher Bericht einer Teilnehmerin an ihre verwitwete Mutter in Hamm. Zitiert nach: Gabriele Bußmann: Feiern und Feste in Hamm in der NS-Zeit. (Maschinen-

schriftliche Staatsarbeit für das Lehramt Sekundarstufe II) Münster 1987,
S. 266.

2. André François-Poncet: Als Botschafter in Berlin. 1931–1938, Mainz 1947,
S. 273.

3. Vgl. dazu Joachim C. Fest: Hitler. Eine Biographie, Frankfurt/Berlin/Wien
1973, S. 698 ff.

4. George L. Mosse: Die Nationalisierung der Massen. Politische Symbolik und
Massenbewegungen in Deutschland von dem Napoleonischen Krieg bis zum
Dritten Reich, Frankfurt am Main/Berlin 1976, S. 14.

5. Ebd., S. 32.

6. Albert Speer spricht über Architektur und Dramaturgie der nationalsozialistischen Selbstdarstellung. Manuskript V/1528, Institut für den wissenschaftli-
chen Film, Göttingen; zit. nach G. Mosse (s. Anm. 4), S. 232.

7. Albert Speer: Spandauer Tagebücher, Frankfurt/Berlin/Wien 1975, S. 403.

8. Ebd.

9. Zit. nach H. Weberstedt/K. Langner: Gedenkhalle für die Gefallenen des
Dritten Reiches, München 1935, S. 228. Zit. in: K. D. Bracher/W. Sauer/G.
Schulz: Die nationalsozialistische Machtergreifung. Studien zur Errichtung
des totalitären Herrschaftssystems in Deutschland 1933/34, 3 Bde., Frankfurt
am Main 1979, S. 263.

10. Vgl. dazu Klaus Vondung: Magie und Manipulation. Ideologischer Kult und
politische Religion des Nationalsozialismus, Göttingen 1971, S. 113 ff.

11. Jost Dülffer/Jochen Thies/Josef Henke (Hg.): Hitlers Städte, Köln/Wien 1978,
S. 214.

12. Zit. bei Karl Arndt: Baustelle Reichsparteitagsgelände 1938/39. Edition zum
Film G 142 des IWF, Göttingen 1973, S. 31.

13. Vgl. dazu Hamilton T. Burden: Die programmierte Nation. Die Nürnberger
Reichsparteitage, Gütersloh 1967. Vgl. auch Josef Henke: Die Reichsparteitage der NSDAP in Nürnberg 1933–1938. – Planung, Organisation, Propaganda. In: Boberach/Booms (Hg.): Aus der Arbeit des Bundesarchivs, Boppard
1977; Karl Friedrich Reimers: Der Reichsparteitag als Instrument totaler
Propaganda. In: Zeitschrift für Volkskunde 1979, S. 216–228; Karlheinz
Schmeer: Die Regie des öffentlichen Lebens im Dritten Reich, München
1956.

14. Staatsarchiv Bremen N 1/74, Erfahrungsberichte vom Reichsparteitag 1937.

15. Zit. nach Burden (s. Anm. 13), S. 181 f.

16. Sir Neville Henderson: Fehlschlag einer Mission, Berlin 1937–1939, Zürich o.
J., S. 80.

17. Zit. nach Schmeer (s. Anm. 13), S. 113.

18. Vgl. dazu Reimers (s. Anm. 13), S. 222 f.; vgl. auch Vondung (s. Anm. 10),
S. 193 ff.

19. Zit. nach M. Domarus (Hg.): Hitler. Reden und Proklamationen 1932–1945,
4 Bde., München 1965, Bd. I, 2, S. 778.

20. Ebd., S. 719.

21. Hitlers ‹Kulturrede› auf dem Reichsparteitag 1937, in: Der Parteitag der
Arbeit vom 6. bis 13. September 1937. Offizieller Bericht. München 1938,
S. 53 f.

22. Zit. nach J. Thies: Architekt der Weltherrschaft. Die Endziele Hitlers, Düsseldorf 1976, S. 79.
23. Zit. nach Domarus (s. Anm. 19), S. 719.
24. Stadtarchiv Nürnberg, Zweckverband Reichsparteitag, Rep. C 32/339c.
25. Zit. nach Anna Teut: Architektur im Dritten Reich 1933–1945 Berlin/Frankfurt am Main 1967, S. 192.
26. Zit. nach Domarus (s. Anm. 19), S. 643.
27. Vgl. Albert Speer: Erinnerungen, Frankfurt/Berlin 1969, S. 71.
28. The New York Times, 15. September 1937. Zit. nach Burden (s. Anm. 13), S. 212.
29. Deutschland. Berichte der Sozialdemokratischen Partei Deutschlands, hg. v. K. Behnken, 2. Jg., Salzhausen/Frankfurt am Main 1980, S. 903.
30. Vgl. Henke (s. Anm. 13), S. 421.
31. Staatsarchiv Bremen, N 1/74, Erfahrungsberichte vom Reichsparteitag 1937.
32. Ebd.
33. Ebd.
34. Stadtarchiv Nürnberg, Rep. C 32/951.

Uwe Schmitt, Nation für drei Tage

1. ‹International Herald Tribune› vom 1. September 1969.
2. Dieter Baacke: Beat – die sprachlose Opposition, München 1972, S. 20 ff.
3. Theodor W. Adorno/Walter Benjamin: Integration und Desintegration. Thesen über Bedürfnis, Hannover 1976, S. 30 ff.
4. Ebd.
5. Dieter Baacke (s. Anm. 2), S. 21.
6. Ebd.
7. Theodor W. Adorno: Dissonanzen – Musik in der verwalteten Welt, Göttingen 1956, alle Zitate: S. 9 ff.
8. Jan Hodenfield: It was like balling for the first time, in: ‹Rolling Stone›, 20. September 1969.
9. Ebd.
10. Angaben von Ray Neuenhoff, Polizeioffizier in Bethel (New York), Februar 1985.
11. ‹Rolling Stone› (s. Anm. 8); auch: Album ‹Woodstock I›, S. 5, ATL 60 00 1.
12. Herbert Marcuse: Die Permanenz der Kunst, München/Wien 1977, S. 77.
13. Nach ‹Ikarus›, ‹Von Yippies und von Richtern›, Michael Freund, 1984.
14. Ebd.

Rolf Italiaander, Die freudvollen Totenfeiern

Literaturhinweise:

Rolf Italiaander: Indonesiens verantwortliche Gesellschaft. Erlangen 1976.
Ders.: Die Südsee – auch eine Herausforderung. Düsseldorf 1979.
Ders.: Kunstsammler – glückliche Menschen. Düsseldorf 1985.

Ders.: Hans Hasso von Veltheim-Ostrau – Privatgelehrter und Weltbürger. Düsseldorf 1987.
Hans Rhodius: Walter Spies. Den Haag, 1965.

Eno Beuchelt, Der Tanz der tyi wara

1. Übersetzung von Zahan (s. u. Literaturhinweise), 1980.
2. In West- und Zentralafrika finden sich häufiger groteske oder furchteinflö-ßende Gestalten, die scheinbar ohne inhaltliche Verbindung mit dem Folgen-den vor einer Prozession, oft mit drohenden Gebärden, einherspringen. Man deutet sie entweder als Wächterfiguren, die böse Geister vertreiben, oder auch als Geister der archaischen Vorbesitzer des Bodens, die von den nachfolgen-den Repräsentanten der eigenen Kultur vertrieben werden; vgl. H. Maurier: Philosophie de l'Afrique Noire, St. Augustin 1976, S. 237f.
3. Die Verletzung sozialer Normen muß besonders da rigoros korrigiert wer-den, wo politische Zerrissenheit oder Ferne einer sanktionierenden Admini-stration kein geregeltes Rechtssystem wirksam werden läßt. Moralische Ord-nung als Überlebenssicherung ist ein in Afrika häufig anzutreffendes Prinzip; vgl. H. Maurier (s. Anm. 2), S. 235–239.
4. Vgl. Handwörterbuch d. dt. Aberglaubens.
5. Diese in Afrika häufiger ambivalente Haltung den Schmieden gegenüber und ihre soziale Verbannung in eine endogame Kaste beruhen darauf, daß man ihrer handwerklichen Fertigkeiten für Ackerbau und Krieg dringend bedurf-te, sie aber andererseits für Nachkommen einer fremden Rasse hielt. Ihre Beherrschung des Feuers galt als magische und damit gefährliche Kunst.
6. Einige der nach Popularität strebenden modernen Politiker haben wohl versucht, sich der alten bündischen Strukturen zu bedienen, um auf dem Lande Stimmen zu gewinnen. Dies betraf jedoch vorwiegend den *n'domo* und den *kono*, die unteren Ränge des Systems also, und kaum die stärker esoterischen höheren Grade.
7. Eigene Schnitzerschulen, z. B. in Bamako, Djenné oder Mopti, sorgen für den Nachwuchs; heute finden sich ihre Produkte als sogenannte Airport-Art überall im Souvenirhandel.
8. Übersetzung von Zahan (s. u. Literaturhinweise), 1980.

Literaturhinweise:

Allgemeine Quellen zu den Bambara:
Eno Beuchelt: Kulturwandel bei den Bambara von Ségou, Bonn 1962.
Ders.: Die Afrikaner und ihre Kulturen, Berlin 1981.
Eno Beuchelt/W. Ziehr: Schwarze Königreiche – Völker und Kulturen Westafri-kas, Frankfurt 1979.
G. Dieterlen: Essai sur la religion Bambara, Paris 1941.
J.-M. Henry: L'âme d'un peuple africain – les Bambara, Münster 1910.
Ch. Monteil: Les Bambara de Ségou et du Kaarta, Paris 1924.
V. Paques: Les Bambaras, Paris 1954.

Spezielle Literatur zu den tyi wara und ihrem Fest:

Eno Beuchelt: Kulturwandel bei den Bambara von Ségou, Bonn 1962.
J.-M. Henry: L'âme d'un peuple africain – les Bambara, Münster 1910.
P. J. Imperato: The dance of the tyi wara, Los Angeles 1970.
Ders.: Last dance of the Bambara, in: Natural History 1975.
V. Paques: Les bouffons sacrés, in: Journal de la Société des Africanistes, XXIV/ 1954, S. 63–110.
D. Zahan: Sociétés d'initiations Bambara, Paris 1960.
Ders.: La dialectique du verbe chez les Bambara, Paris 1963.
Ders.: Antilopes du soleil, Wien 1980.

Die Autoren

Karl Otmar von Aretin, geb. 1923, Professor für Zeitgeschichte an der Technischen Hochschule Darmstadt und Direktor der Abteilung Universalgeschichte des Instituts für Europäische Geschichte in Mainz.

Günter Barudio, geb. 1942, Historiker und Publizist.

Eno Beuchelt, geb. 1929, Professor für Psychologie an der Universität Köln.

Peter Blickle, geb. 1938, Professor für Neuere Geschichte an der Universität Bern.

Wolfgang Braunfels, geb. 1911, † 1987, Professor für Kunstgeschichte an der Universität München.

Klaus Bringmann, geb. 1936, Professor für Alte Geschichte an der Universität Frankfurt a. M.

Jens Flemming, geb. 1944, Dr. phil., Historiker (Schwerpunkt: Deutsche Geschichte des 19. und 20. Jahrhunderts) und Publizist.

Martin Gregor-Dellin, geb. 1926, † 1988, Schriftsteller.

Rolf Italiaander, geb. 1913, Schriftsteller und Völkerkundler.

Erich B. Kusch, geb. 1930, Korrespondent in Rom.

Gertrud Mander, geb. 1927, Dr. phil., Journalistin und Übersetzerin.

Odo Marquard, geb. 1928, Professor für Philosophie an der Universität Gießen.

Christian Meier, geb. 1929, Professor für Alte Geschichte an der Universität München.

Peter Moraw, geb. 1935, Professor für Mittelalterliche Geschichte, Deutsche Landesgeschichte und Wirtschafts- und Sozialgeschichte an der Universität Gießen.

Achatz Frhr. von Müller, geb. 1943, Wissenschaftlicher Assistent am Historischen Seminar der Universität Hamburg.

Elsbet Orth, geb. 1937, Dr. phil., Akademische Oberrätin am Historischen Seminar der Universität Frankfurt a. M.

Leander Petzoldt, geb. 1934, Professor für Volkskunde/Europäische Ethnologie an der Universität Innsbruck.

Gunhild Pörksen, geb. 1943, Lehrerin, und Uwe Pörksen, geb. 1935, Professor für Sprache und Ältere Literatur der Universität Freiburg.

Hans-Werner Prahl, geb. 1944, Privatdozent für Soziologie an der Universität Kiel.

Thomas Ross, geb. 1927, Auslandskorrespondent im Fernen und Nahen Osten sowie freier Schriftsteller.

Irmtraud Schaarschmidt-Richter, geb. 1927, freie Journalistin und Kunstkritikerin.

Uwe Schmitt, geb. 1955, Journalist.

Rolf Schneider, geb. 1932, Schriftsteller.

Wolf Schön, geb. 1942, Redakteur.

Hermann Schreiber, geb. 1920, Dr. phil., Prof. h. c., freier Sachbuchautor in München.

Hans-Christoph Schröder, geb. 1933, Professor für Neuere Geschichte an der Technischen Hochschule Darmstadt.

Uwe Schultz (Hrsg.), geb. 1936, Dr. phil., Leiter der Hauptabteilung Kulturelles Wort beim Hessischen Rundfunk in Frankfurt a. M.

Michael Stürmer, geb. 1938, Professor für Mittlere und Neuere Geschichte an der Universität Erlangen-Nürnberg.

Barbara Suchy, geb. 1941, Dr. phil., Historikerin und wissenschaftliche Mitarbeiterin des Kulturamtes der Stadt Düsseldorf.

Hans-Ulrich Thamer, geb. 1943, Professor für Neuere und Neueste Geschichte an der Universität Münster.

Elisabeth Vavra, geb. 1949, Wissenschaftliche Assistenz an der österreichischen Akademie der Wissenschaften, Institut für mittelalterliche Realienkunde Österreichs.

Dietrich Wildung, geb. 1941, Leiter und Direktor der Staatlichen Sammlung Ägyptischer Kunst, München und Professor für Ägyptologie an der Universität München.

Johannes Willms, geb. 1948, Dr. phil., Journalist.

Peter-Christian Witt, geb. 1943, Professor für Sozial- und Wirtschaftsgeschichte an der Gesamthochschule Kassel/Universität des Landes Hessen.

Ralph-Rainer Wuthenow, geb. 1928, Professor für Neuere Deutsche und Vergleichende Literaturwissenschaft an der Universität Frankfurt.

Gilbert Ziebura, geb. 1924, Professor für Politikwissenschaft an der Technischen Universität Braunschweig.

Bildnachweis

Seite 13. Tempeltänzerinnen und Harfner beim Empfang der Festprozession des Opetfests in Luksor. Reliefblock aus der ‹Roten Kapelle› der Hatschepsut Quarzit. Freilichtmuseum Karnak.

Seite 25. Das Osterfest. Illustration aus Paul Christian Kirchner: Jüdisches Zeremoniell oder Beschreibung der Bräuche. Nürnberg um 1730. Foto: Universitätsbibliothek Erlangen.

Seite 38. Ballspielende Epheben. Relief von einer attischen Statuenbasis um 500 v. Chr. Nationalmuseum Athen.

Seite 50. Die Vergöttlichung der Kaiserin Sabina, am Boden sitzend der Sklave. Relief. Palazzo dei Conservatori Rom.

Seite 59. Kaiserkrönung Karls des Großen in Rom. Miniatur von Jean Fouquet in ‹Grandes Chroniques de France›, 1460. Bibliothèque Nationale Paris.

Seite 70. Porträtbüste Friedrich Barbarossas, der sog. ‹Cappenberger Barbarossa-Kopf›. Vergoldete Bronze um 1160. Landesdenkmalamt Westfalen-Lippe Münster.

Seite 84 Lanzelot vor Artus, Ginevra und der Tafelrunde. Miniatur aus dem 13. Jahrhundert. British Library London.

Seite 92. Bauernschmaus im Freien. Kupferstich von D. Hopfer, 16. Jahrhundert, Bilderdienst Süddeutscher Verlag München.

Seite 105. Universitätslehrer und Studenten in ihrer Mannigfaltigen Tracht. Holzschnitt aus: Brunschwig, Chirurgia. Straßburg 1497.

Seite 116. Besuch des Kaisers in der Kaya-Residenz des Fujiwara no Yorimichi. Ausschnitt aus der Bilderrolle ‹Komakurabe Kyōkō-emaki›, spätes 13. bis frühes 14. Jahrhundert. Sammlung Sōtarō Kubo, Osaka.

Seite 127. Konzilssitzung im Münster. Miniatur aus der Chronik des Ulrich Richental. Faksimile Josef Keller Verlag Starnberg 1964.

Seite 140. Karnevalsfiguren aus Basel, in der Mitte der Wilde Mann bei den drei ‹Ehrenzeichen›. Daniel Burckhardt-Wildt, 1984, Historisches Museum Basel.

Seite 153. Johannesfest in Florenz. Prozession der ‹Ceri› auf der Piazza della Signorina. Anonymer Stich. Foto: Vallechi Florenz.

Seite 164. Feuerwerk auf dem Kastell San't Angelo zum Heiligen Jahr 1600. Bayerische Staatsbibliothek München.

Seite 175. Feuerwerk vor dem Japanischen Palais am Dresdner Hof 1718 anläßlich der Ordensvergabe des Goldenen Vlieses an den Kurprinzen. Es gilt als Höhepunkt aller Barockfeuerwerke. Kupferstich von August Corvinus 1719. Kunstbibliothek Preußischer Kulturbesitz Berlin.

Seite 186. Die Exekution Karls I. von England. Holländischer Stich. Foto: Bayerische Staatsbibliothek München.

Seite 199. Canaletto: Die Ausfahrt des Bucentauro am Himmelfahrtstag. Privatsammlung Mailand.

Seite 210. Vivien: Die Verlobung Carl Alberts. Bayerische Staatsgemäldesammlungen München.

Seite 222. Der Erzbischof von Reims krönt den König. Bibliothèque Nationale Paris.

Seite 232. Krönungszug Kaiser Josephs II. Gouache von einem unbekannten Zeitgenossen. Goethe-Museum Düsseldorf.

Seite 244. Der Teufel, der den englischen Politikern eingibt, gegen die amerikanischen Freiheitsrechte vorzugehen. Spottbild, das für die Volksversammlung am 20. Februar 1766 in Boston vorbereitet wurde. Veröffentlichung der ‹Boston Gazette›. Bilder, die die Volksaktionen selber zeigen, sind nicht überliefert.

Seite 258. Das Föderationsfest vom 14. Juli 1790. Foto: Stadtbibliothek Braunschweig.

Seite 270. Der Wiener Kongreß 1815. Sitzung der Bevollmächtigten der acht Siegermächte des Pariser Vertrags. Kupferstich von Jean Godefroy nach einem Gemälde von Jean Baptiste Isabey, 1819. Archiv für Kunst und Geschichte Berlin.

Seite 284. Der Zug auf Schloß Hambach an der Weinstraße am 27. Mai 1832. Archiv für Kunst und Geschichte Berlin.

Seite 295. Eröffnung des Suezkanals 1869. Zeitgenössische Illustration. Bilderdienst Süddeutscher Verlag München.

Seite 306. Kaiserproklamation König Wilhelms I. am 18. Januar 1871 im Spiegelsaal des Schlosses von Versailles. Gemälde von Anton von Werner 1885. Archiv für Kunst und Geschichte Berlin.

Seite 318. Das Bayreuther Festspielhaus im Eröffnungsjahr der Richard-Wagner-Festspiele 1876. Bilderdienst Süddeutscher Verlag München.

Seite 328. Der Eiffelturm. Foto um 1889. Archiv für Kunst und Geschichte Berlin.

Seite 341. Titelblatt der im Vorwärts-Verlag Berlin 1894 erschienenen Maizeitung. Bilderdienst Süddeutscher Verlag München.

Seite 352. Reichsparteitag der NSDAP 1933 in Nürnberg. Bilderdienst Süddeutscher Verlag München.

Seite 363. Eröffnungsveranstaltung der 12. Weltjugendfestspiele in Moskau 1985. Bilderdienst Süddeutscher Verlag München.

Seite 380. Woodstock, New York, vom 15. bis zum 17. August 1969. Rund eine halbe Million Menschen versammeln sich hier zum bislang größten Open-Air-Festival der Rockgeschichte. Sie begründen die Legende von der ‹Woodstock-Gemeinde›, der inmitten des von den Verwaltungsbehörden deklarierten ‹Notstandsgebiets› zeitweilig die soziale Idylle gelang. Bilderdienst Süddeutscher Verlag München.

Seite 381. Zur Seelenreinigung werden die als Blumen- oder Sandelholzeffigien symbolisch vergegenwärtigten und wiederbelebten Verstorbenen in hohen Türmen zum Meer gebracht. Später werden diese Türme verbrannt. Es handelt sich hierbei um Zeremonien, die in der Regel erst Jahre nach der eigentlichen Leichenverbrennung stattfinden. Sanur, Bali, ca. 1940. Foto: Museum für Völkerkunde Basel.

Seite 403. Tyi wara-Maskenaufsatz in Form einer männlichen Antilope. Rautenstrauch-Joest-Museum Köln.

Anzeigen

Kulturgeschichte im Verlag C. H. Beck

Leander Petzoldt
Volkstümliche Feste
Ein Führer zu Volksfesten, Märkten und Messen in Deutschland
1983. 483 Seiten mit 36 Abbildungen
Broschiert

Gerhard Köbler
Bilder aus der deutschen Rechtsgeschichte
Von den Anfängen bis zur Gegenwart
1988. 384 Seiten mit 144 Abbildungen
Leinen

Mit dem Zehnten fing es an
Eine Kulturgeschichte der Steuer
Herausgegeben von Uwe Schultz
2. Auflage. 1986. 297 Seiten mit 22 Abbildungen
Leinen

Walter Salmen
Das Konzert
Eine Kulturgeschichte
Etwa 250 Seiten mit etwa 190 Abbildungen, davon 14 in Farbe
Leinen

Heinrich Krauss und Eva Uthemann
Was Bilder erzählen
Die klassischen Geschichten aus Antike und Christentum
in der abendländischen Malerei
1987. X, 546 Seiten mit 88 Abbildungen
Leinen

Allerlei Lust

Gesammelte Liebe
Ein Lesebuch
Herausgegeben von Eva Pampuch und Max Zihlmann
1988. 382 Seiten. Paperback
Beck'sche Reihe Band 350

Peter Gay
Die Zarte Leidenschaft
Liebe im bürgerlichen Zeitalter
Aus dem Englischen von Holger Fließbach
1987. 526 Seiten und 20 Abbildungen. Leinen

Peter Gay
Erziehung der Sinne
Sexualität im bürgerlichen Zeitalter
Aus dem Englischen von Holger Fließbach
1986. 572 Seiten und 60 Abbildungen auf Tafeln. Leinen

Sudhir Kakar und John Ross
Über die Liebe und die Abgründe des Gefühls
Aus dem Englischen von Udo Rennert
1986. 295 Seiten. Leinen

Allerleilust
Hundert erotische Gedichte
Herausgegeben von Heinz Ludwig Arnold
Mit Bildern von Karin Szekessy und Paul Wunderlich
1986. 160 Seiten mit 40 Abbildungen. Gebunden

Verlag C. H. Beck München